D1755670

GERHARD U. REGINA MAIER
HASSMONING 10
83301 TRAUNREUT

Chronik der Bayerischen Maschinenringe (1958 – 2007)

Inhaltsverzeichnis

Vorwort

Einführung

1 Der Erfinder und seine Idee	7 – 16
2 Der erste Modellring entsteht in Buchhofen	17 – 28
3 Die Raiffeisen-Maschinenringe	29 – 42
Gründung des Landesverbandes Bayerischer Maschinenringe-Raiffeisen e. V.	31 – 33
Eugen Mergenthaler, ein BayWa-Maschinenringberater	33 – 35
Die große Streitfrage: Geschäftsführer ja oder nein?	35 – 40
Die Rolle des Raiffeisen-Landesverbandes bei der Gründung des KBM	41 – 42
4 Die Sparkassen-Maschinenringe	43 – 62
Landmaschinenring Fürstenfeldbruck – der erste Sparkassenring	50 – 55
Der Maschinenring Pfaffenhofen und seine Rolle für die Entwicklung der Maschinenringe in Bayern	56 – 59
Der Landmaschinenring Aichach, inoffizieller Mittelpunkt der Sparkassenringe	60 – 62
5 Die ersten Ringgründungen in Bayern	63 – 66
6 Maschinenring: Instrument einer neuen Agrarpolitik	67 – 70
7 Gründung und Aufbau des Kuratoriums Bayerischer Maschinenringe (KBM)	71 – 84
25. Juni 1969, eine Sternstunde der bayerischen Maschinenringe	71 – 78
Der organisatorische Aufbau des KBM geht schnell voran	79 – 84
8 Betriebshilfe ... bringt die Maschinenringe in Schwung	85 – 106
Das Betriebshelfer-Wunder und seine Ursachen	85 – 87
Klärung rechtlicher Fragen, ein wichtiger Meilenstein in der Entwicklung der nebenberuflichen Betriebshilfe	88 – 93
Sozialpflichtige Betriebs- und Haushaltshilfe	93 – 98
Wirtschaftliche Betriebshilfe (Bauaushilfe, Waldarbeit ...)	98 – 103
Die zahlenmäßige Entwicklung der Betriebshilfe	104
Betriebshilfe – Markenzeichen des MR Eggenfelden	104 – 106
9 Schwerpunkte der Maschinenvermittlung	107 – 150
Das Gras-Silieren wird zur Domäne der Maschinenringarbeit	109 – 118
Alles Maschinenring bei Silomais?	119 – 122
Zuckerrübe, eine MR-freundliche Kultur	123 – 132
Lose Düngerkette, Klärschlamm- und Gülleausbringung	133 – 141
Pflanzenschutz durch Spezialisten mit Hightech	142 – 145
Von Rent a trac bis zur Außenwirtschaftsgemeinschaft	146 – 150
10 Urlaub auf dem Bauernhof und Landschaftspflege – wichtige Randbereiche der Maschinenringarbeit	151 – 160
Vermittlung von Urlaub auf dem Bauernhof	151 – 155
Landschaftspflege – ein weites Feld für die Maschinenringe	156 – 160

11 Haben die Maschinenringe ihre Ziele erreicht? 161 – 170
    Das fehlende Kostenbewusstsein –
    Hauptursache der Übermechanisierung 162 – 163
    MR-Arbeit aus agrarpolitischer Sicht 163 – 164
    Betriebe, die den Maschinenring optimal und beispielhaft nutzen 165 – 170
    Josef Parzinger, Wegbereiter der überbetrieblichen Silofutterernte 165 – 166
    Bartl Bodensteiner – Meister der zwischenbetrieblichen
    Zusammenarbeit 166 – 167
    Richard Raps – trotz Höhenflug eine Karriere
    mit starker Bodenhaftung 167 – 168
    Außenwirtschaftsgemeinschaft Ulsenheim – ein Quantensprung
    in der Steigerung der überbetrieblichen Zusammenarbeit? 169 – 170

12 Der Erfolg hat viele Väter 171 – 200
    Fördernde Institutionen und Personen 171 – 180
    Der wichtigste Erfolgsfaktor: engagierte Vorsitzende sowie
    tüchtige Manager und Mitarbeiter 181 – 183
    Die KBM-Führung 183 – 184
    Fortschrittliche Arbeitsmethoden und -bedingungen 184 – 193
    Besondere Unternehmensführung und -kultur 193 – 200

13 Der Maschinenring wandelt sich zum ländlichen
    Dienstleistungs- und Handelsunternehmen 201 – 224
    Zuerwerb durch außerlandwirtschaftliche Dienstleistungen 201 – 202
    Anpassung des LwFöG wird unvermeidlich 203 – 205
    Gründung der KBM Dienstleistungs GmbH 205 – 208
    Zunehmende Spannungen zwischen Zentrale und Maschinenringen 209 – 210
    Doppelspitze in der Geschäftsführung 210 – 211
    Zukunftswerkstatt liefert Konzept für die neue MR-Firma 211 – 213
    mein-hof.de AG: Einstieg in den Internethandel 213 – 217
    Polarisierung zwischen Zentrale und Außenstellen 217 – 219
    Die Krise spitzt sich zu: Rummel und Murr treten zurück 219 – 223
    Ursachen der Krise 223 – 224

14 Erneuerung und Aufbruch zu neuen Zielen 225 – 230
    Konzentration auf Kernziele 225 – 226
    Eine neue, unbelastete Führung wird gewählt 226
    Deutliche Anzeichen für eine Renaissance der klassischen MR-Arbeit 227
    MR Consult – eine Chance für Mitglied und MR 227 – 229

Impressum

Herausgeber:
Kuratorium Bayerischer Maschinen- und
Betriebshilfsringe e.V.
Georg Thalhammer (V.i.S.d.P)
Amalienstraße 21/22
86633 Neuburg a.d. Donau
Telefon 00 49 (0) 84 31/53 88-2 36
Telefax 00 49 (0) 84 31/53 88-2 90

Autor:
Dr. Anton Grimm

Verlag und Geamtherstellung:
KASTNER AG – das medienhaus
Schloßhof 2–6
85283 Wolnzach
Telefon 0 84 42/92 53-0
Telefax 0 84 42/22 89
Internet: www.kastner.de
E-Mail: verlag@kastner.de

ISBN-Nr. 978-3-937082-85-1
© kastner 2008

Von der Maschinenbank zum Exportschlager bayerischer Agrarpolitik

Als die Idee des überbetrieblichen Maschineneinsatzes vor einem halben Jahrhundert in Bayern geboren und erstmalig konkretisiert wurde, waren die Reaktionen gespalten. Nur wenige erwarteten ernsthaft, welche Erfolgsstory sich daraus entwickeln würde.

Heute steht die Maschinenringidee als Leuchtturm einer Agrarpolitik, die darauf ausgerichtet ist, die Kostenvorteile großer Betriebsstrukturen zu nutzen, ohne die eigenen bäuerlichen Strukturen aufgeben zu müssen. Wenn 80 % der bayerischen Landwirte Mitglied im Maschinenring sind, macht dies deutlich, wie groß mittlerweile die Bereitschaft ist, mit dem Verzicht auf Maschineninvestitionen ein Stück unternehmerischer Unabhängigkeit aufzugeben, wenn dadurch Geld und Arbeitszeit eingespart werden können.

50 Jahre praktizierter Gemeinschaftsgeist, Solidarität und Zusammenarbeit bäuerlicher Betriebe zum Wohle aller Beteiligten haben eine Vertrauensbasis geschaffen, die sich in eindrucksvollen Erfolgszahlen wiederspiegelt. Über 2.200 Voll-Arbeitskräfte in der Betriebshilfe, 270 Mio. Euro Verrechnungswert, 98.000 Mitglieder und eine gesunde, leistungsfähige Organisationsstruktur mit 75 Ringen, die jedes landwirtschaftliche Flurstück in Bayern bedienen können, sprechen eine klare Sprache.

Nirgendwo anders sind die Maschinenringe so erfolgreich wie in Bayern. Aber auch nirgendwo anders erfahren die Maschinenringe einen vergleichbaren politischen Rückhalt. Dabei geht es nicht nur um die finanzielle Unterstützung, die unstrittig bestens angelegt ist. Es geht vor allem auch um den ideellen und fachlichen Rückhalt in der Diskussion mit all denen, die dem Erfolg der Maschinenringe mit Skepsis und Misstrauen begegnen. Dem Grundsatz, der bäuerlichen Landwirtschaft zu dienen ohne die Gesetze des fairen Wettbewerbs zu verletzen, sind dabei alle einzelfallbezogenen Problemlösungen unterworfen. So konnten die Diskussionen um die Rechtfertigung der staatlichen Unterstützung der Maschinenringe mit gutem Gewissen geführt und erfolgreich bestritten werden.

Die Herausforderungen der Zukunft erlauben aber kein selbstzufriedenes Zurücklehnen. Die Knappheit und Unvermehrbarkeit fruchtbaren landwirtschaftlichen Bodens ist Tatsache. Deshalb erfordern die zunehmenden Ansprüche der Nahrungsmittelversorgung, des Natur- und Umweltschutzes und der Energieversorgungssicherheit moderne Bewirtschaftungskonzepte an der Spitze des technischen Fortschritts. Dabei muss es auch gelingen, die Arbeit der bäuerlichen Familien dauerhaft zu erleichtern und damit ihre Lebensqualität zu verbessern.

In der Maschinenringarbeit der Zukunft muss es deshalb noch intensiver darum gehen, leistungsstarke Arbeitsketten und eine komplette Außenwirtschaftsorganisation anzubieten, die die Einhaltung der Dokumentationspflichten und der fachrechtlichen Bestimmungen verlässlich einschließen. Die optimierte Organisation der Transportlogistik und der Gärrestverwertung von Biogasanlagen gehört wie der verstärkte überbetriebliche Einsatz mobiler Innenwirtschaftsgeräte zu den künftigen Tätigkeitsfeldern mit Entwicklungspotenzial.

Der Freistaat Bayern wird diese unternehmerische Entwicklung durch gezielte Impulse auch künftig begleiten.

Mein Dank gilt allen Verantwortlichen des KBM und der Maschinenringe, deren unternehmerische Kreativität, Fachkompetenz, Überzeugungskraft und persönliches Engagement ein Glücksfall für die Landwirte in Bayern sind. Sie werden sich auch in den kommenden 50 Jahren als unverzichtbar für eine nachhaltig erfolgreich bäuerliche Landwirtschaft erweisen!

Josef Miller
Bayerischer Staatsminister
für Landwirtschaft und Forsten

Die Maschinen- und Betriebshilfe feiern im Jahr 2008 ihren 50. Geburtstag.

Dieses Jubiläum bietet uns den willkommenen Anlass, kurz im Alltagsgeschäft innezuhalten um einmal Rückblick zu halten. Für vieles was heute in der Arbeit der MR als Selbstverständlichkeit betrachtet wird, war von unseren Vorgängern viel Engagement und Arbeit nötig. Zurückblicken, sich mit der Vergangenheit beschäftigen, die Wurzeln und Ursprünge aufzuspüren, ist jedoch nur die eine Seite. Wir wollen das Jubiläum auch als Anlass nehmen, um unser heutiges Dienstleistungsangebot auf den Prüfstand zu stellen, nach vorne zu schauen um Lösungen für die aktuellen Herausforderungen und künftigen Aufgaben zu entwickeln und das Angebot der Maschinenringe konsequent an den Bedürfnissen der Mitgliedsbetriebe weiterzuentwickeln.

Durch konsequente Nutzung aller Möglichkeiten des Maschinen- und Betriebshilfringes gibt es auch heute bei sich schnell ändernden Rahmenbedingungen in der Landwirtschaft für alle MR-Mitglieder viele Mittel und Wege, für sich, für ihre Familie und ihren Betrieb die Zukunft zu sichern und auszubauen.

Wir bedanken wir uns an dieser Stelle bei allen Förderern unsrer Arbeit, besonders beim Bayerischen Staatsministerium für Landwirtschaft und Forsten unter der Führung von Herrn Staatsminister Josef Miller. Unser besonderer Dank gilt den unermüdlichen ehrenamtlichen Vorständen, Geschäftsführen und Mitarbeiterinnen und Mitarbeitern an den MR Geschäftsstellen.

Die heutige Stellung der bayerischen Maschinenringe und ihre eindrucksvollen Erfolge sind dem Fleiß und der geduldigen Arbeit Vieler zu verdanken. Diesen Pionieren, von denen hier nur ein kleiner Teil namentlich genannt werden konnte, ist diese Schrift in besonderer Weise gewidmet. Sie alle können auf das Erreichte stolz sein.

Die Herausgabe dieser Chronik war nur möglich, da wir Dr. Anton Grimm als Autor gewinnen konnten. Er begleitete ab Gründung des KBM im Jahre 1969 über drei Jahrzehnte äußerst engagiert die Entwicklung der Maschinenringe nicht nur in Bayern. Herzlichen Dank für die sehr genaue Recherchearbeit.

Abschließend bedanken wir uns bei allen Firmen und Organisationen die ihre Verbundenheit mit der Arbeit der Maschinen- und Betriebshilfsringe durch Unterstützung der Herausgabe dieser Chronik zeigten

Leonhard Ost
Vorsitzender des Kuratoriums der Bayerischen Maschinen- und Betriebshilfsringe e.V.

Der Erfinder und seine Idee

Die Chronik der bayerischen Maschinenringe ist gleichzeitig auch die Chronik von Dr. Erich Geiersberger. Denn Dr. Geiersberger ist nicht nur der Erfinder und Begründer des Maschinenringes beziehungsweise, wie er sie ursprünglich nannte, der *Maschinenbank*. Er hat seine Idee nicht einfach nur in die Welt gesetzt und danach sich selbst überlassen, so wie es leider manchen guten Ideen und Erfindungen ergangen ist, sondern sorgte dafür, dass das von ihm *entwickelte theoretische Gebilde* auch zügig und erfolgreich in die Praxis umgesetzt wird. Dazu sollte es systematisch unter normalen Bedingungen in zwei Modell-Maschinenringen auf seine Praxistauglichkeit hin untersucht und erprobt werden.

Die in diesem Modellversuch gemachten Erfahrungen und gewonnenen Erkenntnisse hat Geiersberger in kürzester Zeit in einem Leitfaden, der Broschüre *Die Maschinenbank*, anschaulich und allgemein verständlich festgehalten und publiziert.

Und er hat darüber hinaus nie aufgehört, sein außergewöhnliches Schreib- und Redetalent als Privatmann, vor allem aber als Leiter des Landfunks und der Fernsehsendung *Unser Land* in den permanenten Aufbau und die Verbreitung des Maschinenringes zu stellen.

Dabei hat er sich nicht darauf beschränkt, nur zu informieren und die Menschen von seiner Idee zu überzeugen. Er hat seine Möglichkeiten stets auch dazu genutzt, an wichtigen Fäden zu ziehen und selbst unmittelbar Einfluss auf die Entwicklung der Maschinenringe zu nehmen. Dank seiner ausgeprägten Überzeugungs- und Durchsetzungskraft ist ihm dies auch in hohem Maße gelungen.

Wie vielfältig und eng seine Kontakte zu einflussreichen und mächtigen Personen, insbesondere aus Politik und Verbänden, waren, schildert Geiersberger in seinen Memoiren sehr offen und ausführlich. Besonders zimperlich war er dabei nicht, sondern pflegte eine klare, deutliche und direkte Sprache (siehe seine *Sprüche* Seite 14).

Nach dem Motto *Viel Feind, viel Ehr* scheute sich Geiersberger auch nicht vor harten Auseinandersetzungen mit Kritikern, scheinbaren und echten Gegnern, aber auch mit Freunden und Weggefährten.

Dadurch hat er viele vor den Kopf gestoßen und sich und ebenso den Maschinenringen manchen Ärger und sogar Feindschaften eingetragen.

Die Person Geiersberger und sein Lebenslauf sind mit der Idee Maschinenring, seiner Verbreitung und den damit verbundenen Auseinandersetzungen nun bald 50 Jahre aufs Engste verbunden: „Geiersberger" ist das Synonym für „Maschinenring"! Und *„Maschinenring" wurde zum Synonym für: „Es geht auch ohne Subventionen!"* So formuliert es Geiersberger selbst.[1]

■ Herkunft, Jugend, Studium und erste Berufsjahre

Erich Geiersberger erblickte am 17. Mai 1926 in Taubenbach das Licht der Welt. Taubenbach *bestand damals* (und auch noch heute) *vorrangig aus weit verstreuten Weilern und Einödhöfen*. Es liegt im Hügelland zwischen Rott und Inn, nur wenige Kilometer von Marktl, dem Geburtsort von Papst Benedikt XVI., und Braunau am Inn, dem Geburtsort Adolf Hitlers, entfernt.

Der Ortskern von Taubenbach sah vor 80 Jahren, wie Postkarten zeigen, nicht viel anders aus als heute (siehe Foto): im Mittelpunkt, und alle anderen Häuser weit überragend, die gotische Wallfahrtskirche St. Alban, mit ihrem weithin sichtbaren, mächtigen Turm von 72 m. Gleich daneben der große stattliche Pfarrhof. Gegenüber von Kirche und Pfarrhof befinden sich zwei weitere größere, aber etwas weniger attraktive Gebäude: die Volkschule und das Lehrerhaus. Hier kam Erich Geiersberger als 10. von 12 Kindern zur Welt.

In diesem so genannten Lehrerhaus wuchs er auch auf; denn Josef Geiersberger (sein Vater) war hier, wie eine an der Kirchen-Außenwand angebrachte Gedenktafel zeigt, von 1920 bis 1955 (mit drei Jahren Unterbrechung) *Hauptlehrer* (Sie Fotos Seite 8).

Zeittafel

Mai 1957
: In Rom werden die Verträge zur Bildung der Europäischen Wirtschaftsgemeinschaft (EWG), die im Januar 1958 in Kraft treten, unterschrieben.

Nov. 1957
: Dr. Geiersberger trägt seine Sorge über die Auswirkungen der EWG-Verträge dem BayWa-Vorstand vor und wird beauftragt, eine Lösung zu finden.

24.2.1958
: Wie ein Blitz streift Dr. Geiersberger an diesem Tag eine Idee: die Maschinenbank.

Mai 1958
: Dr. Geiersberger übergibt Generaldirektor Dr. Singer seine Denkschrift Genossenschaft und EWG, das Grundkonzept für den Maschinenring

22.8.1958
: Der Baywa-Vorstand stimmt dem Konzept Geiersbergers zu und beschließt die Gründung und Förderung von zwei Modell-Maschinenbanken.

Nov. 1959
: Die erste und grundlegende Schrift von Dr. Geiersberger zum Maschinenringkonzept Die *„Maschinenbank"* erscheint.

1969
: Dr. Geiersberger initiert die Einrichtung und Förderung der Grundlehrgänge für MR-Geschäftsführer und beteiligt sich an der Gründung des Bundesverbandes der Maschinenringe sowie des Kuratoriums Bayerischer Maschinenringe.

Mai 1974
: Dr. Geiersberger publiziert in der Broschüre Die Dritte Bauernbefreiung, eine Sammlung von Grundsatzreferaten zum Maschinenring.

1991
: In der Broschüre Die Lemminge nimmt Geiersberger zu aktuellen Fragen der Landwirtschaft und Agrarpolitik Stellung.

Mai 2006
: Unter dem Titel Glück gehabt! bringt Geiersberger seine Memoiren heraus.

Taubenbach, der Geburtsort von Dr. Geiersberger, mit der Pfarrkirche St. Alban, dem Pfarrhaus (ganz links) und dazwischen, im Hintergrund Schule und Lehrerhaus.

Dr. Erich Geiersberger

17.5.1926	geboren in Taubenbach, Landkreis Rottal-Inn, als 10. von 12 Kindern des Hauptlehrers Josef Geiersberger und der Theresia Geiersberger, geborene Leeb.
1948 – 1951	Studium der Agrarwissenschaften, TU München-Weihenstephan
1951 – 1953	Vorbereitungszeit zum höheren landwirtschaftlichen Staatsdienst mit Staatsexamen. Parallel dazu Anfertigung einer Doktorarbeit und Promotion zum Dr. agr. 1954
1954 – 1956	Assessor in Bad Brückenau und im Bayerischen Staatsministerium für Ernährung, Landwirtschaft und Forsten
1956 – 1959	Pressechef der BayWa und wissenschaftlicher Leiter des Raiffeisen-Kraftfutterwerks in Würzburg
1958	Erfinder und Begründer der *Maschinenbank* (Maschinenring)
1959 – 1991	Leiter des Landfunks im Bayerischen Rundfunk (BR)
1964 – 1991	Gründer und Leiter der Fernseh-Redaktion *Unser Land* im BR
1964 – 1991	Agrarpolitischer Kommentator der ARD im Ersten Deutschen Fernsehen
1970 – 1991	Vorsitzender der Fachgruppe *Internationales Agrarmagazin* (IAM) der Europäischen Rundfunkvereinigung (EBU)
1976 – 1991	Sprecher der Landfunkredakteure der ARD
1971 – 1977	Vorsitzender der Fachgruppe *Rundfunk* des Bayerischen Journalistenverbandes (BJV),
1976 – 1988	Aufsichtsratsmitglied der *Münchner Gesellschaft für Kabelkommunikation* (MGK)
1977 – 1992	Vorsitzender des Bayerischen Journalistenverbandes (BJV), Mitglied des Gesamtvorstandes im Deutschen Journalistenverband (DJV)
1979 – 1992	Gründer und Vorsitzender des Sozialwerks (SW) als Tochterverein des BJV, Initiator der Stiftung *Goldene Feder* des SW, für Verdienste um die soziale Sicherung und Aus- und Fortbildung von Journalisten.
1981 – 2005	Gründer und Vorsitzender des *Luxemburger Kreises*
1986 – 1988	Initiator der Gründung der Akademie der Bayerischen Presse (ABP), Mitglied des *Dreierpräsidiums* und dessen Sprecher
1992 – 2003	Gründer der SENATSPARTEI Deutschland e.V. und deren Vorsitzender bis zu deren Auflösung

Quelle: Dr. Erich Geiersberger, Glück gehabt!, Edition Zeitkritik 2006

Schule und Lehrerhaus
Das Elternhaus (rechts) und die Volksschule (frisch renoviert), in der Josef Geiersberger, der Vater von Erich Geiersberger, von 1920 bis 1955 als Hauptlehrer tätig war.

Diese Gedenktafel an der Außenwand der Pfarrkirche von Taubenbach erinnert an den Hauptlehrer Josef Geiersberger und seine drei gefallenen Söhne

Die Mutter, Theresia Geiersberger war, obwohl sie 12 Kinder zur Welt gebracht hat, eine zarte Frau, streng katholisch und auch sonst der strengere Teil der Eltern. *Sie hat den Haushalt wie ein General beherrscht. Ihr verdanke ich nicht nur mein Leben, sondern auch meine Leistungsfähigkeit.*[2]

Das Geheimnis ihrer *enormen Lebensleistung* war der Grundsatz „Nicht lange reden, zupacken!". Und in diesem Sinn hat sie auch ihre Kinder erzogen.

Der Vater war *ein kontemplativer Mensch.* Er hat aber trotz der starken beruflichen und privaten Belastung, wie sich Alois Alfranseder, langjähriger Bürgermeister von Taubenbach und später von Reut (dahin wurde Taubenbach eingemeindet), erinnert, seinen Humor und seine Großzügigkeit nie verloren.

Einfach war es für die Geiersbergers nicht, während und nach dem Krieg 11 Kinder großzuziehen. Besonders hart waren die drei Jahre von 1945 bis 1948. In dieser Zeit hatte die Familie keinen *Ernährer* mehr: Der Vater – *er hatte das Pech gehabt, auch von 1933 bis 1945 Volksschullehrer gewesen zu sein* – wurde als Nazi zu einem Jahr Haft und zwei Jahren Berufsverbot verurteilt. *Und als „Mädchen für alles", was zu jener Zeit die Dorfschullehrer an ein- bzw. zweiklassigen Schulen alle waren, hatte er neben vielen Pöstchen nun auch noch die der NSDAP dazubekommen.*[3]

Trotzdem konnte auch Erich, wie seine beiden *Brüder Pepp und Fritz* – nach der sechsten Klasse Volksschule – *das deutsche Gymnasium mit Schülerheim in Straubing besuchen.*

Für einen Gymnasiasten war die Mitgliedschaft in der Hitlerjugend selbstverständlich. Geiersberger entschied sich für die Flieger-HJ, obwohl – bzw. gerade weil – er nicht schwindelfrei war. So hoffte er, *diesen Schweinehund in mir als Segelflieger überlisten zu können. Am Ende war ich der beste Flieger und wurde schließlich, als Stammführer der Flieger-HJ, gegen meinen Willen, am 1. Februar 1944 „kriegsdienstverpflichtet" und erst Anfang Mai 1944 eingezogen. Das war kurz vor dem Abitur.* Deshalb erhielt Geiersberger ohne Abitur-Prüfung den so genannten *Reifevermerk, der ohne weitere Prüfungen nach dem Krieg zur Aufnahme eines Studiums berechtigte.*[4]

Mit viel Glück hat Erich Geiersberger das letzte Kriegsjahr und eine kurze Gefangenschaft (am 15. August 1945 wurde er bereits entlassen) bei den Amerikanern bzw. Engländern überlebt. Ein Freund aus diesen Tagen brachte ihn auch auf den Gedanken, Landwirtschaft zu studieren und vermittelte ihm gleichzeitig in Haigerloch, *der Fliederstadt in Südwürttemberg-Hohenzollern* einen Gutsbetrieb für das erste Praktikantenjahr. Durch den Tipp eines früheren Klassenkameraden in Straubing fand Geiersberger dann seinen zweiten Lehrbetrieb bei Alois Berger in Buchhofen/Niederbayern.

Mitte Oktober 1947... landete ich in Buchhofen, das heute in der Landwirtschaft weltweit dadurch bekannt wurde, weil ich 1958, also 11 Jahre später, dort die erste „Maschinen-Bank" gründete (mehr darüber Seite 17 bis 28).[5]

Da er *nicht einmal ein Fahrrad besaß* und es auch keine brauchbaren Busverbindungen gab, fühlte sich Geiersberger besonders an Sonntagen in Buchhofen *mutterseelenallein* und fand seine Situation *trostlos.* Das brachte ihn auf die Idee, in Verbindung mit einer gerade laufenden Flurbereinigung, die auch den Bau eines Sportplatzes notwendig machte, einen Sportverein zu gründen. Kurzum: Der Sportplatz wurde mit viel Eigenleistung gebaut, der Verein gegründet und *startete mit einer Handballmannschaft, die bereits parallel zum Sportplatzbau unter seiner Leitung das Training aufnahm.*

Im November 1948 begann Geiersberger dann in Freising-Weihenstephan das Landwirtschaftsstudium. Finanziert hat er es mit einem Darlehen, das ihm zwei Onkel, der eine war Pfarrer in Burghausen, der andere Arzt in Pocking, zur Verfügung stellten sowie aus Einnahmen, die er dank seines musischen Talents erzielen konnte.

Doch dieser *studentische Zuerwerb, der in den Osterferien 1949 begann, gestaltete sich recht zeitraubend* (siehe nebenstehend).

Die Welturaufführung seines ersten Stückes fand Pfingsten 1949 in Taubenbach statt. *"s'Windfahnd'l" wurde ein Erfolg, meine Finanzen besserten sich, wenn auch nur bescheiden. Von den Eintrittsgeldern bekam ich als Autor jeweils 10 Prozent und die Bahnkosten erstattet, weil ich mindestens vier Wochen vor der Aufführung jedes Wochenende zum Proben und nach der Uraufführung sechs Wochenenden zum Spielen heimfahren musste.*[6]

Dass Geiersberger erst noch einen Theaterverein in Taubenbach gründen und ein Ensemble finden musste, sei nur nebenbei erwähnt. Der Verein ist übrigens auch heute noch aktiv. Alois Alfranseder, der in mehreren Theaterstücken eine tragende Rolle spielen durfte (siehe Foto), kommt bei der Erinnerung an diese Zeit, in der Taubenbach ein kultureller Anziehungspunkt war, geradezu ins Schwärmen: *Von weit her kamen die Besucher. Erich hat es auch glänzend verstanden, kräftig die Werbetrommel zu rühren. Wenn er auf der Bühne stand, um die Besucher zu begrüßen, wuchs er geradezu über sich hinaus. Dieser Auftritt wirkte auf ihn wie ein Adrenalinstoß.*[7]

Eine Beobachtung, die jeder, der Geiersberger als Redner erlebt hat, nur bestätigen kann. Insgesamt hat Geiersberger vier Volkstücke und zwei Einakter geschrieben.

Eine weitere kleine Einnahmequelle zur Finanzierung des Studiums ergab sich aus einem von ihm verfassten und komponierten Lied, das in Bayern fast jeder kennt; denn es war über Jahre die Erkennungsmelodie für die Radiosendung *Funkstreifzug*. Sein Titel: *Da ist der Wurm drin!*

Im Sommer 1951 schloss Geiersberger das Landwirtschaftsstudium in Weihenstephan mit einem Einser-Diplom ab. Dies war damals die Voraussetzung für die Zulassung zum *Staatsdienst auf Zeit* im Bereich der Landwirtschaftsverwaltung. Doch Geiersberger begnügte sich nicht damit, sich als Landwirtschaftsreferendar auf das Staatsexamen vorzubereiten. Parallel dazu machte er, *was keiner bis dahin geschafft hatte*, auch noch seine Doktorarbeit, bei dem renommierten Weihenstephaner Pflanzenbauer Prof. Dr. Gustav Auernhammer (siehe nebenstehend).

Das war nur möglich, weil es ihm gelang, sich die Stationen der Referendarausbildung passend dazu zuteilen zu lassen: *Also meldete ich mich an das Tierzuchtamt in Regen und anschließend an das Landwirtschaftsamt in Passau, damit ich jeweils am Wochenende die Läuse auf den 25 Versuchsstellen zählen konnte. Und das letzte halbe Jahr vor dem Staatsexamen meldete ich mich an die Saatzuchtanstalt in Weihenstephan, um die Ergebnisse meiner Versuche zu Papier zu bringen und nebenbei die Literatur für meine Arbeit studieren zu können.*[8]

Natürlich war das alles mit großen Anstrengungen verbunden: *Mehr als vier Stunden Schlaf wurden zur Ausnahme in diesen Monaten.*

Dank seines guten Staatsexamens (unter 68 Kandidaten landete er auf Platz 17) wurde Geiersberger für eine Tätigkeit im Landwirtschaftsministerium ausgewählt. *Da Ministeriumsnachwuchs nach dem Staatsexamen erst noch zwei Jahre an einem Landwirtschaftsamt als Assessor tätig sein soll*, landete er zuerst am Amt für Landwirtschaft in Bad Brückenau in Unterfranken (3. 11. 1953). Doch der Aufenthalt im beschaulichen Bad Brückenau sollte nicht lange dauern; denn schon bald wartete eine andere Aufgabe auf ihn: Landwirtschaftsminister Dr. Alois Schlögl legte Wert darauf, dass sein ins Stocken geratenes großes Werk, *Bayerische Agrargeschichte*, endlich fertig gestellt wird. 1300 Seiten von über 50 Autoren lagen bereits vor – und daraus sollte Geiersberger *ein Buch machen*. Und auch diese Aufgabe hat Geiersberger in kurzer Zeit bravourös gemeistert. Ausgewählt wurde er für diesen Job auf Empfehlung von Regierungsdirektor Dr. Zehenter, der von seinen niederbayerischen Verwandten über das schriftstellerische Talent von Geiersberger als Autor von Theaterstücken informiert worden war.

Geiersberger wird zum erfolgreichen Autor von Volksstücken

Ich hatte mich irgendwo und irgendwann wieder einmal geärgert über eines dieser so genannten Volksstücke, die in Bayern in jedem Dorf von Laien gespielt wurden. Nicht eines davon beschäftigte sich mit den Problemen der Zeit. Für eines der wichtigsten hielt ich die durch die Überflutung des ländlichen Raumes mit Bombengeschädigten, Flüchtlingen aus dem Osten und drei Millionen Heimatvertriebenen aus der Tschechoslowakei entstandenen Spannungen zwischen Einheimischen und Flüchtlingen und somit zwischen Besitzenden und Habenichtsen. Doch genauso aktuell war das Phänomen zu bestaunen, wie aus begeisterten Nazis letztlich Antifaschisten wurden.

Und da es einer im Dorf zu arg trieb, setzte ich mich im Osterurlaub hin und schrieb in vier Nächten und drei Tagen mein erstes Volksstück, das ich schlicht „s'Windfahnd'l" taufte. Und da ich gerade Gitarre im „Do-it-Yourself-Verfahren"... gelernt hatte, schrieb ich auch noch ein passendes Lied dazu.

Quelle: Glück gehabt, Seite 45

Die Darsteller des erfolgreichen Volkstückes *Heimkehr* I mit dem Autor und Regisseur **Erich Geiersberger** in der Mitte; rechts daneben **Alois Alfranseder**, einer der Hauptdarsteller.

Erich Geiersberger, der strahlende Regisseur und Autor am Ende einer erfolgreichen Theateraufführung

---

Thema und Ziel der Dr.-Arbeit von Erich Geiersberger

Der Saatkartoffelbau des Bayerischen Waldes, seine natürlichen Gegebenheiten und Ausdehnungsmöglichkeiten auf Grund des Vorkommens der Grünen Pfirsichblattlaus. Der Saatkartoffelbau und die Vermehrung von Züchtungen in Deutschland und speziell in Bayern musste neu organisiert werden, weil durch die Gründung der DDR die bisherigen, klassischen Züchtungsgebiete im Osten verloren gegangen waren. Durch wissenschaftliche Basisarbeiten sollten nun verschiedene bayrische Gebiete überprüft werden, ob sie sich eventuell dafür eignen könnten.

Quelle: Glück gehabt, Seite 53/54

Dr. Josef Singer, Generaldirektor der BayWa und der Bayerischen Raiffeisen-Zentralkasse eGmbH sowie Präsident des Bayerischen Senates: *Er machte den Weg frei* für die praktische Erprobung der Maschinenringidee von Dr. Geiersberger.

Was kommt durch die EWG auf die deutsche und besonders bayerische Landwirtschaft zu?
Zu dieser Frage traf Dr. Geiersberger 1957 dem BayWa-Vorstand gegenüber die Feststellungen,
– dass die Masse unserer bäuerlichen Betriebe, die sich durch die eben laufende Motorisierung schon überschuldet hat, unmöglich vollmechanisiert werden kann;
– dass nicht vollmechanisierte Betriebe im innereuropäischen Konkurrenzkampf keine Überlebenschance haben werden und
– dass für die durch die Produktivitätssteigerung infolge der Vollmechanisierung freiwerdenden Arbeitskräfte außerlandwirtschaftliche Arbeitsplätze in der ländlichen Region geschaffen werden müssen, um der Landflucht Einhalt gebieten zu können.
Quelle: Festschrift des BMR, 25 Jahre BMR und 25 Jahre KBM, Juni 1994, Seite 28

Ein folgenschwerer Geistesblitz
Am 24. Februar 1958, dem 35. Geburtstag meiner Frau, während der Nassrasur, streifte mich eine Idee wie ein Blitz. Da wir eben dabei waren, für acht Tage Urlaub in die Rhön zu fahren, zu meinen Schwiegereltern, bat ich meine Frau, einen Schreibblock einzupacken. Normalerweise arbeitete ich im Urlaub grundsätzlich nicht, um ganz bewusst entspannen zu können. Dies war die einzige Ausnahme, in der ich die marktwirtschaftliche Alternative zum unerbittlichen „Wachsen oder Weichen" für die Landwirtschaft entwickelte. Als Maschinenbank heute im deutschsprachigen Raum, als Maschinenring flächendeckend verbreitet und von Japan bis Brasilien bekannt und praktiziert.
Quelle: Glück gehabt!, Seite 84

▪ Dr. Geiersberger erfindet und entwickelt als Pressechef der BayWa die Maschinenring-Idee

Aufgrund dieser guten Arbeit machte sich Geiersberger einen *gewissen* Namen: *Schlögl hielt mich nun für einen Journalisten* – und er empfahl ihm, sich um den gerade frei gewordenen Posten des Chefredakteurs beim Bayerischen Landwirtschaftlichen Wochenblatt zu bewerben. Doch dieser Posten war bereits vergeben. Aber ein positiver Nebeneffekt dieser Bewerbung bestand darin, dass der Generaldirektor der BayWa, Dr. Josef Singer, der bei dieser Besetzung ebenfalls ein Wort mitzureden hatte, die Bewerbungsunterlagen von Geiersberger *mit in sein Büro genommen hatte*. Als sich dann 1956 Dr. Singer entschloss, bei der BayWa *eine Pressestelle aufzubauen*, erinnerte er sich an diesen Vorgang und bot Dr. Geiersberger diese Position an.

Geiersberger nahm an, *obwohl er keine Ahnung hatte, was eine Pressestelle ist und schon gar nicht, wie man sie aufbaut beziehungsweise organisiert*. Erstens, weil er sich im Ministerium nicht wohl fühlte – er litt in dieser Zeit häufig unter einer Magenschleimhautentzündung. Zweitens: *Sein Gehaltsangebot waren 1200 DM, das waren immerhin 50 % mehr als mein Assessorengehalt plus Ministerialzulage.*⁹

Doch hier interessieren weniger die Leistungen von Geiersberger als Pressechef der BayWa, sondern allein Anlass und Umstände, die ihn zum Erfinder der Maschinenring-Idee werden ließen. Den entscheidenden Anlass lieferte die Politik, genauer gesagt die angehende europäische Agrarpolitik. Also ein Faktor, der auch heute noch, bzw. heute noch mehr als damals, für die deutsche Landwirtschaft von größter Bedeutung ist.
*Denn als im Mai 1957 in Rom die Verträge zur Bildung der Europäischen Wirtschaftsgemeinschaft, EWG, unterschrieben worden waren, fragte ich Dr. Singer..., ob er sich schon Gedanken darüber gemacht habe, was durch die EWG auf die deutsche Landwirtschaft und somit auch auf die BayWa zukomme?*¹⁰
Singer hatte sich, wie Geiersberger weiter schreibt, noch keine Gedanken darüber gemacht, war aber mit seinem Vorschlag, ihn in einer Vorstandssondersitzung darüber berichten zu lassen, einverstanden. Das geschah im November 1957. Dabei gelang es ihm, den Vorstand geradezu zu schockieren. Die Aussagen, mit denen Geiersberger diesen Schock ausgelöst hat, sind nebenstehend aufgeführt.

Aufgrund dieser *schockierenden Aussagen* erhielt Geiersberger vom Vorstand den Auftrag, eine *Lösung zu finden!* Eine Lösung auf die Frage: *Wie ist die bäuerliche Landwirtschaft zu retten?*

Geiersberger nennt aber auch noch einen anderen Vorgang, der für ihn zu einem *Schlüsselerlebnis* wurde und neben den römischen Verträgen entscheidend dazu beigetragen hat, ihm die künftige Problematik der deutschen Landwirtschaft deutlich vor Augen zu führen:
Als er davon erfuhr, dass ein Kunde die Annahme einer Kartoffellieferung der BayWa wegen Qualitätsmängeln verweigert hatte, ging er der Sache nach und fand den Grund: Der Landwirt, von dem die Kartoffeln stammten, war *durch Maschinenkäufe schon so verschuldet, dass man durch „übertriebene" Sortierung den Erlös für die Kartoffeln nicht schmälern wollte.*¹¹

▪ Die Geburtsstunde des Maschinenringes

So weit zu den Hintergründen. Die Umstände, unter denen dann die Idee zur Lösung der von Geiersberger erwarteten bzw. befürchteten Probleme entstand, beschreibt Geiersberger nebenstehend.

Dieser *Geistesblitz* vom 24. Februar 1958 war die Geburtsstunde der Maschinenring-Idee. Doch bevor Geiersberger seine Idee Dr. Singer vortrug, hatte er sie bereits mit zwei weiteren Persönlichkeiten, deren Urteil ihm sehr wichtig war, ausführlich diskutiert. Mit Alois Berger, seinem zweiten Lehrherrn in Buchhofen, und mit Ministerialrat Max Lorch aus dem Landwirtschaftsministerium. Beide waren sofort davon begeistert und haben ihn dann bei der Umsetzung kräftig unterstützt. Berger gelang es sogar, Geiersberger davon zu überzeugen, dass Buchhofen der ideale Ort für die Gründung des ersten Maschinenringes ist.

Auch Generaldirektor Dr. Singer war voll des Lobes und sorgte umgehend dafür, dass auch der gesamte BayWa-Vorstand informiert wurde und dem Vorschlag Geiersbergers, zur Erprobung der Idee gleich zwei *Beispiel-Maschinengemeinden* zu gründen, zustimmte.¹²
Das geschah in der Vorstandssitzung der BayWa AG vom 22. August 1958 (Auszüge des Protokolls dieser für die Entwicklung des Maschinenringes so bedeutsamen

Sitzung sind nebenstehend wiedergegeben). Der zweite, entscheidende Schritt in der Entwicklungsgeschichte des Maschinenringes war damit gemacht.

■ Die Idee – und wie Dr. Geiersberger für ihre Durchsetzung kämpft

Dieses Protokoll vom 22. 8. 1958 ist auch deswegen hochinteressant, weil hier der *Geistesblitz vom Februar* erstmals in einer konkreten Formulierung vorliegt.

Sie zeigt noch deutlich die starke Anlehnung der MR-Idee am System einer Bank, wie aus folgenden Sätzen hervorgeht:
Ähnlich wie beim Geldgeschäft müsste deshalb die vorhandene Maschinenkapazität im Dorf von der Raiffeisenkasse disponiert werden.
Oder: *Die Finanzierung innerhalb der „Maschinengemeinde" wäre über die Konten der Teilnehmer bei der Raiffeisenkasse abzuwickeln.*

Gleichzeitig enthält diese erste Maschinenring-Definition bereits einige für die MR-Arbeit bis heute gültige, essenzielle Elemente, die Geiersberger speziell für die Maschinenbank ausgedacht hat:
Jeder an der „Maschinengemeinde" teilnehmende Betrieb hätte sich auf eigene Kosten einen Telefon-Nebenanschluss zur Raiffeisenkasse installieren zu lassen.
Dazu wäre jeweils für eine „Maschinengemeinde" ein eigener Mann einzusetzen und auszubilden, der nur für diese Vermittlungstätigkeit der Raiffeisenkasse zur Verfügung stünde.

Den Gedanken, durch Abschluss von Mietverträgen sowohl mit den Betriebsinhabern, die zusätzliche Maschinenstunden benötigen, als auch mit denen, die überschüssige Maschinenkapazitäten zur Verfügung haben, könne eine weitestgehende Auslastung der Maschinen erreicht werden, hat Geiersberger wieder fallen lassen.

Dass dieses, dem BayWa-Vorstand vorgetragene Konzept jedoch noch sehr allgemein gehalten ist und in manchen Punkten schon bald geändert wurde, ist verständlich. Es war ja zunächst auch nur im Kopf beziehungsweise am *grünen Tisch* entstanden. Um dieses Manko jedoch möglichst schnell zu beseitigen, *wären sofort Beispiels-Maschinengemeinden zu errichten, um Erfahrungen in dieser neuen Art der Maschinengemeinschaft zu sammeln.*

Wie aus dem Protokoll unmissverständlich hervorgeht, hat der Vorstand diesem Vorschlag ohne Wenn und Aber zugestimmt. Vielleicht hat das eine oder andere Vorstandsmitglied, dessen Unterschrift auf diesem Papier steht, seine Zustimmung aber auch nur deshalb gegeben, weil er vielleicht mit einem Scheitern dieses Experimentes gerechnet hat.

Es kam jedoch anders. Schon zwei Monate nach dieser denkwürdigen Sitzung wurde in Buchhofen die erste Beispiels-Maschinengemeinde gegründet. Und bereits ein Jahr später hatte sich das Versuchsmodell Buchhofen so gut entwickelt, dass Geiersberger in der Lage war, in Form der Broschüre *Die „Maschinenbank"* ein komplettes Maschinenring-Handbuch zu publizieren. Im Vorwort dazu begründet Geiersberger den Umstand, dass diese Schrift dem Generaldirektor der BayWa, Dr. Josef Singer, zugeeignet ist, folgendermaßen: *... weil die Gedanken in diesem Büchlein aus der theoretischen Erörterung nie herausgekommen wären, wenn nicht er dem Verfasser die Möglichkeit gegeben hätte, dieses neue Genossenschaftsmodell in der Praxis zu erproben.*

Die „Maschinenbank" ist bis heute als Grundlage und Standardwerk über den Maschinenring anzusehen.[13]

Ein Vergleich dieser Schrift aus dem Jahre 1959 mit späteren Dokumenten, insbesondere mit *Die Dritte Bauernbefreiung (1974)*[14], zeigt, dass Geiersberger hinsichtlich der Grundidee später kaum noch wesentliche Änderungen oder Erweiterungen vorgenommen hat, allenfalls hinsichtlich der mit Hilfe des Maschinenringes erzielbaren Wirkungen.

Auch im Hinblick auf die besondere Form, nach der die über- bzw. zwischenbetriebliche Zusammenarbeit im Maschinenring erfolgen soll, hat er konsequent am ursprünglichen Konzept festgehalten. Oder, um es zu präzisieren: Lohnunternehmen und Maschinengemeinschaften haben seiner Meinung nach im Maschinenring nichts verloren. So steht es klipp und klar in der *Maschinenbank* und ebenso in der *Dritten Bauernbefreiung*.

Mit der ursprünglichen Bezeichnung *Maschinenbank* war die Grundidee, wie die nebenstehende Definition deutlich macht, bereits sehr gut umschrieben. Leider konnte jedoch dieser aussagekräftige, den Kern der Sache treffende Name aufgrund der Bestimmungen des Kreditwesengesetzes nicht verwendet werden.

Zu den Auswirkungen des Maschinenringes schreibt Geiersberger: *Wenn die Hauptaufgabe der Maschinenbanken auch auf dem Gebiete der Mechanisierung liegt, mit dem Ziel, den vollmechanisierten „Ein-Mann-Betrieb" zu erreichen, so soll damit nicht gesagt werden,*

Grünes Licht für die Maschinenring-Idee durch den BayWa-Vorstand

Auszüge aus dem Protokoll der Vorstandssitzung der BayWa AG vom 22. 8. 1958

Zu 4 TO führt Dr. Geiersberger – Pressestelle Folgendes aus:
„Die Konkurrenzfähigkeit der deutschen landwirtschaftlichen Betriebe im Rahmen der EWG ist davon abhängig, ob ihnen eine Produktionskostensenkung gelingt. Der ohne Überschuldung vollmechanisierte Ein-Mann-Betrieb hat die größte Chance, im Konkurrenzkampf zu bestehen." Ähnlich wie beim Geldgeschäft müsste deshalb die vorhandene Maschinenkapazität im Dorf von der Raiffeisenkasse disponiert werden. Durch Abschluss von Mietverträgen sowohl mit den Betriebsinhabern, die zusätzliche Maschinenstunden benötigen, als auch mit denen, die überschüssige Maschinenkapazitäten zur Verfügung haben, wären die Maschinen weitestgehend auszulasten. Dazu wäre jeweils für eine „Maschinengemeinde" ein eigener Mann einzusetzen und auszubilden, der nur für diese Vermittlungstätigkeit der Raiffeisenkasse zur Verfügung stünde. Die Vollmechanisierung wäre durch weiteren Ankauf von Maschinen der einzelnen Teilnehmer der „Maschinengemeinde" mit gleichzeitigem Mietvertrag über die Raiffeisenkasse anzustreben. Der Mieter müsste an die Raiffeisenkasse zahlen, die nach Absetzen einer Vermittlungsgebühr dem Vermieter den Betrag im Kontokorrentverkehr gutschriebe. Die Finanzierung innerhalb der „Maschinengemeinde" wäre über die Konten der Teilnehmer bei der Raiffeisenkasse abzuwickeln. Jeder an der „Maschinengemeinde" teilnehmende Betrieb hätte sich auf eigene Kosten einen Telefon-Nebenanschluss zur Raiffeisenkasse installieren zu lassen. Dadurch wäre eine reibungslose und schnelle Nachrichtenübermittlung bei der anschwellenden Maschinenvermittlung möglich.
Als erstes wären sofort Beispiels-Maschinengemeinden zu errichten, um Erfahrungen in dieser neuen Art der Maschinengemeinschaft zu sammeln. Da diese Beispiels-Gemeinden besonders sorgfältig betreut werden müssten, wäre der Vermittler bei der Raiffeisenkasse für die erste Zeit von der BayWa oder vom Bayerischen Staatsministerium für ELF zu bezahlen. Von den verschiedenen Abteilungen der BayWa wäre jeweils ein Mann zu benennen, der allein für die Betreuung der ‚Maschinengemeinden' zur Verfügung steht."

Nach eingehender Debatte über den Vorschlag Dr. Geiersberger's zur Bildung von Beispiel-Maschinengemeinden wird beschlossen:
Der Vorstand erklärt sich mit der Einrichtung von zwei Beispiel-Maschinengemeinden durch Dr. Geiersberger einverstanden.
Die Bezahlung der bei den Beispiel-Maschinengemeinden zu bestellenden Raiffeisenkassen-Vermittler wird für das erste Jahr von der BayWa übernommen.
Von den einzelnen Geschäftsabteilungen der BayWa ist je ein Mann zu benennen, der für die Beratung dieser Maschinengemeinden zur Verfügung steht.

Dieses Protokoll wurde von den Vorstandsmitgliedern Dr. Singer, Dr. Holzer, ÖRt Weis, Hammer, Löhner, Dr. Hohenegg, Hauer, Frhr. von Feury und dem Schriftführer Dr. Roetzer unterzeichnet.

Die Grundidee zur Maschinenbank

Das Gebot der Stunde ist es, wie zu Raiffeisens Zeiten, das brachliegende, unverzinste Kapital, das heute in Form von Maschinen in den Betrieben festlegt, durch Selbsthilfe zu mobilisieren und der technischen Weiterentwicklung aller Betriebe nutzbar zu machen. Das geschieht im Rahmen der „Maschinenbank", die nach den klassischen Formen des Geld- und Kreditgeschäftes ... überschüssiges Maschinenkapital dadurch verzinst, dass sie es bedürftigen Betrieben als Kredite in Form von Maschinen-Arbeitsstunden zur Verfügung stellt.

Quelle: Die Maschinenbank, Seite 82

GESCHICHTE UND STAAT

Erich Geiersberger

Die Dritte Bauernbefreiung

MR

Eine Auswahl wichtiger Themen dieser Schrift

Mobilmachung der Landwirtschaft im Maschinenring

Die deutsche Alternative zum Mansholtplan

Der Nebenerwerbslandwirt als Bindeglied zwischen Industrie und Landwirtschaft

Der Zuerwerbslandwirt als Bindeglied zwischen Voll- und Nebenerwerbsbetrieb

Der Betriebshelfer im Maschinenring

Der Maschinenring – Basis der Landschaftserhaltung

Maschinenring, Kooperation, Kolchos?

Freiheit durch Partnerschaft im Maschinenring

---

dass die „Maschinenbank" nicht auch andere Aufgaben bewältigen soll. Die Hilfe in der Mechanisierung durch Verzinsung brachliegender Gelder (= überschüssige Maschinen) ist nur die Hauptaufgabe und das Kernstück der „Maschinenbank".[15]

Geiersberger war jedoch, schon damals, überzeugt, *dass die Auswirkungen dieses Modells (= des Maschinenringes) tatsächlich in sämtlichen Bereichen der Agrarproduktion spürbar sein werden. Sie bringt, wenn sie erst einmal in großem Umfang Eingang in die Landwirtschaft gefunden hat, eine absolut neue Basis für Agrarwirtschaft und Agrarpolitik ...*[16]

Bereits der Titel seiner zweiten Schrift zum Maschinenringkonzept *Die Dritte Bauernbefreiung*, zeigt die *gesamte Breite der Wirkungsmöglichkeit* des Maschinenringes auf. Es handelt sich dabei im Wesentlichen um eine Zusammenstellung von Grundsatzreferaten, die er bei Grundlehrgängen für MR-Geschäftsführer und im Rahmen der I. und II. Inter-MR gehalten hat.
Der nebenstehende Auszug der wichtigsten Themen dieser Vortragssammlung zeigt deutlich, dass nun Geiersberger (1974) weit über das ursprüngliche *Kernstück* des Maschinenringes, die Vollmechanisierung der Landwirtschaft, hinaus denkt.

Es ist immer wieder erstaunlich und beeindruckend, wie deutlich Geiersberger bereits 1959, bei der Niederschrift der „Maschinenbank" und noch mehr in dem 1974 erschienenen Buch *Die Dritte Bauernbefreiung*, die künftige Entwicklung der Landwirtschaft vorhergesehen und klar angesprochen hat. Die Zitate auf der folgenden Seite vermitteln einen Eindruck davon.

Obwohl Geiersberger nach seinem Ausscheiden bei der BayWa als Leiter des Landfunks mehr als einen Fulltimejob übernommen hatte, rund fünf Jahre später mit *Unser Land* noch zusätzlich ein außerordentlich erfolgreiches neues Fernseh-Format aufgebaut hatte und, wie die Übersicht seiner Vita zeigt, nach und nach noch eine Reihe weiterer innovativer Initiativen angestoßen hatte, mischt er beim Aufbau der Maschinenringe weiter kräftig mit.

■ Geiersberger nimmt Einfluss auf den Kurs der Maschinenringe

Es begann gleich mit heftigen Auseinandersetzungen zur Frage hauptberuflicher oder nebenberuflicher Geschäftsführer. Dieser Streit – er ist in den Kapiteln über die Raiffeisen- bzw. Sparkassen-Maschinenringe ausführlich beschrieben – hat die Entwicklung der Maschinenringe, insbesondere in Bayern in der Zeit nach 1958, stark geprägt.

Und es hat bis 1970 gedauert, bis es ihm in Zusammenarbeit mit Dr. Hans Eisenmann, ab 1969 bayerischer Landwirtschaftsminister, gelungen ist, dass wenigstens in Bayern, 12 Jahre nach Gründung des ersten Maschinenringes in Buchhofen, nur noch hauptberuflich geführte Maschinenringe gefördert werden. In Niedersachsen ging man von vorneherein diesen Weg. Anders dagegen vor allem in Baden-Württemberg, wo man lange Zeit ausdrücklich auf den nebenberuflich geführten Maschinenring setzte. In einer Landfunksendung mit dem Titel Schwabenstreiche hat Geiersberger diese Entwicklung heftig angegriffen.[17]

Schließlich scheiterte an dieser *Formalie* (der Forderung nach hauptberuflicher Geschäftsführung) 1977 auch die vorgesehene Vereinbarung zwischen Bundesverband der Maschinenringe (BMR) und Deutschem Bauernverband, in der sich der Bauernverband zur Unterstützung bei der Gründung und beim Aufbau von Maschinenringen verpflichten sollte. Gleichzeitig kam es aufgrund der Meinungsverschiedenheiten in dieser Frage auch zur Spaltung des Bundesverbandes der Maschinenringe. Die Landesverbände Baden-Württemberg, Rheinland-Pfalz/Saarland, Westfalen-Lippe und Schleswig-Holstein stimmten der vom DBV vorgelegten Vereinbarung zu; sie unterlagen aber Bayern und Niedersachsen, die aufgrund ihrer großen Mitgliederzahl die Mehrheit im BMR hatten.

Die Schuld am Scheitern des genannten Vertrages sahen die *Vier* weniger bei den beiden Verbänden Bayern und Niedersachsen, sondern in erster Linie bei Dr. Geiersberger. Als Einzelperson gehörte er ebenso wie einige weitere Gründungsmitglieder dem BMR als Mitglied an. Gleichzeitig zogen sie aus dieser Abstimmungsniederlage die Konsequenz, kündigten die Mitgliedschaft im BMR und kehrten erst 1980 wieder zurück, nachdem ihrer Forderung, künftig keine Einzelpersonen mehr als Mitglieder im BMR zu akzeptieren, durch eine Satzungsänderung entsprochen wurde.

Geiersberger hat, wie diese Vorgänge zeigen, also nicht nur in Bayern das MR-Geschehen beeinflusst, sondern bundesweit und darüber hinaus.

Er wirkte selbstverständlich auch bei der Gründung *der Bundesarbeitsgemeinschaft der Maschinenringe mit,* die 1965 in Kassel im Rahmen der ersten offiziellen Bundestagung der Maschinenringe stattfand. Ebenso vier Jahre später bei der offiziellen Gründung des Bundesverbandes der Maschinenringe e.V. in Hildesheim.

Zu Bundeslandwirtschaftsminister Hermann Höcherl (1966 bis 1969) hatte er ein besonders gutes, enges Verhältnis; denn Höcherl hat als Nichtfachmann (er war Jurist) Dr. Geiersberger wiederholt um seinen agrarpolitischen Rat gebeten. Verstärkt wurde sein guter Draht ins Bundeslandwirtschaftsministerium noch zusätzlich durch einen ebenfalls guten Kontakt zu Staatssekretär Dr. Fritz Neef, ebenfalls nicht vom Fach.

Über diese Schiene hat Geiersberger eine für die Entwicklung der Maschinenringe in Deutschland und darüber hinaus außerordentlich wichtige, bis heute nachwirkende Maßnahme initiiert: die Einrichtung und Förderung der Grundlehrgänge für MR-Geschäftsführer (siehe Seite 184/185). Neef war es auch, der als Berufsbezeichnung für MR-Geschäftsführer den Begriff *Agrarmanager* ins Spiel brachte.[18]

Nicht unbeteiligt war Geiersberger auch an der Gründung des Kuratoriums Bayerischer Maschinenringe (KBM). Er zählte zu den 10 Personen, die im Juni 1969 mit ihrer Unterschrift die vorläufige Vereinsgründung möglich machten (siehe Seite 71 und folgende). Das gleiche gilt für die Wahl des Ersten Vorsitzenden des KBM im Jahr darauf. Geiersberger wollte, das ist kein Geheimnis, mit allen Mitteln erreichen, dass Richard Carmanns, bis dahin Vorsitzender des Landesverbandes Bayerischer Maschinenringe Sparkassen e.V., in dieses Amt gewählt wird und nicht Wolf von Stetten, der Vorsitzende des Landesverbandes Bayerischer Maschinenringe Raiffeisen e.V. Von Stetten hat dann aber überraschenderweise auf eine Kandidatur verzichtet, so dass es zu keiner Kampfabstimmung zwischen den beiden bisherigen Landesvorsitzenden kam.

Diese *Geschichte* und das glückliche Zusammentreffen mit dem späteren bayerischen Landwirtschaftsminister Dr. Hans Eisenmann werden ausführlich im Kapitel *Maschinenring: Instrument einer neuen Agrarpolitik* behandelt. Ebenso sein Verhältnis zu Dr. Sicco Mansholt. Mit dessen Analyse zur Situation der Landwirtschaft und ihrer Probleme stimmte Geiersberger voll überein. Sie war ihm als Argumentationshilfe auch sehr willkommen. Lediglich hinsichtlich der richtigen Therapie gingen ihre Meinungen total auseinander.

Eine essenzielle Forderung von Geiersberger war nicht nur der hauptberufliche Geschäftsführer, sondern auch seine am Umsatz orientierte Bezahlung. Deshalb hat es die KBM-Führung nicht überrascht, dass Geiersberger sich in dieser Frage einschaltete; denn es hatte sich herumgesprochen, dass dies von einer Reihe von Ringen strikt abgelehnt wird. Glücklicherweise gelang es bei der *Abfassung der Richtlinien zur Bezahlung der Geschäftsführer,* in dieser Frage einen Kompromiss zu finden, mit dem beide Seiten leben konnten.

Eine gewisse Zeit glaubte man auch, Geiersberger würde dem Ruf von Dr. Eisenmann folgen und wieder ins Landwirtschaftsministerium zurückkehren, das er 1956 als Assessor verlassen hatte, um nun als Amtschef, gemeinsam mit dem Minister, für eine schnelle und erfolgreiche Umsetzung der neuen agrarpolitischen Ziele zu sorgen. Wie ernst es Geiersberger mit diesem Schritt wirklich war, kann auch nach genauer Lektüre seiner Memoiren, in denen er diese Episode ausführlich schildert, nicht gesagt werden. Scherzhaft meinte er einmal, bereits die Ankündigung dieses Wechsels hätte die Beamten im Ministerium so auf Trab gebracht, dass es gar nicht mehr notwendig war, diesen Schritt zu vollziehen.

Vielleicht kam er auch zu der Überzeugung, dass er außerhalb des Verwaltungsapparates des Ministeriums auf Dauer mehr bewirken kann.

So wie im Falle der gescheiterten Vereinbarung zwischen BMR und DBV hat Geiersberger immer wieder, wenn er das Gefühl hatte, seine Idee werde falsch interpretiert oder gar verwässert, eingegriffen. Ein Beispiel dafür ist die Maschinengemeinschaft (siehe nebenstehend). Mit dem Aufkommen so genannter Großmaschinen, zum Beispiel dem sechsreihigen Zuckerrübenvollernter oder den riesigen SF-Mähdreschern, erwies es sich als nahezu unmöglich, dem Prinzip: im MR müssen die Maschinen im Privatbesitz der Mitglieder sein, noch gerecht zu werden. Es gab in dieser Situation nur die Alternativen Lohnunternehmer oder Maschinengemeinschaft. Weder das eine noch das andere entsprach jedoch der Uridee (siehe nebenstehend).

Aber selbst Geiersberger konnte die Gründung von Maschinengemeinschaf-

---

Entwicklungstrends der Landwirtschaft, von Dr. Geiersberger frühzeitig erkannt:

Die deutsche Landwirtschaft muss sich für einen großen Wettkampf rüsten... es geht darum, wer sich innerhalb der EWG behaupten wird oder wer in andere Berufe abwandern muss.

... der Landwirt, der (in diesem Konkurrenzkampf) unterliegt, wird in einem anderen Beruf ein besseres Auskommen finden.

1959 Die Maschinenbank, Seite 11

Der Durchschnittsbetrieb der Bundesrepublik kann, bei wahrscheinlich sinkenden Agrarpreisen, in Zukunft nur existieren, wenn es ihm gelingt, den Mechanisierungsgrad eines „Ein-Mann-Betriebes" zu erreichen.

1959 Die Maschinenbank, Seite 82

Bei steigender Arbeitsproduktivität, bei steigender Produktionsleistung ... und bei damit nicht schritthaltender Konsumsteigerung gibt es für die Landwirtschaft nur eine Lösung: dass immer mehr immer extensiver produzieren, um im außerlandwirtschaftlichen Bereich müheloser ihr Haupteinkommen zu finden. Der Zuerwerb im Maschinenring ist für die Masse der älteren Vollerwerbsbetriebe viel sicherer als eine kapitalintensive Betriebsaufstockung mit unübersehbarem Risiko.

1973 Die Dritte Bauernbefreiung, Seite 24

Die meisten Menschen sprechen heute nur von Entwicklungshilfe. Wirklich in Angriff genommen wird sie erst mit der Steigerung der agrarischen Produktion in den Entwicklungsländern. Der landwirtschaftliche Arbeitsplatz ist der billigste in einem Entwicklungsland und der teuerste in einem Industrieland. Welche Folgerungen daraus zu ziehen sind, so lange Industrienationen Agrarüberschüsse produzieren und die Menschen in den Entwicklungsländern Hunger leiden, liegt auf der Hand.

1972 Die Dritte Bauernbefreiung, Seite 201

Der Maschinenring ...

ist keine Maschinengemeinschaft, auch keine Maschinengenossenschaft und somit kein Miniatur-Kollektiv, sondern ein freiwilliger Zusammenschluss von Bauern, der über einen auf Provisionsbasis arbeitenden Manager die im Privatbesitz vorhandene Technik im Teilzeiteinsatz besser, ja optimal zu nutzen versucht. Es gibt keine Arbeitsverpflichtung. Die Maschinen werden nicht ausgeliehen, sondern jeder fährt seine Maschine selber. Dadurch entsteht zusätzlich auch eine Teilzeitnutzung von Arbeitskräften.

Quelle: Erich Geiersberger, Die Lemminge, 1991, Seite 43

Weshalb Dr. Geiersberger so für seine Idee kämpft, begründete er so:

Wer das Glück hat, von einer Idee wie von einem Blitzstrahl getroffen zu werden, deren Verwirklichung einem ganzen Berufsstand neue Perspektiven gibt, darf nicht krank werden, wenn er der Idee auch zur Anerkennung und zum Durchbruch verhelfen will ...
Wenn man mit einer Idee beglückt wird, wie ich mit der „Partnerschaft von landwirtschaftlichen Voll-, Zu- und Nebenerwerbsbetrieben in einer „Maschinenbank" als Alternative zum erbärmlichen „wachse oder weiche"! muss man ständig auf Achse sein, um sie zu verbreiten. Über 3000 Vorträge – nebenbei - zu halten, nicht nur im gesamten deutschsprachigen Raum, sondern über Europa hinaus, bis Japan und Brasilien, erforderten, dass ich nicht nur über zwei Millionen km am Steuer meiner Autos sitzen musste, sondern mindestens ebenso viele im Flugzeug.
Quelle: Glück gehabt! S. 261

... und mit welch rhetorischer Kraft er dies betreibt, zeigt eine Auswahl von seinen starken Sprüchen:

Nach Meinung der Preußen ist der „Bayerische Weg" eine besondere Spielart barocker bayerischer Lebensart.
Mein saures Bier ist es, die Wahrheit zu sagen.
Es gibt keine Landwirtschaft in einer Industrienation, bei der man beruhigt in die Zukunft sehen kann.
Alle, die wir hier sitzen, werden das Ende der Überschüsse nicht erleben.
Glauben Sie nicht, ich weiß es nicht, dass es schwer ist, vom Bauern Umdenken zu verlangen.
Sie arbeiten mehr wie die andern und verdienen weniger als die anderen.
Mein Appell: Machen Sie, was Sie wollen, aber handeln Sie und jammern Sie nicht!
Wenn ich hohe Honorare fordere, dann deswegen, weil ich Mangelware darstelle, nämlich Vortrag von Wahrheit, und die kostet etwas.
Die Landwirtschaft lebt von den Ideen ihrer Theoretiker; aber zu Lebzeiten hat sie sie beschimpft und hinterher ihnen ein Denkmal gebaut.
Ich bemühe mich leidenschaftlich, Ihnen die Zukunft zu erklären.
Quelle: Thomas Legner, Also sprach Dr. Erich Geiersberger, Dingolfinger Anzeiger 11.7.1972

ten in den Ringen nicht verhindern. Vielleicht haben aber seine Einwendungen dazu beigetragen, aus den Fehlern früherer Maschinengemeinschaften zu lernen und sie nun MR-konform zu gestalten. Dies ist ohne Zweifel gelungen.

Schließlich hat sich auch Geiersberger damit abgefunden. Allerdings findet sich in keiner seiner zahlreichen Äußerungen zu dieser Frage eine positive Aussage zur Maschinengemeinschaft oder wenigstens eine kleine Korrektur seiner, wie das nebenstehende Beispiel zeigt, fast wie Glaubenssätze formulierten Definition des Maschinenringes. Immerhin wurde diese Definition erst 1991 veröffentlicht, also zu einem Zeitpunkt, als sich Maschinengemeinschaften bereits in vielen Maschinenringen bestens bewährt hatten.

Im Rahmen von Geschäftsführer-Tagungen und ebenso von Grundlehrgängen war es in den 70er und auch noch in den 80er Jahren selbstverständlich, dass Dr. Geiersberger zu grundsätzlichen MR-Fragen seine Position darstellte. Das hat dazu geführt, dass seine spezifischen Vorstellungen zum Maschinenring bei den in dieser Periode tätigen MR-Geschäftsführern noch fest verankert waren. Ein Abweichen davon, wie zum Beispiel im Fall der Maschinengemeinschaften geschehen, erforderte schon einen kritischen Geist und ein hohes Maß an Selbstsicherheit.

Hier einige Themen von Grundsatz-Referaten, die Dr. Geiersberger bei Geschäftsführer-Arbeitsbesprechungen behandelt hat:
1975: *Stolpersteine auf dem Weg zum Manager*
1983: *Brauchen wir eine Ausweitung der MR-Aufgaben?*
1987: *Ist bei den bayerischen MR eine Kurskorrektur notwendig?*

Dieses feste, unerbittliche Beharren Geiersbergers auf den einmal aufgestellten Regeln und Grundsätzen führte dazu, dass auch positiv eingestellte Beobachter ihm häufig vorwarfen, aus einer guten Idee eine übertriebene Ideologie gemacht zu haben. Das folgende Zitat aus einem Bericht der *Landtechnik* zur II. Inter-MR 1974 in München ist ein Beispiel dafür: *Es wird immer zahlreiche Variationen der lobenswerten Maschinenring-Idee geben. Sie kann sich nur bewähren, wenn sie nicht in einer fest gefügten, ideologisch bestimmten Form erstarrt, sondern sich flexibel den Erfordernissen anpasst. Dazu müssen Erfahrungsaustausch und Diskussion helfen.*[19]

Geiersberger, *Evangelist und Apostel* seiner eigenen Idee

Über Bayern und Deutschland hinaus hat Geiersberger keine Mühe gescheut, seine Idee bekanntzumachen und für ihre Verbreitung zu sorgen. Er war nicht nur der Erfinder und Begründer des Maschinenringes, sondern gleichzeitig auch quasi der mit Abstand bedeutendste *Evangelist und Apostel* seiner eigenen Idee. Dabei beschränkte er sich nicht nur auf das Medium Landfunk, und später Fernsehen, sondern hielt auch noch zahllose Vorträge. Wie er selbst berichtet, anfangs mindestens drei pro Woche; insgesamt waren es über 3000, in Deutschland und darüber hinaus.[20]

Als begnadeter, sprachgewaltiger Redner gelang es ihm sogar, in rauchigen Bierzelten die Zuhörer, auch nach dem Genuss von ein oder zwei Maß Bier, noch zu fesseln. Die Lektüre der nebenstehenden Auswahl von kraftvollen Sprüchen aus einer dieser Reden – sie wurde am 7. 7. 1972 beim MR Dingolfing gehalten – unterstreicht dies.

Über den Landfunk erreichte Geiersberger, quasi nebenbei, auch große, an Bayern angrenzende Teile Österreichs. Diese Möglichkeit verhalf ihm auch dort zu großer Popularität, die ihm in dortigen Bauernversammlungen volle Säle bescherte. Die erste fand bereits im Februar 1960 in Andorf, Oberösterreich statt und führte zur Gründung des ersten Maschinenringes in Österreich: *Über 500 Innviertler kamen zu einem Referat des bayerischen Landfunkleiters Dr. Geiersberger zusammen. Sie haben bittere Wahrheiten, die ihnen sonst in bäuerlichen Versammlungen verschwiegen werden, gehört und diese nicht niedergeschrieen, sondern mit steigendem Interesse und stellenweise kräftigem Beifall entgegengenommen.*[21]

Als wichtigste Plattform zur Verbreitung der MR-Idee über Deutschland hinaus fungierten ab 1972 die Internationalen Tagungen der Maschinenringe, abgekürzt Inter-MR. Die Idee dazu hatte Dr. Johannes Röhner, der erste Geschäftsführer des Bundesverbandes der Maschinenringe. Er hat maßgeblich an der Vorbereitung und Durchführung der beiden ersten Kongresse in Berlin (1972) und in München (1974) mitgewirkt. Von Anfang an war es selbstverständlich, dass Dr. Geiersberger zur Eröffnung dieser Veranstaltung ein Grundsatzreferat hielt. Geiersberger hat es dabei immer verstanden, hoch engagiert in seiner unnachahmlichen Rhetorik die Zuhörer zu begeistern. Gleichzeitig nutzte er diesen Auftritt auch meist dazu, seine Grundidee kompromisslos zu vertreten und all die zu geißeln, die sie verwässerten, zu wenig unterstützten oder gar behinderten.

Bereits 1978 fand die vierte Internationale Tagung der Maschinenringe in Tokio/Japan statt. Nur wenige Jahre zuvor hatte Geiersberger bei einer Japanreise den Keim für diese rasante Entwicklung der japanischen Maschinenringe gelegt.

1981, also drei Jahre später, war der Landesverband der Maschinenringe in Luxemburg Veranstalter der V. Inter-MR. Im Rahmen dieses Kongresses wurde auf Initiative von Dr. Geiersberger der *Luxemburger Kreis* gegründet. Geiersberger wurde dessen Vorsitzender. Dr. Roger Kayl, der Geschäftsführer des Luxemburger Verbandes und *Vater* der dortigen MR-Entwicklung, übernahm die Geschäftsführung.

In erster Linie sollte dieser Zusammenschluss von Persönlichkeiten getragen werden, die sich in der Entwicklung der Maschinenringe in ihrem Land bereits verdient gemacht haben (siehe Foto).

Sein wichtigstes Ziel ist *die Fortentwicklung und Wahrung eines Grundkonzeptes, das dem einzelnen Bauern und auch seinem Ring größtmöglichen Spielraum lässt.*[22]

Nach seiner Pensionierung 1991 hat Geiersberger noch einmal ein neues großes Projekt in Angriff genommen. Er gründete eine neue Partei, die *Senatspartei: Der*, wie er selbst bekennt, *einzige Flop in meinem Leben*. Der Gedanke, mit Hilfe dieser Partei der agrarpolitischen Dimension seiner MR-Idee endlich zum Durchbruch zu verhelfen und so die *Agrarpolitik reformieren zu können*, hat dabei keine unwesentliche Rolle gespielt.

Auch wenn er in seinen Memoiren mit dem bezeichnenden Titel *Glück ge-*

Mitglieder des Luxemburger Kreises bei Rudolf Gurtner anlässlich seines 75. Geburtstages vor seinem Haus in St. Georgen/Oberösterreich; v. l.: **Dr. Anton Grimm, Erwin Ballis, Frau Dammann, Dr. Roger Kayl (Luxemburg), Frau Kayl, Dr. Kenji Ishimitsu (Japan), Frau Gurtner, Marjan Dolensek (Slowenien), Frau Ebner, Dr. Erich Geiersberger, Rudolf Gurtner, Ernst Dammann und Herbert Ebner**

habt! sein Leben als eine fast ununterbrochene Kette großer Glücksfälle schildert, ist er doch damit, wie die für die Agrarpolitik verantwortlichen Funktionäre und Politiker auf seine Idee reagiert und mit ihr *umgegangen* sind, alles andere als glücklich. An zahlreichen Stellen seines Lebensberichts bringt er darüber unverhehlt seinen Frust und seine große Enttäuschung zum Ausdruck (siehe unten).

Für Geiersberger, der *den festen Punkt gefunden hatte, von dem aus er die Agrarwirtschaft und Agrarpolitik aus den Angeln „heben" konnte*, mag das Ergebnis seines fast fünfzigjährigen Engagements enttäuschend sein.[23]

Der Chronist – und viele seiner Zeitgenossen – sieht dies anders. Die folgenden Kapitel, in denen die Leistungen und Erfolge der bayerischen Maschinenringe ausführlich gewürdigt werden, zeichnen ein überwiegend positives Bild.

Geiersberger zur Bedeutung und zur agrarpolitischen Anerkennung seiner Idee

Ich weiß, dass seit der Genossenschaftsidee von Friedrich Wilhelm Raiffeisen, 1848, keine Idee mehr die Landwirtschaft so verändern wird wie „meine Maschinenbank". Natürlich hätte ich es auch noch gerne erlebt, wie die Landwirtschaft ohne Subventionen selbst in einer globalen Welt überlebt.

Also muss man das Ziel, der Landwirtschaft eine Alternative zum „Wachse oder Weiche" entwickelt und praxisreif gemacht zu haben, höher stellen als das, als deren Erfinder anerkannt zu werden.

Denn meine „Maschinenbanken" wurden als „Maschinenringe" zwar zur Senkung von Produktionskosten anerkannt. Als agrarpolitische Alternative zum „Wachsen oder Weichen" aber – bis heute! – nicht!

Allerdings dauert es schon einige Jahre, zuerst bis man begreift und dann erst bis man akzeptiert, dass man die politische Anerkennung nicht mehr erleben wird.

Quelle: *Glück gehabt!* Seite 170, 205, 137/138 und 200

Quellen:
[1] Dr. Erich Geiersberger, *Glück gehabt!*, Edition Zeitkritik 2006, S. 271
[2] dito, S. 278
[3] dito, S. 5
[4] dito, S. 10
[5] dito, S. 39
[6] dito, S. 47
[7] Gesprächsnotiz des Autors vom 13. 5. 2006/ Taubenbach
[8] Dr. Erich Geiersberger, *Glück gehabt!*, Edition Zeitkritik 2006, S. 60
[9] dito, S. 79
[10] dito, S. 83/84
[11] dito, S. 144
[12] Protokoll der Vorstandssitzung der Baywa AG vom 22. 8. 1958
[13] Dr. Erich Geiersberger, Die „Maschinenbank", BLV Verlagsgesellschaft München Bonn Wien, 1974
[14] Dr. Erich Geiersberger, Die *Dritte Bauernbefreiung*, Günter Olzog Verlag München-Wien, 1974
[15] Die *Maschinenbank*, S. 69
[16] dito, S. 80
[17] MR-Intern 3/78
[18] Dr. Erich Geiersberger, *Glück gehabt!*, Edition Zeitkritik 2006, S. 194 bis 197
[19] Walter-Robert Blum, *Maschinenring-Idee in der Bewährung*, Landtechnik Nr. 8/1974
[20] Dr. Erich Geiersberger, *Glück gehabt!*, Edition Zeitkritik 2006, S. 146 und 261
[21] Rudolf Gurtner, *Gemeinsam geht's leichter*, 1976, S. 79/80
[22] Dr. Erich Geiersberger, MR-Intern 1/81
[23] Dr. Erich Geiersberger, *Glück gehabt!*, Edition Zeitkritik 2006, S. 146

In 24 Thesen fasst Dr. Geiersberger sein „Maschinenring-Credo" zusammen

1. Die Landwirtschaft läuft Gefahr, zwischen Landflucht und Mechanisierungskosten zerrieben zu werden.

2. Der Durchschnittsbetrieb der Bundesrepublik kann, bei wahrscheinlich sinkenden Agrarpreisen, in Zukunft nur existieren, wenn es ihm gelingt, den Mechanisierungsgrad eines „Ein-Mann-Betriebes" zu erreichen. Der Besitzer muss erst mit der Bäuerin und später mit dem Erben den Hof allein bewirtschaften können.

3. Durch Einzelmechanisierung kann der Durchschnittsbetrieb unmöglich vollmechanisiert werden, weil die ha-Belastung durch die dazu erforderlichen Maschinenkäufe den Einheitswert um das 2-3 fache übersteigen würde.

4. Die bisher als „vollmechanisierte" geltenden Familienbetriebe haben diesen Mechanisierungsgrad meist nur durch Eingriffe in die Substanz erreicht. Sie haben den Wald abgeschlagen oder einen Vorgriff auf die später auszuzahlenden Erbteile der Kinder vorgenommen.

5. Der so beschaffte Maschinenpark ist schlecht ausgelastet und erhöht dadurch die Produktionskosten. Derartige Betriebe sind nicht in der Lage, die erforderlichen Maschinen zur richtigen Zeit nachkaufen zu können; sie verlieren also, trotz aller Opfer, den technischen Anschluss.

6. Betriebe, denen eine derartige Substanz nicht zur Verfügung steht, sind heute schon nicht in der Lage, auch nur eine vernünftige Teilmechanisierung zu erreichen. Sie bleiben bei der Motorisierung stehen und sind im Konkurrenzkampf innerhalb der EWG hoffnungslos benachteiligt.

7. Das Gebot der Stunde ist es, wie zu Raiffeisens Zeiten, das brachliegende, unverzinste Kapital, das heute in Form von Maschinen in den Betrieben festliegt, durch Selbsthilfe zu mobilisieren und der technischen Weiterentwicklung aller Betriebe nutzbar zu machen.

8. Das geschieht im Rahmen der „Maschinenbank", die nach den klassischen Formen des Geld- und Kreditgeschäftes (ohne Bildung von Maschinengemeinschaften oder Nutzungsgemeinschaften) überschüssiges Maschinenkapital dadurch verzinst, dass sie es bedürftigen Betrieben als „Kredite" in Form von Maschinen-Arbeitsstunden zur Verfügung stellt.

9. Jedes Mitglied dieser Genossenschaft bleibt selbstständig; denn freiwillig ist nicht nur der Beitritt, sondern auch jeder Arbeitseinsatz. Jeder hat die Möglichkeit, eine Arbeit abzulehnen.

10. Die „Maschinenbank" zwingt ihre Mitglieder nicht zur Vollmechanisierung, sie bietet ihnen aber die Möglichkeit dazu. Sie bringt den Bauern eine Arbeitsspezialisierung ohne den Betrieb spezialisieren zu müssen!

11. Der Aufbau einer „Maschinenbank" beginnt mit einer totalen Maschineninventur bei allen Mitgliedern, um einen Überblick über den Mechanisierungsgrad der einzelnen Betriebe zu bekommen.

12. Maschinen, die bei der Inventur unverbindlich angeboten werden, berechnet der Geschäftsführer nach den Erfahrungswerten von Schaefer-Kehnert und ermittelt so ihren Einsatz-Stundenwert.

13. Sämtliche Maschinenberechnungen werden in einer alphabetischen Preisliste zusammengestellt, die allen Mitgliedern ausgehändigt wird.

14. Bedienungsmaschinen werden grundsätzlich nur mit deren Besitzern oder mit vom Besitzer beauftragten Personen in den Einsatz gefahren; sie werden also nicht aus der Hand gegeben.

15. Bei Bedienungsmaschinen wird in den Stundentarif grundsätzlich der Arbeitslohn für den Bedienungsmann, nach ortsüblichen Sätzen, einbezogen.

16. Die Mitglieder bestätigen sich nach vollzogenem Einsatz die Flächen- oder Stundenleistung auf einem eigenen Arbeitsbeleg, der zur Berechnung an den Geschäftsführer abgegeben wird; sie rechnen also grundsätzlich nicht miteinander ab, unterschreiben aber beide!

17. Der Geschäftsführer trägt in die Arbeitsbelege die Kostensätze ein und gibt sie zur Verrechnung an die Kassen weiter; es wird grundsätzlich nur bargeldlos verrechnet.

18. Die Bezahlung des Geschäftsführers und der Geschäftsaufwand der „Maschinenbank" werden aus einer Vermittlungsgebühr bestritten, die 5% der Kosten eines Maschineneinsatzes beträgt.

19. Die Entwicklung einer „Maschinenbank" verläuft in zwei Etappen: Zuerst gilt es, die derzeit vorhanden Maschinen so weit als möglich auszulasten (1), dann durch sinnvolle Kaufberatung die vorhandenen Lücken in der Vollmechanisierung zu schließen (2).

20. Von jedem Mitglied wird der Anschluss an das öffentliche Fernsprechnetz gefordert. Beim Beitritt zur „Maschinenbank" ist der entsprechende Antrag an die Bundespost sofort zu unterschreiben.

21. Das Mitglied einer „Maschinenbank" ist verpflichtet, freie Maschinenkapazitäten nur über die „Maschinenbank" zum Einsatz zu bringen und zusätzlichen Maschinenbedarf nur über die „Maschinenbank" zu decken; doch steht es ihm frei, Maschinen überhaupt anzubieten oder zu mieten.

22. Die zukünftigen Geschäftsführer von „Maschinenbanken" sind in einer eigenen Schule sorgfältig auszubilden.

23. Bei der Entwicklung der „Maschinenbanken" im Versuchsmodell ersetzt ein Beratungsteam die mangelnde Ausbildung der Geschäftsführer.

24. Durch die „Maschinenbank" wird eine gesteuerte Vollmechanisierung eines Gebietes mit relativ großem Durchmesser erreicht.

Quelle: Die „Maschinenbank" Seite 82/83

Der erste Modellring entsteht in Buchhofen

Der Ort Buchhofen, im niederbayerischen Gäu, nahe Plattling gelegen, unterscheidet sich nicht nennenswert von anderen Orten dieser Gegend. Und dennoch ist Buchhofen unter Maschinenringfreunden in der ganzen Welt bekannt und längst zum Synonym für den *Maschinenring* geworden.

In Buchhofen wurde am 27. Oktober 1958 im Gasthaus Berger der erste Maschinenring der Welt gegründet, in der Rechtsform einer selbständigen Genossenschaft mit beschränkter Haftpflicht. Die genaue Bezeichnung: *Maschinengemeinde Buchhofen eGmbH*.

Der Gründung waren zwei Informationsveranstaltungen vorausgegangen. Über die zweite, die am 25. September 1958 ebenfalls im Gasthaus Berger in Buchhofen stattfand, hat die Osterhofener Zeitung am 29. September mit der Schlagzeile *In Buchhofen entsteht Deutschlands erste Maschinenbank* ausführlich und auf hohem fachlichem Niveau berichtet. Dies gilt insbesondere auch im Hinblick auf die grundsätzlichen Ausführungen von Dr. Geiersberger. Dieser Artikel des Lokalredakteurs Heinz Hager wurde Grundlage für zahlreiche weitere Beiträge in Fach- und Tageszeitungen. 36 Bauern aus Buchhofen und Umgebung *sagten* bei dieser Veranstaltung *ja zur Maschinenbank* und ließen sich in die Mitgliederliste eintragen.

Mit der Errichtung einer Maschinenbank in Buchhofen stehen wir an der Schwelle einer neuen Epoche im landwirtschaftlichen Genossenschaftswesen. Mit dieser Feststellung verband Dr. Geiersberger den Wunsch und die Hoffnung, *dass der Start in Buchhofen gelingen möge, um damit ein Musterbeispiel für die Vollmechanisierung eines Dorfes der deutschen Landwirtschaft zeigen zu können.*

Alois Berger, der diese Veranstaltung leitete, dankte seinen Berufskollegen für die vorbildliche Bereitschaft, in das neuartige Unternehmen einzusteigen. Er sei fest davon überzeugt, dass in guter Zusammenarbeit das Experiment gelingen werde.[1]

Warum hat Dr. Geiersberger gerade Buchhofen als Standort für den ersten Modell-Maschinenring ausgewählt? Dazu hat er sich mehrfach geäußert. Der Hauptgrund: Hier in Buchhofen hat er auf dem Ammerhof (siehe Foto), dem Gutsbetrieb von Alois Berger, von 1948 bis 1949 sein zweites Lehrjahr verbracht und ist in dieser Zeit mit vielen Buchhofenern in Kontakt gekommen, insbesondere im Rahmen von sportlichen Aktivitäten, die Geiersberger selbst initiiert hatte. Außerdem sah er in seinem Lehrherrn eine wichtige Leitfigur für seine Idee: Alois Berger war nicht nur der erste Praktiker, der von seinem Konzept überzeugt war, sondern auch, wie die nebenstehende Vita zeigt, eine bedeutende und einflussreiche Persönlichkeit in der bayerischen Landwirtschaft.

Andererseits wusste Geiersberger natürlich auch, dass der ausgeprägte Bauernstolz und der sichtbare Wohlstand der Landwirte dieser Region nicht gerade die besten Voraussetzungen dafür waren, um sie für eine *gemeinsame Selbsthilfe zur Vollmechanisierung des bäuerlichen Dorfes* zu begeistern. In einer Charakteristik über die sprichwörtlich reichen Gäubauern heißt es: *Auf den stattlichen Drei- und Vierseithöfen … lebte man so recht selbstbewusst, manches Mal geradezu selbstherrlich. Kein Wunder, dass sich gar mancher in seinem Stolz nicht genug tun konnte und sich bei Gelegenheit recht großspurig gab. Fuhr man zum Markt oder zur Kirchweih, wurden vier oder gar sechs Rösser eingespannt.*[2]

Der Auszug eines Briefes von Dr. Geiersberger vom 20. September 1958 an Alois Berger (siehe folgende Seite) ist eine Bestätigung für diese Einstellung der Gäubauern. Aber Geiersberger ließ sich dadurch nicht irritieren und veranlasste eine zweite Aufklärungsversammlung (25. September), die dann den Durchbruch brachte.

Erst bei der dritten Zusammenkunft, am 27. Oktober, kam es dann zur formalen Gründung. Von den ursprünglich 36 Interessenten blieben noch 14 übrig, die das Statut unterzeichnet haben. Sie sind in einem *Verzeichnis der bei der Gründung beigetretenen Genossen* namentlich und in der Reihenfolge, in der sie sich eingetragen

Bis zur Gebietsreform im Jahre 1972 gehörte Buchhofen zum Landkreis Vilshofen.

In diesem Gasthof wurde die *Maschinengemeinde Buchhofen* gegründet

Dem Gasthof gegenüber: die Kirche und gleich daneben der Ammerhof, der Gutsbetrieb von Alois Berger, dem ersten Vorsitzenden der Maschinengemeinde Buchhofen

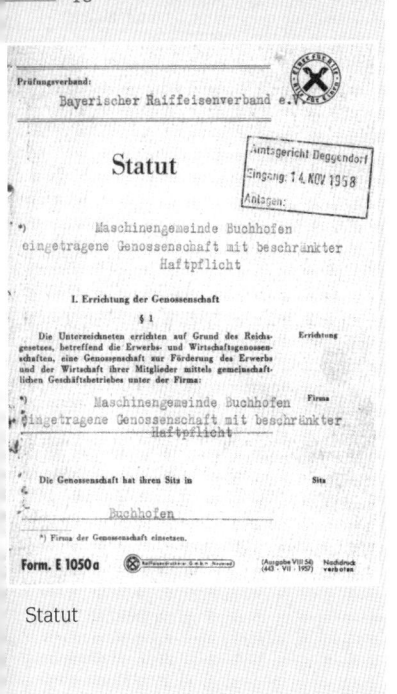

Statut

Verzeichnis Gründungsmitglieder

Auszug eines Schreibens von Dr. Geiersberger an Alois Berger, Ammerhof Buchhofen vom 20. September 1958

Lieber Alois!
Vom Urlaub zurückgekommen, fand ich Deinen Brief vom 12.9., der nicht gerade rosige Aspekte ausweist. Ich mache Dir nun folgenden Vorschlag. Loisl (der Sohn von Alois Berger) möchte, bitte, mit den tatsächlichen Interessenten an der Maschinenbank einen Termin ausmachen, zu dem ich noch mal nach Buchhofen komme. Wenn wir 10 Interessenten zusammenbekommen, fangen wir an, wenn nicht, lasse ich Buchhofen liegen und wende mich anderen Objekten zu.
Loisl möchte das bitte allen in Frage kommenden deutlich zum Ausdruck bringen. Wer schwankt und nicht grundsätzlich ablehnt, soll auch mit zur Versammlung kommen.
Gerade, weil Buchhofen nicht der richtige Boden ist für eine Beispielsgenossenschaft, reizt es mich. Ich persönlich bin der Meinung, wenn es in Buchhofen geht, geht es überall. Der weitere Ausbau der Gemeinschaft, wenn wir einmal mit wenigen angefangen haben, läuft sehr schnell von selber ... Dein Geiersberger

haben, aufgeführt. Acht kommen aus Buchhofen, der Rest von benachbarten Orten (siehe nebenstehend).

Einstimmig wählten sie den Gutbesitzer Alois Berger zum Vorsitzenden des Vorstandes sowie Johann Nepomuk Bichler und Karl Straßmeier zu seinen Stellvertretern. In den Aufsichtsrat wurden die Mitglieder Richard Unverdorben, Ludwig Rixinger und Johann Moser berufen.

Karl Straßmeier, staatlich geprüfter Landwirt und landwirtschaftlicher Berufsschullehrer, wurde als Geschäftsführer ausgewählt und bei der Maschinengemeinde Buchhofen eGmbH angestellt.

▪ Die neue Epoche konnte beginnen

Ein Anfang war getan. Bevor aus der schönen Idee eine reibungslos funktionierende Zusammenarbeit unter den Mitgliedsbetrieben wurde, waren noch manche rechtlichen, organisatorischen und technischen Probleme aus dem Weg zu räumen.

Am einfachsten waren noch die Einrichtung einer Geschäftsstelle und die mit der Gründung einer Genossenschaft verbundenen Formalitäten zu bewältigen.

Das Büro wurde in Buchhofen, im Haus des Geschäftsführers, untergebracht. Die Eintragung im Genossenschaftsregister des Amtsgerichtes Passau erfolgte bereits am 17. 11. 1958. Unter Nr. 39072 wurde daraufhin die Maschinengemeinde Buchhofen als Mitglied im Bayerischen Raiffeisenverband aufgenommen, verbunden mit der Empfehlung: *Im Hinblick auf §§ 14 und 148 der Gewerbeordnung ist die Aufnahme des Geschäftsbetriebes der zuständigen Gemeindebehörde zur Eintragung in das Gewerberegister anzumelden. Die Bestätigung über die erfolgte Anmeldung empfehlen wir Ihren Gründungsakten einzufügen.*[3]

Dass beim ersten Maschinenring die Rechtsform *eingetragene Genossenschaft* und nicht *eingetragener Verein* gewählt wurde, ist nahe liegend. Dr. Geiersberger hat als Genossenschaftsmann im Auftrag der BayWa das Gedankengebäude Maschinenring entwickelt und mit Unterstützung der BayWa in Buchhofen den ersten Modellring initiiert. Erst im Rahmen der 12. ordentlichen Generalversammlung, am 25. Februar 1970 wurde die Auflösung der Genossenschaft und die Gründung eines eingetragenen Vereins verbunden mit dem Beitritt zum Kuratorium Bayerischer Maschinenringe beschlossen.

Bei der Eintragung in das Gewerberegister der Gemeinde Buchhofen wurde als Art des Gewerbes *Maschinenmietung und Maschinenweitervermietung* angegeben. Gleichzeitig musste *die Existenz der Maschinengemeinde auch noch bei der Gewerbeaufsichtsbehörde angezeigt werden. Dieser Umstand führte allerdings zu gewissen Irritationen; deshalb wurde der Raiffeisenverband eingeschaltet. Die Auskunft der Verbandsjuristen: eine reine Formalität!*[4]

Die Gewerbeanmeldung brachte es mit sich, dass sich schon bald das Finanzamt Passau nach den *Umsätzen* erkundigte. Auch in dieser Frage schaltete sich der Raiffeisenverband helfend ein und vertrat die Ansicht, dass nur die Vermittlungsgebühr von 5 % des Umsatzes als umsatzsteuerpflichtige Einnahme gelten könne, nicht dagegen der gesamte bei der Maschinenvermittlung abgerechnete Umsatz. Dabei räumt der Verband ein: *In § 2 des Statuts der Genossenschaft ist zwar als Gegenstand des Unternehmens aufgeführt „Maschinenmietung und Maschinenweitervermietung", jedoch ist nach der Aufgabenstellung der Genossenschaft diese Satzungsbestimmung irreführend und falsch. Die Genossenschaft wird deshalb bei nächster Gelegenheit eine Satzungsänderung vornehmen und als Gegenstand des Unternehmens etwa „Vermittlung landwirtschaftlicher Maschinen" im Statut aufnehmen.*[5]

Für die gesetzliche Unfallversicherung galt die Verwaltungs-Berufsgenossenschaft in Hamburg als zuständig. Bei ihr war Buchhofen mit Wirkung vom 1. Januar 1959 unter der Nummer 5052 102982 versichert. Später wurden jedoch die Maschinenringe bei der landwirtschaftlichen Berufsgenossenschaft als Versicherte geführt.

Aber auch scheinbare Kleinigkeiten mussten beachtet werden. So monierte der Kreisverband Niederbayern des Bayerischen Raiffeisenverbandes: *Uns fällt auf, dass in Ihrem Stempel die Firma nicht richtig wiedergegeben ist. Diese lautet: „Maschinengemeinde Buchhofen eingetragene Genossenschaft mit beschränkter Haftpflicht". Der Stempel muss in dieser Form angefertigt sein, damit rechtsverbindlich unterzeichnet werden kann. Die beanstandete Firmierung lautete: Maschinengemeinde eGmbH Buchhofen Kr. Vilshofen/Ndb.*[7]

Errichtung einer Filiale in Haunersdorf

Ein weiterer Anlass zur Änderung des Statuts war die Aufnahme von Landwirten aus der Gemeinde Haunersdorf im Vilstal; denn ursprünglich konnten nur Landwirte, die ihren Wohnsitz in Buchhofen und einem Umkreis von 10 Kilometer haben, Mitglied werden. Das Interesse der Haunersdorfer Bauern am Maschinenring wurde von Joseph Maidl, dem Adoptivsohn von Alois Berger, der dorthin geheiratet hatte, geweckt.

Die Errichtung einer Filiale der Maschinenbank Buchhofen wurde am 12. Juni 1959 im Gasthaus Schweikl in Haunersdorf im Rahmen einer Versammlung beschlossen, zu der das Landwirtschaftsamt Landau an der Isar eingeladen hatte. Sebastian Krimmer (aus Haxthausen im Landkreis Freising) hat vom 1. Juli 1959 bis Ende des Jahres 1959 als Angestellter der Maschinengemeinde Buchhofen die Geschäftsführung wahrgenommen. Danach wurde Haunersdorf selbständig, mit Krimmer als Geschäftsführer und Josef Maidl als Vorsitzendem. Zur Bezahlung des Geschäftsführers wurden 60 Prozent des vom bayerischen Landwirtschaftsministerium gewährten Zuschusses von 3000 DM verwendet.[8]

Auf dem Hof von Joseph Maidl in Taubenbach wurde ein Büroraum gemietet und gleichzeitig ein Fernsprechanschluss mit der Bitte um bevorzugte Installation beantragt.[9]

Die Finanzierung des Ringes

insbesondere des Geschäftsführers – diese Frage gab von Anfang an etwas Anlass zu Sorgen. Auch wenn die BayWa zugesichert hatte, Buchhofen als Versuchsring *bis zur finanziellen Selbständigkeit* zu finanzieren, sorgte man sich von Anfang an um die Zeit danach. Dies geht deutlich aus dem nebenstehenden Schriftwechsel hervor (siehe nebenstehend).

Außerdem hat die Maschinengemeinde Buchhofen schon kurz nach der Gründung auch beim Bayerischen Staatsministerium für Ernährung, Landwirtschaft und Forsten eine Förderung beantragt und, nachdem ein halbes Jahr keine Antwort kam, mit Schreiben vom 16.6.1959 noch einmal um *eine wohlwollende Behandlung gebeten*.

1958 und 1959 hat die BayWa der Maschinengemeinde monatlich 650,– DM überwiesen, danach bis Ende 1961 noch 250,– DM, und bis Ende 1962 200,– DM. Als Starthilfe für die Einrichtung des Büros leistete sie außerdem noch einen einmaligen Zuschuss von 1700,– DM. Das Landwirtschaftsministerium gewährte zunächst eine Beihilfe von monatlich 265,– DM zu den Personalkosten. Später wurde Buchhofen entsprechend den allgemeinen staatlichen Beihilferichtlinien gefördert. Ab 1969 unterstützte zusätzlich der Landkreis Vilshofen die Maschinengemeinde Buchhofen mit jährlich 1000,– DM.

Das monatliche Gehalt für Geschäftsführer Straßmeier, der hauptberuflich angestellt war, belief sich auf 650,– DM. Sein Nachfolger, Ludwig Rixinger, war nebenberuflich mit anfangs 250,– DM/Monat und einer einmaligen Prämie zum Jahresende von 110,– DM beschäftigt. Ab 1960 gab es monatlich 310,– DM und eine Prämie von 150,–, bis er schließlich 1969 einen Monatslohn von 410,– DM und eine Prämie in gleicher Höhe erreichte.

Aus der untenstehenden Übersicht von Einnahmen und Ausgaben in der Aufbauphase ist zu entnehmen: Der Anteil der Eigenleistungen (Beiträge + Provision) erhöhte sich zwar von 13 Prozent 1959 auf 56 Prozent 1969. Ohne Zuwendungen von außen wäre aber eine gesicherte Finanzierung trotz der bescheidenen Personal- und Sachaufwendungen kaum oder nur sehr schwer möglich gewesen. Allerdings wurde 1964 die Vermittlungsprovision von 5 auf 2 % reduziert. Im Gegenzug wurden aber die Beitrittsgebühr und der Mitgliedsbeitrag erhöht. Der Rückgang der Provision von 1969 gegenüber den ersten Jahren ist also nicht durch einen rückläufigen Umsatz bedingt, sondern durch eine Reduzierung der Provisionsquote.

Auszug eines Briefes von Straßmeier an den Generaldirektor der BayWa, Dr. Josef Singer ...

Schon immer wurden von Seiten der Mitglieder Bedenken geäußert, die BayWa könnte eines Tages durch unvorhergesehene Komponenten die Finanzierung des Projektes einstellen. Diese Bedenken haben sich noch verdichtet, nachdem Herr Dr. Geiersberger zum Bayerischen Rundfunk übergewechselt ist. Damit wir unsere Mitglieder diesbezüglich beruhigen können, bitten wir Sie höflich um eine schriftliche Erklärung Ihrer Institution.
Mit vorzüglicher Hochachtung
gez. Straßmeier

... und dessen Antwort vom 24. Juni 1959:

Auf Ihr Schreiben vom 20.6.59 kann ich Ihnen mitteilen, dass Ihre Bedenken grundlos sind. An unserer Haltung gegenüber der Maschinengemeinde Buchhofen ändert sich nichts. Im Übrigen wird Herr Dr. Geiersberger Sie weiter betreuen. Selbstverständlich wird der Nachfolger von Herrn Dr. Geiersberger mit der Zeit in die Angelegenheit eingeführt. Weiterhin alles Gute.
Mit bestem Gruß
gez. Dr. Singer.

Entwicklung von Einnahmen und Ausgaben der Maschinengemeinde Buchhofen 1958–1969

	1958	1959	1960	1961	1969
Beiträge	–	280,–	143,–	99,–	2536,–
Provision	–	1591,–	1741,–	2275,–	1628,–
Zuwendungen	3000,–	12280,–	6050,–	4135,–	3200,–
Einnahmen insgesamt	3000,–	14151,–	7934,–	6509,–	7364,–
Ausgaben insgesamt	1332,–	13727,–	8057,–	6587,–	8407,–

Bei der Umsetzung der Idee in die Praxis steht Dr. Geiersberger dem MR Buchhofen mit Rat und Tat zur Seite, z. B.

bei der Maschineninventur,

Bei der Betriebserhebung ist es besonders wichtig, dass Sie, bei der Behandlung des Anbauverhältnisses im einzelnen Betrieb, bereits das Gespräch auf eine eventuelle Veränderung der bisherigen Fruchtfolge, unter Berücksichtigung des nun möglichen stärkeren Mechanisierungsgrades, lenken. Gleichzeitig empfiehlt er dem Geschäftsführer auch bei der Betriebserhebung bereits mit der Angebots- und Nachfrageliste zu beginnen.
Quelle: Schreiben von Dr. Geiersberger an Straßmeier vom 28.10.1958

bei den Vermittlungssätzen,

Ferner habe ich die Schlepper zu Preisklassen zusammengeschlossen. Dabei machte eigentlich nur der 28-PS-Fendt von Apfelbeck Schwierigkeiten, weil er wesentlich höher lag als die anderen. Da das Frontladeraggregat extra ausgeschieden ist, komme ich nicht ganz dahinter, wieso der bereits so hoch war.
Quelle: Schreiben von Dr. Geiersberger an Straßmeier vom 30. 4. 1959

oder bei der Errichtung von Telefonleitungen.

... da es sich hier um Einzelhoflage handelt, ist es erforderlich, eine große Anzahl von Leitungen zu den einzelnen Höfen und Weilern neu zu bauen. Die Oberpostdirektion Regensburg teilt uns aber mit, dass für Leitungsbau alljährlich nur ein gewisser Etat zur Verfügung steht und dass eine derartige Häufung von Hauptanschlüssen in einem Gebiet den Rahmen der finanziellen Möglichkeiten der Oberpostdirektion Regensburg übersteigt. Für Grafenau muss nun die Linienführung zum Leitungsbau erst erkundet, ein eigener Wellenschalter eingebaut und dann können erst die Kabel verlegt werden.
Quelle: Auszug eines Briefes von Dr. Geiersberger an den Bundeslandwirtschaftsminister vom 19. 5. 1959

■ Die Werkzeuge für Vermittlung und Organisation

Die Genossenschaft war gegründet und eingetragen, die Finanzierung weitgehend gesichert, die Führungskräfte gewählt bzw. angestellt. Nun konnte und musste die zwischenbetriebliche Zusammenarbeit allmählich in Gang kommen. Doch auch dafür war noch einiges an Vorbereitung nötig:

Zunächst musste ermittelt werden, welche Maschinen bei den Mitgliedern zur Verfügung stehen. Für diese *Maschineninventur* stellte die BayWa speziell angefertigte Formulare zur Verfügung. Die *Betriebsanleitung* dazu liefert Dr. Geiersberger (siehe nebenstehnd).

Der nächste Schritt besteht darin, für die verschiedenen Leistungen die angemessenen *Vermittlungssätze* zu entwickeln. Für diese Aufgabe gewinnt Dr. Geiersberger aufgrund der Vermittlung von Ministerialrat Max Lorch den zum damaligen Zeitpunkt noch im Landwirtschaftsministerium tätigen Dr. Dieter Bauer als kompetenten und namhaften Mitstreiter. Er kümmert sich aber bis zum ersten Andruck, wie der nebenstehende Briefauszug zeigt, selbst noch um die letzten Details.
Anfang Mai 1959 war die *Arbeitspreisliste der Maschinengemeinde eGmbH Nr. 1* fertig gestellt, mit Einzelpreisen für 95 verschiedene Maschinen und Geräte, wichtigen technischen Daten und den Namen der Maschinen-Besitzer. Von Bichler Nepomuk z. B. sind zwei Unimogs aufgeführt, mit 25 und 30 PS zu einem Stundensatz bei mittlerer Arbeit (bei Schleppern wurde zwischen leichter, mittlerer und schwerer Arbeit unterschieden) von 5,45 bzw. 5,60 DM. Der gezogene Mähdrescher Claas Junior von Josef Eckl kostet mit Traktor und 2-Mann-Bedienung 85,45 DM/ha.

■ Handikap Telefonanschluss

Selbst in einer Gemeinde wie Buchhofen, in der es viele gut situierte Bauern und kaum Einzelhoflagen gab, verfügten im Jahre 1958 nur wenige über einen eigenen Telefonanschluss. Ohne Telefon war jedoch effiziente Maschinenringarbeit nicht möglich. Deshalb fordert Dr. Geiersberger den *obligatorischen Telefonanschluss bei jedem Mitglied*.[10] Diese Forderung konnte nur realisiert werden, wenn die Post mitspielt und die erforderlichen Leitungen legt. In einer konzertierten Aktion hat Dr. Geiersberger daher alle Hebel in Bewegung gesetzt, um in möglichst kurzer Zeit für alle Mitglieder der Maschinengemeinde Buchhofen einen Telefonanschluß zu schaffen. Dasselbe galt für Haunersdorf und Grafenau. Besonders schwierig war dies im Fall Grafenau (siehe Kasten).

Immerhin ist es gelungen, bis Anfang Mai 1959 alle 28 Mitglieder der Maschinengemeinde Buchhofen mit Telefonanschlüssen auszustatten. Aber parallel zum Anwachsen der Mitglieder mussten weitere Anschlüsse installiert werden: *Unsere Genossenschaft zählt zurzeit schon 96 Mitglieder. Zur Abwicklung unserer Geschäfte (Maschinenvermittlung) braucht bei uns jedes Mitglied dringend das Telefon. Sie werden gebeten uns mitzuteilen, bis wann mit der Installation der einzelnen Anlagen zu rechnen ist ...* so macht Straßmeier bei der Oberpostdirektion Druck.[11] Der Anschluss der weiteren Mitglieder lief dann trotzdem nicht mehr so schnell wie anfangs; denn Ende 1959 stellt Straßmeier fest, *dass nicht einmal 50 Prozent der Mitglieder einen Fernsprechanschluss besitzen.*

Auch bei der Entwicklung der Vordrucke für die Abrechnung hat Geiersberger in enger Abstimmung mit Geschäftsführer Straßmeier selbst das Heft in die Hand genommen: *In der Anlage übersenden wir Ihnen einen Probeabzug des neuen Verrechnungsblocks. Bitte gehen Sie ihn wie besprochen mit den Rechnern der verschiedenen Raiffeisengenossenschaften durch, um seine Verwendbarkeit in der Maschinengemeinde Buchhofen zu überprüfen.*[12]

■ Die „Maschinenbank" erscheint

Immer wieder fährt Geiersberger nach Buchhofen, um zu erfahren, wie es läuft, welche Schwierigkeiten auftreten, wie und wo organisatorische Veränderungen und Verbesserungen vorgenommen werden müssen. Alle diese Erfahrungen und Erkenntnisse fließen ein in seine erste und grundlegende Schrift Die „Maschinenbank", die bereits am 25. November 1959 erscheint und in einer Pressekonferenz der BayWa vorgestellt wird. Die „Maschinenbank" stellt zwar die MR-Idee auch in ihrer grundsätzlichen agrar- und gesellschaftspolitischen Bedeutung dar, sie ist aber in erster Linie ein Handbuch, eine praktische Anleitung für jeden, der einen Maschinenring gründen, aufbauen und führen will. Die Qualität dieses Werkes resultiert in hohem Maß aus der intensiven Beobachtung und Verwertung aller Erfahrungen, die im ersten Versuchsjahr in Buchhofen gemacht wurden. Auch noch nach 45 Jahren sollte Die „Maschinenbank" zur Pflichtlektüre eines jeden MR-Geschäftsführers und auch -Vorsitzenden gehören (siehe Seite 16).

Bei diesem permanenten Erfahrungsaustausch spielte der erste Geschäftsführer, Karl Straßmeier, wie aus dem umfangreichen Schriftwechsel zu entnehmen ist, eine wichtige Rolle. Straßmeier ist staatlich geprüfter Landwirt und vor seiner Anstellung bei der Maschinengemeinde Buchhofen als landwirtschaftlicher Berufsschullehrer tätig. Er kennt sich aus in der Landwirtschaft. Er versteht es aber auch, die notwendigen Verwaltungs- und Schreibarbeiten sachgerecht, mit dem erforderlichen Einfühlungsvermögen und dem notwendigen Nachdruck abzuwickeln. Eine Qualifikation, die besonders in der Gründungs- und ersten Aufbauphase wichtig war.

Dr. Geiersberger und danach auch sein Nachfolger in der Pressestelle der BayWa, Max Lampert, haben sehr früh damit begonnen, etwas für die Fortbildung der ersten Geschäftsführer zu tun. Die Geschäftsführer der Modellringe erhielten auf Kosten der BayWa die Fachzeitschriften: *Landwirtschaftliches Wochenblatt, Die Landtechnik* und *Deutsche landwirtschaftliche Presse*.

Am 26. August 1959 fand auf dem Gelände der Ackerbauschule in Schönbrunn eine Maschinenvorführung über den *Einsatz von Stallmiststreuern und Kartoffelvollerntemaschinen* in Verbindung mit einem Vortrag zur *Mechanisierung der Kartoffelernte* statt. Hierbei handelt es sich wohl um die erste Maschinenvorführung speziell für MR-Geschäftsführer und interessierte Mitglieder.

Auch ein staatlich geprüfter Landwirt und Berufschullehrer konnte über die neuesten technischen Entwicklungen nicht aktuell und genau informiert sein. Die Mitglieder haben dies aber von ihrem Geschäftsführer erwartet. Straßmeier hat sich deshalb an den Experten an der Landtechnik in Weihenstephan, Dr. Lothar Wenner, gewandt. Wenner gehörte neben Dr. Dietrch Bauer und Dr. Heinrich Rid von der Bayerischen Landesanstalt für Pflanzenbau und Pflanzenschutz zu dem *Beratungsteam*, das auf Veranlassung von Dr. Geiersberger den ersten Geschäftsführern für spezielle Fragen zur Verfügung stehen sollte.[13] Die Fragen von Straßmeier an Wenner bezogen sich auf bestimmte Fabrikate wie Welger-Hochdruck-Presse, 40-PS-Fordson-Schlepper, 4 t Standard-Stallmiststreuer und Claas-Junior-Mähdrescher sowie auf *den für unsere Löss-Lehm-Böden brauchbarsten Zuckerrübenvollernter*.[14] Offensichtlich nahmen die meisten Mitglieder, die in neue, für den überbetrieblichen Einsatz geeignete Technik investieren wollten, seinen Rat auch gerne an, wie aus dem Geschäftsbericht zu entnehmen ist: *Es wurden 12 Stallmiststreuer, Fabrikat Mengele Doppel-Trumpf angeschafft, zwei Fendt-Geräteträger mit Ausrüstung und mehrere Mähdrescher. Bei den Zuckerrübenvollerntern (Schmotzer) haben die Bauern ohne Rücksprache mit mir eingekauft. Diese Apparate waren in ihrer jetzigen Ausführung nicht brauchbar.*

Mit der Gründung der Maschinengemeinde wurde, bewusst oder unbewusst, eine beachtliche Investitionswelle ausgelöst. Ob sich all diese Anschaffungen amortisiert haben, ist aus heutiger Sicht nicht mehr überprüfbar. Angesichts der in den ersten Jahren erzielten Verrechnungswerte sind hier allerdings Zweifel angebracht.

Ein Erfahrungsaustausch unter den ersten Geschäftsführern wurde von Geiersberger schon im Februar 1960 angestoßen. Außerdem initiierte er für sie einen speziellen Schulungskurs, der vom 23. bis 25. März 1960 in Dachau vom Seminar für Beraterfortbildung durchgeführt wurde.[15]

Die Frage nach dem Versicherungsschutz bei Maschinenschäden spielte verständlicherweise von Anfang an eine wichtige Rolle. Also musste sich Straßmeier darum kümmern. Sein Ansprechpartner war hier Direktor Schmid von der Allianz-Versicherungs-AG in Regensburg. An ihn hat er die einzelnen Maschinen mit Angabe des Baujahres und des Anschaffungspreises, die für den überbetrieblichen Einsatz abgesichert werden sollten, gemeldet.[16] Hierfür war damals noch eine zusätzliche Prämie zu leisten. Später, 1966, konnten dann nahezu alle bedeutenden Haftpflicht-Versicherungsgesellschaften davon überzeugt werden, dass durch verstärkten überbetrieblichen Einsatz die Schadensfälle insgesamt nicht erhöht, sondern eher sogar

Was ist eine „Maschinenbank"?

... ein neues Genossenschaftsmodell der Landwirtschaft, nach den altbewährten Formen des Raiffeisenschen Geld- und Kreditgeschäftes. Das Mechanisierungsproblem der Gegenwart ist, wie der Kapitalmangel vor 100 Jahren, ein Kreditproblem. Die „Maschinenbank" mobilisiert das in Form von unausgelasteten Maschinen im landwirtschaftlichen Betrieb brachliegende Kapital dadurch, dass sie überzählige Maschinenstunden als Einlagen aufnimmt und an schlechter mechanisierte Mitgliedsbetriebe gegen Bezahlung ausleiht.
Der Mitgliedsbetrieb einer „Maschinenbank" wahrt seine absolute Freiheit; er geht keinerlei Verpflichtungen und Verträge ein. Die „Maschinenbank" zwingt ihre Mitglieder nicht zur Vollmechanisierung, bietet Ihnen aber die Möglichkeit dazu. Wer beitreten will, muss sich lediglich einen Telefonanschluss verschaffen. So wenig der Durchschnittsbetrieb aus eigener Kraft die Vollmechanisierung erreichen kann, so sicher wird sich die „Maschinenbank" im landwirtschaftlichen Genossenschaftswesen als modernstes Kind der Idee Raiffeisens durchsetzen. Die „Maschinenbank" bietet der Landwirtschaft einen Ausweg, bevor der einzelne Betrieb zwischen Arbeitskräftemangel und Mechanisierungskosten zerrieben wird.

Klappentext auf der Rückseite der Broschüre Die „Maschinenbank"

Auszüge aus dem ersten Geschäftsbericht von Straßmeier

Dieses erste Projekt Buchhofen war im Frühjahr 1959 noch ohne jeden praktischen Beweis und so für Mitglieder und Außenstehende Grund genug misstrauisch zu sein. Dieses Misstrauen konnte durch den erfolgreichen praktischen Beweis in der Arbeit so nach und nach abgebaut werden ... Das Geschäft könnte, so meint Straßmeier, weit mehr ausgedehnt werden und viel schneller in Fluss kommen, wenn jedes beigetretene Mitglied innerhalb kurzer Zeit von der Bundespost das Telefon installiert bekäme.
Die Aufträge für den praktischen Arbeitseinsatz konnten durchwegs ohne Schwierigkeiten erledigt werden. Ebenso haben die einzelnen Mitglieder im Arbeitseinsatz mit ihren Maschinen zur vollen Zufriedenheit gearbeitet. Es sind nirgends Unannehmlichkeiten aufgetreten. Maschinenschäden besonderer Art sind nicht vorgekommen.
Alles in allem wird das Projekt „Maschinenbank" von den Mitgliedern positiv beurteilt. Einige lassen zwar immer wieder ihre Skepsis zur Finanzierung eines hauptamtlichen Geschäftsführers hören, wenn die BayWa einmal nicht mehr zahlt. Diese Bedenken dürften jedoch unbegründet sein, wenn man bedenkt, unter welchen vorsichtigen Anfängen der Jahresumsatz in Buchhofen erzielt wurde, die Mitgliederzahl allmählich auf den jetzigen Stand gestiegen ist (67) und so viele Telefone fehlen. Die Prognose für die Zukunft kann daher nur positiv sein.

Nepomuk Bichler, Nachfolger von Alois Berger als Vorsitzender, und vier weitere Gründungsmitglieder werden von Dr. Geiersberger anlässlich seines 65. Geburtstages als Ehrengäste begrüßt. V. l. n. r. **Dr. Erich Geiersberger, Nepomuk Bichler, Richard Unverdorben, Josef Eckl, Ludwig Rixinger und Georg Ameres.**

---

vermindert werden, vor allem dank der besseren Wartung und der versierteren Fahrer.

Leider ist dies bei der landwirtschaftlichen Berufsgenossenschaft trotz dieser stichhaltigen Argumente nicht gelungen. Sie hat zwar z. T. eine gewisse Freigrenze (z. B. 100 Stunden) eingeräumt, sich aber nicht zu einer so eindeutigen und positiven Regelung durchgerungen wie die Haftpflicht-Versicherer.[17]

■ Der erste Geschäftsbericht

Rund 14 Monate nach der Gründung legte Straßmeier einen schriftlichen *Bericht über das 1. Versuchsjahr der Maschinengemeinde Buchhofen* vor. Darin werden die hier beschriebenen verwaltungsmäßigen und organisatorischen Maßnahmen ebenso angesprochen wie die im ersten Jahr aufgetretenen großen und kleinen Probleme. Man erfährt daraus auch, dass *alle vier Wochen Mitgliederversammlungen mit Vorträgen von verschiedenen Fachreferenten abgehalten wurden. Darüber hinaus sind im Mai 1959 in 6 verschiedenen Orten der Umgebung von Buchhofen Aufklärungsversammlungen mit Mitgliederwerbung abgehalten worden. Herr Dr. Geiersberger war dabei immer der Referent des Abends.* Also schon eine ganz beachtliche Öffentlichkeitsarbeit! Hinzu kamen viele Besuche sowie schriftliche und mündliche Anfragen. Besonders stark war das Interesse von Hubert Paulick aus dem Landkreis Burgdorf in Niedersachsen. Paulick hat in der *Land- und Forstwirtschaftlichen Zeitung* ausführlich über Buchhofen berichtet und damit dazu beigetragen, dass schon Anfang 1960 in Niedersachsen hauptberuflich geführte Maschinenringe gegründet wurden, u. a. in Burgdorf und zuvor noch in Großburgwedel (9. Februar 1960).[18]

Im Mittelpunkt des ersten Geschäftsberichtes stand jedoch die Frage *nach der Bewährung der praktischen Arbeit* (siehe nebenstehend).

Eine interessante Ergänzung zu diesem ersten Geschäftsbericht stellen die persönlichen Erinnerungen von Johann Nepomuk Bichler, dem letzten heute noch lebenden Gründungsmitglied und langjährigen Ersten Vorsitzenden, und seiner Gattin an die Anfänge, an die ersten praktischen Einsätze dar:

Bichler war damals 41 Jahre alt, also ein gestandener Bauer, mit rund 20 Hektar Grund und Boden. Er erinnert sich noch gut an den ersten Einsatz, wie er mit Stallmiststreuer und Schlepper zusammen mit zwei weiteren Kollegen auf dem Ammerhof fast eine Woche lang Stallmist gefahren hat. *Das war eine tolle Sache!* Oder wie zum ersten Mal ein Kartoffel-Vollernter auf seinem Betrieb die mühsame Handarbeit abgelöst hat. Und Frau Bichler ergänzt: *Es war einfach schön. Man musste nur den Geschäftsführer anrufen und jemand kam und hat die Arbeit erledigt.*

Natürlich gab es, so erinnert sich Nepomuk Bichler, *auch viele Skeptiker und Miesmacher.* Kein Wunder, nachdem auch damals schon kleine Maschinengemeinschaften entstanden waren, in denen es immer wieder zu Spannungen und Streitereien kam. *Viele haben damals auch die Verbreitung von Hederich (als Folge zwischenbetrieblicher Zusammenarbeit) befürchtet.*

Das bemerkenswerte an diesem gemeinsamen Rückblick der beiden ist: Nicht die historische Dimension der Gründung des ersten Maschinenringes in ihrer Heimatgemeinde oder die näheren Umstände bei der Gründung haben sich in ihrer Erinnerung festgesetzt, sondern allein die praktischen Vorteile, die sich für ihren Betrieb ergaben. Und das ist typisch auch für die weitere Entwicklung des Maschinenringes: Die Bauern lassen sich nicht durch noch so schöne Worte überzeugen, sondern nur durch das unmittelbare Sehen und Erleben guter praktischer Arbeit.

Schwerpunkte im Arbeitseinsatz

Die Schwerpunkte im Arbeitseinsatz des ersten Jahres waren: *Saat- und Pflegearbeiten; Spritzarbeit – gegen Unkraut, Krankheiten, Schädlinge; Mähdrusch-Getreideernte; Zuckerrübenvollernte; Schleppereinsatz.*

Im ersten Jahr (1959) wurde in Buchhofen ein Umsatz von 27 500,– DM erzielt, in Haunersdorf von 4035,– DM.

Weiter merkt Straßmeier an: Die Abrechnung über die örtlichen Raiffeisenkassen verlief problemlos, die Arbeitspreise, die vor der endgültigen Festlegung von der Mitgliederversammlung diskutiert und beschlossen wurden, *haben klare Vorstellungen geschaffen, Unklarheiten und Misstrauen beseitigt.*

Diese Zukunft hat allerdings nicht mehr der Geschäftsführer Karl Straßmeier gestaltet, sondern Ludwig Rixinger, der ab 1. März 1960 die Aufgabe von Straßmeier in nebenberuflicher Tätigkeit fortführte. Warum es zur Trennung mit Straßmeier kam – er hat von sich aus zum 30. März 1960 gekündigt – ist nicht mehr eindeutig nachzuvollziehen. Vielleicht waren es fachliche Differenzen zwischen ihm und Alois Berger, dem Ersten Vorsitzenden? Berger soll sich einmal beschwert haben, weil ihm Straßmeier nicht gleich drei oder vier Mähdrescher auf einen Schlag vermittelt hat, wie er gefordert haben soll, sondern nur einen. Straßmeiers angebliche Begründung: Auch andere Mitglieder sollen zum Zug kommen.

Die Ära Ludwig Rixinger

Rixinger war unter den 14 Gründungsmitgliedern derjenige mit dem kleinsten Betrieb (7 ha). Für ihn stellte diese Aufgabe eine willkommene und interessante Möglichkeit für einen Zuerwerb dar. Er kannte alle Mitglieder persönlich, er hat als Mitglied des Aufsichtsrates und gleichzeitig als praktizierendes Mitglied alle Anfangsschwierigkeiten hautnah mitbekommen. Und er war mit 43 Jahren im besten Alter. Alles Voraussetzungen, die ihn für diese Aufgabe prädestinierten. Was ihm noch fehlte, war ein Pkw. Das fehlende Auto hat er jedoch sofort angeschafft, zumal ihm der Vorstand dafür eine Aufwandsentschädigung von 60 DM pro Monat bewilligte.

Rixinger setzte die Aufbauarbeit seines Vorgängers mit großem Fleiß und viel Verständnis für die besondere Mentalität seiner Mitglieder fort, wobei er sich nun mehr auf die eigentliche Vermittlungsarbeit konzentrieren konnte, nachdem die verwaltungsmäßigen und organisatorischen Grundlagen gelegt waren. Aus diesem Grund konnte er seine Arbeit auch in Teilzeit-Beschäftigung bewältigen. Durch diesen frühen Wechsel in der Geschäftsführung entstand also kein Bruch in der Entwicklung der noch jungen Maschinengemeinde.

Das Büro blieb zunächst noch in Buchhofen, im Wohnhaus des Vorgängers, allerdings zusätzlich ausgestattet mit Ölofen, Schreibtisch und 6 Stühlen.[19] Doch schon im Oktober 1960 schlug Rixinger dem Vorstand eine Verlegung der Geschäftsstelle *während der Wintermonate vom 1. 11. 60 bis 28. 2. 61 von Buchhofen in sein Wohnhaus in Manndorf* vor. Dem wurde zugestimmt, wobei gleichzeitig für Licht und Heizung eine monatliche Pauschale von DM 10,– beschlossen wurde.

Zum Zwecke der Vereinfachung und Verbilligung wird das Büro kurz darauf (ab 1.6.61) endgültig in die Wohnung des Geschäftsführers verlegt.[20] Dort blieb es dann auch bis Rixinger am 30. April 1982 in den Ruhestand ging.

Auch unter seiner Geschäftsführung trafen sich die Mitglieder mehrmals im Jahr zu Versammlungen; denn anfangs gab es noch viel zu besprechen und zu regeln. Allerdings nicht mehr so häufig wie im ersten Jahr nach der Gründung; denn nun stand die praktische Arbeit im Vordergrund – die notwendigen Werkzeuge dafür standen zur Verfügung. Wie spannend, aufregend und schwierig dies war, die Theorie in die Praxis umzusetzen, ist zwar in keinem Protokoll oder Aktenvermerk festgehalten. Aber glücklicherweise hat die Osterhofer Zeitung im Sommer 1960 über den Alltag von Geschäftsführer Rixinger eine kurze, aber sehr anschauliche Reportage gebracht (siehe folgende Seite).

Den Mitgliederversammlungen gingen regelmäßig die gemeinsamen Sitzungen von Vorstand und Aufsichtsrat voraus. Dabei wurden die wichtigsten Tagesordnungspunkte schon vorab gründlich diskutiert, um den Mitgliedern eine möglichst beschlussreife Vorlage zu liefern. Während der Ära Berger fanden die Sit-

Karl Straßmeier, *1. 8. 1923, † 11. 6.1994, staatlich geprüfter Landwirt und landwirtschaftlicher Berufschullehrer, war der erste Geschäftsführer von Buchhofen, von der Gründung im Oktober 1958 bis Ende März 1960. Außerdem ist er auch Gründungsgenosse.

Ludwig Rixinger, *6. 4. 1917, † 21.9.2003, trat als Landwirt mit nur 7 ha LF ebenfalls bereits bei der Gründung dem MR Buchhofen bei. Ab März 1960 übernahm er als Nachfolger von Straßmeier die Geschäftsführung. Diese Aufgabe hat er bis Ende April 1982 wahrgenommen. Aufgrund dieser langen Dienstzeit, vor allem aber wegen seines hohen Bekanntheitsgrades galt Ludwig Rixinger allgemein als Erster Maschinenringgeschäftsführer der Welt.

Wohnhaus von Ludwig Rixinger in Manndorf; hier befand sich die Maschinenring-Geschäftsstelle von 1961 bis 1982

Maschinenbank vor schwerer Belastungsprobe
Alle verfügbaren Maschinen kommen zum Einsatz

„Überall brennt's", sagt Geschäftsführer Ludwig Rixinger von der Maschinengemeinde Buchhofen. „Zurzeit ist es so, dass jeder Bauer, der einen Mähdrescher besitzt, selbst zusieht, dass er den Weizen wegbringt. Doch in zwei Tagen, vorausgesetzt, dass das Wetter einigermaßen günstig ist, wird eine spürbare Entspannung eintreten. Bis dahin muss ich die Leute noch vertrösten, aber dann geht es vor allem bei den kleinen und mittleren Betrieben rund." Angesichts des unbeständigen Wetters sei es aber kein Wunder, wenn die Bauern und Landwirte allmählich die Nerven verlieren. Seit Mittwoch dieser Woche laufen nun die Mähdrescher überall auf vollen Touren. Obwohl die Zeit schon fortgeschritten und das Getreide vollends reif ist, war es auch am Donnerstag, dem ersten schönen Tag seit Wiederbeginn der Ernte nicht möglich, Getreide mit weniger als 17% Wassergehalt zu dreschen.

Um innerhalb der Maschinengemeinde Buchhofen eine möglichst starke Entlastung herbeiführen zu können, hat sich Rixinger bemüht, von der Maschinengemeinde Haunersdorf einen großen Claas-Mähdrescher mit Korntank zu bekommen …

„Allen Wünschen kann man auf einmal nicht gerecht werden", meint Geschäftsführer Rixinger, der in diesen Tagen in aller Herrgottsfrühe schon und dann spät am Abend laufend an der Strippe hängt und nach besten Kräften versucht, den Maschineneinsatz so gut es geht zu regeln und zu koordinieren …

Selbstverständlich wird auch am Sonntag und Montag (Mariä Himmelfahrt), gearbeitet, vorausgesetzt, dass es nicht regnet.

Quelle: Osterhofer Zeitung, Nummer 186 vom 13./14. August 1960

Kenndaten zur Entwicklung der Maschinengemeinde Buchhofen 1958 bis 1970

Jahr	Mitglieder	Teilnahme General- vers.	Umsatz Tsd. DM	Einsätze/ Belege
1958	14	–	–	–
1959	67	46	31	–
1960	111	62	34	–
1961	145	65	47	569
1962	178	67	58	–
1963	190	113	53	–
1964	187	142	59	–
1965	185	113	68	–
1966	188	52	68	–
1967	189	47	65	523
1968	201	68	82	–
1969	206	58	84	–
1970	231	164	191	–

zungen in der Regel auf dem Berger-Hof statt; unter der Führung von Bichler bevorzugte man dafür verschiedene Gasthöfe im Ringgebiet. In diesen Sitzungen, das lässt sich aus und zwischen den Zeilen der Protokolle lesen, wurden keine langatmigen und tiefschürfenden Diskussionen geführt, sondern man kam schnell auf den Punkt und fasste praxisnahe, klare Beschlüsse.

In den Jahren 1960, 1961 und 1962 fanden jeweils fünf Sitzungen pro Jahr statt. 1963 genügten dagegen drei Zusammenkünfte. Dass im Jahr darauf Vorstand und Aufsichtsrat sogar 9-mal zusammenkam, ist auf den fast einjährigen krankheitsbedingten Ausfall von Rixinger zurückzuführen. Der Vorstand hat zwar schnell für eine Überbrückung gesorgt, in dem er die Geschäftsführung für die Dauer der Krankheit der Raiffeisenkasse Buchhofen übertragen hatte. Dennoch war sein Rat und seine Hilfe in der Führung des Maschinenringes in dieser Zeit offensichtlich häufiger von Nöten. Später genügten dann wieder drei bis vier Sitzungen pro Jahr.

Die Zahl der pro Jahr durchgeführten Mitgliederversammlungen zeigt ebenfalls eine abnehmende Tendenz: In den Jahren 1960 bis einschließlich 1965 fanden regelmäßig pro Jahr drei Versammlungen statt: Zu Beginn des Jahres, meist im Februar, die reguläre Generalversammlung mit Wahlen und Abstimmungen zu grundsätzlichen Fragen. Mitte des Jahres folgte dann in der Regel, kurz vor Beginn der Getreideernte, eine zweite Mitgliederversammlung und zum Jahresende die dritte. In der Sommerveranstaltung wurde vor allem der anstehende Maschineneinsatz, insbesondere zur Getreideernte, behandelt. In den ersten Jahren lag die Nachfrage nach Mähdreschern (sie wurde ebenso wie das Angebot durch eine schriftliche Umfrage im Rahmen der Versammlung ermittelt) deutlich höher als das Angebot: z. B. 1960 stand einem Mähdrescherangebot für 130 Tagwerk eine Nachfrage von 245 Tagwerk gegenüber. Zwei Jahre später, nachdem insgesamt 71 Mähdrescher (fast soviel wie Mitglieder) zur Verfügung standen, hat sich die Situation ins Gegenteil verkehrt.

■ Probleme und Prominenz bei Generalversammlungen

Die Anpassung der Preisliste und der Mitgliedsbeiträge waren Themen, die fast in jeder Versammlung auf der Tagesordnung standen. 1960 wurde beschlossen, als Stundensatz für die Arbeitskraft den jeweils geltenden Landarbeiter-Tarif zu übernehmen. Dieser lag 1960 bei 1,78 DM. 1964 wurde dieser Beschluss wieder abgeändert und ein Stundenlohn von 2,50 DM festgelegt.

1961 wurde von der Generalversammlung die Vermittlungsprovision dahingehend geändert, dass künftig nur noch die Auftraggeber 5 % vom Umsatz zahlen mussten. Trotzdem wurde immer wieder beklagt, dass *chronische Schwarzarbeiter* die Vermittlungsprovision (durch Nicht-Abrechnen) umgehen, obwohl ihnen dafür mit dem Ausschluss gedroht wurde. 1965 konnte Rixinger jedoch erfreulicherweise feststellen, dass die *Schwarzarbeit*, wie schon die Jahre vorher, stark nachgelassen habe. Allerdings wurde auch im Jahr zuvor eine weitere Senkung der Vermittlungsgebühr von 5 auf 2 % beschlossen. Stattdessen wurden die festen Mitgliedsbeiträge kontinuierlich erhöht: ab 1962 die Beitrittsgebühr von 3,– auf 10,– DM. Außerdem wurde ein Grundbeitrag je Tagwerk von 10 Pfennig eingeführt, der bereits ein Jahr später auf 20 Pfennig erhöht wurde. Der Mehrerlös daraus sollte dazu verwendet werden, die Prämien zur Haftpflichtversicherung für die überbetrieblich eingesetzten Maschinen weiterhin von der Maschinengemeinde zu bezahlen. 1970, Anfang März, wurde die Vermittlungsprovision sogar auf 3 % erhöht; einen Monat später wurde sie jedoch ganz abgeschafft. Gleichzeitig wurde auch die Beitrittsgebühr halbiert. Die mit dem Beitritt zum Kuratorium Bayerischer Maschinenringe verbundene höhere Förderung war der Anlass für diese einschneidenden Beitragssenkungen.

Dieser Rhythmus mit drei Versammlungen pro Jahr, im Frühjahr, im Sommer und kurz vor Jahresende, wurde bis 1966 beibehalten. Ab 1966 wurde die Sommer-Veranstaltung gestrichen. Andererseits gab es bereits ab 1963 regelmäßig in der Faschingszeit einen *Bunten Abend*, zu dessen Organisation ein eigener Ausschuss gebildet wurde.

Der Besuch der Versammlungen war bis 1965 in etwa gleich bleibend gut; er ließ aber dann ab 1966 stark nach. Und dies, obwohl gerade für die Generalversammlungen vielfach prominente Redner gewonnen werden konnten: der bayerische Landwirtschafts-Staatssekretär Vilgertshofer z. B. hat sogar zweimal nacheinander, 1963 und 1964, das Hauptreferat gehalten, und zwar jeweils zu Fragen der EWG. Anfangs war meist Dr. Geiersberger der Hauptreferent. Nach und nach wurden den Mitgliedern auch Vorträge zu speziellen Maschinenringthemen angeboten: zum Beispiel Dr. Wagner, Allianz München zur Haftpflichtversicherung und Dr. Dieter Bauer zur Partnerschaft von Voll-, Zu- und Nebenerwerbsbetrieben. Fast regelmäßig informierte der zuständige Pflanzenschutztechniker Läntsch über aktuelle Pflanzenschutzfragen.

Der bereits 1961 angebahnte Kontakt mit Dr. Wagner hat sich nicht nur für den Maschinenring Buchhofen positiv ausgewirkt, sondern für alle Maschinenringe in Deutschland. Dr. Wagner, der als Bauernsohn den Maschinenringen gegenüber sehr aufgeschlossen war, hat maßgeblich zu der schon erwähnten Vereinbarung von 1966 beigetragen. Er blieb bis zum Ende seiner beruflichen Karriere ein großer Freund der Maschinenringe.

In der Generalversammlung 1966 wurde dann, als Ergebnis und Folge dieser Vereinbarung, mit den wichtigsten Haftpflichtversicherern Deutschlands folgender Beschluss gefasst: Jedes Mitglied ist verpflichtet, eine Betriebshaftpflichtversicherung abzuschließen, die das Risiko aus dem überbetrieblichen Maschineneinsatz einschließt.

Die Mitgliedschaft von Buchhofen in dem Ende 1964 gegründeten Landesverband Bayerischer Maschinenringe Raiffeisen e. V. fand fortan auch in der eigenen Ringarbeit ihren Niederschlag. Ludwig Rixinger gehörte dem Vorstand des Verbandes an und war daher nicht nur immer gut informiert, sondern nutzte diese Plattform auch, um seine eigenen Erfahrungen anderen zugänglich zu machen. Im eigenen Ring setzte er vor allem das Film- und Anschauungsmaterial des Verbandes immer wieder gerne ein.

■ Alois Berger tritt zurück – Bichler wird Nachfolger

Ein bedeutender Einschnitt in der Entwicklung von Buchhofen war der gesundheitsbedingte Rücktritt von Alois Berger Ende 1967. In der Generalversammlung am 5. März 1968 wurde Johann Nepomuk Bichler zu seinem Nachfolger gewählt.

Ein weiteres wichtiges Datum ist der 25. Februar 1970, der Tag der letzten Generalversammlung der Maschinengemeinde Buchhofen. An dieser Veranstaltung nahmen von den insgesamt 231 Mitgliedern 164 teil, fast dreimal soviel wie im Jahr vorher. Die Versammlung beschloss die Auflösung der Genossenschaft und an ihrer Stelle die Gründung des Maschinenringes Buchhofen in der Form des eingetragenen Vereins entsprechend der Mustersatzung des *Kuratoriums Bayerischer Maschinenringe e. V. (KBM)*, verbunden mit dem Beitritt zum Kuratorium. Dr. Geiersberger sprach dabei zum Thema *Die Preise fallen, die Kosten steigen – was tun?*[21]

Ludwig Rixinger war fortan nicht mehr Angestellter von Buchhofen, sondern hauptberuflich beim KBM in München angestellt.

Die *Lehrjahre* des Maschinenringes Buchhofen gingen, wie es der spätere Vorsitzende Adolf Kaiß bei der 40-Jahr-Feier ausdrückte, damit zu Ende. Es folgte die *Gesellenzeit*, die bis 1980 dauerte und im nächsten Jahrzehnt von der *Meistervorbereitungszeit* abgelöst wurde. Mit Beginn der neunziger Jahre beginnt dann die *Meisterzeit*.

Eine Analyse der Entwicklung der Mitglieder und des Umsatzes über diese vier Jahrzehnte deckt sich in etwa mit dieser Einteilung in die genannten vier Perioden: Nach den ersten 3–4 Jahren stieg die Mitgliederzahl bis 1970 nur noch gering bzw. stagnierte sogar schon ab 1963 weitgehend. Ähnliches gilt für den Umsatz. Von 1970 bis 1982 – in dieser Periode war Rixinger hauptberuflich tätig – ist dagegen eine stetige Aufwärtsentwicklung zu erkennen, wobei allerdings die Mitgliederzahl stärker anstieg als der *Umsatz*. Die hauptberufliche Anstellung ist, das beweist auch die Entwicklung in zahlreichen anderen bayerischen Maschinenringen ab 1970, der maßgebliche Grund für die großen Unterschiede in der Entwicklung von Buchhofen während dieser zwei Zeiträume.

Ab 1982 explodiert dann aber der Aufschwung geradezu: Der entscheidende Grund dafür ist ohne Zweifel der Wechsel in der Führung: Die erste Führungsgeneration mit Bichler und Rixinger trat altersbedingt zurück. Zwei junge, dynamische, gut ausgebildete Männer übernahmen das Ruder: Adolf Kaiß wird am

Alois Berger,
Mitbegründer und Vorstandsvorsitzender des ersten Maschinenringes der Welt

Geboren am 6. Januar 1895 auf dem ehemaligen Ammerhof in Buchhofen
Besuch der Winterschule in Deggendorf und der Regensburger Kurse von Dr. Heim
Teilnahme am 1. Weltkrieg
Danach Übernahme des elterlichen 100-Hektar-Gutsbetriebes und dessen Ausbau zum Lehr- und Musterbetrieb
Gründungsmitglied der Raiffeisenkasse Buchhofen und dessen langjähriger Aufsichtsratsvorsitzender
U. a. im Vorstand des Zuchtverbandes, des Zuckerrüben-Verbandes und der Saatguterzeuger-Vereinigung
Ab 1956 Bürgermeister von Buchhofen und Mitglied des Kreistages von Vilshofen
Aktiv an Gründung und Aufbau der Maschinengemeinde Buchhofen eGmbH beteiligt, vom 27. Oktober 1958 bis 5. März 1968 als Vorstandsvorsitzender
Verstorben am 28. November 1971

Johann Nepomuk Bichler

Nach dem gesundheitsbedingten Rücktritt von Alois Berger wurde Johann Nepomuk Bichler am 5. März 1968 zu dessen Nachfolger gewählt. Das Gespann Johann Nepomuk Bichler/Ludwig Rixinger führte den Maschinenring Buchhofen noch 14 Jahre lang gemeinsam. 1982 folgten Adolf Kaiß als Vorsitzender und Franz Wagner als Geschäftsführer.

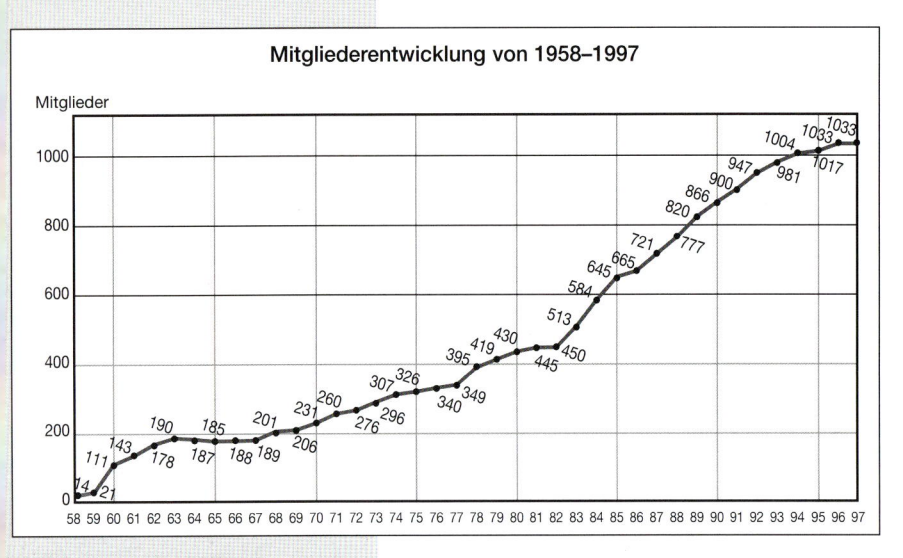

Mitgliederentwicklung von 1958–1997

Adolf Kais, ab 1982 Vorsitzender

Franz Wagner, ab 1982 Geschäftsführer

16. Februar 1982 zum Ersten Vorsitzenden gewählt. Er konnte zuvor schon von 1974 bis 1977 an der Spitze des Maschinenringes Altötting-Mühldorf Erfahrungen in der Führung eines mitgliederstarken Maschinenringes sammeln.

Ludwig Rixinger geht am 30. April dieses Jahres in den Ruhestand. Sein Nachfolger ist der Agraringenieur Franz Wagner. Mit diesem Datum bekommt der Maschinenring auch ein neues Büro in Osterhofen.

■ Der Modellversuch Buchhofen ist geglückt

In diesem Kapitel soll nicht die gesamte Entwicklung des Maschinenringes Buchhofen bis zur Gegenwart dargestellt werden, sondern nur die Rolle des *Modellringes* Buchhofen beschrieben und bewertet werden, obwohl von diesem Ring auch in den letzten zwei Jahrzehnten viele, für die gesamte Entwicklung der Maschinenringe in Bayern und darüber hinaus bedeutsame Ideen und Impulse ausgegangen sind. Eine Würdigung dieser Leistungen erfolgt im Rahmen anderer Abschnitte dieser Chronik.

Die wichtigste Funktion dieses Modells bestand darin, das von Dr. Geiersberger entwickelte Gedankengebäude in der Praxis zu erproben, um festzustellen, ob diese neue Form zwischen- und überbetrieblicher Zusammenarbeit überhaupt funktioniert und ob die dafür ausgedachten Werkzeuge und Spielregeln passen.

Diese Aufgabe hat der Versuch in Buchhofen in vollem Umfang erfüllt. Er hat aber auch aufgezeigt, dass einige Elemente noch abgeändert und weiterentwickelt werden mussten. Als problematisch erwies sich beispielsweise die Einführung der Vermittlungsprovision. Deshalb wurde sie auch mehrmals abgeändert, reduziert und schließlich 1970 ganz abgeschafft. Maschinenringe in Niedersachsen, allen voran Flottwedel, haben jedoch gezeigt, dass dann, wenn der Geschäftsführer die Vermittlung fest in der Hand hat und eine hohe Aktivität gegeben ist, die Umsatzprovision als Haupteinnahmequelle zur Finanzierung des Maschinenringes geeignet ist.

Die wichtigste Leistung des Modellringes bestand jedoch darin, öffentlich und in der Praxis zu zeigen und zu beweisen, dass bisher für unmöglich Geglaubtes möglich ist:

Ein Landwirt muss nicht jede Maschine selbst besitzen. Er kann sich auf die organisierte Nachbarschaftshilfe verlassen. Seine Arbeiten werden von Berufskollegen zeitgerecht und mindestens ebenso gut erledigt wie mit eigenen Maschinen, jedoch weitaus kostengünstiger. Und dies alles läuft reibungslos und ohne Streitigkeiten.

Buchhofen hat es erfolgreich demonstriert: Das Prinzip des Maschinenringes, die organisierte Nachbarschaftshilfe funktioniert in der Praxis.

■ Von Buchhofen aus verbreitet sich der Maschinenring rasch über Bayern und Deutschland hinaus

Das Modell Buchhofen hat bewirkt, dass in kurzer Zeit zahlreiche weitere Ringe gegründet wurden. Die Entwicklung des Maschinenringes war nicht mehr

Umsatzentwicklung von 1958–1997

aufzuhalten. Sie wurde nahezu zum Selbstläufer. Schon ab 1960, gut ein Jahr nach der Gründung von Buchhofen, Haunersdorf und Grafenau wurden rasch weitere Ringe in und außerhalb Bayerns gegründet. Kreismaschinenringe wie Fürstenfeldbruck oder Pfaffenhofen oder Kleinringe wie Horgau, Fensterbachtal und Weicht erreichten oder überholten Buchhofen in kurzer Zeit hinsichtlich Intensität und Vielfalt ihrer Tätigkeit, wurden schnell bekannt und dadurch zu weiteren wichtigen Multiplikatoren in der Verbreitung der Maschinenring-Idee.

Der am 7. April 1959 in Grafenau im Bayerischen Wald von Dr. Geiersberger als zweites Modell gegründete Maschinenring blieb etwas im Schatten von Buchhofen. Auch in diesem Versuchsring werden die Geschäftsführerkosten zunächst von der BayWa übernommen.

Nach der Gründung des KBM im Jahre 1970 treten die Mitglieder von Grafenau dem Maschinenring Wolfstein bzw. Unterer Bayerischer Wald bei.

In Haunersdorf läuft es umgekehrt: Die Maschinengemeinde Haunersdorf weitet ihr Einzugsgebiet 1969 auf den gesamten Landkreis aus, stellt gleichzeitig zwei neue Geschäftsführer an und firmiert nun als MR Landau. Albert Menacher ist für das Gebiet links der Isar zuständig, Xaver Stangl für das Hügelland rechts der Isar. Die Geschäftsstelle bleibt zunächst noch in Haunersdorf.

1970 tritt Landau dem KBM bei, mit Menacher als alleinigen hauptberuflichen Geschäftsführer. Nun wird auch die Geschäftsstelle in die Kreisstadt verlegt, in das dortige Landwirtschaftsamt.

Xaver Stangl wird Geschäftsführer des MR Dingolfing; kann sich aber mit dieser Aufgabe nicht so recht anfreunden und wechselt daher schon nach kurzer Zeit zu BMW.

Der bisherige Vorsitzende von Haunersdorf, Josef Maidl (siehe Foto) übte diese Aufgabe auch im vergrößerten Maschinenring aus, mit viel Engagement, Geschick und Durchsetzungskraft, bis zum Jahr 1985. Mit Albert Menacher als Geschäftsführer an seiner Seite entwickelte sich Landau schnell zu einem überaus erfolgreichen Maschinenring, dessen Pionierleistungen über Bayern hinaus Bedeutung erlangt haben (siehe ab Seite 123).

Ein Zeitungsartikel bringt die MR-Idee in die breite Öffentlichkeit

Dass die MR-Idee so rasch weit über Buchhofen hinaus, in ganz Deutschland innerhalb von wenigen Wochen bekannt wurde, war eigentlich so nicht gewollt. Im Gegenteil, der BayWa-Vorstand verpflichtete Dr. Geiersbergers sogar, als er die Förderung der zwei Modellvorhaben im Juli 1958 bewilligt hatte, mindestens 1 Jahr lang nichts über diesen Versuch zu veröffentlichen.

Schuld daran, dass dieser Maulkorb-Erlass umgangen wurde, war ein Provinzjournalist. Heinz Hager. Er hat als Leiter der Lokalredaktion der Osterhofer Zeitung am 25. September, wie bereits auf Seite 17 ausgeführt, an der 2. Informationsveranstaltung in Buchhofen teilgenommen und den Ausführungen von Dr. Geiersberger aufmerksam zugehört.

Vier Tage danach, am 29. September erschien in der Osterhofer Zeitung der Artikel , den Hager, der natürlich von der Nachrichtensperre des BayWa Vorstandes nichts wusste, über diese Versammlung verfasst hatte: *In Buchhofen entsteht Deutschlands erste Maschinenbank*. Und einen Tag später hat schon die Passauer Neue Presse (PNP), zu der die Osterhofer Zeitung wie eine Reihe weiterer regionaler Tageszeitungen gehört, unter der Überschrift *Deutschlands erste Maschinenbank* gegründet in einem dreispaltigen Beitrag ebenfalls über dieses Ereignis berichtet. Dieser Artikel entsprach, von einigen Veränderungen am Anfang und am Ende abgesehen weitgehend der Fassung aus der Osterhofer Zeitung. Autor auch dieses Berichtes war natürlich Heinz Hager. Und da die PNP auch schon damals eine große, bedeutende Zeitung war und die Darstellung von Hager fundiert, und trotzdem interessant und gut verständlich war, wurde dieser Aufsatz auch von anderen Zeitungsredakteuren gelesen und in zahlreichen deutschen Blättern – wie üblich, ohne Nachdruckhonorar für den Autor Hager - nachgedruckt. Geiersberger selbst hätte es kaum besser formulieren können.

Wenn Heinz Hager, der heute als 84 jähriger immer noch schriftstellerisch tätig ist – 1958 für seine journalistische Meisterleistung auch kein Nachdruckhonorar erhalten hat, so soll er wenigstens in dieser Chronik angemessen zu Ehren kommen, indem nachfolgend dieser so bedeutsam gewordene Pressebericht abgedruckt wird.

Josef Maidl war 25 Jahre MR-Vorsitzender, zuerst in der Filiale von Buchhofen in Haunersdorf; dann, ab 1960 im selbstständigen Maschinenring Haunersdorf und ab 1970 im Maschinenring Landau, der aus Haunersdorf hervorging.

Heinz Hager, *18. Januar 1924 in Ering/Inn. Nach humanistischem Gymnasium Passau von 1943 bis 1945 Ostfront, bis 1949 Gefangenschaft in Sibirien. Von 1957-1989 Leiter der Lokalredaktion Osterhofer Zeitung. Seit 1991 neun Heimatsbücher verfasst und verlegt

Quellen:

[1] *Osterhofener Zeitung* vom 29. 9. 1958
[2] Niederbayern Landschaft, Kunst, Brauchtum Verlag Friedrich Pustet Regensburg p. 96
[3] Schreiben Bayerischer Raiffeisenverband vom 18. 11. 1958
[4] Schreiben von Dr. Geiersberger vom 23. 12. 58 an MR Buchhofen
[5] Schreiben des Bayerischen Raiffeisenverbandes vom 27. 1. 1960 an das Finanzamt Passau
[6] Schreiben der Verwaltungs-Berufsgenossenschaft Hamburg vom 15. 8. 60
[7] Schreiben des Bayerischen Raiffeisenverbandes, Kreisverband Niederbayern vom 14. 12. 59
[8] Bericht – 1. Versuchsjahr Buchhofen vom 4. 1. 1960
[9] Schreiben der MR Buchhofen an die Oberpostdirektion Regensburg vom 15. 6. 59
[10] Die „*Maschinenbank*", Dr. Erich Geiersberger, BLV Verlag 1959, S. 58
[11] Schreiben MR Buchhofen an Oberpostdir. Regensburg vom 28. 7. 59
[12] Schreiben Dr. Geiersberger an Straßmeier vom 29. April 59
[13] Die „*Maschinenbank*", Dr. Erich Geiersberger, BLV Verlag 1959, S. 68
[14] Schreiben Straßmeier an Dr. Wenner vom 22. 2. 59
[15] Schreiben von Dr. Geiersberger an mehrere Geschäftsführer vom 5. 2. 60
[16] Schreiben Straßmeier an Allianz Regensburg vom 18. 1. 59
[17] Schreiben Landwirtschaftliche Berufsgenossenschaft Landshut vom 22.1.59
[18] Brief von Hubert Paulick an Straßmeier vom 17. Januar 1960
[19] Protokoll-Buch Vorstandssitzung vom 9. 2. 1960
[20] Protokoll-Buch Vorstand MR Buch_hofen 1959 bis 1989
[21] Protokoll-Buch Mitgliederversammlungen der MR Buchhofen 1958–1974

Ausschnitt aus der Osterhofener Zeitung

Montag, 29. September 1958

In Buchhofen entsteht Deutschlands erste Maschinenbank

Gemeinsame Selbsthilfe zur Vollmechanisierung des bäuerlichen Dorfes

Die von jeher schon fortschrittlich eingestellten Landwirte und Bauern von Buchhofen und Umgebung werden in der Bundesrepublik die ersten sein, die in das vollkommen neuartige Unternehmen „Maschinenbank" einsteigen. Dr. Erich Geiersberger von der Baywa-Zentrale München explizierte in der Versammlung am Donnerstagabend in Buchhofen die von ihm entwickelte Idee dieser neuen bäuerlichen Selbsthilfe auf der Basis einer Maschinenbank, die nach seiner Ansicht die einzige Möglichkeit biete, das bäuerliche Dorf voll und ganz zu mechanisieren und eine bestmögliche Arbeitsproduktivität zu erreichen. Um im Rahmen der Europäischen Wirtschaftsgemeinschaft rationell und konkurrenzfähig wirtschaften zu können, sei die Selbsthilfe der Landwirtschaft auf der Grundlage von Maschinenbanken eine letzte reelle Chance. 36 Bauern und Landwirte aus Buchhofen und Umgebung erklärten ihren Beitritt zur Maschinenbank, die als erste im Bundesgebiet als Versuchsobjekt für die weitere Entwicklung von größter Bedeutung sein wird.

Bürgermeister Alois Berger, bekannt durch seine landwirtschaftliche Pionierarbeit konnte in der Versammlung im Gasthaus Berger eine große Zahl interessierter Bauern und Landwirte begrüßen. Besonders herzlich hieß er Dr. Erich Geiersberger von der Baywa-Zentrale München sowie Landwirtschaftsrat Wicklmayr (Osterhofen) willkommen.

Die Idee, auf der Grundlage bäuerlicher Selbsthilfe eine Einrichtung zu schaffen, die im gegenseitigen Austausch von Maschinen und Geräten innerhalb einer Dorfgemeinschaft und darüber hinaus zu der erstrebten Vollmechanisierung führen solle, sei einzig und allein aus der Sorge um die Existenz der deutschen Landwirtschaft geboren worden, sagte Dr. Geiersberger einleitend.

Wenn die EWG, deren Notwendigkeit man durchaus anerkenne, in nächster Zeit konkrete Formen annehme, würde auch der deutsche Bauer vor neue Probleme gestellt. Man müsse sich mit der Konkurrenz abfinden und die auf uns zukommende Situation rechtzeitig und klar erfassen. Der deutsche Bauer könne gegenüber den fünf EWG-Partnern nur dann konkurrenzfähig bleiben, wenn eine Senkung der Produktionskosten erreicht werde. Dies sei nur auf dem Wege der Vollmechanisierung möglich, und zwar auf der Basis eines gemeinsamen Maschineneinsatzes. Nachdem in den Betrieben auf der einen Seite zu viele, auf der anderen Seite aber zuwenig Maschinen vorhanden seien, ergebe sich die logische Schlußfolgerung, den Maschineneinsatz zu koordinieren. Wie die Geldbank den Geldverkehr regle, so müsse eine Maschinenbank auf diesem Gebiete das gleiche tun. Dies sei keine Schreibtischidee, sondern eine realisierbare These, zu der jeder erfahrene Praktiker ja sagen müsse.

Maschinenbank mietet und vermittelt

Es sei eine bekannte Tatsache, führte Dr. Erich Geiersberger weiter aus, daß es in jedem Dorf landwirtschaftliche Betriebe gebe, deren Maschinen und Geräte bei weitem nicht ausgelastet würden. Über die Maschinenbank sollte aber der Einsatz der nicht ausgelasteten Maschinen gesteuert werden. Das geschehe auf folgende Weise: Der betreffende Bauer, der irgendeine Maschine zum Einsatz bringen will, teilt dies dem örtlichen Leiter der Maschinenbank mit und dieser vermittelt dann die Maschine an denjenigen Bauern, der zu bestimmten Arbeiten jene Maschine benötigt. Je mehr Bauern sich der Maschinenbank lichkeiten, innerhalb einer Dorfgemeinschaft einsetzen, ohne daß im gesamten Dorf eine Maschine gemeinsam gekauft werden müsse. In diesem freien Spiel, bei dem keiner von dem anderen abhängig sei, ergeben sich ungeahnte Möglichkeiten. Das Entscheidende sei, daß der Raiffeisenmann, bei dem alle Fäden zusammenlaufen, den Einsatz der Maschinen richtig vermittle. Das ganze Problem falle und stehe mit dem Arrangieren. Es müsse daher der neue Berufstyp eines Maschinenführers einer Maschinenbank gefunden werden. Die Baywa,

sagte Dr. Geiersberger weiter, werde dafür sorgen, daß geeignete Leute aus den Dörfern in Schulen und in der Praxis entsprechend ausgebildet würden. Die Berechnung der Maschinenstunden erfolge nach festgelegten Tarifen. Jeweils am Jahresende eines Maschinenkontraktes werde abgerechnet. Nicht nur Großbetriebe, sondern vor allem Kleinbetriebe hätten im Rahmen der Maschinenbank die Chance, rationell zu wirtschaften und zudem die Arbeitsproduktivität zu steigern.

Buchhofen soll das Experiment starten

Die Maschinengemeinschaften seien deshalb auseinandergefallen, weil man sich in der Regel vor der Abrechnung scheute und auch die Reparaturkosten nie in gutem gegenseitigem Einvernehmen geregelt worden seien. Das wesentlichste Merkmal der Maschinenbank sei der Umstand, daß jeder Bauer Besitzer seiner Maschine bleibe. Der eine vermiete, während der andere miete. In Buchhofen solle mit der ersten Beispielsgenossenschaft in der Bundesrepublik begonnen werden. Man müsse sich dessen bewußt sein, daß dieses Experiment mit größtem Interesse verfolgt würde, nachdem man bisher keinen Weg gefunden habe, das Problem der Vollmechanisierung und der damit verbundenen Senkung der Produktionskosten zu lösen. In einem Zehn-Jahres-Programm sollten dann nach Buchhofener Muster weitere Maschinenbanken errichtet werden.

Um den Maschineneinsatz schnell und reibungslos vermitteln zu können, sei Grundbedingung, daß jeder Bauer zumindest ein telefonisches Nebenanschluß zur Raiffeisenkasse besitze. Dr. Geiersberger versicherte, daß er diese Angelegenheit auf schnellstem Wege mit der Bundespost regeln werde. Die Besetzung der Stelle des verantwortlichen Einsatzleiters würde ebenfalls rasch geklärt werden. Vorgesehen sei der ehemalige Berufsschullehrer Straß vom Fach bereits bekannt sei. Die Baywa-Zentrale München werde für die erste Zeit die Organisation und auch die Kosten der Maschinenbank übernehmen, die sich im Laufe der Zeit selbst finanzieren werde.

36 Bauern sagten ja

Nach diesen grundlegenden Ausführungen betonte Bürgermeister Alois Berger, daß er voll und ganz den Gedanken der Maschinenbank vertrete, und zwar deshalb, weil die Zeit, der man entgegengehe, den Zusammenschluß aller Landwirte und Bauern auf der Basis eines gemeinsamen Maschineneinsatzes erfordere. Er erinnerte an verschiedene Maßnahmen, die man in Buchhofen zum Nutzen aller durchgeführt habe, wenngleich ursprünglich dagegen opponiert worden sei. Die Maschinenbank werde nicht etwa für die Großbetriebe allein, sondern für alle, die sich zu einer Gemeinschaft bekennen, ins Leben gerufen. Von dieser Einrichtung könne jeder Hilfe erwarten.

Landwirtschaftsrat Wicklmayr betonte, diese neue Sache könne nur gedeihen und wirken, wenn sie sich über die Dorfgemeinschaft hinaus ausbreite. Die Mechanisierung in der Landwirtschaft sei eine traurige Notwendigkeit, weil viele Betriebe zu Lasten des Hofes mechanisiert würden. Bei vielen Maschinen sei die Rentabilität nicht gegeben. Auf dem Wege über die Maschinenbank sei es möglich, rationell und sparsam und auch so zu wirtschaften, daß die Höfe und Bauersfamilien gesund blieben.

Als erster ließ sich der Ammerhofbesitzer Alois Berger in die Liste der Mitglieder der Maschinenbank eintragen. 35 weitere Landwirte und Bauern aus Buchhofen, Penzling, Mandorf, Kirchdorf, Untervielhausen und Ottmaring sagten ja und legten damit den Grundstein zur ersten Maschinenbank Deutschlands. Bemerkenswert ist dabei, daß Betriebsgrößen von 5 bis 80 Hektar vertreten sind.

Erste Maschinenbank Deutschlands

Mit diesen 36 Betrieben wurde der Grundstock für die erste Maschinenbank Deutschlands errichtet. Dr. Geiersberger, der mit diesem Ergebnis sehr zufrieden war, versicherte, daß nunmehr alle erforderlichen Vorarbeiten in die Wege geleitet würden. Die Arbeit beginne mit den 36 Mitgliedern, zu denen sich höchstwahrscheinlich noch weitere gesellen dürften. Er betonte, daß diejenigen Bauern und Landwirte, die sich zur Maschinengemeinschaft zusammengeschlossen hätten, ihre Maschinen und Geräte nur noch innerhalb der Maschinenbank zur Verfügung stellen dürften. Nachdem der Bund daran interessiert sei, daß sich die Landwirtschaft selbst helfe, werde zu gegebener Zeit auf Bundesebene auch die notwendige gesetzgeberische Grundlage hinsichtlich der Besteuerung des Maschinen- und Arbeitseinsatzes geschaffen werden. Er (Dr. Geiersberger) sei davon überzeugt, daß der Bund die Errichtung von Maschinenbanken auch finanziell entsprechend unterstützen werde. Im Laufe der Jahre müßte jedoch diese neue Einrichtung breit fundamentiert. Wenn 1957 von den 1,87 Millionen Mark für Lohnunternehmen nur 550 000 DM ausgeschöpft worden seien, so lasse dies interessante Rückschlüsse zu.

Abschließend sagte Dr. Geiersberger: „Wir müssen uns dessen bewußt sein, daß der 1. Teil des Raiffeisen'schen Programms längst beendet ist. Wenn nicht mit dem zweiten Teil der Genossenschaftsarbeit begonnen werde, sei der Gedanke Raiffeisens, die gegenseitige Hilfe unter den Bauern den Zeitverhältnissen entsprechend auszubauen, nicht mehr realisierbar. Mit der Errichtung einer Maschinenbank in Buchhofen stehen wir an der Schwelle einer neuen Epoche im landwirtschaftlichen Genossenschaftswesen." Er wünsche und hoffe, daß der Start in Buchhofen gelingen möge, und damit ein Musterbeispiel für die Vollmechanisierung eines Dorfes der deutschen Landwirtschaft zeigen zu können.

Bürgermeister Alois Berger dankte Dr. Geiersberger dafür, daß er in Buchhofen die neue Idee bäuerlicher Selbsthilfe in der Praxis verwirklichen werde. Berger dankte aber auch seinen Berufskollegen für die vorbildliche Bereitschaft, in das neuartige Unternehmen einzusteigen. Er sei fest davon überzeugt, daß in guter Zusammenarbeit das Experiment gelingen werde. Niemand gehe ein Risiko ein, denn die Maschinenbank könne den ermittelten Bedarf an Maschinen nur dann decken, wenn ein entsprechendes Angebot vorliege. Auf Grund dieser Lösung werde es möglich sein, allen, die mitmachen, zu helfen.

Die Raiffeisen-Maschinenringe

LANDESVERBAND BAYERISCHER MASCHINENRINGE-RAIFFEISEN - e.V.

Unter der Bezeichnung *Raiffeisen-Maschinenringe* waren sehr unterschiedlich strukturierte Maschinenringe zusammengefasst. Kleinringe, die auf Orts- bzw. Gemeindeebene organisiert waren, unter ehrenamtlicher Leitung, und ebenso Landkreis-MR, teils mit und teils ohne Geschäftsführer. Letztere stellten allerdings nur eine kleine Minderheit dar.

Zwei Merkmale wiesen jedoch alle Raiffeisenringe auf: die Abrechnung der Einsätze über eine Raiffeisenbank (dies war aber für die Mitgliedschaft im Landesverband nicht vorgeschrieben) und die Mitgliedschaft im Landesverband Bayerischer Maschinenringe Raiffeisen e. V. Obwohl die Abrechnung über eine Raiffeisenbank schon unmittelbar nach der Gründung wirksam wurde, hat dieser Umstand jedoch nicht automatisch zu der Bezeichnung *Raiffeisenring* geführt. Erst nach der Gründung des Landesverbandes Bayerischer Maschinenringe Raiffeisen e. V. und der daraus sich ergebenden Konkurrenzsituation zum Landesverband Bayerischer Maschinenringe Sparkassen e. V. entwickelte sich die Aufspaltung in Raiffeisen- bzw. Sparkassenringe. Bei der Gründung der Ringe wurden jedoch in der Regel bankenunabhängige Namen gewählt, meist bestehend aus zwei Teilen: der Bezeichnung *Maschinenring* (anfangs *Maschinenbank* bzw. *Maschinengemeinde*) und dem Namen der Gemeinde bzw. des Landkreises, auf dessen Gebiet sich die Tätigkeit erstrecken sollte.

So gesehen waren die drei von Dr. Geiersberger gegründeten und von der BayWa gesponserten Modellringe Buchhofen, Grafenau und Haunersdorf die ersten Raiffeisenringe.

Situation Anfang der 60er-Jahre

Wie die Situation und die Entwicklungsmöglichkeiten der Maschinenringe Anfang der 60er-Jahre aus Sicht der Raiffeisenorganisation bzw. BayWa gesehen wird, verdeutlichen die nebenstehenden Auszüge eines Aktenvermerks[1] zur *Förderung der Maschinenringe durch die bayerische Raiffeisenorganisation*.

Die „Beratungsstelle" der BayWa war seit 1964 zugleich Geschäftsstelle des Landesverbandes und 1969 mit 6 hauptberuflichen, von der BayWa bezahlten Maschinenring-Beratern besetzt.

Kaufbeuren: Paradebeispiel für Kleinringe ohne Geschäftsführer

Ein Paradebeispiel für die Entwicklung von Maschinenringen entsprechend dieser *einfacheren Organisationsform* stellten die Maschinenringe im Landkreis Neumarkt/Oberpfalz und Kaufbeuren/Schwaben dar. In beiden Fällen hat überwiegend das Landwirtschaftsamt die Ringe gegründet, ihren Aufbau begleitet und beraten. Zwei Berater haben sich dabei besonders engagiert: Georg Hollfelder, Amtsleiter in Neumarkt und Herbert Zeisset, der Amtsleiter in Kaufbeuren. Glücklicherweise liegt über die Anfänge der Maschinenringe im Landkreis Kaufbeuren eine sehr detaillierte Untersuchung vor.[2] Dank dieser Arbeit und weiterer Originalquellen kann die Entwicklung typischer Kleinringe genauer aufgezeigt werden. Der Landkreis Kaufbeuren wird auch deshalb ausgewählt, weil der erste dort gegründete Kleinring *Weicht* gerne und häufig als Beispiel gegen die Notwendigkeit eines Geschäftsführers angeführt wird. Aber sogar Heilmann, der aus diesem Landkreis kommt und den hier ebenfalls genannten MR Honsolgen gegründet hat, hält Weicht für *kein dafür geeignetes Modell, da hier von einem Glücksfall gesprochen werden könne.*[3] U. a. haben dort 12 Betriebe fast zur gleichen Zeit den Hof übernommen; außerdem hatte der genossenschaftliche Gedanke in Weicht schon eine lange Tradition und nicht zuletzt stand in der Person von Xaver Schöner, des Ersten Vorsitzenden bzw. Obmannes, eine außergewöhnliche Führungskraft zur Verfügung, die als Ideengeber und Motor quasi Geschäftsführer-Funktion übernommen hatte.

Weicht wurde am 1. März 1961 *durch Initiative des ORLR Zeisset vom Landwirtschaftsamt Kaufbeuren und einem kleinen Häuflein Bauern mit 8 Mitgliedern gegründet.*[4]

Ein gutes Jahr später, im Mai 1962, bestehen im Landkreis Kaufbeuren bereits

Zeittafel

27. 10. 1958 Gründung der ersten Modell-Maschinenbank in Buchhofen

12. 6. 1959 Gründung des Maschinenringes Haunersdorf als Filiale von Buchhofen

1. 3. 1961 Gründung des Maschinenringes Weicht im Landkreis Kaufbeuren

4. 7. 1963 Proklamation des Raiffeisen-Maschinenringes bei der bayerischen Raiffeisen-Tagung

29. 12. 1964 Gründung des Landesverbandes Bayerischer Maschinenringe-Raiffeisen e. V.

28. 9. 1971 Auflösung des Landesverbandes

BayWa propagiert einfachere Organisationsform

Dr. Geiersberger hat die Idee „Maschinenring" (Maschinenbank) im Hause der BayWa entwickelt und in den Jahren 1958 und 1959 die ersten Modelle mit Zuschüssen der BayWa organisiert (drei Ringe mit hauptberuflichem Geschäftsführer – dies sind die Ringe Buchhofen, Grafenau und Haunersdorf).

Es hat sich dann gezeigt, dass die überwiegende Mehrzahl der bayerischen Bauern nicht bereit war, einen hauptberuflichen Maschinenring-Geschäftsführer aus Beiträgen zu bezahlen. Andererseits war die Praxis am Grundgedanken des Maschinenringes stark interessiert. Es haben sich daher einfachere Organisationsformen entwickelt, die keines hauptberuflichen Geschäftsführers bedurften (räumlich überschaubares Gebiet, alle Mitglieder untereinander bekannt, weitgehende Selbstvermittlung der Maschinen, Obmännersystem). Die bei der BayWa gegründete „Beratungsstelle für Maschinenringe" hat dieses System übernommen und propagiert, seit Ende 1964 gemeinsam mit dem damals gegründeten Landesverband Bayerischer Maschinenringe-Raiffeisen e. V. ...

Quelle: Aktenvermerk ohne Datum von M. Lampert

Der MR Weicht im Landkreis Kaufbeuren galt als Raiffeisen-Musterring

Der Vorsitzende des MR Weicht **Xaver Schöner** (Bildmitte) informiert Gäste des Genossenschaftsverbandes Württemberg. Ganz links **Manfred Stoermer**, rechts von Schöner **Max Lampert**, ganz rechts **Paul Jakob** vom Af L

Ein Jahr nach Gründung von Weicht gibt es schon 12 Kleinringe im Landkreis Kaufbeuren:

(Stand Mai 1962)

MR	Zahl der Betriebe in der MR-Gemeinde	im MR
Weicht	39	26
Honsolgen	60	21
Lamerdingen	68	10
Weinhausen	22	22
Jengen	46	32
Denklingen	122	20
Kleinkemnat	22	19
Westendorf	38	10
Buchloe	87	18
Rieden	35	16
Gutenberg	25	20
Ketterschwang	47	25

18 Maschinenringe mit insgesamt 301 Mitgliedern. Bis 1965 hat sich die Zahl der Ringe auf 31, die der Mitglieder auf 662 erhöht. Von 15 Ringen liegen aus dem Jahr 1965 auch Umsatzdaten vor, insgesamt wurde von ihnen mit 4679 Einsätzen ein Verrechnungswert von 167 787,– DM erzielt.

Von 12 Ringen liegen aus dem Jahr 1962 genauere Daten vor: Die Übersicht zeigt die Zahl aller Landwirte in den betreffenden Gemeinden und die Zahl der MR-Mitglieder. In der Gemeinde Weinhausen gehörten schon damals alle 22 Landwirte dem Maschinenring an; im Durchschnitt lag die Mitgliederdichte bei 47 Prozent. Ein erstaunlich hoher Wert, der in manchen Ringen heute noch nicht erreicht ist. Die durchschnittliche Betriebsgröße der Mitglieder in diesen 12 Ringen war mit 15,2 Hektar um 0,3 Hektar geringer als diejenige der Nichtmitglieder. Also kein nennenswerter Unterschied.

Interessant, insbesondere im Hinblick auf die heutigen Schlepperstärken, sind die Daten über die Ausstattung der Betriebe mit Schleppern: auf alle 234 Mitglieder entfielen insgesamt 254 Schlepper. Nahezu nur ein Schlepper pro Betrieb, und dies bei einer durchschnittlichen Schlepperstärke von nur 20 PS! Angesichts dieser minimalen PS-Ausstattung ist es verständlich, dass im Durchschnitt eine Einsatzdauer von immerhin 400 Stunden pro Jahr erreicht wurde.

Die heute von Betriebswirtschaftlern geforderte maximale PS-Zahl je 100 Hektar von 100 PS wurde aber schon zum damaligen Zeitpunkt deutlich überschritten (154 PS). Die damaligen nach *Schaefer-Kehnert* errechneten Kosten je Betriebsstunde bei der genannten durchschnittlichen Auslastung von 400 Stunden pro Jahr: 3,73 DM. Der MR-Satz für einen 20-PS-Schlepper (ohne Fahrer) lag mit 2,55 DM allerdings noch deutlich unter diesen kalkulierten Kosten.

Zwei Maschinen bzw. Arbeitsverfahren spielten damals im überbetrieblichen Einsatz eine herausragende Rolle: die Ausbringung von Stallmist und die Getreideernte. In den untersuchten 12 Ringen standen Anfang 1962 56 Stallmiststreuer und 24 Mähdrescher zur Verfügung. Dieser Miststeuer- und Mähdrescherbesatz kann, so heißt es in dieser Untersuchung, als ausreichend bezeichnet werden, vorausgesetzt die vorhandenen Maschinen werden *übergemeindlich eingesetzt. Je dichter das Netz der Maschinenringe im Landkreis ist, umso leichter wird sich dies durchführen lassen.*

Von den Ringen Honsolgen und Weicht gibt es für den Zeitraum April bis Jahresende 1961 bereits erste Erfolgsmeldungen: insgesamt wurden 259 Einsätze registriert, davon 59 Schlepper-, 39 Stallmiststreuer- und 37 Mähdrescher-Einsätze.

Bemerkenswert ist, dass auch schon zahlreiche Kleingeräte vermittelt wurden, u. a. zum Beispiel eine Seilwinde, eine Windfege und ein Planiergerät.

Die Beteiligung der Mitglieder in den beiden genannten Ringen im ersten Rumpfjahr war erstaunlich hoch: von den 26 Mitgliedern des MR Weicht haben 13 Maschinen verliehen und alle 26 entliehen; in Honsolgen haben von 16 Mitgliedern 8 eigene Maschinen abgegeben und 10 fremde beansprucht.

Die eine oder andere in dieser Untersuchung geäußerte Prognose bzw. Erwartung wurde allerdings, dies muss der Autor einräumen, nicht so schnell bzw. bis heute allenfalls in Ansätzen erfüllt, zum Beispiel folgende: *Der Maschineneinkauf, der bisher sooft durch das Bedürfnis nach sozialem Prestige geleitet wurde, wird nun durch die Vernunft gelenkt. Das wird sich auch marktwirtschaftlich auswirken.*

Apropos marktwirtschaftlich: Die am 27. 3. 1962 gegründete Dachorganisation der Maschinenringe im Landkreis Kaufbeuren wurde unter anderem auch zu dem Zweck gegründet, die Marktmacht der MR-Mitglieder zu bündeln und dadurch Einkaufsvorteile zu erzielen, zum Beispiel bei Diesel oder Kraftfutter.

Doch zurück zur weiteren Entwicklung des MR Weicht: 1970 gehörten ihm 41 Mitglieder mit einer landwirtschaftlichen Nutzfläche von 630 Hektar an. Ihr Umsatz: insgesamt 53 034,40 DM, je Hektar 84,18 DM.[5] Dies ist ein für die damalige Zeit sehr hoher Hektar-Umsatz. Der durchschnittliche Umsatz aller Ringe beim KBM aus dem gleichen Jahr lag bei nur 33,60 DM/Hektar.[6]

Am 26. Januar 1970, also kurz nachdem das Gesetz zur Förderung der bayerischen Landwirtschaft in Kraft trat, versuchte der Geschäftsführer des KBM, Dr. Grimm, die Vertreter der Kaufbeurer Maschinenringe von den Vorteilen eines hauptberuflich geführten Maschinenrings zu überzeugen. Sein Vortrag *stieß aber auf wenig Gegenliebe und so verlief die Versammlung für diesen Zweck negativ.*[7] Es sollte noch 2 Jahre dauern, bis sich auch die Kaufbeurer Landwirte für diesen Weg entscheiden konnten.

Der MR Weicht behielt sogar noch bis 1979 seine Selbstständigkeit bei. Doch trotz ihrer Vorbehalte gegen den Kreisring mit Geschäftsführer schlossen sich nach und nach die Weichter MR-Mitglieder zusätzlich auch dem Landkreis-MR an. Dies geschah nach Aussage von MR-Geschäftsführer Johann Prestele immer dann, wenn sie eine/n Helfer/in benötigten.

Die Masse der nach dem Muster von Weicht arbeitenden Ringe wurde jedoch schon Anfang der siebziger Jahre durch den hauptberuflich geführten Maschinenring abgelöst, dessen Funktionieren nicht von einer engen nachbarschaftlichen Verbundenheit und einer gewissen räumlichen Nähe der Mitglieder bestimmt war, sondern vor allem von der Qualität des Managements.

Dennoch wird es zwei bis drei Jahrzehnte später wieder eine Renaissance der kleinräumigen, durch die Mitglieder weitgehend selbstorganisierten, zwischenbetrieblichen Zusammenarbeit geben: Das bekannteste Beispiel dafür ist die Landbau GbR Ulsenheim, die sich aus der Arbeit des MR Uffenheim-Bad-Windsheim (später MR Franken Mitte) entwickelt hat.

BayWa-Beratungsstelle für Maschinenringe

Das Ziel der Maschinenringberatung gehört, so beschreibt Max Lampert die Aufgabe der MR-Berater, *mit zu den schwierigsten Dingen, da hier Menschen zusammengebracht werden müssen und zwar ohne Vertrag, ohne Zwang.*[8]

Bis Ende 1964 haben die Berater ausschließlich im Auftrag und auf Weisung der BayWa-Beratungsstelle für Maschinenringe – später als *Beratungsstelle für Maschinenringe-Raiffeisen* firmiert – gearbeitet. Nach der Gründung des Landesverbandes verschmolzen dann Beratungsstelle und Landesverband zu einer Einheit. Die MR-Berater waren quasi die *Außendienstler* des Landesverbandes. Sie haben sich ganz ohne Zweifel große Verdienste um den Aufbau der Maschinenringe in Bayern erworben.

Hier die Namen und Einsatzgebiete aller BayWa-MR-Berater:

- Diplomlandwirt Eckhard Engelmann, Leiter der Beratungsstelle und Berater im südlichen Niederbayern

- Manfred Stoermer für das östliche Oberbayern

- Jürgen Wilke für Schwaben und westliches Oberbayern

- Heinz Krönert für Oberfranken und die nördliche Oberpfalz

- Eugen Mergenthaler für die südliche Oberpfalz und Niederbayern (siehe auch Seite 33)

- Bodo Schäfer für Unter- und Mittelfranken

Gründung des Landesverbandes Bayerischer Maschinenringe-Raiffeisen e. V.

Als Reaktion auf die Gründung eines Landesverbandes durch die Sparkassenringe wurde am 29. Dezember 1964, also kurz vor Jahresende in München, im Hotel Platzl der *Landesverband Bayerischer Maschinenringe-Raiffeisen e. V.* gegründet. Die Vorbereitung und Leitung dieser konstituierenden Versammlung lag in den Händen von Dipl.-Landwirt Max Lampert

BayWa-Generaldirektor proklamiert *Raiffeisen-Maschinenring*

Bei der bayerischen Raiffeisen-Tagung 1963 in München sagte der Generaldirektor der BayWa, Dr. Siegfried Holzer, in seinem Referat u. a.: „Nach längeren Jahren der Pionierarbeit sind wir nun davon überzeugt, dass jetzt das richtige Modell für unsere bayerischen Verhältnisse gefunden ist." Dieser so kreierte Raiffeisen-Maschinenring beruht auf der von Dr. Geiersberger stammenden „Maschinenbank"-Idee und stellt eine vereinfachte Form einer Maschinenbank dar.

Quelle: Die Dritte Bauernbefreiung, Dr. Erich Geiersberger, Günter Olzog Verlag München-Wien 1974, S. 248

Für die schnelle Gründung und Ausbreitung von Raiffeisen-Maschinenringen gab es mehrere Gründe:

- Die Tatsache, *dass die überwiegende Mehrzahl der bayerischen Bauern nicht bereit war, einen hauptberuflichen Maschinenring-Geschäftsführer zu bezahlen.*

- Der Umstand, dass eine Gründung auf Ortsebene einfacher war als auf Kreisebene und dass die Raiffeisenkassen und -Lagerhäuser, die sich als Kristallisationskern anboten, ebenfalls so strukturiert waren.

- Von allergrößter Bedeutung aber waren zwei Faktoren: die Proklamation des so genannten *Raiffeisen-Maschinenringes* bei der bayerischen Raiffeisentagung am 4. Juli 1963 in München (siehe oben) und

- die massive Unterstützung durch die BayWa. Zunächst vor allem unter der Führung von Diplomlandwirt Max Lampert, der Dr. Geiersberger als Pressereferent bei der BayWa nachfolgte. Später dann im Rahmen der eigens dafür geschaffenen *BayWa-Beratungsstelle für Maschinenringe.*

Die Delegierten der 117 Raiffeisenringe, die 1964 den Landesverband gegründet haben:

Oberbayern: Hilger/Erding, Zeller/Rosenheim, Bauer/Freising (i. V. von Deliano), und Tyroller/Schrobenhausen.

Niederbayern: Berger/Vilshofen (er übertrug sein Mandat jedoch an Rixinger) und Maidl/ Landau.

Oberpfalz: Schrott/Nabburg und Jobst/Neunburg vorm Wald.

Oberfranken: Teuber/Stadtsteinach und Dellermann/Höchstadt/Aisch.

Mittelfranken: Hetzner/Uffenheim, Tremel/Dinkelsbühl und Schaller/Scheinfeld.

Unterfranken: Pfeufer/Ebern und Greß/Gerolzhofen.

Schwaben: von Stetten/Augsburg, Heilmann/Kaufbeuren, Konrath/Günzburg und Steinhart/Friedberg.

Quelle: Protokoll zur Versammlung vom 29.12.1964

Zur Situation im Landkreis Erding:

Die von Landrat Weinhuber angesprochene gute Raiffeisengenossenschaft Walpertskirchen sei in der Betreuung der Ringe eine Ausnahme. Andere Ringe würden von ihren zuständigen Raiffeisenkassen nur sehr mäßig betreut. Es sei auch die Arbeit der Stützpunkte sehr unterschiedlich, so habe Reichenkirchen zwar 34 000 DM Umsatz bei 52 Mitgliedern, viele andere örtliche Stützpunkte würden jedoch versagen. Lediglich in 10 Stützpunkten des Kreisringes wäre eine halbwegs gute Organisation. Er selbst, so sagte Herr Lanzinger, sei stark ausgelastet, es fehle daher im Ring oftmals ein Mann, der die Arbeiten der Stützpunkte koordiniert. Gerade die überörtliche Vermittlung setze gute Kenntnis der menschlichen Probleme voraus. Beispiel: ein Betrieb habe sich an ihn gewandt, um 5 ha Zuckerrüben roden zu lassen, zum Nachbarn, der einen Vorratsroder besitzt, habe er sich nicht getraut, weil er glaubte, dieser habe selbst zuviel Arbeit. Dann schaltete sich Lanzinger ein und vermittelte gerade diesen Nachbarn, der seinerseits erfreut war, die Auftragsfläche in unmittelbarer Nähe vorzufinden. Der MR Erding trägt sich mit dem Gedanken, einen Geschäftsführer einzustellen, der sich halbtags mit dem Maschinenring befassen soll.[12]

Quelle: Aktenvermerk zur Bezirkstagung der oberbayerischen Raiffeisen-Maschinenringe in Erding am 8.12.1966, S. 5/6

und Manfred Störmer von der BayWa-Zentrale bzw. von *der Beratungsstelle der Maschinenringe* bei der BayWa.

Zur Vorbereitung gehörte u. a. die Wahl von 21 Maschinenring-Delegierten aus den 7 Regierungsbezirken, welche durch Briefwahl erfolgte. Diese repräsentierten 117 Maschinenringe, die ihren Beitritt zum geplanten Landesverband bereits erklärt hatten. Nebenstehend die Namen der 19 anwesenden Delegierten sowie der von ihnen vertretenen Landkreise (zwei Delegierte fehlten entschuldigt, nämlich Rauscher für Coburg und Schneider für Kulmbach).

Bemerkenswert im Protokoll dieser Gründungsversammlung sind unter anderem folgende Passagen:[9]

■ Die Forderung, bei der Ausgestaltung der Satzung bereits an den in Gründung befindlichen Bundesverband der Maschinenringe zu denken (die *Bundesarbeitsgemeinschaft der Maschinenringe* wurde dann knapp einen Monat später am 22. Januar 1965 in Kassel gegründet).

■ Die Überlegungen zur Arbeitsteilung zwischen der schon bestehenden genannten Beratungsstelle der BayWa und dem Landesverband. *Die Beratungsstelle habe im Besonderen die Aufgabe, die Betreuung neu gegründeter und neu zu gründender Maschinenringe zu übernehmen, sie mit Arbeitsunterlagen zu versorgen usw., während der Landesverband vor allem die Vertretung und Förderung seiner Mitglieder gegenüber staatlichen Stellen und Organisationen habe. Darüber hinaus solle die Beratungsstelle die Geschäftsführung des Landesverbandes übernehmen. Die Tätigkeit der Beratungsstelle solle weiterhin dahingehend ausgerichtet werden, dass man Betreuung und Beratung vorwiegend den Ringen angedeihen lasse, die sich dem Landesverband anschließen.*

■ Die Zusage von BayWa-Generaldirektor Dr. Holzer über *einen Zuschuss von jährlich zunächst DM 5000,-* sowie über die in Aussicht gestellte *Deckung von darüber hinaus anfallenden Kosten von Fall zu Fall.*

Die wichtigste Entscheidung neben der formalen Gründung war natürlich die Wahl des Vorstandes, wozu mehrere Wahlgänge erforderlich waren. Ludwig Rixinger, der im ersten Wahlgang 8 von 19 Stimmen erhielt – das reichte jedoch nicht für die erforderliche absolute Mehrheit –, sah anfangs wie der künftige Vorsitzende aus. Im zweiten Wahlgang setzte sich dann aber Wolf von Stetten klar durch. Zweiter Vorsitzender wurde Hans-Christoph Heilmann, Johann Schrott und Ludwig Rixinger wurden zu weiteren Vorstandsmitgliedern bestimmt, Max Lampert zum Geschäftsführer.

Die Raiffeisen-Maschinenringe hatten nun, ebenso wie die Sparkassenringe, einen Dachverband, einen organisatorischen Zusammenschluss auf Landesebene mit einer demokratisch gewählten ehrenamtlichen Führung und einer, dank der engen Zusammenarbeit mit der schon bestehenden Beratungsstelle der Maschinenringe sowie der Angliederung bei der BayWa, schlagkräftigen Geschäftsführung. Diese neue Konstellation hat den Raiffeisen-MR und darüber hinaus der Maschinenringentwicklung insgesamt in Bayern einen starken Auftrieb gegeben. Das war auch notwendig; denn, wie aus zahlreichen Protokollnotizen ersichtlich, hat in vielen neugegründeten Raiffeisenringen die anfängliche Begeisterung für die überbetriebliche Zusammenarbeit schnell nachgelassen, wenn die Mitglieder sich mehr oder weniger selbst überlassen waren und keine Führungskraft als Motor, Koordinator und Ideenlieferer die Sache vorantrieb. *In jedem Ring müsse wenigstens ein Idealist vorhanden sein*, so heißt es in einem Protokoll einer Bezirkstagung.[10] Leider standen aber diese *Idealisten* nicht überall und auch nicht immer in der notwendigen Qualität zur Verfügung.

Dieses Manko, das in vielen Ringen bestand, weil auch die zuständigen Raiffeisenkassen diese Aufgabe nur vereinzelt wahrnahmen, konnte auch der Landesverband nicht beheben. Er konnte nur die Menschen, die sich vor Ort um den Aufbau der Maschinenringe kümmerten, in ihrer Arbeit unterstützen. Und diese Funktion hat er gemeinsam mit der Beratungsstelle der Maschinenringe sehr engagiert und kompetent ausgefüllt. Den Löwenanteil der dafür anfallenden Kosten, nämlich für die Beratungsstelle, deren Mitarbeiter und die Geschäftsführung des Landesverbandes, aber auch für finanzielle Starthilfen und alle notwendigen Drucksachen trug die BayWa, die Wolf von Stetten einmal die „Mutter" der Maschinenringe genannt hat.[11] Insgesamt hat die BayWa mehr als eine Million DM dafür aufgewendet. Ihr Vorstandsvorsitzender Dr. Holzer war stets zu jeder sinnvollen Förderung bereit.

Dazu kam noch die Unterstützung durch den Raiffeisenverband und insbesondere durch die örtlichen Raiffeisenkassen bzw. -Genossenschaften.

Diese Unterstützung fiel jedoch, wie der Bericht zur Situation im Landkreis Erding, Seite 32, zeigt, von Fall zu Fall sehr unterschiedlich aus, je nachdem wie groß das Engagement bzw., besser gesagt, die Passion der zuständigen Person für den Maschinenring war:

Wie gesagt, der Verband bemühte sich sehr, die Lücken und Mängel der Ringe, die weder über einen Geschäftsführer bzw. einen entsprechenden *Idealisten* verfügten, so gut wie möglich auszugleichen.

Stellvertretend für alle Maschinenringberater werden hier die Arbeit und das Wirken von Eugen Mergenthaler näher beschrieben.

■ Eugen Mergenthaler, ein BayWa-Maschinenringberater

Über drei Jahre lang übte er in Niederbayern und der südlichen Oberpfalz diese Tätigkeit aus (siehe Kasten). Eugen Mergenthaler war für diese Aufgabe, wie sein Lebenslauf zeigt, gut gerüstet. Als Obmann des Raiffeisen-MR *Bibartgrund* lernte er die Probleme beim Aufbau eines Maschinenringes persönlich kennen. Die Funktion eines Obmannes ging dabei weit über die eines MR-Vorsitzenden hinaus. Er war Vorsitzender und Quasi-Geschäftsführer in einer Person, und dies ehrenamtlich. Vor allem sollte er sich um die Abrechnung kümmern, gleichzeitig aber auch die überbetriebliche Zusammenarbeit ankurbeln, dabei auftretende Unstimmigkeiten aus der Welt schaffen und Einfluß auf die Anschaffung notwendiger Maschinen nehmen. Eine wahrlich nicht einfache Aufgabe, auch wenn die Zahl der Mitglieder mit 70 bis 80 für einen Ortsansässigen noch überschaubar war. Mergenthaler nutzte dabei die Tatsache, dass er in einer Gastwirtschaft zu Hause war, geschickt für seine MR-Tätigkeit aus: Nach dem sonntäglichen Kirchgang trafen sich die meisten Mitglieder ohnehin zum Frühschoppen bei Mergenthalers im *Gasthaus Schwan*. Also eine ideale Gelegenheit, die durchgeführten MR-Arbeiten abzurechnen und für die kommende Woche neu zu planen.

Wie wurde die Arbeit des Obmannes entschädigt? Ihm wurde ein Telefonanschluss zur Verfügung gestellt und es wurden die Unkosten erstattet. Außer Telefongebühren fielen aber kaum Unkosten an.

Von Vorteil waren für Mergenthaler auch die Erfahrungen in der Katholischen Landjugend. Nicht nur wegen der damit verbundenen Chance, sein rhetorisches Talent zu erproben und weiter zu entwickeln, sondern auch dank der vielfältigen Möglichkeiten, sich fortzubilden, andere Menschen und Ideen kennen zu lernen und ganz allgemein den Horizont zu erweitern. In dieser Lebensphase wuchs bei Mergenthaler auch die Erkenntnis, dass der elterliche landwirtschaftliche Betrieb auf Dauer keine ausreichende Grundlage bieten konnte. Er griff daher den Vorschlag von Bodo Schäfer auf, der bereits als MR-Betreuer bei der BayWa für den Raum Unter- und Mittelfranken tätig war, sich ebenfalls für diese neue Aufgabe zu bewerben. Schon kurze Zeit später, ab 15. Oktober desselben Jahres, begann seine neue Laufbahn als MR-Betreuer für Niederbayern und die südliche Oberpfalz.

Seinen Büroplatz hatte er in Regensburg in der dortigen damaligen BayWa-Zweigniederlassung.

Deren Direktor, Hans Rauch, hat ihn stets großzügig und wohlwollend unterstützt. Vor allem auch dadurch, dass seine Sekretärin die Anrufe entgegennahm, wenn Mergenthaler im Außendienst war. Aber auch, indem er gelegentliche Querschüsse von Lagerhausverwaltern zurückwies; denn nicht alle Lagerhaus-Chefs der BayWa waren von der MR-Idee angetan. Manche sahen im Maschinenring durchaus eine mögliche Beeinträchtigung ihres Geschäftes, insbesondere des florierenden Landmaschinenverkaufs, der zu damaliger Zeit der wichtigste Geschäftsbereich der BayWa gewesen ist. Man kam aber auch mehr und mehr zu der Einsicht, dass der Kunde Landwirt sein Geld nur einmal auszugeben vermag und jede Übermechanisierung zu Lasten anderer notwendiger Betriebsmittel und Investitionen geht.

Vom MR-Berater wurden daher in keiner Weise verkaufsfördernde Aktivitäten erwartet. Er hatte ausschließlich die Aufgabe, das System der verrechneten Nachbarschaftshilfe bekannt zu machen und, wo gewünscht, zu organisieren.

Dies begann in der Regel mit einer Aufklärungsversammlung auf Kreisebene. Die Initiative dazu ging meist vom zu-

---

Maschinenringberater Eugen Mergenthaler

Geboren 1940 in Altmannshausen, ehemaliger Landkreis Scheinfeld, als ältester Sohn und designierter Erbe eines 12-Hektar-Betriebes mit Gastwirtschaft.

Oberrealschule, kaufmännischer Berufsschule und Landwirtschaftsschule mit Abschluss als Landwirtschaftsgehilfe

1962/63 gemeinsam mit Landwirtschaftsrat Alois Warislohner Initiator und Mitbegründer des Maschinenringes Bibartgrund; Wahl zum Obmann dieses Ringes, der 70 Mitglieder zählte und sich auf das Gebiet von 5 Gemeinden erstreckte.

Engagement in der Katholischen Landjugendbewegung (KLJB) und von 1960 bis 1965 Dekanatsjugendleiter. 1962 Besuch eines Fortbildungsseminars im Haus Werdenfels bei Regensburg und dabei Begegnung mit Dr. Geiersberger.

Oktober 1966 BayWa-Maschinenringbetreuer von Niederbayern und der südlichen Oberpfalz.

1969 Besuch des ersten 4-Wochen-Lehrganges für Geschäftsführer von Maschinenringen in der DEULA-Schule Hildesheim

15. Dezember 1969 Gründung des Maschinenringes Steigerwald aus den 4 Gebietsringen Baudenbach, Ehegrund, Markt Bibart und Steigerwald.

Januar 1970 Beitritt des MR Steigerwald zum KBM mit Eugen Mergenthaler als hauptberuflichem Geschäftsführer.

1976 bis 1994 Vorsitzender des Betriebsrates beim KBM

1982 bis 1986 Vorsitzender des Bundesverbandes der Agrarmanager (BAM)

29. Februar 2004: Ende der Tätigkeit als Geschäftsführer des MR Steigerwald und Wechsel in den Ruhestand.

Mitglieder und Umsatz von Raiffeisenringen

Niederbayern 1967

Landkreis	MR	Mitglieder	Umsatz DM
Eggenfelden	7	261	79 196,–
Grafenau[3]	1	65	11 600,–
Landau	2	241	161 500,–[4]
Landshut	4	223	98 440,–
Mainburg[1]	1	23	700,–
Kelheim[1]	12	233	48 606,–
Kötzting	1	12	1 430,–
Pfarrkirchen	3	125	46 518,–
Passau	10	460	158 458,–
Regen[1][2]	1	75	7 074,–
Viechtach	2	64	16 446,–
Vilsbiburg	4	262	201 950,–
Vilshofen[5]	1	188	71 260,–
Wegscheid	3	118	22 405,–
Wolfstein[2]	1	30	18 010,–

[1] Neu im Verband 1967
[2] Landkreis-Ring mit Stützpunkten
[3] einer der drei Modellringe
[4] davon allein Haunersdorf – einer der drei Modellringe – 155 000,– DM
[5] MR Buchhofen

Südliche Oberpfalz 1967

Landkreis	MR	Mitglieder	Umsatz DM
Beilngries[1]	5	129	14 618,–
Burglengenfeld	4	212	74 447,–
Cham[2]	1	85	21 205,–
Nabburg	17	273	135 000,–
Neumarkt	18	600	214 385,–
Neunburg v. W.[2]	1	269	46 848,–
Parsberg	7	185	46.638,–
Regensburg	3	77	32.895,–
Riedenburg[1][2]	1	12	6.341,–
Roding[2]	1	325	69 576,–

[1] Neu im Verband 1967
[2] Landkreis-Ring mit Stützpunkten

Zwei Pioniere bei Gründung und Aufbau des MR Neumarkt/Oberpfalz:

Georg Hollfelder,
Chef des Landwirtschaftsamtes

Johann Bradl,
zuerst Obmann, dann Geschäftsführer und ab 1972 Vorsitzender

---

ständigen Amt für Landwirtschaft aus bzw. vom *Ehemaligenverband* (VLF), aber auch vom Raiffeisenverband.

Einige Wochen später kam es dann oft schon zu Gründungsversammlungen mit der Wahl von Obmann und Vorstand in daran interessierten Gemeinden. Der nächste Schritt bestand in ersten praktischen Versuchen gegenseitiger Maschinenhilfe und bald darauf in einem regen Erfahrungsaustausch unter den Obmännern eines Landkreises. Auch bei dieser Tätigkeit haben die Ämter für Landwirtschaft und Raiffeisenkassen tatkräftig geholfen.

Schon bald nach Aufnahme seiner Arbeit als MR-Berater kann sich Mergenthaler den Ringverantwortlichen vorstellen und wertvolle neue Kontakte knüpfen. Gelegenheit dazu bieten die jährlichen Bezirkstagungen der Raiffeisen-MR, die fester Bestandteil der Aktivitäten des Landesverbandes waren. Dabei wurde auch immer die zahlenmäßige Entwicklung der Ringarbeit vorgestellt:[12]

In Niederbayern stieg der Umsatz der Raiffeisenringe von 540 800,– DM in 1966 auf 943 993,– DM in 1967. Ursache für diesen großen Sprung waren vor allem zwei Faktoren: die zunehmende Aktivität in den bereits bestehenden Ringen und die Gründung zahlreicher neuer Ringe.

Eine besonders erfolgreiche Neugründung gelang im Landkreis Kelheim mit 12 Ringen, 233 Mitgliedern und einem Umsatz von 48 605,– DM.

An der Spitze: Neumarkt

Im Beratungsabschnitt südliche Oberpfalz wurde 1967 von 2167 Mitgliedern ein Gesamtumsatz von 640 000,– DM erzielt, 160 000,– mehr als im Jahre 1966 (die Ergebnisse der einzelnen Ringe siehe nebenstehende Übersicht). An der Spitze der Landkreis Neumarkt. *Er hat seine Position im Oberpfälzer Regierungsbezirk noch stärker ausgebaut. 18 Ringe sind es insgesamt. 600 Mitglieder erreichten den Erfolgsumsatz von 214 385,30 DM bei 3720 Einsätzen. Das ist enorm. Die Umsatzsteigerung beträgt zum Vorjahr 26 000,– DM. Das vielfältige Gestaltungsprogramm der Arbeitsgemeinschaft, gelenkt durch die tatkräftige Unterstützung des Landwirtschaftsamtes, versucht ständig alle Möglichkeiten überbetrieblicher Partnerschaft auszuschöpfen. Sehr viele Besuchergruppen waren in diesem Jahr zu Gast bei der Arbeitsgemeinschaft Neumarkt. Einige sogar vom Ausland: Gäste aus Österreich und aus der Türkei ließen sich einen Eindruck vermitteln von dem wirkungsvollen Einsatz der Kleinringe – zusammengefasst in der Arbeitsgemeinschaft.*

Der so erfolgreiche Aufbau der MR im Landkreis Neumarkt hat viele Väter. Drei davon sollen namentlich genannt werden:

■ Der Chef des Landwirtschaftsamtes Neumarkt Georg Hollfelder. Ihm war die Entwicklung des Maschinenringes stets eine Herzensangelegenheit, für die er sich über die Maßen engagiert hat (siehe Foto).

■ Johann Bradl war Gründungsmitglied und Obmann des MR Heng bis 1970. Anschließend bis 30. Juni 1972 hauptberuflicher Geschäftsführer des MR Neumarkt und danach noch bis 1991 dessen erster Vorsitzender (siehe Foto).

■ Albert Deß (früher MdB, jetzt MdEP) gründete und leitete den MR Röckersbühl bis 1970. Von 1974 bis 1996 gehörte er dem Vorstand des MR Neumarkt an, danach bis heute dem Beirat; er engagierte sich also sogar noch aktiv im Ehrenamt des MR, nachdem er 1990 in den Deutschen Bundestag gewählt wurde.

Eine Besonderheit war aus dem Landkreisring Cham zu berichten: *im Stützpunkt Schorndorf wurde ein Waschplatz für den Ring eingeweiht. Diese Waschhalle umfasst Dampfstrahlgerät, Kompressor, Abschmiervorrichtung und Hebebühne.*

Die Aufstellung der Themen, die bei den Bezirkstagungen im Jahr 1967 behandelt wurden (nächste Seite), belegt das außerordentlich große Interesse der Maschinenringe und ihrer Mitglieder an landtechnischen und betriebswirtschaftlichen Informationen, aber ebenso das Engagement und das Geschick des Landesverbandes, dieses Bedürfnis unter Mithilfe der Landwirtschaftsämter und landtechnischer Experten zu bedienen.

Bei den Bezirkstagungen Ende 1968 kann Mergenthaler, der mittlerweile das MR-Geschehen seiner Region bestens kennt, schon sehr detailliert auf die Entwicklung einzelner Maschinenringe eingehen. Zur Lage in der südlichen Oberpfalz stellt er fest: *Maschinenringe der ersten Jahrgänge stagnieren etwas, und zum Teil sind auch Umsatzrückgänge zu verzeichnen. Der MR-*

Funke ist bei manchen schwächer geworden. Er hegt allerdings die Hoffnung, dass unsere „Maschinen Ring-Nachrichten" zu einer Neubelebung beitragen werden.

Ein Ring, der über den Landkreis Nabburg und die Oberpfalz hinaus immer wieder als Muster eines gut funktionierenden Kleinringes publiziert wird, ist der MR Fensterbachtal mit Johann Schrott als Obmann. *Er ist in seiner Gesamtorganisation vorbildlich.* Im Sommer 1966 wurde Fensterbachtal sogar von Bundeslandwirtschaftsminister Höcherl (siehe Foto) besucht.

Und immer wieder muß das Problem *Abrechnen* angesprochen werden: *Etwas Sorgen bereiten mir einige, nördlich von Nabburg gelegene Ringe. Sie arbeiten überbetrieblich, aber verrechnen nicht.*

Weiter auf Erfolgskurs ist dagegen die Arbeitsgemeinschaft der Maschinenringe Neumarkt. *Sie verzeichnet das stolze Ergebnis von 253 466,68 DM, erreicht mit 685 Mitgliedern bei 8979 ha LN.*

Das Gesamtergebnis der südlichen Oberpfalz 1968: 2470 Mitglieder bei 38 472 ha LN und ein Umsatz von 720 433,25 DM. Der Mitgliederzuwachs: 535. Die Umsatzsteigerung: 135 302,25 DM. Ring-Neugründungen: 13.

Die Erfolgsbilanz der Raiffeisen-Maschinenringe des Jahres 1968 von Niederbayern: 61 Ringe mit 2820 Mitgliedern bei 44 031 Hektar und einem Umsatz von 1 007 551,39 DM. Die Zunahme im Vergleich zum Vorjahr: 412 Mitglieder und 67 459,39 DM Umsatz.

Dabei hatten die Maschinenringe im Bayerischen Wald mit weitaus mehr Schwierigkeiten zu tun als anderswo.

Aus dem Bericht Mergenthalers zur Entwicklung der Maschinenringe im Jahr 1969, seinem letzten Jahr als MR-Berater (ab 1. Januar 1970 war er bereits als hauptberuflicher Geschäftsführer des MR Steigerwald beim KBM angestellt), sind zwei Aussagen besonders bemerkenswert:[13]

■ *Dieses Jahr ist es ganz deutlich zu sehen, dass dort, wo eine starke Hand sich ganzjährig um das Wohl des Ringes sorgte, es sehr gut ging.*

■ *Es war so, dass viele MR in einer Art Warteposition verharrten ... und die Zügel im MR lockerer ließen; denn eine entscheidende Änderung in der Verbandsführung der Maschinenringe stand unmittelbar bevor: entweder Fusion der beiden Verbände oder Gründung eines neuen, einheitlichen Dachverbandes in Form des Kuratoriums Bayerischer Maschinenringe.*

Mergenthaler hat die Gründung des Kuratoriums Bayerischer Maschinenringe grundsätzlich positiv gesehen. Auch für seine eigene berufliche Zukunft sah er hier eine Chance und stellte die Weichen dazu:

Vom 28. April bis 23. Mai 1969 besuchte er den ersten 4-Wochen-Lehrgang für Geschäftsführer von Maschinenringen in der DEULA-Schule Hildesheim.

Am 15. Dezember 1969 schlossen sich auf seine Initiative hin die vier Gebietsmaschinenringe Baudenbach und Umgebung, Bibartgrund, Ehegrund und Steigerwald zum MR Steigerwald zusammen.

Dieser Ring gehörte zu den ersten 4 Ringen, die dem Kuratorium Bayerischer Maschinenringe im Januar 1970 beitraten, mit Eugen Mergenthaler als Geschäftsführer.

■ Die große Streitfrage: Geschäftsführer ja oder nein?

Geschäftsführer, ja oder nein, das war also die große Streitfrage, die insbesondere in Bayern in den 60er Jahren die Gemüter erhitzt und viele Diskussionen bestimmt hat. An dieser Frage schieden sich die Geister, mit der Folge, dass zwei Lager entstanden: die Raiffeisenringe als Verkörperung der *einfacheren Organisationsform, die keines hauptberuflichen Geschäftsführers bedurfte* und die Sparkassenringe, welche i. d. R. das Gebiet eines Landkreises umfaßten und von Anfang an einen Geschäftsführer anstellten. Der Geschäftsführer war jedoch anfangs meist noch nicht hauptberuflich tätig, seine Kosten wurden zum überwiegenden Teil von den örtlichen Sparkassen getragen.

In dieser Frage gab es aber auch im Raiffeisen-Landesverband andere Meinungen, wie die nebenstehenden Aussagen oder die Kontroversen bei der Gründung des MR Laufen zeigen: *Nach monatelanger Aufklärungsarbeit wird am 17. Januar 1964 der Maschinenring Laufen, als Landkreisring, gegründet. Von den 300 Anwesenden bei der Gründungsversammlung, die von großen Meinungsverschiedenheiten bezüglich der Organi-*

Hoher Besuch:

Bundeslandwirtschaftsminister **Hermann Höcherl** besucht den Maschinenring Fensterbachtal.

Themen, die 1967 bei den Bezirkstagungen behandelt wurden:

■ Ton-Dia-Reihen über Einzelkornsägeräte, Futterrüben-Vollernter, Mähwerke, Weiterförderung von Ladewagengütern
■ Bekanntgabe und Bewertung technischer Neuentwicklungen
■ Prospekt *Überlegungen zum Maschinenkauf*
■ Anleitung für die Ermittlung von Mechanisierungslücken im Gesamtring
■ Gedruckter Neuheitenführer zur DLG-Ausstellung in München im Mai 1968
■ *Maschinenring-Nachrichten* als regelmäßig erscheinende Publikation

Quellen: Vortragsmanuskripte von Eugen Mergenthaler aus dem Jahre 1968

Geschäftsführer – ja oder nein?

Auch namhafte Mitglieder des Raiffeisen-Landesverbandes haben frühzeitig für den Geschäftsführer plädiert:
So führte Landwirtschaftsmeister Wölkl, der von den Raiffeisenbanken im Landkreis Ebersberg finanzierte Geschäftsführer des Raiffeisen-Kreismaschinenringes, z.B. aus: *Die Arbeit der Stützpunkte müsse daher aktiviert werden, wichtigste Aufgabe des Geschäftsführers sei es, richtige Partner zusammenzubringen, auf exakte Verrechnung zu achten, gelegentliche Unstimmigkeiten zwischen Ringmitgliedern zu schlichten und überörtliche bzw. übergebietliche Vermittlungen zusammenzubringen.* In die gleiche Richtung geht der auf Seite 32 zitierte Beitrag von Josef Lanzinger. Oder bei der Bezirkstagung für Niederbayern: Die Feststellung von Herrn Berger (Vorsitzender des MR Buchhofen), dass sich gerade in Zukunft ein Geschäftsführer als unbedingt notwendig erweisen werde.

Quelle: Aktenvermerke zu Bezirkstagungen in Erding am 8.12.1966 und am 5.12.1966 in Plattling.

Plädoyer für den Kleinring

Der Maschinenbankgedanke, von Dr. Geiersberger konzipiert und publik gemacht, ist auch in Kaufbeuren auf fruchtbaren Boden gefallen. Allerdings war man sich von vorneherein darüber im Klaren, dass sich die großräumige „Maschinenbank", so wie sie Dr. Geiersberger zuerst in Buchhofen durchgeführt hat, im Landkreis Kaufbeuren nur schwer oder gar nicht verwirklichen lässt. Das Landwirtschaftsamt suchte nach einem neuen Weg, die großartige Idee von Dr. Geiersberger einfacher und ohne großen Apparat in die Praxis umzusetzen: die kleinräumige „Maschinenbank" entstand. Um diese Organisationsform auch sprachlich von der „Maschinenbank" abzugrenzen, führt sie die Bezeichnung „Maschinenring".

Der Maschinenring erstreckt sich nur auf die Bauern einer Gemeinde. Diese Begrenzung auf den Gemeindebereich bringt zahlreiche Vorteile. Dr. Geiersberger fordert mit Recht als unbedingte Voraussetzung für das Funktionieren der großräumigen „Maschinenbank", dass sich jedes Mitglied dem Telefonnetz anschließt. Ohne Zweifel ist das Telefon für den Landwirt kein Luxus-Gegenstand mehr, sondern ein wertvolles Betriebsmittel. Würde aber der Beitritt zu einem Maschinenring vom Telefonanschluss abhängig gemacht, so wäre wohl bis heute im Landkreis Kaufbeuren noch kein solcher Ring zustande gekommen. Daher wurde diese Forderung auch gar nicht erst gestellt; denn auf Gemeindeebene können die Entfernungen ohne Telefonverbindung überbrückt werden. Das bedeutet aber, dass auf einen hauptamtlichen Geschäftsführer verzichtet werden kann. Wer eine Maschine ausleihen will, geht direkt zu dem Bauern, der die gewünschte Maschine besitzt. Die Maschinenvermittlung übernehmen die Mitglieder also selbst.

Der kleinräumige Maschinenring bedarf keines großen Organisationsapparates. Er kann auf obligatorischen Telefonanschluss und hauptamtlichen Geschäftsführer verzichten. Das ist ein ganz wichtiger Gesichtspunkt, denn der Bauer begegnet von Haus aus jeder Organisation mit großer Skepsis.

Quelle: Vierteljahresarbeit *Die Maschinenringe im Landkreis Kaufbeuren und ihre möglichen Auswirkungen* von Anton Grimm.

sationsform geprägt war, treten nur 47 Landwirte dem MR bei. Die ganz überwiegende Mehrheit war also nicht bereit zur Finanzierung eines Geschäftsführers beizutragen, eine nicht nur in Laufen gemachte Erfahrung, die für die organisatorische Differenzierung der Maschinenringe entscheidend war.

Zum 1. Vorsitzenden wird Josef Parzinger, Taching, zum 2. Vorsitzenden Johann Mörtl, Hohenbergham, gewählt. Am 23. Januar 1964 beginnt Karl Lanzinger als hauptberuflicher Geschäftsführer.[14]

Die Verantwortlichen der Raiffeisenringe haben mehr und mehr den Geschäftsführer nicht als Bedingung, sondern als Ziel der Entwicklung im Auge gehabt, also wie bei den Raiffeisen-Kassen, vom ehemaligen Rechner zum hauptberuflichen Geschäftsführer, aus eigener Kraft, da an eine Trägerschaft des Staates nicht zu denken war.

Kurzum, die faktischen Unterschiede zwischen den beiden Lagern waren weitaus geringer als die, vor allem von den Verbandsvertretern, immer wieder demonstrativ herausgestellten *Glaubensbekenntnisse* für die eine oder andere Richtung vermuten ließen.

Wie die Übersicht zur Entwicklung der Maschinenringe von Niederbayern bzw. der südlichen Oberpfalz (Seite 34) zeigt, gab es in diesen beiden Regierungsbezirken mehrere Raiffeisen-Ringe, die sich auf Landkreisebene formiert haben: in Niederbayern zwei, in der Oberpfalz sogar vier; der Landkreisring Roding wurde allerdings später wieder in einzelne MR aufgegliedert; dasselbe gilt für den Landkreis-MR Coburg.

Daher ist es verständlich, dass im Raiffeisen-Landesverband von Anfang an die Frage nach der bestmöglichen Organisationsform immer wieder gestellt und kontrovers diskutiert wurde. Im Rahmen der Vorstandssitzung vom 6. November 1968 wurde sogar konkret über die versuchsweise Förderung von drei bis vier Modellringen mit hauptberuflichem Geschäftsführer nachgedacht. Die MR-Berater Mergenthaler und Schäfer bekundeten dabei spontan ihre Interesse zur Übernahme der Geschäftsführung in einem derartigen Modellring.[15]

Ein Jahr später fasst Vorsitzender von Stetten das Resümee einer Vorstandssitzung so zusammen: *Ein Geschäftsführer werde gebraucht, also müsse man sich zu dieser Entwicklung positiv stellen.*[16]

Angeheizt und zugespitzt wurde dieser heftige Dogmenstreit in erster Linie von Dr. Geiersberger, der mit Hilfe des Mediums Rundfunk dazu die besten Voraussetzungen hatte. Dass Geiersberger sich mit allen ihm zur Verfügung stehenden Mitteln dafür einsetzte, dass seine Idee konsequent und unverwässert umgesetzt wird, ist zu verstehen. Insbesondere auch deshalb, weil mittlerweile in Niedersachsen bereits einige Maschinenringe mit hauptberuflichen Geschäftsführern erfolgreich arbeiteten, die über Mitgliedsbeiträge und -Provisionen finanziert wurden.

Leider, und das ist eine Erfahrung, die der Autor der MR-Geschichte als Landwirtschaftsberater gemacht hat, reichen aber *in der Ferne* erzielte Erfolge noch lange nicht aus, um die Bauern hier bei uns zu überzeugen. Es ist *unendlich viel guter Wille, Idealismus und zähe Beharrlichkeit,* aber auch Geduld, Gelassenheit und Einfühlungsvermögen notwendig, um Menschen für neue Wege zu gewinnen, insbesondere wenn diese mit so einschneidenden Änderungen im Verhalten und in den Wertvorstellungen verbunden sind.

Geduld, Gelassenheit und Einfühlungsvermögen sind allerdings Eigenschaften, die nicht gerade zu den Stärken von Dr. Geiersberger gehören. Seine herausragende Stärke besteht vor allem darin, künftige Entwicklungen frühzeitig zu erkennen und ihre Auswirkungen deutlich und unverblümt zum Ausdruck zu bringen. Dabei wendet er sich nicht nur an die betroffenen Landwirte, sondern fordert darüber hinaus auch die in Politik und Verbänden Verantwortlichen auf, die notwendigen Konsequenzen daraus zu ziehen. Er scheute sich nicht, sie zu kritisieren, wenn sie es an der seiner Meinung nach notwendigen Unterstützung fehlen lassen. So schaffte sich Geiersberger zwangsläufig viele Gegner; Gegner, die gelegentlich ihre Vorbehalte gegen die Person Geiersberger auch auf seine Idee Maschinenring bzw. ihre Vertreter übertrugen, also den Sack Maschinenring prügelten und den Esel Geiersberger meinten.

Heute kann diese *Sturm-und-Drang-Zeit* in der Entwicklung der bayerischen Maschinenringe mit dem notwendigen Abstand betrachtet und bewertet werden.

Wie kam es zu dieser Polarisierung?

Hat tatsächlich die *überwiegende Mehrzahl der bayerischen Bauern den Maschinenring mit Geschäftsführer von Haus aus abgelehnt* oder wurden die Landwirte in dieser Hinsicht mehr oder weniger von außen beeinflusst? Und wenn eine solche Beeinflussung zu bejahen wäre, stellt sich die Frage nach den Motiven. Es ist naheliegend, die Antwort darauf hauptsächlich in den Beweggründen zu suchen, welche die Träger der beiden Lager, Raiffeisenorganisationen einerseits und Sparkassen andererseits, veranlasst haben, die Maschinenring-Idee zu unterstützen.

Es ist nicht zu bestreiten, daß sich die Begeisterung der Landwirte für den Maschinenring und noch mehr deren Bereitschaft dafür größere Beiträge zu leisten in Grenzen hielt – ein Fakt, den Dr. Geiersberger ohne Zweifel nicht realistisch vorhergesehen hatte. In der Praxis suchte man nach einem Ausweg aus diesem Dilemma, so auch im Landkreis Kaufbeuren, wie das aus dem Jahr 1962 stammende Plädoyer für den Kleinring, das Anfang der 60er Jahre durchaus der Meinung weiter Kreise in der bayerischen Landwirtschaft entsprach, belegt (siehe Seite 36).

Bei der Gründung und Finanzierung der ersten drei Ringe durch die BayWa ging es wohl ausschließlich darum, die in ihrem Hause entwickelte Idee praktisch zu erproben. Einen geschäftlichen Vorteil konnte sich das Unternehmen nicht erwarten, wohl aber Anerkennung für genossenschaftliches Handeln.

Für die Sparkassen bot die Unterstützung des Maschinenringes die einmalige Möglichkeit, in der Landwirtschaft stärker Fuß zu fassen und im Vergleich zu den ortsnahen Raiffeisenkassen etwas Boden gut zu machen. Der von Geiersberger empfohlene Kreisring mit Geschäftsführer kam dabei wie gerufen. Ebenso passte die geforderte bargeldlose Abrechnung voll in ihr Konzept.

Den Raiffeisenkassen dagegen konnte es überhaupt nicht gefallen, dass ihre stärksten Konkurrenten, die Sparkassen, mit Hilfe des Instrumentes Maschinenring versuchten, ihnen Kunden abspenstig zu machen. Die Reaktion darauf konnte nur lauten: gemeinsam mit der BayWa Verstärkung des Engagements für den Maschinenring.

Die Raiffeisenkassen waren damals im Gegensatz zu den Sparkassen noch überwiegend auf Gemeindeebene angesiedelt. Ihre Geschäftsführer, die meist aus der Landwirtschaft stammten, hatten in der Regel einen guten Draht zu den Landwirten. Zu dieser Konstellation passte der Kleinring ohne Geschäftsführer besser als der Kreisring mit Geschäftsführer: In dieser Form konnte man den Maschinenring nicht nur wirkungsvoll unterstützen, sondern auch stärker beeinflussen.

Ein ringeigener Geschäftsführer dagegen wäre bemüht, sich selbst deutlicher zu profilieren, und – was dazu gehört – nach mehr Eigenständigkeit und Unabhängigkeit zu streben.

Der hohe finanzielle Beitrag seitens der Raiffeisenorganisation und die Intensität, mit der sie für die *einfachere Organisationsform* kämpfte und dabei auch die massive, öffentlich vorgebrachte Kritik vom *Vater der Maschinenringe* in Kauf nahm, sprechen mit Sicherheit nicht gegen diese Einschätzung. Andererseits war längst nicht alles nur Politik, vieles ist auch allein der guten Sache wegen geschehen.

Dies gilt für das Engagement und die Leistung der meisten Menschen, die ehrenamtlich oder hauptberuflich für den Maschinenring tätig waren. Viele von ihnen haben sich geradezu mit missionarischem Eifer für den Maschinenring eingesetzt.

Als Folge dieser unterschiedlichen Auffassung zwischen *Raiffeisen* und *Geiersberger* kam es zwangsläufig auch zu Spannungen zwischen Dr. Geiersberger und seinem Nachfolger bei der BayWa, Max Lampert (siehe *Die Flasche Wein bei Humplmayr*).

Auswirkung auf die Entwicklung der Maschinenringe?

Interessant in Verbindung mit diesem Richtungsstreit ist aber auch die Frage: Wie hat er sich auf die Entwicklung der Maschinenringe ausgewirkt? Hätte die Maschinenringidee ohne diesen Streit in der bayerischen Landwirtschaft schneller Fuß fassen und die Masse der Landwirte leichter überzeugen können?

Fest steht, dieser öffentlich ausgetragene Streit hat auf jeden Fall erheblich dazu beigetragen, die MR-Idee nicht nur in

Der Geschäftsführer des Landesverbandes, Max Lampert ...

... und die Geschichte mit einer Flasche Wein bei Humplmayr

Ich hatte mir bei der BayWa meine ersten Sporen gottlob schon verdient, als ich eines Tages überraschend zum Vorstandsvorsitzenden Dr. Singer gerufen wurde. Er empfing mich mit großem Ernst und der Feststellung, Dr. Geiersberger beschwere sich, weil ich seine Idee verwässere. Und der stand mit Scharfrichtermiene neben ihm.

Ich habe mich dann meiner Haut gewehrt und auf die Akzeptanz und die Erfolge unserer Arbeit verwiesen und Dr. Singer dachte sich wohl: „Wo Rauch ist, ist auch Feuer", und wollte uns am Ende beiden recht geben, was aber nicht einfach war.

Kein Problem jedoch für den Grandseigneur!

„Sie gehen jetzt zusammen zu Humplmayr", bestimmte er, einem damals renommierten Weinlokal, es war früher Nachmittag, „und trinken auf meine Rechnung eine gute Flasche. Ich muss in den Senat und komme später nach. Bis dahin haben Sie sich ausgesprochen und geeinigt". Sprachs, und weg war er!

Wir taten also, wie uns befohlen, bestellten und tranken die Flasche, haben nicht viel geredet und eine reichlich schickliche Zeit auf Herrn Dr. Singer vergebens gewartet. Dann sind wir wieder jeder seines Wegs gegangen, wohl etwas beschwingter, aber kaum einiger als zuvor.

Quelle: Schreiben von Max Lampert an den Autor

Dr. Johannes Röhner zur MR-Entwicklung in Bayern:

Ich war 1960 in Friedrichshafen beteiligt, die deutschen Familienbetriebe, insbesondere die kleinen und kleinsten mit Kuhanspannung, mit dem 15-PS-Junior-Schlepper zu motorisieren. In unsere Tätigkeit drang die Kunde vom Vordringen der MR. Wir hörten, dass begeisterte MR-Pioniere von Versammlung zu Versammlung zogen – die meist abends in verräucherten Biersälen stattfanden – und unter persönlichen Opfern missionierten. Es waren Berater, Landwirtschaftslehrer, Vertreter von Raiffeisengenossenschaften und den Sparkassen, praktische und theoretische Landwirte und nicht zuletzt Agrarjournalisten. Aus Bayern schallte es am lautesten, was nicht wundernahm. Dort war Geiersberger natürlich enorm aktiv und konnte seinen Landfunk einsetzen. Wöchentlich gab es neue „Siegesmeldungen" über Gründungen von Maschinenringen.

Quelle: Band II, Miterlebte Landtechnik, Max-Eyt-Gesellschaft für Agrartechnik 1985, S.115 ff.

Erste Landestagung des Landesverbandes Bayerischer Maschinenringe-Raiffeisen e.V. 1965 in München:

V. l. n. r.: **Graf Rothkirch**, Vorsitzender der Bundesarbeitsgemeinschaft der Maschinenringe; **Dr. Singer**, Generaldirektor der BayWa a.D.; **Dr. Hundhammer**, Landwirtschaftsminister; **von Stetten**, Vorsitzender und **Lampert**, Geschäftsführer des Landesverbandes; **Dr. Groll**, Präsident des Bayerischen Raiffeisen-Verbandes und N. N.

---

der Landwirtschaft, sondern weit darüber hinaus bekannt zu machen.

Sogar die deutschen Bischöfe haben sich bereits 1962 Gedanken über Sorgen und Aufgaben des Landvolkes gemacht und die Gründung von Maschinenbanken empfohlen.

In erster Linie ist es das Verdienst des Landfunks, der zu damaliger Zeit täglich von Montag bis Freitag während der Mittagszeit einen großen Teil der landwirtschaftlichen Bevölkerung in Bayern und im angrenzenden Österreich erreichte, dass die Masse der Landwirte so schnell und gründlich über Funktionsweise und Bedeutung des Maschinenringes informiert wurde. Ohne die mit dieser *Bewegung* verbundenen ideologischen Auseinandersetzungen, über die der Landfunk natürlich auch berichtete, hätte dem Thema Maschinenring aber die Würze gefehlt, die notwendig ist, um große Aufmerksamkeit zu erzielen. So gesehen hat diese Kontroverse sogar zu einer schnelleren Verbreitung beigetragen.

Dazu kommt noch der stimulierende Effekt auf Grund der mehr oder weniger starken Konkurrenz zwischen Raiffeisen- und Sparkassenringen.

Dr. Johannes Röhner, ab 1969 Geschäftsführer des Bundesverbandes der Maschinenringe, hat später seine Eindrücke aus dieser Zeit sehr plastisch beschrieben (siehe nebenstehend).

■ Sachfragen statt Ideologie

Trotz dieser heftigen Kontroversen muss aber dem Landesverband bescheinigt werden: Er hat nicht die Ideologie in den Vordergrund seiner Arbeit gestellt, sondern sich in erster Linie auf die Frage konzentriert, wie die Entwicklung der Maschinenringe am besten vorangebracht werden kann. Bei allen Versammlungen und Tagungen der Raiffeisenringe standen jedenfalls fast ausschließlich die gerade besonders aktuellen MR-Sachfragen auf dem Programm. Die Verbandsführung verstand es aber auch sehr gut, öffentliche Aufmerksamkeit zu erzielen und prominente Zeitgenossen anzusprechen. Das zeigt die Riege der prominenten Persönlichkeiten, die bei der ersten Landestagung 1965 auf dem Podium Platz nahmen (siehe Foto).

Bei den Veranstaltungen und Tagungen des Landesverbandes wurde stets ein großes Gewicht auf die Berichte aus der praktischen Maschinenring-Arbeit gelegt, wie der folgende Auszug eines Aktenvermerkes zu einer Tagung in der Oberpfalz zeigt:

Der Landesverband nimmt dankbar alle Hinweise für weitere Verbesserung der Beratung und Lösung von Steuer- und Versicherungsproblemen entgegen. Die Vervielfältigung bestehender Erfahrungen soll nicht nur über Rundschreiben, sondern auch über die landtechnischen Tonbänder für die Maschinenringe geschehen.[17]

Bei dieser Tagung in Schwarzenfeld gab es auch drei *Praktikerberichte*. Einer davon, der inhaltlich und insbesondere auf Grund der berichtenden Person (Landwirt Albert Deß, Obman des MR Röckersbühl im Landkreis Neumarkt, der später zum Bundestags- und Europaabgeordneten avancierte) besonders interessant ist, ist auf der nächsten Seite zu lesen.

Hier wird geradezu ein Musterbeispiel vorbildlicher Maschinenringarbeit vorgestellt. Sogar mit Schleppereinsatz, einem Bereich überbetrieblicher Zusammenarbeit, der selbst nach über 40 Jahren MR-Entwicklung für viele Mitglieder noch jenseits ihrer Vorstellungen liegt.

Der Erfahrungsaustausch zu landtechnischen Fragen spielte eine besonders große Rolle. Die genannten Tonbandreihen, um deren Herstellung sich vor allem der stellvertretende Vorsitzende Diplomlandwirt Hans-Christoph Heilmann verdient gemacht hat, waren ein wichtiges Informationsmittel für MR-Führungskräfte und -Mitglieder. Auch ausgewählte landtechnische Fachberichte und Ergebnisse von DLG-Maschinen-Tests wurden entsprechend aufgearbeitet und den Maschinenringen zur Verfügung gestellt. Großen Anklang fanden die von Heilmann herausgegebenen *Typensammlungen*, die sich unter anderem mit folgenden aktuellen Landtechnik-Fragen befassten: zapfwellengetriebene Bodenbearbeitungsgeräte, Gerätekombinationen für Bestellarbeiten, Mähwerke und Futterrübenvollernter.

Erwähnt sei hier auch der 26 eng bedruckten Seiten umfassende *Neuheitenführer durch den landtechnischen Teil der 50. DLG-Ausstellung in München im Jahr 1968*, den der Landtechnische Informationsdienst des Landesverbandes bayerischer Maschinenringe-Raiffeisen e. V. gemeinsam mit dem *Rationalisierungskuratorium für Landwirtschaft (RKL)* e. V. herausgebracht und an die Maschinenringe verteilt hat. Aus dieser Tätigkeit entwickelte sich im Mai 1968 der *Landtechnische Arbeitskreis*, mit Heilmann als Vorsitzendem. Seine Hauptaufgabe bestand darin, die Ringe mit aktuellen, für den überbetrieblichen Einsatz interessanten landtechnischen Informationen zu versorgen. Auch Wünsche der Praktiker nach Verbesserungen an Landmaschinen konnten über den Normenausschuss, dem Heilmann angehörte, an die Landmaschinenindustrie herangetragen werden.

Renommierte Landtechniker wie Dr. Heinz Schulz von der Landtechnik Weihenstephan, Ing. Franz Mayr von der Landmaschinenschule Schönbrunn und Joseph Schmidbauer von der Abteilung Landtechnik der BayWa erklärten sich zur Mitarbeit bereit.

Die verschiedenen vom Verband herausgebrachten Informationsmittel haben nicht nur die Arbeiten der MR-Berater und MR-Führungskräfte in den einzelnen Ringen wirkungsvoll unterstützt, sondern insgesamt viel zur Verbreitung der MR-Idee beigetragen. Dies gilt insbesondere für den Maschinenringfilm *Gemeinsam geht es besser*, die verschiedenen Tonbild-Schauen bzw. Diaserien, Merkblätter (z. B.: *Arbeiten meine Maschinen rentabel?*) sowie die *Maschinenring Nachrichten*. Für Bäuerinnen-Versammlungen war sogar eine spezielle Tonbildschau vorgesehen.

Durch eine Rednerliste, die den Maschinenringen gute Referenten empfahl, sollte das Versammlungsprogramm der Ringe belebt werden.

Die MR-Nachrichten, die erste Ausgabe kam im August 1968 heraus, sollten 4- bis 6-mal jährlich erscheinen. Damit sollte in erster Linie den MR-Mitgliedern die vielfältigen Möglichkeiten und Vorteile überbetrieblicher Maschinennutzung, insbesondere in Form kompletter Arbeitsketten, nahe gebracht werden.

Natürlich drehen sich auch viele Diskussionen um die Frage der Haftung bei Maschinenschäden. Daran hat sich bis heute nur wenig geändert. Dieses Problem hat in der MR-Praxis stets eine weitaus geringere Rolle gespielt als bei theoretischen Diskussionen im Kreise von MR-Neulingen.

Eine sehr wichtige Leistung des Landesverbandes stellte die in der Satzung verankerte *Pauschal-Haftpflicht-Versicherung* dar. Die Deckung der Kosten dieser Versicherung nimmt einen wesentlichen Teil des an den Verband zu leistenden Mitgliedsbeitrages in Anspruch.

Breiten Raum nahmen immer die Fragen ein zur Förderung der Institution Maschinenring und der Investitionsbeihilfen für überbetrieblich eingesetzte Maschinen und Gemeinschaftsanlagen (z. B. Maschinen-Waschplätze). Gefordert werden hinsichtlich der Ringförderung einfache, praxisnahe Richtlinien und weniger Bürokratie seitens der antragstellenden Ringe. Durch die Orientierung der Beihilfe am Umsatz *würden die Ringe geradezu „zu einer Lumperei" herausgefordert.*[18] Immer wieder wird der Umstand beklagt, dass auf Grund der unklaren Richtlinien eine Berücksichtigung der Förderung im Haushaltsvoranschlag kaum möglich sei.

Die institutionelle Ringförderung: für den Regierungsbezirk Oberpfalz für das Jahr 1966 machte das, um eine Zahl zu nennen, 57 400,– DM aus, im Vorjahr waren es 9500,– DM weniger. Inwieweit durch diese Subventionen die Gründung und der Aufbau von Ringen gefördert wurden, ist schwer zu beurteilen.

Sicher ist aber, dass sie erheblich dazu beigetragen hat, den Mitgliedern die Bedeutung und Notwendigkeit der Abrechnung nahe zu bringen, auch wenn gelegentlich *Phantomeinsätze* abgerechnet wurden. Die immer wieder beklagte geringe

Albert Deß, Bundestags- und Europa-Abgeordneter hat bereits mit 20 Jahren als Obmann erfolgreiche MR-Arbeit gemacht, wie sein Praktikerbericht zeigt:

Der 20-jährige, sehr tatkräftige Obmann schilderte in schlichter, sehr einprägsamer Form Zustandekommen und Arbeitsweise seines Maschinenringes, der sich am guten Beispiel des benachbarten Ringes Sondersfeld ausrichten konnte. Durch ein Landvolkseminar und die Broschüre von Dr. Geiersberger sei er zwar frühzeitig von dem Gedanken an einen Maschinenring begeistert worden, doch habe der eigentliche Anstoß zu Gründung erst durch die im Landkreis schon arbeitenden Ringe stattgefunden ... Bereits kurz nach der Gründung habe man für die Frühjahrsbestellung Arbeitsgruppen zusammengestellt. So seien in Gemeinschaftsarbeit Saatbeetvorbereitungen gemacht worden und 25 ha Getreide für 11 Betriebe von einem einzelnen Mitglied bestellt worden. Nach der Gründung sei bewusst keine Mitgliederwerbung gemacht worden, es wurden nur tatkräftige Leute genommen. Gezielt habe man die Maschinenanschaffungen vorgenommen, Beispiel: ein Kreiselsteuer, der bei allen eingesetzt wird. Ohne Maschinenring hätten 30 Bauern die gleiche Maschine gekauft. Ein einzelnes Mitglied hat die Pflanzenschutzarbeit übernommen. Drei Landwirte haben sich sogar bei der Heuernte zusammengeschlossen und im Fließverfahren mit zwei Ladewagen gleichzeitig eingefahren ... Auf diese Weise wurden 18 ha abgeerntet.

Sein elterlicher Betrieb, so erläuterte Deß, habe aufstocken müssen und daher keine Gelder zur Mechanisierung gehabt, außerdem sei es in der Gemeinde auch so, dass nahezu 90 Prozent der Landwirte noch nebenher einem Zuerwerb nachgehen und in Eigenmechanisierung keine Vollmechanisierung erreichen würden. Das Ausleihen im Maschinenring sehe z. B. so aus, dass ein junger Landwirt sich einen 39-PS-Schlepper eines anderen Mitglieds ausleihe und die Geräte wiederum von einem anderen Betrieb; durch gutes Vertrauen der Mitglieder zueinander werde daher oft zur gleichen Zeit bei vier Betrieben Frühjahrsbestellung in gemeinsamer Arbeitskette durchgeführt. Heute (Ende 1966) seien von 70 Landwirten in der Gemeinde schon 66 Mitglieder. Es wurden im abgelaufenen Jahr 480 Einsätze geleistet. Der Umsatz je Mitglied betrug 280.– DM, der Gesamtumsatz 14 460,– DM.

Quelle: Aktenvermerk zur Bezirkstagung der Raiffeisen-Maschinenringe in der Oberpfalz vom 6. 12. 1966

Die Vorstandschaft des Landesverbandes bayerischer Maschinenringe-Raiffeisen e. V.:

V. l. n. r. Reinhard Lörcks, Johann Schrott, Wolf von Stetten, Max Lampert, Josef Lanzinger, Friedrich Hetzner, Hans-Christoph Heilmann, Hans Rauscher, Horst Kegel, Manfred Stoermer.

So haben sich die Raiffeisen-Maschinenringe von 1964 bis 1969 entwickelt:

Jahr	Ringe	Mitglieder	Verrechnungswert Mio.DM
1964	117	8 500	1,6
1965	153	10 500	2,6
1966	287	16 500	5,1
1967	471	20 860	6,7
1968	565	23 500	–
1969	563	24 000	8,8

Zur bevorstehenden Gründung des Kuratoriums Bayerischer Maschinenringe hat der Landesverband wie folgt Stellung genommen:

1. einem Kuratorium könne man zustimmen, wenn dieses in gewünschter Form sich konstituiere,
2. dann Auflösung der bisherigen Verbände und Abstimmungen nach dem Mehrheitsprinzip
3. in ganz Bayern Neuwahlen (Berücksichtigung eines jeden Regierungsbezirkes), aus denen ohne Rücksicht auf bisherige Verbandszugehörigkeit die Bezirksvorsitzenden gewählt würden
4. gemeinsamer Landesverband wird Mitglied des Kuratoriums
5. Kuratorium stellt Geschäftsführer und vorerst auch die Berater an, eine Verdichtung des Netzes der Maschinenringe zu Landkreisringen solle allmählich erfolgen – aus einem Gruppenbetreuungsgebiet von vorschlagsweise fünf Landkreisen heraus.

Quelle: Protokollbuch 2 des Landesverbandes bayerischer Maschinenringe-Raiffeisen e.V. vom 14. 4. 1969, S.74

Bereitschaft zur Abrechnung hatte vor allem zwei Gründe, wie es in einem Bericht[19] heißt:

■ *innerhalb der Ringe hätten sich Gruppen gebildet, die in der Arbeit funktionieren und sich wertmäßig ausgleichen*

■ *Mitglieder, die sehr viel Arbeiten leisten, scheuen das Aufschreiben aus Furcht vor steuerlichen Konsequenzen.*

Daher wurde über allerlei Abhilfemöglichkeiten nachgedacht, z. B. wurde erwogen, die getätigten Leistungen eines Jahres in einer Liste zu erfassen und lediglich den verbleibenden Saldo abzurechnen. Letzten Endes blieb es aber bei der trotz allem bewährten Standard-Abrechnung.

Die Preisliste, eine für die Abrechnung unbedingt notwendige Voraussetzung, nahm dagegen, zumindest soweit den schriftlichen Quellen zu entnehmen ist, im Rahmen der Sitzungen und Tagungen des Verbandes keinen so breiten Raum ein. Natürlich wurden gelegentlich für die eine oder andere Maschine höhere Verrechnungssätze gefordert und es wurde darüber diskutiert, ob eine Veröffentlichung der Preisliste in Fachzeitschriften oder Kalendern toleriert werden soll. Ausführliche Grundsatz-Diskussionen zu dieser Thematik gab es jedoch selten. Offensichtlich entsprach also die vom Landesverband herausgegebene Preisliste weitgehend den Vorstellungen der Praxis. Vielleicht mag aber auch eine Rolle spielen, dass die Berechnung von Maschinenkosten bei den Landwirten damals (und auch heute noch) nicht gerade zu ihren Lieblingsbeschäftigungen zählte.

Übrigens, die erste vom KBM herausgegebene Preisliste basierte weitgehend auf der vom Raiffeisen-Landesverband entwickelten Vorlage.

Die Leistungen des Landesverbandes für die Mitglieder, die Raiffeisen-Maschinenringe können sich also durchaus sehen lassen. Insbesondere angesichts des relativ kleinen Apparates und des bescheidenen Etats:

1965 beliefen sich die Ausgaben des Landesverbandes, ohne Personal- und Sachkosten, auf 9 920,19 DM, im Jahr 1966 auf 16 600,–.[20] Der Mitgliedsbeitrag lag bei 1,– DM je MR-Mitglied. Dabei handelte es sich im Wesentlichen um eine Art *Schutzgebühr* für die verschiedenen Arbeits- und Informationsmittel sowie die genannte Versicherungspauschale. Allerdings, die Kosten der Geschäftsführung und die Leistungen der MR-Berater wurden allein von der BayWa getragen. Trotz dieser hohen finanziellen Leistungen hat der Landesverband bayerischer Maschinenringe Raiffeisen e. V. unabhängig und frei seine satzungsgemäßen Aufgaben[21] wahrgenommen:

■ *Förderung und Interessenvertretung seiner Mitglieder und*

■ *Beratung der Mitglieder in Fragen der überbetrieblichen Maschinennutzung.*

Dies ist in der Hauptsache auf die schon angesprochene starke Ausrichtung der Verbandsarbeit an den Bedürfnissen und Wünschen der Praxis zurückzuführen. Und natürlich darauf, dass im Vorstand (siehe Foto) tüchtige und engagierte MR-Praktiker saßen, die untereinander und mit der Geschäftsführung harmonisch zusammengearbeitet haben. Die meisten Vorstandsmitglieder haben nach der Auflösung des Verbandes auch im KBM wichtige Funktionen übernommen. Friedrich Hetzner wurde Vorsitzender im MR Uffenheim-Bad Windsheim, Horst Kegel im MR Kelheim und Josef Lanzinger im MR Erding; Reinhard Lörcks vertrat als Vorsitzender des MR Untermain die unterfränkischen MR im Gesamtvorstand des KBM; Hans Rauscher gehörte als Vorsitzender des MR Coburg-Kronach-Lichtenfels dem Vorstand des KBM an, ebenso Walter Stallmann als Vorsitzender des MR Ansbach.

Die Rolle des Raiffeisen-Landesverbandes bei der Gründung des KBM

Das Bestehen von zwei konkurrierenden Landesverbänden wurde von der Landwirtschaftsverwaltung – und -Beratung, insbesondere nach dem Wechsel an der Spitze des Ministeriums, zunehmend kritisch gesehen. Aber auch der Bauernverband, der sich beim Aufbau der Maschinenringe im ersten Jahrzehnt auffallend zurückhielt, hat mehrmals diesen Zustand beklagt und schon 1965, und wiederum 1968, einen zaghaften Versuch zur Verbrüderung der beiden Verbände unternommen. Auch das Ministerium forderte in einem Schreiben vom 10. Oktober 1968 die beiden Landesvorsitzenden auf, *nach einer Lösung für eine engere Zusammenarbeit zu suchen (Arbeitsgemeinschaft oder Kuratorium).*

Dass diese Entwicklung den Vorstand und den gesamten Verband heftig berührte und stark beschäftigte, ist selbstverständlich. Die folgenden Protokoll-Auszüge der Vorstandssitzung vom 14. April 1969, die wie immer in der Gaststätte Lohengrin in München stattfand, machen dies deutlich:

Eine Unterstützung der Bestrebungen, eine Arbeitsgemeinschaft zu bilden, wurde vom Ministerium noch am 3. 12. 1968 zugesagt. Eine weitere Besprechung am 7. 1. 1969 ergab dann, daß der Landesverband Sparkassen e.V. eine Arbeitsgemeinschaft – als zu wenig – ablehnte und seine Bestrebungen auf einen einheitlichen Landesverband abzielten. Am 13. 1. habe Dr. Keymer erklärt, man gebe sich seitens des Ministeriums keinen Illusionen wegen eines einheitlichen Landesverbandes hin, sondern würde auch eine feste Arbeitsgemeinschaft akzeptieren ... Den einseitigen Zielsetzungen (des Sparkassen-Landesverbandes), sich in enger Anlehnung an den Bauernverband zum neutralen Verband zu erklären, habe das Ministerium sich jedoch widersetzt.

Bei der nächsten Besprechung am 11. 2. 1969 beim Bayerischen Bauernverband sei man auf sehr konkrete Vorstellungen über eine fest gefügte Arbeitsgemeinschaft gestoßen, deren Federführung der BBV hätte haben wollen. Es hätte hierzu seitens Dr. Schneiders auch schon ein Gespräch mit dem Sparkassen-Landesverband stattgefunden, so dass Präsident von Feury und Dr. Schneider den Zusammenschluss optimistisch als dicht bevorstehend angesehen hätten.

Am 18. 3. 1969 habe wiederum eine Besprechung zwischen Bauernverband und Sparkassen-Landesverband stattgefunden. Man ... war sich ... über eine Arbeitsgemeinschaft einig.

Am 20. 3. 69 fand im Ministerium *eine Besprechung in Anwesenheit beider Landesverbände und des BBV statt. Mit Überraschung habe man jedoch* festgestellt, dass dabei ein völlig anderes Konzept vorgestellt wurde. *Bemerkungen wie die – wenn sich die Landesverbände nicht anpassen, wird die Entwicklung über sie hinwegrollen – hätten fast auf ein künftiges Diktat des Ministeriums schließen lassen ... Bedauerlich sei, dass die vom Landesverband geleistete Aufbauarbeit und Vertrauensstellung übergangen werde. Überlegungen seien anzustellen, welchen Weg man künftig im Interesse der Mitgliedsringe beschreiten müsse – es sei utopisch nur auf dem jetzigen Standpunkt zu beharren, man müsse sich der Entwicklung anpassen*[22].

Diskussion und Beratung in dieser Sitzung am 14. April 1969 waren, wie das Protokoll zeigt, sehr fundiert, ausführlich und kontrovers und nicht ohne, aus heutiger Sicht, erstaunlich anmutende Alternativvorschläge. Das Ergebnis, wie Vorsitzender Wolf von Stetten es zusammengefasst hat, ist letzten Endes jedoch von sehr viel Realitätssinn geprägt (siehe Seite 40).

Am 25. Juni 1969 erfolgte dann die vorläufige Gründung des Kuratoriums durch das Landwirtschaftsministerium und 8 Verbände (darunter auch der Bayerische Raiffeisenverband, der Bayerische Sparkassen- und Giroverband und natürlich der Bayerische Bauernverband). Die beiden Landesverbände der Raiffeisen- bzw. Sparkassenringe wurden dagegen nicht eingeladen. Rudolf Bachmann, MdL und Vorsitzender des ebenfalls an der Gründung beteiligten Landeskontrollverbandes Bayern e.V., wird zum kommissarischen Vorsitzenden berufen, Richard Carmanns und Wolf von Stetten zu dessen Stellvertretern.

Schon wenige Tage nach der Gründung am 1. Juli 1969 findet wiederum im Gasthaus Lohengrin eine außerordentliche Vorstandssitzung statt. Hauptthema: das Landeskuratorium bayerischer Maschinenringe. Dabei wird beklagt, dass die an der Gründung beteiligten und z. T. sachfremden Verbände der *ministeriellen Lösung (Satzung) beflissen und vorbehaltlos zugestimmt hätten. Man habe erwartet, dass der BBV zumindest mit Einschränkungen stimme. Herr Dr. Groll habe dann seitens des Raiff-*

Kurz nach der Gründung des KBM formuliert der Landesverband vier Forderungen an das Kuratorium Bayerischer Maschinenringe:

1. Vollberechtigte Mitglieder des Kuratoriums bayerischer Maschinenringe müssen alle bayerischen Ringe werden können. Jeder Landkreis entsendet einen gewählten Vertreter in das Kuratorium.
2. Nebenberuflich tätige Geschäftsführer müssen entsprechend den Beihilfen für hauptberufliche Geschäftsführer in die finanzielle Förderung einbezogen werden.
3. Das Kuratorium muss gewährleisten, dass Maschinenringe ohne Geschäftsführer in einer angemessenen Übergangszeit von Maschinenringberatern betreut werden.
4. Den Ringen muss freigestellt werden, wie sie die Beträge zur Finanzierung der Geschäftsführung im Einzelnen aufbringen.

Quelle: Protokollbuch 2 des Landesverbandes bayerischer Maschinenringe-Raiffeisen e.V. vom 1. 7. 1969, S.88/89

Ein halbes Jahr später klingt die vom Landesverband beschlossene Grundsatzerklärung schon versöhnlicher und positiver:

Erst die aus der Selbsthilfe geschaffene Grundlage von derzeit 610 Raiffeisen-Maschinenringen in Bayern hat es möglich gemacht, im Maschinenring nunmehr auch ein Instrument der Agrarpolitik zu sehen ...
Die Vorstandschaft ist der Meinung, dass dieses weitgehende finanzielle Angebot des Staates die Möglichkeiten der Maschinenringe allmählich erweitern kann und daher positiv geprüft werden sollte. Daraus ergibt sich eine grundsätzlich ebenfalls positive Einstellung zum neugegründeten Kuratorium bayerischer Maschinenringe. Die zunächst autoritären und bürokratischen Vorstellungen des Kuratoriums, die zunächst geringe Bereitschaft maßgeblicher Stellen das bisher Geschaffene zu würdigen und die Nichtbeteiligung unseres Verbandes bei der Vorbereitung und Gründung des Kuratoriums haben den Start dieser Einrichtung unnötig erschwert und sie in einem nicht sehr positiven Licht erscheinen lassen.
Das Kuratorium sollte an die Stelle des Landesverbandes und in dessen volle Verantwortung treten. Nach den derzeitigen Gegebenheiten sieht das Kuratorium eine Vollmitgliedschaft für Ringe mit hauptberuflichem Geschäftsführer vor, ferner eine Betreuung jener Ringe, die noch keinen Geschäftsführer haben können oder haben wollen. Zu dieser Gruppe gehört die ganz überwiegende Mehrzahl aller uns angeschlossenen Ringe. Die Interessenvertretung des Landesverbandes muss sich daher von der Zahl und von der Situation her gesehen in erster Linie auf deren Bedürfnisse und Anliegen konzentrieren.
Die Vorstandschaft hält daher eine entsprechende Ausgestaltung der in § 2 der Kuratoriumssatzung vorgesehenen Betreuung der Ringe ohne hauptberuflichen Geschäftsführer für die derzeit wichtigste Aufgabe.

Quelle: Protokollbuch 3 des Landesverbandes bayerischer Maschinenringe-Raiffeisen e.V. vom 27. 1. 1970, S.11–13

Quellen:

1. Aktenvermerk von M. Lampert, ohne Datum
2. Vierteljahresarbeit *Die Maschinenringe im Landkreis Kaufbeuren und ihre möglichen Auswirkungen* von Anton Grimm
3. Protokollbuch 2 des Landesverbandes Bayerischer Maschinenringe Raiffeisen e.V. von 28.VI.67 bis 1.XII.69, Seite 68
4. Protokollbuch MR Weicht, S. 1
5. Protokollbuch MR Weicht, S. 14/15
6. KBM-Jahresbericht 1971
7. Protokollbuch MR Weicht, S. 14
8. Aktenvermerk zur Bezirkstagung der oberbayerischen Maschinenringe vom 8.12.1966, S 2.
9. Protokoll über die Gründungstagung des Landesverbandes bayerischer Maschinenringe-Raiffeisen e.V. am 29. Dezember 1964
10. Aktenvermerk zur Bezirkstagung der Raiffeisen-Maschinenringe in der Oberpfalz vom 6.12.1966
11. Aktenvermerk zur Bezirkstagung der Raiffeisen-Maschinenringe in der Oberpfalz vom 6.12.1966
12. Vortragsmanuskripte von Eugen Mergenthaler aus dem Jahre 1967
13. Vortragsmanuskripte von Eugen Mergenthaler aus dem Jahre 1969
14. Festschrift der MR Laufen zur 40-Jahr-Feier
15. Protokollbuch 2 des Landesverbandes bayerischer Maschinenringe-Raiffeisen e.V., S. 56
16. Protokollbuch 2 des Landesverbandes bayerischer Maschinenringe-Raiffeisen-e.V., S. 69
17. Aktenvermerk zur Bezirkstagung der Raiffeisen-Maschinenringe in der Oberpfalz vom 6.12.1966
18. Aktenvermerk zur Bezirkstagung der Raiffeisen-Maschinenringe in der Oberpfalz vom 6.12.1966, S.9
19. Protokollbuch 2 des Landesverbandes bayerischer Maschinenringe-Raiffeisen e.V., S. 44
20. Protokoll über die Mitglieder-Vertreterversammlung des Landesverbandes bayerischer Maschinenringe-Raiffeisen e.V. am 6. Juli 1966
21. Satzung für den Landesverband bayerischer Maschinenringe-Raiffeisen e.V. vom 6. Juli 1966
22. Protokollbuch 2 des Landesverbandes bayerischer Maschinenringe-Raiffeisen e.V., S. 62 bis 64
23. Protokollbuch 3 des Landesverbandes bayerischer Maschinenringe-Raiffeisen e.V., S. 45–48
24. Rundschreiben Nr. 5/1971

eisenverbandes nicht als einziger Opponent seinen Vorbehalt aufrechterhalten wollen. Die in dieser Sitzung beschlossenen Forderungen an das neue Kuratorium sind auf der vorausgehenden Seite zusammengefasst.

■ Reaktion auf Gründung des KBM und Auflösung des Verbandes

Nach der vorläufigen Gründung des KBM und der Berufung von Stettens' zum stellvertretenden Vorsitzenden hat der Landesverband Bayerischer Maschinenringe Raiffeisen e.V. seine Tätigkeit nicht sofort eingestellt oder ruhen lassen (im Gegensatz zum Landesverband Bayerischer Maschinenringe Sparkassen e.V., der seine baldige Auflösung ankündigte). Im Gegenteil, er war weiter um das Wohl seiner Mitgliedsringe besorgt und hat sich daher sehr intensiv mit Aufbau und Organisation des KBM befasst. Man machte sich viele Gedanken zur Satzung, zur Finanzierung der Ringe, zur Bezahlung der Geschäftsführer, zur Dienstaufsicht über die Geschäftsführer, vor allem aber über die Art und Weise, in der die 610 Raiffeisenringe in das KBM übergeführt werden sollten. Ihren Niederschlag fanden diese Beratungen in einer Grundsatzerklärung (siehe vorige Seite).

Die in dieser Erklärung genannten Forderungen konnte der Verband auch weitgehend durchsetzen. Was er nicht voraussehen konnte, war die von jetzt an großzügige finanzielle Förderung der Ringe durch den Staat. Sie hat das bis dahin ungelöst gebliebene Problem der Geschäftsführer-Bezahlung beseitigt. Die Bildung von Maschinenringen mit hauptberuflichem Geschäftsführer vollzog sich sehr viel schneller und unproblematischer als erwartet. Die vorgesehene Betreuung von Ringen ohne Geschäftsführer erwies sich daher nach kurzer Zeit als weitgehend gegenstandslos bzw. kam kaum zum Tragen, da schon Ende 1971 mit 82 hauptberuflich geführten Ringen eine fast flächendeckende Verbreitung erreicht war.

Die Auflösung des Landesverbandes wurde am 28. September 1971 beschlossen, was den Verantwortlichen persönlich nicht leicht gefallen sein mag, von der Sache her aber nicht als Niederlage empfunden werden musste[23].

Denn ihre Auffassung, dass die Finanzierung des hauptberuflich geführten MR durch Mitgliedsbeiträge nicht realistisch sei, wurde quasi durch die nun im Gesetz verankerte hohe Förderung bestätigt.

Die Tatsache, dass der Landesverband bei den Wahlen im neuen Kuratorium sein großes zahlenmäßiges Gewicht nicht entsprechend einbringen konnte, hat viele verständlicherweise enttäuscht. Die damals Verantwortlichen waren jedoch der Meinung, dass dies *politisch* so gewollt und daher kaum zu ändern sei.

Durch die Ehrung des Vorsitzenden Wolf von Stetten und des Geschäftsführers Max Lampert mit der Silbernen Staatsmedaille aus der Hand von Minister Dr. Eisenmann fand dieses aufregende und spannende Kapitel zu den Anfängen in der Geschichte der bayerischen Maschinenringe eine angemessene Würdigung und gleichzeitig einen versöhnlichen Abschluß.

Dieser positive, versöhnliche Grundtenor kommt auch in der *letzten Mitteilung* an die Mitglieder zum Ausdruck: *Es fällt uns nicht leicht, unsere Aufbauarbeit beenden zu müssen. Sie war, wie wir glauben, unbürokratisch bei trotzdem guter Organisation, undoktrinär, aber zielbewußt und schließlich Vorbild in ihrem Verhältnis von Aufwand zu Erfolg. Befriedigung ist uns auch der Gedanke, Pioniere gewesen zu sein und der Idee der Maschinenringe überzeugend zum Durchbruch verholfen zu haben. Ohne die Arbeit unseres Verbandes und ohne die großzügige Unterstützung unserer Arbeit durch die BayWa, der wir herzlichst danken, hätte der Partnerschaft der Voll-, Zu- und Nebenerwerbsbetriebe und damit dem bayerischen Weg in der Agrarpolitik die reale Grundlage gefehlt.*[24]

Die Sparkassen-Maschinenringe

Obwohl die MR-Idee im Haus der BayWa entstanden ist und die ersten Modell-Maschinenringe mit finanzieller Unterstützung der BayWa gegründet wurden, haben sich auch die Sparkassen schon sehr früh mit diesem *neuen Weg zur landwirtschaftlichen Mechanisierung* befasst.

Man kann sich vorstellen, dass auch die ursprüngliche Bezeichnung *Maschinenbank* viel dazu beigetragen hat, das Interesse von *Bänkern* an dieser neuen Idee spontan zu wecken.

■ 16. November 1959: Erste Information über die Landmaschinenbank an die Sparkassenleiter

Auf jeden Fall, schon knapp ein Jahr nach Gründung von Buchhofen am 16. 11. 1959, informiert der Bayerische Sparkassen- und Giroverband bereits die *Herren Sparkassenleiter* über die *Landmaschinenbank*, wenige Tage bevor Dr. Geiersberger seine Broschüre *Die „Maschinenbank"* vorstellt (25. 11. 1959) und noch bevor er im Landfunk in zwei Sendungen (25. und 26. November) *mit seinem Vorschlag der „Maschinenbank" an die Öffentlichkeit tritt.*

Diesem Anschreiben, das *bis 27. 11. 1959 vertraulich zu behandeln ist*, wird ein 4 Seiten umfassender Auszug eines *Referates* von Dr. Henner mit dem Titel *Neue Wege zur landwirtschaftlichen Mechanisierung „Maschinenbank"* beigefügt. Berücksichtigt man, dass dieses Exposé vor Erscheinen der Schrift von Dr. Geiersberger verfasst wurde, muss man Dr. Henner bescheinigen, dass er sich schon sehr früh, sehr intensiv und gründlich mit dieser Materie auseinander gesetzt hat. Gewonnen hat er seine Kenntnisse hauptsächlich bei einem Besuch des MR Buchhofen. Erst danach haben Henner und andere Maschinenring-Interessenten in der Sparkassen-Organisation die grundlegende Darstellung von Dr. Geiersberger an Hand seiner Broschüre *Die Maschinenbank* studieren können; denn sofort nach Erscheinen hat der Verband eine Sammelbestellung für *Die Maschinenbank* durchgeführt.

In diesem von Präsident Dr. Zorn unterzeichneten Schreiben vom 16. 11. 1959 wird das Engagement der Sparkassenorganisation für den Maschinenring wie folgt begründet: *Jede Maschinenbank ist auf die Mitwirkung eines Geldinstituts angewiesen (siehe Foto nächste Seite). Es ist vorauszusehen, dass die an der Maschinenbank teilnehmenden Bauern dann ihre gesamten Geldgeschäfte über dieses Geldinstitut tätigen werden. Darum ist es wichtig, dass die Sparkassen Vorbereitungen treffen, um dieses Geldinstitut sein zu können und nicht im gegebenen Fall ausgeschaltet zu werden.*[1]

Noch deutlicher formuliert die Sparkasse Aichach, warum sie eine Unterstützung der Maschinenring-Idee für richtig hält: *Die Sparkasse sieht in der Förderung des Maschinenringes eine gute Möglichkeit, der Abwerbung von Kunden durch die Darlehenskassenvereine wirksam entgegenzutreten.*[2]

Der Maschinenring *passte* also den Sparkassen *genau ins Konzept*. Eine Konstellation, die aus Sicht der Maschinenringe durchaus als Glücksfall zu bewerten ist; denn dieses Engagement der Sparkassen hat die Entwicklung der Maschinenringe sehr positiv beeinflusst. Auch wenn damit die Sparkassen primär eigene wirtschaftliche Interessen verfolgt haben, was ja nichts Ehrenrühriges ist, so entsprang ihr Einsatz für den Maschinenring doch auch der festen Überzeugung, mit ihren ganz speziellen Möglichkeiten eine gute Idee wirkungsvoll unterstützen zu können.

Aus dieser Überzeugung heraus entwickelte sich bei vielen *Sparkassenleuten* fast so etwas wie eine Liebe, ja sogar eine Leidenschaft für den Maschinenring.

Herausragende Beispiele dafür sind: Franz Xaver Lettl, Fürstenfeldbruck; Josef Sandmeier, Aichach; Max Wöhrl, Pfaffenhofen; Erich Wenger, Mainburg oder Anton Hofmann, Erlangen.

Auch Dr. Georg Henner und Walter Hafner vom Bayerischen Sparkassen- und Giroverband sind hier zu nennen. Ihrem Einsatz und Engagement ist nicht nur die Gründung zahlreicher bayerischer Maschinenringe maßgeblich zu verdanken. Sie haben auch dafür gesorgt, dass diese Ringe richtig zum Laufen kamen. Nicht nur durch die von Ihnen veranlasste

Mit diesem Logo präsentieren sich die Sparkassen-Ringe

Zeittafel

16. 11. 1959	Erstes Anschreiben des Bayerischen Sparkassen- und Giroverbandes (BSuGV) an die Sparkassenleiter, *Betreff: Landmaschinenbank*. Dem Schreiben wird ein Referat von Dr. Henner über *Neue Wege zur landwirtschaftlichen Mechanisierung „Maschinenbank"* beigefügt.
9. 2. 1960	Gründung des Landmaschinenringes Fürstenfeldbruck
19. 2. 1960	Erster schriftlicher Bericht von Franz Xaver Lettl über seine Erfahrungen bei der Gründung des MR Fürstenfeldbruck
24. 2. 1960	Gründung des Landmaschinenringes Rottenburg
10. 3. 1960	2. Behandlung des Themas „Der landwirtschaftliche Maschinenring" im Rahmen einer Besprechung beim BSuGV
27. 7. 1960	Gründung des Landmaschinenringes Aichach auf Initiative des Landwirtschaftsamtes und mit Unterstützung der Sparkasse
24. 1. 1961	Gründung des Landmaschinenringes Feuchtwangen
Febr. 1961	Der BSuGV gibt sein erstes Merkblatt für Maschinenring-Mitglieder heraus.
26. 5. 1961	Gründung des Landmaschinenringes Pfaffenhofen
30. 11. 1962	Erste Landestagung der Sparkassen-Maschinenringe in Bayern
4. 4. 1963	Der BSuGV nennt in einem Rundschreiben 11 Gründe, *Warum Maschinenringe mit Geschäftsführer?* die richtige Wahl ist.
22. 11. 1963	Gründung des *Landesverbandes bayerischer Maschinenringe* im Rahmen der Jahresversammlung der Sparkassen-Maschinenringe in München
31. 12. 1964	Dr. Henner, der Geschäftsführer des Landesverbandes, geht in Ruhestand. Sein Nachfolger: Walter Hafner
30. 7. 1970	Auflösung des Landesverbandes

Sogar an einem modernen Geldautomaten ist noch ein Hinweis auf die bei der Sparkasse erhältlichen Abrechnungsbelege zu finden.

Auszug der einführenden Worte von Dr. Bodo Spiethoff anlässlich der zweiten Behandlung des Themas „Der landwirtschaftliche Maschinenring" am 10. März 1960 beim BSuGV in München

Wir sprachen heute Vormittag über die aktuellen landwirtschaftlichen Kreditprobleme. Den Übergang von diesem Thema zum Fragenbereich des Maschinenringes zu finden, ist nicht schwer; denn heute früh wurde uns sehr eindringlich gesagt, was getan werden müsse, damit in der Landwirtschaft endlich entschiedener rationalisiert wird, damit die Kredite nutzbringender als bis jetzt angewendet werden. Wir wurden aufgefordert, daran mitzuarbeiten, dass die Bauern wirklich rechnen lernen, dass sie einen Blick für die bestmöglichste Kreditverwendung, für das Betriebsoptimum bekommen …
Nun glauben wir, einen speziellen Beitrag zur Rationalisierung in der Landwirtschaft, zur Vermeidung der Gefahr, dass die fixen Kosten den Betrieb nicht ganz erdrücken, durch den Maschinenring leisten zu können …
Inzwischen hat es eine Sparkasse unternommen, entschlossen zu handeln und einen Maschinenring ins Leben zu rufen. Der Kreis- und Stadtsparkasse Fürstenfeldbruck gebührt für diese Pionierarbeit unser aller Dank. Hat sie doch nicht nur ein Beispiel gesetzt, sondern – was ebenso wertvoll ist – sie hat einen Großteil der Pionierarbeit auf sich genommen, so dass wir Ihnen heute den von einer Sparkasse organisierten Maschinenring in der Praxis bis hin zum letzten Vordruck vorführen können.
Die beiden Vorträge, die auf unserer Tagesordnung stehen, werden zeigen, dass die Sparkassen wie keine anderen Geldinstitute dazu berufen sind, den Gedanken des Maschinenringes zu verwirklichen … Ich glaube heute schon sagen zu können, dass die Sparkassen Fürstenfeldbruck und Rottenburg a. d. L. den Maschinenring in für seinen Erfolg entscheidenden Punkten über den Geiersberger'schen Entwurf fortentwickelt haben.

Quelle: Niederschrift des BSuGV zur Aussprache vom 10. März 1960

finanzielle Unterstützung seitens der örtlichen Sparkasse beziehungsweise des Bayerischen Sparkassen- und Giroverbandes, so notwendig, ja unentbehrlich diese in der Aufbauphase war. Mindestens ebenso wichtig und hilfreich waren die Ideen und Anstöße zur Weiterentwicklung und Optimierung des Maschinenringes, die ihnen zu verdanken sind.

Ein hervorragendes Beispiel dafür ist Franz Xaver Lettl. Der Vortrag, den er am 10. März 1960 beim Bayerischen Sparkassen- und Giroverband in München über seine allerersten Erfahrungen bei der Gründung und beim Aufbau des Maschinenringes Fürstenfeldbruck gehalten hat, ist ein gutes Beispiel dafür. Hier wurden unter anderem ganz konkrete Ratschläge zu folgenden Fragen gemacht:

- warum ist der eingetragene Verein die zweckmäßige Rechtsform für den Maschinenring,

- wie findet man am besten den richtigen Geschäftsführer oder

- wie kann die Abrechnung möglichst rationell erledigt werden?[3]

Die wichtigste Informationsquelle für Lettl war, wie er selbst sagt, *Die Maschinenbank*, die ihm sein Chef Weihnachten 1959 auf den Tisch legte. Gut einen Monat später setzte er die daraus gewonnenen Erkenntnisse bei der Gründung des Landmaschinenringes Fürstenfeldbruck schon erfolgreich in die Praxis um.

Wie sehr manchen Sparkassen-Vertretern der Maschinenring ans Herz gewachsen ist, wird auch daraus ersichtlich, dass einige von ihnen sogar noch als Ruheständler über viele Jahre MR-Veranstaltungen besuchen, nicht nur vor Ort, sondern auch auf Landesebene. Dazu gehörten unter anderen Erich Wenger aus Mainburg und das Ehepaar Anton und Elise Hofmann aus Erlangen. Letztere haben bis zum Jahre 2002 keine Landesversammlung des KBM versäumt. Hofmann, der als Leiter der Werbeabteilung bei der Stadt- und Kreissparkasse Erlangen tätig war, ist nicht nur Mitbegründer des heutigen Maschinenringes Erlangen-Forchheim-Knoblauchsland, sondern er gehört auch heute noch dem Vorstand dieses Ringes an.

■ 10. März 1960:
2. Behandlung des Themas Maschinenring

Ein bedeutsames Datum ist der 10. März 1960: An diesem Tag wurde das Thema *Der landwirtschaftliche Maschinenring* (also nicht mehr *Die Maschinenbank*) erneut in München im Haus der Sparkassen in einer größeren Runde unter der Leitung von Dr. Spiethoff behandelt. Teilnehmer waren unter anderem die Vertreter von 10 bayerischen Sparkassen, darunter Direktor Penzlmaier und Amtmann Lettl von der Sparkasse Fürstenfeldbruck sowie Dr. Henner. Die Niederschrift dieser Besprechungen, die den Vermerk *streng vertraulich* trägt, zeigt bereits einen sehr hohen Kenntnisstand der Gesprächsteilnehmer in dieser neuen Materie. Bemerkenswert sind vor allem die fundierten Beiträge von Dr. Spiethoff (siehe links), Dr. Henner und, wie schon ausgeführt, von Franz Xaver Lettl.

Zu diesem Zeitpunkt gab es bereits drei Sparkassen-Maschinenringe, nämlich in Fürstenfeldbruck, Rottenburg a. d. L und Mallersdorf. Weitere von Sparkassen initiierte Gründungen waren in Vorbereitung.

Ebenso klar und *ungeschminkt*, wie die Motive für das Interesse am Maschinenring, sind die Ausführungen *über die Wettbewerbssituation im Bereich der Maschinenbanken* (siehe nächste Seite).

In dem genannten Anschreiben von Präsident Zorn und insbesondere in der kurzen Ansprache von Dr. Spiethoff wird die *Dringlichkeit des angeschnittenen Fragenkreises* und die Notwendigkeit, *draußen genügend Aktivität zu entfalten, um auch die übrigen Kollegen, die heute nicht hier sein können, mitzureißen*, mehrmals betont.

Kurzum, der Bayerische Sparkassen- und Giroverband war wild entschlossen, den friedlichen Wettstreit in Sachen Maschinenring mit Raiffeisen aufzunehmen. Dabei ist festzuhalten, dass sich zu diesem frühen Zeitpunkt Dr. Geiersberger noch nicht auf die Seite der Sparkassen geschlagen hat. Im Gegenteil, noch am 19. 2. 1961 beklagt sich Dr. Henner in einem Brief an Sandmeier bitter darüber, dass Geiersberger einseitig *die anderen bevorzugt*. Und handschriftlich vermerkt er noch ein *Notabene: Geiersberger müsste dankbar sein, in uns so überzeugte Vertreter seiner Idee zu haben.*

Trotzdem kämpfte Dr. Henner und seine Mannen, unter anderem nun auch Sandmeier in Aichach, weiter für Ihre Form des Maschinenrings. Wie diese aussieht, beschreibt die nebenstehende Definition.

Im Februar 1961 setzt der Verband dann ein weiteres Zeichen seiner Entschlossenheit, den Maschinenring fürderhin voll auf seine Fahnen zu schreiben: Er gibt die erste Nummer des *Merkblattes für die Bayerischen Maschinenringe* heraus, in einer Auflage, die es möglich macht, diese Kurzinformationen zu allen möglichen MR-Themen auch an die Mitglieder weiterzugeben.

1961 erschienen noch drei weitere dieser Merkblätter. In Nummer 3 (August 1961) wird u. a. mitgeteilt, dass schon 14 Sparkassen-Maschinenringe bestehen.

Ziel und Zweck der *Merkblätter* beschreibt Dr. Henner so: Es soll den *Blick der Mitglieder weiten, vor allem aber ihre aktive Mitarbeit erziehen*.[4]

■ Permanenter Konkurrenzkampf mit Raiffeisen-Maschinenringen

Der zwischen Raiffeisen und Sparkassen ausgebrochene Wettstreit, in möglichst vielen Landkreisen der erste bei der Gründung eines Maschinenrings zu sein, nahm gelegentlich sehr heftige Formen an. Ein Beispiel dafür war Feuchtwangen. Am 24. 1. 1961 fand dort auf Einladung des Landwirtschaftsamtes und mit Unterstützung der Sparkasse eine von 250 Landwirten besuchte Informationsveranstaltung statt. Dem Amtschef von Aichach, Oberlandwirtschaftsrat Schropp, und den beiden Geschäftsführern von Aichach, Bauer und Seidl, sowie Dr. Henner aus München gelang es dabei offensichtlich, die Teilnehmer so zu überzeugen, dass, wie die Presse berichtet, *rund 60 sich auf Anhieb bereit erklärten, dem Maschinenring beizutreten*.[5]

Ähnlich erfolgreich waren zwei weitere Veranstaltungen, die in gleicher Besetzung am Abend desselben Tages in Herrieden und am folgenden Tag in Weidenbach stattfanden. Einige Tage später wurde bei der Bezirksversammlung des Raiffeisen-Verbandes von Mittelfranken, auf der u. a. Max Lampert von der BayWa sprach, zum Teil heftige Kritik am Verhalten des Amtschefs laut. Oberlandwirtschaftsrat Henner *legte jedoch klar, dass alles unter Einhaltung strikter Neutralität gelaufen sei*, was ihm von der Versammlung auch ausdrücklich bestätigt wurde.

In Zusammenhang mit der Gründung eines Sparkassen-Maschinenringes im Landkreis Parsberg kam es noch im Jahre 1966 zu so heftigen Auseinandersetzungen *mit der Konkurrenz*, dass darüber sogar im Rahmen der Sendung des Bayerischen Rundfunks *Der wunde Punkt* berichtet wurde.[6]

Die Spannungen zwischen den beiden Lagern dauerten im Grunde genommen so lange an, als die beiden Verbände aktiv waren, also bis zur Gründung des KBM im Jahre 1969. Die Hauptursache dafür ist ganz einfach in der Tatsache zu sehen, dass die Sparkassen mit dem Instrument Maschinenring versuchten, in der Landwirtschaft, die traditionell mehr den Raiffeisenbanken verbunden war, neue Kunden zu gewinnen. Und dies wollte Raiffeisen und auch die BayWa, die sich ja mit Recht als *Mutter der Maschinenringe* betrachtete, verhindern, was durchaus verständlich ist.

Hinzu kommt, dass die Sparkassen nicht nur den Aufbau von Maschinenringen unterstützten, sondern auch die Konkurrenten der Genossenschaften im Landmaschinenhandwerk und -Handel, im Landhandel und so weiter. Dadurch wurde die Konkurrenz-Situation noch verschärft.

Erschwert wurde den Sparkassen ihre Arbeit beim Aufbau von Maschinenringen aber auch dadurch, dass viele der Meinungsbildner unter den Landwirten Raiffeisen und BayWa nicht nur nahe standen,

---

Franz Xaver Lettl zur Konkurrenz-Situation mit Raiffeisen ...

Uns war auch klar, dass wir als Sparkasse offiziell nicht als Werber für den Gedanken eines Maschinenringes auftreten dürften, da wir dadurch sofort die 28 Raiffeisen-Kassen des Landkreises und die BayWa auf den Plan gerufen hätten. Die vielen Vorstände und Aufsichtsräte der Raiffeisenkassen, meist angesehene Bauern, hätte man dadurch vor den Kopf gestoßen! Aus dieser Überlegung heraus hatten wir uns von vornherein mit dem Landwirtschaftsamt verbündet.

... und zur technischen Abwicklung der Geschäftsführung

Der Geschäftsführer erfasst als Gründungsarbeit auf Grund des Erhebungsbogens jedes einzelne Mitglied und stellt die Kapazität sowohl nach Maschinenangebot, als auch nach Maschinennachfrage fest. Diesen Erhebungsbogen wertet der Geschäftsführer über die Maschinenkartei aus und bekommt damit für die Einsatzzeit einen Überblick über die vorhandenen Maschinenkapazitäten und über den geforderten Maschineneinsatz. Auf Grund dieser Erhebungen bekommt der Geschäftsführer aber auch jetzt schon, also rechtzeitig einen Einblick über in seinem Gebiet noch fehlende Spezialmaschinen und kann rechtzeitig einen kapitalkräftigen Landwirt zur Beschaffung dieser fehlenden Maschine anregen.

Quelle: Niederschrift des BSuGV zur Aussprache vom 10. März 1960

Definition des Maschinenringes nach Sparkassen-Art:

Das Vorhandensein eines Maschinenringes ist an folgende Voraussetzungen gebunden:
1. Vorhandensein eines Geschäftsführers (Vermittlers), welcher mit Hilfe von Maschinenbestandskonten in der Lage ist, jede benötigte Maschine zum gewünschten Zeitpunkt dem Bauern zuzuführen, der sie braucht.
2. Schriftliches Abrechnungssystem auf der Grundlage einer Preisliste (Berechnung der reinen Unkosten ohne Verdienstspanne – Nachbarschaftshilfe).
3. Vermittlung der anfallenden Maschinenarbeiten oder von Arbeitskräften gegen Entrichtung einer Vermittlungsgebühr (2–5%).
4. Schriftliche Zusammenfassung der vermittelten Einsätze in einem Journal an Hand der angefallenen Belege (Kontrollmöglichkeiten sind damit gegeben).

Autor bzw. Quelle unbekannt, entnommen Aktenordner III des MR Aichach

Warum Maschinenringe mit Geschäftsführer?

1. *Weil nur durch den Überblick und die Initiative eines Geschäftsführers eine zügige Steuerung der Ausleihungen, eine Befriedigung aller Leihwünsche, eine umfassende Ausnutzung des vorhandenen Maschinenkontingents und eine stetige Zunahme der mechanisierten Anbaufläche gewährleistet wird;*
2. *weil nur durch die Tätigkeit eines Geschäftsführers in den Ersatz und die Vervollständigung des Maschinenparks die so notwendige Rationalität und Planmäßigkeit hineinkommt;*
3. *weil nur bei Vorhandensein eines Geschäftsführers notwendige Ausleihungen oder Entleihungen über die Dorfgrenzen hinaus ins Laufen kommen;*
4. *weil sich gezeigt hat, dass die geschäftsführerlosen Maschinenringe in ihren Ausleiherfolgen weit hinter den Maschinenringen mit Geschäftsführer zurückbleiben ...*
5. *weil Maschinenringe mit hohen Umsätzen (1962 bis 130 000 DM) ausschließlich Geschäftsführermaschinenringe sind;*
6. *weil der von Raiffeisenseite gepriesenen Ersparnis der Geschäftsführerprozente das Nichtzustandekommen zahlreicher Ausleihungen und damit der Verzicht auf die Möglichkeit wesentlich höherer Einnahmen für ausleihende Mitglieder gegenübersteht;*
7. *weil in Einzelfällen „Erfolgszahlen" der anderen Seite dadurch zustande kommen, dass die Einnahmen für die bezahlte Ausleihe genossenschaftseigener Maschinen, die immer schon nach Art der Lohnunternehmen erfolgte, als „Maschinenringausleihungen" getarnt werden;*
8. *weil der Einwand, die Mitglieder entzögen sich durch Schwarzausleihe der Mitwirkung des Geschäftsführers, nicht stichhaltig ist, vor allem nicht in denjenigen unserer Ringe, bei denen die Vermittlungsprozente zwischen Verleiher und Ausleiher geteilt werden;*
9. *weil die stetig zunehmenden Umsatzerfolge unserer Maschinenringe beweisen, dass sich die vernünftigen Mitglieder an den geringen Vermittlungsgebühren nicht stoßen;*
10. *weil die Maschinenringmitglieder immer wieder erklären, dass sie ohne Geschäftsführer die Ausleihungen und Entleihungen in so großem Umfang nie erreichen würden;*
11. *weil unsere Maschinenringe ihre bisherigen und künftigen Erfolge wider besseres Wissen wegwerfen würden, wenn sie nun auf die Geschäftsführer verzichteten.*

Quelle: Rundschreiben des Bayerischen Sparkassen- und Giroverbandes an die bayerischen Sparkassen, Nr. 23 vom 4. 4. 1963

sondern in deren Gremien auch wichtige Ehrenämter wahrnehmen.

So nimmt es auch nicht wunder, dass von Sparkassenringen immer wieder die fehlende Neutralität beziehungsweise sogar die einseitige Unterstützung der Raiffeisen-Ringe durch Vertreter des Berufsverbandes und sogar gelegentlich der Beratung beklagt wurde. So wurde zum Beispiel einigen Geschäftsstellen des Bayerischen Bauernverbandes vorgeworfen, nur Infomaterial der Raiffeisen-Ringe zu verteilen. Tatsächlich wurde 1963 von der *Beratungsstelle für Maschinenbanken bei der BayWa* ein Prospekt mit dem Titel *Der Raiffeisen-Maschinenring* herausgegeben, auf dem gleichzeitig die Anschriften und Sprechtage einzelner BBV-Geschäftsstellen aufgedruckt waren.

Der Landesvorsitzende Carmanns hat sich darüber offiziell beim Generalsekretär des Bayerischen Bauernverbandes beschwert.

Dr. Franz Münsterer vom BBV-Generalsekretariat nahm diesen Vorwurf zum Anlass, die Vertreter beider MR-Verbände zu einer Aussprache einzuladen, *die möglichst in einer Gründung eines gemeinsamen Landesverbandes enden sollte.*[7]

Wie erdrückend von der Sparkassenseite die Konkurrenz Raiffeisens empfunden wurde, zeigt das folgende Zitat: *Die Okkupation des Namens Maschinenring durch Raiffeisen (die ihre Einrichtung bisher „Maschinenbanken" nannten) sowie die vom Bayerischen Bauernverband unterstützte Massenpropaganda der Raiffeisenkassen für den geschäftsführerlosen Maschinenring hat große Verwirrung angerichtet und der Gegenseite Erfolge eingebracht (Raiffeisen 130 Ringe, Sparkassen 30 Ringe).*[8]

Aus diesem Grund hält es der Bayerische Sparkassen- und Giroverband für *geboten, die Notwendigkeit des Geschäftsführers in Erinnerung zu bringen.* Er nimmt dabei kein Blatt vor den Mund und lässt sich auch die Möglichkeit, den einen oder anderen Seitenhieb auf die Konkurrenz zu setzen, nicht entgehen (siehe links).

Angesichts dieser negativen Lagebeurteilung im Frühjahr 1963 überraschte es einigermaßen, wie zufrieden sich Dr. Spiethoff im März 1964 über die Entwicklung äußert: *In Bayern hat sich, auch in der Auffassung der amtlichen Landwirtschaft, die Form des Geschäftsführer-Maschinenringes im größeren Wirkungsbereich (Landkreis) durchgesetzt. Man erkennt immer deutlicher, dass kleine Gebilde ohne planmäßige Steuerung nur Notbehelfe ohne nachhaltigen Erfolg sind. Zwar laufen auch von unseren 33 durch Sparkassen geförderten Maschinenringen nicht alle schon auf vollen Touren, doch haben wir auf jeden Fall die Spitzenringe mit zwischen 100 000,– DM und 200 000,– DM Umsatz aufzuweisen. Nach einem vorläufigen Überblick sind unseren Ringen rund 500 Dorfgemeinden angeschlossen mit über 50 000 ha angeschlossener Fläche. Die gesamte Mitgliederzahl bewegt sich um 3000.*[9]

Diese positive Einschätzung ist auch deshalb etwas verwunderlich, weil ein Dreivierteljahr vorher beim Bayerischen Raiffeisen-Tag der so genannte *Raiffeisen-Maschinenring* proklamiert wurde (siehe Seite 31) und damit die *Konkurrenz* einen zusätzlichen Auftrieb erhielt.

Das nicht zu leugnende *strukturelle Handicap* der Sparkassen in Bezug auf die Landwirtschaft wurde allerdings dadurch stark gemindert, dass Dr. Geiersberger vor allem über das Medium Landfunk, aber auch in zahlreichen Vorträgen, nicht nur die Leistungen der Sparkassenringe immer wieder herausstellte, sondern auch den Kurs der Raiffeisen-Ringe ab 1963 auf das Schärfste kritisierte.

Der Bayerische Sparkassen- und Giroverband und der von ihm gestützte Landesverband haben jedoch auch von sich aus für ihre Form des Maschinenringes kräftig die Werbetrommel gerührt.

Die ab Februar 1961 herausgegebenen Merkblätter wurden bereits erwähnt. Hinzu kamen viele Beiträge in Organen, die von den Sparkassen herausgegeben beziehungsweise unterstützt wurden wie *Bäuerlicher Wirtschafs-Spiegel, Landpost* und *Unser Hof.* 1965 hat der Sparkassen- und Giroverband sogar eine Kinowerbung für den Maschinenring initiiert und produziert. Damals gingen offensichtlich auch Landwirte noch öfter ins Kino.

■ 22. November 1963: Gründung des Landesverbandes

Auch zum Jahresende 1963 lud der Bayerische Sparkassen- und Giroverband wiederum zur *Landesversammlung der bayerischen Maschinenringe* ins Casino der bayerischen Gemeindebank ein. Die Tagesordnung sah nur drei Punkte vor: 1. Begrüßung; 2. Kurzreferate über den derzeitigen Stand; 3. Aussprache. Tagesordnungspunkt 3 enthielt den Zusatz: *Zweckdienlich dürfte die Beratung der Frage eines eventuellen Zusammenschlusses der Maschinenringe zu einem Landesverband sein.*

So geschah es dann auch: Der erste Maschinenring-Landesverband überhaupt wurde gegründet. Die 18 bei dieser Veranstaltung anwesenden Vertreter von Sparkassen-MR – insgesamt bestanden zu diesem Zeitpunkt bereits 33 Sparkassenringe – sprachen sich *vorbehaltlich der Zustimmung ihrer Generalversammlungen* dafür aus und unterzeichneten die vorgelegte Satzung.

Im 2. Wahlgang wurde der Vorsitzende des Landmaschinenringes Pfaffenhofen, Richard Carmanns, mit 11 Stimmen zum Ersten Vorsitzenden gewählt. Josef Westermayr vom MR Dachau erhielt sieben Stimmen. Er wurde stellvertretender Vorsitzender. Zum Landesgeschäftsführer wurde einstimmig Dr. Georg Henner berufen.

Weder im Namen des neu gegründeten Verbandes noch in irgendeinem Paragraphen wurde das Wort Sparkassen genannt. Lediglich unter *Paragraph 2, Sitz* heißt es lapidar: *Der Landesverband hat seinen Sitz in München 2, Brienner Str. 24.*

Das bedeutet im Prinzip: Auch Raiffeisen-MR könnten Mitglied dieses Verbandes werden. Diese Möglichkeit wurde im Rahmen der Gründungsversammlung vom anwesenden Syndikus des Sparkassen- und Giroverbandes, Dr. Heinz sogar ausdrücklich bejaht und von einigen MR-Vertretern auch ernsthaft befürwortet. Ja sogar die Idee, mit Raiffeisen gemeinsam einen Landesverband zu schaffen, wurde von einigen Teilnehmern ins Gespräch gebracht, obwohl es andererseits nicht an harscher Kritik am *unfairen Verhalten* und am *Totalitätsanspruch* einzelner Raiffeisen-Leute fehlte.[10]

Allerdings fand der Gedanke eines *Gemeinschaftsverbandes*, der immer wieder von verschiedener Seite, insbesondere vom Landwirtschaftsministerium, angesprochen wurde, in der Führung des Landesverbandes keine ausreichende Zustimmung. *Im Ernstfall würde nur eine Verwässerung des Ganzen herauskommen ...*, so wurde befürchtet.[11]

Für die 1. Landesversammlung des vor einem Jahre gegründeten *Landesverbandes Bayerischer Maschinenringe* (zu diesem Zeitpunkt war dies noch die offizielle Bezeichnung), die für den 20. November 1964 einberufen wurde, *musste ein größerer Tagungsraum ausgewählt werden*; denn mittlerweile gehörten dem Verband bereits 35 Ringe mit insgesamt 4000 Mitgliedern an. Man zog vom Haus der Sparkassen in der Brienner Straße um in das Löwenbräu am Stiglmaierplatz.

Ein wichtiger Tagesordnungspunkt war dabei das von Graf Rothkirch vorgeschlagene *Projekt Bundesverband der Maschinenringe*, das dann auch kurz darauf, am 22. Januar 1965 in Kassel, mit der Gründung einer *Bundesarbeitsgemeinschaft der Maschinenringe* realisiert wurde. Zum Vorsitzenden wurde Graf Rothkirch gewählt, zum Geschäftsführer Ernst Dieckmann.

Gut vier Wochen vorher, am 29. Dezember 1964, war es zur Gründung des Landesverbandes Bayerischer Maschinenringe Raiffeisen e. V. gekommen.

Beide bayerischen Verbände wurden Mitglied der Bundesarbeitsgemeinschaft (siehe Foto nächste Seite). Zum 30. 12. 1965 hat der Sparkassen-Landesverband seine Mitgliedschaft in der Bundesarbeitsgemeinschaft jedoch schon wieder gekündigt.[12]

In der Zeit um den Jahreswechsel von 1964 auf 1965 war also für die bayerischen und deutschen Maschinenringe einiges in Bewegung.

■ Wechsel in der Geschäftsführung

Bewegung gab es auch in der Geschäftsführung des Landesverbandes: Dr. Georg Henner ging zum Jahresende 1964 in Ruhestand. Sein Nachfolger war Walter Hafner, der als Landwirtschaftsreferent beim Bayerischen Sparkassen- und Giroverband natürlich schon mit der neuen Materie vertraut war.

Die zweite Landesversammlung (10. Dezember 1965) fand nicht mehr in München, sondern in Kulmbach statt. Von dieser Veranstaltung sind vor allem zwei Entscheidungen zu vermelden: Der Beschluss, den Landesverband als rechtsfähigen Verein eintragen zu lassen und die

---

Die Führung des Landesverbandes:

Richard Carmanns, der Vorsitzende des Maschinenringes Pfaffenhofen, wird Erster Vorsitzender.

Dr. Georg Henner wird zum Geschäftsführer berufen. Nach seinem Ausscheiden 1964 wird seine Arbeit für die Sparkassen-Maschinenringe wie folgt gewürdigt:

Ein Leben für die Landwirtschaft

Der Gründer und Initiator unserer Landmaschinenringe, Landwirtschaftrat a. D. Dr. Georg Henner, ging im Alter von 67 Jahren am 31. 12. 1964 in den wohlverdienten Ruhestand. Im Jahr 1960 war Dr. Henner Mitbegründer des ersten Maschinenringes in Fürstenfeldbruck. Er schuf damit das Modell für alle nachfolgenden Maschinenringe. Die von Dr. Henner aufgebauten Maschinenringe charakterisieren sich von anderen Ringen dadurch, dass sie ein möglichst großes Gebiet, meist auf Landkreisebene erfassen. Von besonderer Bedeutung ist dabei der Geschäftsführer, der Herz und Motor eines Maschinenringes ist ...
Heute kann Herr Dr. Henner auf die Gründung von rund 35 Maschinenringen zurückblicken, die im letzten Jahr einen Umsatz von über eine Million DM aufwiesen und über 4000 Mitglieder zählen.

Quelle: Merkblatt des Landesverbandes Bayerischer Maschinenringe Sparkassen e.V., Nummer 1/1965

Zwei Maschinenring-Freunde:

Walter Hafner (rechts) löst Dr. Georg Henner als Geschäftsführer ab und führt den Verband bis zu seiner Auflösung 1970. Aber auch danach unterstützt er als Agrarreferent des Bayerischen Sparkassen- und Giroverbandes die Arbeit der Maschinenringe mit Rat und Tat. Das gilt auch für **Hans Schmid,** links im Bild. Er war nach Hafner im Verband für die Maschinenringe zuständig.

An der Gründung der Bundesarbeitsgemeinschaft der Maschinenringe in Kassel beteiligen sich aus Bayern sowohl der Raiffeisen- als auch der Sparkassen-Landesverband:

V. l. n. r. Wolf von Stetten, Leopold Graf Rothkirch, Richard Carmanns, Dr. Erich Geiersberger und der Geschäftsführer Kuhlmann

Änderung des Namens in *Landesverband Bayerischer Maschinenringe-Sparkassen e. V.*

Von 1966 an gab es dann neben der jährlichen Mitgliederversammlung auch gesonderte Tagungen für die Geschäftsführer, in der Regel zwei pro Jahr.

Eine Veranstaltung der Sparkassenorganisation vom Frühjahr 1967 soll nicht unerwähnt bleiben: Im Rahmen einer Seminar-Reihe für die bayerischen Sparkassenleiter hat Dr. Geiersberger ein Referat zum Thema *Die landwirtschaftlichen Betriebe und ihre Finanzierung in der Zukunft* gehalten. Mit fundierten betriebswirtschaftlichen Zahlen wies er dabei nach, dass eine Halbierung des derzeitigen Maschinenbesatzes unumgänglich und dieses Ziel nur im Rahmen des Maschinenringes zu erreichen ist.

Bemerkenswert aus dem gleichen Jahr ist ein *Kurzbeitrag* von Walter Hafner zum Thema *Bäuerin und Maschinenring* (Auszug davon siehe nächste Seite). Bemerkenswert deshalb, weil die Überlegung, auf dem Umweg über die Bäuerinnen den Maschinenring *an den Mann zu bringen,* wie sich auch später immer wieder gezeigt hat, manchmal erfolgreicher ist als der übliche direkte Weg über den Bauern.

1966 gab der Landesverband ein Verzeichnis der Sparkassen-Maschinenringe heraus: Es umfasst insgesamt 37 Maschinenringe. Also 4 mehr als 1964. An dieser Zahl hat sich bis 1969, bis zur Gründung des KBM, nichts mehr geändert, wenn man von Ochsenfurt absieht. Dort, und das war ein Novum und gleichzeitig wohl auch schon Folge der bevorstehenden KBM-Gründung, haben die örtliche Sparkasse und Raiffeisenkasse gemeinsam bei der Gründung des Vereins *Maschinenringe Landkreis Ochsenfurt und Umgebung* mitgewirkt.

■ Die Gründung eines neutralen Verbandes zeichnet sich ab

Ende 1968 gab es bereits erste Sondierungsgespräche mit dem Ziel, die beiden Landesverbände in irgendeiner Form zusammenzuführen. Zunächst war von einer Arbeitsgemeinschaft die Rede. Das war aber dem Landesverband Bayerischer Maschinenringe-Sparkassen e. V. zu wenig. Einige Zeit hat er sogar mit dem Gedanken gespielt, *in enger Anlehnung an den Bayerischen Bauernverband einen neutralen Verband* zusammen mit dem Raiffeisen-Landesverband zu bilden. Diese Überlegungen nahmen Anfang 1969 schon sehr konkrete Formen an. Von da an lief alles auf die Gründung einer völlig neuen Organisation in Form des *Kuratoriums Bayerischer Maschinenringe* hinaus.

Im Gegensatz zum Landesverband Bayerischer Maschinenringe Raiffeisen e. V. hat der Sparkassen-Landesverband diesen Prozess vorbehaltlos, ohne wenn und aber unterstützt und mitgetragen. Schließlich entsprach das Konzept für das Kuratorium, das ausschließlich und konsequent auf den hauptberuflich geführten Maschinenring auf Kreisebene ausgerichtet war, auch voll und ganz der Organisationsform, die von Anfang an von den Sparkassen vertreten wurde.

Hinzu kommt, dass zwischen dem Vorsitzenden des Verbandes, Richard Car-

Walter Hafner zum Thema Bäuerin und Maschinenring

Jede Bäuerin weiß, dass ihre berechtigten, finanziellen Wünsche für Haushalt, Wohnung, Urlaub und oft sogar für eine angemessene Ausbildung ihrer Kinder zurückstehen müssen, weil die teuren Maschinenkäufe oft den Vorrang haben ...

Falsch verstandener Bauernstolz und Sozialprestige - wenn der Nachbar die Maschine hat, dann müssen wir sie auch haben - ist hier nicht mehr angebracht, wenn Familie und Hof darunter leiden müssen.

Aktive Mitarbeit im Maschinenring bedeutet:
1. Mehr Geld im Bauernhof...
2. Durch den Wegfall der Arbeit in der Außenwirtschaft hat die Bäuerin mehr Zeit für Familie und Haus...
3. Entlastung von Schwerstarbeit bei Bauer und Bäuerin ...
Nicht nur, dass die Bäuerin vorzeitig ihre Kräfte verbraucht hat, vor allem die Kinder werden die Konsequenzen ziehen und die Tochter wird lieber einen Arbeiter heiraten und der Sohn wird keine Bäuerin mehr bekommen, da unter diesen Voraussetzungen jedes Mädchen von dem Beruf einer Bäuerin Abstand nehmen wird.

4. Es ist heute von den Eltern nicht mehr zu verantworten, die heranwachsenden Kinder in den Arbeitsprozess miteinzuschalten, und wenn, dann sollte es die Ausnahme sein...

Zur Mitarbeit im Maschinenring sind nicht nur diejenigen Bäuerinnen aufgerufen, die selbst einen Betrieb leiten, sondern alle Bäuerinnen geht es an. Jede Bäuerin sollte ihren Mann darauf hinweisen, dass der Beitritt zum Maschinenring der ganzen Familie dient.

Quelle: Kurzbeitrag (auszugsweise) von Walter Hafner, Landesverband Bayerischer Maschinenringe-Sparkassen e.V., Dezember 1967

---

manns, und dem neuen Landwirtschaftsminister schon seit Jahren eine gute, persönliche Verbindung bestand, die natürlich auch die Vorstellungen von Dr. Eisenmann über den Maschinenring maßgeblich geprägt hat.

Nach der Gründung des KBM hat daher die Führung des Landesverbandes nicht lange gezögert und seine baldige Auflösung angekündigt. Der Verband hatte, wie es Geschäftsführer Walter Hafner im bäuerlichen Wirtschafts-Spiegel formulierte, sein *Ziel erreicht* (siehe rechts). Am 30. Juli 1970 wurde die Auflösung offiziell vollzogen.

Walter Hafner hat auch danach noch die Arbeit der bayerischen Maschinenringe tatkräftig unterstützt, als Vertreter der Sparkassenorganisation im *Ausschuss* des KBM und, mit besonderer Hingabe, als *Gastgeber* bei zahlreichen Sitzungen und Seminaren, die im Casino der Bayerischen Landesbank in München stattfanden.

Der Vorsitzende des Landesverbandes, Richard Carmanns, hat seine Arbeit in der Maschinenring-Führung als KBM-Vorsitzender nahtlos und erfolgreich weitergeführt.

Nicht unerwähnt soll bleiben, dass die bayerische Sparkassen-Organisation – das gilt im gleichen Maße auch für Raiffeisen – das Kuratorium Bayerischer Maschinenringe weiterhin unterstützt hat: Beide Organisationen prüfen *die Buchführung und das Belegwesen sowie die Rechnungslegung* des Kuratoriums bayerischer Maschinen- und Betriebshilfsringe e. V. . Verbunden damit waren die Erstellung eines schriftlichen Prüfberichtes und dessen Vortrag im Rahmen der KBM-Mitgliederversammlung. Dies geschah immer wechselweise.

Berichterstatter waren für die BayWa Dr. Heinz Rüppold (bis 1990), für die Sparkassen-Organisation Walter Hafner (bis 1986). Ab 1991 wird der Prüfbericht zur Jahresrechnung ausschließlich von Michael Knorr, BayWa München vorgetragen.

Das Ziel ist erreicht!

Zwölf Jahre mussten vergehen, bis den Maschinenringen mit hauptberuflichem Geschäftsführer der Durchbruch in Bayern gelang, – eine zu lange Zeit für unsere Landwirtschaft, die für ihre Behauptung im längst schon ausgebrochenen harten EWG-Existenzkampf unabdingbar auf den im großen Maschinenring organisierten überbetrieblichen Maschineneinsatz angewiesen ist. Anlass zu dieser Bemerkung gibt uns die Abschlussveranstaltung des Landesverbandes Bayerischer Maschinenringe-Sparkassen e.V. vom 30. Juli 1970. Auf dieser außerordentlichen Versammlung wurde als einziger Tagesordnungspunkt „Die Auflösung des Landesverbandes" behandelt. Das bedeutet im Allgemeinen Abschiedstimmung und Resignation der Betroffenen. Nicht jedoch in diesem Fall. Der im Jahre 1963 mit von der Sparkassenorganisation gegründete „Landesverband Bayerischer Maschinenringe" sah seine Aufgabe als erfüllt an, als im vorigen Jahr auf Initiative von Staatsminister Dr. Hans Eisenmann und dem Initiator der Maschinenringe, Dr. Erich Geiersberger, das Kuratorium Bayerischer Maschinenringe (KBM) gegründet und zwischenzeitlich die Voraussetzungen für einen reibungslosen Übertritt der unserem Landesverband angeschlossenen Maschinenringe in den neutralen bayerischen Verband geschaffen wurden ...

Nachdem alle Voraussetzungen im neu gegliederten Spitzenverband (KBM) geschaffen worden sind, war die Auflösung unseres Verbandes kein Trauerakt mit Grabgesang, sondern Auftrag und Ansporn, die Maschinenring-Arbeit noch mehr zu intensivieren.

Quelle: Das Ziel ist erreicht!, von Walter Hafner, Bäuerlicher Wirtschafts-Spiegel, Nummer 9/ Jahrgang 20

Franz Xaver Lettl war der eigentliche Initiator und Stratege für die Gründung des Landmaschinenringes Fürstenfeldbruck

10 Jahre nach dieser Tat als *Gründer* wird er für diese Glanzleistung und die zehnjährige Unterstützung beim Aufbau des Brucker Maschinenringes geehrt. Dafür bedankt er sich sehr herzlich:

*Lieber Josef,
reichlich spät, aber um so herzlicher möchte ich dir und deinem Geschäftsführer, meinem alten Freund, Toni Rauch, Dank sagen für die unerwartete Ehrung, die mir im Dezember 1970 im Rahmen einer Vorstandssitzung ... zuteil wurde.
Das neugebackene Ehrenmitglied des LMR FFB habt ihr beide wirklich zu überraschen verstanden ... Du und Toni Rauch wisst ja zu gut, dass ich neben der „Steuerhilfe für die Bauern" als mein zweites Steckenpferd Dr. Geiersbergers Idee „Die Maschinenbank" zu verwirklichen versuchte, aber ohne euch beide und ohne den leider zu früh verstorbenen Markus Grundner wäre mir dies nie gelungen ...
Dein Franz Xaver Lettl*

Quelle: Auszug eines Briefes von Lettl an den Nachfolger von Markus Grundner, Josef Kistler vom 8. 1. 1971

Markus Grundner wurde bei der Gründung zum ersten Vorsitzenden gewählt und übte dieses Amt bis zu seinem Tod 1966 aus

Landmaschinenring Fürstenfeldbruck – der erste Sparkassenring

Am 9. Februar 1960 wurde im Gasthaus Berghammer in Aufkirchen, Landkreis Fürstenfeldbruck der erste Maschinenring auf Landkreisebene in Bayern gegründet. Sein Name: *Landmaschinenring Fürstenfeldbruck*. Etwa 150 Landwirte nahmen, wie aus einem Schreiben von Toni Rauch vom 28. 3. 63 hervorgeht, an dieser Veranstaltung teil, 55 davon erklärten sofort ihren Beitritt, erkannten die Vereinssatzung an und entrichteten gleichzeitig die geforderte Aufnahmegebühr von DM 3,– und den Mitgliedsbeitrag von DM 2,– (siehe Beitrittserklärung).

Auch die komplette Ringführung wurde an diesem Tag etabliert: Markus Grundner wurde zum Ersten Vorsitzenden gewählt; Hans Langwieder wurde zum Geschäftsführer für das Gebiet nördlich der Bahnlinie München–Augsburg, aus dem 48 Mitglieder kamen, ausgesucht und Max Christner aus Wildenroth für das südliche Gebiet, das lediglich mit 7 Mitgliedern vertreten war. Eine Woche später warf Christner jedoch bereits das Handtuch und Anton Rauch aus Aich, der zu den 7 Gründungsmitgliedern aus dem südlichen Teil gehörte, trat an seine Stelle.

Die Eintragung in das Vereinsregister beim Amtsgericht Fürstenfeldbruck wurde jedoch erst 1967, ebenfalls auf Veranlassung der Sparkasse, in die Wege geleitet.

Wie war es möglich, in so kurzer Zeit so viele Landwirte für eine neue Idee zu gewinnen und diese, wie sich später erwies, erfolgreiche Gründung gleich im ersten Anlauf zustande zu bringen? Und dies, ohne dass zu dieser Veranstaltung eine schriftliche Einladung erging oder ein Aufruf über die Presse erfolgte. Der dieses Kunststück zustande brachte, war Franz Xaver Lettl, der sich als stellvertretender Leiter der Sparkasse Fürstenfeldbruck schon seit einigen Jahren für die Landwirte und ihre Probleme engagiert hatte. Unterstützt wurde er dabei vom Amt für Landwirtschaft. Auf die *Maschinenbank* wurde Lettl durch seinen Chef, Heinrich Perzlmaier, aufmerksam gemacht. Er hatte ihm die Schrift Die „Maschinenbank" von Dr. Geiersberger in die Hand gedrückt und ihn aufgefordert, sich dieser Sache anzunehmen. Heute muss man anerkennend feststellen: Lettl hat diesen Auftrag professionell und höchst effektiv erledigt. Schon vor der Gründungsversammlung hat er die Landwirte ausgiebig über Sinn und Zweck der *Maschinenbank* aufgeklärt und, wie das Ergebnis vom 9. 2. 1960 zeigt, die meisten auch überzeugt.

Anton Rauch war zunächst nur Gründungsmitglied. Eine Woche nach der Gründung wurde er jedoch neben Hans Langwieder als weiterer Geschäftsführer angestellt. Hier eine Kopie seiner Beitrittserklärung vom 9. Februar 1960

Dass ein Mann wie Lettl sich für den Maschinenring einsetzt und seine Gründung so gekonnt vorbereitet und durchgeführt hat, war ein großer Glücksfall. Wie er selbst einmal bekannte, hatte er nur zwei Steckenpferde: *Die Steuerhilfe für den Bauern und die Maschinenbank.*[13]

Ein Glücksfall: Anton Rauch wird Geschäftsführer

Als noch größerer Glücksfall erwies sich die Wahl von Anton Rauch zum Geschäftsführer für den südlichen Teil des Landkreises. Als Lettl ihm dieses Angebot machte, zögerte er keinen Moment. Er hatte bereits ein Jahr zuvor in einer Fernsehsendung die Grundzüge der Maschinenring-Idee kennen gelernt und sich auch spontan für die Idee und insbesondere die Tätigkeit eines Maschinenring-Geschäftsführers begeistert. Die erforderliche Ausbildung konnte er vorweisen. Und die betriebliche Situation passte ebenfalls.

Rauch stürzte sich sofort auf seine neue Aufgabe. Vorrangig ging es darum, in seinem Gebiet mehr Mitglieder zu gewinnen. Mit Unterstützung von Markus Grundner, dem Ersten Vorsitzenden und Dr. Georg Henner vom Bayerischen Sparkassen- und Giroverband startete er eine Werbekampagne, die schon damals auch durch Berichte in der Presse ergänzt und unterstützt wurde. Nur wenige Tage nach diesen Versammlungen im kleinen Kreis besuchte er die neu gewonnenen Mitglieder, um sie und ihren Betrieb näher kennen zu lernen und sie über ihre Möglichkeiten, den Maschinenring zu nutzen, aufzuklären. Gleichzeitig wurde auch die so genannte *Maschinen-Inventur* durchgeführt. D. h., alle vorhandenen Maschinen werden erfasst, ebenso ihre Eignung und Verfügbarkeit für den überbetrieblichen Einsatz. Wie wichtig der Sparkasse die Unterstützung des Maschinenringes auch in der praktischen Arbeit war, geht auch aus einer von Lettl unterzeichneten Aktennotiz vom 10. August 1967 hervor:

Geschäftsführer Rauch wird mit einem Herrn der Sparkasse (Predeschly) sämtliche Mitglieder in den späten Herbst- oder Wintermonaten aufsuchen, um die Maschinenkartei anzulegen und werbend auf die Mitglieder einzuwirken.

Bei diesen *Hausbesuchen* machte Rauch eine Erfahrung, die sich auch in späteren Jahren in ähnlicher Form wiederholen sollte: Bäuerinnen nehmen zwar nicht an den Veranstaltungen teil, auf die betrieblichen Entscheidungen üben sie aber einen nicht zu unterschätzenden Einfluss aus. Ein Teil der Landwirte hat nämlich auf Druck ihrer Frauen bei diesen Hausbesuchen den Beitritt zum Maschinenring wieder rückgängig gemacht.

Diese Werbeaktion wurde jedoch, obwohl sie recht erfolgreich war (es wurden ca. 40 bis 50 neue Mitglieder gewonnen) kurze Zeit später wieder eingestellt. Nebenstehend die Begründung dafür.

In einem Antwortschreiben vom 28. 3. 1963 auf eine Anfrage eines Herrn E. Tichy aus Mannheim drückt sich Rauch noch deutlicher aus: *Wenn ich Ihnen noch einen Tipp geben darf, erhöhen Sie ruhig die Aufnahmegebühr bzw. den Jahresbeitrag auf DM 10,– (nachträglich ist's schwerer) und zwingen Sie niemanden, nachdem Sie erst mal einen gewissen Grundstock an Mitgliedern haben (40 bis 50), dem Maschinenring beizutreten. Damit haben Sie die Gewähr, nur mit wirklich interessierten Leuten arbeiten zu müssen.*

Trotz der überwiegend skeptischen Einstellung der Landwirte überzeugte *die gute Sache*, die nun live in der Praxis zu sehen war, immer mehr Bauern, dem Ring beizutreten. Ein knappes Jahr nach der Gründung, am 20. Januar 1961, wurden bereits 224 Mitglieder gezählt, 116 im nördlichen und 108 im südlichen Ringgebiet.[14] Gut funktionierte *die Sache* insbesondere dort, wo ein rühriger Geschäftsführer wie Anton Rauch dafür sorgte, daß die ersten Einsätze zuverlässig klappten und auch gute Arbeit geleistet wurde.

Mit diesem außergewöhnlichen Engagement von Rauch konnte der Kollege im nördlichen Gebiet, der sich verständlicherweise in erster Linie um sein Lagerhaus kümmerte, nicht mithalten. Er zog dann am 25. September 1963 auch die Konsequenzen daraus und kündigte zum Jahresende.[15]

Ab 1964 war Rauch dann alleiniger Geschäftsführer für den gesamten Landkreis Fürstenfeldbruck und den westlichen Teil der Stadt München.

Fürstenfeldbruck wird zum Vorzeige-Maschinenring

Mittlerweile hat er sich auch schon einen Namen über den Landkreis hinaus gemacht und seine Erfahrungen in vielen

Aller Anfang war zwar schwer, wie Anton Rauch 1968 notierte:

Unsere Arbeit wurde am Anfang oft verkannt und auch in bäuerlichen Kreisen mit einer gewissen Skepsis betrachtet. Manches Wort des Spottes mussten wir in Kauf nehmen. Manchmal begann man selber schon zu zweifeln, ob es denn überhaupt nötig ist, einen Maschinenring aufzuziehen und den Weg, den Dr. Geiersberger aufgezeigt hatte, zu beschreiten. Nachdem in den Anfangsjahren weder der Bauernverband noch der Staat diese Sache unterstützten, war manche Aussprache und manche Tagung nötig, uns immer wieder Mut zu machen, weiter zu arbeiten an dem Begonnenen.

Quelle: Bericht von Rauch aus dem Jahr 1968

Trotzdem stellen sich schon bald die ersten Erfolge ein und der Landmaschinenring Fürstenfeldbruck wird zum Ziel zahlreicher, teilweise auch sehr bedeutender Besuchsgruppen:

■ 14. Juli 1961: *4 vollbesetzte Omnibusse mit Bauern aus dem Landkreis Donauwörth unter Führung von Oberlandwirtschaftsrat Dr. Wiesner.*[16]

■ 26. Oktober 1961: Treffen von 11 Präsidenten der Sparkassen- und Giroverbände der Bundesländer in Verbindung mit der Uraufführung des Films *Maschinen-Ring* im Kino *Capitol* in Fürstenfeldbruck.[17]

■ Ein Besuch österreichischer Experten im März 1962

■ Die Fachtagung der Arbeitsgruppe SPD *und Landwirtschaft* am 12. Januar 1963 in Fürstenfeldbruck zum Thema *Der überbetriebliche Maschineneinsatz.*

■ Ein Informationsgespräch mit hochrangigen Vertretern des KTL (später KTBL): Dr. von Bismarck, Prinz zur Lippe und Dipl.-Landwirt Rühmann (der Bruder des bekannten Schauspielers) am 20. November 1964.

■ Eine landwirtschaftliche Studienreise, organisiert vom Sparkassen- und Giroverband Schleswig-Holsteins anläßlich der DLG-Ausstellung in München am 21. Mai 1968.

■ Eine Lehrfahrt der Landwirtschaftskammer Pfalz nach Bayern am 30. Januar 1969.

Anton Rauch war ein Glücksfall für den Maschinenring Fürstenfeldbruck und für die Maschinenringe in Bayern.

Dank seines gewinnenden Auftretens und seiner erfolgreichen Arbeit avancierte er schnell zum Modellgeschäftsführer schlechthin. Kein Wunder, dass er in einem Flyer, in dem das Landwirtschaftsministerium 1970 für den Bayerischen Weg wirbt, abgebildet wurde. Hier Foto und Bildunterschrift aus diesem Prospekt:

Toni Rauch, der Geschäftsführer des Maschinenringes Fürstenfeldbruck, in Aktion. Sein Ziel: runter mit den Maschinenkosten. Im letzten Jahr hat er für 351 000 DM überbetriebliche Maschineneinsätze vermittelt. Bald wird er auch Arbeitsaushilfen bei Krankheit und Urlaub vermitteln. Dadurch wird der Maschinenring zum Betriebshilfsring.

Geboren wurde Rauch am 13. Juni 1928 in Aich/Landkreis Fürstenfeldbruck Vater: Landwirt (5,7 ha) und Viehhändler

1934 bis 1942 Volksschule in Aich

1945 Reichsarbeitsdienst

1953/1954 Landwirtschaftliche Winterschule mit Gehilfenprüfung Anschließend Aufbau einer Legehennenhaltung mit Direktvermarktung

Ab Februar 1960 Geschäftsführer des Landmaschinenringes Fürstenfeldbruck Süd, ab 1964 Geschäftsführer für den gesamten Landkreis

1966 bis 1978 Bürgermeister von Aich, anschließend, nach Eingemeindung von Aich nach Fürstenfeldbruck, Mitglied des dortigen Stadtrates bis 2000

1969 Teilnahme am ersten Lehrgang für Maschinenring-Geschäftsführer in Hildesheim

1969 Mitglied des Vorstandes des Agrarmanager-Verbandes

1972 Beendigung der Geschäftsführer-Tätigkeit in Fürstenfeldbruck

1973 bis 1993 stellvertretender Geschäftsführer des KBM. Seitdem im Ruhestand.

Führungen und Vorträgen weitergegeben. Bereits am 10. Mai 1960 hat er auf Anregung von Oberlandwirtschaftrat Weber vom Landwirtschaftsamt Wolfratshausen in Königsdorf bei Bad Tölz vor über 300 Landwirten über die ersten Gehversuche in der Maschinenring-Arbeit berichtet. *Als ich die vielen Bauern vor mir sah – ich hatte nur eine kleine Runde um den Biertisch erwartet – ist mir zunächst mein Herz wirklich in die Hose gefallen.* Aber dank seiner rhetorischen Naturbegabung wurde sein Vortrag trotzdem ein voller Erfolg.

Am 18. November des gleichen Jahres *eroberten*, wie die Brucker Nachrichten vom 19./20. November berichten, *fünf Fernsehleute den Ort Längenmoos. Ihr Ziel: der Brucker Landmaschinen-Ring.* Unter anderem wurden 5 junge Landwirte gefilmt, die bei der Stallmist-Ausbringung praktische Maschinenringarbeit demonstrierten. Damit nicht genug: Am gleichen Tag gaben sich dann auch noch 20 Agrarjournalisten aus ganz Deutschland beim Brucker Ring ein Stelldichein und informierten sich über diese *Form organisierter Nachbarschaftshilfe, wie sie es bisher noch nicht gegeben hat, wie sie jedoch Schule machen dürfte.*

Initiator und Organisator dieses Informations-Nachmittags war der Bayerische Sparkassen- und Giroverband. Weitere Informationsveranstaltungen über den Maschinenring, an denen der MR Fürstenfeldbruck bzw. ihr Geschäftsführer Rauch mitgewirkt und mit zur Verbreitung der MR-Idee beigetragen haben, sind nebenstehend aufgeführt.

Außerdem wird Toni Rauch als *Muster-MR-Geschäftsführer* bei seiner tqpischen Tätigkeit, der Vermittlung am Telefon, in einem der ersten Prospekte des Bayerischen Staatsministeriums für Ernährung, Landwirtschaft und Forsten vom September 1970 zum *Bayerischen Weg* abgebildet.

Kurzum, der noch junge Landmaschinenring entwickelte sich dank seiner erfolgreichen Arbeit und der medienwirksamen Begabung und Aktivitäten seines Geschäftsführers in kurzer Zeit auch zu einem bedeutenden Informations- und Werbeträger für den Maschinenring-Gedanken in Bayern, ja in ganz Deutschland.

Wenn auch diese Art Öffentlichkeitsarbeit Toni Rauch besonders gelegen ist und er daran auch Spaß hatte, so konzentrierte er sich in erster Linie darauf, die praktische Maschinenringarbeit voranzubringen. Dabei konnte er nicht auf Erfahrungen anderer aufbauen oder auf Kenntnisse, die im Rahmen von Lehrgängen vermittelt wurden. Eine Grundausbildung für MR-Geschäftsführer konnte erst im Jahre 1969 etabliert werden.

Theoretische Grundlage für die so genannten Maschinenring-Pioniere war zunächst allein die Schrift von Dr. Erich Geiersberger: *Die „Maschinenbank"*. Zusätzliche praktische Hilfen gab die Sparkasse: Sie kümmerte sich, wie schon ausgeführt, um alle notwendigen Formalien bei der Gründung des Vereins und bei der Anstellung der Geschäftsführer. Ebenso stellte sie Formulare wie Beitrittserklärungen, Maschinen-Inventurlisten, Überweisungsträger bzw. Lastschriften, Journale für die Aufzeichnung der durchgeführten Vermittlungen und Abrechnungen usw. zur Verfügung.

Es war die Aufgabe des Geschäftsführers, mit Hilfe all dieser Formulare und Vorlagen die Mitglieder mit den Prinzipien und Spielregeln der zwischenbetrieblichen Zusammenarbeit, so wie sie Dr. Geiersberger in seiner Schrift *Die „Maschinenbank"* beschrieben hat, vertraut zu machen. Dies ist offensichtlich überraschend schnell und ohne größere Schwierigkeiten gelungen, obwohl Landwirte nicht nur nicht gerne schreiben, sondern sich auch nicht leicht an neue Verhaltensweisen anpassen.

Die Gründe dafür: Die Zahl der Mitglieder und auch der Umfang der in der Anfangszeit erfolgten Vermittlungen (1960 wurden insgesamt 510 Vermittlungsfälle registriert[18]) waren noch gering und daher leicht überschaubar. Außerdem waren die Mitglieder der ersten Stunde auch besonderes aufgeschlossen und flexibel. Aber auch die Tatsache, dass die Banken, vor allem Raiffeisenbanken und Sparkassen, insbesondere bei der Abrechnung aktiv mitgewirkt haben, hat diesen Prozess wesentlich erleichtert und beschleunigt. Die Banken stellten lange Zeit die Lastschriftträger zur Verfügung – vielfach kostenlos – und halfen auch häufig beim Ausfüllen noch mit. Sogar der erste Personalcomputer, der in einem bayerischen Maschinenring bereits im Jahr 1983 zum Einsatz kam, wurde von einer Sparkasse gesponsert (Mainburg).

Trotzdem war es in den ersten Jahren nicht ganz einfach, die Maschinenringidee in der Praxis umzusetzen.

Die geringe Telefondichte – ein Manko

Ein großes Problem bestand darin, dass nur etwa 15 Prozent aller Mitglieder über ein eigenes Telefon verfügen konnten. Daher fasste der Vorstand bereits am 14. April 1960 den Beschluss: *Den Mitgliedern des Maschinenringes muss unter allen Umständen nahegelegt werden, dass sie sich Telefonanschlüsse beschaffen.*[19] Die meisten Mitglieder konnten anfangs nur über Telefonanschlüsse von Nachbarn erreicht werden. Mit zwei Mitgliedern telefonierte Rauch regelmäßig über ein benachbartes Elektrizitätswerk. Noch heute, nach über 40 Jahren, wird Toni Rauch, wenn er gelegentlich einem früheren Mitarbeiter dieses E-Werkes begegnet, an diese Zeit erinnert, mit dem Zuruf: *Hallo, hier Rauch Aich!*

Ein weiteres Problem: Die zum Einsatz kommenden Maschinen waren den Anforderungen des überbetrieblichen Einsatzes häufig nicht gewachsen: einmal, weil sie nicht immer ausreichend gepflegt und gewartet wurden, zum anderen, weil sie nur für sehr beschränkte Auslastungen konstruiert waren. Es hat viele Jahre, ja Jahrzehnte gedauert, bis die Landmaschinenindustrie den höheren Belastungen und Leistungsansprüchen des überbetrieblichen Einsatzes ausreichend Rechnung getragen hat. Leider gab es in den ersten Jahren häufig Störungen und Verzögerungen durch Maschinenbruch. Die Sorge, dass eine Maschine beim Einsatz kaputt gehen könnte, hat daher die MR-Arbeit in der Aufbauphase durchaus belastet. Sie plagte nicht nur die potentiellen Auftragnehmer, sondern auch die Auftraggeber. Sie fürchteten vor allem, dass aus solchen Pannen ungewollt Ärger und Streit erwachsen könnte.

Doch die Faktoren, welche die zwischen- und überbetriebliche Zusammenarbeit am stärksten behindert haben und noch heute bremsen, liegen im menschlichen Bereich.

Und dies, obwohl oder gerade weil die gegenseitige Aushilfe von jeher in der Landwirtschaft fest verankert war. Eine Aushilfe, die allerdings in der Regel auf den Notfall beschränkt war und zudem nicht mit Geld beglichen wurde. Ihr stand die feste Erwartung gegenüber, dass man im eigenen Notfall ebenfalls mit tatkräftiger Hilfe rechnen kann.

Wer jedoch zunächst mit seiner Maschine, später dann auch ohne Technik, als Betriebshelfer bei anderen Landwirten gegen Bezahlung arbeiten wollte (oder sollte), musste gegen manche Vorurteile, vor allem gegen den sprichwörtlichen Bauernstolz ankämpfen. Es war daher anfangs schwierig, Mitglieder zu finden, die bereit waren, mit ihrer Maschine bei anderen zu arbeiten. Die Auffassung, Maschinen sollten möglichst geschont werden, um ihre Lebensdauer zu erhöhen und so ihre Kosten zu minimieren, war damals mehr oder weniger Allgemeingut. Aus einzelbetrieblicher Sicht ist diese Meinung auch bis zu einem gewissen Grad zutreffend und verständlich.

Andererseits waren auch nicht alle, die dazu bereit waren, für diese Aufgabe geeignet. Meist weniger, weil es an fachlicher Qualifikation fehlte, sondern eher deshalb, weil die für einen guten, zuverlässigen *Dienstleister* erforderliche Einstellung fehlte. Viele sahen sich in der Rolle eines Wohltäters, wenn sie sich bereit erklärten, für andere zu arbeiten. Die Bezahlung betrachteten sie allenfalls als kleine Anerkennung, jedoch nicht als ausreichendes Entgelt für ihre erbrachte Leistung.

Kleine und große Probleme sind zu meistern

Dieses Problem hat Anton Rauch dadurch versucht zu minimieren, dass er immer wieder auf die gleichen bewährten Auftragnehmer zurückgriff. Die Folge davon: Sie kauften eine zweite und eine dritte Maschine und entwickelten sich so zu professionellen Lohnunternehmern. Eine Entwicklung, die im Maschinenring Fürstenfeldbruck besonders ausgeprägt zu beobachten ist. Dementsprechend hoch ist der Anteil der Lohnunternehmer am Verrechnungswert. 1970 z. B. haben 4 Lohnunternehmer in Fürstenfeldbruck 55 Prozent des gesamten Verrechnungswertes geleistet. Im Durchschnitt der bayerischen Ringe lag dagegen dieser Anteil noch bis in die 80iger Jahre unter 10 %.

Doch zurück zu den Faktoren, die der Umsetzung der MR-Idee in die Praxis entgegenstanden. Vor allem der so genannte Bauernstolz hat die Bereitschaft der Mitglieder, auf eigene Maschinen zu verzichten und Dienstleistungen von Berufskollegen in Anspruch zu nehmen, gewaltig

---

Zwei bemerkenswerte Presseberichte:

Die überbetriebliche Zusammenarbeit wird vor allem durch menschliche Faktoren erschwert. Das hat auch der Journalist Hannes Burger so gesehen, auch wenn er glaubt, die Not und der Maschinenring könnten diese Hemmnisse aus dem Weg räumen:

... Wegen der Verbesserung der Anbautechniken, vor allem aber zur Einsparung von Arbeitszeit und Arbeitskräften müssen sich die Landwirte immer größerer und vielseitigerer Maschinen bedienen – ein Aufwand, der die Finanzkraft einzelner Betriebe zunehmend übersteigt und die Zusammenarbeit im Maschinenring immer notwendiger macht. Diese Kapitalnot bricht sogar den ausgeprägten Individualismus, den Bauernstolz, die Abneigung gegen Leihen, Verleihen, Partnerschaften und gegenseitige Abhängigkeiten, die Hauptmotive im Widerstand gegen die Maschinenringe.

Quelle: Report über die Misere der deutschen Landwirtschaft von Hannes Burger, Süddeutsche Zeitung Nr. 47/1971

Georg Kronawitter, Agrarreferent der SPD, informiert sich über Maschinenring:

Anlässlich eines (zweiten) Besuches des agrarpolitischen Referenten des Landesverbandes Bayern der SPD berichteten die Brucker Nachrichten unter der Überschrift SPD *interessiert am Maschinenring* u.a. folgendes:
Der hohe SPD-Funktionär erkundigte sich bis in Einzelheiten nach der Tätigkeit, nach den Schwierigkeiten und Erfolgen des Landmaschinenringes und ersuchte sogar, einen Fragebogen mit detaillierten Fragestellungen auszufüllen. Kronawitter, so berichtet Bürgermeister Langwieder (L. ist zu diesem Zeitpunkt neben Toni Rauch Geschäftsführer), hätte bei seinem Besuch betont, dass der Gedanke der Maschinenringe sehr gut sei und unbedingt gefördert werden müsse. Vor allem würde die Frage der Maschinenringe dem SPD-Landesvorsitzenden von Knoeringen sehr am Herzen liegen. Im Gegensatz zur SPD, so bemerkt Bürgermeister Langwieder weiter, würde sich der Bayerische Bauernverband, der sich eigentlich dafür interessieren müsste, gar nicht um den Landmaschinenring kümmern.

Quelle: Brucker Nachrichten, ohne Datum, vermutlich September 1963

Schon 1960, vom 23. bis 25. März führte das Seminar für Beraterfortbildung in Dachau einen *Lehrgang über Fragen der Maschinenbank* durch, mit namhaften Referenten:

■ OLR Dr. Rid:
Berücksichtigung der Bodenverhältnisse beim Maschineneinsatz

■ Landw.-Ass. Dr. Neumann:
Wirtschaftlich zweckmäßiger Einsatz von Vermittlungsmaschinen in Abhängigkeit von Betriebsgröße und Bodennutzungssystem

■ Landwirtschaftsrat Schmidbauer:
Die wichtigsten Vermittlungsmaschinen, ihre Typen und Leistungen

■ Dr. Wenner:
Möglichkeiten und Grenzen zur Bildung von Arbeitsketten im Rahmen der Maschinenbank

■ Landw.-Ass. Dr. Bauer:
Ursache und Umfang des Leistungsabfalls beim Maschineneinsatz unter erschwerten Arbeitsbedingungen, unter besonderer Berücksichtigung der Maschinenbank und Berechnung von Maschinenkosten

---

Von Anfang an bis zum Beitritt zum KBM im Jahre 1970 war Fürstenfeldbruck der Spitzenring in Bayern. Aber auch später, zum Beispiel im Jahr 1988, konnte er sich, wie der nachfolgende Vergleich zeigt, durchaus sehen lassen:

Fürstenfeldbruck im bayerischen Vergleich (1988)

	Fürstenfeldbruck	Bayern
MR-Mitglieder in % aller Betriebe	58	44
LN der Mitglieder in % der gesamten LN	81	62
Verrechnungswert DM je MR	4 371 824,–	2 950 743,–

Quelle: Festschrift 30 Jahre MR Fürstenfeldbruck

---

gebremst. Es ist daher verständlich, dass Nicht-Landwirte die Vorteile und Möglichkeiten des Maschinenringes eher nüchtern und unvoreingenommen sahen und auch entsprechend genutzt haben. Schon 1962 hat z. B. die Frankfurter Land- und Pachtbank den Ring beauftragt, die wichtigsten Feldarbeiten auf einem im Rahmen einer Zwangsversteigerung erworbenen Betrieb durchzuführen.

Ein weiterer bedeutsamer hemmender Faktor war das immer wieder beklagte, fehlende Kostenbewusstsein der meisten Landwirte. Die wenigsten Betriebe haben zu dieser Zeit Bücher geführt. Wie sollten sie also eine Vorstellung über die Kosten ihrer Maschinen haben? Abgesehen davon wurde meist der Begriff Kosten mit dem Anschaffungspreis gleichgesetzt. Die Folge: Maschinen, die bereits bezahlt waren, *kosteten* also entsprechend dieser Vorstellung nichts mehr. Deshalb beklagten sich, so Rauch, anfangs immer wieder Mitglieder über die ihrer Meinung nach zu hohen Kosten von Maschinenringleistungen. Wenn die eigenen Maschinen nichts mehr kosten oder allenfalls in Höhe der notwendigen Betriebsmittel Unkosten anfallen, so dachten manche, warum verlangen dann Berufskollegen so viel für Maschinen, die ebenfalls schon bezahlt sind?

Dazu ein Beispiel: Ein Mitglied beklagt sich über die seiner Meinung nach zu hohen Kosten für die Ausbringung von Stallmist. Unter anderem schreibt es: *Ich möchte Sie nun bitten, mir mitzuteilen, wie Sie auf den Betrag kommen, da man auch bei der Flurbereinigung nur ganz selten DM 100,– am Tag verdienen kann. Wenn der Schnee weg ist, können Sie einmal kommen und sehen, wie viel gedüngt worden ist. Ich zahle gerne, was recht ist.*

All diese Probleme haben die ersten Maschinenringe-Pioniere stark belastet. Umso hilfreicher war es für sie, dass sie nicht lange isoliert blieben, sondern sich schon früh zu Erfahrungsaustausch und ersten Fortbildungstagungen mit Kollegen treffen konnten. Der Bayerische Sparkassen- und Giroverband hat bereits für den 10. Januar 1961 zu einer *Arbeitstagung der Landmaschinenringe Bayerns, die auf freier Vereinsbasis gegründet worden sind,* eingeladen. In ihrem Mittelpunkt stand *eine Berichterstattung der einzelnen Maschinenringe über den derzeitigen Stand und die bisherigen Erfahrungen.* Später organisierte dann der am 22. November 1962 gegründete *Landesverband Bayerischer Maschinenringe, Sparkassen e. V.* diese Zusammenkünfte. Sie fanden in der Regel im Casino B der Bayerischen Gemeindebank in der Briennerstraße Nr. 22 statt. Gastgeber blieb allerdings stets der Bayerische Sparkassen- und Giroverband. Sogar nach der Gründung des Kuratoriums Bayerischer Maschinen- und Betriebshilfsringe fanden an diesem Ort noch regelmäßig derartige Veranstaltungen statt.

Erwähnenswert ist auch, dass bereits 1960 ein Lehrgang über Fragen der Maschinenbank durchgeführt wurde. Die Besten ihres Faches wirkten dabei neben Dr. Geiersberger als Referenten mit (siehe nebenstehend).

Bemerkenswert an diesem Lehrgang ist neben der Tatsache, dass sich eine staatliche Stelle bereits zu einem so frühen Zeitpunkt mit Fragen der Maschinenbank befasst hat, noch ein zweiter Aspekt: Es ist erstaunlich, dass sich auch Wissenschaftler und Berater bereit fanden, zu den genannten MR-Themen Stellung zu nehmen, obwohl sie zum damaligen Zeitpunkt noch nicht über spezielle Untersuchungen oder Erfahrungen verfügen konnten.

■ Von Anfang an: leistungsorientierte Bezahlung

Die Sparkasse Fürstenfeldbruck hat nicht nur die Gründung des Landmaschinenrings initiiert und organisiert. Sie hat, wie schon ausgeführt, auch die Geschäftsführer ausgesucht und selbst angestellt. Im Rahmen einer Aussprache über den ersten Mähdreschereinsatz im Sommer 1960 hat sie sich sogar bereit erklärt, die beiden Geschäftsführer bei der Vermittlung der Mähdrescher mit zwei Sparkassen-Mitarbeitern zu unterstützen.[20] Rauch hatte also zunächst kein Arbeitsverhältnis mit dem Ring, sondern mit der Kreis- und Stadtsparkasse Fürstenfeldbruck. In einer Vereinbarung vom 14. Februar 1960 sind die Einzelheiten dieser Anstellung geregelt. U. a. ist, wie von Geiersberger gefordert, bereits die leistungsorientierte Bezahlung (Provision) vorgesehen, die allerdings durch ein garantiertes *Mindest-Brutto-Einkommen* von DM 3000,– abgesichert ist. Interessant ist ferner, dass Rauch die Arbeitgeberanteile zur Angestellten- und Krankenversicherung selbst bezahlen und auch für die gesamte Versteuerung seiner Einkünfte selbst aufkommen musste.[9] Eine Regelung der Lohnnebenkosten, von der heutige Arbeitgeber nur träumen können. Mit dieser Anmerkung soll jedoch das großzügige Engagement der Sparkasse in keiner Weise geschmälert werden.

Ab dem Geschäftsjahr 1964 kann die Sparkasse im Hinblick darauf, dass bereits im Jahre 1962 ein Umsatz von mehr als DM 122 000,– erreicht wurde, ihre Garantieverpflichtung aufheben; denn aufgrund dieses Umsatzes ergibt sich bereits eine Provision von über DM 6000,–. Außerdem werden die Maschinenringe erstmals ab 1963 aus Landesmitteln gefördert.

Nachdem die Kreis- und Stadtsparkasse Fürstenfeldbruck nach wie vor am Wachsen und Gedeihen des LMR FFB interessiert ist, wird sie die Selbsthilfeeinrichtung auch weiterhin unterstützen. Ab Geschäftsjahr 1964 werden wir deshalb die Arbeit der Geschäftsführer zusätzlich durch Prämien honorieren. Diese Prämienzahlung wäre natürlich völlig freiwillig.[10] Für das Jahr 1964 gewährt dann die Sparkasse Rauch für den über 50 000 DM liegenden Umsatz eine Anerkennungsgebühr von 2 % (das sind 2 % aus DM 114 686,– = DM 2 293,72). Und sie fährt in ihrem Schreiben vom 30. Dezember 1964 fort: *Wir rechnen auch im Jahre 1965 mit Ihrem Arbeitsfleiß, Ihrer Tatkraft und Energie und wünschen Ihnen und Ihrer sehr verehrten Gattin viel Glück, Gesundheit und Erfolg.*

Dieser stellt sich dann auch tatsächlich ein. 1965 wird ein Umsatz von DM 197 830,– erzielt.

Aufgrund der Herabsetzung der Vermittlungsgebühren auf je 1 % (für Auftraggeber und -nehmer) ändert die Sparkasse ab 1965 ihre Prämie erneut: sie leistet je 1 % auf die über DM 50 000,– hinaus erzielten Verleihgebühren-Umsätze pro Jahr und je 2 % pro Jahr für die über DM 120 000 hinaus erzielten Umsätze[11]. Und zwei Jahre später ändert sie *zum Ansporn und zur Hebung des Umsatzes* die Prämienzahlung erneut: ab 100 000,– DM Umsatz gibt es 1 % und ab 150 000,– DM 3 %.[12] Dabei ist zu beachten, dass Rauch seit 1. Oktober 1966 vom Maschinenring Fürstenfeldbruck direkt angestellt ist und nicht mehr das oben beschriebene *Arbeitsverhältnis* mit der Sparkasse besteht.

Die Sparkasse Fürstenfeldbruck hat, das zeigen diese Unterlagen deutlich, das Mittel Prämienzahlung sehr geschickt und variantenreich eingesetzt, um den Geschäftsführer zur Steigerung des Umsatzes anzuspornen. Ohne diesen Anreiz wäre der Umsatz bestimmt nicht so schnell gewachsen.

Von der Gründung im Jahre 1960 bis 1970, dem Jahr, in dem u. a. auch Fürstenfeldbruck dem Kuratorium Bayerischer Maschinenringe beigetreten ist, war eine kontinuierliche Aufwärtsentwicklung zu verzeichnen.

Die Mitgliederzahl stieg von 1960 bis 1969 von 107 auf 324, der Verrechnungswert im gleichen Zeitraum von DM 62 195,– auf 351 042,–. Der Vergleich des MR Fürstenfeldbruck mit dem Durchschnitt aller bayerischen MR im Jahre 1988 macht den hohen Leistungsstandard des MR Fürstenfeldbruck deutlich (siehe vorherige Seite).

Dieser hohe Leistungsstand des MR Fürstenfeldbruck zeichnete sich schon sehr früh ab, wie die nebenstehende Notiz im Protokollbuch zeigt.

Auszug aus dem Protokollbuch des MR Fürstenfeldbruck

Das Führungsteam des MR Fürstenfeldbruck:

Anton Rauch, Geschäftsführer, und **Josef Kistler**, ab 1966 Vorsitzender

Richard Carmanns, dem gebürtigen Rheinländer haben die bayerischen und die deutschen Maschinenringe viel zu verdanken.

Er wurde am 24. September 1919 in Mönchengladbach am Niederrhein geboren.

Nach Besuch des Realgymnasiums Landwirtschaftslehre und -schule; danach Baumeister auf landwirtschaftlichen Gütern in Ostdeutschland

1940 Teilnahme am II. Weltkrieg, als Navigator bei der Luftwaffe

1945 bis 1951 Gutsverwalter nahe Ingolstadt

1951 Heirat von Frau Theresia Sebald (Sperlhof) in Reisgang bei Pfaffenhofen Als *Sperlbauer* führt er mutige und weit blickende betriebliche Veränderungen durch (Abschaffung der Milchviehhaltung – der Sperlhof war ein bedeutender Fleckviehzüchter – und des Hopfenbaus, der wichtigsten Kultur in der Region; stattdessen Ausbau der Zuchtsauen-Haltung, später ergänzt durch Pensionspferde)

1956 bis 1984 Mitglied des Kreistages in Pfaffenhofen

1970 Mitbegründer der Waldbauernvereinigung Pfaffenhofen und bis 1975 dessen Vorsitzender; ebenso seit 1974 Vorsitzender des Pferdezuchtverbandes von Oberbayern

1961 Initiator, Gründer und Erster Vorsitzender des MR Pfaffenhofen bis 1988

1963 Mitbegründer des Landesverbandes Bayerischer Maschinenringe Sparkassen e.V. und bis 1970 dessen Erster Vorsitzender

1970 bis 1985 Erster Vorsitzender des Kuratoriums Bayerischer Maschinen- und Betriebshilfsringe, anschließend dessen Ehrenvorsitzender

1977 bis 1984 Vorsitzender des Bundesverbandes der Maschinenringe

Auszeichnungen: Bundesverdienstkreuz am Bande, Bayerische Staatsmedaille in Gold. Eisernes Kreuz II .Klasse

Verstorben am 15.11.1988

Der Maschinenring Pfaffenhofen und seine Rolle für die Entwicklung der Maschinenringe in Bayern

Anders als in Fürstenfeldbruck klappte die Gründung des Maschinenringes Pfaffenhofen nicht gleich beim ersten Anlauf. Im Februar 1961 sollte bei einer gut besuchten Versammlung im Bortenschlagersaal in Pfaffenhofen ein Maschinenring auf Kreisebene gegründet werden. Initiatoren für dieses Vorhaben waren die Landwirte Richard Carmanns aus Reisgang und Max Knorr aus Eberstetten sowie Sparkassen-Oberinspektor Max Wöhrl aus Pfaffenhofen. Trotz des großen Interesses der anwesenden Landwirte scheiterte die Gründung daran, dass niemand bereit war, die Vermittlertätigkeit zu übernehmen. *Doch dieser Fehlschlag entmutigte Carmanns nicht. Im Gegenteil, er zog positive Folgerungen daraus: Wenn die ehrenamtliche Vermittlung auf Ortsebene, so damals der überwiegende Trend, nicht zum Laufen kommt, dann ist die Bildung eines größeren Maschinenringes, der von einem Geschäftsführer betreut wird, die bessere Lösung.*[26]

Man machte sich also auf die Suche nach einem geeigneten Geschäftsführer – und Max Knorr wurde fündig. Er empfahl Franz Obschil aus Weihern, der seiner Meinung nach aus zwei Gründen für diese Aufgabe prädestiniert sei: Er verstehe etwas von der Landwirtschaft und *könne mit einer Hand mehr Kartoffeln sammeln als andere mit zwei Händen*. Außerdem besitze er eine Schreibmaschine und könne damit auch umgehen. Diese Argumente überzeugten auch Richard Carmanns und Max Wöhrl. Obschil war also engagiert. Der Geschäftsführer war gefunden. Darauf wurde für den 26. Mai 1961 nach Pfaffenhofen zum Kramerbräu zur Gründungsversammlung eingeladen. *Vor 25 interessierten Landwirten erläuterte Dr. Henner vom Sparkassen- und Giroverband München, den Max Wöhrl engagiert hatte, überzeugend die Geiersberg'sche Idee vom Maschinenring. Die Gründung erfolgte einstimmig, ebenso die anschließende Wahl der ersten MR-Vorstandschaft. Das Ergebnis lautete: Erster Vorsitzender Richard Carmanns, Reisgang; Zweiter Vorsitzender Norbert Brenner, Walkersbach. Vorstandsmitglieder: Franz Fischer, Pfaffenhofen; Hans Frank, Seugen; Josef Hausl, Prambach; Josef Niedermaier, Uttenhofen; Hans Niedermayr, Pfaffenhofen. Als beratendes Mitglied wählte man Direktor Froschhammer von der Sparkasse, Max Wöhrl wurde in seiner Rolle als Koordinator bestätigt und mir hat man*, so berichtet Obschil 30 Jahre später, *die Geschäftsführung übertragen. Ebenfalls genehmigt wurde die vorgelegte Satzung, welche schon sehr viel regelte. So war die Aufnahmegebühr auf DM 3,– und der Jahresmitgliedsbeitrag auf DM 2,– festgelegt.*[27]

Handelt es sich bei den 24 Landwirten, die im Rahmen der Gründungsversammlung ihren Beitritt erklärten[28], um überwiegend jüngere und daher wohl auch besonders aufgeschlossene Bauern? Oder war unter ihnen der Anteil der größeren oder der kleineren besonders ausgeprägt? Kurzum: entsprechen die 24 Gründer dem Querschnitt der damaligen Betriebe hinsichtlich dieser und anderer charakteristischer Merkmale oder weichen sie davon mehr oder weniger stark ab? Mit wissenschaftlicher Genauigkeit lässt sich diese Frage nicht beantworten, da umfangreiche und genauere Daten dazu fehlen. Nur so viel kann gesagt werden: unter den ersten Mitgliedern des MR Pfaffenhofen waren sowohl größere als auch kleinere Betriebe vertreten. Dasselbe gilt für die Altersstruktur: sie bewegte sich zwischen 25 und 60 Jahren.

Gelegentlich wird behauptet, in den Gründerjahren hätten sich besonders die finanziell schwächer gestellten Betriebe den Maschinenringen angeschlossen. Der Maschinenring habe etwas das Image von einem Arme-Schlucker-Verein gehabt. Eine Analyse der Mitglieder im MR Pfaffenhofen kann diese These nicht bestätigen. Eher trifft es zu, dass die konservativeren Betriebe und auch die Bauern, die im Berufsverband besonders engagiert waren, der Maschinenring-Idee gegenüber mehr Vorbehalte zeigten als andere. Diese Erfahrungen haben auch die Geschäftsführer Rauch und Langwieder in Fürstenfeldbruck gemacht (siehe Seite 51 und 53, Randspalte).

Ebenso wie Toni Rauch in Fürstenfeldbruck hat Franz Obschil ohne langes Überlegen die angebotene Stelle angenommen, aus mehreren Gründen: er stammt aus der Landwirtschaft und wollte auch gern in dieser Branche bleiben, konnte aber wegen seiner Kriegsverletzung nicht mehr vollberuflich als praktischer Landwirt arbeiten. Außerdem verfügte er bereits über Erfahrungen in der Führung von Vereinen und ging auch gerne mit Menschen um.

Wie ein Maschinenring funktionierte und wie seine Aufgabe konkret zu handhaben war, konnte Obschil natürlich noch nicht wissen. *In so einer Situation, so resümierte er anlässlich der 30-Jahrfeier, tut jede Hilfe gut. Geholfen hat uns damals die Sparkasse hier am Ort und wieder in der Person des Herrn Wöhrl bei Abrechnungen und dergleichen.* Anfangs wurden die Leistungen noch per Überweisung abgerechnet – das war umständlich; sie wurden zwar vom Geschäftsführer ausgefüllt, mussten aber vom Auftraggeber noch unterschrieben werden. Später wurde dann das Lastschriftverfahren eingeführt.

Der erste Einsatz

An den ersten Einsatz kann sich Obschil noch gut erinnern: Wie in Fürstenfeldbruck ging es um die Ausbringung von Stallmist. Auftraggeber war Ludwig Hirschberger (Kramerbräu); den Auftrag durchgeführt haben Carmanns und Knorr. Abgerechnet wurde entsprechend der damals schon vorhandenen Preisliste.

Damit sich das Vertrauen in die überbetriebliche Zusammenarbeit entwickeln konnte – von Haus aus überwogen Skepsis und Misstrauen – war es außerordentlich wichtig, dass die ersten Einsätze hundertprozentig klappten. Dies war nur möglich mit Unterstützung von einigen wenigen besonders aufgeschlossenen und einsatzbereiten Mitgliedern. Max Knorr aus Eberstetten war ein solches Mitglied, das mit gutem Beispiel voranging, so berichtet Obschil in einem Brief an den Autor (siehe nebenstehend). Natürlich überschlugen sich auch in Pfaffenhofen im ersten Jahr die Vermittlungsaufträge nicht. *Es war*, wie Obschil rückblickend feststellte, *ein bescheidener Anfang, der 1961 knapp 6000,– DM Verrechnungswert brachte; es waren bescheidene Einnahmen, mit denen nicht viel zu bewegen war, es war ein mühsamer Anfang – aber es war ein Anfang.*[29]

Bedenkt man jedoch die Umstände, dann ist leicht einzusehen, dass die Maschinenring-Idee in der Praxis zunächst nur langsam vorankommen konnte.

Die geringe Telefondichte wurde bereits erwähnt. Von den 24 Gründungsmitgliedern hatten nur 7 ein Telefon. Dazu kam im Fall Obschil noch eine Besonderheit: er musste die Mitglieder mit dem Fahrrad aufsuchen. Mit nur einem Arm war der Erwerb des Führerscheins und der Kauf eines Autos zu damaliger Zeit eine sehr große Hürde. Erst im Jahr 1964 hat sich Obschil einen Pkw angeschafft. Und das hatte Folgen: Der Umsatz hat sich in diesem Jahr verdreifacht. Dazu merkte Obschil an: *Da wurde uns allen deutlich, dass auch die MR-Geschäftsstelle ohne Technisierung und Motorisierung ihre Aufgaben nicht bewältigen kann. Das gleiche trifft für das Jahr 1969 zu, in welchem eine wesentliche Steigerung von Mitgliedszugängen und Verrechnungswert auf die Anschaffung eines automatischen Telefon-Anrufbeantworters zurückzuführen war.*[30]

Die ersten Mitglieder waren zwar prinzipiell für die MR-Idee aufgeschlossen. Der praktischen Umsetzung im Betrieb standen aber auch bei ihnen ähnlich wie in Fürstenfeldbruck manche begründete und sehr viele nicht begründete Bedenken im Weg. Die Nachfrage nach Leistungen war daher anfangs noch gering. Umso mehr Zeit blieb für den Besuch der Mitglieder, für die Maschinen-Inventur und für Beratungsgespräche. In Verbindung mit diesen Mitgliederkontakten sprach Obschil gelegentlich auch den einen oder anderen Landwirt an, der noch nicht Mitglied war, stellte sich als MR-Geschäftsführer vor und versuchte ihn zu gewinnen. In den meisten Fällen wurde er freundlich aufgenommen. Gelegentlich hieß es aber auch: *Woas moag'st nacha du – I brauch nix.*

Solche Rückschläge haben ihn aber nicht beirrt. Mit ausgesuchter Höflichkeit, großer Hartnäckigkeit und viel Ausdauer ging Obschil seinen Weg. Und es ging zwar langsam, aber stetig aufwärts: 1965 konnte das 100. Mitglied aufgenommen und ein Verrechnungswert von 50 000,– DM deutlich überschritten werden.[31]

Ähnlich wie in Fürstenfeldbruck ging auch in Pfaffenhofen der erste Anstoß zur Gründung eines Maschinenringes von einem Mann der Sparkasse aus:

Max Wöhrl war Mitbegründer und während seines ganzen Berufslebens Freund und Förderer des Maschinenringes Pfaffenhofen.

Probleme mit der Mähdrescher-Vermittlung

Er (Knorr) hatte einen Mähdrescher, immer auf dem neuesten Stand, der 100 Prozent ausgelastet war. Da kam er auf die Idee, einen zweiten zu kaufen und einige Jahre später noch einen dritten. Über den dritten Mähdrescher habe ich mich nicht gefreut und darüber mit Herrn Knorr gesprochen. Wir kamen überein, die Auslastung des jeweiligen Mähdreschers festzustellen. Das Ergebnis. Der erste erreichte 100% Auslastung, der zweite 75% und der dritte nur 50%. Daraufhin hat Knorr den dritten Mähdrescher verkauft. Dieses Ergebnis habe ich bei der Beratung in Sachen Maschinenkauf erfolgreich verwertet.

In diesem Brief erwähnt Obschil auch eine weniger erfreuliche Begebenheit, die aber schließlich doch noch einen positiven Verlauf nahm: *Weil die Saison schon fast vorbei war und der letzte Auftraggeber ausdrücklich Knorr verlangte, konnte Obschil einen anderen Mähdrescherbesitzer, der zu gleicher Zeit noch Aufträge suchte, nicht mehr berücksichtigen. Das erfuhr dieser einige Tage später, rief an und sagte, er brauche den MR nicht mehr, er baue seinen eigenen auf. Alles Reden nützte nichts. An zwei Sonntagnachmittagen schickte er seinen 16-jährigen Sohn mit dem Moped zum Kassieren. An keinem Tag brachte er über 100,– DM. Schließlich fragte seine Frau, ob ich wieder die Abrechnungen machen möchte. Seitdem lobte er die MR-Arbeit über alles und war fortan ein beispielhaftes Mitglied.*[32]

Quelle: Brief von Obschil an Autor vom 11.12.2003

Franz Obschil
zeichnete sich vor allem durch eine stets präzise, überaus korrekte und zuverlässige Vermittlungsarbeit aus.

Er wurde am 1. September 1922 in Augezd, Kreis Sternberg, Nordmähren auf einem 15-Hektar-Betrieb geboren

In Mährisch-Neustadt Besuch der Landwirtschaftsschule.

1941 Reichswehrdienst (Infanterie), 30. April 1942 verwundet

Nach Kriegsende bis Oktober 1946 interniert, danach Abschiebung nach Deutschland

Ab 1947 Gewährung einer Kriegsversehrtenrente

Überbrückung der Arbeitslosigkeit durch verschiedene Einsätze in der Landwirtschaft

1961 bis 1970 nebenberuflicher, anschließend bis 1987 hauptberuflicher Geschäftsführer des MR Pfaffenhofen; danach Ruhestand bzw. verstärkte ehrenamtliche Tätigkeiten

1981 Auszeichnung mit dem Bundesverdienstkreuz am Bande

Verstorben am 21. 8. 2005

Verglichen mit der Entwicklung in Fürstenfeldbruck waren jedoch die Zuwachsraten in Pfaffenhofen sehr viel geringer. Mögliche Ursachen dafür sind: die größere Betriebsstruktur, der relativ hohe Anteil an Mähdruschfrüchten und die Tatsache, dass sich in Fürstenfeldbruck schon früh fünf Lohnunternehmen entwickelt haben. In Pfaffenhofen dagegen herrschte der Hopfenbau vor, ein Betriebszweig, der sich aus mehreren Gründen für den überbetrieblichen Einsatz nur schwer erschließen ließ.

Aber vielleicht hat gerade die Tatsache, dass es in Pfaffenhofen anders als in manchen anderen Ringen keinen Bereich gab, der sich besonders leicht und schnell zu einem umsatzträchtigen Schwerpunkt der Ringarbeit ausbauen ließ, dazu beigetragen, dass in diesem Maschinenring der Anteil der aktiven Mitglieder besonders hoch und deren Aktivität auch überdurchschnittlich stark ist. Obschil hat sich um alle Aufträge gekümmert, auch um die kleinen und die etwas schwierigeren. Daraus entwickelte sich im Laufe der Jahre bei den Landwirten dieser Region ein unglaubliches Vertrauen zum Maschinenring oder besser gesagt zu der Person, die den Ring verkörperte, zu Franz Obschil.

Die schlechten Erfahrungen, die viele Hopfenbauern in den 70er Jahren mit der (staatlich geförderten) gemeinschaftlichen Anschaffung von Hopfenpflückmaschinen gemacht haben, und die daraus resultierenden Ressentiments gegen jede Form überbetrieblicher Zusammenarbeit haben anfangs auch die Entwicklung des Maschinenringes belastet. Die in Maschinengemeinschaften üblichen Streitigkeiten um eine gerechte Einteilung, korrekte Abrechnung und zufriedenstellende Haftung für Maschinenschäden konnten erfreulicherweise im Maschinenring dank einer korrekten und zeitnahen Vermittlung und Abrechnung fast ganz verhindert werden.

Und wenn gelegentlich doch Probleme auftraten, gab es eine neutrale und anerkannte Instanz, die für eine rasche Klärung und einen gerechten Ausgleich sorgte. Das war der Geschäftsführer, der sich im Laufe der Jahre eine solche Vertrauensposition und Autorität geschaffen hat. Geschaffen vor allem, und das trifft in ganz besonderem Maße für Franz Obschil zu, durch eine stets präzise, überaus korrekte und zuverlässige Vermittlungsarbeit.

Wenn man bei Obschil anrief und eine Dienstleistung in Auftrag gab, so ein Mitglied, hatte man von Anfang an ein gutes und sicheres Gefühl. Er erkundigte sich genau nach den für den Erfolg der Arbeit notwendigen Details, ja sogar nach Sonderwünschen, rief dann innerhalb einer bestimmten, vereinbarten Frist zurück. Bei diesem Rückruf konnte er dann in der Regel bereits den Namen des Auftragnehmers, den Zeitpunkt für den Beginn der Arbeit, eventuell notwendige Hinweise für vorbereitende Maßnahmen und die finanziellen Konditionen übermitteln. Damit eine derartige, exakte Vermittlungsarbeit funktionieren konnte, war es notwendig, dass Obschil die Fäden in der Hand hielt und den totalen Überblick über den Ablauf der Maschinenringeinsätze hatte. Diesen Überblick verschaffte er sich unter anderem dadurch, dass er umgehend nach Erledigung der Einsätze die Abrechnungen durchführte oder zumindest die dazu notwendigen Fakten und Daten festhielt. So war er im Bild, wie die Arbeit gelaufen ist und konnte auch gleichzeitig notieren, von welchem Zeitpunkt an der/die Auftragnehmer wieder für einen weiteren Einsatz zur Verfügung standen. Bei dieser Gelegenheit sammelte er auch viele andere für die Ringarbeit nützliche und wichtige Informationen, zum Beispiel über betriebliche Veränderungen oder geplante bzw. schon getätigte Maschinenanschaffungen.

Aus diesen Gründen war Obschil ein kompromissloser Verfechter einer konsequenten Vermittlung und Abrechnung über die Geschäftsstelle, auch in Zeiten, in denen diese Prinzipien in anderen Maschinenringen mit der Begründung, die Zeit reiche dafür nicht aus bzw. dies könnten die Mitglieder auch selbst erledigen, verwässert oder ganz in Frage gestellt wurden. Bei Obschil hatte das Vermitteln und Abrechnen erste Priorität. Dafür reduzierte er den Aufwand für andere Bereiche, zum Beispiel die Öffentlichkeitsarbeit (z. B. gab es außer der Einladung zur jährlichen Mitgliederversammlung kaum schriftliche Mitteilungen an die Mitglieder) und, abgesehen von den ersten Jahren, nach und nach auch den Außendienst.

Wie ernst er diese Prinzipien genommen hat, belegte folgende Aussage, die er anlässlich seiner Verabschiedung am 30. Mai 1987 im Gasthaus Bogenrieder in Pfaffenhofen an die Adresse von Dr. Geiersberger gewandt machte: *Sie sparten auch* nicht mit Kritik an uns – so z. B. einmal, als Sie den Außendienst für unnötig hielten. Und auf die Frage, was wir dann tun sollten, antworteten Sie klar und deutlich: vermitteln, vermitteln, vermitteln. Diese drei Worte habe ich mir gemerkt und beherzigt. Sie waren mitentscheidend für das, was ich beruflich erreichte.[33]

▪ Sparsamer Umgang mit allen Ressourcen

Obschil ging nicht nur sparsam, oder besser gesagt ökonomisch, mit seiner Zeit um, sondern auch mit anderen Ressourcen. *Am Anfang waren wir so arm, dass wir das erste Sitzungsprotokoll auf einer Papiertüte niedergeschrieben haben, die Franz Obschil auseinandergerissen hatte,* erinnert sich in einer Jubiläumsfeier Erster Vorsitzender Richard Carmanns.[34] Für interne Notizen über Aufträge, deren Vermittlung und Abrechnung und dergleichen verwendete Obschil grundsätzlich die leere Rückseite von bereits beschriebenen Blättern, die andere im Papierkorb entsorgten. Minimalmaße wies auch sein Büroraum auf, ein an das Wohnzimmer angrenzender, an drei Seiten verglaster Erker mit nur 6 Quadratmeter. Dafür bot er aber einen hervorragenden Rundblick, der es Obschil in Verbindung mit einem Barometer ermöglichte, in der Vermittlungsarbeit auch der regionalen Wetterentwicklung frühzeitig Rechnung tragen zu können.

Gespart wurde am Anfang aber nicht nur aus Prinzip, sondern weil die verfügbaren finanziellen Mittel auch keine großen Sprünge zuließen: *25 Mitglieder zählte unser Ring im Gründungsjahr, die Aufnahmegebühr betrug 3,– DM, der Jahresbeitrag 2,– DM. Das reichte nicht einmal für den notwendigen Bürobedarf. Der Geschäftsführer arbeitete auf Provisionsbasis. 5 % von knapp 6000,– DM Verrechnungswert im ersten Jahr, das waren nicht einmal 300,– DM. Deshalb konnten die Maschinenringe nur mit ehrenamtlichen oder nebenberuflichen Kräften aufgebaut werden. Gott sei Dank gab es Förderer der guten Idee. Es waren die Sparkassen und die Raiffeisenbanken,* so berichtet Obschil bei der 40-Jahrfeier des MR Pfaffenhofen.[35]

Zuerst wurde die Provision von 5 % nur von den Auftraggebern verlangt, später wurde sie halbiert und zu je 2,5 % auf Auftraggeber und Auftragnehmer aufgeteilt. Weil dies aber die Abrechnung erschwerte, wurde sie kurze Zeit später auf je 2 % reduziert. Nach 4 Jahren erfolgte eine weitere Reduzierung auf nur noch je 1 %.

Und 1967/68 wurde die Vermittlungsprovision ganz abgeschafft, da mittlerweile Mitgliedsbeiträge und Aufnahmegebühren zusammen mit der staatlichen Förderung zur Finanzierung des Ringes ausreichten.

Alles in allem ergaben sich aus den Einnahmen für Provision, Mitgliedsbeitrag und Aufnahmegebühren nur sehr mäßige Gesamteinnahmen von 422,– DM für 1961 und knapp über 2000,– DM für 1966. Damit wird deutlich, dass die Vergütung des Geschäftsführers mit dem Begriff bescheiden nur ungenügend beschrieben ist. Ohne die Rente und die Einnahmen aus dem Anbau von Erdbeeren hätte er damals seinen Lebensunterhalt nicht bestreiten können. Mit der Anstellung als hauptberuflicher Geschäftsführer beim Kuratorium Bayerischer Maschinenringe im Jahre 1970 hat Obschil dann den Zuerwerb Erdbeeren aufgegeben und seine Arbeitskraft voll und ganz in den Dienst des Maschinenringes gestellt. Die Auswirkungen dieses Schrittes sind an der Entwicklung des Verrechnungswertes in den darauf folgenden Jahren deutlich abzulesen: er stieg in sechs Jahren, von 1969 bis 1975 von 91 507,– DM auf 1 101 298,– DM (siehe auch Seite 172).

Dass im Jahr 1970 dieser Schritt oder besser gesagt diese einschneidende Änderung in der Laufbahn von Franz Obschil und in der Entwicklung des MR Pfaffenhofen und aller bayerischen Maschinenringe möglich wurde, hängt sehr viel und sehr eng gerade auch mit dem Maschinenring Pfaffenhofen zusammen.

In Pfaffenhofen lernte der Landrat Dr. Hans Eisenmann die Bedeutung des Maschinenringes für die bäuerliche Landwirtschaft kennen – als bayerischer Landwirtschaftsminister etablierte er den Maschinenring zu einem wesentlichen Element seiner neuen Agrarpolitik.

Geboren am 15.4.1923 in Ampertshausen, Landkreis Pfaffenhofen auf dem *Glückhof*

1941 Abitur in Freising, anschließend Arbeits- und Wehrdienst, zuletzt als Pilot und Fluglehrer

1945 bis 1948 Studium der Land- und Volkswirtschaft in Freising-Weihenstephan, anschließend Vorbereitungsdienst für den höheren landwirtschaftlichen Staatsdienst

1950 bis 1987 Abgeordneter im Bayerischen Landtag, zuerst für die Bayernpartei, 1954 Übertritt zur CSU

1951 Lehrer an der Pfaffenhofener Landwirtschafts- und Hopfenfachschule

1954 Direktor dieser Schule und des Landwirtschaftsamtes

1958 bis 1969 Landrat in Pfaffenhofen

1959 Promotion zum Dr. agr. mit dem Thema: Die Marschallplan-Hilfe für die bäuerliche Landwirtschaft

1969 bis 1987 Bayerischer Staatsminister für Ernährung, Landwirtschaft und Forsten

1970 Verabschiedung des Gesetzes zur Förderung der bayerischen Landwirtschaft, der Grundlage für den Bayerischen Weg

Verstorben am 31.08.1987

Aichach – „Star-Maschinenring" und inoffizieller Mittelpunkt der Sparkassenringe

Der *Bayerische Weg* hat seinen Ursprung in Pfaffenhofen, hier wurde Maschinenring-Geschichte geschrieben

Der Maschinenring Pfaffenhofen und der Ort Pfaffenhofen haben eine ganz entscheidende Rolle für die Entwicklung der Maschinenringe in Bayern und darüber hinaus gespielt; denn hier haben sich die Wege von drei Persönlichkeiten gekreuzt, die gemeinsam Maschinenring-Geschichte geschrieben haben: Dr. Erich Geiersberger, Dr. Hans Eisenmann und Richard Carmanns.

Zwei davon sind dem Leser bereits bekannt, nämlich Geiersberger und Carmanns.

Dr. Hans Eisenmann ist seit 1958 Landrat in Pfaffenhofen und bereits seit 1950 Abgeordneter im Bayerischen Landtag. Als Landrat besuchte er natürlich auch die Mitgliederversammlungen des Maschinenringes und lernte dabei die Bedeutung dieser Einrichtung für die heimische Landwirtschaft kennen und schätzen. Heute würde man sagen: er wurde ein Maschinenring-Fan.

Über die agrar- und gesellschaftspolitische Dimension des Maschinenringes wurde Dr. Eisenmann aus erster Hand aufgeklärt. Dr. Geiersberger war 4 Mal hintereinander, von 1964 bis 1967 gefragter Festredner bei dem jährlich in Verbindung mit dem Pfaffenhofener Volksfest stattfindenden Bauerntag. Daran nahm natürlich auch der Landrat teil.

Dass Geiersberger dabei auch die agrarpolitische Bedeutung des Maschinenringes immer wieder betonte, ist selbstverständlich. Auf die Frage von Eisenmann, warum die Agrarpolitik diese Chancen noch nicht erkannt habe und programmatisch umgesetzt habe, meinte er lakonisch: Weil wir in Bayern den falschen Landwirtschaftsminister haben. Er konnte zum damaligen Zeitpunkt nicht ahnen, dass Dr. Eisenmann ab März 1969 selbst diese Aufgabe übernehmen und die Geiersberger'schen Vorstellungen zur Grundlage seines neuen agrarpolitischen Konzeptes, des so genannten Bayerischen Weges, machen sollte. Der Bayerische Weg hat also in Pfaffenhofen seinen Ursprung.

Die Verdienste von Richard Carmanns beim Zustandekommen des Bayerischen Weges liegen vor allem darin, dass er Dr. Eisenmann immer wieder mit der Maschinenringpraxis konfrontierte und so das Thema Maschinenring warm gehalten hat. Als MR-Vorsitzender, vor allem aber als Kreisrat in Pfaffenhofen, traf er mit dem Landrat Eisenmann häufig zusammen.

Ähnlich wie in Fürstenfeldbruck und Pfaffenhofen hat auch in Aichach die örtliche Sparkasse eine wichtige Rolle bei der Gründung des Maschinenringes und seiner weiteren Entwicklung gespielt. Die erste und entscheidende Initiative zur Gründung ging jedoch in Aichach vom Landwirtschaftsamt aus.

Es begann am 2. 2. 1960 damit, dass das Amt Dr. Geiersberger als Referenten zur jährlichen *Lehrtagung des Ehemaligen Vereins* einlud.

Dieses Referat fand bei den Praktikern so großen Nachhall, dass sich das Landwirtschaftsamt veranlasst sah, umgehend, nämlich schon zum 12. Februar, eine weitere Versammlung einzuberufen. Auf dieser überfüllten Veranstaltung wurde das Thema eingehend debattiert.[36]

Dieses starke Interesse suchte ein in Aichach ansässiger Landmaschinenhändler ebenfalls zu nutzen: er stellte den ersten Geschäftsführer von Buchhofen, Karl Straßmeier, *in seiner Firma als Leiter einer Zweigniederlassung an mit dem Ziel, einen Maschinenring zu gründen.*[37]

Mit dieser Vorstellung eines von einer Firma getragenen Maschinenringes war jedoch das Landwirtschaftsamt nicht einverstanden. Es machte vielmehr seinerseits Straßmeier das Angebot, in einem unabhängigen Maschinenring als Geschäftsführer tätig zu werden. Straßmeier lehnte jedoch ab. Ebenso scheiterte der Versuch, einen Angestellten der örtlichen Raiffeisenkasse als Geschäftsführer und diese Bank gleichzeitig als Sponsor zu gewinnen.

Daraufhin wurde ein Angebot der Stadtsparkasse Aichach, die schon auf Erfahrungen des Maschinenringes Fürstenfeldbruck zurückgreifen konnte, angenommen. Als Geschäftsführer wurden zwei bekannt gute ehemalige Betriebsleiter, ein Verwalter (Seidl) und der Ehemann der Kreisbäuerin (Bauer), gewonnen.

Das Landwirtschaftsamt lud über die örtliche Presse zur Gründungsversammlung am 27. 7. 1960 ein: Hierzu waren Vertreter der Sparkassen, nicht jedoch der Raiffeisenkassen erschienen. Die Entscheidungen über die Form des Maschinenringes wie über die Frage, welcher Bank der Ring angeschlossen werden sollte, wurden den Anwesenden freigestellt. 69 Landwirte traten sofort dem Maschinenring bei.[38]

Zum Jahresende zählte der Ring bereits 198 Mitglieder und konnte einen Umsatz von 21 026,– DM nachweisen. Und in diesem Tempo ging es weiter. Mitgliederzahlen und Verrechnungswert stiegen stetig an: am 26. 4. 1970, nach zehnjährigem Bestehen, wurde von 592 Mitgliedern ein Verrechnungswert von 352 947,– DM erzielt. Im Rahmen dieser Veranstaltung wurde auch der Beitritt zum Kuratorium Bayerischer Maschinenringe beschlossen und *den beiden ausscheidenden Geschäftsführern Hans Bauer und Lorenz Seidl der Dank für die von der Gründung an erfolgreich geleistete Arbeit ausgesprochen … Der durch Pensionierung ausscheidende Sparkassenrat a. D. (Josef Sandmeier) wurde gleichfalls geehrt. Er hat mit viel Idealismus seinerzeit die Gründung des Maschinenringes mitbetrieben und in den 10 Jahren seines Bestehens diesen betreut.*[39]

Zum Nachfolger der beiden Geschäftsführer-Pioniere wurde Josef Gail aus Unterwittelsbach, der bis dahin bereits dem Vorstand angehörte, gewählt.

Dass Aichach sich so prächtig entwickelte und schon 1964 von Dr. Geiersberger mit dem *Ehrennamen Starmaschinenring* ausgezeichnet wurde[40] und auch über mehrere Jahre zu den Spitzen-MR in Deutschland zählen durfte, war vor allem darauf zurückzuführen, dass hier alles zusammenpasste und alle wichtigen Personen und Stellen an einem Strang zogen:

■ Die beiden Geschäftsführer, *die sich als die Seele des Maschinenringes gezeigt hätten und denen eine entscheidende Rolle zukomme.*

■ Die mit angesehenen und tüchtigen Landwirten besetzte Vorstandschaft mit Bürgermeister Josef Schweyer an der Spitze.

■ Ein Landwirtschaftsamt, das nicht nur voll hinter der MR-Idee stand, sondern diese Einrichtung quasi als verlängerten Arm ihrer Beratungsarbeit betrachtete und es daher auch als selbstverständlich fand, in der Führung des Ringes ein gewichtiges Wort mitzusprechen. Hier sind vor allem zwei Persönlichkeiten zu nennen: der damalige Amtschef, Oberlandwirtschaftsrat Karl Schropp und vor allem Landwirtschaftsrat Elmar Stauber, der Schropp nach dessen tragischem Tod 1964 als Amtschef nachfolgte. Wohl kein anderer Berater in Bayern hat sich so intensiv um den Ring gekümmert und dessen Entwicklung so gründlich und im Detail verfolgt und analysiert wie Stauber. Den jährlichen Geschäftsbericht vorzutragen, war ein Privileg, das er sich nicht nehmen ließ.

■ Nicht zuletzt zu nennen ist die örtliche Sparkasse mit dem legendären Joseph Sandmeier. Ihm lag nicht nur die Entwicklung des Aichacher Ringes am Herzen, er spielte auch beim Aufbau des Landesverbandes der Sparkassen-Maschinenringe eine wichtige Rolle.

Das erfolgreiche Wirken des Maschinenringes Aichach hat ähnlich wie Fürstenfeldbruck in den sechziger Jahren über Bayern hinaus ausgestrahlt und einen wichtigen Beitrag zur Verbreitung der MR-Idee geleistet.

Aichach galt über viele Jahre als Musterring. Seine Presse- und Öffentlichkeitsarbeit waren beispielhaft. Bis 1970 hat die Geschäftsführung u. a. insgesamt 13 gedruckte Mitteilungsblätter, meist mit vier Seiten Umfang, herausgegeben.

Aichach, oder noch genauer gesagt der berühmte *Specht-Turm* von Aichach, war in dieser Zeit fast so etwas wie das geistige Zentrum der Sparkassen-MR in Bayern. Der Specht-Turm, der nicht nur den *damischen Rittern* von Aichach als Domizil diente, hat mit seiner besonderen Atmosphäre in Verbindung mit der großzügigen Gastfreundschaft der Aichacher Sparkasse auch die vielen, hier stattfindenden Gesprächsrunden der *Ritter von den Sparkassenringen* besonders befruchtet und inspiriert. Zahlreiche wichtige Impulse und Ideen gingen von diesem gemütlichen Turmzimmer aus. Berühmt ist unter anderem die Besprechung mit Landwirtschaftsminister Dr. Dr. Alois Hundhammer vom Oktober 1963 (siehe Seite 62).

Diese Männer haben sich um den Aufbau des Landmaschinenringes Aichach in den 60er Jahren besonders verdient gemacht:

Der damalige Amtschef, Oberlandwirtschaftsrat Karl Schropp, ...

... und sein Nachfolger Landwirtschaftsrat Elmar Stauber

der legendäre Joseph Sandmeier von der Sparkasse Aichach ...

und der erste Vorsitzende Josef Schweyer ...

sowie die ersten beiden Geschäftsführer Hans Bauer ...

und Lorenz Seidl

Der berühmte Specht-Turm von Aichach war in den 70er Jahren ein wichtiger Treffpunkt für die Sparkassen-MR in Bayern.

Quellen:

1. Schreiben des Bayerischen Sparkassen- und Giroverbandes vom 16. 11. 1959
2. Auszug aus dem Beschlussbuch der Sparkasse Aichach, Nummer 349 zur Sitzung von 15. 12. 1960, Blatt 269
3. Auszug aus dem Beschlussbuch der Sparkasse Aichach, Nummer 349 zur Sitzung von 15. 12. 1960, Blatt 269
4. Brief von Dr. Henner an Sandmeier vom 22. 8. 1961
5. Fränkische Landeszeitung Nr. 20, 25. 1. 1961
6. Schreiben des Landesverbandes Bayerischer Maschinenringe-Sparkassen e.V. vom 20. 10. 1966
7. Schreiben von Dr. Münsterer an Max Lampert, Geschäftsführer des Landesverbandes Bayerischer Maschinenringe Raiffeisen e.V. vom 30. 8. 1965
8. Schreiben des Bayerischen Sparkassen- und Giroverbandes vom 5. 3. 1964 an die Sparkassenleiter
9. dito
10. Protokoll der Jahresversammlung der Maschinenringe beim Bayerischen Sparkassen- und Giroverband und Niederschrift über die Gründungsversammlung des Landesverbandes, jeweils am 22. November 1963
11. Rundschreiben des Landesverbandes Bayerischer Maschinenringe-Sparkassen e.V. vom 10. 2. 1964
12. Merkblatt des Landesverbandes Bayerischer Maschinenringe-Sparkassen e.V. Nummer 1/1966
13. Brief Lettl vom 8. 1. 71
14. Geschäftsbericht des MR Fürstenfeldbruck 1960
15. Kündigung von Langwieder vom 25. 9. 63
16. Eintrag im Protokollbuch des MR Fürstenfeldbruck vom 14. 7. 61
17. Eintrag im Protokollbuch des MR Fürstenfeldbruck vom 26. 10. 61
18. Ergebnisse der Auswertung der Unterlagen des Landmaschinenringes Fürstenfeldbruck vom 23. 8. 1961 durch KTL Büro Stuttgart, Referat für betriebswirtschaftliche Sonderfragen
19. Eintrag im Protokollbuch des MR Fürstenfeldbruck vom 14. 4. 61
20. Eintrag im Protokollbuch des MR Fürstenfeldbruck vom 14. 4. 61
21. Zusatzerklärung zum Arbeitsvertrag vom 1. 10. 66
22. Schreiben der Kreis- und Stadtsparkasse Fürstenfeldbruck an Rauch vom 22. 8. 63
23. Schreiben der Kreis- und Stadtsparkasse Fürstenfeldbruck an Rauch vom 17. 2. 65
24. Schreiben der Kreis- und Stadtsparkasse Fürstenfeldbruck an Rauch vom 7. 8. 67
25. Arbeitsvertrag zwischen Landmaschinenring Fürstenfeldbruck und Rauch vom 1. 10. 66
26. Obschil, Vortrag 30 Jahre Maschinenring Pfaffenhofen
27. dito
28. Verzeichnis der Gründungsmitglieder
29. Obschil, Schreiben an den Autor vom 11.12.03
30. Obschil, Vortrag 30 Jahre Maschinenring Pfaffenhofen
31. dito
32. Übersicht der Entwicklung des MR Pfaffenhofen von 1961 bis 1992
33. Obschil, Ansprache bei seiner Verabschiedung am 30.5.1987
34. Donau Kurier vom 16.4.1986
35. Obschil, Rückblick auf 40 Jahre Maschinenring Pfaffenhofen
36. Rückblick auf 20 Jahre erfolgreiches Wirken des Maschinen- und Betriebshilfsringes e.V.
37. Der Landmaschinenring Aichach e.V., seine Entwicklung und derzeitige Leistungen, von Elmar Stauber 1963
38. dito
39. Rückblick auf 20 Jahre erfolgreiches Wirken des Maschinen- und Betriebshilfsringes Aichach e.V.
40. Aichacher Zeitung vom 2.3.1964

„Weg vom Maschinenkauf aus dem Prestigedenken heraus"

forderte er (Elmar Stauber, der Chef des Landwirtschaftsamtes) in der Generalversammlung des Aichacher Maschinenringes. Und weiter: „Geht zusammen, überwindet soziale Gegensätze untereinander." Staubers Forderung war eine Philippika auf den „Bauernstolz". Der gut gespitzte Bleistift und der Rechenschieber, mit dem der Bauer umgehen sollte, müssten bestimmend sein für die soziale Stellung des Bauern unter seinen Berufskollegen. Dass dies in der Generalversammlung nicht immer und nicht bei jedem der Ringmitglieder ankam, bewies die Unruhe im Saal, als Stauber forderte, „bringt die kleinen Maschinen in den Ring ein". Stauber war es bitter ernst, als er diese Forderung stellte, um auf diese Weise den Erhalt der Kleinlandwirte sichergestellt zu wissen. Und wieder brach Unruhe im Saal aus, als Stauber eine verstärkte Flurbereinigung forderte. Stauber zu den Bauern: „Ich habe keine Angst." Aber Angst könne es einem werden, wenn man an die Zukunft der Kleinbetriebe denke. Es sei denn, man greife ihnen durch Maschinenhilfe unter die Arme ...

Quelle: Augsburger Allgemeine vom 13. 2. 1969

Bis die Mehrzahl dieser Forderungen zumindest teilweise erfüllt wurde, mussten noch einige Jahre vergehen. Aber diese Besprechung hat dazu beigetragen. Vor allem hat sie den Boden für den vom Nachfolger Hundhammers eingeschlagenen neuen Weg in der bayerischen Agrarpolitik und der darin verankerten wichtigen Stellung des Maschinenringes mit vorbereitet.

Unmittelbar ausgewirkt hat sich diese Aussprache auf die schon bestehenden, jedoch vielkritisierten Richtlinien zur Förderung der Maschinenringe in Bayern: Im April 1964 wurde die pauschale Förderung durch eine prozentual am erzielten Umsatz ausgerichtete ersetzt.

Angesichts der erfolgreichen Arbeit, die in Aichach geleistet und über die auch vielerorts berichtet wurde, konnte es nicht ausbleiben, dass Aichach immer wieder das Ziel von Besuchern aus dem In- und Ausland war.

Ein ganz Prominenter, nämlich Bundeslandwirtschaftsminister Dr. Hermann Höcherl, hat seinen Besuch in Aichach jedoch nur angekündigt, nämlich für Mitte März 1966, jedoch nie realisiert. Vielleicht lag es daran, weil er von Raiffeisenseite noch kurz zuvor darauf aufmerksam gemacht wurde, dass es ganz in der Nähe seiner Oberpfälzer Heimat Brennberg ebenfalls einen beispielhaft arbeitenden Maschinenring gibt, den Maschinenring Fensterbachtal, dem Höcherl dann einige Wochen später tatsächlich einen Besuch abstattete (siehe Seite 35).

Mag Dr. Geiersberger den Aichacher Ring auch als Starmaschinenring bezeichnet haben, der Chef des Landwirtschaftsamtes, Elmar Stauber, der wie kein anderer die große Diskrepanz zwischen den in der überbetrieblichen Zusammenarbeit bestehenden Möglichkeiten und den realen Ergebnissen sah, hat dessen Zustand 1969, bei der Generalversammlung, ein Jahr vor dem Beitritt zum KBM etwas nüchterner und kritischer bewertet als Dr. Geiersberger, wie der obenstehende Bericht der Augsburger Allgemeinen zeigt.

Allerdings, diese kritischen Anmerkungen von Stauber treffen nicht nur für die Aichacher Bauern zu; die Situation ist auch in den anderen Maschinenringen ähnlich.

Dr. Dr. Alois Hundhammer und sein Führungsstab besuchen am 21.10.1963 den Landmaschinenring Aichach

Die weiteren Teilnehmer: Vom Landwirtschaftsministerium: Staatssekretär Vilgertshofer, Ministerialdirektor Hopfner, Ministerialdirigent Dr. Lauerbach und Regierungsdirektor Dr. Schröder. Vom Sparkassen- und Giroverband: Präsident Dr. Zorn, Direktor Dr. Spiethoff und Dr. Henner. Von der Sparkasse Aichach: Direktor Zapf und Oberamtmann Sandmeier. Vom MR Aichach: Vorsitzender Schweyer und die beiden Geschäftsführer Bauer und Seidl. Außerdem die Vorsitzenden der MR Fürstenfeldbruck und Dachau, Grundner und Westermayr. Der Hauptzweck dieser Veranstaltung: Die Führung des Landwirtschaftsministeriums davon überzeugen, dass
- der Maschinenring einen wichtigen Beitrag zur Erhaltung und Förderung einer bäuerlichen Landwirtschaft leisten kann,
- der Maschinenring (mit Geschäftsführer) daher gefördert werden muss und
- eine Förderung von Maschinengemeinschaften der falsche Weg ist.

Das Ergebnis in der Zusammenfassung von Präsident Dr. Zorn:
1. Die Schulung der Bauern, insbesondere der jungen Bauern an den landwirtschaftlichen Bildungsstätten, könne den Gedanken der im Maschinenring organisierten Nachbarschaftshilfe wesentliche vorantreiben.
2. Der hauptamtliche Geschäftsführer sei für die Funktionsfähigkeit des Maschinenringes unerlässlich; Amateure könnten nur Schaden stiften. Die Bezahlung hauptamtliche Geschäftsführer sei ein relativ geringer Aufwand, doch würden die hierfür verwendeten staatlichen Zuschüsse hohen Nutzen bringen.
3. Wenn die Landwirtschaft in Maschinenringen zusammenarbeite, würde sie auch eine viel stärkere Position gegenüber der Industrie haben. Die Maschinenfabriken würden dann nicht mehr das produzieren, was den Direktoren einfalle, sondern was den Bedürfnissen der Landwirtschaft entspräche.

Die knappe Stellungnahme von Dr. Hundhammer: Die Sache ist wichtig genug, dass man sich ihrer annimmt.

Quelle: Protokoll des Bayerischen Sparkassen- und Giroverbandes vom 21.10.1963

Die ersten Ringgründungen in Bayern

In den Kapiteln *Raiffeisenmaschinenringe* und *Sparkassenmaschinenringe* wurden bereits einige, besonders bekannt gewordene Maschinenring-Gründungen der ersten Jahre beschrieben. Diese wenigen Beispiele stellen jedoch nur einen kleinen Ausschnitt all der Pionierleistungen dar, die notwendig waren, um eine solche Bewegung in Gang zu bringen und überall im Land Menschen für diese neue, in vielen Augen fragwürdige Idee zu gewinnen. All die Männer, die in ähnlicher Weise Pionierarbeit geleistet haben, in dieser Chronik aufzuführen, würde den Rahmen dieser Schrift sprengen. Es ist aber zu wünschen, dass die heutigen Maschinenringe durch diese Chronik und den anstehenden 50. Geburtstag von Buchhofen im Jahre 2008 angeregt werden, die Anfänge der Maschinenringentwicklung in ihrer Region schriftlich festzuhalten. Noch ist es möglich, Zeitzeugen von damals danach zu fragen. In diesem Kapitel wird aber zumindest der Versuch unternommen, einen kleinen Beitrag zu einer solchen Gesamtdarstellung zu leisten. Ausgehend von den heute bestehenden Maschinenringen wird in der nachfolgenden Übersicht beschrieben, wann in der betreffenden Region, so weit möglich bezogen auf das Gebiet der Altandkreise (vor der Gebietsreform) der erste Ring gegründet wurde, in welchem Ort dies geschah bzw. welcher Name dafür gewählt wurde (in der Regel wurde der Ring nach dem entsprechenden Gründungsort benannt). Außerdem wird, soweit noch zu ermitteln war, der Name des Vorsitzenden oder Obmannes angegeben. Auch der Geschäftsführer wird, sofern vorhanden, genannt. In manchen Fällen hat diese Aufgabe – es ging dabei vor allem um das Abrechnen – der Vorsitzende mitübernommen. Bei vielen Raiffeisenringen hat die zuständige Raiffeisenbank diesen Service geleistet. Mit dem Kürzel R bzw. S wird die Zugehörigkeit zum Landesverband der Raiffeisen- bzw. Sparkassenringe markiert.

Die Gründungen im Überblick

Bezogen auf das Gebiet der Alt-Landkreise bzw. heutigen MR in der Zeit von 1958 bis 1969

Im Gebiet des MR/Landkreises		Gründung	Vorsitzender	Geschäftsführer/ung	R/S[1]
Oberbayern					
Aibling-Miesbach-München		22. 2. 1963 Feldkirchen	Michael Weber	Landw. Dir. Prentl	R
Aichach		27. 7. 1960 Aichach	Josef Schweyer	Hans Bauer Lorenz Seidl	S
Altötting-Mühldorf	Altötting	1962/63 Marktlberg	Anton Karl	Josef Bumeder	R
	Mühldorf	1964 Schwindkirchen	Hans Hölzel		R
Dachau-München-Nord		1. 2. 1962 Dachau	Josef Westermayr	Franz Voit	S
Ebersberg-München-Ost		30. 4. 1965 Ebersberg	Hans Löbner	Willi Wölkl	R
Eichstätt		21. 2. 1961 Ingolstadt	Stephan Lukas	Michael Bobinger	S
Erding		29. 3. 1962 Reichenkirchen	Franz Hilger	Josef Lanzinger	R
Freising	Freising-Nord	23. 6. 1961 Mauern	Josef Deliano	Franz Hagl	R
	Freising-West	1. 4. 1964 Allershausen	Georg Zieglrum	Willi Schumann	S
Fürstenfeldbruck		9. 2. 1960 Aufkirchen	Markus Grundner	Toni Rauch Hans Langwieder	S
Laufen		17. 1. 1964 Taching	Josef Parzinger	Karl Lanzinger	R
Neuburg-Schrobenhausen	Neuburg[3]	1. 6. 1960 Thierhaupten	Ludwig Pröll	Willibald Fuller	S
	Schrobenhausen	23. 3. 1961 Schrobenhausen	Jakob Tyroller	Max Lidl, BayWa	R

Einladung zur Gründung des ersten Maschinenringes im Landkreis Rothenburg o.T. am 2. 2. 1963

An Lichtmess sind g'wechselt
Knecht und Magd.
Heut nicht mehr,
weil man keine mehr hat.
Die Arbeit wird aber
immer mehr,
d'rum müssen heut
Maschinen her.
Sie allein zu kaufen
bringt keinen G'winn,
d'rum gründen wir
einen Maschinenring.

Autor: Fritz Lippert (Urfassung im fränkischen Dialekt)

Von Personen und Umständen bei der Gründung

Die Mehrzahl der in dieser Übersicht aufgeführten ersten Ringgründungen sind in den Jahren 1960 bis 1963 zu verzeichnen (46). Wenn man von Haunersdorf und Grafenau absieht, wurden 1959, also ein Jahr nach Buchhofen, nur zwei weitere Ringe gegründet: der MR Horgau bei Augsburg mit Johann Beutelrock als Vorsitzendem und Geschäftsführer in einer Person und der MR Reimlingen im Landkreis Nördlingen, wo Georg Holler diese Rolle ausübte. Beutelrock und Holler waren gleichzeitig auch die maßgeblichen Gründungsinitiatoren.

Über Horgau ist in den 60er Jahren viel geschrieben worden. Dieser Ring galt neben Weicht im Landkreis Kaufbeuren (siehe Seite 29 bis 31) und Fensterbachtal im Landkreis Nabburg als Musterbeispiel dafür, dass ein Maschinenring auch ohne Geschäftsführer funktionieren kann.

Von den im Jahr 1960 genannten neun Gründungen sind erstaunlicherweise (immerhin ist die Idee ja im Hause der Baywa entstanden) die meisten durch Initiative der jeweiligen Sparkasse zu Stande gekommen, allen voran Fürstenfeldbruck (siehe ab Seite 50). Erst ab 1961 sind dann neben so bekannten Sparkassenringen wie Pfaffenhofen und Wolnzach auch wiederum mehrere so genannte Ortsringe entstanden – die Bezeichnung Raiffeisenring wurde offiziell erst ab 1963 verwendet. Diese auch unter dem Begriff Kleinring geführten MR verdanken ihre Entstehung zum Teil der Initiative einzelner besonders aufgeschlossener Landwirte. Gelegentlich ging der Anstoß auch von der örtlichen Raiffeisenkasse aus. Häufig waren es besonders engagierte Landwirtschaftsberater. Im Landkreis Kaufbeuren war es Karl Zeisset, in Donauwörth Dr. Wiesner oder in Neustadt a.d. Aisch Helmut Runk. Vielfach lässt sich auch nicht mehr exakt feststellen, von welcher Person bzw. Institution der erste Impuls zur Gründung ausgegangen ist. Nicht selten haben dabei mehrere Personen und Institutionen zusammengewirkt, wie aus der Niederschrift zur Gründung der *Raiffeisen-Maschinenvermittlung Baudenbach*, dem ersten Maschinenring im Gebiet des ehemaligen MR Steigerwald hervorgeht:

Auf Einladung des Landwirtschaftsamtes Neustadt a.d. Aisch trafen sich heute um 20.30 Uhr im Gasthaus Vicedom in Baudenbach Landwirte aus Baudenbach und Umgebung. Oberlandwirtschaftsrat Runk und Assessor Fischer vom Landwirtschaftsamt Neustadt a.d. Aisch und Herr Jäger von der Beratungsstelle für Maschinenbanken München sprachen über Sinn und Zweck der Maschinenvermittlung in Baudenbach und Umgebung. Nach eingehender Aussprache wurde beschlossen eine Raiffeisen-Maschinenvermittlung zu gründen.

Folgende Landwirte traten als Mitglieder bei: ... (es folgen die Namen). Die Mitglieder wählten... Hermann Schmidt zum Vorstand.

Im Anschluss an die Tabelle *Die Gründungen im Überblick* werden ab Seite 66 Auszüge aus Chroniken verschiedener MR vorgestellt. Diese Beispiele zeigen sehr anschaulich die Umstände, unter denen die ersten MR-Gründungen zu Stande kamen.

Bemerkenswert ist, dass auch die Landjugendorganisationen schon sehr früh von der Idee Maschinenbank angetan waren und erste Gründungen aktiv unterstützt haben. So auch im ehemaligen Landkreis Rothenburg o.T. Dort hat Fritz Lippert in seiner Eigenschaft als Ortsobmann der Evangelischen Landjugend Bayerns einige Tage vor Lichtmess im Jahre 1963 zu einer Maschinenring-Gründung ins Gasthaus Denzer, Gastenfelden eingeladen. Origineller Weise in Form eines selbst gereimten Gedichtes (siehe Seite 63). Übrigens, das Angebot von Lippert, sich auch um die Geschäftsführung zu kümmern, fand keine mehrheitliche Zustimmung. Man war der Meinung, dies könne auch der örtliche Raiffeisenrechner nebenbei (und unentgeltlich) erledigen.

Oberland		20.6.1967 Steingaden	Johann Gerold	Raiffeisenbank	R
Pfaffenhofen		26.5.1961 Pfaffenhofen	Richard Carmanns	Franz Obschil	S
Rosenheim		April 1962 Stephanskirchen	Gregor Zeller	Gregor Zeller	R
Traunstein		1962 Erlstätt	Peter Schroll	Hans Pölzl	R
Wolfratshausen		11.3.1963 Dingharting	Alois Röhrmoser	Raiffeisenbank	R
Wolnzach-Geisenfeld-Vohburg		22.6.1961 Wolnzach	Max Hirschberger	Martin Stockmaier	S
Niederbayern					
Buchhofen		27.10.1958 Buchhofen	Alois Berger	Karl Straßmeier	R
Dingolfing-Landau	Landau	12.6.1959 Haunersdorf	Josef Maidl	Sebastian Krimmer	R
	Dingolfing	4.3.1960 Dingolfing	Josef Oswald	Georg Rammelsberger	R
Eggenfelden		1963 Zell	Xaver Heindl	Ignaz Altmann, AfL	R
Kelheim		9.3.1967 Offenstetten	Horst Kegel		R
Landshut		1962 Ast	Georg Wick	Josef Göttlinger	R
Mainburg		19.3.1960 Mainburg	Leo Höfter	Alfons Zeilnhofer	S
Mittlerer Bayerischer Wald		21.4.1961 Regen	Max Ertl	Michael Kurz	R/S
Oberer Bayer. Wald[4]	Kötzting	1964 Zandt	Max Heigl		R
	Viechtach	1962 Linden	Karl Greil		R
Pfarrkirchen		16.2.1960 Tann	Otto Altmann	Dietmar Kirsten	R
Rottenburg		24.2.1960 Pfeffenhausen	Fritz Makutz	Peter Rank	S
Rotthalmünster		26.4.1968 Rotthalmünster	Hans Schrank	Heinz Funke	S
Straubing-Bogen	Mallersdorf	31.3.1960 Neufahrn	Ludwig Meyer		S
	Mitterfels	12.7.1963 Mitterfels	Peter Kohlbeck	Josef Peiger	S
	Straubing	7.4.1960 Geiselhöring	Hans Artmann	Hans Stadler	S
Unterer Bayerischer Wald		7.4.1959 Grafenau	Franz Mück	Franz Mück	R
Vilsbiburg		1963 Seifriedswörth	Mathias Lohmüller		
Oberpfalz					
Amberg-Sulzbach		1959 Freihöls	Konrad Bartmann		R
Cham		14.3.1961 Roding	Karl Baudrexl	Raiffeisenbank	R
Jura Hemau	Parsberg	16.12.1965 Beratzhausen		Dir. Schumann Fritz Habermann	S
Neumarkt		23.3.1964 Altfalterbach	Josef Thumann	Franz Braun	R
Neustadt/W.		10.5.1962 Neuhaus-Windischeschenbach	Georg Kunz		R
Regensburg[5]		vor Sept. 1966 Niedergebraching	Johann Kindel		R
		vor Sept. 1966 Wörth	Herbert Rothfischer		R
Schwandorf		1962 Fensterbachtal	Johann Schrott	Johann Schrott	R
Sulz-Altmühl[6]		15.7.1968 Beilngries	Josef Schattenhofer	Markus Böhm	S
Tirschenreuth		5.5.1964 Waldsassen	Walter Rustler	Arnold Scharnagl	R
Oberfranken					
Bamberg		1964 Buttenheim	Erich Amon	Raiffeisenbank	R
Bayreuth-Pegnitz		1963 Gesees	Matthäus Goldfuß	Fritz Pfaffenberger	R
Coburg/Kronach/Lichtenfels		21.3.1961 Coburg	Hans Rauscher	Anton Höhn	R
Fränkische Schweiz		12.3.1962 Hollfeld	Hans Kaupper	Peter Winkler	R
Kulmbach		30.3.1962 Stadtsteinach	Karl-Wenzel Teuber	Raiffeisenbank	R
Münchberg und Umgebung		24.4.1964 Münchberg	Rudolf Ruckdeschel	Arthur Schwarz	R
Wunsiedel		13.3.1963 Wunsiedel	Edwin Wolf	Edwin Wolf	R

Mittelfranken					
Ansbach	Dinkelsbühl[7]	3. 9. 1964 Dinkelsbühl	Friedrich Tremel		R
	Ansbach	1965 Ansbach	Helmut Schneider	Kißling	S
	Feuchtwangen	1967 Aichau	Adolf Gsell	Karl Ilgenfritz	R
	Rothenburg	2. 2. 1963 Gastenfelden	Ernst Streng		R
Erlangen/Forchheim/Knoblauchsl.		9. 4. 1963 Büchenbach	Heinrich Pickel	Hans Batz	S
Franken Mitte	Bad Windsheim	18. 2. 1963 Bad Windsheim	Herm. Leidenberger	Herm. Leidenberger	R
	Steigerwald	26. 7. 1962 Baudenbach	Hermann Schmidt		R
	Uffenheim	11. 2. 1963 Uffenheim	Friedrich Hetzner	Friedrich Hetzner	R
Fürth		5. 3. 1965 Cadolzburg	Konrad Stöber	Hans Scheiderer	S
Höchstadt-Forchheim		25. 2. 1963 Höchstadt/A.	Sebastian Ruhmann	Bernhard Dettermann	R
Nürnberger Land		1965 Kühnhofen	Georg Eberhard		R
Weißenburg-Gunzenhausen	Gunzenhausen	1964 Windsfeld	Elfried Nehmeier		R
	Weißenburg	1961 Weißenburg	Georg Rau	Karl Drüßlein	S
Unterfranken					
Arnstein und Mittelmain		18. 1. 1963 Remlingen	Rudolf Wehr	Andreas Wehr	S
Gerolzhofen[8]		1962 Unterspiesheim	Andreas Lechner	Kurt Pretscher	R
Haßgau		1968 Manau	Heinz Sauer	Heinz Sauer	R
Maindreieck	Kitzingen	17. 1. 1963 Obernbreit	Georg Hamberger	Leonhard Löther	R
	Ochsenfurt	Frühj. 1962 Gaukönigshofen	Alois Scheckenbach		R
Rhön-Grabfeld		1964 Salz	Walter Baier	Walter Baier	R
Saale-Rhön		19. 12. 1967 Hausen	Wilhelm Alefeld		R
Untermain		1964 Albstadt	Reinhard Lörcks	Erich Höfler	R
Schwaben					
Dillingen		1965 Bachhagel	Benedikt Keis	Raiffeisenbank	R
Donauwörth		Jan. 1961 Donauwörth	Josef Gatterer		R
Friedberg		2. 6. 1965 Hörmannsberg	Johann Sedlmeyr	Franz Hintermair	R
Günzburg-Neu Ulm	Günzburg	Feb. 1962 Günzburg	Erhard Friedrich		R
	Neu-Ulm	10. 3. 1965 Erbishofen	Max Unseld		R
Landsberg/Lech		1. 5. 1962 Landsberg	Bernh. v. Schnurbein	Heinrich Wenig	S
Memmingen		Frühj.1963 Sontheim	Martin Lutz	Martin Lutz	R
Mindelheim		16.03.1964 Derndorf	Georg Schmid	Georg Schmid	R
Oberallgäu		1968 Altusried	Ludwig Heinle		R
Ostallgäu		1. 3. 1961 Weicht	Xaver Schöner	Xaver Schöner	R
Ries		1959 Reimlingen	Georg Holler	Georg Holler	R
Schwabmünchen		22. 12. 1959 Horgau	Johann Beutelrock	Johann Beutelrock	R

Quellen: Mitgliederverzeichnis des Landesverbandes Bayerischer Maschinenringe Raiffeisen e.V. vom 1. 9. 1966 und vom 15. 6. 1967; Auskünfte der zuständigen KBM-MR und zahlreicher MR-Veteranen

Anmerkungen:
[1] R= Raiffeisen-MR, S= Sparkassen-MR
[2] 1962 wurde bereits in Hohenkammer ein Raiffeisen-MR gegründet, der jedoch nicht zum Laufen kam.
[3] Am 1. Februar 1961 wurde in Stepperg der erste Raiffeisenring im Gebiet des Altlandkreises Neuburg gegründet.
[4] Ein Teil des Ringgebietes gehört zur Oberpfalz
[5] Genaues Gründungsdatum nicht bekannt; ein weiterer Raiffeisenring bestand in Wörth.
[6] 1968 wurde in Fribertshofen auch ein Raiffeisen-MR gegründet, Vorsitzender Anton Fersch
[7] Vereinigung der Raiffeisen-MR, erste Ringgründungen 1962
[8] 1962 wurde in Dimbach ein weiterer Raiffeisen-MR gegründet; Vorsitzender Otto Berthold

So ganz nebenbei – das funktionierte dann allerdings nicht. Nach ein paar Jahren ist die so hoffnungsvoll begonnene zwischenbetriebliche Zusammenarbeit wieder eingeschlafen. Doch, Ironie der Geschichte, bei der Gründung des Landkreis-Maschinenringes im Jahre 1971 wurde Lippert dann doch noch Geschäftsführer, und blieb es, bis er im Jahre 2003 in den Ruhestand ging.

Man muss den Männern großen Respekt zollen, denen die ersten Ringgründungen zu verdanken sind, denn damals war alles noch mehr oder weniger graue Theorie. Wirklich überzeugende und fundierte Erfahrungen konnte auch das Modell Buchhofen noch nicht vorweisen.

Vereinzelt wurde die Gründung eines Maschinenringes auch durch den Kauf einer neuartigen, in der betreffenden Ortschaft bis dahin noch nicht vorhandenen neuen Maschine – bzw. dem Wunsch, diese Maschine anzuschaffen – ausgelöst. In Reimlingen, im Ries waren mehrere Landwirte daran interessiert, sich ihre Arbeit mit einem Geräteträger zu erleichtern. Also gründeten sie einen Maschinenring.

Bei mehreren Anfang der 60er Jahre erfolgten Ringgründungen hat das Bestreben, im Rahmen des Maschinenringes die schwere, zeitraubende und unangenehme Arbeit der Stallmistausbringung mit Hilfe von Frontlader oder Greiferlader und Stallmiststreuer zu erleichtern und zu verkürzen, eine maßgebliche Rolle gespielt.

Am Beispiel dieser Arbeit konnten die Maschinenringe sehr anschaulich die Möglichkeiten und Vorteile, die in der überbetrieblichen Zusammenarbeit im Maschinenring steckten, demonstrieren. Die Organisation der *Stallmistkette* hat mehr als viele Worte die Landwirte für den Maschinenring eingenommen.

Obwohl in den Jahren bis 1969 über kaum ein anderes Thema in der bayerischen Landwirtschaft mehr informiert, diskutiert und auch gestritten wurde, blieben einige Regionen dennoch immun gegen den Maschinenring-Bacillus. Bis Anfang der 70er Jahre gab es noch vier Landkreise in Bayern, in denen erst nach Gründung des KBM der erste Maschinenring gegründet wurde: in Deggendorf (nicht zu verwechseln mit Vilshofen, zu dem Buchhofen ursprünglich gehörte), Lindau, Roth und Starnberg.

Anmerkung zu den nebenstehenden Beispielen

Die nebenstehenden Berichte zur Gründung von MR unterstreichen, wie schon ausgeführt, die wichtige Rolle, die Landwirtschaftsberater und Vertreter landwirtschaftlicher Organisationen oder von Institutionen, die mit der Landwirtschaft in enger Verbindung standen (Banken), bei der Gründung der ersten Maschinenringe gespielt haben.

Besonders interessant ist der Fall Fränkische Schweiz: der hier erwähnte Landwirtschaftsassessor Mayershofer hat nämlich nicht nur in Oberfranken den Maschinenringgedanken verbreitet, sondern einige Jahre später auch im nördlichen Schwaben (Neu-Ulm).

Dr. Siebeneicher, der dann die eigentliche Gründung dieses Ringes im Jahre 1962 durchgezogen hat, trat sieben Jahre später auch als Gründungsmitglied des KBM in Erscheinung. Diesmal in seiner Eigenschaft als Geschäftsführer des Verbandes landwirtschaftlicher Fachschulabsolventen (VLF).

Und eine dritte Person spielte bei der Gründung der Ringe in der fränkischen Schweiz noch eine Rolle, nämlich ein gewisser Lukas aus Stammham. Er war vermutlich auch an der Gründung des ersten Maschinenringes im Landkreis Ingolstadt am 21.2.1961 nicht unmaßgeblich beteiligt, andernfalls wäre er dabei nicht zum Ersten Vorsitzenden gewählt worden (siehe Übersicht).

Nicht nur im Fall dieser Ringgründung haben die Initiatoren auf die positive Wirkung von Praktikern gesetzt. Dies geschah auch andernorts häufig. Insbesondere einige der ersten MR-Geschäftsführer waren in den Gründerjahren nebenbei auch als Wanderprediger in Sachen Maschinenring landauf landab unterwegs.

Die Beispiele Erding und Eggenfelden sind u.a. aus folgendem Grund interessant: im Gegensatz zu den zum Teil heftigen Auseinandersetzungen, die zwischen Raiffeisen- und Sparkassen-MR, insbesondere auf Landesebene tobten, arbeitete man auf Ortsebene häufig durchaus konstruktiv zusammen. Auch bei der Gründung des Kreis-Maschinenringes Ochsenfurt, um ein weiteres Beispiel zu nennen, haben beide Bankinstitute gemeinsam mitgewirkt.

Vier Beispiele von Ringgründungen näher beleuchtet

Coburg-Kronach-Lichtenfels:

Verein für Maschinenvermittlung

Auf Veranlassung des Bayerischen Bauernverbandes Coburg, hatte sich eine stattliche Anzahl landwirtschaftlicher Interessenten im Münchner Hofbräu zusammengefunden, um erneut unter Vorsitz des Kreisobmannes Erich Flohrschütz, Kipfendorf, die Frage der gegenseitigen Maschinennutzung zu diskutieren. Nach einem Referat von Assessor Max Lampert haben sich zunächst 23 Landwirte zu einem Verein für Maschinenvermittlung zusammen gefunden. In die Vorstandschaft wurde gewählt:
1. Vorsitzender Hans Rauscher, Niederfüllbach
2. Vorsitzender Gerhard Neubauer, Mittelwasungen
Somit wurde in Coburg am 21.3.1961 der 26. Maschinenring der Bundesrepublik und der 22. Maschinenring in Bayern gegründet.

Quelle: Chronik des MR Coburg/Kronach/Lichtenfels e.V. 1961 bis 2003 über 40 Jahre Maschinenringe in Coburg- Kronach und Lichtenfels

Fränkische Schweiz:

Die von Dr. Geiersberger entwickelte und 1958 erstmals im niederbayerischen Buchhofen praktizierte Idee der Maschinenbank ... wurde erstmals am 23.1.1960 von L.Ass. Mayershofer den Fachschulabsolventen im Rahmen eines Ehemaligentreffens vorgestellt. Das Thema Maschinenbank – später Maschinenring – blieb von da ab auf der Tagesordnung bis es nach zwei Jahren tatsächlich zur Gründung dieser bäuerlichen Selbsthilfeeinrichtung kam.

Nachdem im Januar-Treffen 1962 nochmals Herr Lukas aus Stammham, Landkreis Ingolstadt, als Vorsitzender eines Maschinenrings mit seinen praktischen Erfahrungen das Interesse der Ehemaligen geweckt hatte, lud Dir. Dr. Siebeneicher am 27.2.1962 zur Gründung eines eigenen Maschinenrings in den Gasthof Seiler-Dotterweich nach Ebermanstadt ein. Doch statt eines Ringes forderten die 140 erschienenen Interessenten zwei Ringe, begrenzt auf die beiden Amtsgerichtsbezirke Ebermanstadt und Hollfeld. Beide Ringe konstituierten sich dann auch in getrennten Versammlungen als Raiffeisen-Maschinenvermittlungen, mit je 40 Mitgliedern, am 12.3.1962 in Hollfeld und am 20.3.1962 in Ebermanstadt.
In Hollfeld wurden: Hans Kaupper, Hollfeld zum 1. Vorsitzenden, Edmund Teufel Sachsendorf zum 2. Vorsitzenden, Peter Winkler, Hollfeld zum Geschäftsführer
und in Ebermanstadt: Anton Steinbeißer, Burg Feuerstein zum 1. Vorsitzenden, Johann Müller Kanndorf zum 2. Vorsitzenden, Georg Nützel, Gössmannsberg zum Geschäftsführer gewählt.
Die Vorstandschaften und Mitglieder gingen mit viel Enthusiasmus und auch Idealismus ans Werk.

Quelle: Chronik 20 Jahre Maschinenringe Hollfeld und Ebermanstadt
10 Jahre Maschinen- und Betriebshilfsring Fränkische Schweiz 1962-1982

Erding:

Am 29. März 1962 wurde mit Josef Lanzinger aus Grucking als Vorsitzender, in Zusammenarbeit mit der katholischen Landjugend und mit 14 Mitgliedern die Maschinenbank Reichenkirchen gegründet. Später entstanden auch in anderen Gemeinden Maschinenbanken.

Im Juli 1962 wurde der Maschinenring Erding gegründet. Dabei wurden in den einzelnen Gemeinden die bereits bestehenden Maschinenbanken als Stützpunkte eingerichtet. Zum 1. Vorsitzenden wurde Franz Hilger aus Schweinhub gewählt. 2. Vorsitzender und zugleich Geschäftsführer wurde Josef Lanzinger aus Grucking.

Quelle: Chronik des MR Erding von 1962 bis 2002

Eggenfelden:

Herr Ignaz Altmann vom Amt für Landwirtschaft Eggenfelden hat bereits 1959/60 versucht, nach dem Beispiel von Buchhofen solche Ringe zur Nachbarschaftshilfe zu organisieren. Dies wurde auch in einigen Ansätzen erreicht, aber offensichtlich war die Zeit hierzu noch nicht reif. Damals waren noch viele Arbeitskräfte vorhanden und die selbstbewusste Eigenständigkeit der Bauern, zum Teil auch manche schlechte Erfahrung mit Maschinengemeinschaften, die aufgrund menschlicher Unzulänglichkeiten oft Ärger verursachten, wirkten dem Gedanken des Maschinenringes entgegen.

Ab 1962/63 wurde vom Amt für Landwirtschaft, hier insbesondere wieder von Ignaz Altmann intensive Werbung für den Maschinenring betrieben....In vielen Abendveranstaltungen konnten im Altlandkreis Eggenfelden bis 1966 unter aktivster Mitarbeit von den örtlichen Geschäftsführern der Raiffeisenkassen und vor allem durch Herrn Heinz Bruß von der Sparkasse Eggenfelden 15 Ortsringe gegründet werden, unter Bereitstellung von Arbeitsmaterial und Übernahme mancher Kosten durch diese Geldinstitute.

Quelle: Chronik 25 Jahre Maschinenring Eggenfelden

Maschinenring: Instrument einer neuen Agrarpolitik

Zeitafel

1962	Regierungserklärung des bayerischen Ministerpräsidenten Alfons Goppel, *dass Bauer bleiben kann, wer Bauer bleiben will.*
1964 – 1967	Dr. Geiersberger trifft beim Bauerntag in Pfaffenhofen mehrmals mit Landrat Dr. Hans Eisenmann zusammen.
1968	Die Europäische Kommission veröffentlicht ein Memorandum zur Reform der GAP (Gemeinsame Agrarpolitik), allgemein als Mansholt-Plan bezeichnet.
März 1969	Dr. Hans Eisenmann wird Nachfolger von Dr. Dr. Alois Hundhammer als bayerischer Landwirtschaftsminister
April 1970	Einbringung des Gesetzes zur Förderung der bayerischen Landwirtschaft durch Staatsminister Dr. Hans Eisenmann

Der Erfolg hat bekanntlich viele Väter. Im Hinblick auf die Entstehung des *Bayerischen Weges*, dieses neuen, umfassenden agrarpolitischen Konzeptes mit dem Maschinenring als Herzstück ist diese Feststellung einmal nicht ironisch gemeint, sondern durchaus zutreffend. Mit Sicherheit haben viele Personen und auch mehrere glückliche Umstände dabei mitgewirkt.

Ein glücklicher Umstand war es, dass Dr. Geiersberger mehrmals als Redner zum Bauerntag in Pfaffenhofen/Ilm eingeladen wurde und bei dieser Gelegenheit mit dem dortigen Landrat Dr. Hans Eisenmann zusammentraf. Ebenso wichtig waren die diesem Zusammentreffen vorausgegangenen, zahlreichen Kontakte des Landrates Eisenmann mit dem Maschinenring Pfaffenhofen im Allgemeinen und seinem Vorsitzenden Richard Carmanns im Besonderen.

Ein weiterer glücklicher Umstand war es dann, dass nach dem Ausscheiden von Dr. Dr. Alois Hundhammer als bayerischer Landwirtschaftsminister Eisenmann am 11. März 1969 Chef im Bayerischen Staatsministerium für Ernährung, Landwirtschaft und Forsten wurde (siehe dazu Fotos S. 68).

Damit aber der Politiker Eisenmann aus der guten Idee von Dr. Geiersberger ein neues agrarpolitisches Konzept entwickeln und dafür auch die notwendige parlamentarische Mehrheit finden konnte, bedurfte es eines zusätzlichen *glücklichen Umstandes*, nämlich des so genannten Mansholtplanes. Dieses agrarpolitische Kontrastprogramm des Niederländers Sicco Mansholt, der von 1958 bis 1972 als Vizepräsident der EG-Kommission für Agrarfragen zuständig war, leistete entscheidende Geburtshilfe für den Bayerischen Weg. Die in der Maschinenring-Idee enthaltene agrar- und gesellschaftspolitische Dimension wurde erst so richtig durch den *Mansholtplan* provoziert. Mansholts agrarpolitische Vision war für alle, die in und mit der Landwirtschaft in Deutschland und ganz besonders in Bayern zu tun hatten eine Herausforderung sondergleichen:

■ Der Mansholtplan

Leistungsfähige Produktionseinheiten (PE) und *moderne landwirtschaftliche Unternehmen (MLU)* mit modernsten Technologien sollten den unsozialen *Ein-Mann-Betrieb* ablösen. Nur solche leistungsfähigen Produktionseinheiten seien in der Lage, sich im harten Wettbewerb zu behaupten, ein ordentliches Einkommen zu erwirtschaften und die Produktion von Überschüssen zu vermeiden. Solche Visionen stießen bei den deutschen Landwirten auf massive Ablehnung (siehe Kasten).

Die Vorstellungen von Mansholt zur künftigen Struktur: Mindestens 80 bis 120 Hektar Ackerland, 40 bis 60 Kühe, 450 bis 600 Mastschweine, 10 000 Legehennen oder 150 bis 200 Mastrinder sollten solche PE und MLU umfassen – Größenordnungen, die damals noch für die meisten unvorstellbar waren, heute dagegen selbstverständlich bzw. zum Teil schon wieder überholt sind.

Übrigens unterschied sich die Bewertung der agrarpolitischen Lage durch den Agrarminister der Großen Koalition, Hermann Höcherl, 1968 im Prinzip nicht wesentlich von der Analyse Mansholts. Höcherl hat lediglich die Konsequenzen seiner Analyse nicht so drastisch und detailliert formuliert wie Mansholt. In Höcherls Agrarprogramm heißt es: *Die Forderung nach einem steigenden Einkommen kann angesichts der begrenzten Aufnahmefähigkeit des*

Mansholt und Geiersberger – Totengräber des bäuerlichen Familienbetriebs

Es war der 13. Dezember 1969, ein Sonnabend. In der Kieler Ostseehalle pfiffen und brüllten 4000 schleswig-holsteinische Landwirte ununterbrochen zweieinhalb Stunden lang, aufgepeitscht von den Funktionären des „grünen Kreml", ihrer Verbandsführung in Rendsburg. Niederschreien wollen sie zwei Männer auf dem Podium, in denen sie die Totengräber des bäuerlichen Familienbetriebs erblicken: EG-Agrarkommissar Sicco Mansholt und den Agrarjournalisten Erich Geiersberger ... Der Zweck der Veranstaltung war ein anderer gewesen. Mansholt sollte endlich auch in der deutschen Öffentlichkeit sein 12 Monate zuvor veröffentlichtes Memorandum zur Reform der Landwirtschaft in der Europäischen Gemeinschaft erläutern können. Darin hatte Mansholt dargestellt, dass von den vielen Millionen bäuerlichen Kleinbetrieben in Europa nur der geringste Teil eine Überlebenschance besaß; dass man eine zurückhaltende Preispolitik betreiben musste, wollte man kostspielige Überschüsse vermeiden; dass sich daher die landwirtschaftliche Bevölkerung in den 70er Jahren halbieren würde; und dass es notwendig werden würde, bis 1980 mindestens 5 Millionen Hektar Fläche aus der Produktion zu nehmen.

Quelle: Hannelore Schmid – *Die Zeche zahlt der Bauer* – DLG-Verlag Frankfurt (Main) 1988

Der Bayerische Weg der Agrarpolitik

Ziel dieser bayerischen Agrarpolitik ist es, eine bäuerlich geprägte, mittelständische Landwirtschaft zu erhalten. Es gilt dabei, die Bauern zu ermuntern und zu unterstützen, ihre Höfe auch dann weiter zu bewirtschaften, wenn das daraus erzielbare Einkommen zu einem angemessenen Lebensunterhalt allein nicht ausreicht und durch einen außerlandwirtschaftlichen Erwerb ergänzt werden muss ... Das Ja zur bäuerlichen Landwirtschaft ist zugleich eine Absage an die rein kapitalistische, auf höchste wirtschaftliche Effizienz ausgerichtete Großfarm der überseeischen Länder, die in der Regel der Gewinnmaximierung höheren Rang als der Nachhaltigkeit der Bodenbewirtschaftung einräumt und aus diesem Grund mit wichtigen Fragen der Ökologie allzu schnell in Konflikt geraten kann.

Quelle: Das Gesetz zur Förderung der bayerischen Landwirtschaf, Kommentar, Seite 22

Diese Personen und Umstände waren die maßgeblichen Wegbereiter für den Bayerischen Weg:

Das mehrmalige Zusammentreffen des Landrates von Pfaffenhofen, Dr. Hans Eisenmann (rechts), mit Dr. Erich Geiersberger beim Bauerntag in Pfaffenhofen.

Die gute Arbeit des MR Pfaffenhofen und dessen 1. Vorsitzender, Richard Carmanns, der dem Landrat die Möglichkeiten des MR immer wieder nahe brachte; hier im Gespräch mit weiteren MR-Mitgliedern.

Der Rücktritt des bisherigen Landwirtschaftsministers **Dr. Dr. Alois Hundhammer** und die Berufung von Eisenmann zu seinem Nachfolger.

Nicht zuletzt **Sicco Mansholt**, mit seinem von vielen als Provokation empfundenen Mansholtplan.

Marktes für Agrarprodukte in erster Linie durch eine weitere Verringerung der Zahl der in der Landwirtschaft Tätigen erfüllt werden. [1]

Bei dem total misslungenen gemeinsamen Auftritt von Mansholt und Geiersberger in Kiel ging es Geiersberger jedoch nicht darum, Mansholt Schützenhilfe zu leisten und ihm den Weg für seine Radikalkur zu ebnen. Vielmehr wollte Geiersberger zeigen, dass seine Beurteilung der Lage und ihrer Ursachen mit derjenigen von Mansholt übereinstimmt, er aber im Gegensatz zu Mansholt eine weitaus bessere und sanftere Medizin anzubieten hat.

Schon ein halbes Jahr vor Kiel, am 22. Mai 1969 hielt Geiersberger bei der Verabschiedung der Teilnehmer des 1. Grundlehrgangs für Maschinenring-Geschäftsführer in Hildesheim ein Grundsatzreferat zum Thema *Die deutsche Alternative zum Mansholtplan*. Darin räumte er dem Mansholtplan in den zur Europäischen Wirtschaftsgemeinschaft gehörenden Regionen, in denen *eine weitere Industrialisierung und Stärkung des ländlichen Raumes mit gewerblichen Arbeitsplätzen kaum oder nur sehr langsam möglich ist*, durchaus eine Berechtigung ein. Für Deutschland postuliert Geiersberger dagegen die *Partnerschaft der Voll-, Zu- und Nebenerwerbsbetriebe*, weil Deutschland zu den *53 Prozent der EWG-Fläche gehört, die eine genügende Bevölkerungsdichte zur weiteren Schaffung außerlandwirtschaftlicher Arbeitsplätze aufweist.*

Das Schreckensszenario von Mansholt hat natürlich auch die Landwirtschaft in Bayern und die für sie politisch Verantwortlichen wachgerüttelt und zu heftigen Reaktionen veranlasst:

Für Bayern mit seinem hohen Anteil an von der Natur benachteiligten Gebieten, seiner damaligen Randlage in der EWG und vor allem seiner klein- und mittelbäuerlichen Betriebsstruktur hätte dies (gemeint ist der Mansholtplan) *das Ende einer flächendeckenden Landbewirtschaftung sowie einen drastischen Kahlschlag zehntausender bäuerlichen Existenzen bedeutet. Die bayerische Kulturlandschaft hätte sich radikal verändert, und der ländliche Raum wäre in seiner Entwicklung entscheidend geschwächt worden. Der damalige bayerische Landwirtschaftsminister Dr. Hans Eisenmann sah in dem Mansholt'schen Grundsatz des „Wachsens oder Weichens" die Herausforderung für eine gezielte Gegenstrategie …*

Der „Bayerische Weg" geht vom Lebensrecht aller Betriebsformen aus und setzt auf die Erhaltung der bäuerlichen Landwirtschaft in ihren unterschiedlichen Größen und auf die Gleichberechtigung der vielfältigen Formen des Voll-, Zu- und Nebenerwerbs. Eisenmann sah in der praktizierten Partnerschaft unter den Bauern den Schlüssel für das wirtschaftliche Überleben auch der kleineren Bauernhöfe und somit eine Garantie für die gesellschaftspolitisch erwünschte breite Eigentumsstreuung im ländlichen Raum sowie für eine verantwortungsbewusste, auf die Nachhaltigkeit der Bewirtschaftung von Grund und Boden achtende Produktionsweise. [2]

Bemerkenswert an diesem Zitat ist nicht nur das klare Bekenntnis zur partnerschaftlichen Zusammenarbeit aller Betriebe, also zur Bedeutung des Maschinenringes, auch wenn dieser Begriff hier nicht genannt ist, sondern auch der Umstand, dass dieser Text fast 30 Jahre nach Mansholt formuliert wurde.

■ Mansholt, *Wegbereiter* des Landwirtschaftsförderungsgesetzes

Die strukturellen Probleme der Landwirtschaft wurden in Bayern allerdings auch schon vor Mansholt immer wieder diskutiert. Aber sein Plan hat diese Diskussion schlagartig verstärkt, die Suche nach einem Gegenkonzept geradezu erzwungen und über politische Gegnerschaft und unterschiedliche Verbandsinteressen hinweg ein schnelles, gemeinsames Handeln gefördert. Nur so ist die rasche Einigung auf ein gemeinsames Konzept und dessen Verabschiedung in Form des *Gesetzes zur Förderung der bayerischen Landwirtschaft* im Jahre 1970 zu erklären. Allerdings stellt auch dieses Gesetz, wie meistens in der Politik, einen Kompromiss unterschiedlicher Interessensgruppen dar: Den einen – und das war wohl eine Minderheit, mit dem über den agrarpolitischen Tellerrand hinausblickenden Dr. Eisenmann und dem medienstarken Dr. Geiersberger an der Spitze – ging es vor allem darum, die partnerschaftliche Zusammenarbeit der Landwirte in Form des Maschinenringes zum Kernstück einer neuen Agrarpolitik zumachen. Die anderen, und das waren mit Sicherheit die mehreren, nutzten die Gunst der Stunde, um ihre verbands- und berufspolitischen Vorstellungen mit Hilfe des Zugpferdes Maschinenring durchzusetzen. Dafür waren sie auch bereit, den *Karrieresprung* der Maschinenringe in Kauf zu nehmen.

Ein Blick auf die Grundsätze und Inhalte des Landwirtschaftsförderungsgesetzes in den schon erwähnten *Agrarpolitischen Informationen 21/97* sowie auf die entsprechenden finanziellen Aufwendungen für

Förderung der Selbsthilfeeinrichtungen nach LwFög im Jahre 1995		
	Mill. DM	%
Pflanzliche Erzeugerringe	15,5	15,14
Tierische Erzeugerringe	62,4	60,94
Dorfhelferinnen und Betriebshelfer	12,8	12,50
Maschinen- und Betriebshilfsringe	11,7	11,42
Insgesamt	102,4	100

Quelle: Bayerischer Agrarbericht 1996

das Jahr 1995 (siehe Kasten) macht dies deutlich. Es zeigt aber auch, dass der Bayerische Weg der Agrarpolitik auch nach rund 35 Jahren in seinen wesentlichen Elementen unverändert ist und nach wie vor die bayerische Agrarpolitik bestimmt.

Bei der Einbringung dieses Gesetzes am 28. April 1970 nannte Staatsminister Dr. Hans Eisenmann drei Grundsätze, die als Grundlage für dieses außergewöhnliche und einmalige Gesetzeswerk gelten:
- *Anregung zur Eigeninitiative*
- *Unterstützung und Ergänzung der Selbsthilfe*
- *Wahrung der Eigenverantwortlichkeit der Betriebsleiter.*[3]

Allerdings wurde diese überwiegend positive Haltung zum Maschinenring, dem Kernstück des Bayerischen Weges, nicht erst und nicht nur durch Mansholt ausgelöst.

Die SPD hat sich zum Beispiel, wie bei der Darstellung des MR Fürstenfeldbruck bereits ausgeführt, schon sehr früh für den Maschinenring interessiert und erwärmt.

Eine große Rolle in diesem politischen Diskussionsprozess um den Maschinenring spielte die berühmt gewordene Aussage des bayerischen Ministerpräsidenten Alfons Goppel (siehe Foto) in seiner Regierungserklärung vom 19.12.1962, *dass Bauer bleiben kann, wer Bauer bleiben will.* Dieses später oft zitierte Wort, das quasi wie ein politisches Versprechen bewertet wurde, griff Geiersberger in einer agrarpolitischen Grundsatzsendung des Landfunks im Bayerischen Rundfunk am 7. Mai 1963 auf. In dieser Sendung beweist Geiersberger, wie er selbst schreibt, *dass mit der derzeitigen Agrarpolitik nicht garantiert werden kann, dass Bauer bleiben kann, wer Bauer bleiben will. Und er empfiehlt deshalb eine neue Agrarpolitik auf der Basis von hauptberuflich geführten Maschinenringen.*[4]

Doch dafür war die Zeit im Jahr 1963 noch nicht reif. Die Bayerische Staatsregierung hat zwar mit Ministerialentschließung Nr. II/5-3875/769 vom 29. März 1963 eine Förderung der Maschinenringe aus Landesmitteln beschlossen. Diese zielte aber noch nicht ausschließlich auf Maschinenringe mit hauptberuflichem Geschäftsführer.

Aber immerhin, der Bayerische Landtag setzte sich schon einmal mit dem Maschinenring auseinander, wobei jede der beiden großen Parteien, CSU und SPD, für sich in Anspruch nahm, die erste und wahre Interessensvertreterin des Maschinenringes zu sein.

Simon Nüssel, damals stellvertretender CSU-Fraktionsvorsitzender, ab 1970 unter Eisenmann Staatssekretär und nach dessen Tod Staatsminister für Ernährung, Landwirtschaft und Forsten, liefert zu diesem Streit um das *Erstgeburtsrecht* in Sachen Maschinenring in seinen Lebenserinnerungen interessante Details (siehe Seite 70).

Das Landwirtschaftsförderungsgesetz hat viele Väter

Zur Entstehung des Landwirtschaftsförderungsgesetzes schreibt Nüssel: *Dr. Hans Eisenmann hat mit mir das Landwirtschaftsförderungsgesetz entwickelt. Die Grundidee war: Selbsthilfeförderung, Maschinenbanken, Hilfen zur Qualitätserzeugung und Vermarktungsunterstützung. Dr. Wolfgang von Trotha als Leiter der Grundsatzabteilung und Alfred Schuh haben maßgeblich an der Gestaltung*

Partnerschaft statt Mansholtplan

Erst wenn Arbeitsplätze so geschaffen werden, dass jeder von der Heimstätte seines bäuerlichen Betriebes aus einen Arbeitsplatz erreichen kann, ist es möglich, die Partnerschaft zwischen Voll-, Zu- und Nebenerwerbsbetrieben als Alternative zum Mansholtplan zu verwirklichen. Beide, Mansholtplan und Deutsche Alternative, gehen davon aus, dass ein Vollerwerbsbetrieb eine PE darstellen muss. Der wesentliche Unterschied zum Mansholtplan besteht darin, dass kein Druck mehr auf die Betriebsinhaber zur Berufsentscheidung ausgeübt zu werden braucht, weil diese ihre Betriebe zu Produktionseinheiten genauso kostengünstig – bzw. besser – entwickeln können, wenn sie sich der Partnerschaft der Zu- und Nebenerwerbsbetriebe versichern. Alle drei Betriebskategorien können sich gegenseitig im MR produktionskostensenkende Dienstleistungen erweisen, die jeder für sich alleine zu erbringen nicht in der Lage wäre.

Quelle: Dr. Erich Geiersberger, Die Dritte Bauernbefreiung

Maschinenring, Rettungsring gegen die drohende agrarpolitische Sturmflut Mansholts

(Hürlimann)

Wer Bauer bleiben will, kann Bauer bleiben ...

*Diese viel zitierte Aussage von **Alfons Goppel**, dem bayerischen Ministerpräsidenten, wird für immer mit seiner Person verbunden bleiben.*

Simon Nüssel zur Regierungserklärung von Alfons Goppel aus dem Jahr 1963

In der Regierungserklärung steht, dass den Bauern mit Gemeinschaftseinrichtungen (hier sind die staatlich geförderten kleinen Maschinengemeinschaften gemeint) geholfen werden soll. Es ist aber eine Tatsache, der Sie, meine sehr verehrten Damen und Herren, nicht widersprechen können, dass ein großer Teil unserer Bauern nicht sofort von den Gemeinschaftseinrichtungen Gebrauch macht. Daraus kann man nicht die Schlussfolgerung ziehen, Herr Kollege Dr. Rothemund, dass man in der Zukunft diese Gemeinschaftseinrichtungen nicht in dem besonderen Maße fördern müsste, wie wir das bisher getan haben. Meine sehr verehrten Damen und Herren, Sie müssen einsehen, dass die gemeinschaftlichen Maschineneinsätze diesmal wirklich nicht von Ihnen erfunden wurden (Beifall bei der CSU).

... wenn Sie, Herr Kollege Fischer, den Grünen Plan und die Maßnahmen der Bundesregierung zum Grünen Plan betrachten, dann können Sie feststellen, in welch starkem Maße die Lohnunternehmungen gefördert wurden und welche Mittel auch dafür bereitstehen.

Es muss versucht werden, alle guten Vorschläge zu übernehmen, ich denke vor allem an die von Herrn Dr. Erich Geiersberger spezifizierten Vorschläge. Herr Dr. Geiersberger hat auf diesem Gebiet selbstverständlich bereits sehr viel getan. Hoffentlich sagen Sie mir nicht, dass wir agrarpolitisch falsch liegen, weil wir seine Vorschläge mit aufgreifen. Die guten Vorschläge von Herrn Dr. Geiersberger haben wir bisher immer aufgegriffen und wir werden es auch in Zukunft tun...

Quelle: Simon Nüssel, Lebenserinnerungen

Alois Glück zur Leistung von Dr. Geiersberger

Es ist das große Verdienst von Geiersberger, dass er in einer Zeit, als das offizielle Leitbild der Agrarpolitik noch immer der autarke Familienbetrieb war und dieses Ziel mit Klauen und Zähnen über Jahre hinweg verteidigt wurde, entgegen der herrschenden Meinung in Politik und Wissenschaft ein erstes durchdachtes Konzept für die Organisation der bäuerlichen Landwirtschaft und die ersten praktischen Modelle durchsetzte – und das mit Elan und Kampfgeist. Eine geschichtliche Leistung für die deutsche Landwirtschaft! Seine agrarpolitische Konzeption wurde dann 1970 im Bayerischen Landwirtschaftsförderungsgesetz in die offizielle Agrarpolitik eines Landes umgemünzt. Mittlererweile richtet sich auch die Agrarpolitik des Bundes immer mehr auf dieses Konzept aus, und selbst bei der EG-Kommission in Brüssel – und in Japan – beginnt man, dieses agrarpolitische Programm zu beachten.

Quelle: Alois Glück, Das Grundstück der 60 Millionen, BLV Verlag

des Landwirtschaftsförderungsgesetzes gearbeitet. Die Vorlage war im Landwirtschaftsausschuss des Bayerischen Landtages diskutiert worden. Soweit ich die Politik damals beeinflussen konnte, ging es mir darum, die Konzeption von Dr. Erich Geiersberger zu ändern. Dr. Geiersberger wollte eine zentralistische Einrichtung mit einer Managerschulung. Er wollte die drei Positionen „Maschinenringe", „Betriebshilfsringe" und vor allem „Tierzucht- und Pflanzenschutzringe" zusammenschließen, um daraus eine halbstaatliche Führungsorganisation zu schaffen. Dies wollte ich nicht ...

Diese Grundelemente des Landwirtschaftsförderungsgesetzes wurden 1968 in Sankt Englmar bei einer Fraktionstagung finanziell festgelegt. Die CSU-Landtagsfraktion hat 1968 eine Anfangssumme von 10 Mill. DM eingesetzt.[5]

Dass Geiersberger die Aufgaben, die später die so genannten pflanzlichen Erzeugerringe übernehmen sollten, in den Maschinenring integrieren wollte, trifft zu. Dafür hätte es auch gute Gründe gegeben. An eine Einverleibung der tierischen Erzeugerringe, die ja in Form des Landeskontrollverbandes (LKV) bereits bestanden, hat jedoch Geiersberger nicht gedacht. In diesem Punkt hat Nüssel Dr. Geiersberger wohl missinterpretiert. Dasselbe gilt für die Vorstellung, dafür eine *halbstaatliche Führungsorganisation* zu schaffen. Die Einrichtung einer Managerschule hat Geiersberger dagegen schon frühzeitig gefordert. Sie wurde dann in Form der Bundeslehrgänge für Maschinenring-Geschäftsführer ab 1969 zumindest teilweise erfüllt.

Die eigentliche geistige Vaterschaft des Bayerischen Weges gebührt aber ohne Zweifel Dr. Geiersberger (siehe dazu nebenstehende Bewertung von Alois Glück). Dass es gelungen ist, diese umwälzende agrarpolitische Konzeption in praktische Politik umzusetzen, ist in hohem Maß dem geschickten *Zusammenspiel* von Eisenmann und Geiersberger zu verdanken. Ihre Beziehung und Zusammenarbeit war zeitweise so eng, dass sogar ein Wechsel von Dr. Geiersberger in das Landwirtschaftsministerium in Betracht gezogen wurde. Später kam es dann aber leider zu einem schweren Zerwürfnis zwischen diesen beiden für die bayerische Agrarpolitik so wichtigen Persönlichkeiten.

Wie erfolgreich war dieser Bayerische Weg? Die Antwort auf diese Frage hängt ganz entscheidend vom Blickwinkel und von den Maßstäben, die dabei zugrunde gelegt werden, ab.

Aus Sicht der Maschinenringe kann die Bewertung, wie in dieser Chronik dargestellt, nur positiv ausfallen. Ohne die Verankerung des Maschinenringes im Gesetz zur Förderung der bayerischen Landwirtschaft wäre eine so schnelle, flächendeckende Verbreitung der Maschinenringe in ganz Bayern, verbunden mit einem breiten, vielfältigen und attraktiven Leistungsangebot, nicht möglich gewesen.

Nach Meinung des Bayerischen Staatsministeriums für Ernährung, Landwirtschaft und Forsten hat der Bayerische Weg bäuerliche Landwirtschaft bewahrt. Die Struktur der bayerischen Landwirtschaft ist auch heute noch bäuerlich geprägt. Im Durchschnitt ist die Zahl der landwirtschaftlichen Betriebe in Bayern in den letzten 25 Jahren seit In-Kraft-Treten des Landwirtschaftsförderungsgesetzes um 1,7 Prozent pro Jahr zurückgegangen. Der Rückgang in den alten Bundesländern lag dagegen bei 2,1 Prozent.

Quellen:

[1] Hannelore Schmid – *Die Zeche zahlt der Bauer* – DLG-Verlag Frankfurt (Main), 1988
[2] Bayerisches Staatsministerium für Ernährung, Landwirtschaft und Forsten – Agrarpolitische Informationen 21/97
[3] Hans Eisenmann, *Ein Leben für seine bayerische Heimat*, W. Ludwig Verlag Pfaffenhofen, 1988
[4] Dr. Erich Geiersberger, *Die Dritte Bauernbefreiung*, Günter Olzog Verlag, München Wien 1974, S. 274
[5] *Simon Nüssel, Lebenserinnerungen* – Brigitte Settele Verlag, Augsburg 1998
[6] Bayerisches Staatsministerium für Ernährung, Landwirtschaft und Forsten, Agrarpolitische Informationen 21/97

Gründung und Aufbau des Kuratoriums Bayerischer Maschinenringe (KBM)

■ 25. Juni 1969, eine Sternstunde der bayerischen Maschinenringe

Der 25. Juni 1969 ist eine Sternstunde in der Entwicklung der bayerischen Maschinenringe. An diesem Tag wurde mit dem Kuratorium Bayerischer Maschinenringe (KBM) nicht nur ein neuer, einheitlicher Dachverband für die Maschinenringe in Bayern gegründet. Die Bedeutung dieses Tages geht weit über die Dimension einer bloßen Vereinsgründung hinaus.

■ Das KBM ist der erste Landesverband für Maschinenringe, der die Grundidee von Geiersberger, den Aufbau von Maschinenringen auf Geschäftsführerbasis in seiner Satzung konsequent verankert hat.

■ Das KBM ist auch der erste Maschinenring-Verband, dessen Tätigkeit und Förderung in einem Landesgesetz verankert ist. Die Konsequenz daraus: das KBM ist nicht nur ein Maschinenring-Landesverband, sondern gleichzeitig eine *mit hoheitlichen Aufgaben* betraute Institution, die eine wichtige Rolle bei der Verwirklichung der Agrarpolitik eines Landes zu spielen hat.

■ Das bedeutet aber auch, dass nicht nur die Aufgaben, welche die Maschinenringe wahrzunehmen haben, vorgeschrieben und genau begrenzt sind, sondern auch Vieles im Hinblick auf die Art und Weise, in der sie durchzuführen sind, reglementiert ist.

■ Die Wahrnehmung dieses gesetzlichen Auftrages, zu dem es auch gehört, ein flächendeckendes Netz von hauptberuflich geführten Maschinenringen in Bayern zu schaffen, wird durch die hohe, garantierte Förderung, auf die ein Rechtsanspruch besteht (sie deckt 80 Prozent der Personalkosten und 50 Prozent der Sachkosten) erheblich erleichtert; aber auch durch die Tatsache, dass das KBM auch Arbeitgeber für das Personal bei den Maschinenringen ist. Auch in diesem Punkt unterscheiden sich die bayerischen Maschinenringe von den Ringen in allen anderen Ländern.

Die Befürchtung, die Maschinenringe würden dadurch allzusehr *an die Amtskette gelegt*, hat sich erfreulicherweise, zumindest in Bezug auf das Verhalten der zuständigen Aufsichtsbehörde, des Landwirtschaftsministeriums, als unbegründet erwiesen.

Bemerkenswert ist auch der Zeitpunkt der Gründung: Sie wurde schon gut drei Monate nach dem Amtsantritt des neuen Landwirtschaftsministers, Dr. Hans Eisenmann (11. März 1969) durchgeführt. Eisenmann muss also mächtig Druck gemacht haben, andernfalls wäre es nicht möglich gewesen, in so kurzer Zeit die notwendigen Vorarbeiten zu bewältigen. Aber noch ein anderer zeitlicher Aspekt bedarf einer Anmerkung: Das Kuratorium wurde mehr als ein Jahr vor der Verabschiedung des Gesetzes zur Förderung der bayerischen Landwirtschaft (27. Oktober 1970) und eineinhalb Jahre vor In-Kraft-Treten dieses Gesetzes (1. Januar 1971) gegründet, obwohl dieses Gesetz erst die Grundlage für die künftige Aufgabenstellung und Förderung lieferte.

Dass dahinter ein starker politischer Wille und ein klares Konzept stand, ist unverkennbar. Dies geht auch aus den Ausführungen über die Rolle des Landesverbandes Bayerischer Maschinenringe Raiffeisen e.V. bei der KBM-Gründung hervor (siehe S. 41).

Das Landwirtschaftsministerium hat zwar in diesen Entscheidungsprozess auch die beiden Landesverbände einbezogen, letzten Endes aber doch weitgehend den eigenen Entwurf durchgesetzt. Nicht zuletzt deshalb, weil es ihm gelungen ist, alle wichtigen landwirtschaftlichen Organisationen und Verbände ins Boot zu holen, unter anderem auch die katholische und evangelische Landjugend, die von Alois Glück bzw. Hans Rosner vertreten wurden. Beide haben später eine politische Karriere gemacht und auch in dieser Funktion die Maschinenringe immer wieder unterstützt. Insbesondere gilt dies für Alois Glück.

So gelang es dann auch Ministerialdirektor Ludwig Hopfner, der am 25. Juni 1969

Zeittafel 1969–1970

- 11.3.1969   Amtsantritt von Dr. Hans Eisenmann als Bayerischer Landwirtschaftsminister
- 25.6.1969   Gründung des Kuratoriums Bayerischer Maschinenringe
- 1.9.1969   Dr. Anton Grimm wird Geschäftsführer des KBM
- 27.11.1969   Die Gründungsmitglieder verabschieden Mustersatzung, Geschäftsordnung sowie Richtlinien zur Finanzierung der MR und zur Bezahlung der Geschäftsführer
- 1.1.1970   Die Maschinenringe Steigerwald, Ries, Landsberg/Lech und Fürstenfeldbruck treten als erste Maschinenringe mit hauptberuflichem Geschäftsführer dem KBM bei
- 20.7.1970   Erste ordentliche Mitgliederversammlung des KBM wählt Richard Carmanns zum Ersten Vorsitzenden sowie Hans Murr und Richard Raps zu seinen Stellvertretern
- 27.10.1970   Bayerischer Landtag beschließt Gesetz zur Förderung der bayerischen Landwirtschaft (LwFöG)

Die politischen Voraussetzungen zur Gründung des KBM sind vor allem dem bayerischen Landwirtschaftsminister Dr. Hans Eisenmann zu verdanken

Die Geschäftsstelle des KBM befand sich, mit einer kurzen Unterbrechung, fast 30 Jahre lang in München am Kaiser Ludwig Platz

Rechts vom Denkmal Kaiser Ludwigs des Bayern das Haus mit der Adresse *Kaiser Ludwig Platz 5*: hier befand sich die Geschäftsstelle des KBM.

Das Protokoll der KBM-Gründung mit der Auflistung der Gründungsmitglieder im Original-Ausdruck

im Bayerischen Staatsministerium für Ernährung, Landwirtschaft und Forsten die Versammlung zur Gründung des *Kuratoriums Bayerischer Maschinenringe (KBM)* leitete, alle Teilnehmer für die Annahme der Satzung und des Gründungsstatuts zu gewinnen[1].

Die Versammlung einigte sich auf Rudolf Bachmann als kommissarischen Vorsitzenden sowie Richard Carmanns und Wolf von Stetten, die Vorsitzenden der beiden noch bestehenden Landesverbände, als Stellvertreter.

Bachmann erhielt den Auftrag, *baldmöglichst eine Mitgliederversammlung zum Zwecke der Konstituierung des Vorstandes einzuberufen, um die Voraussetzungen für die Eintragung des „Kuratoriums bayerischer Maschinenringe" in das Vereinsregister zu schaffen.*

Rudolf Bachmann stellte die Idealbesetzung für diese äußerst heikle und schwierige Aufgabe dar. Sie war vor allem deshalb besonders schwierig, weil in beiden Landesverbänden die *Vergangenheitsbewältigung* nach der Gründung des Kuratoriums noch längst nicht abgeschlossen, ihre aktive Mitarbeit für einen zügigen Aufbau aber unentbehrlich war.

Bachmann verfügte aufgrund seiner zahlreichen, herausragenden Ämter und Funktionen über große Autorität sowie viel Erfahrung und Geschick als Führungskraft und Verhandler. Er war unter anderem Mitglied des Bayerischen Landtages, Präsident des Bayerischen Raiffeisenverbandes und Vorsitzender des Landeskontrollverbandes.

■ Dr. Anton Grimm wird Geschäftsführer

Als Geschäftsführer wurde vom Interimsvorstand Landwirtschaftsrat Dr. Anton Grimm berufen (siehe Vita Seite 73). Er hatte sich bereits mit Schreiben vom 15. Mai 1969 um die *Geschäftsführerstelle der Arbeitsgemeinschaft bayerischer Maschinenringe* (zum damaligen Zeitpunkt bestand das Kuratorium noch nicht) beworben.[2] Seinen Dienst konnte Dr. Grimm bereits am 1. September 1969 antreten, nachdem sein bisheriger Chef bei der Bayerischen Landesanstalt für Landtechnik, Prof. Dr. Walter Brenner sich mit seiner Freistellung und Versetzung in den Bereich des Bayerischen Staatsministeriums für Ernährung, Landwirtschaft und Forsten (BStMELF) einverstanden erklärt hatte.[3]

Dieser verwaltungsmäßige Vorgang bedeutet: Grimm oblag zwar nun die Tätigkeit des KBM-Geschäftsführers, sein Dienstherr blieb jedoch das BStMELF, das ihn zur Wahrnehmung dieser Aufgabe an das Amt für angewandte landwirtschaftliche Betriebswirtschaft *abordnete*. Mit anderen Worten: ein Beamter der Landwirtschaftsverwaltung führt die Geschäfte des KBM. Das war vom Ministerium so gewollt und keineswegs ein Novum, sondern zum Beispiel auch bei den Tierzuchtverbänden und beim LKV gängige Praxis.

An dieser Regelung nahm jedoch schon bald der Bayerische Oberste Rechnungshof Anstoß.[4] Die Beschäftigung eines Beamten beim KBM e. V. stehe im Widerspruch mit den Bestimmungen des Bayerischen Beamtengesetzes. Daraufhin wurde Dr. Grimm ab 1. Oktober 1972 als Beamter beurlaubt und Angestellter des KBM. Die Beurlaubung galt zunächst für drei Jahre. Sie wurde dann noch dreimal verlängert und dauerte insgesamt bis zum 1. Oktober 1984. Da eine Beurlaubung über 12 Jahre hinaus nicht zulässig war, schied Dr. Grimm 1984 aus dem Staatsdienst aus, um weiterhin als KBM-Geschäftsführer arbeiten zu können.

Angesichts der dem Kuratorium zugedachten Bedeutung für die künftige bayerische Agrarpolitik war die erste räumliche Unterbringung der KBM-Geschäftsstelle sehr bescheiden: auf Vorschlag und Anordnung des Interimsvorsitzenden Bachmann wurde im Haus der Tierzucht, in dem er quasi der Chef war, ein im Souterain gelegener Materiallagerraum von knapp 20 Quadratmetern zur Verfügung gestellt. Gerade mal zwei Schreibtische und ein Aktenschrank hatten in diesem Zimmer Platz. Doch für den Anfang genügte es; denn zunächst bestand die Hauptarbeit darin, die organisatorischen und rechtlichen Grundlagen für die noch zu gründenden Maschinenringe zu schaffen.

■ Interimsvorstand schafft organisatorische und rechtliche Grundlagen

Bevor in den rund 600 bestehenden großen und kleinen bayerischen Ringen über einen möglichen Beitritt zum KBM beraten und entschieden werden konnte, mussten einige Fragen geklärt werden, z. B.: Welche Kosten entstehen in einem hauptberuflich geführten Maschinenring? Wie kann die Finanzierung erfolgen? Wird das KBM auf einer Vermittlungsprovision beharren? Wer kann Geschäftsführer werden und wie sieht deren Bezahlung aus? Wer ist für die Auswahl des Personals zuständig? Welche Kompetenzen hat ein MR-Vorsitzender noch, wenn das KBM Arbeitgeber des Geschäftsführers ist? Dies alles waren Fragen, die viel Zündstoff enthielten und daher auch in den Raiffeisen- und Sparkassenringen heftig diskutiert wurden. Von einer klugen, praxisnahen Klärung dieser Fragen hing es entscheidend ab, wie groß das Interesse und die Bereitschaft der Ringe war, die Mitgliedschaft beim KBM zu beantragen.

In der ersten Vorstandssitzung am 11. 9. 1969 spielten allerdings zunächst die Vorgänge um die *Entstehung und seitherige Entwicklung des KBM, die wie Bachmann bedauerd feststellt, leider nicht immer ganz glücklich verlaufen ist,* aus verständlichen Gründen noch eine große Rolle. *Aufgabe des KBM und besonders der Vorstandschaft sei es nun, Vorstellungen und Meinungsverschiedenheiten abzubauen und gemeinsam das Beste zu machen, was vor allem durch die Mitarbeit des Landesverbandes Bayerischer Maschinenringe-Raiffeisen e. V. erreicht werden könne.* Von Generalsekretär Dr. Schneider *wurde bedauert, dass die Gründung des KBM unter Zeitdruck erfolgte ... Psychologisch ungeschickt sei es seiner Meinung nach auch gewesen, dass die bisherige Aufbauarbeit der Maschinenringe zu wenig gewürdigt wurde. Man solle auch nicht mehr von den beiden rivalisierenden Verbänden sprechen ...*

Wolf von Stetten forderte vor allem: *das KBM muss allen bestehenden Maschinenringen „eine neue Heimat" bieten. Auch Maschinenringe ohne hauptberuflichen Geschäftsführer müssen die Möglichkeit haben, Mitglied im KBM zu werden.*

Freilich, so wurde von anderer Seite eingewandt, *müsse dafür gesorgt werden ..., dass die Aufnahme der vielen kleinen Maschinenringe nicht zu einer Majorisierung im KBM führt.*[5]

Nach dieser Grundsatzdiskussion konzentrierte man sich dann auf die Klärung der obengenannten Fragen. Dazu mussten eine Mustersatzung und Geschäftsordnung sowie Richtlinien zur Finanzierung der Ringe und zur Bezahlung der Geschäftsführer erarbeitet werden.

Auch aktuelle Organisationsfragen standen auf der Tagesordnung: Die Anstellung von Dr. Grimm als Geschäftsführer wurde bestätigt, ebenso die Beschäftigung von Frau Grimm als vorläufige Sekretärin. *Der Mietpreis von 6.– DM je Quadratmeter und Monat für das Bürozimmer ... wird als angemessen betrachtet. Für Dienstfahrten mit dem Pkw wird ein Kilometergeld von 0,25 DM festgelegt. Dies gilt auch für die ehrenamtlich Tätigen, die außerdem ein Tagegeld von 35 DM unabhängig von der Dauer der Tätigkeit und eine Übernachtungsgeld von 20 DM erhalten sollen.*

■ Mustersatzung für Maschinenringe

Für die Ausarbeitung der Mustersatzung wird ein Ausschuss gebildet. Er leistet schnelle und gute Arbeit. Sie kann bereits bei der zweiten Vorstandssitzung am 13. Oktober 1969 *nach geringfügigen Korrekturen und Veränderungen in der vorgelegten Form ohne Gegenstimme verabschiedet werden.*

Die Frage, welche Rechtsform sich für den Maschinenring am besten eignet, wurde in diesem Zusammenhang nicht diskutiert. Vielmehr ging es nur noch um die Ausgestaltung einer Standardsatzung für den Maschinenring in Form eines eingetragenen Vereins (e.V.). Die Möglichkeit eines nicht rechtsfähigen Vereins oder andere Formen wie wirtschaftlicher Verein (w. V.) oder eingetragene Genossenschaft (e. G.) wurden erst gar nicht in Betracht gezogen und diskutiert; denn in der bisherigen Aufbauarbeit hatte sich die Rechtsform Verein bewährt und durchgesetzt, wobei allerdings häufig auf die Eintragung im Vereinsregister verzichtet wurde. Aus haftungsrechtlichen Gründen kam jedoch der nicht eingetragene Verein nicht mehr in Frage. Allerdings ging die Eintragung nicht immer so glatt und problemlos über die Bühne. In einigen Fällen lehnten die zuständigen Rechtspfleger an den Amtsgerichten die Eintragung ab, mit der Begründung, der Maschinenring stelle keinen so genannten Idealverein dar, verfolge also nicht ausschließlich *nichtwirtschaftliche Zwecke*. In dieser Streitfrage konnte sich jedoch das KBM vor dem Landgericht Ansbach durchsetzen.[6] Ausschlaggebend für diese positive Entscheidung war eine sehr fundierte Stellungnahme des Bayerischen Staatsministeriums für Ernährung, Landwirtschaft und Forsten.

Die Mustersatzung hatte den Zweck, Vorstand und Geschäftsführung einfache und klare Regeln für die Vereinsführung und für den Umgang mit den MR-Mitgliedern an die Hand zu geben. Und dies ist auch voll gelungen, wenn man sich vor

---

Mit viel Geschick und Routine hat es **Rudolf Bachmann** als kommissarischer Vorsitzender des KBM verstanden, die Raiffeisen- und die Sparkassenringe ins Boot zu holen und für eine konstruktive Mitarbeit im Kuratorium zu gewinnen

Dr. Anton Grimm,
Geschäftsführer des KBM von 1969 bis 1999

Geboren am 8. November 1936 auf einem Allgäuer Bauernhof, in Lachen bei Memmingen, als zweitgeborener von 7 Söhnen
1956 Abitur
1958 landwirtschaftliche Gehilfenprüfung
1958 bis 1961 Studium der Agrarwissenschaften mit Diplom-Abschluss in Weihenstephan
1963 Staatsexamen für den höheren landwirtschaftlichen Dienst in Bayern, anschließend Landwirtschaftsberater und -lehrer
1964 bis 1969 wissenschaftlicher Mitarbeiter an der Landtechnik Weihenstephan
1967 Promotion zum Dr.agr.
September 1969 bis Ende März 1999 Geschäftsführer des KBM e. V.
April 1999 bis Ende November 2001 Aufbau und Leitung der Akademie der Maschinenringe
Seit 1. 12. 2001 im Ruhestand

Vier wichtige organisatorische Grundlagen wurden vom Interimsvorstand 1969 in *siebenwöchiger Fleißarbeit* geschaffen:

Mustersatzung für Maschinenringe

Augen hält, wie selten im Laufe von über drei Jahrzehnten in der Vereinsführung der bayerischen Maschinenringe gravierende Streitigkeiten und Probleme aufgetreten sind. Zusätzlich zu den für die Führung eines Vereins notwendigen Paragraphen enthält die Mustersatzung einige Bestimmungen, die sich z. T. aus dem Landwirtschaftsförderungsgesetz (LwFöG) zwingend ergeben, zum Teil im Hinblick auf die Besonderheiten eines Maschinenringes von essentieller Bedeutung sind. Diese (fett gedruckten) Absätze durften von den Ringen nicht abgeändert oder gestrichen werden.

Aufgrund der Novellierungen des LwFöG 1974 und 1994 ergaben sich zwangsläufig auch Veränderungen bzw. Erweiterungen der Mustersatzung, insbesondere hinsichtlich der zulässigen Tätigkeiten. Daneben wurden von Zeit zu Zeit noch weitere Änderungen notwendig.

Zum Beispiel in § 8 zur Regelung der Wahlen: die ursprüngliche Fassung sah auch für die Wahl der *weiteren Ausschussmitglieder* und der *Beiratsmitglieder* eine einfache Mehrheit der anwesenden Mitglieder vor. Diese Vorschrift wurde jedoch des öfteren unbeabsichtigt missachtet bzw. so interpretiert, dass ein Kandidat als gewählt galt, wenn er lediglich die *meisten* der anwesenden Mitgliederstimmen auf sich vereinigt hatte. Nachdem auf diese Weise durchgeführte Wahlen mehrmals von Registergerichten beanstandet wurden, wurde dieser Passus entsprechend abgeändert.

Von großer praktischer Bedeutung war eine Änderung in § 18 im Hinblick auf die Haftung von Betriebshelfern. Es gab einige Fälle, in denen aufgrund von Gerichtsurteilen Betriebshelfer für Schäden an Maschinen, die sie bedient hatten, selbst aufkommen mussten. Durch einen entsprechenden Haftungsausschluss in der Satzung konnte dies weitgehend ausgeschlossen werden.

Auch § 20, der die Rolle des Vereinschiedsgerichtes beschreibt, wurde mehrfach geändert. Der Grund: einerseits erschien es als sinnvoll und zweckmäßig, interne, die MR-Arbeit berührende Streitigkeiten nicht vor einem ordentlichen Gericht auszutragen, sondern möglichst selbst, ohne große Kosten und öffentliche Aufmerksamkeit beizulegen und dabei auch den speziellen Intentionen einer partnerschaftlichen Zusammenarbeit Rechnung zutragen. Andererseits zeigte sich aber in der Praxis, dass dies nicht einfach zu bewerkstelligen und außerdem mit außerordentlich hohen Kosten verbunden war.

Eine Satzung stellt sozusagen die *Verfassung* eines Vereins dar. Sie sollte sich auf die Regelung der Bereiche beschränken, die von grundsätzlicher Bedeutung sind und auch längerfristig Geltung haben, zumal für die Änderung einer Satzung eine Dreiviertel-Mehrheit notwendig ist und ein solcher Vorgang zudem dem Registergericht gemeldet werden muss.

■ Geschäftsordnung für den Maschinenring

Einfache organisatorische Fragen werden daher zweckmäßigerweise in einer Geschäftsordnung geregelt. Zum Beispiel: Wer soll über die Anstellung des Geschäftsführers bzw. des gesamten Personals entscheiden? Um diese Frage wurde heftig gerungen. Insbesondere Wolff von Stetten *befürchtet, dass vom Kuratorium den Maschinenringen ohne Rücksicht auf deren Wünsche Geschäftsführer vorgesetzt werden.*

Diese Befürchtung sei unberechtigt, so wird allgemein betont. Es sei selbstverständlich, dass die Anstellung von Geschäftsführern im Einvernehmen mit dem Vorstand der jeweiligen Ringe erfolge. Es würden dabei nach Möglichkeit Bewerber bevorzugt, die in den betreffenden Ringen bereits als nebenberufliche Geschäftsführer tätig waren. Ferner fänden auch diejenigen besondere Berücksichtigung, welche aus der betreffenden Gegend stammten, soweit sie die geforderten Voraussetzungen erfüllten.[7]

In der ersten Fassung der Geschäftsordnung heißt es dazu lapidar: *hauptberufliche Maschinenringgeschäftsführer werden vom Kuratorium Bayerischer Maschinenringe angestellt und ... den Maschinenringen zugeteilt.* Bereits 1972 übt die Mitgliederversammlung Kritik an diesem Passus und verlangt eine einvernehmliche Entscheidung zwischen KBM und MR-Vorstand bei der Personal-Auswahl. Es bleibt jedoch bei der Formulierung: *Geschäftsführer werden vom KBM im Benehmen mit dem Ausschuss des jeweiligen MR angestellt.* Die Mitgliederversammlung bestimmt jedoch in Ergänzung dazu: *Der Vorstand des KBM verpflichtet sich aber, das Wort „Benehmen" so zu interpretieren, dass ein Geschäftsführer nur im Einverständnis mit dem Vorstand des betreffenden Ringes angestellt werden kann.*[8]

Der praktische Vollzug dieser Regelung sah jedoch in der Regel so aus, dass die

Vorstellungen der Vertreter des jeweiligen Ringes ausschlaggebend waren. Ein Umstand, der vom Vorstand des KBM öfters kritisiert, aber dennoch kaum abgestellt wurde. Lediglich in einem Fall hat sich der KBM-Vorstand massiv quergelegt, nämlich beim Maschinenring Kulmbach: Der vom dortigen Vorstand favorisierte Bewerber verfügte nicht über die geforderte Ausbildung Agraringenieur F.H. Obwohl zwei sehr prominente und einflussreiche Persönlichkeiten aus dem Landkreis sich für ihn einsetzten, gab der KBM-Vorstand diesem massiven Druck nicht nach. Es kam zu einer zweiten Vorstellungsrunde. Dabei einigte man sich dann auf einen Bewerber, der als Agraringenieur TU sogar formal überqualifiziert war.

■ Dienst- und Fachaufsicht

Etwas kompliziert war die Regelung der Aufsicht über das Personal. Üblich in Vereinen ist es, diese Aufgabe dem Vorsitzenden zu übertragen. Beim KBM ist die Ausgangslage jedoch anders: Arbeitgeber für das Personal ist nicht der Ring, sondern das Kuratorium. Dazu kommt noch die Aufsichts- und Überwachungspflicht des Staatsministeriums. In § 13 der Satzung ist dieser Aspekt in grundsätzlicher Form geregelt, die Geschäftsordnung geht noch etwas mehr ins Detail. Darüber hinaus kam es in dieser speziellen Frage einige Jahre später noch zu einer zusätzlichen Vereinbarung zwischen dem Ministerium und dem KBM.[9] Der Grund: die richtige Interpretation der Begriffe *fachliche Aufsicht* und *dienstliche Aufsicht* erwies sich in der Praxis gelegentlich als schwierig (siehe Seite 76). Aber, alles in allem, hielten sich die Differenzen in fachlichen Fragen zwischen Offizialberatung und Maschinenring in Grenzen. Eine harmonische und konstruktive Zusammenarbeit war die Regel.

Die Entscheidung über die Unterbringung der Geschäftsstelle obliegt dem Ausschuss des MR, so sieht es die Geschäftsordnung vor. Und dies ist so auch in Ordnung. Allerdings wäre es im einen oder anderen Fall in späteren Jahren leichter gefallen, eine Fusion oder Bürogemeinschaft zwischen zwei Ringen zustande zu bringen, wenn die Zuständigkeit über den Sitz der Geschäftsstelle beim KBM gelegen wäre; denn in dieser Frage ging es vielfach nur um's Prestige und nicht um sachliche Aspekte. Wichtig ist nicht, wo der Sitz der Geschäftsstelle ist. Entscheidend ist vielmehr, dass die Geschäftsstelle zweckmäßig ausgestattet ist und das Mitglied *am anderen Ende der Leitung* stets einen kompetenten und engagierten Ansprechpartner erreicht.

■ Umstrittene Sammeleinkäufe

Lange wurde auch um die passende und richtige Formulierung der Dienstaufgaben gerungen, insbesondere was die Beratung der Ringmitglieder betrifft. Hinsichtlich der Beratung bestand die Sorge, dass durch die Empfehlung von bestimmten Fabrikaten beim Einkauf von Maschinen Konflikte mit dem Landmaschinenhandel entstehen könnten. Deshalb wurde der Begriff Maschinenkauf durch Maschinenanschaffung ersetzt.[10]

Im Verhältnis zu privatem und genossenschaftlichem Landhandel bedeutungsvoller waren jedoch die in den Maschinenringen schon frühzeitig aufkommenden Sammeleinkäufe. Es war naheliegend, die Bündelung einer größeren Zahl von Betrieben unter dem Dach des Maschinenringes auch zur Kosteneinsparung beim Einkauf von Betriebsmitteln zu nutzen. Die Vereinigung der Maschinenringe im Landkreis Kaufbeuren zum Beispiel hat sich bereits *1963 mit dem gemeinsamen Einkauf von Dieselkraftstoff und Motorenöl befasst*.[11] Auch einige, dem KBM beigetretene Maschinenringe im Bayerischen Wald haben diese Idee von Anfang an aufgegriffen und zu einem Schwerpunkt ihrer Arbeit gemacht. Eine grundsätzliche Klärung dieser Frage war daher dringend erforderlich. Die Quintessenz dieser Bemühungen fand dann 1973 auch ihren Niederschlag in der Geschäftsordnung. Weitere Details dazu wurden in einem Schriftwechsel zwischen KBM und Landhandel bzw. BayWa geregelt.[12]

■ Finanzierungsrichtlinien

Auch hinsichtlich der Finanzierungsrichtlinien gab es im Interimsvorstand keine großen Meinungsunterschiede. Selbst die Forderung, auch für die Ringe ohne Geschäftsführer eine entsprechende Empfehlung auszuarbeiten, wurde allgemein befürwortet. Der Löwenanteil der Ausgaben, nämlich 80 Prozent der Personalkosten und 50 Prozent der Sachkosten wurde bekanntlich durch Fördermittel gedeckt. Allerdings erst ab 1971, nachdem das LwFöG in Kraft getreten ist. 1970 galt eine Übergangsregelung. Zur Deckung der nicht durch Fördermittel finanzierten

---

Das Gesetz zur Förderung der bayerischen Landwirtschaft (LwFöG), erlassen am 27.10.1970, garantiert den Maschinenringen eine äußerst großzügige Förderung, setzt aber auch klare Grenzen

Hier Auszüge aus der Fassung vom 16.07.1974:

Artikel 1 Zweck des Gesetzes
(1) Zweck dieses Gesetzes ist es,
a) die Stellung der bayerischen Land- und Forstwirtschaft in ihren Formen der Voll-, Zu- und Nebenerwerbsbetriebe in der Gesellschaft zu sichern,
c) zur Erhaltung des ländlichen Raumes als Kulturlandschaft beizutragen

Artikel 8 Selbsthilfeeinrichtungen
Selbsthilfeeinrichtungen der Land- und Forstwirtschaft im Sinne dieses Gesetzes sind Zusammenschlüsse von Inhabern land- und forstwirtschaftlicher Betriebe in Form der hauptberuflich geführten Maschinen- und Betriebshilfsringe und Erzeugerringe. Sie dienen dem Zweck, durch Rationalisierung der Erzeugung und durch Organisation der überbetrieblichen Arbeitsaushilfe das land- und forstwirtschaftliche Eigentum zu erhalten, das Einkommen der Inhaber land- und forstwirtschaftlicher Betriebe zu mehren und deren soziale Lage zu verbessern.

Artikel 9 Vereinigungen von Selbsthilfeeinrichtungen
(1) Vereinigungen von Selbsthilfeeinrichtungen der Land- und Forstwirtschaft auf Landesebene werden gefördert, wenn sie staatlich anerkannt sind.
(2) Die Anerkennung wird auf Antrag ausgesprochen, wenn die Vereinigung folgende Voraussetzungen erfüllt:
1. Sie muss eine juristische Person des Privatrechts sein, ...
3. zu ihren satzungsgemäßen Aufgaben müssen gehören
a) die Anstellung und der rationelle Einsatz des für die Geschäftsführung der Selbsthilfeeinrichtungen ... benötigten Personals,
b) die Verpflichtung, die Tätigkeiten der Selbsthilfeeinrichtungen zu überwachen,
4. Ihre Satzung muss vorschreiben, dass Mitglieder nur solche Zusammenschlüsse sein können, deren Aufgabengebiet und Tätigkeit sich auf
a) den rationellen Einsatz von Betriebsmitteln oder
b) den Einsatz von Personen zur Betriebsaushilfe oder ...
d) die Mitwirkung bei der Erhaltung der Kulturlandschaft ...
e) die Vermittlung von Fremdenzimmern in land- und forstwirtschaftlichen Betrieben beschränken und die unabhängig von wirtschaftlichen Unternehmen sind und finanziell nicht von solchen getragen oder gestützt werden.

Ein Fall für die *fachliche Aufsicht*

Den Anlass für die offizielle Klärung der Begriffe *Dienst- und Fachaufsicht* liefert ein Streit im Maschinenring Altötting-Mühldorf. Es ging dabei um den richtigen bzw. optimalen Reihenabstand bei Silomais. Neue Untersuchungsergebnisse an der Landesanstalt für Bodenkunde und Pflanzenbau in Weihenstephan brachten bei verschiedenen neuen Silomais-Sorten die höchsten Erträge bei einem Reihenabstand von weniger als 50 cm. Das zuständige Amt für Landwirtschaft empfahl daher den Maisbauern die Umstellung auf diesen, für den Ertrag optimalen Abstand. Der Maschinenring beharrte dagegen auf der Beibehaltung der bisherigen Reihen-Entfernung von 75 cm, mit der Begründung, nur bei diesem Abstand sei eine ordentliche Erntearbeit möglich. Trotz der Wahrnehmung der Fachaufsicht durch das Amt für Landwirtschaft in Altötting blieb man auch im MR Altötting-Mühldorf beim bewährten Maß von 75 cm. Das *Beste*, das bestätigte sich in diesem Fall wieder, ist nicht immer das *Richtige*.

Herkunft und Vorbildung der ersten Geschäftsführer

15 Geschäftsführer waren vor der Anstellung beim KBM schon nebenberuflich tätig. Die Neulinge unter den Geschäftsführern kommen aus der landwirtschaftlichen Praxis oder waren vorher bei Landhandel oder Genossenschaften tätig. Organisationstalent, gutes Auftreten und entsprechende Aktivität seien ebenso wichtige Eigenschaften ... wie die rein fachliche Ausbildung. Daher werde nicht starr an der Forderung festgehalten, dass nur Agraringenieure als Geschäftsführer in Frage kämen. Von den bisher eingestellten Geschäftsführern sind im übrigen nur 6 Ackerbauschüler. 4 Geschäftsführer haben die landwirtschaftliche Meisterprüfung, 8 die Gehilfenprüfung erfolgreich abgelegt. 21 Geschäftsführer bewirtschaften einen Nebenerwerbsbetrieb. Sofern dieser ... tatsächlich auch als Nebenerwerbsbetrieb organisiert sei und entsprechend bewirtschaftet werde, beständen dagegen keine Einwände.

Quelle: Protokoll KBM-Mitgliederversammlung vom 20.7.1970

Ausgaben sahen die Richtlinien folgende Einnahmequellen vor: Aufnahmegebühr, Betriebsumlage, Hektarumlage und leistungsbezogene Beiträge. Strittig war nur die leistungsbezogene Beitragsform. Der Grund ist einfach: ihre Handhabung hat sich bisher meist als schwierig erwiesen. Immer wieder wurde in diesem Zusammenhang über zunehmende *Schwarzarbeit* geklagt. Dennoch bestand Dr. Geiersberger darauf, an einem am Umsatz orientierten Beitrag festzuhalten.

Um die Akzeptanz dieses Elements zur Finanzierung der Ringe zu verbessern, wird der verpönte Begriff *Umsatzprovision* durch *leistungsbezogene Beiträge* ersetzt und zusätzlich noch eine *Umsatzschwelle* eingeführt. Das heißt: Erst ab einer bestimmten Umsatzhöhe sollte eine Provision berechnet werden.

Fakt ist: diese Empfehlung hinsichtlich der Umsatzprovision wurde zwar in die Richtlinien aufgenommen, in den ersten 10 bis 15 Jahren nach Gründung des KBM jedoch von kaum einem Maschinenring befolgt. Die Ursache dafür lag vielleicht auch an der komplizierten Berechnungsmethode. Der eigentliche Grund war aber: angesichts der rasch steigenden Mitgliederzahlen und der gesicherten Fördermittel waren die Ringe nicht darauf angewiesen. Erst nachdem diese beiden Voraussetzungen nicht mehr in diesem Maß gegeben waren, begannen einige Ringe damit, für die eine oder andere besonders aufwändige und von den Mitgliedern geschätzte Dienstleistung eine Vermittlungsprovision zu kassieren.

An den für die Beratung und Betreuung entstehenden Kosten des KBM haben sich die Ringe mit einem einheitlichen Grundbeitrag von 1,- DM je MR-Mitglied und Jahr zu beteiligen.

An dieser Regelung hat sich prinzipiell bis heute nichts verändert; lediglich der je Mitglied zu leistende Betrag wurde im Laufe der Jahre mehrmals angehoben: bereits im Jahre 1971 hat die Mitgliederversammlung die Geschäftsführung ermächtigt, im Bedarfsfall bis zu 2,- DM je Mitglied einzuheben.[13] Bis zum Jahr 2004 ist dieser Beitrag, vor allem bedingt durch die erhebliche Reduzierung der Förderung, auf 6,- € je Mitglied angewachsen.

Problematischer war es, eine einfache und gleichzeitig gerechte Regelung zur Finanzierung der nicht durch Fördermittel gedeckten Personalkosten bei den Ringen zu finden.

Die vom Interimsvorstand erarbeitete Lösung sah vor: die nicht durch Förderung gedeckten Personalkosten aller Geschäftsführer werden in einen Topf geworfen. Die Hälfte dieser durchschnittlichen Kosten je Geschäftsführer werden gleichmäßig auf die Ringe verteilt. Die andere Hälfte wird entsprechend dem gemittelten Anteil des einzelnen Ringes an der Gesamtheit der Mitglieder, der Fläche und des Umsatzes aller Ringe berechnet. Eine reichlich komplizierte Regelung! Sie wurde daher bereits 1971 von der Mitgliederversammlung stark vereinfacht (zwei Drittel werden gleichmäßig aufgeteilt; ein Drittel nach dem Anteil des einzelnen Ringes an der Mitgliederzahl aller Ringe). Am 12. Juli 1972 erfolgte dann in Schweitenkirchen im Rahmen einer außerordentlichen Mitgliederversammlung eine erneute Änderung. Eigentlicher Anlass dafür war der Umstand, dass die an die Geschäftsführer bezahlte Leistungszulage nicht wie das Grundgehalt mit 80 Prozent gefördert wurde. Dazu kam, dass die Leistungszulagen sehr stark differierten. Manche Geschäftsführer erhielten überhaupt keine Zulage. Dass die Ringe, die ihrem Geschäftsführer keine bzw. eine sehr geringe Zulage bewilligten, nicht bereit waren, sich an den von anderen Ringen gewährten höheren Zahlungen zu beteiligen, ist verständlich. Fortan werden die Beiträge der Ringe zu Grundgehalt und Leistungszulage getrennt und nach unterschiedlichen Methoden berechnet. Beim Grundgehalt wird *aus sozialen Gründen eine gleichmäßige Belastung aller Ringe* beibehalten. Bei der Leistungszulage trägt dagegen der einzelne Ring die nicht durch Förderung finanzierten Kosten seines Geschäftsführers allein.

Dieser Schlüssel hat sich bewährt und als sehr dauerhaft erwiesen. Er hat mit Sicherheit dazu beigetragen, dass bei der Anstellung nicht die Kandidaten bevorzugt wurden, die aufgrund ihres Alters oder Familienstandes geringere Personalkosten mit sich gebracht hätten.

■ Richtlinien zur Bezahlung der Geschäftsführer

Neuland betrat der Interimsvorstand auch bei der Festsetzung der Richtlinien zur Bezahlung der Geschäftsführer. Dennoch kam es auch in dieser Frage zu einer raschen Einigung. Grundsätzlich sollte das Gehalt der Geschäftsführer aus einem festen Anteil und einer Leistungszulage bestehen.

Der feste Gehaltsanteil sollte sich an den im öffentlichen Dienst gültigen Tarif (BAT) *anlehnen*. Es wurde also anders als beim Landeskontrollverband (LKV), bewußt von einem eigenen *Maschinenring-Tarif* Abstand genommen.

Geschäftsführer mit der Vorbildung *Agraringenieur* – das sollte die Regel sein – werden nach BAT Va eingestuft; *staatlich geprüfte Landwirte, Techniker für Landbau* und *Landwirtschaftsmeister*, die in begründeten Ausnahmefällen ebenfalls als Geschäftsführer angestellt werden können, nach BAT VIb. In einer Übergangszeit können auch Bewerber, die keine dieser genannten Ausbildungswege nachweisen können, sich jedoch bereits als nebenberufliche Geschäftsführer bewährt haben, übernommen werden. Auch für sie gilt als Eingangstufe BAT VIb. Die Wartezeiten für eine Beförderung nach BAT Va werden aber sehr differenziert geregelt. Diese sehr pragmatische Vorgehensweise hat sich durchaus bewährt. Bei der ersten ordentlichen Mitgliederversammlung am 20. Juli 1970 – zu diesem Zeitpunkt gehörten bereits 32 hauptberuflich geführte MR dem KBM an – werden hierzu interessante Details berichtet (siehe Randspalte Seite 76).[14]

Die Leistungszulage sollte sich am Umsatz des abgelaufenen Jahres orientieren. Der erzielte Umsatz wurde jedoch nicht 1 zu 1 übernommen, sondern nach verschiedenen Kriterien wie Aufbaujahr, Standortbedingungen, durchschnittliche Betriebsgröße der Mitglieder und dergleichen mehr *korrigiert*. Dass es nicht einfach war, einen praktikablen, gerechten, gleichzeitig aber auch motivierenden Schlüssel zur Ermittlung der Leistungszulage zu finden, wird auch daran sichtbar, dass diese Frage mehr als jede andere bis heute die Gemüter und die Gremien beschäftigt hat.

■ Betreuung der Ringe ohne Geschäftsführer

Gleich in der ersten Sitzung des Interimsvorstandes hat der Vorsitzende des Landesverbandes Bayerischer Maschinenringe Raiffeisen e. V. gefordert: *das KBM muss allen bestehenden Maschinenringen eine „neue Heimat" bieten.* Die praktische Umsetzung dieser Forderung war nicht ganz einfach. Mehrere Vorstandssitzungen und Mitgliederversammlungen haben sich damit befasst, sogar eine außerordentliche Mitgliederversammlung (12. 5. 1971 in Scheyern). Drei Punkte standen dabei im Vordergrund: die Bereitstellung qualifizierter Fachkräfte zur weiteren Betreuung dieser Ringe, Ihre Vertretung in den Organen des KBM und ihr Mitgliedsbeitrag.

Diese Entscheidungen blieben jedoch weitgehend ohne praktische Bedeutung; denn der Aufbau hauptberuflich geführter Maschinenringe ging so zügig voran, dass es in kurzer Zeit kaum noch Ringe ohne Geschäftsführer gab. Die beiden vom Ministerium für diese Aufgabe freigestellten Fachkräfte, Franz Denninger für Franken und Johannes Franz für das südliche Bayern waren weniger mit der Betreuung von Kleinringen beschäftigt, sondern fast ausschließlich mit der Zusammenführung kleiner Ringe zu größeren Einheiten. Sie haben damit wesentlich zum raschen Aufbau hauptberuflich geführter Ringe beigetragen. Nachdem diese Entwicklung weitgehend abgeschlossen war, haben sie sich anderen Aufgaben zugewandt: Franz ging bzw. blieb beim Staat und hat über viele Jahre als Sachbearbeiter für die Gasölbeihilfe mit dem KBM eine gute Zusammenarbeit gepflegt. Denninger studierte noch zusätzlich zur Landwirtschaft Forstwirtschaft, avancierte zum Professor und Experten für Forsttechnik und gab sein Know-how auf diesem Gebiet auch gelegentlich an MR-Geschäftsführer weiter.

Für den 27. November 1969 wurden die Gründungsmitglieder in das Landwirtschaftsministerium eingeladen. Interimsvorsitzender Bachmann stellt, nicht ohne Stolz und Befriedigung die *in siebenwöchiger Fleißarbeit, in vier Vorstands- und drei Ausschusssitzungen erarbeiteten Richtlinien* vor, die in einer eigens dafür angefertigten Sammelmappe zusammengefasst sind. Dr. Eisenmann dankt Bachmann und dem Vorstand für die *bisher geleistete hervorragende, zügige und fruchtbare Arbeit.*

Die erarbeiteten Richtlinien werden allgemein als praxisnah, sachdienlich und vernünftig bezeichnet und einstimmig angenommen.[15]

Bis auf den Arbeitsvertrag sind damit die für die Gründung von Mitgliedsringen und die Anstellung von Geschäftsführern erforderlichen rechtlich-organisatorischen Grundlagen fertiggestellt. Die eigentliche Aufbauarbeit kann beginnen.

Logo-Wechsel

1969 schuf das KBM zunächst ein eigenständiges Logo, aus zwei ineinandergreifenden Zahnrädern und Ähren.

Auf Beschluss der KBM-Mitgliederversammlung vom 1.3.1971 wurde es dann durch das vom Bundesverband der Maschinenringe entwickelte ersetzt

Das kompakte Logo wurde nach und nach von den Maschinenringen in aller Welt übernommen und ist heute, verbunden mit dem Kürzel MR schon fast so bekannt wie die Logogramme großer Organisationen oder Unternehmen

Die österreichischen Maschinenringe haben allerdings im Jahre 2002 das hier abgebildete, einheitliche Logo nicht nur etwas modernisiert, sondern gleichzeitig ihr gesamtes *visuelles Erscheinungsbild* konsequent mit einem einheitlichen Corporate Design ausgestattet.. Übrigens, zwischenzeitlich orientieren sich auch die Maschinenringe in der Schweiz am Corporate-Design-Manual der Österreicher.

Einen ersten Anstoß zur Vereinheitlichung des optischen Auftritts der bayerischen Maschinenringe hat das KBM schon 1990 geleistet.
Im Jahre 2005 haben sich die deutschen Maschinenringe ebenfalls ein einheitliches Corporate Design verpasst, jedoch auf der Grundlage des ursprünglichen MR-Logo von 1969. Beispiele dazu siehe Seite 78.

Das Markenzeichen der Maschinenringe – korrekt und werbewirksam verwendet

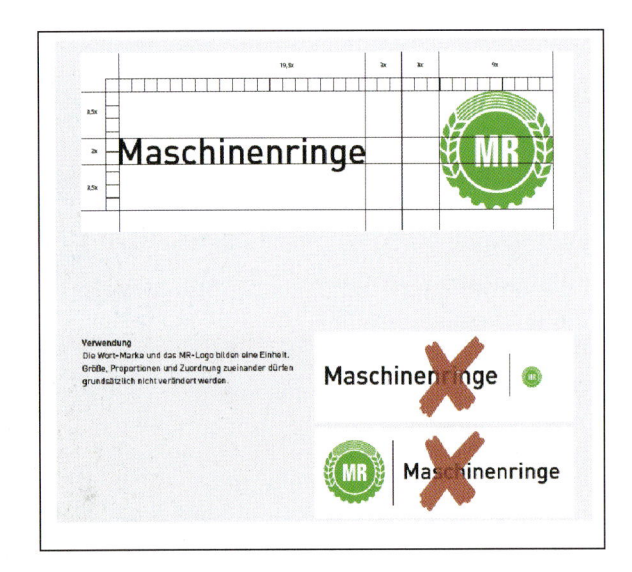

Die Mütze entspricht mit diesem Logo nicht mehr den Gestaltungsrichtlinien.

Quelle: BMR, Maschinenringe Corporate Design Manual und Werbeartikel von landbonus

Der organisatorische Aufbau des KBM geht schnell voran

Das Interesse und die Bereitschaft der Verantwortlichen in den bayerischen Maschinenringen, dem KBM beizutreten, gleichgültig ob dem Raiffeisen- oder Sparkassen-Landesverband angehörend, ist groß, weitaus stärker jedenfalls als erwartet. Überall im Land finden Aufklärungsversammlungen statt, häufig auch auf Initiative der Landwirtschaftsämter. Aber auch die Landjugendorganisationen und der Verband ehemaliger Landwirtschaftsschüler (VLF) engagieren sich. Dr. Grimm, der zu diesem Zeitpunkt noch ohne Mitarbeiter ist, zog wie ein Wanderprediger durch Bayern. In über 60 Versammlungen und Besprechungen hat er von Dezember 1969 bis Ende 1970 die Vorzüge des Maschinenringes mit hauptberuflichem Geschäftsführer verkündet und die drei wesentlichen Anforderungen für den Beitritt zum KBM dargestellt: nämlich Eintragung im Vereinsregister (zunächst genügte auch eine Bestätigung über den gestellten Antrag), Annahme der Mustersatzung laut Protokoll und *die Bereitschaft zur schnellstmöglichen Einstellung eines hauptberuflichen Geschäftsführers und zu dessen Mitfinanzierung durch den Maschinenring*[16].

Bis Ende Mai 1970 haben 24 Maschinenringe Antrag auf Mitgliedschaft gestellt. Vier Ringe haben diesen Antrag schon 1969 vorgelegt. Der erste, der MR Eggenfelden, bereits am 29. August 1969. Der vorläufige Ausschuss bestehend aus dem Interimsvorstand sowie Dr. Ludwig Rinderle als Vertreter des Ministeriums und Dr. Werner Schneider, Generalsekretär des BBV, haben diesen Anträgen und gleichzeitig auch der Anstellung der genannten Geschäftsführer zugestimmt.

Die Bildung eines vorläufigen Ausschusses wurde deshalb notwendig, weil die Satzung die Zuständigkeit zur Aufnahme von Mitgliedern nicht dem Vorstand, sondern dem Ausschuss übertragen hat. Dem Ausschuss mussten jedoch neben den geborenen Mitgliedern auch 7 Mitgliedsringe angehören. Ein Dilemma, das kurzfristig dadurch beseitigt wurde, dass die Gründungsmitglieder am 13. April 1970 erneut zusammenkamen und eine entsprechende Änderung der Satzung hinsichtlich der Zusammensetzung des Ausschusses beschlossen.

Die Voraussetzung zur Beendigung des *Provisoriums* ist mit der offiziellen Aufnahme von Maschinenringen als Mitglieder durch den vorläufigen Ausschuss erfüllt.

Zum zweiten Akt der Gründung und gleichzeitig zur ersten ordentlichen Mitgliederversammlung kann nun endlich eingeladen werden. Schließlich haben bereits 13 dem KBM angehörende MR am 5. 3. 1970 gemeinsam mit Dr. Geiersberger und am 23. 3. 1970 noch vier weitere Gründungsmitglieder die baldige Einberufung der konstituierenden Mitgliederversammlung gefordert[17]. Diese historische Versammlung fand dann am 20. Juli 1970 im Hackerkeller in München auf der Theresienhöhe statt (siehe Foto).

■ Wer wird erster Vorsitzender

Die spannendste Frage dieses Tages war: Wer wird Erster Vorsitzender? Darüber hatten allerdings die 36 anwesenden stimmberechtigten Mitglieder – 5 mit Stimmrecht ausgestattete Gründungsmitglieder und 29 Vertreter der insgesamt 32 dem KBM angehörenden Maschinenringe (siehe Seite 80) – nicht unmittelbar zu bestimmen, sondern, ähnlich wie bei der Wahl des amerikanischen Präsidenten, eine Art Wahlmänner-Gremium. Es besteht aus fünf stimmberechtigten Ausschussmitgliedern (Landwirtschaftsministerium, Bauernverband, Raiffeisenverband, Sparkassenverband und Landeskontrollverband) und den 7 von den Mitgliedsringen gewählten Ausschussmitgliedern (1 Vertreter je Regierungsbezirk).

Es gab zwar vor diesem Wahltag keinen offiziellen, wohl aber einen inoffiziellen Wahlkampf: Hinter den Kulissen wurden vor allem die MR-Vorsitzenden, die nicht eindeutig dem einen oder anderen Lager zuzuordnen waren heftig umworben; denn ihre Stimmen waren letzten Endes entscheidend. Dies gilt natürlich auch für die drei Neutralen unter den fünf stimmberechtigten Gründungsmitgliedern.

Zeittafel

20.7.1970	Konstituierende Mitgliederversammlung im Hackerkeller/München. Richard Carmanns wird zum Ersten Vorsitzenden gewählt.
Ende 1970	41 Ringe mit hauptberuflichem Geschäftsführer sind Mitglied des KBM
Ende 1971	82 Ringe mit hauptberuflichem Geschäftsführer sind Mitglied des KBM
Ende 1981	zählen die bayerischen Maschinenringe 75.000 Mitglieder
Ende 1992	zählen die bayerischen Maschinenringe über 100.000 Mitglieder
1978	Der durchschnittliche Verrechnungswert aller 89 Ringe überschreitet die 1-Millionengrenze
1981	Betriebshilfe: 3,34 Mill. Einsatzstunden (= 1759 Vollarbeitskräfte)
1990	Betriebshilfe: 6,4 Mill. Einsatzstunden (= 3366 Vollarbeitskräfte)
2001	Der durchschnittliche Verrechnungswert aller KBM-Ringe: 6,63 Millionen DM

In dieser traditionsreichen Münchner Großgaststätte an der Theresienhöhe fand am 20. 7. 1970 die erste Mitgliederversammlung des Kuratoriums Bayerischer Maschinenringe statt.

Die Vertreter der Maschinenringe im ersten KBM-Ausschuss von 1970

Oberbayern
Josef Kistler, MR Fürstenfeldbruck

Niederbayern
Josef Maidl, MR Landau

Oberpfalz
Johann Schön, MR Jura

Oberfranken
Michael Gräf, MR Kulmbach

Unterfranken
Richard Raps, MR Ochsenfurt

Mittelfranken
Karl Hornig, MR Fürth

Schwaben
Hans Murr, MR Ries

Die ersten dem KBM beigetretenen Maschinenringe

Nr.	Maschinenring Name	Antrag auf Mitgliedschaft	Geschäftsführer ab	Name	Vorsitzender Name
1	Fürstenfeldbruck	11.12.69	1.1.70	Rauch	Kistler
2	Landsberg	16.12.69	1.1.70	Kloker	v.Schnurbein
3	Steigerwald	22.12.69	1.1.70	Mergenthaler	Schaller
4	Ries	2.1.70	1.1.70	Bergdolt	Murr
5	Eggenfelden	29.8.69	1.2.70	Fuchsgruber	Boxhammer
6	Pfaffenhofen	18.2.70	1.3.70	Obschil	Carmanns
7	Erlangen	21.2.70	1.3.70	Fürst	Pickel
8	Fürth	25.2.70	1.3.70	Scheiderer	Hornig
9	Ochsenfurt	2.3.70	1.3.70	Doseth	Raps
10	Wolnzach	2.3.70	1.3.70	Stockmaier	Hirschberger
11	Landau	5.3.70	1.3.70	Menacher	Maidl
12	Buchhofen	10.3.70	1.3.70	Rixinger	Bichler
13	Mallersdorf	25.3.70	1.3.70	Dietl	Bachhuber
14	Rottenburg/L.	25.2.70	1.4.70	Bauer	Makutz
15	Mainburg	25.3.70	1.4.70	Weiher	Höfter
16	Parsberg	25.3.70	1.4.70	Eibl	Glaser
17	Rotthalmünster	13.4.70	1.4.70	Funke	Schrank
18	Dachau	4.3.70	1.5.70	Jahncke	Westermayr
19	Starnberg	25.3.70	1.5.70	Will	Bichler
20	Dinkelsbühl	8.4.70	1.5.70	Hasselbacher	Dürr
21	Aichach	11.5.70	1.5.70	Gail	Schweyer
22	Rhön-Grabfeld	23.3.70	1.7.70	Schafferhans	Baer
23	Neumarkt	25.5.70	1.7.70	Bradl	Pröbster
24	Gunzenhausen	29.4.70	1.9.70	Wilhelm	Kolb
25	Cham	1.4.70	1.4.70	Meier	Dengler
26	Dingolfing	März 70	1.4.70	Stangl	Forster
27	Kitzingen	2.7.70	1.7.70	Löther	Hamberger
28	Kulmbach	Mai 70	1.6.70	Sattler	Gräf
29	Landshut	Mai 70	1.6.70	Siegl	Teufl
30	Neunburg-Oberviechtach	Mai 70	1.6.70	Stangl	Hofstetter
31	Pfarrkirchen	Mai 70	1.6.70	Maier	Sihorsch
32	Rosenheim	1.4.70	1.7.70	Härtl	Stöttner

Nach der Wahl der 7 Ringvertreter in den Ausschuss (siehe nebenstehend) war die Ausgangslage für den nächsten, entscheidenden Wahlgang im Prinzip noch offen; denn die gewählten Ausschussmitglieder konnten nicht eindeutig einem der beiden Lager, also den Raiffeisen- oder den Sparkassenringen, zugeordnet werden.

Aber bereits der erste Wahlgang brachte ein eindeutiges Ergebnis: Richard Carmanns wurde mit 7 Stimmen zum Vorsitzenden gewählt. Vier Stimmen erhielt Richard Raps. Eine Stimme war ungültig.

Dieses klare Votum für Carmanns war dann doch etwas überraschend, zumal sich unmittelbar vor der Wahl *noch drei geborene Mitglieder aus grundsätzlichen Erwägungen gegen eine Kandidatur von Carmanns ausgesprochen hatten.* Allerdings, Carmanns hatte genau genommen keinen wirklichen Gegenkandidaten. Raps war mehr oder weniger ein *Verlegenheitskandidat*, nachdem sich Wolf von Stetten, der Vorsitzende des zu diesem Zeitpunkt noch bestehenden Landesverbandes Bayerischer Maschinenringe Raiffeisen e.V. nicht für eine Kandidatur bereit erklärt hatte.

Als gleichberechtigte stellvertretende Vorsitzende wurden vom Ausschuss einstimmig Murr und Raps gewählt. Für den als stimmberechtigtes Ausschussmitglied ausscheidenden Vorsitzenden Carmanns wurde Kistler, Fürstenfeldbruck mit 21 Stimmen gewählt. *Der Interimsvorstand hat damit seine Aufgabe erledigt. Ihm, allen voran Rudolf Bachmann wird dafür von allen Seiten großes Lob gespendet und gedankt.*[18]

Der erste, gewählte Vorstand des KBM präsentiert sich gemeinsam mit Minister Eisenmann und BBV-Präsident von Feury.

v.l. Richard Carmanns, Dr. Hans Eisenmann, Baron von Feury, Hans Murr und Richard Raps

Guter Start für den neuen Vorstand

Der neue Vorstand, so lautet der Auftrag der ersten ordentlichen Mitgliederversammlung, soll sich schwerpunktmäßig vor allem um drei Bereiche kümmern:
- *Versorgung der Geschäftsführer mit zweckmäßigen, einfachen und arbeitssparenden Arbeitshilfsmitteln*
- *Schulung, Betreuung und Beratung der Geschäftsführer*
- *Klärung von Steuer- und Versicherungsfragen.*[19]

Das KBM war gut gestartet. Nun, mit der neuen Führung war zu erwarten, dass der Aufbau zügig weitergeht.

Richard Carmanns, der Erste Vorsitzende, ein gewandter, kontaktfreudiger gebürtiger Rheinländer, verfügte über sehr gute Verbindungen, nicht nur zur Spitze des Landwirtschaftsministeriums. Er hatte sich bereits als Vorsitzender des MR Pfaffenhofen, des Landesverbandes Bayerischer Maschinenringe Sparkassen e. V. und des oberbayerischen Pferdezuchtverbandes einen Namen gemacht. Darüber hinaus war er auch ein angesehener und anerkannter Landwirt, der seinen Hof beispielhaft organisiert hatte. Carmanns hat rechtzeitig die Zeichen der Zeit erkannt und sich von den arbeitsaufwändigen Betriebszweigen Hopfen und Milchvieh getrennt und stattdessen auf Zuchtsauen- und Pensionspferdehaltung sowie reinen Getreidebau umgestellt. In Gebäude und eigene Technik investierte er so wenig als nötig und nutzte umso mehr den Maschinenring (siehe Vita Seite 56).

Auch seine beiden Stellvertreter, Hans Murr (Jg. 1944) und Richard Raps (Jg.1935), passten nicht unbedingt in das gewohnte Schema von typischen Vertretern der Landwirtschaft. Beide waren junge, dynamische Bauern, die, jeder auf seine Weise, ungewöhnliche Wege in der Führung ihrer Betriebe einschlugen (s. Seite 167 u. 184). Für ein Unternehmen, das neu aufgebaut und gestaltet werden musste, war ein so zusammengesetztes Führungstrio genau das richtige. Neben den drei gewählten Mitgliedern gehörten dem Vorstand noch Prof. Dr. Ullrich Keymer, BStMELF und Dr. Franz Münsterer, BBV an. Dazu kam ab Oktober 1971 als Vertreter der Geschäftsführer Anton Rauch, der nach seinem Ausscheiden als Geschäftsführer des MR Fürstenfeldbruck zum 30. 9. 1972 von Josef Salomon, MR Laufen abgelöst wurde.

Gemischtes Team in der KBM-Geschäftsstelle

Wie die Personalausstattung in der KBM-Geschäftsstelle in den ersten Jahren aussah zeigt nebenstehende Übersicht. Dieses Team befand sich anfangs in einer ähnlichen Situation wie die Geschäftsführer in den Ringen. Von der eigentlichen Aufgabe, die sie bewältigen mussten, hatten sie kaum eine Ahnung. Erschwerend kam noch hinzu, dass man nicht einfach ein fertiges, bereits bewährtes Konzept übernehmen konnte. Im Gegenteil, für die meisten der anstehenden Verwaltungs- und Organisationsaufgaben mussten spezielle Lösungen gefunden werden.

Alles, was mit der Personalanstellung, der Lohnabrechnung, der Vereinsführung und insbesondere der Beihilfeabwicklung verbunden war, musste weitgehend neu entwickelt werden. Lediglich bei einem Teil der zur Organisation der MR-Arbeit notwendigen Arbeitshilfsmittel konnte auf die Entwicklungsarbeit der Raiffeisen- und Sparkassenringe zurückgegriffen werden.

Dr. Grimm war zuvor wissenschaftlicher Mitarbeiter an der Landtechnik Weihenstephan. Therese Schuhbauer, eine Bauerntochter aus dem Landkreis Dachau, verfügte gerade mal über gewisse Grundkenntnisse in der Büroarbeit. Irmgard Joas, aus einem schwäbischen Bauernhof stammend, hatte gerade einen Lehrgang in Bad Godesberg über landwirtschaftliche Buchführung absolviert. Andreas Jarolimek, seines Zeichens Agraringenieur, verfügte ebenfalls nicht über einschlägige Erfahrungen.

Professionalität im wahrsten Sinn des Wortes haben lediglich Mathilde Pollmann und Anton Rauch mitgebracht. Frau Pollmann hat lange Zeit als Halb-

---

So sah die Personal-Ausstattung der KBM-Geschäftsstelle Anfang der 70er Jahre aus

Dr. Anton Grimm, Geschäftsführer
ab 1.9.1969
Therese Schuhbauer, Sekretärin
ab 15.5.1970 (bis 1971)
Andreas Jarolimek, MR-Betreuer
ab 1.7.1970
Irmgard Joas, Buchhalterin
ab 15.10.1971
Mathilde Pollmann, Lohnbuchhalterin
ab 20.9.1971
Anton Rauch, Stellvertr. Geschäftsf.
ab 1.7.1973
Christa Weiß, Sekretärin ab 1.01.1974

Die *gemischte* KBM-*Mannschaft* im Herbst 1971

V. l.: Dr. Anton Grimm, Mathilde Pollmann, Therese Schuhbauer, Andreas Jarolimek (kniend), Johannes Franz und Irmgard Joas; auf der Dachterrasse des KBM-Büros am Kaiser-Ludwig-Platz

In den 70er Jahren konnte in den Pressemitteilungen des KBM zur Mitgliederversammlung – hier ein Beispiel von 1976 – stets von großen Zuwachsraten berichtet werden:

10 MR *über eine Million Verrechnungswert*

1975 haben 10 bayerische MR einen Verrechnungswert von mehr als 1 Million DM erreicht. Der Spitzenring erzielte 1.640.633,– DM. Der Durchschnitt aller 88 Ringe lag 1975 bei fast 700.000,– DM. 1970, im ersten Jahr nach der Umstellung auf hauptberufliche Geschäftsführer waren es erst 210.000,– DM.
Seitdem hat die überbetriebliche Zusammenarbeit in den bayerischen MR eine steile und stetige Aufwärtsentwicklung erfahren. Heute stehen mit einer Ausnahme in allen Landkreisen Bayerns gut funktionierende MR zur Verfügung. Überall in Bayern können sich die Landwirte dieses überaus nützlichen Instrumentes bedienen.

Allgemeine und besondere Voraussetzungen für Maschinenringgeschäftsführer

Die Maschinenringgeschäftsführer arbeiten an verantwortlicher und maßgeblicher Stelle bei der Verwirklichung des „Bayerischen Weges" mit. Dabei gibt es sicher viele Enttäuschungen, Rückschläge und manchen Ärger.
Also ein Beruf, der
- selbständiges, schöpferisches Arbeiten,
- großen persönlichen Einsatz,
- Ausdauer, Durchstehvermögen und Überzeugungskraft, sowie
- die Fähigkeit, sich stets neuen Gegebenheiten anzupassen, erfordert.

Dazu sind folgende Fähigkeiten und Kenntnisse notwendig:
- Organisationstalent, gutes gewandtes Auftreten, Rede- und Schreibgewandtheit, Kontaktfreude, kurzum die Befähigung zum Manager.
- Gute allgemeine landwirtschaftliche Fachkenntnisse in Theorie und Praxis sowie möglichst Spezialkenntnisse auf landtechnischem und kaufmännischem Sektor.
- Als Vorbildung wird der Agraringenieur verlangt (diese Bestimmung wurde erst später als Regel eingeführt).

Quelle: Info-Blatt des KBM vom Dez. 1980

So mühsam empfindet es Rainer Härtl, 1971–1975 der Geschäftsführer des MR Rosenheim, den Landwirten den Maschinenring zu vermitteln

... trotzdem kann das KBM mitteilen:

Der noch relativ junge Beruf eines MRGF ist so gefragt, dass es nicht allzu schwierig war, innerhalb von etwas mehr als einem Jahr in Bayern 70 dafür geeignete Bewerber zu finden.

Quelle: KBM-Presseinformation, Juli 1971

---

tagskraft ohne EDV die Lohnabrechnungen für fast 100 KBM-Angestellte einschließlich Personalverwaltung ohne Fehl und Tadel erledigt. Für eine ähnlich große Zahl von Angestellten benötigten andere Unternehmen mehr als doppelt soviel Kräfte.

Mit Anton Rauch kam 1973 ein weiterer Profi dazu. Ihm konnte kein MR-Geschäftsführer etwas vormachen.

Vielleicht ist es aber gerade diesem Umstand, der guten Mischung aus Amateuren und Profis, zu verdanken, dass es der KBM-Geschäftsführung gelungen ist
- mit so wenig Bürokratie wie möglich auszukommen
- stets offen zu bleiben für z. T. auch unkonventionelle Ideen
- sich auf seine Kernaufgabe, die Förderung der Maschinenringarbeit in Bayern, zu konzentrieren und so
- ein hohes Maß an Effizienz bei niedrigen Kosten zu erreichen.

Tüchtige Manager als Geschäftsführer

Ein gutes Management ist der wichtigste Erfolgsfaktor eines Maschinenringes. Die Umsetzung der MR-Idee ist ein mühsames Geschäft. Die wichtigste Aufgabe für die KBM-Führung war es daher, gemeinsam mit den Vorständen der Ringe, dafür zu sorgen,
- dass tüchtige Manager als Geschäftsführer gefunden werden,
- dass sie dann, wie es die Mitgliederversammlung formuliert hat, die *notwendige Schulung, Betreuung und Beratung* erfahren und
- dass sie mit *zweckmäßigen einfachen und arbeitsparenden Arbeitshilfsmitteln versorgt* werden.

Auf die Auswahl der ersten Geschäftsführer konnte das KBM aus verständlichen Gründen direkt noch wenig Einfluss nehmen. Sein Einfluss beschränkte sich auf die Festlegung der von den Bewerbern zu erfüllenden allgemeinen und besonderen Voraussetzungen (siehe nebenstehend) und darauf, dass diese eingehalten werden. Ausgewählt wurden die ersten Geschäftsführer überwiegend von den Vorständen der Ringe. Dabei konnte man meist auf Personen zurückgreifen, die sich bereits als nebenberufliche Geschäftsführer oder als Vorstandsmitglieder besonders engagiert und auch bewährt hatten.[20]

Diese pragmatische Vorgehensweise hat sich im Großen und Ganzen gut bewährt. Es wurden so nicht öfter ungeeignete Kandidaten ausgewählt als dies bei z. T. sehr aufwändigen Auswahlverfahren auch der Fall ist. Unter den ersten Geschäftsführern war der Anteil derer, die hervorragende Pionierarbeit geleistet und es verstanden haben, mit einfachen Mitteln und großem Engagement blühende Maschinenringe aufzubauen, außergewöhnlich groß.

Die große Stärke dieser Pioniere bestand insbesondere darin, dass sie Land und Leute kannten, weil sie aus der Region kamen, und dass sie die Sprache der Landwirte nicht nur verstanden, sondern sich auch selbst so artikulierten. Dadurch gewannen sie schnell den notwendigen Kontakt mit den Landwirten und Zug um Zug das Vertrauen der Mitglieder.

Im Laufe der Jahre wurden verschiedene Maßnahmen eingeführt, um noch mehr Sicherheit und Professionalität bei Neueinstellungen zu erreichen:
- Geschäftsführer mussten in einem überregionalen Presseorgan (Bayerisches landwirtschaftliches Wochenblatt), Assistenten und Organisationskräfte in der regionalen Presse ausgeschrieben werden. Später wurden Text und Layout der Stellenanzeige vereinheitlicht.
- Die Bewerber, die in die engere Auswahl kamen, mussten sich einer Anstellungskommission vorstellen. Diese bestand aus zwei Vertretern des MR-Vorstandes, zwei Vertretern des KBM (i. d. R. nahm diese Aufgabe meist der Geschäftsführer allein wahr) und einem Vertreter der Geschäftsführer (Mitglied des Betriebsrates).
- Es wurde eine Anleitung zur Befragung der Bewerber und eine Checkliste zu deren Bewertung entwickelt.

Das eigentliche Rüstzeug, um einen Ring richtig führen zu können, mussten sich die meisten Geschäftsführer in der Regel erst nach der Anstellung aneignen, wenn man davon absieht, dass einige die Möglichkeit hatten, vorher schon den Grundlehrgang für MR-Geschäftsführer zu besuchen. Die meisten hatten dazu jedoch erst nach der Anstellung Gelegenheit.

Auch nachdem die Umstellung auf eine hauptberufliche Geschäftsführung schon in vollem Gang war, gab es noch viel Skepsis zur Notwendigkeit dieses Schrittes und manche seltsamen Vorstellungen zur Rolle eines Geschäftsführers. So äußerte zum Beispiel Stefan Binkert, ein renommierter und angesehener Agrarjournalist, unter anderem die Befürchtung, *dass der Manager alle wesentlichen Entscheidungen über den Einsatz der wichtigsten Produktionsfaktoren trifft; dem Landwirt die Ausführung und das Risiko bleiben.*[21]

In einem Leserbrief nahm Dr. Grimm dazu u.a. wie folgt Stellung: *Der Maschinenringgeschäftsführer hat weder den Wunsch noch die Möglichkeit, in quasi einsamen Entschlüssen irgendwelche Entscheidungen über den Einsatz von Produktionsmitteln über die Köpfe der Landwirte hinweg zu treffen. Er wird allerdings einen Landwirt, der z. B. seine Futterrüben über den Maschinenring mit einem Vollernter ernten lassen will, darauf aufmerksam machen, eine vollerntergerechte Sorte anzubauen.*

Der Landwirt kann diesen Rat befolgen oder auch nicht befolgen. Befolgt er ihn nicht, hat er sich die größeren Verluste, die dann bei der Ernte auftreten, selbst zuzuschreiben.[22]

■ Ende 1971 schon 82 hauptberuflich geführte Maschinenringe

Wunsiedel und Ebersberg traten als letzte Ringe dem KBM bei. Wunsiedel wurde zum 1. 4. 1978 Mitglied. Ebersberg, das bereits als Raiffeisenring von einem nebenberuflichen Geschäftsführer geleitet wurde und besonders stolz auf seine Unabhängigkeit war, zögerte den Beitritt zum KBM länger hinaus, bis Juli 1983. In der großen Gemeinschaft des KBM entwickelte sich Ebersberg dann aber schnell zu einem erfolgreichen und sehr profilierten Maschinenring. Ein Verdienst vor allem seiner starken Geschäftsführer-Persönlichkeiten, Martin Lechner und Helmut Geisberger.

Der Landkreis Garmisch-Partenkirchen wurde nach und nach in den MR Schongau integriert, nachdem dieser sich zuvor schon den Landkreis Weilheim *einverleibt* hatte und den Namen entsprechend erweitert (Schongau-Weilheim) hatte. Später firmierte er als MR Oberland. Auch dieser Ring ist ein Paradebeispiel dafür, wie stark das Wohl und Wehe eines Maschinenringes von Können, Ausstrahlung und Engagement des Geschäftsführers abhängen, mag der Vorsitzende auch Johann Gerold heißen und noch so tüchtig sein. Erst als nach einem mehrmaligen Wechsel in der Geschäftsführung Xaver Wörle das Ruder übernahm, ging es im Pfaffenwinkel mit dem Maschinenring richtig aufwärts.

■ 1992 über 100.000 Mitglieder

Parallel zur schnellen Ausbreitung hauptberuflich geführter Maschinenringe über ganz Bayern wuchs die Zahl der Mitglieder: von 13.286 im Jahr 1970 auf rund 75.000 Ende 1981. *Die magische Grenze von 100.000 Mitgliedern konnte zum ersten Mal 1992 überschritten werden.*

Damit war dann eine Größe erreicht, die in den folgenden Jahren nur noch geringfügig gesteigert werden konnte. Der Höchststand bzw. Kulminationspunkt hinsichtlich der Mitgliederzahl wurde mit 103.200 1999 erreicht. Ab 2001 war erstmals ein leichter Rückgang zu verzeichnen, der sich in den Folgejahren weiter fortsetzte. Aber auch Ende 2005 waren es immerhin noch 98.621 Mitglieder. Diese Zahl darf jedoch nicht isoliert gesehen werden, sondern in Relation zur Gesamtzahl der landwirtschaftlichen Betriebe in Bayern. 1971 lag dieser Anteil bei 8,9 %, 1973 bei 12,0 % und 1983 bei 32,2 %. Und so ging es weiter, bis auf 79,3% im Jahr 2005. Ähnlich entwickelte sich der Anteil der MR-Mitglieder an der gesamten landwirtschaftlichen Nutzfläche: 2005 lag dieser Anteil bei 83,1 %. Dazu die Vergleichs-

Der organisatorische Aufbau der Ringe ging rasch voran:

Im Juli 1971 teilt das KBM in einer Presseinformation mit:
Dem KBM gehören z. Zt. 79 MR mit hauptberuflichem GF an. Diese 79 Ringe erstrecken sich auf 94 Landkreise in Bayern. In der Regel umfasst ein MR das Gebiet eines Landkreises, in der von der Natur benachteiligten Gebieten jedoch z. T. das Gebiet mehrerer Landkreise, z. B. der MR Grafenau-Regen oder Saale-Rhön (Bad Neustadt, Königshofen, Mellrichsstadt).

... und im KBM-Jahresbericht 1973 wird berichtet:
Ende 1971 war die Gründung von hauptberuflich geführten MR weitgehend abgeschlossen. 1972 kamen nur vier, 1973 nur zwei weitere Ringe dazu. Nur noch drei Landkreise sind vollständig (Wunsiedel und Ebersberg) bzw. weitgehend (Garmisch-Partenkirchen) ohne hauptberuflich geführten MR.

Die Zahlen und Daten der folgenden Grafiken unterstreichen das außergewöhnliche Wachsen und Gedeihen der bayerischen Maschinenringe von 1970 bis 2005

Zuerst die Entwicklung der Mitglieder:

Die zwei Säulenreihen nähern sich kontinuierlich an. Dieser ständige Rückgang der Gesamtzahl der bayerischen Landwirte hat zur Folge, dass jedes Jahr eine größere Zahl von Landwirten die Mitgliedschaft im MR wegen Betriebsaufgabe kündigt. Selbst eine gleichbleibende Mitgliederzahl kann daher nur aufrechterhalten werden, wenn jedes Jahr neue Mitglieder hinzugewonnen werden.

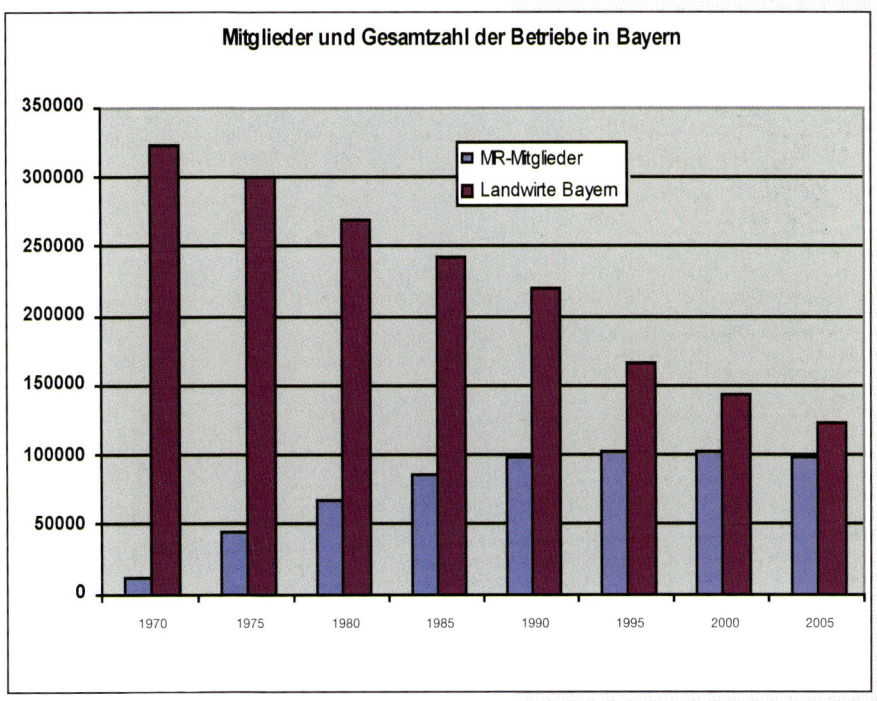

Mitglieder und Gesamtzahl der Betriebe in Bayern

Die Verrechnungswerte insgesamt – Ausdruck für die Aktivität der Mitglieder der MR – steigen kontinuierlich bis zum Jahr 2000 …

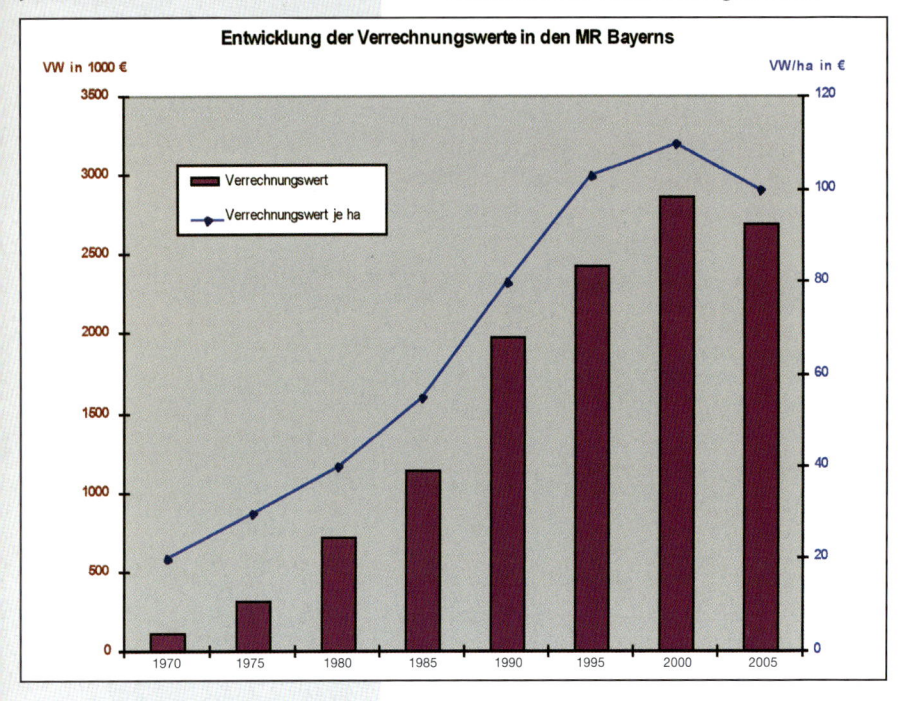

werte aller MR in Deutschland ohne Bayern: 39,3 % Anteil an den Betrieben, 36,2 % an der Fläche.

Übertroffen wurde der Mitgliederzuwachs über all die Jahre noch durch die Zunahme des Verrechnungswertes.

Aussagekräftiger als der Verrechnungswert insgesamt ist der Verrechnungswert je Hektar Mitgliedsfläche. Hier sind die Zuwachsraten naturgemäß geringer: Er wuchs von 39,5 DM/Hektar 1971 auf 218,0 im Jahr 2000. Der höchste bisher erreichte Wert lag 1998 bei 224,– DM.

Seit der landwirtschaftliche Sektor der überbetrieblichen Zusammenarbeit unter dem Begriff *MR-Classik* zusammengefasst wird, hat leider auch der Umfang dieser Tätigkeit in den bayerischen MR nachgelassen. Daraus zu schließen, dass die überbetriebliche Arbeitserledigung bereits soweit gediehen ist, dass kaum noch Spielraum für weitere Aktivitäten besteht, wäre falsch. Nach wie vor gibt es auf diesem schwierigen, steinigen Feld viel zu tun. Die Einflussgrößen, die schon anfangs der siebziger Jahre (und auch im Jahrzehnt davor) dem Geschäftsführer das Leben schwer gemacht haben, sind auch heute noch bestimmend.

Allerdings darf der Verrechnungswert als Parameter für die Aktivität eines MR bzw. seiner Mitglieder, geschweige denn für den Nutzen der Mitglieder aus der überbetrieblichen Zusammenarbeit nicht überbewertet werden.

… die Betriebshilfe erreicht ihren Höhepunkt schon 10 Jahre früher

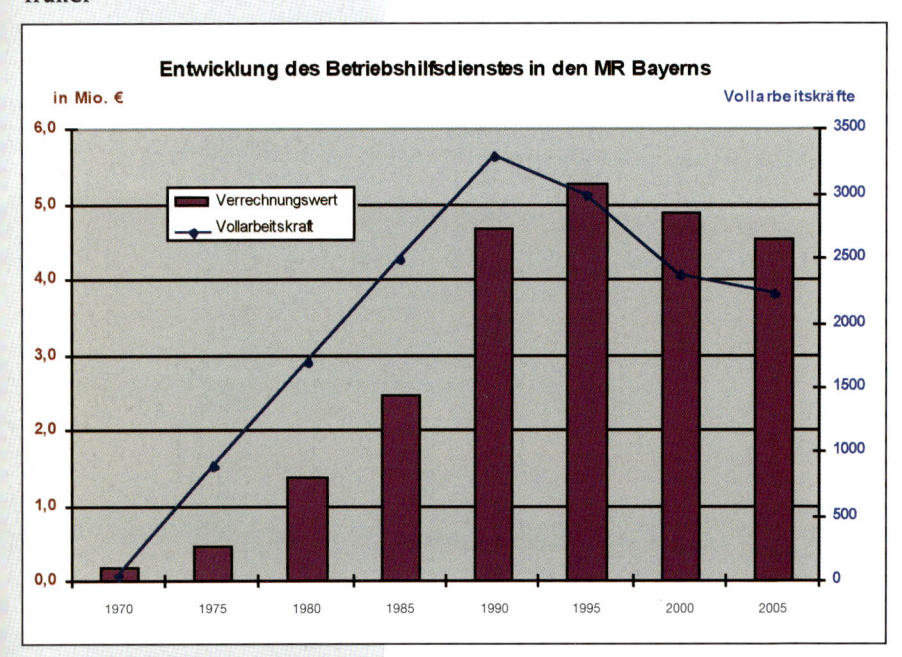

Verrechnungswerte steigen und steigen

Im Jahre 1970 lag der durchschnittliche Verrechnungswert der bayerischen MR noch bei bescheidenen 210.000 DM. 1978 haben die 89 Ringe im Schnitt bereits die erste Million knapp überschritten. Der höchste Stand wurde 2000 mit 6,86 Mio. DM/MR (bzw. 3.5 Mio. €) erzielt.

Quellen:

[1] Protokoll über die Gründung des „Kuratoriums bayerischer Maschinenringe" vom 25. Juni 1969
[2] Schreiben von LR Dr. Anton Grimm an das Bayerische Staatsministerium für Ernährung, Landwirtschaft und Forsten (BStMELF) vom 19.5.1969
[3] Schreiben Bayerische Landesanstalt für Landtechnik an BStMELF vom 22.7.1969
[4] Schreiben BStMELF vom 25.7.1972 Z1-0989/7365 an Amt für angewandte landwirtschaftliche Betriebswirtschaft
[5] Protokoll Vorstandssitzung KBM vom 11.9.1969
[6] Urteil des Landgerichtes Ansbach vom 14.8.1975
[7] Protokoll Vorstandssitzung KBM vom 30.10.1969
[8] Protokoll Mitgliederversammlung 17. Februar 1972
[9] Schreiben BStMELF vom 8.1.1973
[10] Protokoll Vorstandssitzung KBM vom 6.11.1969
[11] Einladung der Vereinigung der Maschinenringe im Landkreis Kaufbeuren an die Vorstände der Maschinenringe vom 20.2.1963
[12] Schreiben des Bayerischen Landhandelverbandes …
[13] Protokoll KBM-Mitgliederversammlung vom 1.3.1971 in Ingolstadt
[14] Protokoll KBM-Mitgliederversammlung vom 20.7.1970 in München
[15] Protokoll Versammlung der Gründungsmitglieder vom 27.11.1969
[16] Beschluss über Mitgliederaufnahme vom 29.5.1970
[17] Schreiben des Landesverbandes Bayerischer Maschinenringe-Sparkassen e.V vom 5.3.1970 und des Bayerischen Sparkassen- und Giroverbandes vom 23.3.1970
[18] Protokoll der konstituierenden Mitgliederversammlung des KBM vom 20.7.1970
[19] Pressemitteilung des Kuratoriums Bayerischer Maschinenringe vom 21.Juli 1970
[20] Protokoll KBM-Vorstandssitzung vom 22.1.1970
[21] dlz, 1/1971
[22] dlz, 4/1971

Betriebshilfe ...
bringt die Maschinenringe in Schwung

Die Ausweitung des Maschinenringes zum Betriebshilfsring ist mit das hervorstechendste Ergebnis der Maschinenringarbeit im Jahre 1970. Es zeigt sich dabei auch ganz deutlich, dass mit Hilfe der hauptberuflichen Betriebshelfer, angestellt beim früheren Kuratorium für katholische Dorfhelferinnen und Betriebshelfer in Bayern (heute KDBH bzw. LBHD) sowie beim evangelischen Betriebshilfsdienst (Hesselberg), allein dieses Problem nicht zu lösen ist, bei der Vielzahl der Fälle, in denen Landwirte zusätzliche Hilfskräfte benötigen. Und hier ist nicht nur an Notfälle bei Krankheit, Unfällen und dergleichen gedacht, sondern auch an die Vertretung bei Urlaub, beim Besuch von Veranstaltungen, Lehrgängen usw. sowie zum Brechen von Arbeitsspitzen.[1]

Ohne diese neue Dienstleistung, die Aushilfe mit nebenberuflichen Betriebshelfern durch die Maschinenringe, wäre deren steiler Aufstieg in ganz Bayern nicht möglich gewesen. Das hervorragende Image, das sich die Maschinenringe in der bayerischen Landwirtschaft im Laufe der in dieser Chronik beschriebenen Periode erworben haben, ist in sehr hohem Maß auf die Erfolge in der Betriebshilfe zurückzuführen.

■ Betriebshilfe, das Paradepferd der meisten Ringe

Die Betriebshilfe entwickelte sich rasch zum Paradepferd der meisten Ringe und erreichte einen Umfang und eine Qualität, die auch von den größten Optimisten in dieser Form nicht für möglich gehalten wurde.

Mehrere Faktoren haben dabei eine Rolle gespielt: Zuerst die rasch wachsende Nachfrage nach Aushilfskräften in Haus und Hof: Sie wurde vor allem durch den Anspruch auf kostenlose Stellung einer Ersatzkraft bei Krankheit, Unfall und Kur forciert und hat sich durch die Einführung der gesetzlichen Krankenversicherung für die Landwirtschaft im Jahr 1972 noch schlagartig erhöht.

Auch die starke Abwanderung von Arbeitskräften aus der Landwirtschaft und der wachsende Arbeitsbedarf vieler Betriebe, vor allem als Folge intensiverer Viehhaltung, haben dazu beigetragen.

Den Maschinenringen ist es durch eine Reihe von Maßnahmen gelungen, diesen steigenden Bedarf qualitativ und quantitativ in hervorragender Weise zu befriedigen. Wie war dies möglich? Im Grunde genommen gab es dafür Anfang der siebziger Jahre weder ein Konzept, noch irgendeine Handlungsanleitung. In der Schrift *Die Maschinenbank* spricht Dr. Geiersberger zwar das Landarbeiterproblem an, das durch die „Maschinenbank" *gemildert, vielleicht sogar gelöst wird; wodurch der Kleinlandwirt steigendes Arbeitseinkommen mit steigender Beschäftigung erhält.* Zunächst hat er dabei aber vor allem eine bessere Auslastung der Maschinen in den mittleren und größeren Betrieben, in denen *der Besitzer oder sein Sohn* nicht die notwendige Zeit für einen überbetrieblichen Einsatz haben, im Auge und empfiehlt, diese Maschinen mit Hilfe von Kleinlandwirten besser auszulasten. *Warum sollte denn nicht ein Bauer einen Kleinlandwirt im Winter 14 Tage auf einen Landmaschinenkurs schicken, und zwar auf seine Rechnung? Weiß er doch, dass ihm dieser Mann dann Hunderte und Tausende von Mark durch die Bedienung seiner Maschine in der Saison verdienen wird!*[2]

■ Das Betriebshelfer-Wunder und seine Ursachen

Wie ist es aber zu erklären, dass es den MR ab 1970 in so kurzer Zeit gelungen ist, eine ganze Heerschar von tüchtigen Teilzeit-Betriebshelfern zu mobilisieren? Die knappe und lapidare Antwort darauf heißt: Es waren in erster Linie die hauptberuflich tätigen Geschäftsführer, die diese Leistung ermöglicht haben.

■ Die Geschäftsführer fanden schnell einen guten Draht zu den Mitgliedern und kannten daher meist auch die betrieblichen Verhältnisse sehr gut. Sie wussten,

Zeittafel

1971 Die KBM-Mitgliederversammlung beschließt die Bezeichnung Maschinenring auf *Maschinen- und Betriebshilfsring* zu erweitern.

1972 Die Landwirtschaftlichen Sozialversicherungsträger von Schwaben, Oberbayern und Unterfranken vereinbaren die Zusammenarbeit mit den Maschinenringen.

1972 120 Bauhelfer der MR besuchen Selbstbaukurse über die Starrrahmenbauweise.

1976 Die Vergütungen in der Betriebshilfe werden steuerlich als Betriebseinnahmen behandelt.

1978 Rund 400 MR-Helfer von 53 MR werden in der *Schwedenforst-Methode* geschult.

1983 Die sozialversicherungsrechtliche Stellung der nebenberuflichen Betriebshelfer/Helferinnen wird endgültig geklärt.

1990 Die 1990 von insgesamt 10 359 MR-Helfern/Helferinnen erbrachte Arbeitsleistung entspricht derjenigen von 3 366 hauptberuflichen Kräften und einem Verrechnungswert von 91,83 Mio. DM.

So vielseitig begabt sind die Helfer/innen der Betriebshilfe

Der stärkste Betriebshelfer Bayerns kommt aus dem Maschinenring Memmingen. Josef Waibel aus Niederrieden errang die Deutsche Meisterschaft 1990 im Armdrücken in der Gewichtsklasse 70 bis 79 Kilogramm. Außerdem wurde er Vize-Gesamtsieger bei den diesjährigen Endkämpfen in Mannheim.

Der agile Jungbauer Waibel gewann vor zwei Jahren den silbernen Pflug beim Wettpflügen im Kreisentscheid Unterallgäu. Damit stellte er auch seine handwerklichen Fähigkeiten als „Landwirt" unter Beweis.

Waibel betont, für die Kraftsportart Armdrücken absolviere er kein spezielles Training. Kraft bekomme er durch seine tägliche Arbeit als Betriebshelfer. Seit drei Jahren gehört er zum Betriebshelferteam des Maschinenringes Memmingen.

Auszug aus dem KBM-Prospekt MR-Info 2, Betriebshilfe ein attraktiver Zuerwerb für Hofnachfolger

Und so vielfältig ist das Spektrum der Betriebshilfe in den Maschinenringen

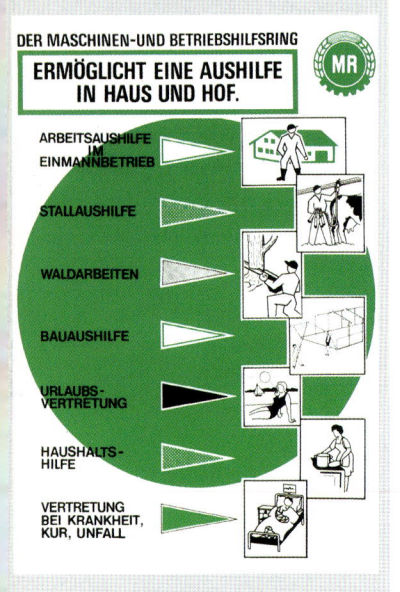

Auszug aus einem Prospekt von KBM und BStMELF aus dem Jahr 1973

Spätere Werbeaktionen konzentrierten sich auf die Gewinnung von Nachwuchskräften

Auszug Titelseite von MR-Info 1

Hallo liebe Bauerntöchter und Bauernsöhne, wenn Ihr einen attraktiven Job sucht, hier ist er!

Mit diesem Aufruf sprechen wir alle mitarbeitenden Familienangehörigen in landwirtschaftlichen Betrieben an, die sich ab und zu vom elterlichen Hof abseilen können und einen attraktiven Zuerwerb suchen.

Unser Angebot, als Betriebshelfer/in etwas dazuzuverdienen kann sich sehen lassen. Die Vorteile, die mit dieser Tätigkeit verbunden sind, sind beachtlich.

1. Sie können sofort einsteigen, ohne Umschulung und Einarbeitung.
2. Die Bezahlung ist gut – besser als es auf den ersten Blick aussieht.
3. Sie brauchen keine großen Formalitäten zu erledigen.
4. Betriebshilfe und die Arbeit im elterlichen Betrieb lassen sich ideal kombinieren.
5. Der MR bietet einiges an zusätzlichem Versicherungsschutz.
6. Als Betriebshelfer/in können Sie eine Menge dazulernen, an Wissen und Erfahrung.
7. Es ist ein gutes Gefühl, anderen Menschen helfen zu können.

Titelseite und Auszug von MR-Info 2

---

welche Betriebe bzw. Personen sie ansprechen und für diese neue Aufgabe gewinnen konnten.

■ Sie vermittelten den Landwirten (auch Nichtmitglieder wandten sich meist hilfesuchend an den MR) nicht nur schnell und unbürokratisch geeignete männliche und auch weibliche Aushilfskräfte, sondern sie erledigten für die betroffenen Betriebe (bei *sozialpflichtigen* Einsätzen) auch die ganzen Formalitäten, von der Antragstellung bis zum Leistungsnachweis. Sie boten also die Betriebshilfe als bequemen, weitgehend kostenlosen Fullservice.

■ Ebenso sorgten sie dafür, dass sich die Helfer selbst nur auf ihre praktische Arbeit in den Betrieben konzentrieren konnten und möglichst von Bürokratie unbelastet blieben.

■ Sie informierten, unterstützten und motivierten die Helfer in vielfältiger Weise, insbesondere bei fachlichen und geselligen Veranstaltungen.

■ Beitrag des KBM zur Erfolgsgeschichte Betriebshilfe

Auch das KBM hat zu dieser Erfolgsgeschichte seinen Beitrag geleistet. In enger Zusammenarbeit mit den Maschinenringen, den landwirtschaftlichen Sozialversicherungsträgern, dem Bayerischen Staatsministerium für Ernährung Landwirtschaft und Forsten und weiteren Institutionen und Behörden hat es vorrangig dafür gesorgt, dass die rechtlichen und organisatorischen Grundlagen für diese Tätigkeit neu geschaffen bzw. angepasst wurden und die Betriebshilfe mit nebenberuflichen Helfern konsequent und schnell aus dem anfänglich bestehenden Zwielicht der Illegalität herausgeführt wurde. Darüber hinaus setzte sich das Kuratorium massiv für eine angemessene Vergütung bei sozialen Einsätzen ein, organisierte spezielle Fortbildungen und informierte und warb auf vielfältige Weise für diese interessante Form des Zuerwerbes.

Die große Bedeutung, die das zweite Standbein der Maschinenringe, die Betriebshilfe, schon in kurzer Zeit erlangte, kommt auch darin zum Ausdruck, dass schon bei der ersten ordentlichen Mitgliederversammlung am 1. März 1971 in Ingolstadt eine entsprechende Namensänderung beschlossen wurde: das KBM hieß nun *Kuratorium Bayerischer Maschinen- und Betriebshilfsringe* und aus den Maschinenringen wurden *Maschinen- und Betriebshilfsringe*.

Ähnlich wie im MR Eggenfelden (Seite 104) entwickelte sich die Betriebshilfe auch in den meisten anderen Maschinenringen in wenigen Jahren zur wichtigsten Dienstleistung überhaupt. Wichtig, was den Arbeitsbedarf in der Geschäftsstelle betraf. Wichtig aber vor allem aus Sicht der Mitglieder, ja der meisten Landwirte. Die Betriebshilfe wurde zum stärksten Imageträger der bayerischen Maschinenringe.

Zwar wurde im Selbstbild der Maschinenringe und spiegelbildlich dazu auch in den Aussagen Außenstehender die Betriebshilfe Anfang der 70er Jahre noch eher am Rande genannt, in der täglichen Arbeit in den Ringen spielt sie jedoch schon bald die Hauptrolle.

In einem 1973 vom KBM und BStMELF gemeinsam herausgegebenen Prospekt (siehe nebenstehend) sind von 8 Seiten zwei direkt dem Thema Betriebshilfe gewidmet. Zwei Jahre vorher hat das Landwirtschaftsministerium auf Anstoß von Frau Sophie Deppisch allerdings schon im Rahmen der Aktion *Moderne Landwirtschaft für alle Betriebe* ein Faltblatt drucken lassen, das sich an die Bäuerinnen wendet und das vielfältige Angebotsspektrum der *Familien-, Haushalts- und Betriebshilfe* der Maschinenringe anpreist, gleichzeitig aber auch für diese Tätigkeit wirbt. Sogar an das *Stöbern (gründlicher Hausputz), Nähen und Flicken* und den *Nachhilfeunterricht* wird dabei gedacht.

■ Werbung für einen attraktiven Zuerwerb

Spätere Publikationen dieser Art dienten nur noch dazu, neue Helfer und Helferinnen zu gewinnen. Das Ankurbeln der Nachfrage stand nicht mehr so stark im Vordergrund. Beispiele dafür sind die Prospekte *Betriebshilfe ein attraktiver Zuerwerb für Hofnachfolger* und *Zuerwerb durch Betriebshilfe – Als Bäuerin Geld dazuverdienen*, beide aus dem Jahre 1990. Bei der zuletzt genannten MR-Info 1 kam es sogar zu einer Zusammenarbeit mit dem BBV (siehe links).

Mit dem Thema Bäuerin und Maschinenring hat sich das KBM, das gilt auch für einzelne MR, wiederholt befasst. Die Mitgliederversammlung 1982 in Immenstadt widmete sich ausschließlich dieser Thematik.

Bereits in der Mitgliederversammlung 1971 stand die Betriebshilfe im Mittelpunkt. Geschäftsführer Hubert Ammersinn vom MR Marktoberdorf referierte über die *Organisation des Betriebshilfsringes in einem Grünland-Maschinenring*. Da die Futterernte sehr stark witterungsabhängig und daher eine überbetriebliche Arbeitserledigung problematisch sei, müsse sich der Grünlandring in der Anfangsphase vor allem auf die Betriebshilfe konzentrieren. Wichtig sei dabei vor allem die Stall- und Melkarbeit und die Hilfe bei Selbstbaumaßnahmen. An zwei Beispielen zeigte er auf, welche beachtlichen Einsparungen durch dies Selbstbauhilfe möglich sind: beim Bau einer Güllegrube konnten 2096,– DM und beim Bau eines Boxenlaufstalles 6980,– DM eingespart werden. *Durch solche Beispiele kann man die Landwirte überzeugen und die Zusammenarbeit auch auf andere Gebiete ausdehnen.*

Heinrich Siegl, Geschäftsführer des MR Landshut, konnte in derselben Veranstaltung schon über erste positive Erfahrungen mit drei Waldabeiter-Trupps berichten. In diesem stark ackerbaulich geprägten Ring lieferte die Waldarbeit den Einstieg in die Betriebshilfe. Es ging also von Anfang an nicht nur um die Aushilfe in Notfällen und bei Arbeitsspitzen, sondern auch darum, das bei den Mitgliedern in hohem Maß vorhandene Spezialwissen und -können den Betrieben, die nicht über solche Qualitäten verfügten, zugänglich zu machen.

So entwickelten sich die Bauaushilfe und die Waldarbeit im Laufe der Jahre zu wichtigen Tätigkeitsfeldern im Rahmen der Betriebshilfe. Aber am weitaus stärksten wuchs die Nachfrage in der *sozialpflichtigen Betriebshilfe*.

Eine der wichtigsten Aufgaben für KBM und Maschinenringe war es daher, genügend qualifizierte Nachwuchskräfte zu gewinnen. Aus diesem Grund kamen immer wieder in Veranstaltungen und Veröffentlichungen engagierte und hochmotivierte Helferinnen und Helfer selbst zu Wort. Schon bei der KBM-Mitgliederversammlung 1972 in Würzburg hat zum Beispiel ein junger Betriebshelfer über seine vielfältigen Einsätze im MR Pfaffenhofen berichtet.

Ab Mitte der 90er Jahre wurde in der Öffentlichkeitsarbeit des KBM die Werbung für die Betriebshilfe, ein *lukrativer und interessanter Zuerwerb* stark forciert. Beim ZLF 1996 haben sich unter dem Motto *Ring frei – Die Profis vom Ring* drei MR-Profis – so die neue Bezeichnung für MR-Helfer – vorgestellt:

Rita Bauer vom MR Altötting-Mühldorf. Eine junge Bäuerin aus einem Milchviehbetrieb, die gerne auch Stallarbeit in anderen Betrieben übernimmt.

Daniela Hofner vom MR Pfaffenhofen. Sie wird den elterlichen Hopfenbetrieb übernehmen und *ist als Drahtaufhängerin fast unschlagbar*.

Sepp Wimmer vom MR Ebersberg. *Er hat mit Rat und Tat schon beim Bau von über 300 Traunsteiner Silos mitgewirkt.*[3]

In einer Artikelserie im Bayerischen Landwirtschaftlichen Wochenblatt (BLW) wurden 1997 mehrere beispielhafte Betriebshelfer vorgestellt: unter anderem der 19-jährige Sebastian Schmidhuber aus Trostberg-Tanning, der 44 Jahre alte Werner Röchner vom MR Untermain, der 48-jährige Josef Berger vom MR Mainburg und zwei Obstbauern aus der Fränkischen Schweiz (MR Erlangen-Forchheim), Erich Friedrich und Georg Hänfling (siehe Fotos rechts). Sie haben sich in der Betriebshilfe auf den Schnitt von Obstbäumen, insbesondere Kirschen, spezialisiert und brauchen sich über mangelnde Nachfrage nicht zu beklagen.

Drei Jahre später folgten im BLW weitere interessante Betriebshelfer-Porträts: zum Beispiel über Manfred Lorenz aus dem MR Rotthalmünster. Er ist vom Allround-Betriebshelfer zum Baumpfleger und -Kletterer *aufgestiegen*.[4] Oder Edeltraud Plattner aus dem MR Pfarrkirchen: *Bäuerin, Betriebshelferin und Kommunalpolitikerin*. Sie ist nach 20-jähriger Unterbrechung mit 41 Jahren wieder in die Betriebshilfe eingestiegen, nachdem ihre fünf Kinder erwachsen genug sind und der Betrieb durch Umstellung auf Mutterkuhhaltung vereinfacht wurde. Seit 2003, seit sie für den Landkreis Rottal-Inn im Landtag sitzt, muss der MR allerdings auf ihre Hilfe verzichten (siehe Foto).[5]

Immer wieder werden vom KBM Porträts interessanter Betriebshelfer und -innen publiziert

Erich Friedrich und **Georg Hänfling** sorgen für den richtigen Schnitt von Kirschen und anderen Obstbäumen im MR Erlangen-Forchheim

Josef Berger ist als „Allrounder" schon über 25 Jahre im MR Mainburg ein gefragter Mann

Edeltraud Plattner stieg mit 41 Jahren wieder als Betriebshelferin ein, bis zu ihrem Karrieresprung in den bayerischen Landtag

Dass der gordische Knoten hinsichtlich der sozialversicherungsrechtlichen Stellung der MR-Helfer zerschlagen werden konnte, ist einmal in hohem Maß Prof. Dr. Ullrich Keymer ...

... und einer wichtigen Erkenntnis des Landesverbandes der Ortskrankenkassen in Bayern zu verdanken

Wir haben vielmehr zum Ausdruck gebracht, dass verschiedene Merkmale der Eingliederung bzw. der Weisungsgebundenheit auch für die Helfer im Rahmen des Betriebshilfsdienstes vorliegen. Da für die Sozialversicherungspflicht grundsätzlich jedoch die Beschäftigung gegen Entgelt Voraussetzung ist, kann diese Streitfrage ausgeklammert werden. Nach den getroffenen Feststellungen schuldet der Unternehmer des Einsatzbetriebes dem Betriebshelfer keinen Lohn, die Zahlungen für den Betriebshilfeeinsatz gehen vielmehr auf das Konto des Betriebes, bei dem der Betriebshelfer beschäftigt ist. Es liegt also zumindest keine Beschäftigung gegen Entgelt vor. Damit sind die Voraussetzungen für die Sozialversicherungspflicht der Tätigkeit im Rahmen des Betriebshilfsdienstes nicht gegeben.

Quelle: AOK-Landesverband Bayern

■ Klärung rechtlicher Fragen, ein wichtiger Meilenstein in der Entwicklung der nebenberuflichen Betriebshilfe

Genauso wichtig wie die vielfältigen PR-Aktivitäten war es, die vielen damit zusammenhängenden rechtlichen und organisatorischen Fragen vorrangig zu klären.

Manche dieser Fragen erwiesen sich als außerordentlich problematisch. Das gilt besonders für die sozialversicherungsrechtliche und steuerliche Bewertung dieser Tätigkeit. Schwierig deshalb, weil einerseits die nebenberufliche Betriebshilfe außerordentlich vielfältig und komplex ist, von der Art der Tätigkeit bis zur Stellung der Helfer, und andererseits aber eine möglichst einfache, einheitliche und praktikable Lösung erstrebenswert war. Das Ziel bestand also nicht nur darin, rechtliche Klarheit zu erreichen, sondern die verschiedenen Einzelfragen zu einem schlüssigen und praktikablen rechtlichen Gesamtsystem zusammenzufügen. Dass dies weitgehend gelungen ist, grenzt fast an ein Wunder. Es war nur möglich, weil die verschiedenen damit befassten Institutionen und Personen konstruktiv mitgearbeitet haben und gelegentlich auch bereit waren, die eine oder andere bürokratische Hürde zu überspringen. Hier ist vor allem Professor Dr. Ullrich Keymer zu nennen, der es mit Autorität und sächsischer Cleverness geschafft hat, alle beteiligten Stellen und Personen auf eine gemeinsame Linie zu bringen.

Auch der Umstand, dass zum damaligen Zeitpunkt die Maschinenringe in Bayern bei Politik und Verwaltung mit einer grundsätzlich positiven Grundeinstellung rechnen konnten, hat erheblich dazu beigetragen, das gemeinsam angestrebte Ziel zu erreichen.

Nachdem es sich aber bei den meisten Rechtsfragen um Bundesgesetze bzw. Verordnungen handelt, war es notwendig, auch eine bundesweite Zustimmung zu erreichen. Ohne den starken politischen Druck aus Bayern wäre dies nicht möglich gewesen. Die meisten der die MR betreffenden Rechtsfragen wurden zunächst in Bayern geregelt und anschließend mit bayerischer Unterstützung in Bonn abgesegnet.

Beispiele dafür sind: die sozialversicherungsrechtliche Einordnung der Betriebshilfe, die Besteuerung von Einnahmen aus MR-Arbeit generell und die Zulässigkeit von Transportarbeiten entsprechend den schon bestehenden Bestimmungen für die Nachbarschaftshilfe.

■ Selbstständige oder unselbstständige Tätigkeit?

Die entscheidende Frage für die versicherungsrechtliche Beurteilung der nebenberuflichen Betriebshelfer/innen lautet: Handelt es sich um eine selbstständige oder unselbstständige Tätigkeit? Die Beantwortung dieser Frage richtet sich, wie es so schön heißt, nach den tatsächlichen Verhältnissen des Einzelfalles. Und je nachdem, ob die Merkmale, die für eine selbstständige oder unselbstständige Tätigkeit sprechen, überwiegen, ist so oder so zu entscheiden.

In dieser Situation versuchte das KBM zunächst zu erreichen, dass die Betriebshilfe im MR generell als selbstständige Tätigkeit anerkannt wird. Diese Bemühungen blieben jedoch erfolglos. Der gordische Knoten konnte erst durchschlagen werden, als man sich auf ein zweites wichtiges Kriterium konzentrierte, nämlich die Frage: Liegt eine Beschäftigung gegen Entgelt vor? Und diese Frage konnte eindeutig verneint werden; denn von Anfang an wurde das Entgelt für MR-Leistungen nicht an die Person, welche die Dienstleistung durchgeführt hat, überwiesen, sondern auf das Konto des entsendenden Betriebes. Damit war die Kuh vom Eis und die wohl wichtigste Rechtsfrage für die nebenberufliche Betriebshilfe geklärt.

Die steuerliche Behandlung der Einnahmen aus der Betriebshilfe wurde schon im Jahre 1976 in Verbindung mit einer generellen Regelung für alle Einkünfte aus MR-Einsätzen geregelt.

Ein Auszug eines Artikels aus dem Jahre 1979 fasst die wesentlichen rechtlichen Aspekte und die daraus abgeleiteten steuerlichen Konsequenzen kurz zusammen (siehe Randspalte folgende Seite).

Diese beiden Regelungen, die sozialversicherungsrechtliche und die steuerliche, stellen einen wichtigen Meilenstein in der Entwicklung der nebenberuflichen Betriebshilfe dar. Die außerordentlich große Bereitschaft vieler Bauern und Bäuerinnen, der jungen und sogar der älteren, für diese Tätigkeit ist in hohem

Maß auf diese einfache, klare, unbürokratische und in finanzieller Hinsicht günstige Regelung zurückzuführen

Nun war es aber notwendig, dass die dieser Regelung zugrunde liegenden Bedingungen in der Praxis auch konsequent eingehalten wurden. Insbesondere jungen Betriebshelfern fehlte schon manchmal das Verständnis dafür, dass der Lohn für ihre Arbeit nicht an sie selbst bezahlt wurde, sondern dem elterlichen Betrieb zugute kam. In nebenstehendem Merkblatt *Hinweise zum Einsatz nebenberuflicher Betriebshelfer und -Helferinnen der Maschinen- und Betriebshilfsringe (MR)* wurden die wichtigsten Regeln zusammengefasst. Sie sollten vor jedem Einsatz vom Helfer und vom Einsatzbetrieb schriftlich zur Kenntnis genommen und bestätigt werden. Offensichtlich wurden diese Regeln auch eingehalten; denn trotz der gewaltigen Zahl an Einsätzen über viele Jahre kam es diesbezüglich zu keinen nennenswerten Problemen, zumindest nicht in Bayern. In einem anderen Bundesland geriet dagegen sogar ein Maschinenring selbst, der diese Spielregeln nicht einhielt und den Lohn vom MR-Konto direkt an die Helfer ausbezahlte, in existentielle finanzielle Schwierigkeiten. In diesem Fall wurde der MR als Arbeitgeber der Betriebshelfer eingestuft und mit entsprechenden Beiträgen für Lohnsteuer und Sozialversicherung belastet.

■ Rundumversicherung für Helfer/innen, ein großes Anliegen von KBM und MR

Ein Negativum dieser sonst so positiven Regelung war, dass aus der Tätigkeit *Nebenberufliche Betriebshilfe* unmittelbar kein Beitrag für eine spätere Altersversorgung geleistet wurde. Bei den Betriebsinhabern, den Altenteilern und den späteren Hoferben war dieses Manko nicht so gravierend. Für die jungen Leute aber, die früher oder später aus der Landwirtschaft ausstiegen, war dies von Nachteil. Daher hat das KBM den Betrieben empfohlen, mit ihren davon betroffenen Söhnen und Töchtern einen versicherungspflichtigen Arbeitsvertrag abzuschließen oder in anderer Form Beiträge zu einer Altersvorsorge zu leisten.

Darüber hinaus wurden nach und nach noch weitere Maßnahmen für den Schutz und die Sicherheit der Betriebshelfer eingeführt.

Krankenversichert sind die Betriebshelfer als mitarbeitende Familienangehörige, als Betriebsinhaber und als Altenteiler in der Landwirtschaftlichen Krankenversicherung (LKK). Den gesetzlichen Unfall-Versicherungsschutz für arbeitsbedingte Unfälle leisten die Landwirtschaftlichen Berufsgenossenschaften (LBG). Diesbezüglich bestand kein besonderer Regelungsbedarf. Allerdings verlangten einige LBG's für die nebenberuflichen Betriebshelfer eine Zuzahlung zum regulären, von jedem landwirtschaftlichen Betrieb zu leistenden LBG-Beitrag. Über diese Zuzahlung wurde jahrelang gestritten, in einem Fall sogar vor dem Sozialgericht. Das KBM vertrat dabei den Standpunkt, dass durch die überbetriebliche Arbeitserledigung generell das Unfallrisiko in den Betrieben nicht steigt, sondern eher geringer wird, dank qualifizierter Betriebshelfer und dank des Einsatzes von regelmäßig gewarteten Großmaschinen, die von Profis bedient werden. Dieser Argumentation haben übrigens schon 1966 dank einer Initiative von Dr. Geiersberger die meisten großen Haftpflichtversicherer Rechnung getragen. Um so unverständlicher war es für die MR, dass einige Landwirtschaftliche Berufsgenossenschaften sich diesen einleuchtenden und überzeugenden Argumenten nicht anschließen konnten oder wollten, zumal sie in der sozialpflichtigen Betriebshilfe auf die Zusammenarbeit mit den MR angewiesen sind. Letzten Endes einigte man sich darauf, für die Betriebshelfer einen zusätzlichen Beitrag für das erhöhte Wegerisiko zu leisten. Dass Betriebshelfer besonders auf ihren Fahrten von und zu ihrem Einsatzbetrieb gefährdet sind, ist nicht zu bestreiten. Leider kam es dabei zu zahlreichen Unfällen, sogar mehrmals mit tödlichem Ausgang.

■ Wer haftet für Schäden?

Was passiert, wenn ein Helfer während seines Einsatzes einen Schaden anrichtet? Auch für dieses Problem gab es keine ganz einfache Lösung.

Einerseits kann der Auftraggeber zu Recht eine gute, fehlerfreie Dienstleistung erwarten. Für den Fall, dass doch ein Mangel auftritt, eine Maschine, ein Gerät, ein Tier oder gar ein Mensch aufgrund eines vom Helfer verursachten Fehlers zu Schaden kommt, muss dieser Schaden behoben werden, vom Helfer oder vom MR.

Nachdem die rechtliche Einordnung der MR-Helfer geklärt war, wurde dieses Regelwerk schnell publiziert, zum Beispiel in MR-Intern ...

Der Betriebshilfsdienst mit „nebenberuflichen Betriebshelfern" ist ein Teil der organisierten Nachbarschaftshilfe der Maschinenringe. Diese besteht darin, dass sich selbstständige landwirtschaftliche Unternehmer gegenseitig mit ihren freien Kapazitäten an Maschinen und Arbeitskräften helfen. Beim Betriebshilfsdienst, der Aushilfe mit Arbeitskräften, entsteht zwischen dem nebenberuflichen Helfer und dem Einsatzbetrieb kein Arbeitsverhältnis. Denn es handelt sich hierbei, wie schon erwähnt, um eine auf Gegenseitigkeit beruhende Nachbarschaftshilfe selbstständiger landwirtschaftlicher Unternehmer. Dabei ist es gleichgültig, ob die Betriebsinhaber, deren Kinder oder gelegentlich auch deren Eltern (Opa, Oma) die Aushilfe leisten ... Dem entspricht auch die steuerliche Behandlung dieser Einnahmen. Sie zählen zum Betriebseinkommen.

Quelle: Dr. Grimm und Karl Moser MR-Intern 1/79 Seite II-1

... und in einem Merkblatt des KBM, das der Einsatzbetrieb zur Kenntnis nehmen und anerkennen musste

KURATORIUM BAYERISCHER MASCHINEN- UND BETRIEBSHILFSRINGE

München, Januar 1977

Hinweise zum Einsatz nebenberuflicher Betriebshelfer und -helferinnen der Maschinen- und Betriebshilfsringe (MR)

1. Die Einsatzleitung für die nebenberuflichen Betriebshelfer liegt beim Geschäftsführer des MR. Dieser kann, falls es erforderlich ist, auch einen Einsatz vorzeitig beenden bzw. während des Einsatzes Helfer austauschen.
Bei Meinungsverschiedenheiten und Schwierigkeiten ist sofort der MR-Geschäftsführer zu benachrichtigen.

Der Betriebshilfsdienst ist Teil der überbetrieblichen Zusammenarbeit der landwirtschaftlichen Unternehmer im MR. Das bedeutet, daß in der Regel zwischen Einsatzbetrieb und Betriebshelfer kein Arbeitsverhältnis entsteht. Die Einnahmen aus dem Betriebshilfsdienst stellen deshalb, falls die gesamte überbetriebliche Tätigkeit nicht den Umfang eines Gewerbebetriebes erreicht, in der Regel keinen Einnahmen des Betriebes dar, der den Betriebshelfer stellt. Bei einem nichtbuchführungspflichtigen landwirtschaftlichen Betrieb sind diese Einnahmen im Grundbetrag des § 13a abgegolten, so daß ein besonderer Zuschlag entfällt.
Im Einzelfall können Art und Umfang der Betriebsaushilfe so ausgeprägt sein, daß ein Dienstverhältnis mit dem Auftraggeber vorliegt (Lohnsteuer).

3. Die Vergütung erfolgt wie beim überbetrieblichen Maschineneinsatz bargeldlos anhand der MR-Abrechnungsvordrucke. In der Regel ist von den Verrechnungssätzen des zuständigen Maschinenringes auszugehen, wenn nicht vor Aufnahme der Arbeit Sonderabmachungen getroffen wurden.

4. Die Fahrten von der Wohnung zum Einsatzbetrieb werden vom Einsatzbetrieb getragen. Das gleiche gilt für Fahrten, die der Helfer für den Einsatzbetrieb mit seinem eigenen PKW durchführt. Je PKW werden z. Zt. –,30 DM/km berechnet.
Bei sozialpflichtigen Einsätzen (Kosten werden von einem Sozialversicherungsträger übernommen) gelten die entsprechenden Bestimmungen.

5. Gemäß der MR-Satzung ist eine Haftung des MR, die sich aus der Nachbarschaftshilfe ergeben könnte, ausgeschlossen.

6. Die Helfer übernehmen keine Haftung für Schäden, die sie bei ihren Einsätzen verursachen.
Kindern und sonstigen nicht zur Arbeitserledigung erforderlichen Personen ist das Mitfahren auf betriebseigenen Kraftfahrzeugen, die vom Betriebshelfer gesteuert werden, nicht gestattet. Unterhaltspflichtige Angehörige des Betriebsinhabers sollten aus Haftungsgründen nur in Fahrzeugen mitgenommen werden, die auf den Betriebshelfer zugelassen sind.

7. Die Helfer sind angehalten, betriebliche Angelegenheiten vertraulich zu behandeln. Dies gilt sinngemäß auch für den Einsatzbetrieb.

Ich bestätige, daß ich die Hinweise für nebenberufliche Betriebshelfer zur Kenntnis genommen habe und anerkenne.

Ort   Datum   Unterschrift

Dieses, die Haftung der MR-Helfer betreffende Urteil hat bestätigt, wie wichtig es ist, das auf der vorausgehenden Seite abgebildete Merkblatt jedem Betrieb vor dem Einsatz zur Unterschrift vorzulegen

Der Fall: Ein Betriebshelfer verursachte an einem Schlepper bei einem Verkehrsunfall einen Schaden in Höhe von 9963,54 DM. Der Einsatzbetrieb verklagte den Helfer. Das Landgericht Würzburg erkannte ein Mitverschulden des Unfallgegners und daher keine grobe Fahrlässigkeit seitens des Betriebshelfers.

Das Urteil:
1. Der Beklagte wird verurteilt, an die Klägerin DM 4981,77 zu zahlen.
2. Die Kosten des Rechtsstreites hat der Beklagte zu tragen.

Die Entscheidungsgründe: Der Beklagte hat den von ihm geltend gemachten Haftungsausschluss nicht nachweisen können. Das entsprechende Merkblatt des KBM wurde der Klägerin nicht vor Beginn des Einsatzes vorgelegt und somit auch nicht unterzeichnet an den MR zurückgesandt.

Quelle: MR-Intern 1/79

Vor allem im Hinblick auf die *Konkurrenz* der hauptberuflichen Helfer hat das KBM die gute Qualifikation der *Nebenberuflichen* immer wieder herausgestellt

Ausbildung der nebenberuflichen Betriebshelfer
(Stand 1974 – Anteile in Prozent)

Ausbildung	männl.	weibl.
Meister/Meisterin	9,2	10,1
Gehilfe/Gehilfin	60,9	52,1
Staatl. geprüfte Wirtschafterin		6,9
Spezialkenntnisse	4,9	3,9
Ohne besondere Ausbildung	25,3	27,0

Quelle: Jahresbericht des KBM 1974

Andererseits kann man aber einem Betriebshelfer, der nur einen relativ bescheidenen *Lohn* bekommt, nicht zumuten, für derartige Schäden aufzukommen.

Solange keine gravierenden Schäden auftraten, bestand auch keine Notwendigkeit für eine grundsätzliche, den besonderen Gegebenheiten der organisierten Nachbarschaftshilfe im MR angepasste Regelung. Als es dann aber zu einigen spektakulären Schadensfällen kam, musste gehandelt werden. In dem schon erwähnten Merkblatt des KBM, *Hinweise zum Einsatz ...*, wurde eine Haftung der Helfer ausgeschlossen. Diese MR-spezifische Regelung deckt sich zwar nicht, wie der nebenstehend beschriebene Fall bestätigte, mit der allgemeinen Rechtsprechung, sie war aber dennoch rechtlich einwandfrei.

Wenn das abgebildete Hinweisblatt des KBM von der Klägerin (siehe nebenstehender Fall) unterzeichnet worden wäre, so die Aussage des Gerichts, hätte ein Haftungsausschluss bestanden, der alle Grade fahrlässigen Handelns mit Ausnahme des Vorsatzes umfasst[7]. Aufgrund dieses Falles wurde zusätzlich noch ein entsprechender Haftungsausschluss in die MR-Satzung aufgenommen.

Der von den MR immer wieder ins Feld geführte Pluspunkt für die Betriebshilfe, ein umfassender Versicherungsschutz, war also kein üblicher Werbespruch, sondern ein Fakt, der sich in vielen, vielen Fällen als zutreffend erwies und deshalb auch sehr werbewirksam war.

Dasselbe gilt für die Feststellung: *Sie brauchen keine Formalitäten zu erledigen.* Denn dank der beschriebenen sozialversicherungs- und steuerrechtlichen Handhabung fallen für die Helfer selbst, wenn man vom Führen des Einsatztagebuches absieht, kaum Formalitäten an. Die Abrechnung erfolgt, wie im MR üblich, bargeldlos.

Der Helfer muss der Geschäftsstelle lediglich seine Einsatzzeit mitteilen, schriftlich oder auch telephonisch. Die Meldungen an die Versicherungsgesellschaften für die zusätzliche private Unfallversicherung, die Dienstreisekaskoversicherung usw. besorgte der zuständige Maschinenring bzw. das KBM. Dazu war i. d. R. keine gesonderte Mitteilung erforderlich. Vielmehr wurden die notwendigen Daten von den Ringen ohnehin in Verbindung mit der jährlichen *Umsatzmeldung* an das KBM weitergeleitet.

Sind die Nebenberuflichen ausreichend qualifiziert?

Sie können sofort einsteigen, ohne Umschulung und Einarbeitung, so wird ein weiterer Vorteil der nebenberuflichen Betriebshilfe in einem Prospekt des KBM beschrieben. Auch diese Behauptung trifft in vollem Umfang zu. Die Einarbeitung bestand allenfalls darin, dass der Geschäftsführer neue Leute beim Ersteinsatz einem erfahrenen Helfer zur Seite stellte – dies war jedoch nur bei speziellen Arbeiten, z. B. in der Waldarbeit, üblich. Dass trotzdem die Auftraggeber nur ganz selten Grund zu Kritik hatten, lag an folgenden zwei Faktoren: Erstens wiesen die Helfer/innen im Allgemeinen eine gute bis sehr gute landwirtschaftliche Fachausbildung auf. Das haben wiederholte Umfragen bestätigt. Die nebenstehende Auswertung von 1974 bestätigt dies. Danach hat nur etwa ein Viertel der Betriebshelfer bzw. -helferinnen keine *besondere Ausbildung*, das heißt eine über die Berufsschule hinausgehende Weiterbildung, vorzuweisen.

Zweitens haben sich überwiegend nur solche Bauern und Bäuerinnen, die überdurchschnittlich qualifiziert und motiviert waren, egal ob jung oder alt, getraut, sich der Kritik ihrer Berufskollegen auszusetzen – denn darum handelt es sich bei jedem Einsatz. Auch dies ist durch Fakten belegt: Auf Veranlassung des KBM wurden an der Technischen Universität München Weihenstephan bei Professor Joachim Ziche zwei Diplomarbeiten, von Gudrun Brügel und Anna Wörl, zur Betriebshilfe durchgeführt. Es ging dabei um die Frage, wie die Betroffenen, die Einsatzbetriebe, die Leistung der MR-Helferinnen im Vergleich zur Leistung der Dorfhelferinnen bewerten. Anlass für diesen Forschungsauftrag war die massive Kritik verschiedener Bezirksbäuerinnen an der Qualifikation der nebenberuflichen Helferinnen. Die Zusammenfassung dieser 1985 in den Landkreisen Freising, Kelheim und Neustadt/Aisch durchgeführten Untersuchung bestätigten in vollem Umfang die hohe Effizienz und Arbeitsqualität der *Nebenberuflichen*. Und noch zwei weitere Pluspunkte nennt die Untersuchung: *Noch dazu kommt, dass Betriebshelferinnen durch ihren auch stundenweisen Einsatz flexibler und damit hoch effizient in der bäuerlichen Betriebshilfe zum Wohle* der in Not geratenen Familien einsetzbar sind und den Sozialversicherungsträgern noch in hohem Maße Kosten sparen helfen.[8]

Wie groß generell der Unterschied in den Kosten für eine Betriebshelferstunde ist, je nachdem ob nach dem hauptberuflichen oder dem nebenberuflichen System organisiert, hat Dr. Geiersberger einmal im Rahmen einer Landfunksendung dargestellt. Er kam dabei zu folgendem Ergebnis:

An Fördermitteln aus dem LwFöG fallen je Einsatzstunde für hauptberufliche 9,30, für nebenberufliche 0,37 DM an. Die LSV Oberbayern zahlte 1986 pro Tag: für die Dorfhelferin 167,–, für den hauptberuflichen Betriebshelfer 187,– und für den MR-Helfer 90,– DM (bei einem 9-Stunden-Tag).

12 Jahre später, 1997, hat das KBM eine weitere wissenschaftliche Untersuchung zur Betriebshilfe im Rahmen einer Diplomarbeit bei Professor Dr. Peter Wagner, Weihenstephan initiiert. Das Thema: *Organisationsform und Akzeptanz der Betriebshilfe.*[9] Der Diplomand, Gerhard Röhrl, ist heute Geschäftsführer des BMR e.V. und für die Fortbildung der MR-Führungskräfte in Deutschland verantwortlich. In 8 bayerischen Maschinenringen wurden rund 200 Helfer und Helferinnen zu ihren Motiven, Erfahrungen, Meinungen und Wünschen hinsichtlich der Betriebshilfe befragt.

Anlass für diese Arbeit war der Umstand, dass es zunehmend schwieriger wurde, genügend Kräfte für diese Aufgabe zu gewinnen. Mit dem Artikel *Engpässe in der Betriebshilfe: Betriebshelfer bald Mangelware?* sprach *Mein Maschinenring,* das Mitteilungsblatt für die MR-Mitglieder in Bayern 1990 in Heft 1 dieses Problem an. Das Ziel dieser Diplomarbeit war es vor allem, Hinweise und Anregungen zu bekommen, wie der *Zuerwerb Betriebshilfe* attraktiver gemacht werden kann.

Der entscheidende Faktor für den Einstieg in die Betriebshilfe ist danach die Bezahlung. Über 80 Prozent (siehe rechts) nennen als Grund für ihre Tätigkeit als Betriebshelfer: *Zuverdienst.* Und auf die Frage, was für einen *verstärkten Einstieg in die Betriebshilfe* wichtig ist, liegt von insgesamt 8 Kriterien *bessere Bezahlung* mit Abstand an der Spitze.

Etwa die Hälfte der Befragten hielt *mehr Fortbildung* für wichtig bis sehr wichtig. Diesem Bedürfnis haben KBM und MR von Anfang an Rechnung getragen. Unterstützt wurden sie dabei von den Landvolkshochschulen, insbesondere von Niederalteich bei Deggendorf und Petersberg bei Dachau sowie den Landmaschinenschulen Schönbrunn bei Landshut und Landsberg/Lech.

Die Betriebshelfer-Kurse der Landvolkshochschulen stellten vor allem die menschlichen Probleme in den Vordergrund; die Landmaschinenschulen informierten über technische Neuerungen bei Landmaschinen und in der Haushaltstechnik.

Die in der Waldarbeit tätigen MR-Helfer besuchten anfangs vielfach die von den Waldbauervereinigungen (WBV) organisierten Motorsägen-Kurse. Die Bauhelfer nutzten vor allem die vom Landtechnischen Verein Weihenstephan und den MR gemeinsam durchgeführten Selbstbau-Kurse.

An den Landvolkshochschulen Niederalteich und Petersberg wurden die Betriebshelfer-Seminare zu einem festen Bestandteil des Jahresprogramms. Trotz der großen Zahl – insgesamt zählten die bayerischen MR in den Jahren 1975 bis 1990 zwischen 5000 bis 10 000 Helfer/innen – war es äußerst mühsam, zwei oder gar drei derartige Lehrgänge mit etwa 15 bis 20 Teilnehmern pro Jahr zustande zu bringen. Und dies, obwohl die Teilnehmer immer voll des Lobes waren. Die hauptsächlichen Gründe dafür: Z.T. war es eine Zeit- und Kostenfrage. Viele scheuen auch die weite Anfahrt.

Aber, wenn diese Seminare auch nur einen ganz kleinen Teil der Zielgruppe erreicht haben, so haben sie doch auf die ge-

Die Befragung von 200 MR-Helfern/innen in 8 Maschinenringen hat u. a. Erkenntnisse über deren Motivation gebracht

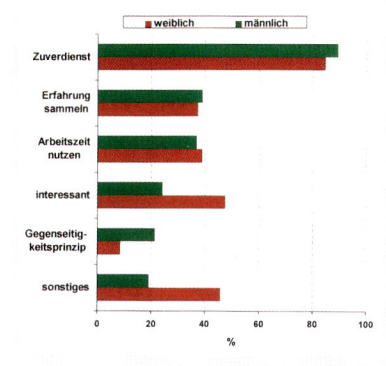

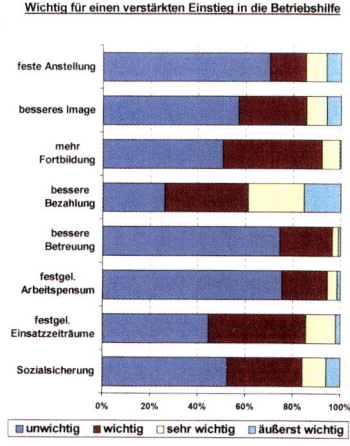

Quelle: Diplomarbeit von Gerhard Röhrl „Organisationsform und Akzeptanz der Betriebshilfe

Ein anderes Ergebnis dieser Diplomarbeit: der Wunsch der MR-Helfer nach mehr Fortbildung

MR-Helfer/innen bei einem Seminar an der Landvolkshochschule St. Gunther Niederaltaich. Im Hintergrund (4. v. l.) **Dr. Walter Rehrl,** der Schulleiter

Besonders großen Anklang fanden Eintagesseminare, bei denen die Bedienung von Mähdreschern, Häckslern und Rübenrodern trainiert wurde

Teilnehmer am Seminar der Akademie der Maschinenringe *Training für Mähdrescher-Fahrer* an der Landmaschinenschule Schönbrunn im Jahr 2000

Immer wieder haben sich die Ringe darum bemüht, mit den Einsatzleitern für die *Hauptberuflichen* zu einer engen Zusammenarbeit zu kommen, mit unterschiedlichem Erfolg:

Trotz dieser beachtlichen Ausweitung des Betriebshilfsdienstes mit nebenberuflichen Betriebshelfern kommt nach wie vor dem hauptberuflichen Betriebshelfer große Bedeutung zu. Aus diesem Grund sind die Maschinenringe, insbesondere die Maschinenringgeschäftsführer, um eine enge und gute Zusammenarbeit mit dem Einsatzleiter des hauptberuflichen Betriebshelfers bemüht. Im Einzugsbereich von 9 Ringen (insgesamt stehen in 45 Ringen hauptberufliche Betriebshelfer zur Verfügung) ist dies dadurch optimal gelöst, dass der Maschinenringgeschäftsführer gleichzeitig Einsatzleiter für den Betriebshelfer ist. In den anderen Fällen sind Angehörige der Landwirtschaftsämter (13), des BBV (14), der Kirche (2) und Landwirte (7) Einsatzleiter.
Nur 15 Maschinenringsvorsitzende bzw. Vorstandsmitglieder von MR sind im Ausschuss für Betriebshelfer vertreten. Trotzdem beantworteten 30 Geschäftsführer die Frage: „Besteht zwischen MR und Einsatzleiter für den Betriebshelfer eine Zusammenarbeit?" mit ja, fünf mit nein und drei mit „jein".

Quelle: KBM-Geschäftsbericht 1971

samte Betriebshilfe ausgestrahlt und sie positiv beeinflusst; denn die Teilnehmer haben ihre Erkenntnisse und Erfahrungen auch an die Kollegen und die mit der Betriebshilfe befassten Personen in den MR-Geschäftsstellen weitergegeben.

Dennoch scheint es lohnend, noch mehr Anstrengungen zu unternehmen, um einen möglichst hohen Anteil aller MR-Helfer (und dies gilt auch für die Fahrer von Maschinen) regelmäßig und gezielt fortzubilden. Die MR-Helfer und auch alle weiteren Auftragnehmer im MR, also sozusagen das *Humankapital* der Maschinenringe, sind die Faktoren, die in erster Linie Qualität und Service der Dienstleistungen eines MR bestimmen. Die Untersuchung von Röhrl hat im Übrigen das starke Interesse der Betroffenen dazu eindeutig festgestellt.

Dass gut gemachte Fortbildung durchaus gefragt ist, zeigen die an der Landmaschinenschule Schönbrunn/Landshut im Jahre 2001 von der Akademie der Maschinenringe durchgeführten Seminare für Fahrer von Mähdreschern, Häckslern und Fahrern von Rübenrodern. Die Nachfrage war so groß, dass mehrere Wiederholungen notwendig waren (siehe links oben).

■ Dorfhelferinnen und hauptberufliche Betriebshelfer – Konkurrenz oder Ergänzung der Nebenberuflichen?

Schon zwei Jahre vor Gründung des ersten Maschinenringes in Buchhofen wurde im Mai 1956 das *Landeskuratorium der katholischen Dorfhelferinnen* gegründet. Ihr Erster Vorsitzender war der legendäre Landvolkseelsorger Dr. Emmeran Scharl.

Am 1. Juni 1956 fand bereits der erste Lehrgang der katholischen Dorfhelferinnenschule statt. Und am 15. Juni des folgenden Jahres haben die ersten 6 katholischen Dorfhelferinnen ihre Arbeit aufgenommen. Das Pendant dazu, die *Arbeitsgemeinschaft Evangelischer Dorfhelferinnen Bayern* wurde am 4. Juli 1956 gegründet.

Im Mai 1964 erfolgte die Gründung des Landeskuratoriums der katholischen Betriebshelfer in Bayern, aus dem dann 1970 das Landeskuratorium für Betriebshelfer in Bayern e. V. mit den Geschäftsstellen für katholische und evangelische Betriebshelfer hervorging. Alle drei Kuratorien werden ab 1970 ebenso wie das KBM entsprechend dem LwFöG gefördert.

Anders jedoch wie bei den Maschinenringen gibt es hier keine unmittelbar von den Landwirten gebildeten Vereine oder Genossenschaften, die vor Ort den Einsatz organisieren und die notwendigen Eigenmittel beschaffen, sondern so genannte Stationen, denen jeweils ein Ausschuss zugeordnet ist. Dieser Ausschuss ist zum Beispiel bei den katholischen Dorfhelferinnen aus Vertretern der Pfarreien, der politischen Gemeinden, der Katholischen Landjugend- und Landvolkbewegung, der Landfrauenvereinigung des Katholischen Frauenbundes, des Bayerischen Bauernverbandes und des Amtes für Landwirtschaft (AfL), Abteilung Hauswirtschaft zusammengesetzt. Zum entsprechenden Gremium für katholische Betriebshelfer gehören ein Vertreter des Landkreises, des AfL, des BBV, der Raiffeisenbanken und Sparkassen, der katholischen Kirche und der katholischen Landvolkbewegung.[10]

Auf Seiten der evangelischen Einrichtungen sind die Ausschüsse ähnlich besetzt.

1986 gab es bei der katholischen Institution 202 Dorfhelferinnen und 130 Betriebshelfer, bei der evangelischen 41 Dorfhelferinnen und 37 Betriebshelfer, insgesamt also 410.

Die 7627 Helfer und 2846 Helferinnen der MR, die bekanntlich nebenberuflich tätig sind, haben im gleichen Jahr knapp 5 Millionen Einsatzstunden geleistet. Das entspricht der Arbeitsleistung von 2608 hauptberuflich tätigen Helfern. Dass es zwischen den Maschinenringen einerseits und den genannten Ausschüssen andererseits nicht nur zu mehr oder weniger starken Berührungen, sondern gelegentlich auch zu Rivalitäten kam, liegt in der Natur der Sache. Beide waren für das gleiche Klientel zuständig. Beide hatten z. T. dieselbe Aufgabe zu erfüllen.

Die Entwicklung der nebenberuflichen Betriebshilfe verlief jedoch so rasant, dass die von den *Nebenberuflichen* geleisteten Stunden sehr bald die der *Hauptberuflichen* um ein Vielfaches übertraf. Bereits 1973 entsprachen die von den MR geleisteten Stunden der Arbeitsleistung von 356 Vollarbeitskräften (VAK). Im gleichen Jahr erfolgte erneut eine Umfrage bei den Ringen zur Zusammenarbeit mit den hauptberuflichen Betriebshelfern. Das Ergebnis: *Die Zahl der Geschäftsführer, denen die Einsatzleitung über den hauptberuflichen Betriebshelfer obliegt, hat von 11 (1972) auf 16 zugenommen. Erfreulich ist auch, dass nur noch in drei Fällen keinerlei Zusammenarbeit zwischen dem jeweiligen Einsatzleiter und dem MR-Geschäftsführer besteht. Nach wie vor ist allerdings erst in etwa der Hälfte der Betriebshelferausschüsse ein Vorstandsmitglied des MR vertreten.*[11]

Trotz dieser großartigen Erfolge in der Betriebshilfe waren die Maschinenringe auch weiterhin um eine gute, konstruktive Zusammenarbeit bemüht. Nach ihrer Meinung bestände die optimale Form der Zusammenarbeit darin, dass generell die Einsatzleitung für Betriebshelfer und Dorfhelferinnen dem zuständigen MR-Geschäftsführer übertragen werden sollte. Dadurch könnte eine ideale Ergänzung beider Formen der Betriebshilfe erreicht werden und die hauptberuflichen möglichst nur in den Fällen, in denen *eine Notlage vorliegt*, zum Einsatz kommen. Die Lobby der Maschinenringe war jedoch nicht so einflussreich, um eine derartig konsequente Regelung zu erreichen bzw. die Kräfte, die dies verhindern wollten, waren einflussreicher. Selbst nach dem Zusammenbruch des Landeskuratoriums und der Neugründung als Katholische Dorfhelferinnen und Betriebshelfer GmbH im Jahre 1999 ist dies nicht gelungen, trotz massiver Anstrengungen seitens des KBM.

Erst im Jahre 2005 konnte von BBV und KBM zu jeweils gleichen Gesellschaftsanteilen eine gemeinsames Tochterunternehmen zur Beschäftigung teilzeitbeschäftigter Ersatzkräfte, die Landwirtschaftlicher Betriebs- & Haushaltsdienst (LBHD) GmbH gegründet werden. Auf Grund der positiven Erfahrungen, die Einsatzleitung liegt bei den MR-Geschäftsstellen, sind seit dem 1. Januar 2008 auch alle hauptberuflichen Betriebshelfer hier beschäftigt.

Einsatzanlässe und -bereiche in der nebenberuflichen Betriebshilfe

Einsatzanlässe:
Sozialpflichtig
 Aushilfe im Auftrag von LSV und anderen Krankenkassen.
Sozialoffen
 Aushilfe bei Krankheit Unfall, Kur usw., die nicht von einem Sozialversicherungsträger bezahlt wird.
Wirtschaftlich
 Aushilfe bei Arbeitsspitzen im Betrieb, Waldarbeit, Bauhilfe usw.
Privat
 Vertretung bei Urlaub, Familienfeier, Fortbildung usw.

Einsatzbereiche:
Allgemeine Arbeiten
 Wichtige Arbeiten in Stall und Feld, hauptsächlich bei Vertretung des Betriebsleiters
Stallarbeit
 Überwiegend melken, füttern usw.
Haushalt
 Überwiegend reine Hausarbeit
Maschinenbedienung
 Fahren von meist größeren Spezialmaschinen
Bauaushilfe
 Mitarbeit bei Selbstbau-Maßnahmen
Sonderkulturen
 Arbeiten vor allem im Wein-, Hopfen- und Gartenbau

Sozialpflichtige *Betriebs- und Haushaltshilfe*

Erstmals im KBM-Jahresbericht 1971 wird der Umfang der Betriebshilfe, der über die Landwirtschaftliche Alterskasse (LAK) (dieser Begriff steht hier für den damals noch nicht so gebräuchlichen Namen *Landwirtschaftliche Sozialversicherung – LSV*) abgerechnet wurde. Er umfasste 18 000 Stunden und machte 16,4 Prozent der gesamten MR-Betriebshilfe des Jahres 1971 aus. Ein Jahr später wird die Darstellung der Betriebshilfe schon etwas differenzierter. Erstmals wird nach Art der Tätigkeit und nach dem Anlass dafür unterschieden. Nebenstehend sind die in der Betriebshilfe-Statistik verwendeten Begriffe aufgeführt.

Die sozialbedingten Einsätze machen nun 22 % bzw. 66 000 Stunden aus. Dieses erfreuliche Ergebnis wird wie folgt kommentiert: *Die Zusammenarbeit zwischen MR und landwirtschaftlichen Sozialträgern ist im Allgemeinen sehr gut. Mit 4 der bayerischen landwirtschaftlichen Sozialträger bestehen klare Vereinbarungen über die Mithilfe der MR beim Einsatz von Ersatzkräften. Infolge der gesetzlichen Krankenversicherung und der Neuregelung der Bestimmungen bei LAK und LKK erfährt der Einsatz von Ersatzkräften bei Krankheit, Unfall und Kuren eine starke Ausweitung. Dieser wachsenden Nachfrage nach Ersatzkräften könnten die landwirtschaftlichen Sozialträger ohne die Mithilfe der MR kaum nachkommen.*

So sieht zumindest die Sichtweise des KBM aus. Aus Sicht der fünf bayerischen LSV-Träger dagegen wurde der Beitrag der Maschinenringe zur *Betriebs -und Haushaltshilfe* zum damaligen Zeitpunkt noch sehr unterschiedlich bewertet. Die LSV von Oberbayern, Schwaben und Unterfranken haben die Möglichkeiten der MR, sie bei der Erfüllung ihrer Aufgabe im Rahmen der Betriebs- und Haushaltshilfe

Im Jahr 1975 hat die sozialpflichtige Betriebshilfe relativ gesehen ihren Höchststand erreicht

Einsatzumfang und Anteil der sozialpflichtigen Betriebshilfe von 1971 bis 2000
(Einsatzumfang aller bayerischen MR)

Jahr	Einsatz-stunden sozialpflichtig	Anteil in % sozialpflichtig
1971	18.000	16,4
1972	66.000	22,0
1973	317.900	40,6
1974	554.100	45,5
1975	858.400	52,7
1978	1.082.900	42,9
1981	1.523.800	45,6
1984	1.938.800	47,3
1987	2.428.500	47,1
1990	2.302.200	36,0
1995	2.220.720	40,0
2000	1.830.000	39,9

Quelle: Jahresberichte des KBM 1971 bis 2000

Die LSV von Oberbayern, Schwaben und Unterfranken haben die Möglichkeiten der MR, sie bei der Durchführung der Betriebs- und Haushaltshilfe wirkungsvoll unterstützen zu können, frühzeitig erkannt und genutzt

An der Tagung der MR-Geschäftsführer von Nordbayern am 23.6.1971 wurde bereits über die Zusammenarbeit zwischen den LSV-Trägern Unterfranken und den dortigen Maschinenringen gesprochen: am Präsidiumstisch v. l. n. r. **Dr. Anton Grimm**, **Richard Raps**, **Dr. Friedrich Porsch**, stellvertr. Direktor der LAK, **Erwin J. Müller**, Direktor der LAK, und **Willi Erhard**, Direktor des BBV-Bezirksverbandes Unterfranken

Der Zweck der Betriebs- und Haushaltshilfe war stets klar und eindeutig ...

Sie dient der Aufrechterhaltung des Unternehmens der Landwirtschaft. Sie tritt als einkommenssichernde Leistung an die Stelle der in der nicht landwirtschaftlichen Sozialversicherung zur Verfügung gestellten Lohnersatzleistung. Sie hat den Zweck, die Arbeitskraft des Landwirts wegen Krankheit, medizinischen Leistungen zur Rehabilitation oder Schwangerschaft/Mutterschaft so weit zu ersetzen, dass ein Einkommensverlust verhindert wird ...
Als Betriebs- oder Haushaltshilfe wird von den Trägern der LSV eine Ersatzkraft gestellt. Kann eine Ersatzkraft nicht gestellt werden, so erstattet die LSV die Kosten für eine selbstbeschaffte betriebsfremde Ersatzkraft in angemessener Höhe.

Quelle: Präambel zum Vertrag zwischen LSV Schwaben und KBM vom 31.12.2002

... umstritten war dagegen lange die Frage: gelten die MR-Helfer als selbstbeschaffte Kräfte oder als Ersatzkräfte anderer Stellen?

wirkungsvoll unterstützen zu können, frühzeitig erkannt, die Zusammenarbeit gesucht und in schriftlichen Vereinbarungen dokumentiert. Schwaben hat am 1.3.1972 den ersten Vertrag mit dem MR Neuburg/Donau geschlossen; die ersten Verträge mit den MR von Oberbayern traten am 1.10.1972 in Kraft und von Unterfranken am 1.1.1973. Die ersten Kontakte im Hinblick auf eine engere Zusammenarbeit wurden jedoch auch in Unterfranken schon zu einem früheren Zeitpunkt aufgenommen, wie das nebenstehende Foto zur Geschäftsführer-Tagung des KBM für Bayern vom 23.6.1971 zeigt.

Zwar nutzten auch im Bereich der LSV Oberfranken und Mittelfranken sowie Niederbayern und Oberpfalz die Landwirte die Dienste der Maschinenringe bei der Vermittlung von Ersatzkräften. Dies geschah aber quasi ohne Rechtsgrundlage. Die Folge davon: Die Vergütung für die MR-Helfer war geringer, die Maschinenringe erhielten für ihre Mithilfe bei der verwaltungsmäßigen Abwicklung keine Kostenerstattung und auch in der Zusammenarbeit zwischen MR und LSV war öfters Sand im Getriebe (siehe auch Seite 106, *Betriebshilfe – Markenzeichen des MR Eggenfelden*).

■ Zweck und rechtliche Grundlagen

Für das unterschiedliche Verhalten der fünf Landwirtschaftlichen Sozialversicherungsträger gab es verschiedene Ursachen. Zum Verständnis dafür müssen Zweck (siehe Spalte links) und rechtliche Grundlagen kurz dargestellt werden.

Betriebs- und Haushaltshilfe wird im Rahmen der landwirtschaftlichen Alterskasse (LAK) bereits seit 1964 geleistet. Seit 1. Oktober 1972 ist diese Leistung auch in die neu geschaffene Krankenversicherung der Landwirte und zugleich in die landwirtschaftliche Unfallversicherung eingefügt worden. Gleichzeitig wurde die ursprüngliche Möglichkeit, ein Ersatzgeld in Höhe von 20 DM pro Tag zu gewähren, gestrichen; denn leider wurde diese Leistung nur in seltenen Fällen dazu verwendet, für die ausgefallene Arbeitskraft eine Aushilfe einzusetzen und zu bezahlen.

Bei der Auswahl der Ersatzkräfte gilt das Subsidiaritätsprinzip: Zuerst sind die bei den LSV-Trägern angestellten Ersatzkräfte einzusetzen, an zweiter Stelle die haupt- und nebenberuflichen Ersatzkräfte *anderer Stellen* und zuletzt die so genannten *Selbstbeschafften*.

Das bedeutet: Solange zwischen LSV und MR keine Vereinbarung besteht bzw. aufgrund einer solchen Vereinbarung der Maschinenring als andere Stelle anerkannt wird, gelten die MR-Helfer als *Selbstbeschaffte* und stehen am Ende der Rangfolge. Der für sie zu zahlende Stundenlohn richtet sich nicht nach den im MR geltenden Verrechnungssätzen, sondern wird bundesweit weitgehend einheitlich vom Dachverband der landwirtschaftlichen Sozialversicherungsträger in Kassel festgelegt, mit Zustimmung der zuständigen Aufsichtsbehörde. Da der MR in diesem Fall nicht im Auftrag des LSV handelt, besteht auch kein Rechtsanspruch auf Erstattung von Kosten gegenüber dem MR.[12]

Zusätzlich verkompliziert wird das Verhältnis zwischen MR und LSV noch dadurch, dass die Geschäftsstellen des Bauernverbandes zumindest teilweise als Außenstellen bzw. Verwaltungsstellen der LSV-Träger fungieren. Grundlage dafür war eine Rahmenvereinbarung, die am 4.10.1972 zwischen den Dachverbänden der Landwirtschaftlichen Sozialversicherungsträger und dem Deutschem Bauernverband abgeschlossen wurde. Über die Umsetzung dieser Rahmenvereinbarung wurde 1978 bei allen LSV-Trägern in Deutschland eine Umfrage durchgeführt. Auf die Frage: „Besteht z.Z. ein Vertrag i. S. d. Rahmenvereinbarung?" hat zum Beispiel der LSV in Landshut mitgeteilt: *Es besteht ein Vertrag mit dem BBV, der den Umfang der Mitarbeit der Geschäftsstellen des BBV regelt, die gleichzeitig für die LSV die Funktion* von Verwaltungs- bzw. Beratungsstellen erfüllen. Dies schließe, so wird weiter ausgeführt, die Mitarbeit beim Einsatz von Ersatzkräften ein.

Ganz anders die Antwort von Schwaben: *Diese Mithilfe (gemeint ist hier die Mithilfe durch die BBV-Geschäftsstellen) beim Einsatz von Ersatzkräften ist jedoch bei den bestehenden Gegebenheiten der hiesigen Körperschaften von ganz untergeordneter Bedeutung, da seit Frühjahr 1972 mit den Maschinenringen entsprechende Absprachen bereits bestehen ...*

Auf die Frage: „Konnte der Zweck der Vereinbarung erreicht werden?" antwortete Augsburg: *Durch die Vereinbarung mit den einzelnen Maschinenringen ... ist eine flexiblere und unbürokratischere Regelung für den Einsatz von nebenberuflichen Ersatzkräften erreicht worden.*

Die Geschäftsstellen des Bauernverbandes wurden selbstverständlich für ihre *Mithilfe* entschädigt. So zahlte Landshut zum Beispiel ab 1974 pro Verwaltungsstelle einen monatlichen Pauschbetrag von 1600,– DM.[13]

Mit Wirkung vom 1. 7. 2000 wurde die Sozialberatung für die LSV-Träger im Rahmen von Kooperationsabkommen auf ein neues einzelfallbezogenes Abrechnungssystem umgestellt. Ziel der Einzelfallabrechnung ist die transparente Abrechnung der von dem beauftragten Dritten (BBV) für die LSV-Träger erbrachten Leistungen. Um sowohl eine versichertennahe Sozialberatung als auch die Beachtung der Wirtschaftlichkeitsgrundsätze zu garantieren, wurde ein bundeseinheitliches Leistungs- und Kostenverzeichnis von den Bundesverbänden der Landwirtschaftlichen Sozialversicherungsträger in Kassel aufgestellt und beschlossen.

■ Selbstbeschaffte- oder Ersatzkräfte anderer Stellen

Aufgrund der hier angesprochenen Gegebenheiten ist es einleuchtend, dass der LSV Landshut ein Problem damit hatte, mit den Maschinenringen eine ähnliche Vereinbarung abzuschließen wie die LSV-Träger München, Augsburg und Würzburg.

Mit dem Hinweis auf diese Vereinbarung mit den BBV-Geschäftsstellen hat Landshut die jahrelangen Bemühungen der Maschinenringe von Niederbayern und Oberpfalz, ähnliche Bedingungen zu erreichen wie in Oberbayern, Schwaben und Unterfranken immer wieder abgeschmettert. Dies lief stets nach dem bekannten Schwarzer-Peter-Prinzip ab: Wenn das KBM sein Anliegen dem Generalsekretariat des BBV in München vortrug, hieß es dort: Die LSV-Träger Niederbayern/Oberpfalz sind eigenständige Körperschaften. Wir haben keine Kompetenz, in deren Entscheidungen einzugreifen. Und wenn sich das Kuratorium an die Verwaltung der LSV in Landshut wandte, konterte diese: Wir haben nichts gegen eine solche Regelung, der entscheidende Ansprechpartner dabei ist der Bauernverband.

Auch Gespräche mit den Vorständen der LSV-Träger führten nicht weiter. Kein Wunder, denn der Vorstandsvorsitzende war gleichzeitig der Präsident des BBV-Bezirkes der Oberpfalz.

Trotz dieser fehlenden Anerkennung vermittelten die MR-Geschäftsführer in Niederbayern und in der Oberpfalz ebenso wie ihre oberbayerischen, schwäbischen und unterfränkischen Kollegen den Betrieben in ihrem Gebiet weiterhin, wie auch das Beispiel Eggenfelden zeigt, qualifizierte Ersatzkräfte; denn die Landwirte wandten sich, wenn sie eine Ersatzkraft benötigten, in der Regel nicht an die BBV-Geschäftsstelle, sondern an den MR.

Eine erste kleine Verbesserung konnte schließlich doch noch erreicht werden: Durch den Nachweis einer entsprechenden Qualifikation wurde ab 1976 eine Anhebung der Vergütung für einen großen Teil der MR-Helfer/innen erreicht. Voraussetzung dafür war der schriftliche Nachweis über den Besuch der Landwirtschaftsschule verbunden mit dem erfolgreichen Abschluss der Gehilfenprüfung bzw. einer langjährigen beruflichen Praxis. Bis jedoch die *Mithilfe* der Ringe bei der verwaltungsmäßigen Abwicklung honoriert wurde, sollten noch weitere 16 Jahre vergehen. Erst ab 1992 wurde erstmals eine Pauschale von 1,50 DM je Einsatztag bezahlt.

Auch die LSV-Träger Ober- und Mittelfranken haben die MR-Helfer lange nur als *Selbstbeschaffte* behandelt und sich bei der Vergütung strikt an die Vorgabe von Kassel gehalten. Bayreuth ließ schließlich seine Bereitschaft zu einer Erhöhung des Stundensatzes für die MR-Kräfte erken-

---

Der bayerische Staatsminister für Arbeit und Sozialordnung, Dr. Pirkl, erkennt den Sonderstatus der MR-Helfer an

Das Staatsministerium hatte Anlass zu prüfen, auf welche Weise Schwierigkeiten, die sich nach Mitteilung des Kuratoriums bayerischer Maschinen- und Betriebshilfsringe e. V. aus der unterschiedlichen Handhabung in der Kostenerstattung für die durch Maschinenringe vermittelten nebenberuflichen Ersatzkräfte durch die landwirtschaftlichen Alterskasse in Bayern ergeben, vermindert oder behoben werden können. Es ist der Auffassung, dass eine Anhebung und weitgehende Annäherung der als angemessen anzusehenden Erstattungsbeträge diesem Ziel am besten dienen würde. Damit könnte auch erreicht werden, dass für die Teilzeitkräfte eine Vermittlung für Zwecke der landwirtschaftlichen Sozialversicherungsträger in gleichem Anreiz bietet wie ein Einsatz bei den Mitgliedern der Maschinenringe. Im Hinblick auf die Lohn- und Preissteigerungen der letzten Jahre wird es daher im Einvernehmen mit dem Bayerischen Landesprüfungsamt für Sozialversicherungen für vertretbar erachtet ... 8 DM je Arbeitsstunde bis zu einem Gesamtbetrag von 72 DM täglich zu erstatten.

Soweit die Übernahme von Verwaltungsarbeit durch die Maschinenringe ... den landwirtschaftlichen Sozialversicherungsträgern eine kostenverursachende eigene Tätigkeit erspart, bestehen keine Bedenken, den Maschinenringen hierfür 1,50 DM je Einsatztag einer Ersatzkraft zu vergüten.

Es wird gebeten, von vorstehenden Ausführungen Kenntnis zu nehmen und von den erweiterten Möglichkeiten der Kostenerstattung Gebrauch zu machen, wenn dadurch Unzuträglichkeiten mit den Maschinenringen zu vermeiden sind oder die Versorgung von Anspruchsberechtigten mit Ersatzkräften verbessert werden kann.

Quelle: Schreiben des Bayerischen Staatsministeriums für Arbeit und Sozialordnung vom 23. 6. 1976 an die LAK Schwaben

Vom Präsidenten des BBV, Otto Freiherr von Feury wird die Entscheidung von Arbeitsminister Dr. Pirkl sehr heftig kritisiert

Mir ist bekannt geworden, dass Ihr Haus in einem Schreiben an die Landwirtschaftliche Alterskassen Bayerns kürzlich die Empfehlung ausgesprochen hat, bei der Kostenerstattung für die durch die Maschinenringe vermittelten nebenberuflichen Ersatzkräfte großzügiger als bisher zu verfahren ...

Ich wende mich gegen dies der Empfehlungen Ihres Hauses.

Die Selbstverwaltungsorgane der Landwirtschaftlichen Sozialversicherungsträger beobachten die Kostenentwicklung im Sozialbereich mit größter Sorge. Jede Beitragserhöhung, die sie zu beschließen haben, bringt sie in einen Gewissenskonflikt, weil ihnen bekannt ist, dass die Beitragslast für viele landwirtschaftliche Betriebe unerträglich geworden ist ...

Verwunderung löst auch die Aussage aus, von den erweiterten Möglichkeiten der Kostenerstattung könne schon dann Gebrauch gemacht werden, wenn dadurch „Unzuträglichkeiten mit den Maschinenringe zu vermeiden sind". Die Landwirte Bayerns haben sicher kein Verständnis dafür, dass ihre Sozialversicherungsbeiträge teilweise dazu verwendet werden sollen, die Maschinenringe bei Laune zu halten.

Ich halte es auch nicht für richtig, dass den Maschinenringen eine Vergütung von 1,50 DM je Einsatztag gegeben werden soll. Die Ringe sind weder rechtlich noch tatsächlich in der Lage, kostenverursachende Verwaltungsarbeit der Sozialversicherungsträger zu übernehmen. Zudem wird der Geschäftsführer eines Maschinenringes ohnehin zu 80 Prozent von der öffentlichen Hand bezahlt, sodass ihm eine derartige Vermittlungstätigkeit ohne Weiteres zuzumuten ist. Es ist nicht einzusehen, dass über den Sozialbereich noch weitere öffentliche Mittel für den hauptamtlichen Apparat dieser Selbsthilfeeinrichtung verwendet werden sollen.

Quelle: Schreiben des BBV-Präsidenten an Staatsminister Dr. Pirkl vom 14. 7. 1976

AR-Änderung vom 1. l. 2005 ermöglicht Anerkennung der MR-Kräfte *als Ersatzkräfte anderer Stellen*

Die Alterskasse kann nur Ersatzkräfte von solchen anderen Stellen in Anspruch nehmen, mit denen ein Vertrag besteht. Verträge mit anderen Stellen sind im Benehmen mit dem Gesamtverband der landwirtschaftlichen Alterskassen zu schließen. Sie müssen mindestens Regelungen über

a) Eignung der Ersatzkräfte und
b) die Vergütung in Abhängigkeit von der Eignung der Ersatzkräfte enthalten.

In den Verträgen ist festzulegen, dass ein Einsatz nur vergütet wird, wenn ihm die Alterskasse vorher zugestimmt hat **und die Vergütung ausschließlich zwischen der Alterskasse und der anderen Stelle abgerechnet wird.**

---

nen, vorausgesetzt die zuständige Aufsichtsbehörde, das Bayerische Staatsministerium für Arbeit und Sozialordnung wäre damit einverstanden. Daraufhin wandte sich das KBM an Staatsminister Dr. Pirkl mit einer detaillierten Darstellung der Punkte, in denen sich die selbstbeschafften Ersatzkräfte von den Helfern der MR unterschieden. Diese Argumentation überzeugte den Minister, wie ein Auszug seines diesbezüglichen Schreibens an die LSV Schwaben (siehe Randspalte vorhergehende Seite) zeigt.

Dies war für die Maschinenringe nicht nur eine erfreuliche, sondern auch eine außerordentlich bedeutsame Entscheidung. Nicht nur, weil nun Bayreuth das Plazet für eine Erhöhung der Stundensätze für MR-Kräfte hatte, sondern weil damit auch die gute Arbeit der bayerischen Maschinenringe offiziell von neutraler Seite gewürdigt wurde.

Weniger erfreut über den Brief von Dr. Pirkl war, was einigermaßen verwundert, der Präsident des Bayerischen Bauernverbandes, wie die auszugsweise Wiedergabe seines Schreibens an den Sozialminister deutlich macht (siehe links). Dass diese Stellungnahme des Bauernverbandes von den Maschinenringen mit Unverständnis aufgenommen wurde, ist verständlich, zumal der Bauernverband die hohen Kosten und manche andere Mängel des *Systems hauptberufliche Betriebshelfer und Dorfhelferinnen* stets geflissentlich übersehen hat.

Trotz des Pirkl-Briefes vergingen noch viele Jahre, bis ein entscheidender Durchbruch in der Zusammenarbeit mit Bayreuth erreicht wurde.

1997 konnte endlich auch mit dem Landwirtschaftlichen Sozialversicherungsträger Oberfranken und Mittelfranken eine Regelung getroffen werden, die es möglich machte, die MR-Kräfte aus der Gruppe der *selbstbeschafften* in die Gruppe *Kräfte anderer Stellen* zu befördern. Bayreuth hat dafür eine ganz spezielle Lösung gewählt, nämlich einen Werkvertrag, der nicht zwischen MR und LSV abgeschlossen wurde, sondern zwischen LSV und solchen MR-Mitgliedsbetrieben, die sich verpflichteten, Betriebshilfe zu leisten. Ergänzt wurde dieser *Vertrag über das Erbringen von Betriebshilfe* durch die *Vereinbarung zwischen LSV-Träger und Maschinen- und Betriebshilfsring.* Darin wird der Maschinenring als andere Stelle bezeichnet.[14]

■ Durchbruch für Anerkennung der Maschinenringkräfte als Ersatzkräfte anderer Stellen (MR-Classik-Kräfte)

Ein wichtiges Datum auf dem Weg zur Anerkennung von MR-Classik-Kräften als Ersatzkräfte anderer Stellen war ein vom BMR initiiertes Treffen am 19.4.1996. Teilnehmer waren von Seiten des Gesamtverbandes der landwirtschaftlichen Alterskassen (GLA) der stellvertretende Geschäftsführer Herr Stüwe sowie Herr Habermann. Von Seiten der LSV Schwaben nahmen teil Geschäftsführer Dr. Heinrich Liebler und Abteilungsleiter Michael Wollmann. Der BMR war vertreten durch die Herren Damann, Ballis und Kock. Für das KBM nahm an dem Gespräch Dr. Grimm teil. Die örtlichen Maschinenringe waren vertreten durch die Geschäftsführer Schiller, MR Günzburg, und Prestele, MR Kaufbeuren. Bei dem Gespräch gelang es, aus der Vergangenheit bestehende Differenzen zwischen dem BMR und dem GLA weitgehend auszuräumen. Folge dieses wichtigen Gesprächs, das in den Geschäftsräumen des MR Günzburg stattfand, war, dass die *Allgemeinen Richtlinien des Gesamtverbandes der LAKen über die Durchführung von Betriebs- und Haushaltshilfe* (AR) mit Wirkung vom 1. 1. 1999 wie folgt ergänzt wurden:

Als bei anderen Stellen beschäftigt gelten auch Ersatzkräfte, wenn sie wiederkehrend für Einsätze zur Verfügung stehen und die Beteiligung der anderen Stelle über eine bloße Vermittlung im Einzelfall hinausgeht.

Trotz dieser eindeutigen Regelung hat der Bundesrechnungshof (BRH) das bisher praktizierte Abrechnungsverfahren bei MR-Classik-Kräften (Geldfluss Auftragnehmer zum Auftraggeber) weiterhin als Indiz dafür angesehen, dass es sich bei MR-Classik-Kräften um selbstbeschaffte Ersatzkräfte handelt. Um auch diesem Argument des BRH zu entgegnen, wurden schließlich die AR zum 1. 1. 2005 erneut geändert (siehe links).

In der Mitarbeiterschulung des KBM am 19. und 26. 4. 2005 in Weichering wurde das neue Abrechnungsmodell, bei Anwesenheit auch der Vertreter der LSV NOS und FOB, vorgestellt. Es wird für die LSV-Träger NOS ab 1. 5. 2005 und für die LSV-Träger FOB ab 1. 6. 2005 eingeführt. Es bleibt zu hoffen, dass nunmehr alle Voraussetzungen zur Anerkennung von MR-Classik-Kräften erfüllt und die bisherigen Einwände des BRH vom Tisch sind.

■ Schwaben – beispielhaft in der Zusammenarbeit mit den MR

Eine herausragende und beispielhafte Rolle hinsichtlich der Zusammenarbeit mit den Maschinenringen hat von Anfang an der LSV-Träger Schwaben gespielt. Aber auch Oberbayern unter Direktor Dr. Alban Braun und Unterfranken mit Direktor Erwin Müller an der Spitze haben ebenfalls schon frühzeitig die Kooperation mit dem Maschinenring gesucht und auf ein solides Fundament gestellt. So fand bereits am 23. 10. 1970 bei der LAK Oberbayern eine erste Besprechung über die Bedingungen für den Einsatz von MR-Kräften als selbstbeschaffte Ersatzkräfte statt. Je Arbeitsstunde wurden dabei 3,50 DM, pro Tag maximal 30,– DM vereinbart. Die Teilnehmer dieser Runde waren: Von der LAK Vorstandsvorsitzender Freiherr von Freyberg, Direktor Dr. Braun, Verwaltungsdirektor Richter und Oberverwaltungsrat Bunzel; vom Bayerischen Staatsministerium für Arbeit und Soziale Fürsorge Regierungsdirektor Dr. Kemeny, vom Bayerischen Staatsministerium für Ernährung, Landwirtschaft und Forsten Regierungsdirektor Krümmel und vom KBM Vorsitzender Carmanns und Dr. Grimm.[15]

Oberbayern war, bedingt auch durch das höhere Lohnniveau in diesem Regierungsbezirk, immer führend bei der Anpassung der Stundensätze. Erwähnenswert ist auch die ab 1. 1. 1992 wirksame Einführung eines *Sozialkostenzuschlages* für solche Kräfte, die auf freiwilliger Basis eine private Altersvorsorge getroffen haben (siehe rechts). Die Weiterführung und Anpassung dieses Vertrages wurde in regelmäßigen Abständen stets in guter Harmonie, wie das nebenstehende Bild erkennen lässt, festgelegt.

Dennoch, in Schwaben war die Zusammenarbeit mit den Maschinenringen in der Betriebs- und Haushaltshilfe besonders eng und erfolgreich. In regelmäßigen, einmal pro Jahr stattfindenden Tagungen wurden die anstehenden Fragen gemeinsam besprochen. An der ersten am 26. 6. 1972 nahmen u. a. teil: Direktor Probst, sein späterer Nachfolger Dr. Liebler, Dr. Grimm vom KBM, Hans Murr als Vertreter des MR Ries sowie 11 MR-Geschäftsführer. Die wichtigsten Themen: Steuer- und versicherungsrechtliche Fragen und der Entwurf einer Vereinbarung mit den Maschinenringen.[16] Diese Tradition der jährlichen Arbeitstagungen wurde unter dem jetzigen Geschäftsführer Direktor Peschkes weitergeführt.

Schwaben fand aber auch einen eigenen Weg in der rechtlichen Gestaltung der Zusammenarbeit: Die nebenberufliche Ersatzkraft mit Arbeitsvertrag. Hierbei handelt es sich um *Ersatzkräfte, die nicht hauptberuflich bei der Alterskasse oder einer anderen Stelle angestellt sind, die aber aufgrund vertraglicher Vereinbarung zeitweise für den Einsatz als Ersatzkraft zur Verfügung stehen. In diesem Falle beschränkt sich der eigentliche Arbeitsvertrag auf die Dauer des tatsächlichen Einsatzzeitraumes.*[17]

Es gab vor allem zwei Gründe, die Augsburg zu dieser besonderen Lösung veranlassten: Erstens das Bestreben, eine in steuerlicher und in sozialversicherungsrechtlicher Hinsicht korrekte Lösung (zum damaligen Zeitpunkt war der Status der MR-Helfer noch weitgehend ungeklärt) zu finden. Zweitens einen Zugriff auf die Helfer zu haben und damit eine größere Sicherheit, die Betriebs- und Haushaltshilfe auch bedarfsgerecht leisten zu können. Augsburg sieht in dieser Form *eine ideale Ergänzung zu den hauptberuflichen Ersatzkräften, vor allem dann, wenn nur Einsätze von einigen Stunden je Tag oder von wenigen Tagen notwendig sind,*[18] auch wenn sie etwas teurer ist, nämlich rund 90 DM täglich kosten gegenüber rund 70 DM, dem Durchschnittswert für nebenberufliche Ersatzkräfte im Bundesgebiet.[19]

Zeitweise hatte Augsburg bis zu 400 Ersatzkräfte mit Vertrag beschäftigt. Erst ab 1976 wurden nach und nach auch nebenberufliche MR-Helfer ohne Vertrag akzeptiert. Sie erhalten 6,– DM/St., wenn sie *entsprechend ausgebildet* sind.[20] Wie sich die Stundensätze der Ersatzkräfte mit und ohne Vertrag von 1972 bis 1995 entwickelt haben, ist in der nebenstehenden Übersicht dargestellt.

Bereits im ersten Vertrag mit den Maschinenringen von 1972 ist eine pauschale Kostenerstattung an den Maschinenring enthalten: die *Vermittlung und Überwachung der Einsätze und die damit verbundene Verwaltungsarbeit* einschließlich *Betreuung der Ersatzkräfte und der damit zusammenhängenden Fahrtkosten wird mit 1,50 DM pro Einsatztag abgegolten.*

Mit den LSV Oberbayern und Schwaben haben die Maschinenringe eine stets enge Zusammenarbeit gepflegt

V. l. n. r. **Peter Seidl**, Vorsitzender des LSV-Trägers von Oberbayern, **Hans Stöttner**, stellvertretender KBM-Vorsitzender und **Dr. Anton Grimm**, Geschäftsführer des KBM bei einer Besprechung im Hause des Sozialversicherungsträgers Oberbayern im Jahre 1998

Dies hat u. a. auch zu sehr differenzierten Vergütungsregelungen geführt, wie der Auszug aus dem Vertrag der LSV Oberbayern mit den Maschinenringen vom Dezember 1991 zeigt ...

Die LKK, LAK und LBG vergüten die im Rahmen der Betriebs- und Haushaltshilfe erbrachten Leistungen der vom Maschinenring vermittelten Ersatzkräfte nach folgenden Sätzen:
Ersatzkräfte mit einer abgeschlossenen Ausbildung bzw. Fachausbildung im Bereich Landwirtschaft, Forstwirtschaft oder Hauswirtschaft oder mit Betriebsleitererfahrung je volle Stunde 14,00 DM
Die ... Ersatzkräfte, die aufgrund eines mit dem entsendenden Betrieb geschlossenen Arbeitsvertrages tätig werden, erhalten einen Sozialkostenzuschlag je volle Stunde 4,00 DM
Die ... Ersatzkräfte, die eine der gesetzlichen Sozialversicherung vergleichbare private Altersvorsorge getroffen haben, erhalten einen Sozialkostenzuschlag je volle Stunde 3,00 DM

... oder wie die Entwicklung der Stundenlöhne für die MR-Ersatzkräfte in Schwaben, in der zwischen Kräften mit und ohne Arbeitsvertrag unterschieden wird, verdeutlicht:

Stundenlöhne (DM/Stunde) für MR-Kräfte:

Jahr	mit Arbeitsvertrag	ohne Arbeitsvertrag
1972	6,20	–
1973	6,80	6,00
1978	8,15	7,00
1979	8,50	8,00
1983	11,50	8,00
1987	12,70	9,00
1991	16,50	12,00
1995	19,14	15,00

Quelle: Aktennotizen von Michael Wollmann, LSV Schwaben

Michael Wollmann hat über 30 Jahre für einen reibungslosen Ablauf der Betriebs- und Haushaltshilfe in Schwaben gesorgt

Für seine Verdienste in der Zusammenarbeit mit den schwäbischen Maschinenringen erhält Michael Wollmann den Ehrenteller des KBM. V. l. n. r. **Erwin Ballis,** Geschäftsführer des KBM; **Dagobert Peschkes,** Direktor des LSV-Trägers Schwaben; **Michael Wollmann**; **Hans Murr,** Vorsitzender des KBM und **Josef Kerler,** Vertreter Schwabens im Gesamtvorstand des KBM

Eine wichtige, aber auch problematische Dienstleistung der Maschinenringe war und ist die Bauaushilfe

Auszug aus Flugblatt des KBM

Rechtliche Beurteilung der Bauaushilfe aus Sicht des Gesetzes zur Förderung der bayerischen Landwirtschaft

Darüber hinaus umfasst der Betriebshilfsdienst auch die Vermittlung von Ringmitgliedern zur Erledigung von handwerklichen Arbeiten, soweit diese üblicherweise und regelmäßig in landwirtschaftlichen Betrieben im Wege der Eigenleistung (Selbsthilfe) erbracht werden oder zu denen der landwirtschaftliche Betrieb in der Regel Hilfskräfte stellt.

Quelle: Gesetz zur Förderung der bayerischen Landwirtschaft, Kommentar, kommunale Schriften-Verlag J. Jehle München GmbH 1986

Ein Pauschbetrag in dieser Höhe wurde auch in Oberbayern von Anfang an vertraglich festgelegt.

Um Abstimmungsprobleme unter den drei Trägern der LSV (LAK, LUV u. LKK) zu vermeiden und die verwaltungsmäßige Abwicklung und Zusammenarbeit mit den Maschinenringen weiter zu verbessern, hat Augsburg 1972 die so genannte gemeinsame Stelle geschaffen. Auch in diesem Punkt war Schwaben Vorreiter. Diese neue Aufgabe wurde zunächst Richard Sauer und 1977 einem Mann übertragen, der nach und nach zum Synonym für die gesamte Betriebs- und Haushaltshilfe in Schwaben wurde: Michael Wollmann (siehe Foto). Wenn er in diesem Jahr in den wohlverdienten Ruhestand geht, wird er bei den schwäbischen Maschinenringen eine große Lücke hinterlassen, die nicht so leicht und schnell wieder zu schließen ist.

Durch den Zusammenschluss der LSV-Träger Schwaben mit dem LSV-Träger Niederbayern/Oberpfalz zum LSV-Träger Niederbayern/Oberpfalz und Schwaben ab 1. 1. 2003 wurden erfreulicherweise wesentliche Elemente der Betriebs- und Haushaltshilfe, die in Schwaben entwickelt wurden, nach Niederbayern und in die Oberpfalz *exportiert*. Die bewährte Form der sozialen Betriebshilfe, die nebenberufliche Ersatzkraft mit Arbeitsvertrag, konnte allerdings nur mit Hilfe einer Anfang 2005 von BBV und KBM gemeinsam gegründeten Gesellschaft, der *Ländlichen Betriebs- und Haushaltsdienst GmbH*, aufrecht erhalten werden.

Dasselbe gilt in Bezug auf den neu gebildeten LSV-Träger Franken und Oberbayern. Auch hier wurden Bestandteile der oberbayerischen Vergütungsstruktur übernommen bzw. weiterentwickelt. So ist zum Beispiel nun ein Zuschlag für *langjährige Praxis* (1,33 € pro Einsatzstunde) und ein weiterer Zuschlag für *Verfügbarkeit* (2,10 € pro Einsatzstunde) vorgesehen. *Den Zuschlag „langjährige Praxis" erhalten alle Ersatzkräfte, die bereits 300 Einsatztage für LSV-Sozialeinsätze in Franken und Oberbayern in der Zeit vom 1. 1. 1998 bis 30. 6. 2001 geleistet haben.*

Den Zuschlag „Verfügbarkeit" erhalten alle Ersatzkräfte, die sich verpflichten, für ein halbes Jahr für mindestens 50 Einsatztage für Sozialeinsätze der LSV-Träger zur Verfügung zu stehen und diese Einsatztage auch tatsächlich leisten.[21]

Aus der Sicht der Maschinenringe ist also die Reduzierung von ursprünglich fünf landwirtschaftlichen Sozialversicherungsträgern in Bayern auf zwei positiv zu bewerten.

Wirtschaftliche Betriebshilfe

In vielen Maschinenringen, insbesondere in den fränkischen Regierungsbezirken, entfielen auf die sozialpflichtige Betriebshilfe drei Viertel und mehr aller Einsatzstunden, im bayerischen Durchschnitt überwog dagegen stets der wirtschaftliche Bereich. Lediglich im Jahr 1975 überschritt der soziale Anteil einmal die 50-Prozentmarke. Unter dem Begriff *wirtschaftlich* sind die Einsätze zusammengefasst, bei denen es sich nicht um eine Vertretung bei Krankheit, Unfall, Kur oder Urlaub handelt. Zu ihren Schwerpunkten gehören die Bauaushilfe und die Waldarbeit, aber auch die Maschinenbedienung und die Aushilfe bei Saisonarbeiten.

■ Bauaushilfe

Der Anteil der Bauaushilfe lag in den Jahren 72 bis 79 bei 12 bis 13 Prozent. Ab 1980 ging er dann auf 8 bis 9 % zurück. Ab 1982 wurde die Bauaushilfe in der Statistik nicht mehr gesondert ausgewiesen.

Die Bedeutung der Bauhilfe besteht nicht so sehr darin, dass einige Landwirte einen Zuerwerb fanden und die Auftraggeber arbeitsmäßig entlastet wurden und darüber hinaus im Vergleich zu Handlangern, die der Bauunternehmer stellt, Lohnkosten einsparen konnten (siehe Flugblatt-Auszug).

Die eigentliche Bedeutung der Bauaushilfe durch die Maschinenringe ist: Nur auf diese Weise wurde vielen Landwirten die Anwendung verschiedener, moderner Selbstbaumaßnahmen zugänglich gemacht. Beispiele dafür sind: die aus Kanada übernommene Starrrahmen-Bauweise, Solaranlagen zur Warmwasserbereitung nach Anleitung des Landtechnischen Vereins (LTV) und insbesondere der Bau von Traunsteiner Silos nach der Bauanleitung von Dr. Perreiter.

Im Jahresbericht des KBM von 1972 wird dies noch unterstrichen: *Für die Verbreitung des Selbstbaugedankens sind neben geeigneten Bauweisen entsprechende Grundkenntnisse notwendig. Das Bestreben der MR ist es, Bauhelfer mit derartigen Kenntnissen als bauliche Betreuer den Landwirten vermitteln zu können, die in Selbstbauverfahren bauen wollen.*

Und weiter: *An den von der Landtechnik-Weihenstephan (Landtechnischer Verein) angeregten und geleiteten Selbstbaukursen über die Starrrahmenbauweise haben 1972 ca. 120 Bauhelfer der MR teilgenommen. 9 dieser Kurse wurden ausschließlich oder zumindest teilweise von MR organisiert. Für 1973 sind 7 Kurse geplant, bei denen stets MR als Veranstalter mitwirken.*

Im Jahresbericht von 1978 schreibt das KBM: *Die Entwicklung neuer Energiequellen steht noch ganz am Anfang. Aber auch hier leisten die MR eine gewisse Mithilfe: So haben 1978 6 MR unter der Betreuung durch den Landtechnischen Verein Weihenstephan solartechnische Lehrgänge durchgeführt.*

Verständlich, dass das Bauhandwerk immer wieder an diesen Aktivitäten Anstoß nahm und alle Hebel in Bewegung setzte, sie zu unterbinden. Eine Konsequenz daraus war: Ab 1982 wurde die Bauhilfe im KBM-Geschäftsbericht nicht mehr gesondert ausgewiesen, sondern den *Allgemeinen Arbeiten* zugeordnet. Dadurch konnten jedoch die genannten Beschwerden letztlich auch nicht verhindert werden. Allerdings ist festzustellen: Keine dieser vielen Beschuldigungen war demnach so stichhaltig und gravierend, dass sich ein Gericht damit befassen musste. Offensichtlich haben sich also die Maschinenringe doch weitgehend an die auf der vorausgehenden Seite am Rande kurz zusammengefassten gesetzlichen Bestimmungen gehalten.

■ Waldarbeit

Ähnlich wie im MR Eggenfelden (siehe Seite 104) haben auch andere Maschinenringe in Bayern sich frühzeitig um den Wald gekümmert. 1971 haben bereits 22 MR Forstarbeiten durchgeführt, 1973 waren es schon 51. Auch das KBM hat dem Thema Forst und Maschinenring von Anfang an große Aufmerksamkeit entgegengebracht. *Eine enge Zusammenarbeit zwischen Maschinenring und Waldbauernvereinigungen sowie Forstbetriebsgemeinschaften liegt im beiderseitigen Interesse. Ein Kurzlehrgang zu diesen Thema, der im Frühjahr 1971 in Hohenkammer in Zusammenarbeit von Ministerialforstabteilung und KBM stattfand, sollte in dieser Hinsicht Anregungen geben.*[22]

Großzügig und unvoreingenommen gefördert wurde diese Zusammenarbeit vor allem von zwei im Forstbereich einflussreichen Persönlichkeiten: Ministerialrat Werner Künneth, dem für den Privatwald zuständigen Referenten, und Josef Maier, dem Leiter der Waldbauernschule Hohenkammer. Der gute persönliche Kontakt zwischen Maier und dem passionierten Waldbesitzer Carmanns hat diese Beziehung zusätzlich befruchtet.

Beide, Künneth und Maier, erkannten das große Potential der MR vor allem zur Unterstützung der zunehmenden Zahl derjenigen Forstbetriebe, die aus Personalmangel und anderen Gründen ohne fremde Hilfe ihre Wälder nicht mehr ausreichend bewirtschaften konnten. Sie haben daher das Interesse und die Aktivitäten der Maschinenringe für den Forst auf vielfältige Weise unterstützt.

Wichtigster Ansatz dabei war: Aus- und Fortbildungsmaßnahmen für die an der Waldarbeit interessierten MR-Helfer anzubieten; denn diese verfügten zwar in der allgemeinen Landwirtschaft über das für den überbetrieblichen Einsatz notwendige Wissen und Können, meist aber nicht in der Forstwirtschaft.

Zunächst ging es hauptsächlich darum, die Handhabung und Pflege der Motorsäge zu verbessern. Bald wurde aber den Verantwortlichen klar, dass mehr notwendig ist, um die MR-Dienstleistung Forst stärker auszubauen und attraktiv zu machen. Vier Punkte erschienen dabei als besonders wichtig:

1. Eine enge und vertrauensvolle Zusammenarbeit der MR-Geschäftsführer mit allen für den Forstbereich zuständigen Personen und Organisationen.

2. Eine auf diesen Einsatzbereich abgestellte, moderne Schulung der Waldarbeiter, vor allem im Hinblick auf Unfallsicherheit, hohe Arbeitsleistung und -qualität.

3. Die Vermittlung gewisser Grund- und Spezialkenntnisse in der Waldwirtschaft für die MR-Geschäftsführer.

Kontinuierlich zugenommen hat die Vermittlung von Profi-Waldarbeitern von 1961 bis Anfang der 90er Jahre

MR-Helfer in der Waldarbeit 1971 bis 1995

Jahr	Einsatzumfang Tsd. Std.	Anteil an Betriebshilfe %
1971	29,7	27,0
1972	43,8	14,6
1973	67,5	8,6
1974	101,7	8,3
1975	122,2	7,5
1976	149,0	7,6
1977	266,9*)	11,6
1978	315,5	12,5
1979	416,8	14,3
1980	466,6	14,5
1981	531,3	15,9
1982	580,2	15,6
1983	512,5	12,9
1984	573,9	14,0
1985	565,3	12,2
1986	624,2	12,6
1987	680,6	13,2
1988	702,5	12,2
1989	910,3	15,0
1990	1662,7**)	26,0
1991	623,7	11,0
1992	646,3	12,2
1993	716,6	12,4
1994	791,7	13,4
1995	594,0	10,7

*) Beginn der Schulungen durch Staatsforstverwaltung
**) Sturmschäden durch Wiebke und Vivien

Die Aktion Waldeslust des KBM von 1998 hat nicht nur in den MR Reaktionen ausgelöst

Waldeslust...

Mehr Ertrag im Wald. Durch die Hilfe der Waldprofis vom MR

Maschinenring
Die Profis vom Land

Gut geschulte und ausgerüstete Profi-Waldarbeiter des MR Neustadt/Waldnaab; rechts **Klaus-Ulrich Scholz**, der Geschäftsführer

Das in den Maschinenringen schlummernde Dienstleistungspotential für die Forstwirtschaft aus dem Blickwinkel der Holzindustrie

Mir imponiert, dass Ihre Organisation mit geringsten Aufwand strukturelle, personelle und betriebswirtschaftliche Probleme in den bayerischen land/forstwirtschaftlichen Betrieben durch eine sinnvolle berufständische Selbsthilfe, durch Nachbarschaftshilfe zu lösen sucht. Die enormen Zuwachsraten, die Sie von Jahr zu Jahr bei den durch Sie vermittelten Einsätzen haben, beweist, dass die von Ihnen erprobte Organisationsform sich nicht nur sehr bewährt hat, sondern dass auch in den land/forstwirtschaftlichen Betrieben diese tatkräftige Unterstützung bei der Betriebsführung dringend benötigt wird. Sicherlich werden auf die Maschinenringe bei dem in Zukunft zu erwartenden höheren Holzbedarf der verarbeitenden Industrie noch zusätzliche größere Aufgaben zukommen.
Ein besonderes Problem wird es sein, den kleineren Waldbesitzer, der häufig nicht genau weiß, wie groß seine wirklichen Nutzungsmöglichkeiten im Wald sind, zu motivieren, auch kontinuierlich einzuschlagen …
Es muss auch bei uns gelingen, durch Kostensenkung für den Waldbesitzer aller Besitzkategorien bei der Aufarbeitung von Industrieholz einen angemessenen Nettoertrag zu erwirtschaften, und verbunden mit einer konstanten Nachfrage wären das sicherlich die wirksamsten Mittel, die Holzreserven zu mobilisieren.
Zur Erreichung dieses Zieles kommt bei der Holzmanipulation im kleinen Privatwald Ihrer Organisation mit ihrer Nachbarschaftshilfe eine ganz besondere und in Zukunft sicher noch weitgehendere Bedeutung zu.
Quelle: Auszug aus Kurzreferat von Norbert Lehmann, KBM-Mitgliederversammlung 1977

4. Die Entwicklung leistungs- und aufwandorientierter Verrechnungssätze.

Auf diese vier Schwerpunkte haben sich KBM und Maschinenringe hauptsächlich konzentriert, mit unterschiedlichem Erfolg. Besonders die Zusammenarbeit zwischen den einzelnen Maschinenringen und den in ihrem Gebiet zuständigen Forstbetriebsgemeinschaften (FBG) war häufig mehr von Rivalität und Konkurrenz geprägt als vom Bestreben zu konstruktiver Zusammenarbeit. Statt arbeitsteilig zusammenzuarbeiten – der MR kümmert sich um den Einsatz von Arbeitskräften und Maschinen, die FBG um den Einkauf von Betriebsmitteln, Pflanzmaterial sowie den Holzverkauf –, haben beide Organisationen vielfach nebeneinander oder gegeneinander gearbeitet. Manche MR-Geschäftsführer haben sich, um möglichen Ärger von Haus aus zu vermeiden, prinzipiell überhaupt nicht mit der Waldarbeit befasst.

Was für das Verhältnis MR und FBG gilt, trifft auch für das Verhältnis zwischen KBM und den Forstwirtschaftlichen Vereinigungen zu. Lediglich die Forstwirtschaftlichen Vereinigungen der Oberpfalz und von Oberfranken stellten hier eine Ausnahme dar.

Von den Maschinenringen, die mit FBGs und auch mit dem zuständigen Privatwaldbetreuer eine enge und erfolgreiche Zusammenarbeit pflegten, sind insbesondere Landshut, Landau und Neustadt/Waldnaab zu nennen.

In einigen Fällen wurde die Geschäftsführung von FBG oder WBV zeitweise dem MR übertragen. Eine Zusammenarbeit in dieser Form stand jedoch im Widerspruch zum LwföG.[23]

■ Höhere Arbeitsproduktivität dank Schwedenforstmethode

Ein MR-Geschäftsführer, dem frühzeitig bewusst wurde, dass das ganze System des Holzeinschlages effektiver und damit kostengünstiger gestaltet werden musste, war Heinrich Siegl in Landshut. Die so genannte *Schweden-Forstmethode* erschien ihm dafür besonders geeignet. Nach dieser Methode wurden mit Unterstützung der WBV Landshut und den Papierwerken Waldhof-Aschaffenburg die ersten Waldarbeiter eines MR von der Firma Scholz Schwedenforst umgeschult. Das Ergebnis dieser Maßnahme war hervorragend, nämlich: Arbeitserleichterung, höherer Unfallschutz, Steigerung der Arbeitslust und eine Erhöhung der Arbeitsleistung um ca. 30%.[24] Direktor Schmeling von den Papierwerken Waldhof-Aschaffenburg spricht sogar von einer Steigerung der Arbeitsproduktivität bis zu 50 Prozent.[25]

Der Erfolg dieser Methode sprach sich schnell herum. Auch in den MR Landau und Neustadt/Waldnaab (siehe Foto) haben die Geschäftsführer solche Kurse organisiert. Finanziert wurden sie meist über den Stücklohn, der für die Holzmengen anfiel, die im Rahmen des Kurses geschlagen wurden. Ein solcher Lehrgang dauerte in der Regel eine Woche und kostete 1976 die beachtliche Summe von 3200,– DM.

Erfreulicherweise hat auch die bayerische Staatsforstverwaltung die Vorteile dieser Methode gesehen und sich bereit erklärt, die Schulung von MR-Waldarbeitern in einer etwas abgewandelten Schwedenforst-Methode selbst über alle Oberforstdirektionen zu organisieren.

1978 wurden in 53 MR derartige Lehrgänge, die vor allem ein modernes Verfahren in der Schwachholzernte zum Inhalt hatten, abgehalten. Dabei wurden rund 400 Betriebshelfer der MR geschult. Diese erfolgreiche Aktion soll fortgeführt werden. Für das Winterhalbjahr 1979/80 sind bereits wieder 60 Grundlehrgänge u. 26 Aufbaulehrgänge geplant.[26]

Vor allem mit Hilfe dieser Lehrgänge, die rund 10 Jahre lang durchgeführt wurden, ist es gelungen, in der Mehrzahl der bayerischen Maschinenringe eine ausreichende

Zahl von Betriebshelfern für die Waldarbeit zu gewinnen. Ohne diese über mehrere Jahre laufende Aufbauarbeit wären die Maschinenringe nicht in der Lage gewesen, der ständig wachsenden Nachfrage nach tüchtigen MR-Kräften für die Waldarbeit in normalen Jahren gerecht zu werden, geschweige denn in den Jahren, in denen durch starke Schneefälle, mehr aber noch durch die orkanartigen Stürme mit den *schönen* Namen *Wiebke* und *Vivien*, riesige Holzmengen aufzuarbeiten waren.

Neben den Schulungen für die Waldarbeiter wurde auch den MR-Geschäftsführern die Möglichkeit geboten, sich gewisse Grundkenntnisse zur Forstwirtschaft und spezielles Know-how zur MR-Arbeit im Forst anzueignen. Zuerst an der Waldbauernschule Hohenkammer, später auch im Rahmen von bundesweit durchgeführten KTBL-Seminaren.

In den Jahren 2000 und 2001 hat die Akademie der Maschinenringe zur Unterstützung der vom KBM im Jahre 1998 initiierten Aktion Waldeslust in Zusammenarbeit mit der Waldbauernschule in Scheyern 2 Seminare zu diesem Thema organisiert.

Die Bemühungen, eine leistungsorientierte, aber dennoch einfache Preisgestaltung für die Waldarbeit im Rahmen des Maschinenringes zu entwickeln, die es zudem möglich machte, dem Auftraggeber einen möglichst genauen Kostenvoranschlag an die Hand zu geben, waren weniger erfolgreich. Und dies, obwohl die bereits erwähnte Firma Scholz-Schwedenforst und die PWA gemeinsam mit der WBV und dem MR Landshut und ebenso Albert Menacher im MR Landau an diesen Vorhaben arbeiteten und auch einen *Vorschlag zur Lohnberechnung bei MR-Helfern im Forst entwickelt haben*.[27] Später hat sich auch Wolfgang Schindler von der Oberforstdirektion Regensburg noch dieser Problematik angenommen. Jedoch auch dieser Schlüssel hat sich in den MR-Abrechnungen nicht durchsetzen können. Letzten Endes haben die meisten Ringe mehr oder weniger nach Stundensätzen und nur vereinzelt nach Akkord abgerechnet.

Obwohl eine größerer Bereitschaft zur Kooperation zwischen MR und den verschiedenen forstwirtschaftlichen Organisationen und auch ein stärkeres Engagement des einen oder anderen MR-Geschäftsführers zu wünschen gewesen wäre, so kann sich die insgesamt von den bayerischen Maschinenringen geleistete Arbeit im Forst durchaus sehen lassen.

Das verdeutlichen die Ausführungen über den Beitrag der MR zur Aufarbeitung von Schneebruch- und Sturmschäden in den bayerischen Wäldern (siehe rechts) ebenso wie die Zahlen über den Einsatzumfang der MR-Helfer in der Waldarbeit in der Zeit von 1971 bis 1995 (Randspalte Seite 99). Danach wurde die Waldarbeit im Jahresbericht des KBM nicht mehr gesondert ausgewiesen.

Wie hoch das in den MR schlummernde Dienstleistungspotential für die Forstwirtschaft sein könnte, wenn es entsprechend aktiviert würde, geht aus der Einschätzung der Holzindustrie bzw., um es genauer zu sagen, des Vorstandes der Papierwerke Waldhof-Aschaffenburg (PWA) hervor. Dieses Unternehmen plante in der zweiten Hälfte der siebziger Jahre in Bayern die Errichtung eines riesigen Zellstoffwerkes mit einer Jahresproduktion von 250 000 Tonnen und einem Holzbedarf von 1,25 Mio. Festmeter. Bei Einschlag und Manipulation vornehmlich des dazu erforderlichen Schwachholzes aus den bäuerlichen Wäldern in Bayern sollten die MR eine wichtige Rolle übernehmen, wie der Vorstandsvorsitzende der PWA, Norbert Lehmann, bei der KBM-Mitgliederversammlung 1977 in Frauenaurach ankündigte (siehe Randspalte Seite 100).

Der Bau dieses gigantischen Zellstoffwerkes im Raum Kelheim konnte jedoch nicht realisiert werden. Die Aussage von Lehmann, was die großen nicht genutzten Reserven vor allem bei vielen kleinen Privatwaldbesitzern betrifft, hatte jedoch auch 20 Jahre später noch ihre Berechtigung und war der eigentliche Anlass für die *Aktion Waldeslust* durch das KBM im Jahr 1998. Das Ziel dieser Aktion war es, *durch die Hilfe der Waldprofis der MR mehr Ertrag im Wald zu erwirtschaften*.

Diese Aktion hat allerdings weniger die eigentliche Zielgruppe, die zahlreichen nachlässig mit ihrem Wald umgehenden Forstbesitzer, wachgerüttelt, sondern mehr die für den Privatwald zuständigen Stellen und Organisationen. Überwiegend empfanden sie diese Aktion der MR als unangebrachte Einmischung, obwohl von Seiten der Maschinenringe alles getan wurde, zu einer vernünftigen, arbeitsteiligen Zusammenarbeit zu finden. U. a. fanden in Neuburg/

Maschinenringe leisten Löwenanteil bei der Beseitigung von Sturmschäden

40 Ringe haben 1990 an der Beseitigung der Sturmschäden mitgewirkt und dabei rund 2,5 Millionen Festmeter aufgearbeitet. Ihr Beitrag bestand nicht nur darin, dass sie die erforderlichen Kräfte und Geräte beschafft bzw. deren Einsatz – das gilt vor allem auch für Helfer aus dem militärischen Bereich – hervorragend koordiniert haben. Dadurch, dass sie bemüht waren, statt professioneller ausländischer Unternehmen in erster Linie eigene Betriebshelfer einzusetzen, haben sie die Kosten niedrig gehalten und der heimischen Landwirtschaft zudem einen wichtigen Zuerwerb ermöglicht.

Quelle: KBM Jahresbericht 1990

Das Engagement der MR hat nicht nur dazu beigetragen, dass die ungeheuren Massen an abgerissenen und entwurzelten Bäumen in sehr kurzer Zeit aufgearbeitet werden konnten. Es hat auch bewirkt, dass die Aufarbeitungskosten mit etwa 25,– bis 38,– DM im Rahmen blieben. Die Unternehmer, die diesen Notstand ausnützen und z. T. 50,– bis 70,– DM je Festmeter kassieren wollten, kamen so kaum zum Zuge.

Quelle: Mein Maschinenring 2/90

Hier (im MR Haßgau) sind seit 13. Februar täglich zwischen 50 bis 80 Waldarbeiter auf Vermittlung des MR im Einsatz. 30 bis 35 davon sind Helfer aus dem Ringgebiet. Die meisten von ihnen haben sich durch den Besuch von Lehrgängen spezielle Kenntnisse und Fähigkeiten für die Waldarbeit angeeignet. Bis zu 60 weitere Kräfte kommen aus der DDR, aus vier verschiedenen Landwirtschaftlichen Produktionsgenossenschaften. Alle diese Helfer werden über den MR abgerechnet. Für alle hat der Ring zusätzlich zur gesetzlichen Unfallversicherung eine private Unfallversicherung im Rahmen der KBM-Unfallversicherung für Betriebshelfer abgeschlossen. Die bisherige Bilanz dieses Einsatzes: ca. 150 000 Festmeter Holz wurden aufgearbeitet mit einem Aufwand für Löhne von ca. 180 000 DM.

Quelle: Mein Maschinenring 2/90

Im Rahmen der Aktion Waldeslust …

fand u. a. eine Klausurtagung Zusammenarbeit FBG und MR am 16. 11. 1999 in Neuburg/Donau statt. U. a. haben **Hans Bauer,** Bayerischer Waldbesitzerverband (2. v. r.), **Herbert Hofmann,** Vorsitzender der Forstwirtschaftlichen Vereinigung von Oberfranken (4. v. r.) und **Rudolf Jäger**, Bayerisches Staatsministerium ELF (9. v. r.) daran teilgenommen.

Betriebshelfer beim Hopfendrahtaufhängen

Diese vor allem in den Monaten November bis März anfallende Vermittlungsarbeit war bei unseren Mitgliedern sehr geschätzt.

Marcus Kawasch, Geschäftsführer des MR Wolnzach–Geisenfeld–Vohburg

Donau zu diesem Zweck auf Einladung des KBM am 6. 9. 1999 eine Besprechung zur *Zusammenarbeit zwischen Forstbetriebsgemeinschaften und MR* und eine Klausurtagung der Akademie der Maschinenringe zum selben Thema (siehe Foto oben) statt.

Einige wenige MR haben sich durch diese unkooperative Haltung nicht irritieren lassen und sich trotzdem mit Lust und Erfolg dem Thema Wald zugewandt, z. B. die MR Oberland und Wolfratshausen.

■ Urlaubsvertretung, Saison-Arbeitskräfte, Maschinen-Bedienung

Die Gruppe *Einsatzanlass sozialoffen* (Begriffserklärung siehe Seite 93) macht nur etwa zwei bis drei Prozent der gesamten Betriebshilfe aus. Aus diesem geringen Anteil kann zweierlei geschlossen werden: Entweder die Sozialversicherungsträger decken den allergrößten Teil aller sozialbedingten Einsätze ab, oder in den nicht von den Kassen bezahlten Fällen verzichten die Betriebe auf eine Aushilfskraft. Beides trifft mehr oder weniger zu.

Für die Vertretung bei Urlaub und dergleichen *(Einsatzanlass privat)* gilt im Prinzip dasselbe: Landwirte machen noch relativ selten Urlaub, allenfalls einige wenige Tage lang. Und wenn sie wegfahren, dann geschieht dies meist in der arbeitsruhigen Zeit, um möglichst ohne fremde Hilfe auskommen zu können; denn dies belastet die Urlaubskasse zusätzlich.

Dennoch bleibt festzuhalten: Es gibt eine kleine Zahl von Betrieben, darunter auch Milchviehbetriebe, die regelmäßig ein bis zwei Wochen Urlaub machen und dafür den Betriebshilfsdienst des MR in Anspruch nehmen. Die dafür ausgewählte Kraft kennt jedoch in der Regel den betreffenden Betrieb schon aus früheren Einsätzen.

Für die sozial und privat bedingten Einsätze werden überwiegend so genannte Allrounder gebraucht, also Leute, die in der Lage sind, Bauer und Bäuerin bei ihrer routinemäßigen Arbeit zu vertreten. Im Gegensatz dazu sind bei vielen wirtschaftlich bedingten Einsätzen jedoch Helfer, die über spezielle Kenntnisse verfügen, erforderlich. Neben der Bauaushilfe und der Waldarbeit ist dies hauptsächlich bei der Bedienung von Maschinen und bei Arbeiten in Sonderkulturbetrieben der Fall.

Ein typisches Beispiel für die Maschinenbedienung durch Spezialisten ist die Zuckerrübenernte: Die Fahrer des 6-reihigen Roders, der Rübenmaus und der Rüben-Transporter müssen ihre Maschine voll beherrschen, um hohe Leistung und Arbeitsqualität zu gewährleisten. Die Fahrer der Vollernter und der Maus werden i. d. R. von den Herstellern eingewiesen und geschult. Die Lkw-Fahrer benötigen einen entsprechenden Führerschein. Um genügend Rübenfahrer zu gewinnen, haben die Ringe gelegentlich in Zusammenarbeit mit Fahrlehrern Extrafahrkurse organisiert.

Aber auch bei Mähdreschern, Häckslern und anderen Großmaschinen werden Leistung und Qualität in hohem Maß vom Können des Fahrers bestimmt.

Unter den Sonderkulturbetrieben waren es vor allem Hopfenbauern und Winzer, die MR-Helfer beansprucht haben. Im Weinbau überwiegend zum Schneiden der Reben im Spätwinter, im Hopfen zum Spannen der Drähte im Winter und gelegentlich zum *Andrehen* der jungen Triebe im späten Frühjahr sowie zum Abreissen der Hopfendolden bei der Ernte.

Bemerkenswert ist, dass zum Beispiel im Maschinenring Ochsenfurt-Würzburg Süd (heute MR Maindreieck) Bauern aus dem Gäu, also Ackerbauern, die vom Wein keine Ahnung hatten, gerne ihre arbeitsruhige Zeit zum Rebschneiden verwendet haben. *Die Rebschnitt-Gruppen werden jedoch zuerst bei der Bayerischen Landesanstalt für Wein-, Obst- und Gartenbau geschult*, bevor sie in die Weinberge gelassen werden.[28]

Nicht so verbreitet war der Einsatz von MR-Helfern zur Weinlese und ebenso für die Hopfenernte. Für diese Arbeiten wurden schon von jeher *billige Arbeitskräfte* eingesetzt, die meist aus dem Ausland kommen. Dies gilt auch für das Spargelstechen und die Gurkenernte. Betriebshelfer der MR sind nicht bereit zu den hier üblichen Sätzen zu arbeiten. Abgesehen davon würden heute die in der Landwirtschaft noch verfügbaren Kräfte dafür auch gar nicht ausreichen.

Trotzdem fanden die Ringe auch in der Hopfen- und Gurkenregion einen Weg, ihre Mitglieder bei der Vermittlung ausländischer Saison-Arbeitskräfte zu unterstützen, in Abstimmung mit den zuständigen Arbeitsämtern. Der MR Deggendorf hat sich dabei in der Person des Geschäftsführers Georg Leitl besonders engagiert, in dem er die Initiative von Josef Käufl zur Gründung des *Vereins zur Anstellung und zum Verleih ausländischer Saisonarbeitskräfte in der Landwirtschaft* tatkräftig unterstützt und nach dessen Gründung am 11. März 1994 auch die Geschäftsführung übernommen hat. Aufgabe dieses Vereins war es, die Landwirte bei der Vermittlung der rapide wachsenden Zahl ausländischer Saison-Arbeitskräfte, die insbesondere zur Gurkenernte gebraucht werden, zu unterstützen. Auch in den Nachbarringen Buchhofen, Landau und im MR Wolnzach in der Hallertau wurden kurz darauf solche Vereine ins Leben gerufen. Sie wurden jedoch ab 2001 nach und nach wieder aufgelöst. Die Arbeitsämter haben diese Hilfe der Maschinenringe, denen ihre praktische Erfahrung und Nähe zum Landwirt dabei von großem Nutzen war, zunächst auch sehr geschätzt. Der Verein im MR Landau hat sogar bei dem vom Arbeitsamt massiv geförderten, drei Jahre dauernden, aber dennoch gescheiterten Versuch, einheimische Arbeitslose in der Gurkenernte einzusetzen, mitgewirkt.

Entwicklung der Betriebshilfe in den bayerischen MR von 1971 bis 2002

Jahr	Verrechnungswert Mio. DM*)	Arbeitsleistung Tsd.Std.	Helfer/innen VAK**)
1971	0,55	110	50	–
1972	1,61	300	136	–
1973	4,72	785	356	–
1974	7,92	1218	641	3502
1975	10,57	1629	856	4136
1978	20,19	2524	1328	6408
1981	31,75	3342	1759	7950
1984	43,04	4099	2157	8847
1987	65,52	5156	2714	11094
1990	91,83	6395	3366	10359
1993	95,24	5779	3042	8907
1996	106,20	5262	2769	8347
1999	103,90	5434	3019	9617
2002	47,80	4304	2391	7206

*) ab 2002 in Euro,
**) Umrechnung in Vollarbeitskräfte

So groß und bunt präsentiert sich die gesamte Betriebshilfetruppe eines einzigen Maschinenringes

Fast alle Helferinnen und Helfer des MR Neustadt/Waldnaab aus dem Jahre 1996 sind auf diesem Foto abgebildet, einschließlich des Führungsteams (Bildmitte)

Für 10 000 Betriebe ein wichtiger Zuerwerb

Geht man davon aus, dass in der Regel aus einem Betrieb nur eine Aushilfskraft kommt, so liegt die Zahl der Betriebe, die allein aus Betriebshilfe Einnahmen erzielt haben, bei fast 10 000. Mit anderen Worten: fast 10 Prozent der MR-Mitglieder arbeiten aktiv in der Betriebshilfe.

Das bedeutet z. B. auf das Jahr 1991 bezogen: Im Durchschnitt hat in diesem Jahr jeder MR-Helfer aus der Betriebshilfe einen Zuerwerb von 9443,– DM erzielt.

Quelle: KBM-Jahresbericht 1991

Die 12 Maschinenringe mit den meisten Einsatzstunden in der Betriebshilfe im Jahr 1999

Maschinenring	Einsatzstunden
Rosenheim	269 380
Oberland	182 557
Straubing	170 966
Altötting-Mühldorf	159 593
Neustadt-WN	146 300
Wolnzach-Geisenfeld-Vohburg	126 733
Laufen	116 501
Jura	116 490
Erding	105 766
Pfaffenhofen/Ilm	105 582
Eggenfelden	103 526
Marktoberdorf e. V.	100 001

Ein erfolgreiches Team:

Josef Fuchsgruber (rechts) und Alois Kaiser

Die zahlenmäßige Entwicklung der Betriebshilfe

Bisher wurden überwiegend die Art der Arbeit in der Betriebshilfe und ihre Wirkung auf die Auftraggeber oder auf Dritte dargestellt. Nicht übersehen werden darf jedoch auch der Nutzen der Betriebshilfe für die ausführenden Personen und deren Betriebe. Die Zahl der verfügbaren Kräfte lag in der Zeit 1981 bis 1999 immerhin zwischen insgesamt 8000 bis 9000 Personen. Der Höchststand im Jahr 1987: 11 094. Etwa ein Drittel davon waren weibliche Kräfte.

Besser aber als viele Worte demonstriert das Foto auf Seite 103, wie vielfältig und umfangreich Betriebshilfe im Maschinenring sein kann. Es zeigt (fast) alle im Jahre 1996 im Maschinenring Neustadt/Waldnaab verfügbaren Helfer und Helferinnen. Sie haben 1996 3509 Einsätze geleistet und dabei 3 009 857,– DM Einnahmen erzielt.

Der Nutzen für die Helfer ist jedoch nicht nur ökonomischer Natur. Bei Umfragen haben MR-Helfer immer wieder betont, dass auch andere als finanzielle Aspekte für sie eine wichtige Rolle spielen. Die Möglichkeit, Erfahrungen zu sammeln nannten 40 Prozent der Befragten als wichtigen Grund für ihr Interesse an der Betriebshilfe; Tätigkeiten auszuüben, die interessant sind, 22 bis 42 Prozent; anderen helfen zu können 10 bis 21 Prozent.[30]

Während in den ersten Jahren noch die Masse der Helfer aus der Gruppe *Hoferben* kam, also Bauernsöhne und -Töchter waren, ist es den Ringen im Laufe der Jahre gelungen, mehr und mehr auch Betriebsinhaber und sogar noch rüstige *Altenteiler* zu gewinnen. Das war auch notwendig; denn *trotz dieses guten Ergebnisses*, so wird im Jahresbericht von 1991 – und in ähnlicher Form auch in den folgenden Jahren – festgestellt, *darf nicht übersehen werden, dass es zunehmend schwierig wird, genügend Helfer und Helferinnen zu finden.*

Ein Blick auf die zahlenmäßige Entwicklung zeigt aber, dass es den Ringen trotz dieser Schwierigkeiten weiterhin gelungen ist, genügend Kräfte zu mobilisieren. Im Jahre 1990 wurde zwar mit rund 6,4 Millionen Stunden der höchste Einsatzumfang erreicht. Danach ging es aber keineswegs abrupt zurück. Der Verrechnungswert ist danach sogar noch weiter gestiegen und erreichte 1998 mit 112,6 Mio. DM die Höchstmarke. Diese Steigerung ist aber ausschließlich auf eine kontinuierliche Erhöhung der Stundensätze zurückzuführen. 1971 belief sich der durchschnittliche Stundensatz auf 5,– DM, 1980 auf 9,–, 1990 auf 14,40 und 1998 bereits auf 20,60 DM.

Betriebshilfe – Markenzeichen des MR Eggenfelden

Noch vor der Gründung des KBM am 25. 6. 1969 kam es im niederbayerischen Landkreis Eggenfelden am 28. März 1969 zur Gründung des *Kuratoriums der Maschinenringe im Landkreis Eggenfelden*. Und 2 Monate später, am 1. Juni, wurde Josef Fuchsgruber als hauptberuflicher Geschäftsführer angestellt. Fuchsgruber stammte aus einem 41 Hektar großen landwirtschaftlichen Betrieb nahe Falkenberg im nördlichen Teil des Landkreises. Er hatte gerade die *Höhere Landbauschule* und die landwirtschaftliche Meisterprüfung erfolgreich abgeschlossen und erste Erfahrungen als Vertreter eines *Landhändlers* gesammelt, als ihm dieser Posten angeboten wurde. Sicher hat er damals nicht ahnen können, dass der Aufbau des Maschinenringes seine Lebensaufgabe werden sollte.

Zum 1. Vorsitzenden wurde Josef Boxhammer gewählt, der jedoch schon ein Jahr später aus gesundheitlichen Gründen zurücktrat. Sein Nachfolger wurde Alois Kaiser. Kaiser und Fuchsgruber, ein ideales Gespann (siehe Foto), das gemeinsam den MR Eggenfelden aufgebaut und drei Jahrzehnte erfolgreich und souverän geführt hat. Fuchsgruber ging am 1. 7. 2003 in den Ruhestand, Kaiser gab 2001 sein Amt in jüngere Hände ab. Der schnelle und spektakuläre Start des MR Eggenfelden und die Wahl des ungewöhnlichen Begriffes *Kuratorium* im Namen war maßgeblich dem Einfluss des agilen Amts- und Schulleiters Dr. Friedrich Audebert zu verdanken. Er sorgte auch dafür, dass dem Maschinenring sofort in dem Gebäude, in dem Amt und Landwirtschaftsschule untergebracht waren, ein geeigneter Raum zur Verfügung gestellt wurde. Diese nicht nur räumlich enge Verbindung hat sich bestens bewährt und besteht auch heute noch.

Das Einzige, das nicht von langer Dauer war, war der Name. Ab 1970, mit dem Beitritt zum KBM, begnügte sich auch Eggenfelden mit der schlichten, einheitlichen Bezeichnung *Maschinenring* bzw. ein Jahr später *Maschinen- und Betriebshilfsring*.

Die ersten Betriebshelfer habe ich bereits im Jahr 1970 vermittelt, noch bevor es den Begriff Betriebshilfe überhaupt gab, erinnert sich Josef Fuchsgruber. *Es waren Waldbesitzer, die als erste auf mich zukamen und für größere Wiederaufforstungen fachkundige Hilfe suchten; denn das Anpflanzen war für die meisten Waldbauern eine ungeliebte Tätigkeit.*[30] Und so machte sich Fuchsgruber gleich auf die Suche nach geeigneten Fachkräften und wurde auch schnell fündig.

Dieser erste *Betriebshelfereinsatz* hat gut geklappt, beide Seiten waren zufrieden. Weitere Anfragen folgten. Dadurch war der Geschäftsführer gezwungen, auch auf unerfahrene Kräfte zurückzugreifen. Diesen Neulingen hat er kurzerhand einen erfahrenen Kollegen zur Seite gestellt und so ohne Probleme und Pannen die Zahl der Waldexperten Schritt für Schritt erhöht.

Es blieb nicht bei der Waldarbeit. Auch bei anderen Arbeitsspitzen im Betrieb haben Mitglieder nun immer häufiger ihren Maschinenring *getestet* und die Vorteile einer schnellen und finanziell günstigen Aushilfe in Anspruch genommen. Der Lohn für eine Betriebshelferstunde lag damals noch bei 6 DM.

Im ersten Betriebshilfejahr haben Mitglieder für Aushilfsstunden insgesamt zwar nur 1600,– DM ausgegeben. Ein Anfang war aber gemacht, und ein Jahr später waren es schon 37 800,– DM. Zwei weitere Jahre danach wurde bereits die 100 000,– DM-Marke überschritten (siehe Kasten). Zu dieser raschen Ausweitung der Betriebshilfe hat ein Umstand beigetragen, der für die Verbesserung der sozialen Verhältnisse in der Landwirtschaft von herausragender Bedeutung war: die breite Einführung der sozialpflichtigen Betriebs- und Haushaltshilfe durch Landwirtschaftliche Alterskasse, Landwirtschaftliche Berufsgenossenschaft und die neu gegründete Landwirtschaftliche Krankenversicherung.

Insbesondere im Gebiet des MR Eggenfelden wurde diese Leistung von den Betrieben stark in Anspruch genommen. Nicht, weil die Rottaler Bauern diesen Anspruch besonders clever auszunutzen verstanden, sondern weil in den zahlreichen viehstarken Betrieben dieser Region der Ausfall von Bauer oder Bäuerin in vielen Fällen anders nicht auszugleichen war. Es gab hier besonders viele Betriebe, die hauptsächlich von der Milchviehhaltung lebten. Noch im Jahre 1990 wurden im Landkreis Rottal-Inn, in dem das Gebiet des MR Eggenfelden liegt und rund die Hälfte der Fläche ausmacht, noch 3842 Milchkuhhalter gezählt. Wie es Fuchsgruber gelungen ist, trotzdem noch genügend Helfer zu finden, erklärt er selbst (siehe Spalte rechts).

Allein die von der Fachschule requirierten, jüngeren Betriebshelfer/innen, die meist aus den größeren Vollerwerbsbetrieben kamen, reichten jedoch bald nicht mehr aus, zumal die meisten von ihnen nur solange zur Verfügung standen, bis sie selbst den Hof übernahmen oder heirateten.

Ich musste jetzt auch die Betriebsinhaber selbst ansprechen und sogar die noch rüstigen Senioren. Dabei war oft große Überredungskunst nötig, um tiefsitzende Vorbehalte zu beseitigen und potentielle Helfer gegen gelegentliche spöttische Bemerkungen (Du musst ja arg notig sein, wenn Du anderen die Drecksarbeit machst.) immun zu machen. Leichter war es da schon, ehemalige Helfer und Helferinnen zu reaktivieren. Und Drecksarbeit im wahrsten Sinn des Wortes war in manchen Betrieben, wenn der Bauer oder mehr noch die Bäuerin wegen Krankheit ausfiel, tatsächlich hin und wieder zu leisten. *Die Verhältnisse auf manchen Betrieben waren gelegentlich schon chaotisch. In einem Fall war es so schlimm,* wie Fuchsgruber berichtet, *dass der Einsatz abgebrochen wurde. Es war einfach unzumutbar!* Häufiger als unzumutbare Arbeitsbedingungen gab es aber im menschlichen Bereich *Besonderheiten,* denen Rechnung getragen werden musste. Um eine wirklich gute Betriebs- und Haushaltshilfe zu leisten, genügt es nicht, nur irgendeine Person zu vermitteln, die fleißig ist und eine korrekte Arbeit macht. Auch die *Chemie* zwischen Helfer und den Menschen auf dem Einsatzbetrieb muss stimmen.

Die Kunst in der Betriebshilfe besteht darin, zu wissen, wer zusammenpasst oder wer eben nicht zusammenpasst. Aber offensichtlich kannte

Entwicklung der Betriebshilfe im MR Eggenfelden 1970–2000

Jahr	Mitglieder	Verrechnungswert DM insgesamt	Betriebshilfe
1970	371	192 000	1 600
1971	445	279 800	37 800
1973	519	547 800	104 400
1977	670	1 082 100	260 000
1980	803	1 673 600	491 800
1985	1048	3 099 500	982 800
1990	1238	5 516 200	1 901 700
1995	1298	7 097 500	2 075 000
2000	1414	9 433 407	2 021 741

Quelle: Jahresberichte MR Eggenfelden

Umfang der Betriebshilfe im MR Eggenfelden 1989, beim 25-jährigen Bestehen

Verrechnungswert DM	1 719 400,–
Einsatzstunden	152 257
Umfang in Vollarbeitskräften*)	76
Helferinnen	49
Helfer	318
Anteil sozialpflichtig %	28

*) Umrechnung: Stunden insgesamt : 2000 (Std./Vollarbeitskraft u. Jahr)

Quelle: Festschrift 25 Jahre Maschinenring Eggenfelden

Josef Fuchsgruber: Meine wichtigste Quelle für neue Kräfte zur Betriebshilfe

war die Landwirtschaftsschule. Nachdem das MR-Büro und die Landwirtschaftsschule und ebenso die Hauswirtschaftsschule in einem Haus untergebracht waren, war es für mich einfach, mit den Studierenden in Kontakt zu kommen und sie für die Betriebshilfe zu werben. Außerdem wurde mir auch in jedem neuen Semester die Möglichkeit eingeräumt, den Maschinenring mit seinen vielfältigen Aspekten, und insbesondere natürlich den Bereich Betriebs- und Haushaltshilfe, vorzustellen.

Quellen:

1. KBM-Jahresbericht 1970
2. Die „Maschinenbank" S. 78 und 84
3. BLW 1997, Heft 45
4. BLW 2000, Heft 52
5. BLW 2000, Heft 8
6. MR-Intern 1/80
7. MR-Intern 1/79
8. MR-Intern 1/87
9. Organisationsform und Akzeptanz der Betriebshilfe, Diplomarbeit von Gerhard Röhrl
10. MR-Intern 1/87
11. Jahresbericht 1973 Rückblick auf fünf Jahre KBM
12. Soziale Sicherheit in der Landwirtschaft – Altershilfe für Landwirte, Betriebs- und Haushaltshilfe; 1/1979 und 1–2/1990
13. Ergebnis einer Fragebogenaktion vom 31.1.1978 zur Rahmenvereinbarung zwischen dem GLA, dem ist BLK und dem BLB und dem DBV über die Mithilfe beim Einsatz von Ersatzkräften der LBGen, LAKen und der LKKen.
14. Anlagen zum Ergebnisprotokoll des MR Bayreuth-Pegnitz vom 13.1.1997 zur Besprechung in Bayreuth am 8.1.1997
15. Protokoll der LAK Oberbayern zur Besprechung vom 23.10.1970, ohne Datum mit Unterschrift Freiherr von Freyberg und Dr. Braun
16. Niederschrift über die Tagung mit den Vertretern der schwäbischen Maschinenringe am 26.6.1972
17. Vereinbarung über den Einsatz nebenberuflich mit Arbeitsvertrag tätiger Ersatzkräfte von 1972
18. Brief der LSV Schwaben an das Bayerische Staatsministerium für Arbeit und Sozialordnung vom 22.4.1974
19. Niederschrift über die Arbeitstagung der Geschäftsführer der schwäbischen Maschinenringe vom 5.3.1976
20. dito
21. Vereinbarung zwischen LSV-Träger Franken und Oberbayern und Ebersberg-München-Ost e. V. vom 30.6.2001
22. KBM-Jahresbericht 1971
23. Gesetz zur Förderung der bayerischen Landwirtschaft, Kommentar, S. 223
24. MR-Intern 2/78
25. MR-Intern 3/78
26. KBM-Jahresbericht 1978
27. Mein Maschinenring Heft 2/90
28. Chronik des Maschinen- und Betriebshilfsringes Ochsenfurt-Würzburg Süd e. V., 1978
29. Organisationsform und Akzeptanz der Betriebshilfe, Gerhard Röhrl
30. Mündliche Auskunft von Fuchsgruber
31. Festschrift 25 Jahre Maschinenring Eggenfelden

Fuchsgruber seine *Pappenheimer* so gut, dass ihm dieses Kunststück meistens gelungen ist. *Es gab, das kann ich behaupten, so gut wie keinen Fall, in dem ich nicht helfen konnte. Schlaflose Nächte gab es aber manchmal schon, wenn ich am Abend noch nicht wusste, wer am nächsten Tag den Einsatz machen würde.*

Doch nicht nur den Schlaf hat die Betriebshilfe Fuchsgruber manchmal geraubt, sondern auch viele Stunden, in denen andere längst ihre Freizeit genießen konnten; denn wie bei der Feuerwehr konnte man auch die *Fuchsgrubers* (von 1973 bis 1984 war Frau Olga Fuchsgruber als Halbtagskraft beim MR angestellt) im Notfall fast rund um die Uhr erreichen, wenn es irgendwo *gebrannt* hat.

Leider wurde dieses Engagement von der Institution, die in hohem Maß von der Arbeit des Maschinenringes bei der Vermittlung und Organisation von Ersatzkräften im Rahmen der Betriebs- und Haushaltshilfe profitierte, der Landwirtschaftlichen Sozialversicherung (LSV) für Niederbayern-Oberpfalz, in Landshut lange Zeit nicht entsprechend gewürdigt. *Die Zusammenarbeit mit Landshut lief,* das stellt Fuchsgruber bedauernd fest, *über viele Jahre nicht so reibungslos und unbürokratisch, wie dies eigentlich möglich gewesen wäre.* Die Hauptursache dafür war: Im Bereich der LSV Niederbayern-Oberpfalz waren offiziell die Geschäftsstellen des Bauernverbandes für die Vermittlung der Ersatzkräfte zuständig. Mit den Maschinenringen bestand dagegen, anders als in Oberbayern, Schwaben und Unterfranken, keine vertraglich festgelegte Zusammenarbeit.

Trotzdem haben auch die niederbayerischen und Oberpfälzer Ringe *de fakto* die Helfer und Helferinnen in sozialen Notfällen vermittelt. Der Unterschied: Hier haben die Ringe nicht direkt mit dem zuständigen Sachbearbeiter in Landshut kommuniziert und korrespondiert. Ihr Ansprechpartner war die zuständige Geschäftsstelle des BBV. Und dadurch kam es zwangsläufig immer wieder zu Missverständnissen, Verzögerungen und folgenschweren Fristversäumnissen. Dazu Fuchsgruber: *Ich hatte zwar ein gutes Verhältnis zu meinem Kollegen in der BBV-Geschäftsstelle. Aber richtig gut geklappt hat die Betriebs- und Haushaltshilfe erst, nachdem wir die Anträge direkt nach Landshut geschickt – meist sogar gefaxt – und mit dem Sachbearbeiter persönlich telefoniert haben, wenn etwas unklar war.*

Der Anteil der sozialpflichtigen Betriebshilfe, 1989 machte er 28 Prozent aus, lag in Eggenfelden deutlich unter dem bayerischen Durchschnitt (ca. 45 Prozent). Die wirtschaftlich bedingten Einsätze überwogen hier deutlich.

Eine bedeutende Rolle spielte dabei von Anfang an die Waldarbeit. Besonders gefragt waren die Forstspezialisten des Maschinenringes immer dann, wenn, was in den letzten Jahrzehnten leider häufiger der Fall war, Kalamitäten auftraten. 1979 begann es mit starken Schneedruck-Schäden, 1987 folgte ein schlimmer Eisregen und in den Jahren 1990 und 1992 haben die orkanartigen Stürme *Wiebke* und *Lothar* katastrophale Waldschäden verursacht.

Eine ganz spezielle Form der Betriebshilfe brauchen die rund 15 Betriebe im MR Eggenfelden, die Masthähnchen produzieren. Ihre Ställe werden rund 6-mal im Jahr mit je 30 000 bis 120 000 Tieren belegt. Das Aufstallen der Küken ist kein Problem, wohl aber das Einfangen der schlachtreifen Hähnchen. Diese heikle Arbeit muss nachts bei nur schwacher, diffuser Beleuchtung zügig durchgeführt werden. Im MR Eggenfelden haben sich rund 20 Bäuerinnen und Bauern auf diesen Job spezialisiert. Die Frauen fungieren dabei meist als *Fänger*, die Männer als *Träger*. Bei dieser Arbeit, die nicht jedermanns Sache ist, hat Fuchsgruber erreicht, dass die Frauen den gleichen Lohn bekommen wie die Männer.

1970 wurde mit der Vermittlung von Betriebshelfern und Helferinnen begonnen. Man erkannte schon damals, dass neben der Maschine auch Arbeitskräfte erforderlich waren. Inzwischen hat die Sparte Betriebs- und Haushaltshilfe in seinem Einsatzumfang den Verrechnungswert des Mähdreschers in den Schatten gestellt. Der MR Eggenfelden gehört in diesem Bereich zu den besten Ringen in ganz Bayern![31]

Schwerpunkte der Maschinenvermittlung

Wie erfolgreich die MR in der Maschinenvermittlung waren, wo sie hier die Schwerpunkte gesetzt haben und wie die Mitglieder ihr Angebot angenommen haben, das soll in diesem Kapitel behandelt werden.

Bereits im ersten Jahresbericht des KBM von 1970 erfolgte eine Aufgliederung des Umsatzes nach Maschinengruppen, mit der Begründung, *so Ansatzpunkte für eine weitere Intensivierung der Maschinenringarbeit zu finden*.

Wie die Aufgliederung des Verrechnungswertes nach Gruppen von 1970 bis 2000 zeigt, entfiel 1970 noch mehr als die Hälfte des *Umsatzes* auf die *Körnerernte*. Der Mähdreschereinsatz war anfangs in vielen MR der Hauptumsatzträger. Dies wird im KBM-Jahresbericht 1970 so kommentiert: *Der Mähdrescher wird grundsätzlich sehr viel überbetrieblich eingesetzt. Außerdem bringt dieser Einsatz aufgrund der relativ hohen Kosten je Einsatzeinheit auch entsprechend hohe Umsätze. Für die Auswirkungen eines Maschinenringes sind jedoch die vielen „kleinen" Einsätze ausschlaggebend. Auf diese Arbeiten sollte daher in Zukunft noch mehr Gewicht gelegt werden.*

Die Geschäftsführer haben offensichtlich diesen Rat befolgt; denn nach und nach kamen andere Schwerpunkte hinzu, mit der Folge, dass der prozentuale Anteil der Gruppe Körnerernte kontinuierlich zurückging und im Jahre 2000 in etwa dem Verrechnungswert der Futterernte bzw. der Betriebshilfe entsprach (siehe unten). Aber nicht nur die Futter- und Strohernte nahm an Bedeutung zu, sondern auch die Hackfruchternte, der Schleppereinsatz einschließlich Bodenbearbeitung und nicht zu vergessen der Bereich Saat und Pflanzenschutz. Außerdem kamen im Laufe der Jahre neue Tätigkeitsfelder hinzu, z. B. die Landschaftspflege und die Vermittlung von Urlaub auf dem Bauernhof. Andere Bereiche, die anfangs unter der Bezeichnung *Sonstiges* enthalten waren, wurden später im Jahresbericht gesondert aufgeführt, um die Transparenz zu verbessern, aber auch um neue Akzente zu setzen.

Für die über einen längeren Zeitraum auftretenden Veränderungen in der Zusammensetzung des Verrechnungswertes gibt es verschiedene Ursachen.

In erster Linie sind es Veränderungen in der Organisation und Faktorausstattung der Betriebe. Zum Beispiel: Weniger Arbeitskräfte, Betriebsaufstockung, Umstellung auf neue Betriebszweige und dergleichen. Damit sind vor allem arbeitswirtschaftliche und technische Probleme verbunden. Wenn es den Ringen gelang, ihren Mitgliedern bei derartigen Veränderungen das richtige Angebot zu machen,

Verrechnungswert nach Gruppen in Prozent von 1970 bis 2000

Jahr	1970	1975	1980	1990	2000
Betriebshilfe	-	19,2	24,6	28,2	18,9
Schlepper/Transport	8,3	7,9	9,9	9,3	12,4
Bodenbearbeitung	1,9	2,0	3,1	1,6	2,2
Saat/Düngung/Pflanzenschutz	8,0	8,8	5,2	5,8	7,9
Futter- und Strohernte	5,2	10,2	14,2	13,2	18,8
Körnerernte	57,3	34,8	33,0	26,4	19,1
Hackfruchternte	3,8	7,9	4,3	5,7	7,8
Hofmaschinen	10,8	5,7	1,2	0,3	0,9
Sonstiges	4,7	3,5	4,5	8,5*)	12,0**)

*) 7,0 Forst; 0,4 Sonderkulturen; 0,7 Urlaub auf dem Bauernhof; 0,3 Hilfsmittel; 0,2 Verschiedenes.
**) 3,0 Forst; 0,9 Sonderkulturen; 3,5 Landschaftspflege; 0,8 Urlaub auf dem Bauernhof; 1,5 Hilfsmittel; 2,3 Verschiedenes.

Quelle: KBM-Jahresberichte 1970, 1975, 1980, 1990 und 2000

Meilensteine in der Entwicklung der Maschinenringe Laufen und Traunstein

1971 Traunstein: Konzipierung des ersten Selbstfahrhäckslers in Eigenbau und Aufbau von Silierketten.

1971 Laufen: Die lose Düngung wird ins Leben gerufen (zur Kalkdüngung).

1972 Laufen: Die erste Silopresse wird im Ring eingesetzt.
Der MR vermittelt 40 einreihige Maishäcksler und auch ganze Silierketten (für Silomais).
Eine versetzbare Grünfuttertrocknungsanlage (von Claas, gedacht als Alternative zu den stationären Anlagen) wird als Modellversuch betrieben.

1975 Traunstein: Gründung von Arbeitskreisen in Zusammenarbeit mit dem Landwirtschaftsamt Traunstein.
Beginn eines gemeinsamen Modellvorhabens zur optimalen Nutzung des Maschinenringes im Grünland durch Landwirtschaftsamt, Maschinenring und Bundeslandwirtschaftsministerium.

1975 Laufen: Die Vermittlung von Urlaub auf dem Bauernhof wird aufgenommen. Eine fahrbare Mahl- und Mischanlage kommt zum Einsatz, ebenso eine Hilfsschalung zum Silieren.

1976 Traunstein: Das Betonplatten-Fahrsilo auf Erdwallabstützung wird von Dr. Perreiter konzipiert und erstmals bei Sebastian Reif in Hausen in Eigenbau erstellt.

1976 Laufen: 12 000 Ztr. Futterstroh werden vermittelt.

1977 Traunstein: Erster Silobaulehrgang in Zusammenarbeit von Landwirtschaftsamt und Maschinenring und Einführung des Begriffes „Traunsteiner Silo" (Betonplatten-Fahrsilo auf Erdwallabstützung) durch Dr. Perreiter.

1977 Laufen: Der erste Schultag „Ernte von Grassilage" wird von der Landwirtschaftsschule durchgeführt.

1978 LF/TS: In beiden Ringen kommen erstmals Grabenfräsen zum Einsatz.

1978 Traunstein: Erstmals Vermittlung von Silomais ab Feld frei Haus.

1980 Traunstein: Grünlanderneuerung und -verjüngung, Steinsammeln und Strohaufschluss wird erstmals angeboten.

1981 LF/TS: Erstmals wird von beiden Ringen und beiden Landwirtschaftsämtern gemeinsam der Tag des Traunsteiner Silos durchgeführt.

1983 Laufen: Der MR informiert über die Ganzjahressilage-Fütterung.

1984 Traunstein: Beginn von Landschaftspflegemaßnahmen zur Arterhaltung von Orchideen.

1985 Laufen: Neben Hochdruckpressen kommt als Neuerung eine Rundballenpresse zum Einsatz.

1989 Laufen: Die erste großflächige Landschaftspflegemaßnahme wird durchgeführt.

1989 Traunstein: Beginn der Grüngutentsorgung.

1990 Traunstein: Erstmals mechanische Unkrautbekämpfung in Mais.

1991 Laufen: Die Anbietergemeinschaft „Urlaub auf dem Bauernhof Rupertiwinkel-Berchtesgaden" wird gegründet.

1994 Laufen: Die ersten Großschwader bringen eine enorme Leistungssteigerung in der Futterernte, ebenso die Großpackenpressen für Heu und Stroh.
Das neue Pflückhäckselsystem kann die Energiekonzentration in der Maissilage deutlich erhöhen.

1995 Laufen: Ein erstmals angebotener 125-PS-Leasingschlepper wird von 18 Landwirten genutzt.
Zur bodennahen Gülleausbringung im Rahmen des Programms Stickstoff 2000 wird mit 64 Mitgliedern die erste große Düngegemeinschaft gegründet.
Die MR-Dienstleistungs GmbH wird als 100%ige Tochter des MR Laufen aus der Taufe gehoben.

1998 Laufen: Der MR bietet erstmals die Vermessung von Flächen mit Hilfe von GPS an.

1999 Laufen: Der erste Großmäher BIG M kommt zum Einsatz.

2000 Laufen: Der erste 4-Kreiselschwader wird im Ringgebiet eingesetzt.

Quelle: Festschrift 40 Jahre MR Laufen 1964–2004 und Chroniken des Maschinenringes Traunstein zum 10-, 20- und 25-jährigen Bestehen

Das Hauptziel der Maschinenvermittlung war, wie dieser Auszug aus einem Prospekt des KBM von 1973 zeigt, auf die Kostensenkung gerichtet

hatten sie gute Chancen, neue Dienstleistungen zu etablieren.

In den ersten Jahren war z. B. die Stallmistausbringung eine der wichtigsten MR-Arbeiten. Warum? Hier handelte es sich um eine schwere und unangenehme Arbeit, die von den meisten Betrieben noch von Hand erledigt werden musste. Nach und nach hat die überwiegende Zahl der Betriebe die dafür erforderliche Technik selbst angeschafft. Vergleichbar mit der Stallmistausbringung ist die Kalkdüngung, ebenfalls eine vor allem unangenehme Arbeit, die daher bald nur noch überbetrieblich erledigt wurde.

Neben der Vermeidung lästiger Arbeiten veranlassten aber vor allem die hohe Schlagkraft und die damit verbundene Arbeitseinsparung, die z. B. mit den selbstfahrenden Erntemaschinen wie Mähdrescher, Häcksler, Zuckerrüben-Vollernter und anderen Großmaschinen verbunden waren, die Landwirte dazu, mehr und mehr Dienstleistungen des Maschinenringes in Anspruch zu nehmen.

Aber auch der Reiz der technischen Neuerung förderte das Interesse an überbetrieblicher Arbeitserledigung beträchtlich. Vor allem mit Hilfe ortsnaher Maschinenvorführungen und -ausstellungen sorgten die Ringe dafür, den Mitgliedern diese Neuheiten nahe zu bringen. *Die MR wurden so immer mehr, wie im Jahresbericht des KBM 1969–1974 zu lesen ist, zum Testfeld für landtechnische Neuentwicklungen.*

Besonders groß ist die Bereitschaft der Landwirte, Maschinenarbeit zuzukaufen, wenn 2 Faktoren gleichzeitig zum Tragen kommen, z. B. ein arbeitswirtschaftlicher Engpass und eine attraktive neue Technik zur Lösung dieses Problems. In solchen Fällen werden auch ökonomische Aspekte außer Acht gelassen. Zum Beispiel wird trotz eigener vorhandener Technik die leistungsstarke Großmaschine über den MR verwendet. Man fährt sozusagen aus Sicherheitsgründen noch über viele Jahre hinweg zweigleisig.

Wenn ein Geschäftsführer jedoch versuchte, Maschinen, die man als notwendige *Grundmechanisierung* eines jeden Betriebes betrachtete, durch überbetrieblich eingesetzte zu *verdrängen*, insbesondere mit dem Ziel der Kostensenkung, war dies ein fast aussichtsloses Unterfangen. Beispiele dafür: Der Schlepper generell, die Bodenbearbeitung; das Säen von Getreide, und anfangs auch das Mähen, Zetten und Schwaden. Die Mais- und Zuckerrübensaat dagegen wurde schnell zu einer Domäne der Maschinenringe. Beim Pflanzenschutz ist eine etwas abweichende Entwicklung zu beobachten: ursprünglich dominierte hier zuerst sogar der überbetriebliche Einsatz, der durch so genannte Spritzwarte wahrgenommen wurde, um dann anfangs der siebziger Jahre wieder an Bedeutung zu verlieren und erst ab 1981 wieder Boden gut zu machen.

Bei ganz speziellen Arbeiten bzw. Maschinen oder Geräten, die nicht zur typischen Grundausstattung eines Betriebes gehörten, hat sich der überbetriebliche Einsatz dagegen schnell durchgesetzt und auch behauptet. Die sonst gegen MR-Arbeit vorgebrachten Bedenken spielten hier keine so große Rolle. Empfahl man dagegen Landwirten, nicht nur den Mais, sondern auch das Getreide vom Ring säen zu lassen, wurde dies meist mit dem Einwand, eine termingerechte Erledigung dieser Arbeit sei kaum möglich, zurückgewiesen, sogar von Betrieben, die schon seit Jahren den Mais oder die Zuckerrüben zur vollen Zufriedenheit vom MR säen lassen.

Ob und in welchen Bereichen Arbeiten überbetrieblich erledigt werden, hängt also nicht nur von ökonomischen und technischen Faktoren ab, sondern auch von scheinbar irrationalen Einflüssen. Pflügen und Säen ist mehr als nur eine notwendige Arbeit. Diese beiden Tätigkeiten sind geradezu Inbegriff bäuerlichen Tuns und Handelns, die man nicht so ohne Weiteres *outsourcen* kann. Und so, wie früher ein gutes Pferdegespann der Stolz eines jeden Bauern war, so erfüllt heute der Schlepper diese Funktion.

Diese Aspekte machen deutlich, warum es so mühsam und langwierig ist, den Landwirten eine konsequente und systematische Nutzung des überbetrieblichen Maschineneinsatzes nahe zu bringen. Leider waren den Protagonisten der überbetrieblichen Mechanisierung diese für die Einstellung der Landwirte zum Maschinenring wichtigen Hintergründe und Zusammenhänge anfangs nicht immer so bewusst und klar, wie dies heute vielleicht der Fall ist. Sie haben daher auch, wie der nebenstehende Auszug aus einem Werbeprospekt des KBM von 1973 zeigt, überwiegend mit rationalen Argumenten geworben (siehe Kasten links).

Das Gras-Silieren wird zur Domäne der Maschinenringe

Besonders langwierig und mühsam war es für den Maschinenring, im Grünlandgebiet überhaupt Fuß zu fassen, geschweige denn an die überbetriebliche Ernte von Silofutter und Heu zu denken. Anfangs handelte es sich bei den im Alpenvorland gelegenen Maschinenringen um reine Betriebshilfsringe. Allenfalls einige ausgefallene Arbeiten wie die Kalkdüngung oder das Räumen von Gräben und natürlich die Maissaat kamen für die Ringarbeit in Frage.

Ein Blick in die Chronik der Maschinenringe Laufen und Traunstein (siehe Seiten 107 und 108) zeigt, in welchen Schritten und Zeiträumen es schließlich auch im Grünlandgebiet gelungen ist, bei nahezu allen Arbeiten überbetriebliche Mechanisierung erfolgreich einzuführen. Dabei ist zu bedenken, dass diese beiden Ringe die Pioniere bei der Einführung der überbetrieblichen Silofutterernte waren. In anderen Grünlandringen hat es meist noch länger gedauert, bis in der Futterernte in größerem Umfang die Dienste des MR in Anspruch genommen wurden.

■ Anfangs gelingen dem MR nur Ergänzungen zur Standardlösung Hochsilo

Die überbetriebliche Futterernte kam also in den bayerischen MR zunächst nur langsam voran. Ganz im Gegensatz zu Holland, wo bereits in den sechziger Jahren die meisten Milchviehbetriebe die Futterernte von Lohnunternehmen erledigen ließen. Dafür gab es vor allem drei Ursachen: Die Holländer machten schon damals weniger Heu und mehr Silage. Außerdem verwendeten sie fast nur Fahr- und Foliensilos. Schließlich verfügten sie auch schon über Kuhbestände von 50 und mehr Kühen.

In Bayern dagegen dominierte das Hochsilo, nicht zuletzt dank der Empfehlung der meisten Berater. Und die durchschnittlichen Kuhbestände lagen noch unter 10 Stück/Betrieb.

Zunächst waren daher in der Silofutterernte nur Lösungen gefragt, die als Ergänzung des Standardverfahrens *Ladewagen-Hochsilo* anzusehen waren, z.B. das Silieren in primitiven Flachsilos oder die Anlage von Silohaufen mit Hilfe einer mobilen Silowand.

Das Silieren im Silosschlauch in Verbindung mit der Silopresse von Eberhard hatte schon Anfang der 70er Jahre, vor allem im südlichen Bayern, eine gewisse Bedeutung erlangt: *Mit einer Ausnahme wurden 1972 alle in Bayern verkauften Silopressen überbetrieblich über den MR eingesetzt: in 20 MR 24 Pressen. Die durchschnittliche Leistung je Presse und Jahr lag etwas über 2000 cbm, die Spitzenleistung bei 5 367 cbm.*[1] Dieses Verfahren eignet sich jedoch nur für Silomais.

Durch das Traunsteiner Silo und später durch das Pressen von Silage in Rundballen wurde jedoch das Silieren im Siloschlauch fast vollständig verdrängt. Im Maschinenring Altötting-Mühldorf, wo sich Geschäftsführer Georg Stadler besonders stark für dieses System eingesetzt hat, konnte es sich länger behaupten. Hier wurde der Silosschlauch sogar zur Zwischenlagerung von losem Dünger verwendet.

Das Interesse bestimmter Betriebe für das Silieren mit der Silopresse ist ähnlich begründet wie bei der Rundballensilage. In Altötting-Mühldorf kam noch dazu, dass geschickte Unternehmer spezielle Lösungen entwickelten, um die Förderung des Futters vom Erntewagen in die Silopresse zu erleichtern und zu beschleunigen (siehe Foto rechts).

■ Den Durchbruch bringt das Traunsteiner Silo

Doch vom Jahr 2004 wieder zurück zu den Anfängen des überbetrieblichen Grassilierens.

Der entscheidende Durchbruch für den Maschinenring in der Silofutterernte wurde erst durch die Erfindung und Entwicklung des Traunsteiner Silos durch Dr. Georg Perreiter im Jahre 1976 eingeleitet. Er wollte als Berater am Amt für Landwirtschaft in Traunstein die großen Un-

---

Zur Entwicklung der Futterernte im MR Altötting-Mühldorf:

1972 fing es mit einer Silopresse an. Damit wurden 3.974 cbm in 35 Betrieben gepresst. In den nächsten Jahren kamen weitere Pressen dazu. Der höchste Stand wurde 1978 mit 7 Maschinen erreicht, die in 204 Betrieben 25 532 cbm Silomaissilage produzierten. Die größte Menge wurde jedoch 1982 mit 41 721 cbm in 251 Betrieben mit Hilfe von 6 Pressen erzielt. Danach ging der Einsatz der Silopresse auch im MR Altötting-Mühldorf kontinuierlich zurück. Aber sogar im Jahr 2004 wurden immer noch zwei Pressen in 69 Betriebe vermittelt, mit einer Gesamtleistung von 12 341 cbm. Im gleichen Jahr wurden, um diese Zahl zu relativieren, in diesem 3130 Mitglieder zählenden Ring 228 580 Hochdruckbündel, 41 881 Rundballen ohne und 50 176 mit Folienverpackung sowie 66 205 Großpacken hergestellt. Mit Abstand die meisten Einsätze entfielen in diesem Bezugsjahr jedoch auf das Grashäckseln: nämlich 2292 Einsätze mit insgesamt 6428 Stunden Dauer. Dieser Bereich übertraf sogar noch den Häckslereinsatz im Silomais (1324 Einsätze bzw. 2937 ha).

Quelle: Jahresberichte und Rundschreiben des MR Altötting-Mühldorf

Der Siloschlauch diente in Altötting-Mühldorf vielfach als Fahrsilo-Ersatz

Durch diese Eigenkonstruktion eines Mitgliedes wurde die Beschickung der Silopresse erheblich erleichtert

Dr. Georg Perreiter,
der Erfinder und Promotor des Traunsteiner Silos

Geboren am 5. 7. 1939 als viertes Kind, auf einem Bauernhof im Chiemgau.

1960 bis 1963 nach Gymnasium und Lehrzeit Studium der Landwirtschaft in Freising-Weihenstephan; danach ein Jahr in Rennes/Frankreich.

1967 Promotion zum Dr. agr. mit dem Thema: Entwicklungsmöglichkeiten der Kykladeninsel Amorgos in Griechenland.

1965 bis 1968 Assistent bei Prof. Dr. Dr. Paul Rintelen in Weihenstephan. In dieser Zeit entstand der Kontakt zu Dr. Bruno Borhy in Oberitalien und die Ursprungs-Idee, auf die Betonplatten-Erdwallwand beim Bau von Fahrsilos zurückzugreifen.

1968 bis 1969 Referendarausbildung beim bayerischen Staat mit Staatsexamen für den höheren landwirtschaftlichen Dienst einschließlich des landwirtschaftlichen Lehramtes in Bayern.

1969 bis 1975 Berater für bäuerliche Kooperationen am Amt für Betriebswirtschaft in München (u. a. Mitwirkung bei Gründung der niederbayerischen Quebag AG).

1975 bis 1981 Berater am Amt für Landwirtschaft Traunstein. In dieser Zeit entwickelte er in Zusammenarbeit mit dem Geschäftsführer des MR Traunstein, Gerhard Maier, und anderen das Traunsteiner Silo und wird zum Motor und Vorkämpfer für das richtige überbetriebliche Silieren, in Bayern und darüber hinaus.

1981 bis 1995 war er Berater am Amt in Laufen, ab 1989 dessen Leiter, anschließend bis zum Beginn des Ruhestandes im Jahre 2004 Chef des Landwirtschaftsamtes von Traunstein.

Quelle: Bauanleitung zum Traunsteiner Silo von Dr. Georg Perreiter, Verlag Erna Perreiter, Wörglham

terschiede in der Wirtschaftlichkeit der Milchviehhaltung zwischen Holland und seinen Bauern in Traunstein nicht als gottgegeben hinnehmen.

Sein Konzept, kurz gefasst: Umstellung auf verstärkte Silagebereitung bei Verwendung von Fahrsilos. Davon versprach er sich nicht nur arbeitswirtschaftliche Vorteile, sondern vor allem weniger Verluste, eine bessere Futterqualität, mehr Schnitte und damit höhere Erträge von der Fläche und dadurch gleichzeitig eine höhere Grundfutterleistung.

Perreiter verglich die verschiedenen damals üblichen Siliersysteme und kam zu dem eindeutigen Ergebnis: Das System Ladewagen-Fahrsilo-Blockschneider war nicht nur mit Abstand das kostengünstigste, sondern auch bezüglich weiterer Kriterien am besten.[2]

Perreiter wusste aber auch, dass noch so stichhaltige und überzeugende Argumente nicht ausreichen, um bestehende Vorurteile, insbesondere gegen das verstärkte Silieren im Allgemeinen und das Fahrsilo im Besonderen, schnell abbauen und die Bauern zum Umstieg auf das neue System bewegen zu können. Deshalb hat er sich nicht darauf beschränkt, lediglich den Bau von Fahrsilos anstelle von Hochsilos zu empfehlen. Er wusste, dass die bisher gebauten Fahrsilos in verschiedener Hinsicht meist mangelhaft waren. Daher entwickelte er eine Siloform, die sich für den Selbstbau eignete, also kostengünstig erstellt werden konnte, in die Landschaft passte, einfach zu befüllen und auch zu entleeren war und zudem den wasserrechtlichen Anforderungen gerecht wurde: Das *Traunsteiner Silo*.

■ Das Traunsteiner Silo – Basis für das überbetriebliche Silieren

Aber auch das Traunsteiner Silo allein bietet noch keine Gewähr für ein gutes, verlustarmes Silieren. Es muss zügig, möglichst an einem Tag befüllt, intensiv festgewalzt und sorgfältig abgedeckt werden. Anforderungen, welche die Möglichkeiten der meisten Betriebe total überfordern, dem Maschinenring aber geradezu auf den Leib geschneidert sind. Fahrsilo und überbetriebliche Silofutterernte ergänzten sich daher in idealer Weise; ja sie bedingen sich wechselseitig.

Nur in Verbindung mit schlagkräftiger Technik funktioniert das System Fahrsilo optimal.

Umgekehrt kommen die Vorteile der überbetrieblichen Silofutterernte, insbesondere die damit verbundene hohe Schlagkraft, nur in Verbindung mit dem Fahrsilo zum Tragen. Das Befüllen von Hochsilos, egal mit welcher Technik, stellt ein Nadelöhr dar, das mit der im MR möglichen hohen Ernteleistung kaum kombinierbar ist. Allenfalls mit einem Tiefsilo. Wegen des hohen baulichen Aufwandes und der mäßigen Qualität und der fehlenden Eignung für Maissilage

Schlagkräftige Erntemaschinen sind für ein erfolgreiches Silieren im Fahrsilo unbedingte Voraussetzung

konnte jedoch diese Siloform mit dem Traunsteiner Silo nicht konkurrieren.

Die schnelle Verbreitung des bis dahin verpönten Fahrsilos in Bayern von 1976 bis 1990 wurde maßgeblich durch zwei glückliche Umstände möglich: Die Erfindung des Traunsteiner Silos und das gleichzeitige Engagement vieler MR-Geschäftsführer in Bayern für dieses Silo-System in Verbindung mit der Organisation einer schlagkräftigen Silageernte und -einlagerung.

Von Traunstein und dem benachbarten Laufen aus, wo diese Partnerschaft zwischen Beratung und Maschinenring erprobt und entwickelt wurde, verbreitete sich das neue Silierverfahren über die Maschinenringe in wenigen Jahren in ganz Bayern und in weiten Teilen Österreichs.

Heute ist das Traunsteiner Silo das mit Abstand am meisten gebaute Silo, zumindest in Bayern und Österreich. Auf diesem Siegeszug gab es jedoch nicht nur Anhänger und Freunde, sondern auch massive Widerstände. Insbesondere von Seiten der Bauberatung. Auslöser dafür waren 1991 Bedenken seitens einiger Wasserwirtschaftsämter. Ihrer Meinung nach konnte mit der von Perreiter empfohlenen Konstruktion nicht gewährleistet werden, dass das Sickerwasser kontrolliert abgeleitet und gesammelt werden kann. Perreiter vermutet, dass dies auf Drängen der Bauindustrie erfolgte, da dieser das materialsparende Traunsteiner Silo ein Dorn im Auge war. Denn die Wasserwirtschaftler selber hatten keine nennenswerte Ahnung von den Zuständen der Silowirtschaft.

Die Folge dieser Einwendungen: In eine vom Landwirtschaftsministerium in Zusammenarbeit mit der Obersten Baubehörde herausgegebenen Schrift zum Bau von Fahrsilos wurde das Traunsteiner Silo nur in einer kostenträchtig abgeänderten Ausführung aufgenommen: Mit mindestens 15 statt nach Perreiter 10 cm starker Bodenplatte, dazu doppelt mit zwei schweren Baustahlmatten bewehrt (dem vierfachen Baustahlgewicht der von Perreiter empfohlenen einfachen leichten Bewehrung). Außerdem wurde allen staatlichen Beratern 1992 in Bayern vorgeschrieben, nur noch diese Ausführung anzuraten. Es war die einzige Beratungsanweisung in Bayern. Ansonsten redete niemand den Betriebswirtschaftlern drein ... Die Folge war, dass sich die Berater vom Silobau zurückzogen und das Feld den Maschinenringbauhelfern überließen. Allerdings stockte damit die weitere Verbreitung und auch die weitere Verbesserung der Bauausführung des Traunsteiner Silos, welches Perreiter ununterbrochen weiterentwickelte: Wo es bis dahin nicht Standard geworden war, führte es sich kaum ein.

Perreiter wusste aus Erfahrung, dass die Traunsteiner Silos seiner Bauart allen anderen Fahrsilos umweltmäßig überlegen waren, konnte es aber 1992 nicht wissenschaftlich beweisen. Deshalb begann er sofort im April 1992 zusammen mit dem Milchvieharbeitskreis des VLF Laufen eine Feldstudie, bei der er zusammen mit je einem Mitglied des Arbeitskreises ein Jahr lang jeden Monat eine ausgewählte Zahl von 60 Silos genau in Augenschein nahm bezüglich Bodenrissen, Gärsaft- und Sickersaftaustritten. Im Januar 1994 war die Feldstudie abgeschlossen. Ergebnis war, dass die Böden der Traunsteiner Silos geringfügig weniger Risse, insbesondere weniger breitere Risse, aufwiesen als die massiven Schuhschachtel-Fahrsilos, dass sie aber bezüglich Sickersaftanfalls erheblich überlegen waren. Folglich gab er bekannt, dass sich das Amt Laufen nicht mehr an die Beratungsanweisung des Ministeriums halten wird, sondern wieder seine Bauform empfehlen wird.

Dies brachte ihm dann 1995 eine Rüge der Regierung von Oberbayern ein, denn ein Einzelner darf sich nicht über die vorgeschriebene Fachmeinung des Ministeriums hinwegsetzen. Glücklicherweise ließ auch das Ministerium eine Feldstudie von der Landtechnik Weihenstephan erstellen, welche im Juli 1997 veröffentlicht wurde. Sie gab Perreiter in allen wesentlichen Punkten Recht. Allerdings dauerte es dann bis Juli 2004, bis das Traunsteiner Silo gemäß der Bauanleitung von Perreiter, Auflage März 2000 ausdrücklich als Stand der Technik per Ministerialschreiben anerkannt wurde.[3]

■ KBM und Maschinenringe – Streiter für das Traunsteiner Silo

In dieser Auseinandersetzung musste das KBM deutlich Stellung beziehen. Zu diesem Zweck wurde ein *Arbeitskreis* gegründet, dessen Vorsitzender Johann Stöttner war. *Das wichtigste Ziel des Arbeitskreises*

Die Vorteile des Traunsteiner Silos ...

- **Möglichkeit zum Selbstbau**

- **Einfügung in die Landschaft**

- **schlagkräftige Befüllung**

- **einfache Entnahme**
  (zum Beispiel, wie hier im Betrieb Parzinger, MR Laufen)

Ein engagierter Streiter für das Traunsteiner Silo:

Johann Stöttner, Vorsitzender des MR Rosenheim und stellvertretender Vorsitzender des KBM

Alljährlich: der „Tag des Traunsteiner Silos"

Georg Klausner, der Vorsitzende des MR Traunstein begrüßt die Teilnehmer, rechts neben ihm Dr. Perreiter

Aufmerksam verfolgen die Besucher die Ausführungen der Experten

---

Der Schmäh vom großen Wetterrisiko

... viele Landwirte sind nach wie vor etwas skeptisch und vertrauen beim Grassilieren mehr der eigenen Arbeit als dem Maschinenring. Warum? Sie fürchten das Wetterrisiko. Sie glauben, dass sie mit eigenen Maschinen das Futter mit weniger Verlusten und höherer Qualität einfahren können als in Teamarbeit mit anderen.
Dieser weit verbreitete Glaube ist jedoch falsch und unbegründet. Hartmut Heinrich, Oberlandwirtschaftsrat am Amt für Landwirtschaft in Laufen a. d. Salzach, wollte es nämlich genau wissen. Er führte bei 31 Landwirten seines Dienstgebietes – sie wurden nach dem Zufallsprinzip aus insgesamt 255 Betrieben ausgewählt – eine Befragung über die Erfahrungen bei der überbetrieblichen Silofutterernte in Traunsteiner Silos durch, und zwar bezogen auf den 1. Schnitt im Jahre 1986 ...

1986 war bekanntlich während der Grassilageernte die Witterung in den meisten Gebieten Bayerns außergewöhnlich schlecht, so auch im Berchtesgadener Land 21 Betriebe füllten das Silo in einem Tag, die restlichen 10 benötigten zwei Tage. 204 ha bei 17 Betrieben wurden überhaupt nicht angeregnet. In 14 Betrieben wurden 82 ha etwas angeregnet. Das reichte von 1 mm Niederschlag bis stark angeregnet. Verdorbene Silage: 0 Hektar.
Eine Umfrage des Amtes für Landwirtschaft Moosburg bei sieben Betrieben, ebenfalls bezogen auf den 1. Schnitt 1986, ergab: die Hälfte der Silage wurde verregnet, bis hin zum Totalschaden.

Quelle: Mein Maschinenring 1/87

Fahrsilo war es, zunächst durch Beratung und „politische" Einflussnahme zu erreichen, dass das Traunsteiner Silo entsprechend der Bauanleitung von Dr. Perreiter ohne gravierende, kostenmehrende Auflagen weiter gebaut werden kann. Dieses Ziel konnte weitgehend erreicht werden, denn der einzelne Bauer durfte weiterhin nach der Bauanleitung Perreiter bauen.[4]

Die Streiter für das Traunsteiner Silo waren also gut aufgestellt und haben sich mit Erfolg behauptet. Neben Perreiter gab es noch eine Reihe weiterer engagierter Berater, die sich trotz ministerieller Einwände weiter dafür einsetzten, allen voran Hartmut Heinrich am Amt für Landwirtschaft in Laufen. Entscheidend für den großen und schnellen Erfolg des Fahrsilos nach Traunsteiner Art waren aber vor allem zwei Dinge:

■ Das durch viele Vorteile überzeugende Konzept Perreiters, ergänzt durch seine detaillierte, gut verständliche Bauanleitung und seine vielen Vorträge in Süd- und Westdeutschland, Österreich und der Schweiz.

■ Der Umstand, dass die Maschinenringe in Bayern auch beim Bau der Traunsteiner Silos tatkräftig mitgewirkt haben, durch die Schulung und den Einsatz von Bauhelfern und durch intensive Information und Beratung ihrer Mitglieder.

Das KBM hat die Ringe dabei auf vielfältige Weise unterstützt, nicht erst ab 1991 im Rahmen des Arbeitskreises Fahrsilo, sondern schon von Anfang an: Insbesondere durch umfangreiche PR-Arbeit in Form zahlreicher Vorträge, Rundschreiben, Publikationen in Fachzeitschriften, in *MR-Intern* und *Mein Maschinenring*. Auf Anstoß und unter aktiver Mithilfe des KBM wurde auf der Agritechnika in Hannover sogar ein komplettes Traunsteiner Silo aufgebaut. Dazu wurde ein von den Bauhelfern Josef Parzinger und Xaver Mayr gedrehter Film über Bau und Befüllung des Traunsteiner Silos gezeigt.

Dieser gut gemachte Videofilm wurde nicht nur den Messebesuchern in Hannover vorgeführt, sondern diente den Ringen als willkommenes Medium zur Information und Werbung für das überbetriebliche Silieren.

Dass ein so revolutionäres, neues Verfahren von den Landwirten so bereitwillig und schnell angenommen wurde, ist aber vor allem darauf zurückzuführen, dass Bauern und Bäuerinnen reichlich Gelegenheit hatten, sich selbst in der Praxis zu

informieren. Sie konnten beobachten, wie eine solche Siloanlage gebaut wird. Sie konnten beim Befüllen zuschauen und sehen, wie einfach und schnell 100 cbm und mehr eingelagert werden können. Sie erlebten die enorme Erleichterung und Verbilligung der Siloentnahme mit dem Blockschneider, der dann ab 1992 vom Silokamm abgelöst wurde, welcher auch das verteilte Füttern erledigte. Und sie konnten sich während der Entnahme auch noch von der Qualität der Silage überzeugen.

In Laufen und Traunstein organisierten die Ämter für Landwirtschaft in Zusammenarbeit mit den beiden Maschinenringen über mehrere Jahre, von 1977 an, Baukurse für das Traunsteiner Silo. Ab 1981 machten beide Ämter und Maschinenringe gemeinsam alljährlich einen *Tag des Traunsteiner Silos*, mit Vorträgen und der Besichtigung mustergültiger Siloanlagen. Tausende von Landwirten aus Bayern und darüber hinaus nahmen daran teil. Perreiter ließ auch immer wieder eine große Zahl nach dem Zufallsprinzip ausgewählter Siloproben aus Hoch- und Fahrsilos entnehmen und untersuchen. Die Ergebnisse wurden publiziert. Hier das Ergebnis zur Silofutterernte 1979 mit 20 Proben aus Hoch- und Fahrsilos: 70,95 Flieg-Punkte (= gut) für Fahrsilos und 52,40 (= befriedigend) für Hochsilos.[5]

Trotzdem, das Vorurteil gegen das Fahrsilo, aber noch mehr gegen das überbetriebliche Silieren überhaupt war nicht so leicht und schnell auszuräumen. Umso wichtiger war es, den Landwirten immer wieder die guten Silierergebnisse vor Augen zu führen und auch die Unterschiede im Arbeitsbedarf und in den Kosten herauszustellen (siehe Kasten – *Der Schmäh vom großen Wetterrisiko*, Seite 112).

Dazu ein Beispiel, wie in *Mein Maschinenring* auf die Einsparung an Kosten hingewiesen wurde: Unter der Überschrift *Ich habe nicht gekauft* wird der Zuerwerbsbetrieb Kirmeier aus Baierbach im MR Rosenheim vorgestellt. Unter anderem ist hier zu lesen: *Geplant waren ursprünglich Tiefsilos mit Krananlage zur Heubergung und dazu Kurzschnittladewagen und ein neuer Schlepper. Alles in allem eine Investitionen von ca. 260 000 DM. Gebaut wurden stattdessen zwei Traunsteiner Silos von 360 cbm Siloraum mit Hilfe der Bauhelfer des MR. Die Kosten für die gesamte Siloanlage: DM 13 500 bzw. 37 DM je cbm Siloraum.*[6]

■ Das Traunsteiner Silo erobert ganz Bayern

Ein MR-Geschäftsführer, der voll auf das Traunsteiner Silo abgefahren ist, war Ludwig Faschingbauer vom MR Unterer Bayerischer Wald. Im Geschäftsbericht von 1996 zieht er die Bilanz über 11 Jahre Traunsteiner Silo: In diesem Zeitraum wurden 1194 Traunsteiner Silos mit einem gesamten Siloraum von 262 680 cbm gebaut. Nach seinen Erfahrungen bedeutet dies allein eine Einsparung an Baukosten im Vergleich zu herkömmlichen Fahrsilos von insgesamt 7,8 Mio. DM. Kein Wunder, dass Faschingbauer, der mittlerweile seinen Ruhestand genießt, die Traunsteiner Silos einmal als *Segen für die bäuerliche Landwirtschaft* bezeichnet hat und auch den Vorzug, dass sich dieser Silotyp *harmonisch in die Landschaft einfügt*, immer wieder betont hat. Ein Pluspunkt, der im Bayerischen Wald, einem Urlaubsgebiet, das vor allem mit seiner schönen Landschaft wirbt, nicht zu unterschätzen ist.

Der Nachteil des Traunsteiner Fahrsilos, so Faschingbauer, *dass es rasch und in einem Zug gefüllt werden muss, ist gleichzeitig auch sein großer Vorteil: die riesigen Futtermengen, die etwa ein selbstfahrender Häcksler oder drei Kurzschnittladewagen liefern, kann nur ein Fahrsilo aufnehmen. Das Festwalzen darf dabei nicht zu kurz kommen; dafür wird die Qualität umso besser, denn die Lufteinwirkungszeit bestimmt die Qualität von Silagen.*[7]

Faschingbauer war, das bestätigt diese Aussage, ein Fahrsilo-Experte, der die Landwirte auch im Detail konkret beraten konnte. Nicht zuletzt auf diese intensive Beratung ist sein außergewöhnlicher Erfolg zurückzuführen. Es gibt im Gebiet des MR Unterer Bayerischer Wald kaum eine Siloanlage, bei deren Planung Faschingbauer nicht mitgewirkt hat, in dem er den Bauherrn bei der Auswahl des geeigneten Standortes und beim Ausstecken vor Ort beraten hat.

Auch in Landkreisen, in denen die Beratung dem Traunsteiner Silo neutral oder gar ablehnend gegenüber stand, hat sich dieses System nach und nach dank der Initiative einzelner Geschäftsführer durchgesetzt. So zum Beispiel im MR Bayreuth-Pegnitz. Dort wurde unter dem Begriff *Bayreuther Silo* von der Beratung eine Hochsiloanlage mit Greifer als das Nonplusultra empfohlen. Trotzdem konnte Geschäftsführer Heinrich Weidinger auch in Oberfranken Mitglieder für das Traunsteiner

Drei besonders erfolgreiche Bahnbrecher für das Traunsteiner Silo:

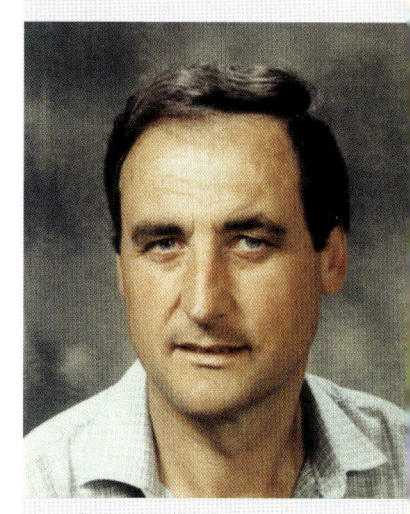

Ludwig Faschingbauer hat als Geschäftsführer des MR Unterer Bayerischer Wald den Bau von rund 1200 Traunsteiner Silos betreut

Gegen den Widerstand der Beratung führte **Heinrich Weidinger** im MR Bayreuth das Traunsteiner Silo ein

Anton Straub gelang es, auch im Landkreis Lindau, einer typischen Emmentaler-Region, das Traunsteiner Silo zu etablieren

Drei Pioniere des Traunsteiner Silos

Josef Parzinger, langjähriger Erster Vorsitzender des MR Laufen

Josef Salomon, von 1970–1991 Geschäftsführer des MR Laufen

Gerhard Maier, von 1974–2002 Geschäftsführer des MR Traunstein

Silo gewinnen: *Im Jahre 1979 wurde unter Anleitung des Maschinenringes das erste Traunsteiner Silo im Landkreis Bayreuth errichtet. Im Jahre 2001 waren es bereits 750 Anlagen.*[8]

Hauptverbreitungsgebiete waren anfangs jedoch, wie das Bayerische Landwirtschaftliche Wochenblatt 1981 mitteilte, Oberbayern, das Allgäu und Mittelfranken. Im Fränkischen, so wird hier weiter berichtet, wurde es ursprünglich mehr für Mais verwendet, neuerdings aber auch vermehrt für Grassilage. *Allein im Ansbacher Raum gibt es derzeit 15 000 cbm Gras im Traunsteiner Silo. Dabei ist das Traunsteiner Silo für ein Massivsilo konkurrenzlos günstig. 500 cbm Lagerraum kosten rund 10 000 DM, der cbm also etwa 20 DM. Kein Wunder wenn der „Vater" des Traunsteiner Silos, Dr. Georg Perreiter vom Traunsteiner Landwirtschaftsamt, nicht verstehen kann, wie man bei einer landwirtschaftlichen Lehranstalt in Niederbayern für ein Massivsilo gleicher Größe 46 000 DM „hinblättern" konnte.*[9]

Sogar in einer Region, in der ursprünglich das Silieren generell als ein Tabu galt, im Einzugsgebiet für Emmentaler-Käse, konnte das Traunsteiner Silo Fuß fassen. Dieses Kunststück gelang Anton Straub, dem Geschäftsführer des MR Lindau.

Das vergangene Jahr habe, so berichtet 1988 das Allgäuer Bauernblatt, *einen gewaltigen Schub von 49 neuen Fahrsiloanlagen gebracht mit einer durchschnittlichen Kapazität von 300 cbm, was den Siloraum auf ca. 50 000 cbm erhöhte. Die Zahl der Fahrsilointeressenten sei sprunghaft weiter angestiegen, so dass man bereits seit Januar voll im Silobau beschäftigt sei ... Der Hauptgrund dafür sei: Dank der überbetrieblichen Futterernte können auch die Futterbaubetriebe im Landkreis Lindau modernste Erntetechnik einsetzen. Über 50 Betriebe würden mittlerweile die MR-Silierkette (ein moderner Selbstfahrer und 6 große Silierwagen) in Anspruch nehmen.*[10]

Allerdings, die Betriebe, welche ihre Milch an Emmentaler-Käsereien lieferten, konnten die arbeitswirtschaftlichen und kostenmäßigen Vorteile des überbetrieblichen Silierens im Fahrsilo nicht in Anspruch nehmen. Sie müssen ihre Kühe nach wie vor ausschließlich mit Trockenfutter versorgen.

Da bei den hohen Niederschlägen im Alpenvorland eine schlagkräftige und kostengünstige überbetriebliche Heubereitung nach wie vor schwierig ist, insbesondere angesichts der außerordentlich hohen Ansprüche der Allgäuer Bauern an die Qualität, erledigen die Emmentaler-Betriebe ihre Heuernte noch weitgehend selbst. Sie sind im Vergleich zu den Silo-Betrieben, die Arbeit auslagern und so größere Tierbestände bewältigen können, in ihrer Entwicklung stark eingeschränkt. Die praktische Folge ist, dass viele Betriebe sich eine Normalmilch verarbeitende Molkerei suchten oder die eigene Genossenschaft umpolen konnten. „Bergkäse" zum Beispiel darf aus Silagemilch produziert werden.

■ Die komplette Auslagerung der Silofutterernte kommt

Doch trotz dieser großen Erfolge dauerte es noch Jahre, bis auch in Bayern Betriebe so weit gingen wie Berufskollegen bereits vor 30 Jahren in Holland und die Silofutterernte komplett auslagerten. Es gab zwar einzelne Pioniere, die diesen Weg auch in Bayern schon Ende der siebziger Jahre beschritten, aber sie blieben Einzelfälle. Das Paradebeispiel dafür war Josef Parzinger aus Taching am Waginger See, von der Gründung im Jahre 1964 bis 1984 engagierter und kämpferischer Erster Vorsitzender des MR Laufen (siehe Seite 165).

Fast 15 Jahre zur Seite stand dem Pionier Parzinger Josef Salomon, der als hauptberuflicher Geschäftsführer 1970 angestellt wurde und 1991 die Geschäftsführung an Herbert Galler übergab.

Parzinger, Salomon und Maier (siehe Fotos links) haben viel dazu beigetragen, das überbetriebliche Silieren im Fahrsilo publik zu machen, nicht nur im eigenen Ring, sondern in ganz Bayern und im benachbarten Österreich. Josef Salomon sah die erfolgreiche Einführung und Entwicklung dieses Siliersystems in dieser Region vor allem in der guten und engen *Zusammenarbeit zwischen den Maschinenringen Traunstein und Laufen und den beiden zuständigen Landwirtschaftsämtern* begründet.[11]

1999 wurde Josef Salomon mit dem Verdienstkreuz der Bundesrepublik Deutschland am Bande ausgezeichnet. Damit wurde nicht nur seine Leistung als Geschäftsführer des MR Laufen gewürdigt, sondern in erster Linie sein Einsatz zum Aufbau von Maschinenringen in Siebenbürgen/Rumänien. Eine Aufgabe, der er sich erst nach seinem Ausscheiden als Geschäftsführer mit großer Lust und viel Liebe gewidmet hat.

Eine beispiellos billige Futterkette

Josef Parzinger aus Taching am Waginger See siliert bereits seit 1964 zwischenbetrieblich ... Bis einschließlich 1976 in Hochsilos, danach in Traunsteiner Silos (Dreier-Batterie mit 750 cbm). Bis auf kleine Anlaufschwierigkeiten hat es immer gut funktioniert! Fast alles Gras wird zu Silage gemacht, ... weil Heuwerbung teuer ist, arbeitsaufwändig und sehr witterungsabhängig.
Einen Maschinenpark wie auf diesem Betrieb findet man nicht oft: Ein eigener 52-PS-Geräteträger mit Frontlader und Doppelmessermähwerk. Zum Eingrasen ein alter, einfacher Ladewagen. Für den Winterbetrieb ein Blockschneider. Es ist schon der zweite. Weiter ein 5000-l-Schleuderfass und eine Pflanzenschutzspritze, ein Kreiseldüngerstreuer und noch einige kleine Geräte. Das ist alles.
Ein Silierladewagen, ein Kreiselmähwerk, ein Kreiselstreuer und Kreiselschwader, eine Güllepumpe, einen Pflug und andere Ackergeräte, ein Gebläse, Förderband und einen Kipper sucht man hier vergeblich. Diese Maschinen leihen sich Parzingers von anderen Betrieben, die für gutes Geld gerne bei ihnen arbeiten!
... Das Silieren im Traunsteiner Silo ist selbst bei 17 Hektar im ersten Schnitt in zwei Tagen vorbei! Gemäht wird in der Frühe in vier Stunden mit zwei schweren Schleppern, die beide jeweils mit Front- und Heckkreiselmähwerk ausgerüstet sind. Das Kreiseln und z. T. das Schwaden machen Parzingers mit dem eigenen Schlepper und mit Leihmaschinen. Die Abfuhr erfolgt i. d. R. am zweiten Tag nachmittags mit drei Ernte- oder Kurzschnittladewagen in rund 7 Stunden. In dieser Zeit walzt ein Radlader mit 12 t. Bei gewissenhafter Arbeit und Beachtung der Empfehlungen gelingen sicher beste Silagen mit 40 bis 45 Prozent Trockenmasse.
Für die Maschinenarbeit ... hat Parzinger 1983 9600,– DM an andere Betriebe bezahlt. Darin enthalten sind vier Grasschnitte mit Silagebereitung, die ganze Maisarbeit vom Ackern bis zum Silowalzen ohne das Spritzen, die Güllepumpe und gelegentlich ein Kipper für Transporte.
Die Einnahmen aus zwischenbetrieblicher Arbeit sind sogar höher als die Ausgaben (17 300 DM). Vor allem der Hoferbe geht, trotz der 41 Kühe im Stall, noch viel auf andere Betriebe zum Arbeiten. Das ist möglich, weil Boxenlaufstall mit Fahrsilos und Blockschneider und die zwischenbetriebliche Silageernte viel Arbeitszeit ersparen.
Im Vergleich zu einem gewöhnlichen Hochsilobetrieb erzielt Parzinger eine Einsparung an Maschinen- und Arbeitskosten von 21 700 DM/Jahr.

Quelle: Dr. Georg Perreiter, Bayerisches Landwirtschaftliches Wochenblatt Nr. 7/1985

Die Silofutterernte mit SF-Häcksler im MR Traunstein ...

begann 1975 mit dem Jaguar 60 von Claas

dann folgte schon drei Jahre später der Jaguar 70

und so sah das Gras-Häckseln im Jahr 2000 aus

Anders als bei Parzinger haben die meisten Betriebe anfangs nur Teile der Silofutterernte ausgelagert. Sie beanspruchten zum Beispiel vielfach nur einen zweiten Erntewagen oder den Häcksler und den Radlader. Später beschränkte sich dann die eigene Arbeit vielfach nur noch auf die Mithilfe bei Transport und Abdeckung. Das Mähen, Zetten und Schwaden dagegen wurde weiterhin in Eigenmechanisierung erledigt.

■ Selbstfahrhäcksler – der Mähdrescher für den Futterbaubetrieb

Obwohl im MR Traunstein schon 1971 ein erster, in Eigenbau hergestellter Selbstfahrerhäcksler zum Einsatz kam und 1975, ebenfalls im MR Traunstein, der erste Jaguar 60 von Claas gekauft wurde, zum Sonderpreis von 62 000 DM, dauerte es doch noch Jahre, bis der SF-Häcksler auch beim Grassilieren stärker Fuß fassen konnte.

Die Gründe dafür: Erstens waren die Ladewagen, mit Schneidwerk ausgestattet, und später die Erntewagen stark verbreitet. Zweitens waren die Unterschiede zwischen Häcksel- und Ladewagengut auch nicht so gravierend. Und drittens kam es anfangs häufig zu schweren Schäden an der Häckslertrommel in Folge von mit dem Grünfutter aufgenommenen Metallteilen. Dieses Problem wurde erst durch den Einbau von Metalldetektoren in die Häcksler behoben.

Nachdem aber immer mehr große SF-Häcksler für das Ernten von Silomais angeschafft worden waren, lag es nahe, diese auch in der Grassilage einzusetzen, zumal ihre Auslastung vielfach zu wünschen übrig ließ (siehe rechts).

Die Ringe haben daher, auch im Interesse der Häckslerbesitzer, dafür geworben, den Selbstfahrhäcksler auch bei der Grassilage zu verwenden, wie ein Auszug aus einem MR-Rundschreiben zeigt (siehe nächste Seite).

Der vermehrte Einsatz des SF-Häckslers bei Grassilage brachte nicht nur den Häckslerbesitzern Vorteile, sondern hat vor allem zu einer spürbaren Steigerung und Verbesserung der Ernteleistung und der Silagequalität geführt.

Wichtiger Nebeneffekt war jedoch, dass dadurch die Bereitschaft vieler Betriebe, keine eigenen Maschinen zur Futterernte mehr anzuschaffen, gefördert wurde. Von einer kompletten Auslagerung der Arbei-

Überangebot an SF-Häckslern

Vor allem in Gebieten mit starkem Silomaisanbau besteht schon seit Jahren eine Überkapazität an Selbstfahrhäckslern. Für die Auftraggeber ist dies von Vorteil. Ob aber die Häckslerbesitzer immer auf ihre Kosten kommen, ist zu bezweifeln. Vor unüberlegten Käufen muss daher dringend abgeraten werden.

Quelle: Mein Maschinenring 2/87

Die Vorteile des Selbstfahrhäckslers bei der Grassilage können alle Fahrsilobetriebe nützen!

1. Sie bestimmen den Schnittzeitpunkt, melden sich zugleich in der MR-Geschäftsstelle an und wir versichern Ihnen, dass Sie zum rechten Anwelkstadium Ihren Häcksler bekommen. Die Praxis beweist die Funktionssicherheit.
2. Die bewährte Schlagkraft bei der Fahrsilobefüllung. Durchschnittliche Leistung zwischen 5 und 8 Tagwerk/Std..
3. Billiger Transport mit dem Kipper.
4. Häckselgut lässt sich im Fahrsilo besser verteilen und verdichten, leichter entnehmen, sei es von Hand oder mit dem Frontlader, ja sogar Blockschneiderstöcke auf dem Futtertisch lassen sich leichter zerlegen
5. Der Erntewagen ersetzt Ihnen nicht den Ladewagen, aber der dargestellte Häcksler den teuren Erntewagen.

Quelle: Rundschreiben des MR. Altötting-Mühldorf von 1982

Gemeinschafts-Großmäher im MR Straubing-Bogen

Akzente der MR-Arbeit 1992 – Futterbau

- Ca. 65 Landwirte im MR Günzburg gründeten 1992 eine Häcksler- und Siliergemeinschaft.
- Im MR Mittlerer Bayerischer Wald investierte eine neu gegründete Siliergemeinschaft mit 15 Landwirten ebenfalls in einen SF-Häcksler.
- Trotz vieler Diskussionen um das Fahrsilo, insbesondere das sog. Traunsteiner Silo, wurden 1992 unter Mithilfe von MR-Bauhelfern zahlreiche Fahrsilos neu errichtet, z. B. im MR Rosenheim 50, im MR Oberer Bayerischer Wald 30 und im MR Tirschenreuth 40 Fahrsilos.

Quelle: KBM-Jahresbericht 1992

---

ten in der Grassilageernte konnte jedoch noch keine Rede sein. Aber die enorme Leistung der SF-Häcksler einerseits und das Bemühen, den Zeitraum zwischen Mähen und Einfahren immer mehr zu verkürzen bis hin zur *Eintagessilage*, ließ die eigene Mäh- und Werbetechnik immer mehr an Grenzen stoßen. Leistungsstarke, verbesserte Geräte waren erforderlich, um so große Mengen an Futter in wenigen Stunden zu mähen und möglichst auch gleich aufzubereiten. Mit der Einführung der Großtechnik beim Mähen und Werben machten die MR einen weiteren wichtigen Schritt im Bemühen, komplette überbetriebliche Verfahren in der Futterernte zu etablieren.

Einer der ersten Ringe in Bayern, der diese Entwicklung erkannte und aufgriff, war Xaver Groß, der Geschäftsführer des MR Straubing-Bogen. Dort wurde bereits 1989 eine Häcksler-GbR für die zwischenbetriebliche Mais- und Silofutterernte gegründet. Sie arbeitete am Rande des Bayerischen Waldes, in einem kleinstrukturierten Gebiet so erfolgreich, dass sie in 10 Jahren bis auf 143 Mitglieder anwachsen konnte. Die guten Erfahrungen dieser und einiger weiterer Häckslergemeinschaften, die in den Jahren 1989/1990 entstanden, lösten geradezu einen Boom zur Gründung derartiger Gemeinschaften aus und brachten dem überbetrieblichen Futterbau enorme Zuwachsraten (siehe links).

1999 entschlossen sich 33 Mitglieder der genannten Häcksler-GbR im MR Straubing-Bogen zu einem weiteren großen Schritt: Sie schafften gemeinsam einen schleppergeschobenen Futtermäher und -aufbereiter mit einer Arbeitsbreite von 8,6 m an. Als Antrieb diente ein 260-PS-Schlepper, der auch für andere Arbeiten eingesetzt wurde (siehe Foto). Die guten Erfahrungen im benachbarten MR Cham mit dem selbstfahrenden BIG-M-Mäher haben diesen Entschluss erleichtert.[12]

■ Sind Leistung und Schlagkraft noch zu steigern?

Hat damit die Entwicklung in der überbetrieblichen Grassilageernte ein Stadium erreicht, über das hinaus kaum noch eine qualitative und quantitative Steigerung möglich ist? So dachten vor 6 Jahren sicher viele, auch dort, wo in Bayern das überbetriebliche Silieren seinen Ausgang nahm, im östlichen Oberbayern. Aber nicht nur die Technik wird noch weiter verbessert und schlagkräftiger, auch in der Organisation wird experimentiert und weiterentwickelt, damit *Organisation und Logistik der Grünenfutterkette wie Zahnräder funktionieren. Eins greift ins andere und muss passen.* Um diese Perfektion zu erreichen, haben sich im MR Laufen im Jahr 2005 der Maschinenring, zwei Lohnunternehmer und 92 Landwirte zu einer *strategischen Allianz* zusammengeschlossen. Sie verfügen über vier BIG-M-Mäher, die auf zwei Standorte verteilt sind, um kurze Anfahrtswege zu ermöglichen. Obwohl es drei Einsatzleiter gibt, nämlich zwei Lohnunternehmer und den MR, klappt die Vermittlung bestens. Alle drei Einsatzzentralen vermitteln neben den Mähern auch die 14 Selbstfahrhäcksler und, falls gewünscht, auch Schwader, Transportgeräte und Walzschlepper. Dieser Service wird von den Mitgliedern geschätzt. Aber Service kostet Geld: Für die Organisation beim Mähen ist eine Provision von 0,75 €/ha fällig.

Im Jahr 2004 wurden in 464 Einsätzen 4726 ha gemäht, davon 835 ha bei Nichtmitgliedern. Der durchschnittliche Preis für das Mähen beim Mitglied: 23,08 €/ha.

Übrigens, der 2005 angeschaffte Mäher BIG M II hat eine Arbeitsbreite von 9,70 m und eine Motorleistung von 360 PS.[13]

■ Rundballen überrollen das Land

Ein anderes Silierverfahren, das sich im Gegensatz zum Fahrsilo auch ohne Werbung und Beratung in kurzer Zeit verbreitet hat, war das Silieren von Rundballen, etwa ab 1987. Ab 1990 kamen die Großpacken auf. In der Festschrift des MR Erding zum 40-jährigen Bestehen im Jahre 2002 wird unter dem Jahr 1987 vermerkt: Ballenwickler kommen zum überbetrieblichen Einsatz. Man war damals der Meinung, dass sich diese Technik bei uns nicht stark durchsetzen würde, was sich aber heute anders zeigt. Diese Erfahrung haben auch die meisten anderen Maschinenringe gemacht.

Für das Verfahren sprachen: Es erfordert nicht spezielles Wissen und Können wie bei der Fahrsilonutzung. Außerdem sind keine betrieblichen Anpassungen dazu erforderlich. Insbesondere aber keine baulichen Investitionen, die eine längerfristige Festlegung mit sich bringen. Ideal ist das Silieren in Foliensäcken daher für Nebenerwerbsbetriebe, auslaufende Betriebe und in Jahren mit außergewöhnlich hohem Futteranfall für jeden Betrieb, dessen Silobehälter bereits voll sind. Die Foliensilage kann, da in kleine Einheiten verpackt, auch gut in Betrieben mit geringer Viehhaltung als Zusatzfutter zum Weidegang oder als Sommersilage verwendet werden. Die zusätzlichen Kosten für die Folie und der Umstand, dass diese „Sauriereier" die Landschaft verschandeln, werden dafür in Kauf genommen.

Ab 1992/93 gab es in Bayern kaum noch einen MR, der das Silieren von Rundballen noch nicht anbieten konnte. Sogar der von der Süddeutschen Zeitung bekannte Karikaturist Hürlimann war offensichtlich von den großen Ballen sehr angetan (siehe rechts).

■ Problem: Heuernte und tägliches Grünfutterholen

Die Mehrzahl der zukunftsorientierten Milchviehbetriebe – sie stellen das Gros aller Betriebe in Bayern dar – nutzt die Vorteile der überbetrieblichen Silofutterernte mittlerweile ebenso selbstverständlich wie der Rübenbauer die Ernte und Abfuhr der Zuckerrüben durch den MR.

Wie sieht es aber in diesen Betrieben mit der Heuernte aus und mit dem täglichen Grünfutterholen, nachdem ja die Weidehaltung weitgehend verschwunden ist?

Sie füttern nur noch sehr wenig Heu. Und diese geringen Mengen werden vielfach mit der Rundballenpresse oder mit der Großpackenpresse geerntet. Das klappt weitgehend problemlos, auch in Betrieben, die den Großteil ihres Grasaufwuchses zu Heu bereiten, wie die folgenden Beispiele zeigen:

Der Landwirt Günter Meyer aus Stockau im MR Bayreuth hat bereits 1981 seine eigene, noch neuwertige Hochdruckpresse verkauft und voll auf die Heu- und Strohernte mit Rundballen über den MR gesetzt. Seine Bilanz nach sechsjähriger Erfahrung war rundweg positiv.[14]

Im Rahmen einer vom KBM 1988 organisierten Informationsfahrt für die Mitglieder des Agrar-Ausschusses im Bayerischen Landtag wurde unter anderem auch ein 20-ha-Betrieb mit Pensionspferdehaltung besichtigt. Das gesamte Heu von dieser Fläche wird über den MR geerntet. Als der Vorsitzende dieses Gremiums, der Allgäuer Josef Feneberg, MdL, bei der Besichtigung dieses Betriebes die Qualität des überbetrieblich geernteten Heues fachmännisch begutachtete, war er sichtlich angenehm überrascht (siehe Foto).[15]

So weit zum Problem Heu. Bleibt noch das tägliche Grünfutterholen. Die konsequenteste Lösung besteht darin, das ganze Jahr über nur noch konserviertes Futter zu verabreichen. Immer mehr Betriebe praktizieren dies heute bereits, mit bestem Erfolg. Die Einführung der Totalmischration (TMR) in der Milchviehfütterung in Verbindung mit dem Futtermischwagen hat diesen Prozess erheblich beschleunigt.

Im MR Erding z. B. haben sich 1998 5 Milchviehbetriebe zu einer *Futtermischwagengemeinschaft* zusammengeschlossen, im MR Bayreuth vollzogen dies ebenfalls fünf Landwirte ein Jahr später. Und zahlreiche weitere derartige Gemeinschaften entstanden bzw. Unternehmer boten die Dienstleistung Fütterung an. Im MR Landsberg/Lech bediente ein Futtermischwagen sogar bis zu 20 Betriebe und legte dabei täglich eine Strecke von rund 100 km zurück. Er hielt seinen *Fahrplan* so exakt ein, dass man danach fast die Uhr stellen konnte. Mittlerweile gehören dieser Gemeinschaft rund 35 Mitglieder an, allerdings nun mit zwei Mischwagen (siehe Foto, Seite 118).

Einen schweren Dämpfer erfuhr der überbetriebliche Einsatz von Futter-

Sehr gefragt im Maschinenring …

… das Silieren in Rundballen

… weniger gefragt die Heubereitung

Heuernte nach der Vorstellung des Karikaturisten Hürlimann

Josef Feneberg (Bild Mitte), MdL a. D. begutachtet die Qualität des vom MR Erding geernteten Heus

… gar nicht gefragt das tägliche Grünfutterholen

Fazit: Nur bei einer radikalen überbetrieblichen Mechanisierung ist auch eine optimale Kostensenkung zu erzielen. Dazu sind jedoch nur wenige Betriebe bereit. Auch mit noch so kritischen Rechenbeispielen, wie dem folgenden, konnte an diesem Tatbestand etwas geändert werden.

Frontkreiselmähwerk: notwendige Grundausstattung oder teurer Luxus?

Folgende drei Alternativen werden verglichen:
1. 70-PS-Allrad-Schlepper mit Frontkreiselmähwerk, Anschaffungspreis insgesamt: DM 82 000,–.
2. 50-PS-Standard-Schlepper mit Front-Doppelmesser-Mähwerk, Anschaffungspreis insgesamt: DM 45 000,–
3. 50-PS-Standard-Schlepper mit seitlich angebautem Doppelmesser-Mähwerk, Anschaffungspreis insgesamt: DM 44 000,–
In allen drei Fällen wird ein Kurzschnitt-Ladewagen unterstellt.
Alternative 1 (Frontkreiselmähwerk) verursacht einschließlich des teueren Schleppers jährliche Mehrkosten von 7600,– DM. Die damit verbundene Arbeitseinsparung von insgesamt 18 Stunden im Jahr kostet viel Geld: genau 422,– DM für eine Stunde! Das entspricht einer Milchmenge von 10 857 Litern (bei 0,70 DM/l).
Quelle: Mein Maschinenring 2/87

Quellen:
1. Jahresbericht des KBM 1972
2. Tendenzen im Futterbau, Dr. Georg Perreiter, AfLuT Traunstein – MR-Intern 1/78
3. Persönliche Auskunft von Dr. Perreiter
4. Jahresbericht des KBM 1991
5. Vergleich zwischen Fahrsilo und Hochsilo, Dr. Georg Perreiter; MR-Intern 1/81
6. Mein Maschinenring 3/89
7. PNP 1987 Nr. 90, Seite19
8. 30 Jahre Maschinen- und Betriebshilfsring Bayreuth-Pegnitz e.V. 1971–2001
9. Bayerisches Landwirtschaftliches Wochenblatt 1981
10. Allgäuer Bauernblatt 1988 Seite 810
11. Bayerisches Landwirtschaftliches Wochenblatt 8/1985
12. Rationelle Grünlandernte, Dr. Anton Grimm, Bayerisches Landwirtschaftliches Wochenblatt 24/1999
13. Strategische Allianz, Veronika Fick-Haas, Maschinenring aktuell 2/2005
14. Heuernte überbetrieblich: Abschied von der eigenen Presse, Mein Maschinenring 2/87
15. Heu ohne eigene Maschinen, Mein Maschinenring 1/88

Mitglieder der Futtermischwagen-Gemeinschaft im MR Landsberg/Lech; sie sind stolz auf den 2005 angeschafften neuen Mischwagen: 3. v. l.: Geschäftsführer **Jörg Miller**

mischwagen jedoch durch die Panikmache in Folge der BSE-Krise.

Trotzdem, die überbetriebliche Arbeitserledigung im Futterbau nimmt weiter zu. Sie hat heute bereits einen Umfang erreicht, den auch die größten Optimisten nicht für möglich gehalten hätten. Um das zu erreichen, waren sehr, sehr viele Hürden zu überwinden, tatsächliche und vermeintliche.

Gerhard Maier, Geschäftsführer des MR Traunstein könnte dazu manche Geschichte erzählen:

„Autark sein war für unsere Bauern seit Generationen wichtig. Dazu wurden sie in der Großfamilie erzogen, das hat sie geprägt, Bauer und Bäuerin. Daher rührt auch das Bestreben, sich gegen alle möglichen Risiken abzusichern. Und da das größte Risiko in einem Milchviehbetrieb darin besteht, zu wenig oder schlechtes Grundfutter zu ernten, ist es verständlich, dass sie sich dagegen möglichst gut absichern wollen. Das geschieht am besten, wie die meisten glauben, wenn man noch eigene Maschinen für den Notfall zur Verfügung hat.

Aber neben dieser Sorge spielen auch emotionale Aspekte eine Rolle und machen die überbetriebliche Zusammenarbeit so schwierig. Dazu gehört neben dem Prestigebedürfnis auch der Neid. Und dabei gilt: Je größer die Technik, umso mehr Emotionen! Am besten ist es, wenn es dem Geschäftsführer gelingt, die Mitgliederfamilien so zu motivieren, dass der Wunsch zur Veränderung von ihnen selbst kommt."

Ein gutes Beispiel dafür liefert das moderne Gespann des erfolgreichen Grünlandbetriebes: Der PS-starke Allradschlepper in Kombination mit Frontkreiselmähwerk und Erntewagen. Noch so viele und gut gemeinte und zutreffende Vergleichsberechnungen konnten den Kauf dieser teuren Mechanisierung nicht verhindern (siehe nebenstehenden Bericht).

Dass es angesichts solcher durchaus verständlicher Wünsche nach leistungsstarker und komfortabler Technik schwierig, ja fast unmöglich war, die Kosten der Mechanisierung und Arbeitserledigung in Futterbaubetrieben mit Hilfe der vielfältigen Angebote der Maschinenringe signifikant zu senken, ist einleuchtend. Auch wenn die Betriebe immer mehr Bereiche der Futterernte auslagerten, so zeigten die Ergebnisse der Buchführung dennoch keine oder nur geringe Einspareffekte. Die Gründe dafür wurden schon genannt: Man nahm zwar immer mehr Dienstleistungen in Anspruch, sicherte sich aber trotzdem mit eigener Technik mehr oder weniger aufwändig ab.

Dennoch, die MR haben gerade auch für den Futterbaubetrieb Außerordentliches geleistet und bewirkt: Nicht mehr und nicht weniger als die Möglichkeit, die gesamte Futterernte einschließlich Futtervorlage – und darüber hinaus auch nahezu alle anderen Außenarbeiten – überbetrieblich erledigen zu lassen, zu minimalen Kosten und in bester Qualität! Wer hätte dies noch Anfang der siebziger Jahre für möglich gehalten?

Alles Maschinenring bei Silomais?

Mit Hilfe des MR können Landwirte auf neue Kulturpflanzen umsteigen, ohne dafür Investitionen vornehmen zu müssen. Der MR besorgt Saat, Pflege und Ernte einschließlich der Konservierung.[1]

Diese *Hilfe* haben die Landwirte bei keiner anderen Kultur in dem Ausmaß angenommen wie bei Silomais. Die außergewöhnlich schnelle und starke Verbreitung, die der Maisanbau in Bayern in den sechziger und siebziger Jahren genommen hat, hat mehrere Ursachen. Die züchterischen Verbesserungen sind hier ebenso zu nennen wie die vielfältigen Entwicklungs- und Forschungsarbeiten von Weihenstephan, allen voran durch die Professoren Dr. Paul Rintelen und Dr. Walter G. Brenner.

Nutznießer und gleichzeitig aber auch wichtiger Wegbereiter beim Siegeszug dieser neuen Futterpflanze waren ganz ohne Zweifel auch die Maschinenringe; denn mit ihrer Hilfe konnte jeder Bauer von heute auf morgen in den Anbau von Silomais einsteigen. Er brauchte dazu kein spezielles Know-how und keine zusätzliche Maschine, ja nicht einmal den notwendigen Siloraum, sofern er das Silieren im Siloschlauch oder im Folienhaufen akzeptierte.

Nutznießer des Silomais-Anbaues war aber auch der MR selbst, und zwar in doppelter Hinsicht: Silomais eignet sich besonders gut für die überbetriebliche Mechanisierung, weil der Maisanbau Spezialmaschinen erfordert, die üblicherweise auf einem Betrieb nicht vorhanden sind.

Alle Versuche, mit vorhandener Technik auch dem Silomais gerecht zu werden, scheiterten kläglich. So auch das Experiment, mit Frontlader und Gebläsehäcksler dem Silomais beizukommen (siehe nebenstehend).

Dazu kommt als weiteres Plus für die überbetriebliche Arbeit die relativ geringe Wetterabhängigkeit der Silomaisernte im Gegensatz zur Silage- oder gar Heubereitung.

Beim Maissäen gab es von Anfang an keine Alternative zur Einzelkornsaat. Und dies war eine typische Aufgabe für den Maschinenring. Kaum ein Landwirt kam auf die Idee, für sich allein ein Maissägerät zu kaufen.

Auch der kleine Betrieb, der nur 1 Hektar Mais oder noch weniger anbaute, kam so in den Genuss moderner Sätechnik; denn dank der relativ hohen Auslastung der Geräte konnten diese auch rasch abgeschrieben und immer wieder durch verbesserte, leistungsfähigere ersetzt werden.

Als zusätzlichen Service boten die meisten Ringe die Möglichkeit an, sich im Rahmen von Sammelbestellungen auch gleich das gewünschte Saatgut liefern zu lassen. In der Regel besorgte dies der Gerätebesitzer. Für den Auftraggeber eine zusätzliche Arbeitseinsparung und ein kleiner Kostenvorteil.

Das Maissäen über den MR lief reibungslos – Leistung, Qualität und der Preis passten. Es wurde so schnell zu einem Selbstläufer, das die Ringe arbeitsmäßig nur wenig belastete.

Wenn wesentliche Neuerungen anstanden, waren die Ringe wieder gefordert. So zum Beispiel Anfang der neunziger Jahre, als sich immer mehr Landwirte mit der Mulchsaat (siehe Foto Seite 121) anfreundeten. Das war insbesondere in den Regionen der Fall, wo Mais auch vermehrt auf hängigen Flächen angebaut wurde und als Folge davon immer häufiger Erosionsschäden auftraten.

Kein Wunder, dass dieses Verfahren vom niederbayerischen Rottal, einer sehr hügeligen Gegend, wo Silomais die Hauptkultur darstellt, seinen Ausgang nahm, maßgeblich vorangetrieben vom Amt für Landwirtschaft in Rotthalmünster.

Die Maschinenringe haben, wie der Bericht vom Geschäftsführer des MR Eggenfelden, Erwin Eherer, auf Seite 122 zeigt, schnell reagiert und den interessierten Landwirten die passende Technik dafür vermittelt.

Eine weitere neue Dienstleistung im Silomaisanbau, die einige MR aufgriffen, war die Ausbringung von Gülle in den stehenden Mais. Im MR Traunstein zum Bei-

Zeittafel

1972 Im MR Laufen werden 40 einreihige Maishäcksler und einige komplette Siloketten vermittelt. In 11 bayerischen MR werden insgesamt 14 Silopressen eingesetzt.

1973 Im MR Erding läuft erstmals ein SF-Häcksler.

1974 Im MR Landshut kommen die ersten 2-reihigen Maishäcksler an einem Unimog zum Einsatz.

1976 Die Entwicklung des Traunsteiner Silos löst einen Boom im Bau von Fahrsilos aus und gibt der überbetrieblichen Silomaisernte Auftrieb.
Einzelne Maschinenringe beginnen mit der Vermittlung von Silomais ab Feld.

1980 Der MR Altötting-Mühldorf startet in die SF-Häcksler-Ära gleich mit 17 Maschinen.

1995 Die MR Rothenburg o. T. und Neu-Ulm führen eine systematische Bekämpfung des Maiszünslers durch.

1996 Einführung der Mulchsaat bei den Maschinenringen im Rottal.

So funktioniert die Silomaisernte mit dem Frontlader

Arbeitstechnik: Wagen schräg zu Maisreihen abstellen; Frontladergabel (mit Maiseinrichtung aus Holm mit Messer und Fangbügel) an äußerster Maisreihe ansetzen; durch schnelle Vorwärts-Fahrt des Schleppers eine Reihe Mais schneiden, der geordnet quer auf Gabel fällt; nach 10 bis 15 m ist Gabel gefüllt, Frontlader anheben und über Wagen abkippen.

Quelle: Der Frontlader und sein Einsatz, KTL Flugschrift Nr. 11/1963

Georg Stadler,
von 1970 bis 2003 Geschäftsführer des MR Altötting-Mühldorf – sein Name steht für die überbetriebliche Silomaisernte

Georg Stadlers Empfehlungen und Ermahnungen zur Silomaisernte:

Bei der Maisversammlung am 8. September wurde im Bewusstsein des Mitgemachten und im Verständnis dafür, dass noch eine Restschuld aus dem Vorjahr an die Häcksler aussteht, die 100,– DM/Tgw. (= Grundpreis für mehrreihiges Maishäckseln 1981) ohne größeres Feilschen zugestanden. Die Notwendigkeit, einen gesunden Bestand an Selbstfahrer-Häckslern aufzubauen, wurde auch dem letzten Gegner, der sich nicht mehr helfen konnte, bewusst. Dass der Verrechnungswert jetzt stimmt, erkennt man daran, dass notwendige Ersatz- und Neuanschaffungen von Selbstfahrern bereits bis zum Jahresende getätigt wurden.
Unter den schwierigen Arbeitsbedingungen war oftmals der zu geringe Reihenabstand die Hauptschwierigkeit. Bitte entschließen Sie sich endlich, bei Ihrem Gerät oder Ihrer Sägemeinschaft den 70-cm-Reihenabstand einzuführen, und achten Sie auf ein exaktes Anschlussfahren.
Gerade, weil wieder Schwierigkeiten zu meistern waren, hat sich unsere zentrale Vermittlungsstelle erneut bestätigt. Da wurde auch in der Hauptsaison auf unser Einwirken hin noch Lagermais gehäckselt, wo andere nur mehr in stehende Bestände fuhren.
Ihre Selbsthilfeorganisation mit den Selbstfahrern hat sich wiederum bewährt, umso selbstverständlicher ist es auch, unter normalen Ernteverhältnissen, diese preiswerte und elegante Technik zu nützen. Bemerkenswert und erfreulich ist auch die Fülle von einsatzgerechten Kipperfahrzeugen. Man sieht bei ihnen fast nur noch bodenschonende Bereifung, großräumige Aufbauten und neuerdings auch Rückwände, die sich beim Kippvorgang automatisch öffnen.
Mehr Angebot würden wir uns bei den Walzschleppern in der Größenordnung ab 80 PS wünschen. Bei einer Neuanschaffung sollte dies unbedingt berücksichtigt werden.

Quelle: Rundschreiben des MR Altötting-Mühldorf 1983

spiel wurde ein Güllefass mit Schleppschlauchverteilung mit schmalen Reifen ausgestattet und auf eine Spurbreite von 150 cm umgerüstet. So war es möglich, einen Maisbestand von 30 bis 40 Zentimeter Höhe noch zu begüllen.[2]

Die ständige Ausweitung des Silomaisanbaus führte Anfang der 90er Jahre in manchen Regionen zu einem Ausbruch des Maiszünslers. Die Maschinenringe Rothenburg o. d. T. und Neu-Ulm, die davon besonders stark betroffen waren, haben sich sofort dieses Problems angenommen und eine systematische Bekämpfung organisiert. Es gelang, ohne neue Investitionen, ausschließlich mit vorhandener Technik wirkungsvoll zu helfen. *Als Schlepper mit der nötigen Bodenfreiheit hat sich der MB-Trac mit Pflegebereifung und ein selbstgebauter hochgestellter Dreiradschlepper bewährt* … So konnten, wie Fritz Lippert, der Geschäftsführer des MR Rothenburg berichtet, *1995 141 Betriebe mit einer Fläche von 512 Hektar und 1996 sogar 161 Betriebe mit 620 Hektar bedient werden.*[3]

Das *Hauptgeschäft* der MR im Mais war jedoch das Maishäckseln. Das war allerdings nicht von Anfang an so. Zunächst herrschte bis Ende der siebziger Jahre die Eigenmechanisierung vor. Aus verschiedenen Gründen, z. T., weil viele Betriebe mit der auf den einzelnen Betrieb zugeschnittenen Technik mit einreihigem Anbauhäcksler in Verbindung mit Hochsilos und Gebläsebeschickung gut zu Recht kamen. Die dafür notwendige Arbeitskapazität reichte damals meist noch dafür aus.

Andererseits ließen die noch vorherrschenden Hochsilos auch gar keine schlagkräftigeren Ernteverfahren zu. Als aber in den siebziger Jahren immer mehr leistungsstarke Häcksler, als Selbstfahrer oder angebaut am starken Schlepper mit Rückfahreinrichtung, auf den Markt kamen, hat sich das Bild schnell geändert. Die höhere Schlagkraft der neuen Silierketten mit 2- und 3-reihigen SF-Häckslern und passenden Fahrsilos faszinierte die Landwirte so sehr, dass immer mehr Betriebe Fahrsilos bauten und so die Voraussetzung für ein überbetriebliches Silieren schufen.

1977 wird im MR Geroldshofen erstmals ein 2-reihiger SF-Häcksler eingesetzt. Im MR Erding ist dies bereits 1973 der Fall.

Doch der eigentliche Durchbruch der mehrreihigen Silomaisernte erfolgte erst etwa ab 1980.

■ Altötting-Mühldorf: *Der Ring ist mit dem Mais gewachsen und der Mais mit dem Ring*

Im MR Altötting-Mühldorf, der von sich selbst in einem Rundschreiben konstatiert: *Der Ring ist mit den Mais gewachsen und der Mais mit dem Ring*, brachte das Jahr 1981 die Wende. Die Begründung dafür liefert ein Rundschreiben vom April 1982, in dem über einen schlimmen *Sturm*, der am 11. Oktober 1981 *in den Maisfeldern getobt hat*, berichtet wird: *Weit und breit nichts als eingebrochene Maisbestände.* „Wie werden wir heuer den Mais einbringen", so war die Rede der Bauern in den nächsten Tagen. Dass die Maisernte noch dazu eine regelrechte „Schlammschlacht" darstellte, hatte zum genannten Zeitpunkt niemand geahnt.

Der Mais konnte trotzdem geerntet werden, vor allem dank der im Ring bereits verfügbaren 4-Reiher. Der Kommentar aus Sicht der Geschäftsstelle dazu: *Fragen wir uns ehrlich, was wäre gewesen, wenn sich nicht der Ring mit den Selbstfahrern zäh und ausdauernd bis zum langersehnten Ende um diese Trübsalsarbeit bemüht hätte?*

Dieser große Erfolg der überbetrieblichen Silomaisernte in Altötting-Mühldorf kam nicht von ungefähr. Er ist die Folge:

■ Des außergewöhnlichen Engagements von Geschäftsführer Georg Stadler und seinen Mitarbeitern, die unter anderem auch in einer konsequenten und zuverlässigen Vermittlungsarbeit zum Ausdruck kommt. Bei der Silomaisernte ist diese Präsenz selbstverständlich auch am Wochenende gewährleistet.

■ Von alljährlich stattfindenden *Maisversammlungen*. Dabei werden aufgrund der Erfahrungen der vorherigen Ernte alle Details der bevorstehenden Kampagne sehr offen und kritisch beleuchtet und besprochen, aus Sicht der Auftraggeber, der Besitzer aller eingesetzten Maschinen und Geräte sowie der MR-Geschäftsstelle. Wesentliches Ziel dieser oft turbulent verlaufenden Veranstaltungen war es vor allem, das Verständnis zwischen Auftraggebern und -nehmern zu verbessern.

■ Des ständigen Bemühens, mit einem sehr stark differenzierten Preissystem zu einer beide Seiten befriedigenden, gerechten Preisfindung zu kommen. Allerdings wurde nach und nach die Preisgestaltung wieder vereinfacht.

■ Einer intensiven Information und Beratung der Mitglieder. Es gab kaum ein Rundschreiben, in dem nicht über die Silomaisernte informiert wurde, und zwar stets mit viel Herzblut und Begeisterung, wie eine *Kostprobe* davon (siehe Seite 120) zeigt.

Das war die Situation 1981. Auch in den zwei Jahrzehnten danach bleibt die Silomaisernte, wie die zahlenmäßige Übersicht zeigt, die wichtigste Arbeit im MR Altötting-Mühldorf. Die Zahl der beteiligten Betriebe hat sich zwar absolut gesehen weiter erhöht, auf 1473 im Jahr 2000. Der Anteil der Mitglieder, der diese Dienstleistung regelmäßig in Anspruch nimmt, erhöhte sich jedoch nur um 3 Prozentpunkte, von 44 Prozent in 1982 auf 47 Prozent im Jahr 2000. Allerdings hat sich in diesem Zeitraum die durchschnittliche Silomaisfläche der beteiligten Betriebe deutlich erhöht: von 4,2 Hektar 1982 auf 6,2 Hektar 2000.

Ähnlich verlief die Entwicklung auch in den anderen MR, die mit Silomais zu tun haben. Der Selbstfahrer setzte sich immer mehr durch. Wenn auch gelegentlich nur in eingeschränkter Form, wie z. B. bei den Krautbauern im MR Freising-West. Deren Maisfelder befanden sich wie schmale Handtücher eingezwängt zwischen den Krautäckern. Da jedoch das Kraut erst nach dem Silomais geerntet wird, musste, wer den eigenen Anbauhäcksler verwenden wollte, erst einige Reihen Mais von Hand ernten, um eine freie Spur für den Schlepper zu haben. Was lag da näher, als diese mühsame Arbeit dem Selbstfahrerhäcksler zu überlassen. So kam es, dass viele Krautbauern, wie Willi Schuhmann, der Geschäftsführer dieses Ringes, zu berichten weiß, zunächst noch einige Jahre den Selbstfahrer nur zum Anmähen beanspruchten. Den Rest erledigten sie selbst mit ihrem eigenen Anbauhäcksler.

Schuhmann kann auch, was die Investitionsfreude mancher Landwirte betrifft, von einem interessanten Fall erzählen: *Ein Mitglied kaufte, ohne vorher mit mir zu sprechen, von heute auf morgen einen Selbstfahrerhäcksler, in der Hoffnung, dass ich ihm schon genügend Aufträge vermitteln würde. Kurz vor dem ersten Einsatz erlebte er einen schweren Unfall, der ihn längere Zeit ans Bett fesselte. Noch vom Krankenzimmer aus rief er mich an und bat mich, ihm einen geeigneten Fahrer für seinen Häcksler zu vermitteln, damit die teure Maschine nicht nur auf dem Hof herumsteht. Was ich dann auch für ihn erledigte, wenn auch zähneknirschend.*

Dem benachbarten MR Ebersberg dagegen gelang es recht gut, auch auf den Kauf von Häckslern in seinem Gebiet Einfluss zu nehmen. Dort hat sich die MR-Geschäftsstelle schon frühzeitig darum bemüht, die gesamte Silomaisernte als Full-Service zu organisieren. Der Vorteil für die Auftraggeber: Sie bekommen eine auf ihre speziellen Bedürfnisse abgestellte, leistungsstarke Arbeitkette zum genau vereinbarten Zeitpunkt.

Für die Auftragnehmer: Sie können sich voll und ganz auf den Maschineneinsatz konzentrieren. Gleichzeitig können so am wirkungsvollsten unnötige Maschi-

Zur Kultur von Silomais ist Spezialtechnik erforderlich – eine Chance, die von den Maschinenringen konsequent genutzt wurde:

Beim Säen mit dem Einzelkornsägerät

Der *Maisprofi* im MR Traunstein kontrolliert die korrekte Saatgutablage.

... oder mit einem speziellen Sägerät zur Mulchsaat

wie hier im MR Aichach.

Bei der Maisernte waren die Landwirte vor allem von der hohen Schlagkraft der vom MR vermittelten Maschinen fasziniert.

Das erklärt die schnelle Verbreitung des Selbstfahrer-Häckslers ...

... und des Radladers bei der Einlagerung im Fahrsilo.

Überbetriebliche Silomaisernte im MR Altötting-Mühldorf 1972 bis 2000

Jahr	1972	1976	1980	1982	1990	2000
Zahl der über MR eingesetzten Maishäcksler						
einreihig	–	22	29	35	–	–
mehrreihig insg.	2	14	24	30	–	–
davon Selbstfahrer	–	–	17	21	–	–
Über MR gehäckselter Silomais in ha	249	879	2481	3427	8618	9142
Zahl der Einsatzbetriebe	304	544	810	1495		1473

Quelle: Rundschreiben des MR Altötting-Mühldorf 1983 und Jahresbericht 2000

Mulchsaat bei Mais

Im MR Eggenfelden kann der Maisbauer bei Saat und Pflege genau nach seinen individuellen Wünschen bedient werden. Die Betriebe nutzen diese Wahlmöglichkeiten auch aus. Zum Beispiel säen sie auf besonders hängigen Flächen den Mais in ein Mulchbeet, auf ebeneren Flächen in das herkömmliche Saatbeet.

Von insgesamt 13 000 Hektar Mais im Ringgebiet werden etwa 10 000 Hektar im überbetrieblichen Maschineneinsatz gesät: Der größte Teil davon in Form von kleinen Mais-Sägemeinschaften mit zwei bis 8 Mitgliedern. 2500 Hektar organisiert der MR. Dafür stehen 33 Geräte, alle ausgerüstet mit Reihendüngung, zur Verfügung. 17 davon weisen Scheibenschare auf, eignen sich also für die Mulchsaat. 25 der 33 Geräte arbeiten vierreihig, 7 sechsreihig.

Im MR-Einsatz wird grundsätzlich Reihendüngung verlangt. Die kombinierte Saat mit Kreiselegge und Maissägerät wird nur in geringem Umfang durchgeführt (etwa 5%). Der Grund: die zu geringe Stundenleistung und infolgedessen schlechte Maschinenauslastung. Die kombinierte Saat wird hauptsächlich bei Eigenmechanisierung angewandt ...

1997 wurde bei etwa 10 Prozent der Maisfläche Mulchsaat praktiziert. Aufgrund der staatlichen Förderung der Mulchsaat im Rahmen des KuLaP-Programmes erwartet das Amt für Landwirtschaft Eggenfelden für 1998 eine Steigerung auf 20 Prozent der gesamten Maisfläche.

Quelle: Bayerisches Landwirtschaftliches Wochenblatt 12/1998

Quellen:

[1] KBM Jahresbericht 1973
[2] Bayerisches Landwirtschaftliches Wochenblatt 12/1998
[3] Bayerisches Landwirtschaftliches Wochenblatt 20/1997
[4] Bayerisches Landwirtschaftliches Wochenblatt 36/1999

---

neninvestitionen, wie sie nicht nur im MR Freising-West vorkamen, vermieden oder zumindest stark eingeschränkt werden. Der Schlüssel dazu: Die totale und konsequente Steuerung über den MR, ähnlich wie dies in der Zuckerrübenernte selbstverständlich ist. Voraussetzung dafür ist, dass auch die Häckslerbesitzer Planung und Einsatz ihrer Maschinen voll dem MR übertragen. Wenn es sich um gemeinschaftlichen Maschinenbesitz handelt, ist dies kein Problem – daher haben die MR auch die Gründung von Maschinen-Gemeinschaften, nicht nur bei Häckslern, stark forciert. Anders dagegen, wenn ein einzelner Landwirt oder Lohnunternehmer Eigentümer der Maschine ist.

In Ebersberg ist dies dennoch gut gelungen. Der Hauptgrund dafür: Eine perfekte Organisation verbunden mit einem umfassenden Service durch die MR-Geschäftsstelle.

Wie dies funktioniert, zeigt der nebenstehende Bericht von Helmut Geisberger, dem Geschäftsführer des MR Ebersberg.

Alles Maschinenring bei Silomais? Neben der Zuckerrübe ist der Silomais ohne Zweifel die Kultur, die, von wenigen Ausnahmen abgesehen, von der Saat bis zur Ernte und Konservierung überbetrieblich erledigt wird. Nicht immer erfolgt dabei die Vermittlung über die Geschäftsstelle eines Maschinenringes. Viele Landwirte wenden sich auch direkt an die Unternehmer, die sich auf Saat, Pflege, Ernte und Einlagerung von Silomais spezialisiert haben. Daran, dass dies so ist, haben die bayerischen Maschinenringe jedoch maßgeblichen Anteil.

■ Maisernte mit Telefon und Fax im MR Ebersberg

Die Landwirte melden sich frühzeitig beim Maschinenring mit ihren Wünschen zur Maissilage an. Dabei geben sie Ihre Fläche, den gewünschten Erntezeitpunkt und die notwendigen „Zutaten" für eine funktionierende Silierkette an. Dies wird in der Geschäftsstelle in der EDV gespeichert ...

Die jeweiligen Häckslerbesitzer nehmen selbst keine eigenen Aufträge an. Falls sich jedoch einmal ein Landwirt bei einem Häcksler anmeldet, so wird dieser Auftrag unverzüglich an die Geschäftsstelle weitergegeben. Die Häckslerbesitzer nehmen keinen Einfluss auf den Ablauf der Einsätze während der Saison.

Die Feinabsprache für den Silierzeitpunkt erfolgt zwischen Landwirt und MR-Personal. Dabei wird auch noch einmal besprochen, welche „Zutaten" (Radlader, Kipperzüge bzw. Solokipper) benötigt werden. Je nach Witterungssicherheit erfolgt dies einen Tag vor dem Silieren oder auch nur Stunden bevor es losgeht. Die Geschäftsstelle stellt dann, wenn möglich, nach den Wünschen des Landwirts die Silierkette zusammen.

Die Häckslerfahrer haben alle Handys und sind angewiesen, bei Störungen oder Zeitverschiebungen in der Geschäftsstelle anzurufen. Etwa eine Stunde bevor der Häcksler beim nächsten Betrieb ist, ruft der Fahrer ebenfalls bei uns an und teilt uns die genaue Zeit mit. Wir verständigen dann den Betrieb und alle an der Silierkette beteiligten Landwirte. Somit wird lästige Wartezeit vermieden. Die Maschinenring-Geschäftsstelle ist täglich mindestens solange besetzt, bis der letzte Häcksler beim letzten Tageskunden angefangen hat. Selbstverständlich ist die MR-Geschäftsstelle auch am Wochenende besetzt. Die Häckslerbesitzer erfahren erst am Nachmittag per Fax wie es am nächsten Tag weitergeht.[4]

Zuckerrübe, eine MR-freundliche Kultur

Maschinenringe Landshut und Landau: die Pioniere der 6-reihigen Zuckerrübenernte und des Rübentransportes in bäuerlicher Hand

Ein Interesse für neue Entwicklungen, besonders auf landtechnischem Gebiet, ist eine Eigenschaft, die jeder MR-Manager aufweisen sollte. Bei Heinrich Siegl, der am 1. September 1970 die Geschäftsführung des MR Landshut übernahm, war diese Eigenschaft besonders ausgeprägt. Er hatte eine Nase für Themen und Aufgabenfelder, die anzupacken und zu lösen der Maschinenring geradezu prädestiniert ist.

Beispiele dafür sind: die Einführung rationellerer Arbeitsmethoden in der Waldarbeit (*Schwedenforst-Methode*), die Verwertung des in den Zuckerfabriken anfallenden Carbo-Kalkschlammes als kostengünstigen Kalkdünger, vor allem aber die Einführung des selbstfahrenden 6-reihigen Bunkerköpfroders, des *Mähdreschers* in der Zuckerrübenernte.

Fast in der Nachbarschaft von Siegl, im MR Landau, war seit 1970 Albert Menacher als hauptberuflicher Geschäftsführer tätig. Zuvor hatte er diese Aufgabe schon ein Jahre lang nebenberuflich wahrgenommen. Auch Menacher kann mit Fug und Recht als MR-Pionier bei der Einführung und Förderung wichtiger Verbesserungen rund um die Zuckerrübe bezeichnet werden. Er hat früh erkannt, dass die Zuckerrübe eine *MR-freundliche Kultur* ist. Er hat aber auch die Erfahrung gemacht, dass der Fortschritt nicht von selbst kommt, sondern Schritt für Schritt erkämpft werden muss. Während sich der MR Landshut vor allem als Pionier bei der Einführung des 6-reihigen Zuckerrüben-Vollernters verdient gemacht hat, war Landau der Pionier für die Anpassung und Integration der Maschinengemeinschaft in Form einer Gesellschaft bürgerlichen Rechts (GdbR) in den MR und für die Entwicklung des Rübentransportes in bäuerlicher Hand. Außerdem wurde im MR Landau 1986 die erste Spritzengemeinschaft gebildet, die sich ein Motorrad mit Anhängerfeldspritze zulegte. Drei Jahre später gab es im MR Landau bereits drei derartige Gemeinschaften mit insgesamt 132 Mitgliedern. Diese Leichtfahrzeuge eignen sich besonders bei schwierigen Bodenverhältnissen, Hanglagen und Nassflächen. Mit dieser pflanzen-, boden- und umweltschonenden Technik wurden 1988 in Landau auf insgesamt 1237 ha (davon 1200 ha Zuckerrüben) Pflanzenschutz- und Düngemittel ausgebracht.[1]

Doch wieder zurück zu den Anfängen: Zu Beginn der 70er Jahre schien die Technik in der Zuckerrübenernte für die überwiegend mittel- und kleinbäuerlichen Rübenbauern der Bundesrepublik weitgehend ausgereift und perfekt. Der einreihige, schleppergezogene Vollernter war, dies war jedenfalls die Meinung von Landmaschinen-Industrie, Wissenschaft, Beratung und auch der Rübenbauern selbst, die optimale Lösung. Zweireihige Vollernter spielten nur eine unbedeutende Rolle. Auch das im west- und osteuropäischen Ausland verbreitete, mehrreihig-absätzige Verfahren fand in Bayern nur wenig Anklang. Es waren einzelne größere Betriebe und begabte Bastler, die sich dafür erwärmten. Im MR Landshut zum Beispiel gab es eine derartige Eigenbaulösung (siehe Foto nächste Seite), die so genannte *goldene Sieben*, an der sieben Landwirte beteiligt waren.

■ Südzucker-AG will den *Mähdrescher* für die Rübenernte

Die Strategen in der Südzucker-AG sahen dies jedoch anders. Sie haben sich, was den Außenstehenden vielleicht verwundern mag, meist früher als andere sehr weitgehende Gedanken über eine Verbes-

Zeittafel

1971 Südzucker lädt u. a. Heinrich Siegel zu einer Vorführung des selbstfahrenden 6-reihigen Bunkerköpfroders von Duquenne nach Belgien ein; kurz darauf erfolgt schon der erste Einsatz der Duquenne-Maschine im MR Landshut

1972 Südzucker baut selbst in Rain/Lech vier weitere *Duquenne*-Maschinen

1973 Die *Rodegemeinschaft Paintner* beginnt in Zusammenarbeit mit *Holmer* mit der Entwicklung eines eigenständigen 6-reihigen Vollernters

1974 Der erste von Südzucker gebaute *Betaking* ist einsatzbereit

1975 Südzucker legt eine 0-Serie des *Betaking* auf, die in mehreren südbayerischen MR zum Einsatz kommt

1976 Im MR Landau wird für die Anschaffung einer *Betaking* die erste Maschinengemeinschaft in Form der GdbR gegründet

1976 Aus der Rübenreinigungs- und Ladegemeinschaft in Haidlfing/MR Landau geht die erste bäuerliche Rübenabfuhrgemeinschaft hervor

1977 Südzucker stellt die *Betaking*-Produktion ein

1986 Ein Vortrag von Albert Menacher bei einer Tagung der Südzucker in Schwäbisch Hall bringt den großen Durchbruch für den Rübentransport in bäuerlicher Hand

1987 Start der Entwicklung einer EDV-gesteuerten, großräumigen Einsatzplanung von Rübenernte und -Transport durch Erwin Ballis, KBM

1988 Der erste Holmer-Roder nimmt im MR Ochsenfurt seine Arbeit auf

1993 22 Ringe sind über Datex-J mit der Südzucker-Zentrale in Mannheim verbunden.

Die goldene Sieben

So hieß eine in einen Straßengräder eingebaute Eigen-Konstruktion zur absätzigen Rübenernte, an der sieben Landwirte aus dem MR Landshut beteiligt waren.

So funktionierte der erste 6-reihige Zuckerrübenvollernter von Duquenne:

Die „Weltneuheit" hatte vor der starren Vorderachse, auf der sechs Antriebsräder montiert waren, sechs mit Radtastern ausgerüstete Exaktköpfer. Das unzerkleinerte Blatt wurde hinter den Köpfern zur Maschinenmitte und über ein Band unter der Maschine hindurch in einen Blattbunker transportiert und im Querschwad abgelegt. Die Rüben wurden mit Polderscharen hinter den vorderen Antriebsrädern gerodet, mit Siebsternen gereinigt und transportiert sowie mit Elevatoren in den Bunker der Maschine gefördert.

Quelle: Südzucker Betaking 3000 – Ein Beitrag zur Revolutionierung der Rübenerntetechnik von Dr. Hans Irion und Eugen Eben, Südzucker Ochsenfurt

Zwei Pioniere der modernen Rübenernte und -Abfuhr:

Heinrich Siegl (3. v. l.) erklärt seinen Geschäftsführer-Kollegen die Funktion der ersten von Südzucker gebauten und im MR Landshut erprobten *Betaking*.

Albert Menacher, Wegbereiter der modernen Zuckerrüben-Abfuhr in bäuerlicher Hand.

---

serung aller Produktionsschritte – von der Saat, über Pflege, Ernte und Transport – gemacht. Sie wollten nicht nur die Prozesse bei der Verarbeitung der Rüben in der Fabrik optimieren, sondern *träumen* im Grunde genommen davon, möglichst alle einzelnen Schritte vom Feld bis zum fertigen Zucker von einem großen Schaltpult aus exakt zu steuern. Dafür hatten sie handfeste Gründe. Vor allem befürchtete Südzucker, *dass ohne ein leistungsfähigeres und kostengünstigeres Ernteverfahren der Rübenanbau in bestimmten Gebieten, vor allem zugunsten von Körnermaisanbau, eingeschränkt werden könnte.*[2] Nicht nur hinsichtlich der Rübenernte hat Südzucker diesen Traum mittlerweile schon weitgehend verwirklicht. Es begann damit, dass Südzucker 1971 eine von einem belgischen Landmaschinen-Mechaniker namens *Duquenne* entwickelten 6-reihigen, selbstfahrenden Bunkerköpfroder kaufte; denn *Hilfe bei der Entwicklung einer solchen Maschine war Anfang der siebziger Jahre von der Landmaschinenindustrie nicht zu erwarten.* Diese Maschine (Beschreibung siehe links) entsprach weitgehend der *von der Südzucker angestrebten „Idealmaschine".*[3]

Auch über die für den Einsatz geeignete Organisationsform machte sich Südzucker Gedanken bzw. beauftragte sogar das Weltunternehmen IBM damit, ein optimales Logistikkonzept auszuarbeiten. Die IBM-Studie war aber selbst für die Südzucker noch zu revolutionär. Sie wandte sich deshalb an ein bereits bestehendes *Logistikunternehmen*, den Maschinenring. Zum damaligen Zeitpunkt war allerdings das Wort Logistik für MR-Leute noch ein unbekannter Begriff. Das sollte sich aber bald ändern.

Der erste Kontakt zur Südzucker, so Siegl, lief über Peter Münsterer, den Vorsitzenden des Bayerischen Zuckerrübenanbauer-Verbandes. Münsterer gehörte zu den Gründungsmitgliedern des MR Landshut. Siegl, der von der Südzucker zu einer Vorführung der *Duquenne-Maschine* im Sommer 1971 nach Belgien eingeladen wurde, war sofort von der neuen Technik begeistert, *obwohl die Ernte in dem noch nicht reifen Bestand einem Kindermord gleichkam.*

■ 1971 erster Einsatz des belgischen Vollernters im MR Landshut

Drei Monate später lief der belgische Rübenvollernter, der eine Revolution in der Zuckerrübenernte einleitete, bereits im Maschinenring Landshut. In weiser Voraussicht waren dort auf Anstoß von Joseph Urlinger, dem zuständigen Rübeninspektor schon vorsorglich einige 100 Hektar Rüben mit einem 12-reihigen Sägerät im passenden Reihenabstand ausgebracht worden. Natürlich standen auch die Landshuter Bauern der neuen Technik zuerst skeptisch gegenüber. Von ihren *Einreihern* waren sie an eine zuverlässige und saubere Erntearbeit gewöhnt. Warum also einen Schritt, was die Qualität betrifft, zurückstecken? So einwandfrei, wie vom *Einreiher* gewohnt, war nämlich die Arbeit der belgischen Maschine noch nicht. Ein gewisses Maß an Toleranz gegenüber gelegentlichen technischen Störungen, höheren Ernteverlusten und stärkerer Verschmutzung wurde den Landwirten schon zugemutet. Als Ausgleich dafür konnte Siegl seine Bauern mit Vorteilen bei der Lieferung verwöhnen. Er war Herr über genügend Rübenmarken – ein Recht, über das sonst nur die Rübenagenten verfügen konnten – und sorgte so dafür, dass der Abtransport der Rüben zur Fabrik zügig erfolgen konnte. Großzügig war Südzucker auch, was den Rodepreis für die Versuchsmaschine betraf. Und sie drückte auch bei der Schmutzbewertung in der Fabrik mehr als ein Auge zu.

Zum Glück spielte auch das Wetter mit, so dass trotz mancher technischer Probleme schon in der ersten Kampagne rund 175 Hektar Rüben geerntet werden konnten.

Zwei Männer, die wesentlich zum erfolgreichen Einsatz des ersten 6-reihigen Rüben-Vollernters beigetragen haben, waren: Alfons Weinzierl aus Altheim, der Fahrer und Joseph Spierer aus Artelkofen, der Mechaniker. *Weinzierl war unermüdlich im Einsatz und hat die Maschine aus dem Effeff gekannt und beherrscht. Er hat auch das 12-Reiher-Zuckerrübensägerät gefahren. Der Schmiedemeister Spierer, der Mann an der Box, hat die Maschine bei Tag und Nacht betreut.*

Dieser Erfolg ermutigt Südzucker, 1972 vier weitere *Duquenne-Maschinen* in etwas modifizierter Form (die Exaktköpfer mit Radtastern wurden durch einen Blattschlegler ersetzt) in der Zuckerfabrik in Rain/Lech nachzubauen. Doch im zweiten Versuchsjahr waren die Wetterbedingungen nicht mehr so günstig. Dadurch traten die Nachteile dieses Systems mit Anordnung der Rodeaggregate hinter den Vorderrädern deutlich zutage. Bei feuchter Witterung wurde der Boden durch die vorderen Räder stark verdichtet und verlor so seine Siebfähigkeit. Die Erkenntnis daraus: Das Köpf- und Rodeaggregat gehört vor die Vorderachse!

Für diese konstruktive Weiterentwicklung suchte Südzucker die Unterstützung durch die Wissenschaft und engagierte den renommierten Experten Prof. Knolle. Er beobachtete und studierte vor Ort beim MR Landshut das neue Ernteverfahren und kam zu dem Ergebnis, *dass dies wegen der großen Kopflastigkeit und der zu erwartenden Belastung der Vorderachse technisch nicht zu realisieren ist.*[4] Doch Südzucker ließ sich dadurch nicht beirren und hielt weiter an ihrem Konzept fest, das das Roden aus der Gare als wesentliches Ziel vorsah. Kurzerhand begann man auf eigene Faust in Rain/Lech mit Konstruktion und Bau einer neuen Maschine. Schon 1974 war der erste Prototyp einsatzbereit. Sein Name: *Betaking 3000*.

■ Mit Betaking 3000 – Roden aus der Gare

Der *Rübenkönig* bewährte sich auch bei ungünstiger Witterung und unter sehr unterschiedlichen Einsatzbedingungen gleich so gut, dass Südzucker im folgenden Jahr eine 0-Serie baute, die 1975 in den MR Donauwörth, Neuburg, Landshut und Landau zum Einsatz kam.

Der *Rüben-Mähdrescher* überzeugte auf voller Linie unter den vielfältigen und sehr differenzierten Bedingungen, die ein MR-Einsatz zu bieten hat. Aber auch auf internationalem Parcours, bei der großen Vorführung zur Rübenernte in Seligenstadt bei Würzburg schnitt Betaking besser ab, *als der Durchschnitt der einreihigen Bunkerköpfroder, die bis dahin das Maß aller Dinge waren.* Damit hat Südzucker mit Unterstützung des MR Landshut und weiterer Maschinenringe im südbayerischen Raum den Durchbruch bei der Einführung der 6-reihigen Zuckerrübenernte erreicht.

Mittlerweile war es aber nicht mehr Südzucker allein, die in diesem Konzept die Zukunft sah. Es waren zwei Außenseiter und nicht die eingeführten Landmaschinenfirmen, die diese Idee ebenfalls aufgriffen, weiterentwickelten und so den etablierten Roderherstellern das Fürchten lehrten. Der Landwirt und Erfinder Hermann Paintner aus Sittelsdorf und der Landmaschinen-Mechaniker und gelernte Maschinenbauingenieur Alfons Holmer aus Eggstätt. Beide Orte liegen nahe Regensburg, also in einer Region, wo der Zuckerrübenanbau zu Hause ist. Paintner hat ebenfalls schon 1972 mit der Konstruktion eines 6-reihigen, selbstfahrenden Bunkerköpfroders begonnen. Sein Vorhaben wurde von 11 Landwirten um Geiselhöring unterstützt. Sie gründeten zu diesem Zweck einen Zuckerrüben-Rodeverein und brachten insgesamt 220 000,– DM (je Hektar Rübenfläche 1000,– DM) auf.[5] Darüber hinaus wurde Paintner auch von der *Rodegemeinschaft „Paintner"*, zu der u. a. der Verband Süddeutscher Zuckerrübenanbauer, Frankenzucker und Südzucker gehörten, ideell und finanziell gefördert. Holmer, der sich ebenfalls schon mit dieser Idee befasst hatte, wurde Partner von Paintner. Ihr Ziel war es, gemeinsam einen eigenständigen 6-reihigen Bunkerköpfroder zu entwickeln. Das geschah dann auch so: zeitweise in enger Kooperation; zeitweise haben die beiden großen Erfinder auch wieder separat an diesem Projekt gearbeitet. Auf jeden Fall waren sie es, die nach dem im Jahre 1977 beschlossenen Rückzug von Südzucker aus der Betaking-Produktion *mit viel Mut, Energie und Können die Idee weiterverfolgt und mit ihren Maschinen den Markt erschlossen und letztlich erobert haben.*[6]

■ Holmer und Paintner – zwei große Erfinder

Während der ersten Entwicklungsjahre blieben die verschiedenen, im MR Landshut eingesetzten Versuchsmaschinen noch im Besitz von Südzucker. Erst im Jahr 1978 haben sich die Landwirte Martin Hillmeier und Rudolf Luginger sowie der Landmaschinenmeister Josef Spierer zu einer *Zuckerrübenernte-Kooperation* in der Rechtsform der GdbR, die mittlerweile im MR Landau schon zwei Jahre erfolgreich praktiziert wurde, zusammengeschlossen und eine Betaking gekauft. Diese *Zuckerrübenernte-Kooperation* besteht noch heute. Mittlerweile besitzt sie zwei *Holmer Terra Dos* (Anschaffungspreis 2002 je 275 000,– Euro ohne MwSt.) und ernten damit jährlich rund 850 Hektar Zuckerrüben weitgehend problemlos, wenn das Wetter einigermaßen passt, unter der routinierten Koordination des MR Landshut. Heute gibt es nur noch zwei Rodetermine je Betrieb: In der ersten Runde wird etwa ein Drittel der gesamten Fläche erfasst, 2/3 im Rahmen der zweiten *Runde*. Selbstverständlich wird auch das Laden und der Transport vom Ring organisiert.

Der Duquenne-Vollernter ...

... beim ersten Einsatz im MR Landshut 1971, in der Seitenansicht ...

... und von vorne, mit Alfons Weinzierl als Fahrer. Alois Huber, mutiger Auftraggeber für diesen Einsatz, lässt die Maschine nicht aus den Augen.

Die Betaking der Südzucker AG ...

... als Double im praktischen Einsatz ...

... und als Studienobjekt umlagert von japanischen Agrarexperten (1974, im Rahmen der II. Inter Inter-MR)

Untersuchung von Georg Stöckl zur Rübenernte im MR Landshut aus dem Jahr 1978

Die Daten der Untersuchung:

Rübenfläche/Teilnehmer	6,72 Hektar
durch Betaking gerodete Rübenfläche	344 Hektar
durchschnittliche Tagesleistung	7 Hektar
höchste Tagesleistung	15 Hektar
Kampagnedauer	25.9. bis 14.11.
Rodepreis (ohne Blattbergung)	420,– DM/Hektar

Zum Grad der Zufriedenheit:

Nur zwei Teilnehmer mit zusammen 18,6 Hektar Zuckerrübenfläche gaben an, „nicht zufrieden" zu sein, beim einen war Nachtarbeit, verbunden mit Rübenverlust und hohem Schmutzbesatz, die Hauptursache, beim andern führte die Hanglage zu schlechter Köpfqualität, hohem Rübenverlust und hohem Schmutzanhang.

Das Fazit:

Es kann also ohne Übertreibung festgestellt werden, dass es durch den gut organisierten Einsatz des Betaking im MR Landshut relativ vielen kleinen Betrieben ermöglicht wird, den lukrativen Zuckerrübenanbau in ihrer Betriebsorganisation beizubehalten. Die landläufige Meinung, dass die Großtechnik nur auf Großbetrieben sinnvoll sei, kann in diesem Beispiel nicht bestätigt werden.

Quelle: Diplomarbeit von Georg Stöckl, TU Weihenstephan 1978

Zuckerrübenernte in Perfektion ...

mit Holmer Terra Dos 1999 im MR Dingolfing

Das ist aber Gegenwart. Im Jahre 1978 haben die Mitglieder das Laden und den Transport noch selbst bewerkstelligt, die 6-reihige Ernte hatte aber auch damals schon, wie aus der Diplomarbeit von Josef Stöckl (siehe links) hervorgeht, einen bemerkenswert hohen Entwicklungsstand erreicht.[7]

■ Untersuchung zeigt: Große Zufriedenheit mit MR-Ernte

Bemerkenswert neben dem hohen Grad der Zufriedenheit (siehe links) sind auch die Aussagen über *Mögliche Alternativen bei Nichtangebot des Betaking durch den MR Landshut*: für 15 der Befragten wäre die einzige Alternative, den Zuckerrübenbau völlig aufzugeben, zwei würden ihn erheblich einschränken, alle übrigen würden, so ihre Aussage, entweder wieder einen eigenen Roder kaufen oder mit anderen zusammen eine Kooperation suchen.

Das Fazit, das Georg Stöckl aus seiner Untersuchung der überbetrieblichen Zuckerrübenernte mit der Betaking zieht (siehe links), gilt im Grunde genommen für alle *Groß*-Maschinen, die im Laufe der letzten drei Jahrzehnte die Mechanisierung der Landwirtschaft auch bei kleinen Strukturen radikal verändert haben.

Im Wesentlichen sind eigentlich nur zwei Voraussetzungen für einen rationellen Einsatz solcher Großtechnik nötig: eine ausreichende Auslastung und eine gewisse Mindest-Schlaggröße. Für die Erfüllung der einen Voraussetzung sorgte der Maschinenring, nicht nur beim Rübenvollernter. Die andere wurde durch Flurbereinigung und andere Maßnahmen im Laufe der Jahre wesentlich verbessert.

Allerdings besteht, was die Struktur betrifft, in manchen Regionen noch ein großer Nachholbedarf.

■ Entwicklung in Franken beginnt 15 Jahre später

Der Siegeszug des 6-reihigen Zuckerrüben-Vollernters in den südbayerischen Rübengebieten war nicht mehr aufzuhalten. Er griff schnell von Landshut auf weitere Ringe über. Bereits im Jahre 1972 wurde mit der Duquenne auch im MR Landau gerodet. Die MR Landshut und Landau kooperierten dabei besonders eng: die Südzucker stellte den beiden Ringen zusammen drei Maschinen dieses Typs zur Verfügung; eine davon wurde je zur Hälfte in beiden Ringen eingesetzt.

Anders verlief dagegen die Entwicklung in Franken. Hier hat es rund 15 Jahre länger gedauert, bis dieses leistungsstarke, arbeitssparende Verfahren erstmals zum Einsatz kam. Ein Phänomen, das nur schwer zu erklären ist. Vielleicht lag es daran, dass die fränkischen Rübenbauern im Durchschnitt etwas kleiner strukturiert waren und noch über mehr Arbeitskräfte verfügten, also das Bedürfnis nach Arbeitseinsparung nicht so dringend war. Vielleicht lag es auch daran, dass die dortigen Maschinenringe und der fränkische Rübenanbauerverband mehr mit dem absätzigen 6-reihigen Verfahren sympathisierten. Immerhin haben Rübenanbauerverband und Maschinenringe 1972 gemeinsam eine Lehrfahrt nach Südbayern durchgeführt, um das absätzige Verfahren zu studieren. Die damals schon beginnenden ersten Gehversuche des aus Belgien eingeführten Vollernters fand dagegen nicht ihr Interesse.

Zwar hat das KBM bei mehreren Veranstaltungen immer wieder die positiven Erfahrungen der neuen Erntetechnik auch den Geschäftsführern der fränkischen MR nahegebracht. Trotzdem blieben die Franken skeptisch und machten erst einmal ab 1981 einen Versuch mit dem 6-reihigen absätzigen Verfahren. Und erst 7 Jahre später, im Jahre 1988, *hat der erste Holmer-Roder im MR Ochsenfurt seine Arbeit aufgenommen und auch in Unterfranken ein neues Zeitalter der Rübenernte eingeläutet.*[8]

Wie die Rübenbauern von dieser Neuerung profitieren, geht aus einem Pressebericht von Georg Doseth aus dem Jahr 1997 hervor: *Die Rübenanbaugemeinschaft hat er-*

reicht, dass der Rodepreis in neun Jahren von 564 DM je Hektar auf 413 DM/ha sinken konnte. Und weiter: *Das Ziel ist die nachhaltige Senkung auf 400 DM/ha und, wenn möglich, darunter.*[9]

1976 entsteht im MR Landau die erste MR-konforme Maschinengemeinschaft

Im MR Landau stand bereits 1976 die Frage an: Wer übernimmt nun die Rübenvollernter, die bis dahin noch im Besitz der Südzucker waren. Auf Vorschlag von Menacher fanden sich die beiden Mitglieder, die bisher schon mit dem Einsatz befasst waren, dazu bereit: Ernst Loher, der die Maschine gefahren, und Xaver Wagner, der sich um Wartung und Reparatur gekümmert hatte. Aber wie konnte eine solche Lösung in den Maschinenring integriert werden?

Bisher galt im MR der eherne Grundsatz: Eigentümer bzw. Besitzer einer Maschine soll ein einzelner Landwirt sein. Der gemeinschaftliche Maschinenbesitz galt grundsätzlich als nicht maschinenringkonform.

Menacher war klar: Für diese Gemeinschaft mussten vertragliche Regeln geschaffen werden, *die Streitereien möglichst vermeiden hilft, die steuerliche Seite regelt, bei Todesfall eines Partners das Unternehmen nicht gefährdet und vor allem die Kompetenzen beider Partner regelt.*

Wie es Albert Menacher gelang, dieses Problem zu lösen und einen Weg zur Integration einer Maschinengemeinschaft in den Maschinenring zu finden, hat er selbst sehr anschaulich beschrieben (siehe rechts).

Das war also die Geburtsstunde der GdbR. Eine Konstruktion, der es dank ihres ausgeklügelten Regelwerkes (siehe rechts) gelungen ist, alle die Probleme früherer, misslungener Maschinengemeinschaften vergessen zu lassen. Sie bietet für den Einsatz teurer Großmaschinen eine bewährte Alternative zum Lohnunternehmen. Ja, in vielen Fällen stellte sie die einzige Möglichkeit dar, neue, leistungsstarke und teure Techniken bäuerlichen Betrieben zugänglich zu machen.

Übrigens, diese 1976 unter so schwierigen Umständen entstandene Gemeinschaft hielt 26 Jahre lang. 2002 schied Wagner aus Altersgründen aus. Loher führt das Unternehmen seitdem allein weiter, mittlerweile mit fünf *Holmer*.

Im MR Landau dauerte es dann noch bis 1979, bis eine zweite große Maschinengemeinschaft in Form einer GdbR im südlichen Ringgebiet, im Vilstal, zustande kam. Der Anlass dafür war die Anschaffung des ersten Holmer-Vollernters im Vilstal. Bis dahin haben zwei Landwirte mit ihren einreihigen Rodern zusammen rund 180 Hektar geerntet. Aus Altersgründen stellten sie diese Tätigkeit nun ein, und nachdem kein Unternehmer bereit war ihre Arbeit, nun allerdings mit einem *Holmer*-Vollernter, fortzuführen, entschloss man sich zur Gründung einer Rode-GdbR, zunächst mit 19 Mitgliedern und 180 Hektar Rübenfläche. Gerodet wurden jedoch bereits im ersten Jahr insgesamt 300 Hektar. Dieses Vorhaben wurde von Dr. Erich Plendl vom Amt für Landwirtschaft tatkräftig unterstützt. Aus dieser Rode-GdbR entwickelte sich dann übrigens zehn Jahre später die zweite Rüben-Transportgemeinschaft im MR Landau.

Auch dieses Beispiel zeigt, dass ein einzelner Landwirt nur in Ausnahmefällen bereit ist, derartige Investitionen zu riskieren. Der erste *Holmer*, der 1979 im Vilstal gekauft wurde, kostete immerhin einschließlich Mehrwertsteuer 330 000,– DM.

Vom finanziellen Problem abgesehen, sprechen, wie die Erfahrungen bei der Einführung anderer Großmaschinen in verschiedenen MR gezeigt haben, auch viele andere Vorteile für diese Lösung.

Dazu zählt nicht zuletzt der neue Weg, der im Rahmen der GdbR auch bei der Finanzierung beschritten wurde. Die Mitglieder der Gemeinschaft beteiligten sich nicht mehr, wie früher, mit einem bestimmten Anteil an der Finanzierung. Vielmehr entschied man sich für eine hundertprozentige Fremdfinanzierung über einen Bankkredit. Aufgrund der großen Mitgliederzahl und der damit verbundenen sicheren Auslastung verzichteten die Banken hierbei sogar auf eine dingliche Sicherheit (Grundschuldeintragung) und beschränkten sich auf die Vorlage eines Mitgliederverzeichnisses. Rechtlich gesehen haftet bei einer GdbR allerdings jedes Mitglied für den vollen Kreditbetrag. Je größer also die Gemeinschaft, umso geringer ist das Risiko für die Bank.

Diese Form der Finanzierung hat verschiedene Vorteile. Neben der einfachen

Die Geburtsstunde der Maschinengemeinschaft in Form einer Gesellschaft bürgerlichen Rechts (GdbR)

Daran, dass dies (nämlich eine Satzung für eine Maschinengemeinschaft zu entwickeln) ein so großes Problem werden könnte, dachte von uns dreien niemand. Als wir den ersten Steuerberater, der den Landmaschinenmechaniker als Klienten hatte, befragten, erzählte dieser einen solchen Stiefel, dass die beiden kopfscheu wurden und beinahe das Handtuch geworfen hätten. Ich wandte mich, so berichtet Menacher weiter, *dann an einen Steuerberater, der mir bekannt war ... und in Ingolstadt wohnte. Aber auch diese Beratung brachte uns nicht weiter, im Gegenteil, wir waren nun völlig verunsichert. In meiner Not erinnerte ich mich an einen Steuerberater, den ich von meiner früheren Landjugendarbeit her kannte: Zaisch. Schnell konnte ich ihn ausfindig machen und mit ihm noch für den gleichen Tag, für 20 Uhr einen Termin vereinbaren. Diesmal allerdings ganz im Süden Bayerns, in Grainau, an der Zugspitze. Dort war zu diesem Zeitpunkt Horst G. Zaisch Referent bei einem Seminar.*
Mit viel Überredungskunst gelang es mir, die beiden nach Grainau zu schleppen. Um 20 Uhr waren wir dort und um 21.30 Uhr hatten wir einen Vertrag im Rohentwurf auf dem Tisch, der für alle Beteiligten akzeptabel war und mit dem man leben konnte: Es wurde eine Gesellschaft des bürgerlichen Rechts, abgekürzt GdbR, gegründet.

Quelle: Vortrag von Albert Menacher bei Tagung der Südzucker in Schwäbisch Hall 1986

Die wichtigsten Grundsätze und Regeln, um das System Maschinengemeinschaft in den Maschinenring zu integrieren

1. Wartung und Pflege dürfen nicht dem Zufall überlassen, sondern bestimmten Personen vollverantwortlich übertragen werden. In der Regel sind die Fahrer mit dieser Aufgabe betraut.
2. Die Organisation des Einsatzes muss der Geschäftsführer unter dem Gesichtspunkt eines optimalen Einsatzes für alle Beteiligten durchführen.
3. Die betreffende Maschine sollte möglichst nicht nur bei den Mitgliedern der Maschinen-Gemeinschaft eingesetzt werden, sondern auch außerhalb der Gemeinschaft.
4. Umlage und Abrechnung der Kosten der Gemeinschaftsmaschine sind entsprechend der bewährten MR-Regeln zu handhaben.

Quelle: MR-Intern 1/81

Die Vorteile der MR-konformen Maschinengemeinschaft:

Wesentliche Merkmale/Vorteile von Gemeinschaftsmaschinen in Form einer BGB-Gesellschaft:
1. Gemeinsamer Maschineneinsatz und gemeinsame Finanzierung über eine BGB-Gesellschaft schonen die Liquidität, da einzelbetriebliche Kreditlinien nicht beansprucht werden.
2. Durch die höhere Auslastung aufgrund garantierter Einsatzflächen ergibt sich gegenüber der Eigenmechanisierung ein wesentlich niedrigerer Kapitalbedarf pro Einsatzeinheit.
3. Allerdings müssen klare Abmachungen und Verträge abgeschlossen werden, damit diese Finanzierungsform einwandfrei funktioniert.
4. Durch die Übernahme von Lohnarbeiten fließen den bäuerlichen Anteils-Eignern Mittel zu, die ansonsten „außerhalb" der Landwirtschaft verdient werden.
5. Die Anbindung an einen Maschinenring erscheint nützlich, ist aber nicht unbedingte Voraussetzung.

Quelle: Die Banken finanzieren, die Bauern profitieren, von Hans Schmid, top agrar 7/1987

Durch die Organisation von Rübenernte und -Abfuhr entwickeln sich die MR zu beachtlichen Logistik-Unternehmen

Hier der Fuhrpark des MR Landshut aus dem Jahr 2005.

Kredit-Gewährung, übrigens meist zu außerordentlich günstigen Bedingungen, erleichtert sie die Kalkulation der zu erwartenden Kosten bzw. des notwendigen Rodepreises und die gesamte finanzielle Abwicklung. Auch der Eintritt und ebenso das Ausscheiden von Mitgliedern sind einfacher.

Die Vorteile und Besonderheiten einer Maschinengemeinschaft in Form einer BGB-Gesellschaft hat Hans Schmid, Agrarreferent beim Bayerischen Sparkassen- und Giroverband, 1987 in *top agrar* ausführlich beschrieben; nebenstehend ein Auszug davon.

Das ökonomische Ziel, hohe Auslastung und niedrige Kosten, wurde in einer MR-gesteuerten GdbR dadurch erreicht, dass die Gründung erst erfolgte, wenn die von den Mitgliedern gezeichnete Einsatzmenge in Hektar, Kubikmeter, Stunden usw. ausreichend groß war. Darüber hinaus war es üblich, wenn noch Kapazitäten frei waren, auch nicht gemeldete Flächen der Mitglieder und Rüben von Nichtmitgliedern nach MR-Sätzen zu ernten und damit die Auslastung weiter zu erhöhen.

Die in einer Kampagne erzielten Ernteflächen für eine *Holmer*- oder *Paintner*-Maschine erreichten in manchen Jahren bis zu 600 Hektar. Wenn im Durchschnitt geringere Auslastungen erzielt wurden, lag dies nicht unbedingt an Managementfehlern, sondern an Wetterbedingungen, die selbst eine Ernte mit dem Sechsreiher nicht zuließen und auch daran, dass die Mitglieder z. B. keine Nachtarbeit akzeptierten.

Ihre ganz große Bewährung hat die GdbR aber bei der Verwirklichung eines weiteren wichtigen Projektes, der Organisation des Rübentransportes in bäuerlicher Hand im Rahmen des Maschinenringes, gefunden. Man muss sogar feststellen:

Nur mit Hilfe dieser Organisationsform konnte dieses Vorhaben zum damaligen Zeitpunkt und unter den gegebenen Umständen überhaupt realisiert werden.

■ Rübentransport in bäuerlicher Hand

Mindestens genauso hoch wie die Pionierarbeit der bayerischen Maschinenringe bei der Einführung und Verbreitung der 6-reihigen Rübenernte ist ihr Engagement bei der Entwicklung des Rübentransportes in bäuerlicher Hand zu bewerten.

Um höchste Rationalisierungseffekte zu erzielen, muss die gesamte Logistik exakt aufeinander abgestimmt werden, das Roden, das Laden, der Transport zur Fabrik und die Verarbeitung in der Fabrik.

Im Jahr 1959 wurde der größte Teil der Zuckerrüben, nämlich 78,6 %, noch per Bahn zu den Fabriken geliefert. Doch nach und nach wurde der Bahntransport durch die Anlieferung auf der Straße verdrängt. Die Gründe: Die Bahnverladung war im Vergleich zur Feldrandabholung wesentlich aufwändiger; denn die Rüben mussten zweimal in die Hand genommen werden, die Betriebe benötigten einen zusätzlichen Fuhrpark dafür usw. Außerdem sah es die Bahn auch nicht mehr als lohnend an, die vielen kleinen Stationen aufrechtzuhalten. Kurzum, anstelle der Bahn übernahmen mehr und mehr Spediteure den Rübentransport. Nur im Nahbereich der Fabriken dominierte weiterhin die Direktanfuhr durch die Rübenbauern selbst.

Die Anfuhrkosten zur Fabrik werden bekanntlich von der Zuckerfabrik getragen. Sie zahlt dafür entfernungsabhängige Pauschalen an die Spediteure bzw., bei Selbstanlieferung, an die Rübenbauern.

Es war daher verständlich, dass manche Rübenbauern beim Wechsel von Bahn- zu Straßentransport darüber nachdachten, den Transport selbst zu organisieren und sich so eine zusätzliche Einnahmequelle zu verschaffen.

Im MR Landau waren es zuerst einige Bauern aus der Gemeinde Haidlfing, die zusammen mit ihrem Geschäftsführer Albert Menacher nicht nur mit solchen Gedanken spielten, sondern sich daran machten, sie in die Tat umzusetzen. Nachdem sie die Drecksarbeit, nämlich das Reinigen und Laden der Rüben, schon seit

Jahren machten und sie auch dank der 6-reihigen Rübenernte wieder mehr Zeit hatten, wollten sie auch einen Teil der schöneren Arbeit erledigen und selbst zumindest einen Teil ihrer Rüben nach Plattling transportieren.

Doch das ist leichter gesagt als getan. Die erste Hürde, das Einverständnis der Zuckerfabrik bzw. des zuständigen Rübeninspektors Robert Kapsreiter, war, wie Menacher berichtet, überraschend leicht zu nehmen.

Kapsreiter zu der Delegation der fünf Wortführer aus Haidlfing: *Entweder Ihr fahrt Eure Rüben ganz – oder gar nicht!* Statt sich darüber zu freuen, waren sie zunächst eher geschockt; denn *ihnen erschien diese Sache um eine Hausnummer zu groß.* Doch Menacher und auch der Vorsitzende der Ladegemeinschaft, Ludwig Kehl-Waas, sahen dies durchaus positiv. Sie dachten: *Wenn sich das Rübenfahren für den Unternehmer rentiert, muss es auch für uns ein Geschäft sein.*

Also trommelte man die Mitglieder zusammen. *Diese Versammlung werde ich in meinem Leben nicht vergessen,* so Menacher. *Es ging drunter und drüber. Dass der Unternehmer seine Leute eingeschleust hatte, kann man sich denken. Das Ergebnis war niederschmetternd:* 93 Prozent der Teilnehmer stimmten gegen die eigene Rübenabfuhr.

Trotzdem gaben sie nicht auf und griffen zu einer neuen Strategie: *Wenn die große Mehrheit der Rübenbauern nicht dazu bereit ist, machen wir es eben mit einer kleinen Gruppe.* Die kleine Gruppe, das war die fünfköpfige Delegation, die in Plattling verhandelt hatte. Sie war zu diesem Schritt bereit und machte sich daran, eine GdbR zu gründen. *Wie ein Lauffeuer verbreitete sich diese Nachricht in Haidlfing und bewirkte, dass sich die Stimmung total umdrehte.*

Die Zeit zur Einberufung einer weiteren Versammlung war gekommen, und ein einstimmiges Ergebnis für die eigene Rübenabfuhr kam zustande.[10]

■ Rübenabfuhr nach *Modell Landau*

So entstand ebenfalls im Jahr 1976 die erste bäuerliche Rübenabfuhrgemeinschaft in Bayern, die später als Modell Landau zu einem festen Begriff wurde.

Die wesentlichen Merkmale dieses Modells sind: Die Rübenbauern schließen sich in Form einer Gesellschaft des bürgerlichen Rechts (GdbR) zusammen. Aber nicht die GdbR liefert die Rüben an, sondern die einzelnen Landwirte vereinbaren mit der Südzucker einen Liefervertrag, der neben dem Verkauf der Zuckerrüben auch die Anlieferung durch die Landwirte einschließt. Dafür erhalten sie von Südzucker eine gesonderte Vergütung. Für das Reinigen, Laden und den Transport der Rüben nehmen die einzelnen Landwirte die Fahrzeuge der GdbR in Anspruch.

Um die Abrechnung zwischen Südzucker, den Landwirten, der GdbR, den Fahrern und so weiter zu bewerkstelligen, wird ein Treuhandkonto eingerichtet, über das die verschiedenen Zahlungsvorgänge abgewickelt werden.

Diese Konstruktion, die maßgeblich auf der Vorarbeit von Horst G. Zaisch beruht, wurde von Dr. Adelbert Buchner, BERATA GmbH für die Transportgemeinschaft weiterentwickelt. Sie hat den großen Vorteil, dass steuerliche und andere der Landwirtschaft zustehende Privilegien weiterhin voll beansprucht werden können. Zum Beispiel werden auch die Betriebshelfer, welche die Ladearbeiten durchführen oder die Rüben zur Fabrik fahren nicht als Arbeitnehmer der GdbR, sondern wie nebenberufliche Betriebshelfer behandelt.

Die gemeinschaftliche Lösung hat darüber hinaus auch noch einen *politischen* Vorteil: Einer Gemeinschaft, an der sich alle Rübenbauern beteiligen können, kann der Anspruch, den Rübentransport selbst durchzuführen, nicht so leicht verweigert werden als einzelnen Rübenbauern. Auch dem Aufkommen von Neid und Missgunst gegenüber einigen wenigen, die andernfalls dieses Geschäft machen könnten, wird hier von vorneherein begegnet.

Bei der Umsetzung dieses Konzeptes in die Praxis kam es vor allem darauf an, dass die Mitglieder korrekt und gleich behandelt wurden, die Arbeitsabläufe reibungslos und in guter Qualität erfolgten und am Ende für die Rübenbauern noch etwas übrig blieb. Und dieses Kunststück ist den Maschinenringen wirklich gelungen.

Bis sich aber diese Idee, den Rübentransport nach dem *Modell Landau* zu organisieren, über den MR Landau und schließlich auch über Niederbayern hinaus weiter verbreitete, vergingen noch einige Jahre. Der große Durchbruch kam erst 10 Jahre nach der Gründung in Haidl-

---

Die passende Rechtsform für die Rüben-Transportgemeinschaft

Aus organisatorischen und steuerlichen Gründen bietet sich deshalb der Zusammenschluss in Form einer Gesellschaft des bürgerlichen Rechts an. Für die Gründung der Gesellschaft ist keine Formvorschrift vorgegeben; jedoch ist die Vereinbarung eines schriftlichen Gesellschaftsvertrages dringend anzuraten.

Die Gesellschaft des bürgerlichen Rechts besitzt keine eigene Rechtsfähigkeit; sie stellt eine so genannte Gesamthandsgemeinschaft dar. Das Vermögen wird zur gesamten Hand, also von allen Gesellschaftern gemeinschaftlich, erworben. Für Verbindlichkeiten aus Rechtsgeschäften, die im Namen der Gesellschaft abgeschlossen werden, haften alle Gesellschafter als Gesamtschuldner, und zwar mit dem Gesellschaftsvermögen und ihrem Privatvermögen.

Bei vertraglichen Vereinbarungen mit Dritten lässt sich jedoch zum Teil eine Haftungsbeschränkung erreichen.

Quelle: Die rechtliche Gestaltung und Besteuerung von Transportgemeinschaften, Dr. Adalbert Buchner, MR-Intern, Heft 88/2

Das Geheimnis des Erfolges des gemeinsamen Rübentransportes ...

Sind aber alle Rübenbauern miteingebunden, hat jeder einen finanziellen Vorteil dabei. Das Personal für die Bedienung der Maschinen ist auch leichter zur Verfügung zu stellen, weil sie einfach in eigener Sache tätig sind.

Um eine solche Gemeinschaft auf die Beine zu stellen, ist Folgendes notwendig:
- *eine ausreichende Menge an Rüben,*
- *hohe Funktionssicherheit und*
- *ein gutes Management (u. a. mit Funk und einem leistungsfähigen Büro zur Bewältigung der Abrechnungen).*

Dies ist eigentlich nur möglich im Rahmen des Maschinenringes.

und deren Vorteile für die Bauern ...

■ *Vermögenszuwachs durch Beteiligung am Fuhrpark.*
■ *Ein höherer Rübenpreis durch Zahlung von Überschüssen aus der Gemeinschaft.*
■ *Möglichkeit eines zusätzlichen Verdienstes durch Übernahme einer Tätigkeit in der Gemeinschaft.*
■ *Organisation einer schlagbezogenen Abnahme der Rüben.*
■ *Abnahme der Rüben aus schwierigen Gebieten (Moos, starke Hanglagen) zur witterungsmäßig besten Zeit.*

Quelle: Albert Menacher, Organisation des Zuckerrüben-Transportes durch Landwirte, MR-Intern Heft 88/2

Der Zuckerrübentransport in bäuerlicher Hand breitet sich aus:

In Niederbayern bestehen bereits 6 Reinigungs- und Transportgemeinschaften. Sie sind als Gesellschaft des bürgerlichen Rechts (GdbR) organisiert. Der gesamte Maschinenpark befindet sich also in Gemeinschaftsbesitz der in der GdbR zusammengeschlossenen Zuckerrübenbauern. Eine dieser Gemeinschaften ist die „Zuckerrüben-Reinigungs-Auflade- und Transportgemeinschaft GdbR Landau a. d. Isar". Sie hat im Jahr 1988 550 503 Doppelzentner Zuckerrüben transportiert. Der Zuerwerb für die dabei tätigen Fahrer, die alle aus Mitgliedsbetrieben stammen, belief sich auf 92 000 DM. Darüber hinaus erhielten sämtliche Rübenbauern eine Transport-Rückvergütung in Höhe von 0,25 DM je Doppelzentner. Ein insgesamt sehr erfreuliches Ergebnis.
Diese guten Erfahrungen sprechen sich herum. Daher sind auch die Rübenbauern in den Regionen, in denen derzeit die Rübenabfuhr noch über die Schiene oder durch einen gewerblichen Transportunternehmer erfolgt, an einer Gemeinschaftslösung in Form der GdbR interessiert.

Quelle: Mein Maschinenring 88/I

Die Fischer-Maus macht's möglich: *Rüben ohne Schlammschlacht laden*

Rüben laden von der Feldrandmiete bei schlechtem Wetter, das ist der Alptraum jedes Zuckerrübenanbauers. Doch damit ist jetzt Schluss, zumindest wenn es nach Erich Fischer, einem Fuhrunternehmer aus Eggmühl (zwischen Landshut und Regensburg), geht. Fischer hat einen selbstfahrenden Rübenlader gebaut, der eine Feldrandmiete in einem Arbeitsgang aufnimmt, reinigt und auf Anhänger oder Lkw verlädt. Schneller und bodenschonender kann man Rüben kaum noch laden.
Angetrieben wird das Gefährt von einem 180-PS-Motor ... Sämtliche Förderbänder werden hydraulisch angetrieben. Die Aufnahme, bestehend aus Siebbändern mit aufgeschweißten Mitnehmern, ist 6 m breit, dürfte also auch für größere Rübenhaufen ausreichen. Weil sie zum Transport eingeklappt werden muss, ist die Aufnahme dreigeteilt ...
Erstaunlich hoch ist auch die Leistung der Maschine. Ein Lastzug mit 25 t Rüben ist innerhalb von 10 Minuten voll ... Zum Umsetzen klappt man die beiden seitlichen Teile der Aufnahme nach oben ein ... So überschreitet die Maschine die zulässige Transportbreite von 3 m nicht ...
Der Rübenlader wurde von Fischer komplett selbst entwickelt und zusammengebaut und hat ihn einschließlich Entwicklung rund 350 000 DM gekostet. Die Maschine läuft heuer die zweite Kampagne zur besten Zufriedenheit der Landwirte.

Quelle: Auszug aus Rüben ohne Schlammschlacht laden von Sepp Kellerer, Bayerisches Landwirtschaftliches Wochenblatt Heft 49 vom 7.12.1985

fing. Der Anlass: Ein Vortrag von Albert Menacher bei einer Tagung der Südzucker in Schwäbisch Hall im Jahre 1986. Von nun an wurde der Rübentransport in bäuerlicher Hand massiv und gezielt von der Südzucker Zentrale gefördert und vorangetrieben (siehe nebenstehenden Bericht).

Wie schnell aus dem in diesem Bericht genannten Interesse konkretes Handeln wurde, ist aus dem Jahresbericht des KBM von 1992 zu entnehmen:

- *In den Maschinenringen Freising und Erding wurde eine ZR-Abfuhrgemeinschaft mit 476 000 dt Schmutzrüben aufgebaut.*

- *Die Maschinenringe Eichstätt, Landsberg, Wolnzach waren ebenfalls in diesem Bereich aktiv.*

- *Im MR Dillingen wurde der Transport von Zuckerrüben um 100 000 dt, die Rodegemeinschaft um 380 ha gesteigert.*

- *Auch im Raum Unterfranken wurden bestehende Rodegemeinschaften erweitert sowie weitere Lade- und Abfuhrgemeinschaften gegründet (insbesondere MR Gerolzhofen, MR Haßgau).*

- *Im MR Ochsenfurt konnten für einen 6-reihigen ZR-Vollernter 200 Hektar Erntefläche hinzugewonnen werden.*

Lade-Maus perfektioniert Rübentransport

Richtig perfektioniert wurde der Rübentransport in technischer Hinsicht erst durch die Erfindung einer Maschine, die nach einem Nagetier benannt ist, die *Lade-Maus*. Auch diese riesige, an einen eisernen Dinosaurier erinnernde Rübenreinigungs- und -lademaschine wurde von einem niederbayerischen Tüftler erfunden. Erich Fischer aus Eggmühl, der schon lange als Spediteur mit dem Transport von Zuckerrüben zu tun hatte, kam auf diese Idee, die das Rübenladen ebenso verändert hat wie der 6-reihige Vollernter die Rübenernte. 1984 hat Fischer die erste *Lade-Maus* gebaut (siehe nebenstehend).

Neben den Maschinenringen war auch Dr. Heinrich Hold von der Südzucker in Regensburg von dieser Erfindung sehr angetan. Um aber auch seinen Bossen diese neue Wundermaschine auf angenehme Weise nahezubringen griff er zu einer List: Er lud die Herrschaften zu einer Treibjagd, und wie es der Zufall wollte, fand diese in der Nähe eines Zuckerrübenfeldes statt, auf dem sich just zu dieser Zeit die Maus in einen großen Rübenberg hineinfraß.

In kurzer Zeit verdrängte die Fischer-Maus in den Maschinenringen die herkömmlichen Verfahren des Rübenladens. Der sechsreihige Vollernter von Holmer oder Paintner, die Fischer-Maus und der Lkw mit Anhänger, diese drei leistungsstarken Aggregate bestimmen von nun an das Bild von Ernte und Transport der Zuckerrüben in den bayerischen Maschinenringen.

■ Zuckerrübe und Maschinenring – in Bayern ein Synonym

Es ist kein Zufall, dass Zuckerrübe und Maschinenring in Bayern geradezu zu einem Synonym wurden. Die Zuckerrübe eignet sich aus verschiedenen Gründen besonders gut für die überbetriebliche Arbeitserledigung. Der wichtigste: Nicht die Landwirte bestimmen den Erntetermin, sondern die Zuckerfabrik. Und sie sorgt obendrein dafür, dass die Erntezeit über fast drei Monate hin verteilt wird. Dies sind Bedingungen, von denen MR-Geschäftsführer bei anderen Arbeiten nur träumen können. Der Lieferplan der Fabrik und eine etwa drei Monate dauernde Ernte-Kampagne, das sind die zwei entscheidenden Faktoren, die es möglich machen, die Einsätze exakt zu planen und durchzuführen. Allerdings ist damit auch die Verpflichtung verbunden, die entsprechenden Mengen kontinuierlich und just in time anzuliefern. Diese Umstände verlangen geradezu eine überbetriebliche und großräumige Planung und Koordination der Ernte- und Transportarbeiten. Die Interessen der Zuckerfabriken und der Maschinenringe ergänzen sich hier in idealer Weise.

Diese besonderen Bedingungen und Voraussetzungen haben bewirkt, dass sich der Zuckerrübenanbau zu einem Paradepferd der MR-Arbeit und gleichzeitig zu einem starken Impulsgeber für neue Ideen und Methoden entwickelt hat.

■ Zuckerrübenanbau Impulsgeber für neue Ideen und Methoden in der MR-Arbeit

Dies hat sich nicht nur bei der Einführung des 6-reihigen Vollernters, bei der Entwicklung einer neuen, MR-konformen Maschinengemeinschaft in Form der GdbR und bei der Organisation des Rübentransportes in bäuerlicher Hand gezeigt, sondern bei einer Reihe weiterer organisatorischer Neuerungen rund um die Zuckerrübe.

Eine davon, die es in diesem Ausmaß bei anderen Arbeiten zuvor auch noch nicht gegeben hat: die Einführung von Nacht- bzw. Schichtarbeit in der Landwirtschaft. Die Zuckerrüben-Vollernter werden meist im Zwei- oder Drei-Schichtbetrieb gefahren. Das heißt, je Maschine müssen mindestens so viele Fahrer zur Verfügung stehen, wie Schichten bestehen. Besser ist es, wenn es noch eine weitere Ersatzkraft gibt. Auch die Bestimmung, dass die Mitglieder der Gemeinschaft, also die Maschinenbesitzer, ihre Maschine nicht selbst fahren durften, stellte eine einschneidende Veränderung bisheriger Gepflogenheiten dar. Durch den Einsatz qualifizierter Fahrer – zum Teil erfuhren diese noch eine spezielle Schulung – konnten Arbeitsleistung und -Qualität deutlich verbessert werden. Optimiert werden kann der Arbeitsablauf auch dadurch, dass die Maschinen möglichst wenig Zeit auf der Straße sind, möglichst selten wegen Störungen und Pannen ausfallen und die Einsatzbedingungen auf dem Rübenacker so gestaltet werden, dass der Anteil von Rüst- und Nebenzeiten so niedrig wie möglich gehalten wird.

In diesen Fragen stimmten die Interessen der Mitglieder und des Managements nicht immer überein. Einzelne Mitglieder haben z. B. für Zuckerrüben bevorzugt solche Flächen ausgewählt, die abgelegen und eher klein strukturiert waren, weil die damit verbundenen arbeitswirtschaftlichen Nachteile dann nicht zu ihren, sondern zu Lasten der Gemeinschaft gingen. Die Kulturen, die sie überwiegend selbst bearbeiteten, bauten sie an den günstigeren Standorten an. Diesen Bestrebungen konnte nur dadurch begegnet werden, dass der Rodepreis nicht einheitlich festgelegt, sondern der anfallenden Arbeitszeit angepasst wurde.

Eine Bewertung des Systems Maschinengemeinschaft im MR zeigt der nebenstehende Bericht.

Aus Sicht des Managements ist es günstiger, wenn insbesondere bei Betrieben mit einem kleineren Rübenkontingent die gesamte Rübenfläche möglichst in einem Aufwaschen geerntet wird oder höchstens in zwei Anläufen. Dem Rübenbauern dagegen wäre es am liebsten, wenn seine Rüben möglichst zum Zeitpunkt des höchsten Ertrages und der besten Erntebedingungen gerodet werden. Da dies aber nicht möglich ist, was er auch einsieht, musste hier ein Kompromiss gefunden werden. Dieser sah zuerst in der Regel drei Erntetermine vor. Heute gibt es meist nur noch zwei Termine bzw. es wird, wie es im Fachjargon heißt, in *zwei Runden* geerntet. Die Reihenfolge der Einsatzbetriebe wird dabei so gesteuert, dass sich die zu rodenden Flächen wie Perlen an einer Schnur aneinander reihen. Maschinenausfälle werden insbesondere durch eine regelmäßige, fachmännische Wartung und Pflege reduziert. Zuständig dafür sind Fachwerkstätten oder besonders versierte Landwirte. Standzeiten infolge von Maschinenschäden werden dadurch vermindert, dass diese dank ihrer gut mit Ersatzteilen ausgestatteten Reparaturfahrzeuge die meisten Pannen sofort auf dem Feld beheben können. Sie sind meist auch aufgrund entsprechender vertraglicher Vereinbarungen zu einem solchen schnellen Rundum-Service verpflichtet.

Durch alle diese Maßnahmen konnten beachtliche Rationalisierungserfolge erzielt werden. Sie fanden ihre Ergänzung in weiteren, nicht weniger einschneidenden und wegweisenden Veränderungen, die insbesondere in der MR-Geschäftsstelle vor sich gingen.

■ Mit Sprechfunk den Einsatz steuern

Die Rübenroder und ebenso die *Lademaus* mussten nicht nur aus Kostengründen möglichst so gesteuert werden, dass der Wechsel von einem Rübenacker zum

Die Fischer-Maus ...

... braucht etwa 5–8 Minuten, um einen Lastzug mit circa 25 t Rüben zu beladen. Hier ein Einsatz im MR Landshut.

Warum das System Maschinengemeinschaft im MR bei den Mitgliedern ankommt

Die Akzeptanz von Maschinengemeinschaften nimmt ständig zu, obwohl der einzelne Betrieb in der Gemeinschaft weniger Einfluss auf den Einsatzzeitpunkt hat als beim normalen überbetrieblichen Maschineneinsatz. Die hauptsächlichen Gründe dafür: Das Gefühl der Sicherheit aufgrund des Mitbesitzes, das reibungslose und gute Funktionieren von der Einsatzplanung bis zur Abrechnung dank der Organisation durch den MR und vor allem die vergleichsweise niedrigen Verrechnungssätze.

Zwei Beispiele dafür: In der Preisliste stehen für den Mähdrusch 200,– bis 220,– DM/ha. In Maschinengemeinschaften wurden 1963 dagegen nur 150,– DM und weniger für den Mähdrusch und nur 350,– bis 400,– DM für den Zuckerrübenvollernter abgerechnet. Das ist eine Differenz von 30 Prozent und mehr.

Quelle: KBM-Jahresbericht 1994

Wichtige Schritte beim Einsatz der Informations-Technik in der Zuckerrübenernte-Ernte

1993 berichtet das KBM unter der Überschrift *Datenfernübertragung*:
Im Bereich der Zuckerrübenabfuhr erwies sich Datex-J als schnelles und stabiles Kommunikationsmedium mit der Südzucker. Die Pilotphase in den Testringen war erfolgreich. 1993 waren 22 Ringe über Datex-J mit der Südzucker-Zentrale in Mannheim verbunden.
Bereits am Morgen des nächsten Tages konnten die Wiegedaten der am Vortag gelieferten Rüben abgerufen werden. Neben den Wiegedaten wurden auch die Leistungswertdaten (Transport-, Reinigungs- und Ladevergütung) per Datex-J abgerufen und im MR-Programm der Geschäftsstellen verarbeitet.
1994 konnte der BMR weitere Fortschritte melden:
Das mit der Südzucker 1992 begonnene Pilotprojekt, Daten via Telefonleitung von der Zentrale der Südzucker in Mannheim an die Geschäftsstellen der Maschinenringe zu übertragen, konnte weiter ausgebaut werden. 1994 wurden mit diesem System 24 Maschinenringe ausgestattet (darunter auch Ringe in Baden-Württemberg, Rheinland-Pfalz und Hessen).
1997 wird im Jahresbericht des KBM unter der Rubrik *Einsatzmöglichkeiten von GPS* berichtet: *In zwei MR liefen erste Versuche mittels GPS die Abfuhrorganisation von Zuckerrübenabfuhr-Gruppen zu optimieren.*
2004 wenden 8 bayerische Maschinenringe GPS in Verbindung mit GIS in der Zuckerrübenernte und -Abfuhr an.

Quellen:

1. Mein Maschinenring 2/89
2. Südzucker Betaking 3000 Ein Beitrag zur Revolutionierung der Rübenerntetechnik von Dr. Hans Irion und Eugen Eben, Südzucker Ochsenfurt, „Der goldene Pflug" Ausgabe 13/2001 Universität Hohenheim
3. dito
4. dito
5. Bayerisches Landwirtschaftliches Wochenblatt 42/1974
6. dito
7. Überbetriebliche Zusammenarbeit bei der Zuckerrübenernte-Beurteilung der MR-Arbeit aus der Sicht der Mitglieder und Folgerungen daraus – Diplomarbeit von Georg Stöckl, im Auftrag von Prof. Lothar Wenner, Landtechnik Weihenstephan – MR-Intern 2/79 u. 1/80
8. Chronik des MR Ochsenfurt
9. *Telefonfrucht- Der Zuckerrübenanbau lässt sich vollständig überbetrieblich managen*, Josef Bemmerl und Georg Doseth, Bayerisches Landwirtschaftliches Wochenblatt 4/1997
10. Vortrag von Albert Menacher vor Rübenbauern in Hessen 1989
11. KBM-Jahresbericht 1991
12. Maschinenring aktuell Nr. 1/2001

nächsten möglichst schnell und sicher erfolgte. Gleichzeitig sollte das Ganze auch kundenfreundlich ablaufen, d. h., dem Auftraggeber sollte nicht zugemutet werden, dass er stundenlang irgendwo an der Straße wartet oder gar den Fahrer direkt am vorausgehenden Einsatzort abholt, um ihn schnell auf sein Rübenfeld zu geleiten. Denn man konnte von den Fahrern nicht erwarten, dass sie die Lage eines jeden Rübenschlages im Kopf haben. Aber auch beim Schichtwechsel bzw. bei Pannen musste der ablösende Fahrer bzw. die Werkstätte den aktuellen Standort der Maschine wissen.

Das ideale Werkzeug für diese Aufgabe, das Handy, gab es damals aber noch nicht. Was es gab, war der Sprechfunk. Und es ist kein Wunder, dass die Maschinenringe in Zuckerrüben-Regionen als erste davon Gebrauch machten. Anfangs mussten sie dabei mit Frequenzen vorliebnehmen, die vor allem von Baufahrzeugen und dergleichen beansprucht wurden. Ab 16. Dezember 1982 stand ihnen dann die Exklusiv-Funkfrequenz für Maschinenringe und Lohnunternehmer zur Verfügung.

Im MR Landau wurde der Sprechfunk ab 1970, im MR Landshut ab 1972 verwendet. Menacher erinnert sich noch gut an die ersten, nicht immer nur positiven Erfahrungen:

So nützlich das Funken war, so lästig und stressig war es aber auch, vor allem für die Akteure in der MR-Geschäftsstelle. Der ständige Wechsel zwischen Telefon, Funk und PC – so sah der Normalfall während der Zuckerrüben-Saison aus.

■ EDV, GPS und GIS, wichtige Helfer in der Rübenernte

Ein weiterer Stressfaktor ergab sich aus der Notwendigkeit, eine Fülle von Daten und Informationen kontinuierlich festzuhalten, aufzubereiten und weiterzuleiten. Zunächst ging es darum, die Vorgaben der Zuckerfabrik, also die täglich zu liefernden Rübenmengen, in aktuelle Rode-, Lade- und Transportpläne umzusetzen. Gleichzeitig erwartete die Zuckerfabrik laufend aktuelle Daten über Ernteerträge usw. Daraus ergaben sich dann unter Umständen wieder Korrekturen der Liefer- und Ernteplane. Sehr früh wurde, was naheliegend war, auch die EDV zur Erledigung dieser Arbeiten herangezogen.

Zunächst blieb es allerdings bei Experimenten einzelner Geschäftsführer. Wirklich professionell, effektiv und in größerem Umfang geschah dies aber erst ab 1991, nachdem sich Erwin Ballis, der seit 1987 als EDV-Referent beim KBM tätig ist, intensiv dieser Aufgabe angenommen hatte. Auch als Geschäftsführer des BMR e. V. (ab 1993) hat Ballis diesen interessanten Sonderbereich der EDV-Anwendung intensiv weiter vorangetrieben:

Im Arbeitskreis „Transport" geht es vorwiegend um die Zuckerrübe. Um dem in Transportbereich zu erwartenden Kostendruck zu begegnen, ist daran gedacht, die für den Rübentransport geschaffenen Kapazitäten noch besser auszulasten, z. B. durch EDV-gesteuerte, großräumige Einsatzplanung und durch Ausweitung auf andere Transportgüter.[11]

Und im Jahresbericht des BMR vom selben Jahr steht unter dem Stichwort *Bundeseinheitliches EDV-Programm*: Als Ergänzung zum Grundprogramm wurde an der Konzeption der Module „Zuckerrübe" und „Gülle" gearbeitet.

Wie in den folgenden Jahren mit Hilfe der EDV und anderer moderner Techniken die Organisation der überbetrieblichen Zuckerrübenernte in den Maschinenringen erleichtert und verbessert wurde, zeigt die nebenstehende Übersicht.

Der hohe Stand der Logistik in der Ernte und beim Transport der Zuckerrüben, der heute nicht nur in Bayern, sondern in ganz Deutschland erreicht ist, stellt das Ergebnis einer dreißigjährigen Entwicklung dar, die 1971 im MR Landshut mit dem Einsatz des ersten 6-reihigen Vollernters auf deutschem Boden und der Gründung der ersten bäuerlichen Rübenabfuhrgemeinschaft im MR Landau 1976 ihren Anfang nahm. In *Maschinenring aktuell*, der Zeitschrift für Mitglieder der Maschinen- und Betriebshilfsringe in Deutschland, wird unter der Überschrift *Die Logistik-Profis vom Lande* der Beitrag der Maschinenringe zur Rübenernte und -abfuhr in Deutschland wie folgt bewertet:

Die Anfuhr der Rüben in geordneten Bahnen und in genau den Mengen, wie sie von den Fabriken vorgegeben werden, ist eine logistische Glanzleistung der deutschen Landwirtschaft. Einen maßgeblichen Anteil daran haben die bäuerlichen Anfuhrgemeinschaften unter dem Dach der deutschen Maschinenringe.[12]

Lose Düngerkette, Klärschlamm- und Gülleausbringung

Ähnlich wie die Stallmistkette in den sechziger Jahren entwickelte sich die lose Düngerkette ab 1971 zu einer von den Mitgliedern besonders hoch geschätzten Dienstleistung der Maschinenringe. Die damit verbundenen Vorteile sprachen für sich selbst. In der Regel war es so, dass mit dem Wegfall der Sackkosten die Dienstleistung ab Waggon, Lagerhaus oder mobilem Tankbehälter bis auf das Feld finanziert werden konnte. Also Düngerausbringung sozusagen zum Nulltarif. Durch den gebündelten Einkauf waren sogar noch zusätzliche Einsparungen möglich. Außerdem war man, was besonders bei staubigem Dünger mehr ins Gewicht fiel, eine unangenehme, schmutzige Arbeit los. Und nicht zuletzt war mit den auf den Markt kommenden Großflächendüngerstreuern auch in der Regel eine exaktere Dosierung und Verteilung verbunden als mit den bis dahin üblichen Streuern.

So kann das KBM bereits in seinem zweiten Jahresbericht vermelden, dass 1971 44 MR insgesamt 21 550 Tonnen Dünger – das entspricht etwa 860 Waggons – frei Boden ausgebracht haben. 1972 erhöhte sich die Zahl der beteiligten Ringe auf 61, die ausgebrachte Menge hat sich verdoppelt (47 098 t). 1974 war dann ein Rückgang auf 34 600 t zu verzeichnen, wohl infolge der massiven Kritik des Landhandels an dieser Aktion.

In den folgenden Jahren bis 1978 pendelten sich die von den MR ausgebrachten Mengen zwischen 40 000 und 55 000 t ein. Danach war bis 1981 wieder eine starke Zunahme festzustellen.

In der Zeit nach 1981 wurde die Mineraldüngerausbringung im KBM-Jahresbericht nicht mehr gesondert ausgewiesen. Die Ergebnisse der letzten beiden Berichtsjahre sind unten dargestellt.

Der Kommentar im Jahresbericht zu dieser Aufstellung: *Insgesamt erfuhr die Mineraldüngerausbringung 1981 eine erhebliche Ausweitung. Maßgeblich für diese Steigerung ist ausschließlich die vermehrte Kalkausbringung (insbesondere Carbonationskalk). Bei den übrigen Düngersorten ist dagegen sogar ein Rückgang zu verzeichnen.*

Es stellt sich die Frage, warum die Zahl der beteiligten Ringe und die ausgebrachten Mengen von Jahr zu Jahr erheblich schwankten und warum sich außerdem an dieser Aktion im Schnitt der Jahre nur etwa die Hälfte der Ringe, wenn man vom Jahr 1974 absieht, beteiligt haben?

Die Ursache für Frage eins liegt wohl darin begründet, dass Kalk nicht jährlich ausgebracht wird. Wenn ein Ring in einem Jahr erfolgreich eine Kalkaktion organisiert, muss damit gerechnet werden,

Mineraldüngerausbringung 1980 und 1981*)

Düngersorte	1980 Beteiligte			1981 Beteiligte		
	Tonnen	MR	Ldw.	Tonnen	MR	Ldw.
Kalk	53 109	34	2823	78 184	30	3247
Thomasmehl	9435	10	278	9179	7	213
NH 3	265	2	499	230	1	464
Sonstiges	4003	6	688	11 091	4	530
Insgesamt	66 812	52	4288	98 684	42	4463

*) nur die Mengen, die im Rahmen von Sammelbestellungen ausgebracht wurden
Quelle: KBM Jahresbericht 1981

Zeittafel

1972 61 Ringe bringen insgesamt 47 098 t Dünger in loser Form aus; darunter 772 t NH3-Dünger in 13 MR.
Der MR Altötting-Mühldorf beginnt mit der Zwischenlagerung von Kalk am Feldrand im Folienschlauch.

1973 Im MR Ries werden 32 Waggons Einzeldünger zu PK-Mischdünger vermischt. In die Geschäftsordnung der bayerischen MR wird folgender Absatz neu aufgenommen: (4) *Die Vermittlung von Sammelbestellungen ist nur in Verbindung mit der Organisation von überbetrieblichen Maschineneinsätzen zulässig.*

1974 Der MR Pfaffenhofen organisiert für die Stadt Pfaffenhofen die Abfuhr und Ausbringung von jährlich rund 10 000 m² Klärschlamm.

1978 Der MR Bayreuth-Pegnitz setzt für die Zwischenlagerung von Kalk am Feldrand transportable Silobehälter ein. Drei Jahre später folgt die Anschaffung eines Lkw-Großflächenstreuers.
Im MR Landshut wird erstmals Carbokalk ausgebracht.
Der MR Erlangen-Forchheim organisiert für die Großstadt Erlangen die Klärschlamm-Ausbringung.

1983 Das KBM empfiehlt *überschüssige Gülle zwischenbetrieblich zu verwerten.*

1985 Der MR Dillingen initiiert die Verwendung und Ausbringung des im Kernkraftwerk Gundremmingen anfallenden Feuchtkalkes (Donaukalk).

1989 Im MR Buchhofen gründen 30 Landwirte die erste Güllegemeinschaft in Bayern.

1992 Der MR Untermain organisiert die Exaktverteilung von Gülle in einem Wasserschutzgebiet.
Im MR Dingolfing – und in einer Reihe weiterer Ringe – entstehen Güllegemeinschaften.

1995 Landwirtschaftsminister Reinhold Bocklet initiiert die *Aktion Stickstoff* 2000.

1996 66 MR beteiligen sich an der *Aktion Stickstoff* 2000; über 1500 Landwirte schließen sich in Güllegemeinschaften zusammen.

KBM-Vorstand befasst sich mit Sammelbestellungen

... mit Vorstandsbeschluss vom Dezember 1972:

Bei der kooperativen Arbeitserledigung im Maschinenring wird zwangsläufig der Produktionsmittelbedarf der beteiligten Landwirte erfasst und/oder es werden marktfähige Produkte zu großen Einheiten zusammengefasst. Der Wunsch, damit verbundene Marktvorteile auszuschöpfen, ist nahe liegend und verständlich. In solchen Fällen muss es dem Maschinenring bzw. Geschäftsführer erlaubt sein, im Auftrag der Mitglieder den Ein- bzw. Verkauf von landwirtschaftlichen Betriebsmitteln bzw. Produkten zu vermitteln. Der Abschluss von Kaufverträgen muss dagegen ausschließlich den Landwirten vorbehalten bleiben.

Quelle: Schreiben des KBM vom 30. 3. 1972 an Staatsminister Dr. Hans Eisenmann

... mit einer Ergänzung der Geschäftsordnung 1973:

(4) Die Vermittlung von Sammelbestellungen ist nur in Verbindung mit der Organisation von überbetrieblichen Maschineneinsätzen zulässig.

... bei einem Pressegespräch 1974:

Kuratorium Bayerischer Maschinen- und Betriebshilfsringe setzt sich zur Wehr – Viel Lärm um nichts

Mit dieser Schlagzeile berichtete der Bäuerliche Wirtschaftsspiegel über ein Pressegespräch, in dem der KBM-Vorstand zu den massiven Vorwürfen des Handels über unerlaubte Sammeleinkäufe bei Mineraldünger Stellung nahm.

Teilnehmer am Pressegespräch im Hotel Platzl/München: von l. n. r.: **Dr. Anton Grimm, Richard Carmanns, Dr. Ullrich Keymer** und **Peter Hornig**

---

dass im darauf folgenden Jahr die Nachfrage so gering ist, dass sich die Durchführung einer solchen Maßnahme nicht mehr lohnt. Diese Feststellung ist gleichzeitig auch die Antwort auf die zweite Frage. Dazu kommt noch, dass in manchen Regionen diese Dienstleistung von Handel und Genossenschaft durchaus zur Zufriedenheit der meisten Landwirte angeboten wurde, eine Betätigung des Maschinenringes also nicht sinnvoll und notwendig war.

■ Sammelbestellungen provozieren massive Kritik durch Landhandel

Dass es aufgrund des Engagements der Ringe in der losen und flüssigen Düngerkette zu heftigen Konflikten mit dem Handel kam, ist verständlich; denn im Rahmen dieser von den MR organisierten Sammelbestellungen wurden meist Ausschreibungen durchgeführt und der günstigste Anbieter kam zum Zug. Dadurch verloren manche Händler einen Teil ihrer bisherigen Kunden beziehungsweise mussten preisliche Zugeständnisse machen. Die Folge davon: Die Maschinenringe sahen sich einer wachsenden, öffentlich geführten Kritik ausgesetzt. Sie gipfelten in dem Vorwurf, die bayerischen Maschinenringe würden sich kommerziell betätigen und sich somit außerhalb der Legalität bewegen.

Erstmals im Dezember 1972 hat sich der KBM-Vorstand mit diesen Vorwürfen befasst. Er sprach sich eindeutig für die Beibehaltung von Sammelbestellungen aus (siehe nebenstehend).

Doch der Handel war mit dieser Klarstellung, die unter anderem auch im Rahmen eines KBM-Pressegespräches am 14. 2. 1974 in München (siehe nebenstehend) öffentlich gemacht wurde, nicht einverstanden und setzte seine Angriffe gegen die Maschinenringe fort. Erst ein Gespräch mit der Führung des Bayerischen Landhandelsverbandes in Kinding am 4. Februar 1974 trug dazu bei, die bestehenden Spannungen etwas abzubauen und die vielfältigen Meinungsverschiedenheiten wenigstens teilweise auszuräumen.[1]

Auch die BayWa – mit deren Spitze kurz darauf diese Angelegenheit besprochen wurde – akzeptierte die Durchführung von Sammelbestellungen, wenn sie mit der Organisation von überbetrieblichen Maschineneinsätzen verbunden sind.[2]

Nicht zuletzt auch aufgrund der diesen Gesprächen vorausgegangenen massiven Kritik an den Maschinenringen sah sich der Oberste Bayerische Rechnungshof 1973 veranlasst, bei einer Reihe von Ringen Prüfungen durchzuführen. Das Ergebnis: 18 MR wurden überprüft. In keinem dieser Ringe wurde eine unerlaubte kommerzielle Tätigkeit festgestellt.[3]

Es soll jedoch nicht verschwiegen werden, dass es den einen oder anderen Maschinenring gab, der in den ersten Jahren nach dem Beitritt zum KBM auch gelegentlich Sammelbestellungen organisierte, die über diesen genannten Rahmen hinausgingen. Nachdem aber die KBM-Führung *bei Zuwiderhandlungen* nicht nur personelle Konsequenzen androhte, sondern in einem Fall auch tatsächlich einen Geschäftsführer gekündigt hat, konnte dieses Thema als – nahezu – erledigt betrachtet werden.

Ganz vom Tisch war es jedoch nicht; denn die Versuchung, aus dem engen Zusammenschluss einer großen Zahl von Landwirten unter dem Dach Maschinenring zusätzliches Kapital zu schlagen – sprich: bei Ein- oder Verkauf von Betriebsmitteln oder Erzeugnissen mit diesem Pfund zu wuchern und Marktvorteile daraus zu ziehen, sei es auf Ring-, Landes- oder Bundesebene – diese Versuchung ist eben zu groß.

Es ging aber bei diesen Auseinandersetzungen Anfang der 70er Jahre nicht nur um mögliche Einsparungen durch Sammeleinkäufe, sondern um die *grundsätzliche Frage: Kann der Maschinen- und Betriebshilfsring bei einer Beschränkung auf seine derzeitigen Aufgaben (Vermittlung von Maschinen und Arbeitskräften) die an ihn gestellten agrarpolitischen Erwartungen erfüllen?* Der KBM-Vorstand, der sich schon am

7.12.1971 mit dieser Grundsatzfrage befasste, vertrat dazu die Auffassung, *dass sich je nach den örtlichen Gegebenheiten nach und nach weitere Aufgaben (als Ergänzung der zentralen Aufgabe der gegenseitigen Aushilfe mit Arbeitskräften und Maschinen) anschließen müssen, sofern sie nicht von anderen Organisationen in befriedigender Weise erfüllt werden.*

Als Beispiele dafür wurden genannt:
- *Vermittlung des Ein- und Verkaufs von landwirtschaftlichen Betriebsmitteln und Produkten.*
- *Kurzfristige Anstellung von nebenberuflichen Betriebshelfern beim Maschinenring ...*
- *Mithilfe bei der Vermittlung von Urlaubsplätzen auf dem Bauernhof.*
- *Übernahme von Arbeiten zur Landschaftspflege.*
- *Organisation der Anlieferung des Futters an die Trocknungsanlagen ...*

Anlass für diese Grundsatzdiskussion war der Antrag des MR Wolfstein (heute MR Unterer Bayerischer Wald), neben Maschinen und Arbeitskräften auch Nutz- und Schlachtvieh zu vermitteln. Mit Zustimmung des Landwirtschaftsministeriums wurde diesem Anliegen entsprochen, unter der Voraussetzung, dass dafür keine Fördermittel beansprucht werden.

Anzumerken ist auch, dass neben den Sammelbestellungen auch die anderen oben genannten Aufgaben im Laufe der Jahre in die MR-Tätigkeit integriert wurden. Dazu waren aber unter anderem zwei Novellierungen des Landwirtschaftsförderungsgesetzes (1974 und 1993) erforderlich.

Der Wunsch, neben der *zentralen Aufgabe* auch andere Felder zu beackern, ist in den Maschinenringen bei Mitgliedern und Führung von Anfang stark ausgeprägt. Daraus erklärt sich aber auch das tiefverwurzelte Misstrauen, um nicht zu sagen, die ausgeprägte Aversion gewisser Kreise, insbesondere des Landhandels und anderer mittelständischer Unternehmen, gegen die Maschinenringe.

■ MR-Dienstleistung – hauptsächlich bei staubförmigen Düngern gefragt

Wie aus der Aufstellung über Art und Umfang der überbetrieblichen Mineraldünger-Ausbringung Seite 133 ersichtlich, ging es dabei in erster Linie um die staubförmigen Dünger Kalk und Thomasmehl. Fast die Hälfte aller Ringe hat sich hier engagiert. Vier von ihnen sollen hier als Schrittmacher für besonders innovative Lösungen genannt werden: Altötting-Mühldorf, Bayreuth-Pegnitz, Landshut und Dillingen.

In Altötting-Mühldorf haben die guten Erfahrungen mit der *Silowurst* Geschäftsführer Georg Stadler schon 1972 auf den Gedanken gebracht, auch Kalk und Thomasphosphat im Siloschlauch zwischenzulagern (siehe nebenstehend).[4]

Später ist der Maschinenring Altötting-Mühldorf allerdings auf den Bezug von Feuchtkalk, der ohne Folienabdeckung am Feldrand zwischengelagert werden kann, übergegangen.

In der Wirkung ähnlich war die Lösung, die im MR Bayreuth-Pegnitz 1978 als Neuheit in ganz Bayern eingeführt wurde: ein transportabler Silobehälter für die Zwischenlagerung auf dem Hof (siehe Foto) oder am Feldrand. Komplettiert wurde dieses System 1981 durch die Anschaffung eines Lkw-Großflächenstreuers.[5]

Im MR Coburg/Kronach/Lichtenfels kam ein solcher SF-Streuer bereits 1973 zum Einsatz.[6]

■ Zwei neue Kalkdünger: *Carbokalk* und *Donaukalk*

Die Maschinenringe Landshut und Dillingen waren Schrittmacher für die Ausbringung einer ganz neuen Form von Kalkdünger. Die Rede ist von Kalk, der bei der Zuckerfabrikation (Carbonationskalk) beziehungsweise bei der Reinigung von Kühlwasser in Atomkraftwerken (Donaukalk) anfällt.

Die Idee der Südzucker, den in der Zuckerproduktion entstehenden Kalkschlamm nicht mehr zu entsorgen, sondern als Dünger zu verwerten, wurde erstmals im MR Landshut im Jahr 1978 er-

Vom Silo-Lkw in...

...den Siloschlauch

Von Silo-Lkws blies man den Dünger weitgehend staubfrei in den Siloschlauch. Dieser wurde in der Regel gleich mitgeliefert und kostete für 25 t etwa 50 DM. Das Ende des befüllten Folienschlauches wurde entweder zugebunden oder eingerollt und beschwert. Zur Entnahme schnitt man ihn einfach in Längsrichtung auf. Entnommen wurde mit dem Frontlader.
Die Vorteile dieses Verfahrens sind:
- Man kann beim Düngerkauf die niedrigste Preisstaffel ausnutzen.
- Die Zwischenlagerung verursacht geringe Kosten.
- Der Dünger liegt unmittelbar am Verbrauchsort.
- Einfache Disposition beim überbetrieblichen Düngerstreuen ...

Quelle: Dr. Anton Grimm, Maschinenringe helfen preisgünstig düngen, top agrar 6/1974

Entnahme von Kalk-Dünger aus einem Siloschlauch im MR Altötting-Mühldorf

...oder in ein mobiles Silo

Mit Hilfe der Zwischenlagerung im mobilen Silobehälter hat der MR Bayreuth die Kalkdüngung vereinfacht und erleichtert.

MR wirken bei Einführung neuer Kalkdünger mit...

... beim Carbokalk, vor allem der MR Landshut

In der Zuckerproduktion wird Kalkmilch zur Reinigung des Rohsaftes eingesetzt. Ein markantes Teil jeder Zuckerfabrik ist der Kalkofen, in dem die angelieferten Kalksteine mit Koks gebrannt werden. Das dabei frei werdende Kohlendioxyd wird aufgefangen und im Laufe des Saftreinigungsprozesses zum Ausfällen der mit dem Zuckersaft gemischten Kalkmilch im Reinigungsprozess verwendet. Diesen Prozess nennt man die Carbonatation, daher auch der Name „Carbokalk". Der dabei entstandene „Kalkschlamm" wird in speziellen Kerzenfiltern wieder vom Zuckersaft getrennt und anschließend in Filterpressen zu Carbokalk abgepresst.

Quelle: www.bisz.suedzucker.de, 2006

... bei Feuchtkalk u. a. der MR Altötting-Mühldorf

Im Jahr 1996 wurden über 10 472 Tonnen Feuchtkalk beziehungsweise 418 Portionen zu 25 t über den Ring ausgebracht ... Zielbewusst haben wir immer schon verfolgt, den Kalk mit dem Lkw in Portionen von 25 t ohne Zwischenlagerung beim Lagerhaus, also direkt am Feldrand, dem Landwirt anzubieten. Haben wir in den siebziger Jahren trockene Ware im Folienschlauch mit dem Silozug eingeblasen, so ist es heute der Feuchtkalk, abgekippt in Haufen.

und der MR Haßgau

Heute werden jährlich etwa 16 000 Tonnen Feuchtkalk von einer Lohnunternehmerstreugruppe und weiteren Maschinenringmitgliedern auch in angrenzenden Landkreisen ausgebracht. Hierbei hält der Carbokalk der Südzucker AG, Werk Zeil den größten Anteil an der Jahresstreumenge...
Bei der Feuchtkalkausbringung werden ausschließlich gezogene oder selbstfahrende Universal-Großflächenstreuer eingesetzt, die auch zu einer Kompost- oder Klärschlammausbringung geeignet sind, um weitere Auslastungsmöglichkeiten zu nutzen.

Quelle: Georg Stadler und Tino Scheithauer, Kalk schafft Leben, Bayerisches Landwirtschaftliches Wochenblatt 27/5.7.1997

... beim Donaukalk der MR Dillingen

Dass das im Kernkraftwerk Gundremmingen/Schwaben anfallende, kalkhaltige Material zur Bodenverbesserung eingesetzt werden kann, ist einer gemeinsamen Initiative des rührigen Landwirtschaftsberaters Ludwig Brunnhuber und des MR-Geschäftsführers Michael Wiedemann von Dillingen aus dem Jahr 1985 zu verdanken.

probt. Nachdem die dafür erforderliche Technik gefunden war, fand dieser kostengünstige Dünger rasch auch in anderen Regionen rund um die Zuckerfabriken-Abnehmer.

1981 belief sich die im Ringgebiet Landshut gestreute Menge auf beachtliche 20 000 t.

Heute wird der gesamte in den Zuckerfabriken der Südzucker anfallende Carbokalk als Kalkdünger in der Landwirtschaft verwertet. Der derzeitige Einheitspreis: 12,– €/t Dünger, zuzüglich 4,88 €/t Kosten für die Ausbringung.[7]

Im Gegensatz zum Carbokalk wird der im Kernkraftwerk Gundremmingen anfallende Donaukalk (gewonnen aus mit Kalkmilch versetztem Donauwasser) vom Kernkraftwerk kostenlos abgegeben – für den Landwirt fallen lediglich Transport- und Streukosten in Höhe von derzeit etwa 4,50 €/t an. Allerdings unterscheiden sich die beiden Feuchtkalke in ihrer Zusammensetzung erheblich.

Donaukalk wird nur über Maschinenringe an MR-Mitglieder geliefert und ausgebracht. Empfohlen wird, *den Kalk mehrere Monate am Feld zu lagern* (ohne Abdeckung) *und im Spätsommer auf die Stoppel zu streuen.*

Aus einem gemeinsam vom Kernkraftwerk und den 10 beteiligten Maschinenringen herausgegebenen Prospekt geht hervor, dass von 1986 bis 2002 in Gundremmingen insgesamt zwischen 50- bis 60 000 t Donaukalk pro Jahr angefallen sind und seit 1991 fast zu 100 % als Dünger verwertet werden konnten.

Einige MR, insbesondere im Bayerischen Wald und in der Oberpfalz, haben sich auch mit der Kalkdüngung im Wald befasst. Selbstfahrende Allrad-Lkw-Streuer, die sehr geländegängig sind und zusätzlich mit Verblasegeräten ausgestattet wurden, haben sich hier gut bewährt.
Maschinenringe in Mittelfranken haben mit ähnlichen Geräten Kalk in die Karpfenteiche geblasen.

Wie die nebenstehenden Auszüge aus einem Bericht im Bayerischen Landwirtschaftlichen Wochenblatt von 1997 zeigen, erfreut sich die Dienstleistung Kalkausbringung nach wie vor großer Beliebtheit bei den MR-Mitgliedern.

Der große Erfolg, den die lose Düngerkette in staubförmiger oder feuchtkrümeliger Form bei den MR-Mitgliedern erzielt hat, ist maßgeblich auch auf die Leistung und Qualität der dafür zur Verfügung stehenden Streuer zurückzuführen. Hier ist vor allem der Streumaster zu nennen, der von der Firma Reissl im bayerischen Neumarkt-St. Veit entwickelt und hergestellt wird (siehe Foto S. 135).

■ NH3-Düngung, ein Schwerpunkt des MR Ries

Ein Geschäftsführer, der sich besonders intensiv im *Düngergeschäft* engagiert hat, war Walter Bergdolt im Maschinenring Ries. Eine in diesem kleinbäuerlich strukturierten Gebiet besonders sinnvolle und lohnende Maßnahme. Im Gegensatz zu den anderen Ringen kümmerte sich Bergdolt jedoch nicht nur um den Kalk. Sein Ziel war es, seinen Mitgliedern in der gesamten Düngung Kosten sparen zu helfen. Dies erreichte er, indem er ihnen zum einen die Möglichkeit bot, preisgünstige Phosphat- und Kali-Einzeldünger selbst zu mischen (siehe rechte Seite). Zum anderen durch die Organisation der Flüssigdüngung von Stickstoff in Form von Ammoniak. Ein Verfahren, das hohen organisatorischen und technischen Aufwand erfordert und deshalb in anderen Ringen langfristig nur wenig Nachahmer fand. 1972 war das Jahr, in dem die NH3-Düngung ihren höchsten Stand erreichte: mit insgesamt 772 t und 13 beteiligten Ringen. Gut ein Drittel dieser Menge wurde allein im Ries ausgebracht. In den folgenden Jahren zogen sich die meisten Ringe aus diesem *Geschäft* wieder zurück.

Der MR Ries dagegen hat diese schwierige, organisatorische Aufgabe stets hervorragend gemanagt und die NH3-Düngung zu einer Erfolgsgeschichte gemacht. Die NH3-Flüssigdüngung eignet sich u. a. besonders gut zur Düngung von Mais- und Rübenschlägen im Frühjahr – wohl auch ein Grund für das große Interesse der Rieser Bauern an dieser Form der Stickstoffdüngung.

Maschinenring – idealer Vermittler zwischen Klärwerk und Landwirten

Ein *Dünger*, über dessen Wert die Meinungen von jeher weit auseinander gingen, der aber bis vor Kurzem für einige Ringe ein durchaus lohnendes Betätigungsfeld darstellte, ist Klärschlamm. Der Maschinenring ist geradezu prädestiniert, *die Rolle des Vermittlers und Koordinators zwischen Klärwerk und Landwirtschaft zu übernehmen und damit zu einer ökologisch wie ökonomisch wichtigen und sinnvollen Verwertung von Klärschlamm in der Landwirtschaft beizutragen.*[8]

Ein Pionier bei der Ausbringung von Klärschlamm war der MR Pfaffenhofen. Seinem Beispiel, das im Kreis der Klärwerksbetreiber mehrfach vorgestellt und diskutiert wurde, sind viele Kommunen gefolgt. Ursprünglich hat zwar die Stadt Pfaffenhofen alles Mögliche versucht, um selbst – ohne Mithilfe des Maschinenringes – die Entsorgung über Landwirte in den Griff zu bekommen. Erst nachdem alle diese Versuche weitgehend negativ verliefen, kam es 1974 zu einer Zusammenarbeit mit dem MR Pfaffenhofen. Seitdem läuft die Abfuhr des Klärschlammes ausschließlich über den Maschinenring, reibungslos, zur vollsten Zufriedenheit aller Beteiligten. Pro Jahr wurden jeweils etwa 10 000 m³ Schlamm ausgebracht.

Der hauptsächliche Grund, warum Pfaffenhofen zunächst zögerte, mit dem Maschinenring zusammenzuarbeiten: der Maschinenring konnte aufgrund seiner speziellen rechtlichen Struktur mit dem Klärwerk keinen Vertrag schließen, indem er sich verpflichtet hätte, den anfallenden Klärschlamm kontinuierlich abzunehmen. An Stelle des MR sprang zunächst ein Lohnunternehmer in die Bresche. Da dieser aber den Klärschlamm mehr schlecht als recht entsorgte, entschied sich die Stadt Pfaffenhofen schließlich doch für die Zusammenarbeit mit dem Maschinenring, auch ohne entsprechenden Vertrag.

Einige Jahre später hat das KBM Musterverträge, die diesen Gegebenheiten Rechnung tragen entwickelt. Sie sahen vor: der Maschinenring als e. V. kümmert sich um die organisatorische Abwicklung. Die Verpflichtung zur Abnahme bestimmter Mengen an Klärschlamm wird in Einzelverträgen zwischen den beteiligten Landwirten und dem Klärwerk geregelt. Sache des Maschinenringes ist es, dafür zu sorgen, dass eine ausreichende Zahl von Mitgliedern mitmacht.

Aber nicht nur für Kleinstädte wie Pfaffenhofen war der Maschinenring der ideale Partner in Sachen Klärschlamm. Der Maschinenring Erlangen-Forchheim organisiert seit 1978 die Ausbringung des gesamten Klärschlammes der Großstadt Erlangen, problemlos und ebenfalls zur Zufriedenheit von Stadt, Bauern und Maschinenring. Allerdings handelt es sich in Erlangen um einen entwässerten Schlamm mit durchschnittlich 35 % Trockenmasse.

Voraussetzung für eine gute Zusammenarbeit sind klare Vereinbarungen, die von allen Beteiligten strikt befolgt werden. Auf der folgenden Seite ein Auszug der wichtigsten Regeln von Erlangen.

In das *Klärschlammgeschäft* sind nach und nach weitere Ringe eingestiegen. Sie haben diese Aufgabe alle gern und erfolgreich betrieben; denn dabei konnten sie, ähnlich wie zum Beispiel in der Zuckerrübenernte, *schön planen und organisieren*. Und es fiel auch, zu Recht, etwas für den Ring ab. In Erlangen zum Beispiel erhebt der Maschinenring einen leistungsbezogenen Beitrag in Höhe von 10 % der Ausbringkosten.

Klärschlamm gerät in Verruf

Doch im Laufe der Jahre ging die Bereitschaft der Landwirtschaft, Klärschlamm abzunehmen stark zurück. Einerseits, weil die gesetzlichen Bestimmungen immer strikter wurden, andererseits weil immer mehr Abnehmer landwirtschaftlicher Erzeugnisse den Verzicht auf Düngung mit Klärschlamm verlangten. Klärschlamm wurde zunehmend negativ bewertet, auch von Seiten des Berufsverbandes. Vor allem sollte durch einen möglichst weit reichenden Abnahmeboykott der Landwirte eine von der öffentlichen Hand finanzierte Absicherung gegen mögliche Folgeschäden beziehungsweise Ansprüche erreicht werden. Dies ist schließlich auch in Form des gesetzlich geregelten *Entschädigungsfonds* erreicht worden.

Der MR Ries geht neue Wege bei der Ausbringung von Mineraldünger:

NH3-Düngung

Flüssigstickstoff muss bei einer eigens eingerichteten Station, die vom TÜV abgenommen wird, getankt werden.
Versorgungstanks dienen als Bindeglied zwischen der jeweiligen NH3-Abfüllstation und dem Ausbringgerät.
Das Ausbringgerät ist mit einem Feldtank ausgestattet.
Rechtzeitige Erfassung der Flächen und ein auf die einzelnen Ausbringorte abgestimmter Einsatzplan sind Voraussetzungen für einen zufrieden stellenden Ablauf.
Ein gut geführter Maschinenring ist ein idealer Partner für überörtliche, düngungstechnische Arbeiten.

Quelle: Förderband 2/77

NH-3 Düngung im MR Ries: Übergabe des flüssigen Düngers vom Feldtank in das Ausbringgerät.

Mischen preisgünstiger Einzelgänger

Der technische Aufwand dafür ist recht bescheiden. Die beiden Komponenten werden getrennt auf einen umgebauten Kipper geladen und mit der Fuhrwerkswaage einzeln verwogen. Dies geschieht beim Lagerhaus oder bei Waggonbezug an der Bahnstation. Vom Kipper gelangen beide Teile gleichzeitig über ein Förderband in den Streuer. Die dabei stattfindende Mischung wird im Streuer noch vervollständigt. Durch die Verwendung von Schneckenstreuern wird ein Entmischen beim Streuen vermieden. Die Leistung dieser Mischeinrichtung reicht aus, um vier gleichzeitig laufende Großflächenstreuer mit je 4 t Fassungsvermögen zu versorgen. Die Einsparungen gegenüber der im MR Ries vielfach üblichen Grunddüngung mit PK-Mischdünger in gesackter Form ist beachtlich. Neben der Streuarbeit können die Mitglieder hierbei bis zu 4,22 DM je dz einsparen, bezogen auf in der Zusammensetzung vergleichbare PK-Mischdünger.
1973 wurden im MR Ries 32 Waggon Einzeldünger als PK-Mischdünger ausgebracht.

Quelle: Bericht von Dr. Anton Grimm, KBM vom 26. 4. 1974

Damit die Klärschlamm-Ausbringung richtig funktioniert, sind klare Vereinbarungen zwischen Klärwerksbetreiber, Maschinenring und Landwirten notwendig:

■ Das Klärwerk muss halbjährlich den Klärschlamm untersuchen lassen.
■ Die Einteilung der Abholer ist ausschließlich Sache des MR.
■ Die Transportkosten werden monatlich über den MR abgerechnet.
■ Die Abholer werden vom MR jede Woche neu eingeteilt.
■ Die Abholung erfolgt mit Kippern, die Ausbringung mit Stallmiststreuern. Von Fall zu Fall werden Zwischenlager bei den Landwirten angelegt.
■ Es werden nur MR-Mitglieder bedient.
■ Die Landwirte können den Schlamm selbst abholen oder die Dienstleistung des MR in Anspruch nehmen.

Quelle: Konrad Fürst, MR bringt Klärschlamm einer Großstadt aus, MR-Intern 2/79

Das Problem mit der Gülle
wird vom KBM thematisiert:

Überschüssige Gülle zwischenbetrieblich verwerten

In Holland gibt es dieses Problem schon lange: Viehstarke Betriebe, die überwiegend Zukauffutter einsetzen, produzieren weit mehr Gülle als sie auf ihrer knappen Fläche verwerten können. Auch in der Bundesrepublik gibt es immer mehr Landwirte, die Gülleüberschüsse haben...
In Niedersachsen, wo dieses Problem zumindest in einigen Regionen besonders akut ist, gibt es mittlerweile bereits einen Gülleerlass, der eine Überdüngung mit Gülle verhindern soll. Wir meinen, es bedarf keiner Verordnungen, um überschüssige Gülle ökonomisch und ökologisch sinnvoll zu verwerten, sondern einer Organisation, welche den Überfluss dorthin vermittelt, wo ein Fehlbedarf ist. Diese Verteilungsaufgabe ist dem MR geradezu auf den Leib geschnieden. In diesem Beitrag wird dann unter anderem die Gülle-Bank des MR Artland vorgestellt.

Quelle: MR-Intern 83/2

Güllevermittlung im MR Mallersdorf

Ein Landwirt weiß nicht wohin damit, der andere kann sie gut gebrauchen: Gülle. Der Maschinenring kann auch in diesem Bereich helfen. Einige Maschinenringe in Niedersachsen, vor allem in der viehstärksten Gegend der Bundesrepublik um Vechta und Cloppenburg, haben schon seit Jahren gute Erfahrungen in der Vermittlung von Gülle gemacht. Dies hat auch bayerische Maschinenringe veranlasst, in das Güllegeschäft einzusteigen. Für den MR kein Problem. Vermitteln ist ja seine tägliche Arbeit. Im MR Mallersdorf wurden mittlerweile knapp 30.000 cbm vermittelt. Die Preise, die dort je cbm ab Lager bezahlt wurden: circa sechs DM. Zu diesem Preis wird jedoch meist noch das Güllefass ohne Aufschlag gestellt.

Quelle: Mein Maschinenring, 86/1

Aus Solidarität mit diesen Bestrebungen des Berufsverbandes haben sich die Maschinenringe nach und nach weitgehend aus der Organisation der Klärschlammausbringung zurückgezogen. Rückblickend war dies nicht unbedingt sinnvoll, nicht nur aus Sicht der Ringe; denn in die dadurch entstehende Lücke stießen andere. Insbesondere waren es einige clevere Lohnunternehmer, die daraus ein großes Geschäft machten.

Während die Maschinenringe sich darauf beschränkt haben, den Klärwerken lediglich die anfallenden Kosten in Rechnung zu stellen und den Landwirten den Klärschlamm, der zu diesem Zeitpunkt als Dünger noch sehr geschätzt war, allenfalls kostenlos bereitzustellen, haben diese Unternehmer die Klärwerke kräftig zur Kasse gebeten. Aufgrund der zunehmenden öffentlichen Abwertung des Klärschlammes waren die Kommunen gezwungen, mehr zu zahlen, zumal andere Verwertungsformen noch mehr kosteten.

Im Gegensatz zu den Maschinenringen, die nur problemlosen Klärschlamm vermittelten, und auch nur innerhalb des Ringgebietes, haben die genannten Unternehmer auch Klärwerke mit stark belastetem Material bedient und diesen Schlamm über große Entfernungen hin, zum Teil bis in die neuen Bundesländer hinein, abgesetzt. Wenn nötig, haben sie den abnehmenden Landwirten eine Vergütung zukommen lassen. Häufig haben sie aber auch nur einen Teil der Ausbringkosten übernommen.

■ Kein Klärschlammtourismus im Maschinenring

Nur einige Maschinenringe in Bayern haben sich durch diese Entwicklung nicht beirren lassen und setzten ihre Arbeit bei der Klärschlammausbringung fort. Unter ihnen die beiden MR im Landkreis Unterallgäu, Memmingen und Mindelheim. Ihre Mitwirkung beschränkte sich jedoch ausschließlich auf die organisatorische Abwicklung einschließlich Abrechnung. Die geschäftlichen Beziehungen zwischen den Klärwerken einerseits und den abnehmenden Landwirten andererseits erfolgen über eine separate Einrichtung, die *Gesellschaft für „organische Düngerverwertung des Landkreises Unterallgäu" GbR mit beschränkter Haftung (mbH)*.

Derzeit zählt die GbR 70 Landwirte als Gesellschafter; 59 von ihnen sind z. Zt. aktive Abnehmer von Klärschlamm, 11 sind potentielle Abnehmer. Die Gesellschaft hat also noch ein Polster, um ihrer Verpflichtung zur Abnahme des in den Klärwerken anfallenden organischen Düngers problemlos nachkommen zu können. Zwischen Klärwerk und Gesellschaft besteht ein *Klärschlamm-Abnahmevertrag*.

Darin verpflichten sich die Abnehmer insbesondere, *den gesamten, abgegebenen Klärschlamm abzunehmen und ausschließlich auf den selbst bewirtschafteten Grundstücken zu verwerten*.

Die wesentlichen Pflichten des Abgebers (Klärwerk) sind: die Zahlung des vereinbarten Preises und die Verpflichtung, dem gesetzlichen *Entschädigungsfond* beizutreten.[9]

Im Jahr 2003 hatte die Gesellschaft einen Vertrag mit 13 Klärwerken. Alle befinden sich im Einzugsgebiet der beiden Ringe. Es gibt also keinen *Klärschlamm-Tourismus*, sondern eine transparente und korrekte Zusammenarbeit.

Drei Werke liefern Trockenschlamm (insgesamt 4345 m^3 in 2003), 10 Nass-Schlamm (15 017 m^3 in 2003). Der Preis je Kubikmeter: für Nass-Schlamm circa 14 €, für Trockenschlamm ca. 50 €.[10]

Anders als bei den im so genannten Klärschlamm-Tourismus tätigen Unternehmern profitieren in den MR Memmingen und Mindelheim ausschließlich die abnehmenden Landwirte von den zum Teil erheblichen Zahlungen, die von den Klärwerken zu leisten sind, um ihr Material loszuwerden. Anderseits gehen die abnehmenden Betriebe dabei auch ein gewisses Risiko ein.

■ In der Gülleausbringung kommen die Maschinenringe nur langsam zum Zug

Im Gegensatz zum wirtschaftseigenen Dünger Stallmist ist Gülle für die Maschinenringe lange Zeit kein Thema. Zunächst lag es einfach daran, dass die Mehrzahl der Betriebe keine Gülle, sondern nur Festmist und Jauche *produzierte*. Güllebereitung gab es fast nur in den Grünlandbetrieben des Voralpenlandes. Erst mit der Intensivierung der Rindviehhaltung stellten immer mehr Betriebe auf

Flüssigmist um. Man versprach sich davon arbeitswirtschaftliche und kostenmäßige Vorteile.

Aber zunächst haben diese neu entstandenen *Flüssigmistbetriebe* ihre Gülle weitgehend selbst ausgebracht. Der technische Aufwand dafür war nicht allzu hoch. Außerdem handelte es sich dabei um eine Arbeit, die man ohnehin zwischendurch, zweckmäßigerweise sogar bei schlechtem Wetter erledigen konnte. Freilich, aus Bequemlichkeit wurden oft die hofnahen Grundstücke häufiger begüllt, mit der Folge, dass sich der Ampfer und andere gülleliebenden Pflanzen stark ausbreiteten. Aber, insbesondere in den Ackerbaubetrieben, sah man in der Gülle nicht in erster Linie einen wertvollen Dünger, sondern eher ein Abfallprodukt, das man mit möglichst wenig Aufwand entsorgen wollte.

Noch weniger interessierte die damit einhergehende Umweltbelastung. Dass bei der üblichen Ausbringung mit *Schleuderfass* in Form von Vakuumfässern oder Pumpentankwagen ein großer Teil des wertvollen Stickstoffes in die Luft ging und zudem noch von vielen Mitbürgern als Geruchsbelästigung empfunden wurde, störte die Verursacher meist nur wenig. So etwas gehörte einfach zur Landwirtschaft und zu einer gesunden Landluft.

Erstmals findet sich im KBM-Jahresbericht von 1981 eine Angabe zur Gülleausbringung: 716 371 m³ wurden in 65 MR ausgebracht. Unterstellen wir für einen durchschnittlichen Betrieb einen jährlichen Gülleanfall von 750 m³, so handelt es sich je Maschinenring lediglich um 10 bis 20 Betriebe, die damals überbetriebliche Technik in irgendeiner Form zur Gülleausbringung beansprucht haben.

■ Überschüssige Gülle zwischenbetrieblich verwerten

Erst Anfang der achtziger Jahre wächst das Interesse der Maschinenringe für das Thema – oder besser gesagt – Problem Gülle. *Überschüssige Gülle zwischenbetrieblich verwerten*, so lautete 1983 der Titel eines Beitrages in MR-Intern (siehe Seite 138, Randspalte). Der Grund, warum die Maschinenringe dieses Thema anpacken sollen, ist also nicht, wie üblich Kosteneinsparung oder Leistungssteigerung, sondern die Möglichkeit, überschüssige Gülle sinnvoll zu verwerten.

Der genannte Bericht in MR-Intern enthält u. a. den Auszug eines Vortrages von Dr. Erich Geiersberger mit der Überschrift *Abfallbeseitiger sind keine Landwirte*, gehalten am 9. Mai 1983 im Rahmen der Festveranstaltung des KBM *25 Jahre Maschinenring in Bayern* in Kelheim. Außerdem wird in diesem Beitrag ein Maschinenring vorgestellt, der bereits seit Jahren eine so genannte *Güllebörse* (das Pendant zur holländischen *Güllebank*) betreibt: der MR Artland, aus der viehstarken Region Weser Ems.

Doch die Verhältnisse in Bayern sind anders als im Weser Ems-Gebiet oder in Holland. Jedenfalls erlangt die Vermittlung von überschüssiger Gülle in den bayerischen Maschinenringen nur vorübergehend eine gewisse Bedeutung (siehe linke Seite). Die meisten Betriebe haben dieses Problem selbst gelöst: durch Zupacht weiterer Flächen.

Ging es also in den achtziger Jahren in erster Linie noch um die überbetriebliche Verwertung überschüssiger Gülle, so stand ab 1990, wie die nebenstehenden Pressebeiträge zeigen, nur noch die Verbesserung der Gülle-Ausbringtechnik im Vordergrund.

Vor allem in den KBM-Gremien, im Vorstand, auf den Mitgliederversammlungen und insbesondere bei Arbeitsbesprechungen für Geschäftsführer, wurde das Thema Gülle in den neunziger Jahren immer wieder behandelt. In den Jahren 1990 und 1991 zählte Gülle zu den wichtigsten vom KBM vorgegebenen Jahreszielen.

Das Motto der KBM-Mitgliederversammlung 1990 in Dettelbach/Unterfranken lautete: *Umweltfreundliche und gewinnbringende Landwirtschaft – mit dem Maschinenring*.

Im Rahmen der Jahrestagung der Landtechnik Weihenstephan 1992, die gemeinsam mit dem KBM durchgeführt wurde und in Neumarkt/Oberpfalz stattfand, werden u. a. Gülletechniken, die in den MR Neumarkt und Buchhofen bereits vermittelt werden, gezeigt.

Apropos Buchhofen: dieser Ring war auch in Sachen Gülle ein Pionier. Auf Initiative von Geschäftsführer Franz Wagner wurde hier 1989 eine *Flüssigmistkette*, die diesen Namen auch verdient, installiert (siehe nebenstehend).

Bessere Gülle-Techniken werden immer wieder empfohlen...

Neue Wege in der Gülleausbringung

Die Gülle steht in keinem guten Geruch, vor allem bei den Umweltschützern. Der Gülleanfall hat in den letzten Jahren stark zugenommen. Diese großen Mengen an Gülle können jedoch nicht mehr auf die gleiche Art und Weise ausgebracht und verteilt werden, wie dies bei geringen Mengen problemlos möglich war. Das Ziel lautet daher: Gülle pflanzengerecht und umweltschonend einsetzen.

Anschließend wird in diesem Artikel berichtet, wie im MR Stade, Gülle mit modernster Technik boden-, pflanzen- und umweltgerecht ausgebracht wird und dadurch zusätzlich die Ausgaben für Mineraldünger um 200 DM je Hektar gesenkt werden können.

Quelle: Mein Maschinenring 90/1

Durch moderne Technik Fehler bei der Gülleausbringung vermeiden

Sehr ausführlich wird hier beschrieben, wie Fehler bei der Gülleausbringung vermieden werden können und was derartige Verfahren im Maschinenring kosten.

Quelle: Mein Maschinenring 91/1

MR Buchhofen gründet erste Güllegemeinschaft in Bayern

30 Landwirte schlossen sich 1989 in einer Güllegemeinschaft zusammen und kauften gemeinsam einen umgebauten Lkw mit Terrabereifung. Auf diesen wurde ein 7,5-m³ Vakuumfass mit Schleppschlauchverteiler (seit 1990) aufgebaut. Im Güllefahrzeug befindet sich ein Ammonium-Schnellbestimmungsgerät, mit dem der Güllestickstoff vor der Ausfahrt bestimmt werden kann. Die ausgebrachte Güllemenge wird von einem Durchflussmesser in der Ausbringungsleitung erfasst und auf Chipkarten gespeichert. Zwei 15- beziehungsweise 16,5-cbm-Tankanhänger dienen dem Straßentransport der Gülle vom Hof zum Feld, damit der teure Gülletankwagen voll ausgelastet wird.
1990 wurden so knapp 20 000 m³ Gülle und 4500 m³ Klärschlamm gedüngt. Dabei konnte eine durchschnittliche Leistung von 47 m³/Stunde erreicht werden ...
Die gesamten Kosten dieses Arbeitsverfahrens einschließlich Fahrer: 3,74 DM/m³. Damit scheint die größere, exakte Ausbringtechnik trotz MR zunächst für den Landwirt etwas mehr zu kosten. Die bessere Ausnutzung des Stickstoffes von 30 % auf 70 % bringt jedoch einen wertmäßigen Vorteil von 1,56 DM/m³ bei Rindergülle und 2,34 DM/m³ bei Schweinegülle.

Quelle: Durch moderne Technik Fehler bei der Gülleausbringung vermeiden, Mein Maschinenring, 91/1

Güllegemeinschaften Dingolfing und Landau fusionieren

Die 1992 von 28 Mitgliedern als GbR gegründete Güllegemeinschaft Dingolfing arbeitete zunächst mit einer Kombination aus Unimog mit Aufbaufass sowie einer an der Hydraulik angebrachten Schleppschlauch-Verteilung mit Grubbereinarbeitung (siehe Foto). Außerdem gab es noch die besonders bodenschonende, aber sehr anfällige *Verschlauchung*. 1996 wurden insgesamt 29 000 m³ ausgebracht, davon 22 000 mit dem Unimog. 1997 dachte man bereits über eine Modernisierung dieser Technik nach – mittlerweile gab es ja auch das Aktionsprogramm Stickstoff 2000.
In einer ähnlichen Situation befand sich zur gleichen Zeit die Güllegemeinschaft im Nachbarring Landau. Ein Zusammenschluss beider Gemeinschaften war nahe liegend. Also wurde am 21. Januar 1998 fusioniert. Drei Monate später konnten, wie im Dingolfinger Anzeiger nachzulesen ist, bereits die Fahrer in die neue Technik eingewiesen werden:
Die Einweisungen in der Fahrerkabine, von der aus die gesamte Technik des Güllefahrzeuges gesteuert wird, nahmen die meiste Zeit in Anspruch. Das Gülleträgerfahrzeug „Holmer" Terravariant WA ist mit einem 15 000-l-Gülleaufbau der Firma Zunhammer ausgestattet. Derzeit ist die Gülleausbringung zur Maissaat aktuell und deshalb wird die Gülle mit einem Gülle-Injektor mit 8,30 m Breite direkt in den Boden eingearbeitet. Die Güllezubringung wird mit Großraumfässern mit ebenfalls 15 000 l Fassungsvermögen durchgeführt ....
Die Terrabereifung sowie das versetzte Fahren = Hundeganglenkung zeigte sich beim Bodendruck von großem Vorteil. Die direkte Einarbeitung mit dem Scheibennachlaufgerät hat natürlich den Vorteil, dass die Gülle direkt in den Boden eingearbeitet wird ...
Der Nebeneffekt dieser modernen schlagkräftigen Gülleausbringung, so war man sich einig, ist natürlich auch, dass es nahezu geruchlos geschieht.

Im Jahr 2004 zählte die Gemeinschaft 73 Mitglieder und verfügte über zwei Holmer-Gülletracs. Sie waren in diesem Jahr insgesamt 1256 Stunden im Einsatz und haben 84 628 m³ Gülle ausgebracht.

Quelle: Protokolle der Güllegemeinschaft Landau und Umgebung GdbR vom 17.12.97 und der Güllegemeinschaft Dingolfing-Landau GdbR vom 21.1.1998; Auswertung der Güllegemeinschaft Dingolfing-Landau GdbR; Dingolfinger Anzeiger vom 23.4.1998.

Die Kombination aus Unimog mit Aufbaufass und einer an der Hydraulik angebrachten Schleppschlauch-Verteilung mit Grubbereinarbeitung war der erste *Gülletrac* der Güllegemeinschaft im MR Dingolfing.

Im Jahresbericht des KBM von 1992 können schon mehrere Ringe genannt werden, die sich in der Gülleausbringung erfolgreich engagiert haben:

■ Der Maschinenring Untermain organisiert in Zusammenarbeit mit den Stadtwerken Aschaffenburg die Gülleverteilung mit modernster Technik in einem Wasserschutzgebiet, um zu gewährleisten, dass die vorgegebenen, zulässigen Höchstmengen nicht überschritten werden. Die Landwirte werden für diese reduzierte Düngung angemessen entschädigt.

■ Im MR Dingolfing gründeten 28 Landwirte eine Güllegemeinschaft.

■ Im MR Aichach investierte ein Landwirt in eine EDV-gesteuerte Schleppschlauch-Ausbringtechnik.

■ In Amberg sind es 40 Landwirte, die sich für eine moderne Gülletechnik entscheiden und in Uffenheim wollen sich 34 Mitglieder an einer Güllebörse beteiligen.

Also schon ein Durchbruch? Nicht ganz, wenn man die Aussage im KBM-Jahresbericht von 1993 dazu liest: *Neue Techniken zur umweltgerechten Gülleausbringung einzuführen ist ein mühsames Geschäft; denn die Sensibilität für dieses Anliegen ist in der Landwirtschaft noch schwach. Daher ist die Bereitschaft, für eine verbesserte Technik Geld auszugeben, entsprechend gering, zumal die damit mögliche Einsparung für Handelsdünger meist nicht angerechnet wird und die alten Güllefässer noch lange ihren Dienst tun.*

■ Aktion Stickstoff 2000 – wie ein warmer Regen

Angesichts dieser Situation wirkte die vom bayerischen Landwirtschaftsminister Reinhold Bocklet 1995 angestoßene *Aktion Stickstoff 2000* wie ein warmer Regen auf die bisherigen Anstrengungen der Maschinenringe. Sie brachte einen enormen Investitionsschub in Richtung einer besseren Gülleverteiltechnik. Beispielhaft dafür ist die Entwicklung in den Maschinenringen Dingolfing und Landau (siehe nebenstehend). Ein Novum dieser Fördermaßnahme war es, dass, auch aufgrund einer Initiative des KBM, vorrangig die Ausbringkosten und weniger die Investitionen subventioniert wurden.

Mit viel Engagement haben die Ringe diese Aktion unterstützt. Unter anderem ist hier der Maschinenring Fürstenfeldbruck zu nennen: Er hat am 1. April 1996 mit Unterstützung des Landwirtschaftsministeriums eine hervorragend bestückte Schau aller wichtigen, im Ring verfügbaren Gülletechniken organisiert.

Gülletechnik und -Verfahren im MR war auch das Thema einer KBM-Fachtagung im Oktober 1996 in Neumarkt/Oberpfalz.

Josef Gallrapp, Geschäftsführer des MR Dingolfing (und Initiator der Güllegemeinschaft) mit **Walter Vilsmair**, dem Fahrer des *Gülletracs*.

Alle diese Anstrengungen zeigten schnell Wirkung: *1996 konnten innerhalb kurzer Zeit in 66 Maschinenringen über 2000 Landwirte zum Mitmachen motiviert werden. Über 1500 Landwirte haben sich unter Leitung der MR in Güllegemeinschaften zusammengeschlossen, mit durchschnittlich 22 Landwirten und 18 200 m³ Gülle jede Gemeinschaft. 500 weitere MR Mitglieder mit 640 000 m³ Gülle beauftragten über den MR einen Berufskollegen mit der Gülledüngung. Mit der gesicherten Auslastung konnte auch hierbei sinnvoll investiert werden.*[11]

Der eigentliche Anlass für diese Fördermaßnahme Bayerns waren die negativen Schlagzeilen, die der jedes Jahr vorzulegende Waldschadensbericht dem zuständigen Agrar- und Forstminister einbrachte.

In den hohen Stickstoff-Emissionen der Landwirtschaft sah man nämlich eine der Hauptursachen für das fortschreitende Waldsterben. Also musste alles getan werden, um diese Emissionen zurückzufahren.

Ein wichtiger Ansatzpunkt dafür war die Verbesserung der Gülle-Ausbringung; denn die am meisten verbreitete Ausbringtechnik mit dem Schleuderfass hat ohne Zweifel wesentlich zu diesem Missstand beigetragen. Untersuchungen haben gezeigt, dass *bei Rindergülle, die im Hochsommer durch die Luft gewirbelt wird, mit Verlusten bis zu 90 % zu rechnen ist.*[12]

■ Schleppschlauch – im Grünland problematisch

Nicht so schnell wie in den Ackerbauregionen und auch nicht mit dieser groß dimensionierten Technik hat sich die bodennahe Gülleausbringung im Grünland verbreitet, obwohl – oder gerade weil – das *Güllen* dort schon eine lange Tradition hatte. Vor allem störten sich viele Grünlandbauern an der so genannten *Streifenkrankheit*, die beim Einsatz des Schleppschlauches auftreten kann, wenn bestimmte Grundsätze missachtet werden. Zum Beispiel wenn der Trockenmassegehalt der Gülle zu hoch oder der Grasbestand zu niedrig ist. Nach und nach wurden jedoch auch die Schleppschläuche weiterentwickelt, zum Beispiel mit speziellen Gleitschuhen ausgestattet, so dass Blatt-Verschmutzungen leichter vermieden werden können.

In den MR Kaufbeuren und Aibling-Miesbach fand die Schleppschlauch-Verteilung dank der kräftigen Förderung im Rahmen des Programms *Stickstoff 2000* zunächst zwar rasch Verbreitung. 1996 wurden in Aibling über 175 000 m³ Gülle mit verschiedenen Systemen bodennah ausgebracht, in Kaufbeuren waren es 1996 insgesamt 70 000 m³.[13]

Dieser Erfolg war jedoch nicht von Dauer. Nach Auskunft von Johann Prestele, dem Geschäftsführer des MR Ostallgäu (früher Kaufbeuren), wurde ein großer Teil der Güllefässer mit Schleppschlauchverteilung in den letzten Jahren, nachdem die Förderung einer bodennahen Gülletechnik in Bayern erheblich zurückgefahren wurde, nach Baden-Württemberg verkauft, während sie dort von der Agrarpolitik gerade besonders begünstigt wird.[14]

Doch auch in den Ackerbauregionen erfuhr, wie aus dem nebenstehenden Bericht zu entnehmen ist, das Interesse an der Hightech-Gülleausbringung einen schweren Dämpfer.

Die *Hochzeit* der überbetrieblichen Gülleausbringung scheint vorbei zu sein.

Mit diesem Plakat werben die Maschinenringe weiterhin für eine umwelt- und bodengerechte, leistungsstarke Gülletechnik,

doch der Gülle-Boom scheint vorbei zu sein...

Die Güllegemeinschaft „TerraGüll"...

... im MR Buchhofen hatte sich vor einigen Jahren gegründet, um die gesamte Güllekette rund um einen Selbstfahrer mit Einarbeitungstechnik aus einer Hand anzubieten. Mit Auslaufen der Fördermittel für die umweltfreundliche Technik erwies sich der Selbstfahrer mit der aufwendigen Zubringer-Kette für viele Betriebe als nicht mehr wirtschaftlich. Man ersetzte schließlich den Selbstfahrer durch flexiblere angehängte Güllefässer und beschränkt sich heute auf deren Vermietung.

Quelle: Jürgen Buchholtz, BMR e. V., Hochburg von Maschinengemeinschaften, www.Maschinenringe.com, Dezember 2005

Quellen:

[1] Aktenvermerk des KBM vom 11.2.1974
[2] Aktenvermerk des KBM zur Besprechung BayWa-KBM vom 29.3.1974
[3] Stellungnahme des KBM zu einem Beitrag von Professor Köhne in Hannover Land und Forst Nr. 12 vom 20.3.1976
[4] Rundschreiben des MR Altötting-Mühldorf Frühjahr 1984
[5] Chronik 30 Jahre Maschinen- und Betriebshilfsring Bayreuth-Pegnitz e.V.
[6] Chronik 1961 bis 2003 über 40 Jahre Maschinenringe in Coburg-Kronach und Lichtenfels
[7] Mündliche Auskunft Südzucker, Werk Ochsenfurt, Januar 2006
[8] Dr. Anton Grimm, Maschinenringe lösen Klärschlamm-Problem, dlz 1985
[9] Klärschlamm-Abnahmevertrag der Gesellschaft für „organische Düngerverwertung des Landkreises Unterallgäu" GbR mit beschränkter Haftung (mbH)
[10] Geschäftsbericht 2003 der Gesellschaft für „organische Düngerverwertung des Landkreises Unterallgäu" GbR mit beschränkter Haftung (mbH)
[11] KBM-Jahresbericht 1996
[12] Durch moderne Technik Fehler bei der Gülleausbringung vermeiden, Mein Maschinenring 91/1
[13] Dr. Anton Grimm und Stefan Schelle, Bodenah und umweltschonend – Erfahrungen zur Gülleausbringung im Grünland, Bayerisches Landwirtschaftliches Wochenblatt 11/1997.
[14] Johann Prestele, Mündliche Auskunft, 23. Januar 2006

Pflanzenschutz durch Spezialisten mit Hightech

Zeitafel

1973
Dr. Diercks empfiehlt den MR-Geschäftsführern die Wiedereinführung von *Spritzwarten*.

1980
Die Maschinenringe unterstützen die Gemeinschaftsaktion zur freiwilligen Feldspritzenüberprüfung.

1981
In Schönbrunn bei Landshut wird für Pflanzenschutzspezialisten der MR der erste *Lehrgang über Geräte zur Ausbringung von Agrochemikalien* durchgeführt.

1990
Das KBM organisiert gemeinsam mit dem Landwirtschaftsministerium eine Pressefahrt zur Demonstration des überbetrieblichen Pflanzenschutzes.

1992
Die Novellierung des Pflanzenschutzgesetzes bringt auch für den überbetrieblichen Pflanzenschutz einschneidende Veränderungen

2002
Das KBM startet die *Qualitätsoffensive Überbetrieblicher Pflanzenschutz* (ÜPS) verbunden mit der Entwicklung der Computerprogramme MR-*Abstands-Manager* und MR *Doku Plant*.

Die bayerischen Maschinenringe haben den freiwilligen Spritzen-TÜV maßgeblich und erfolgreich unterstützt

Wer neben der Pflanzenschutz-TÜV-Plakette auch noch diesen Aufkleber an seiner Spritze anbringen konnte, verstand etwas von seinem Handwerk

---

Pflanzenschutz wurde lange bevor sich die Maschinenringe dieser Aufgabe angenommen hatten überbetrieblich erledigt: von *Spritzwarten*, die es damals fast in jedem Dorf gab. Die *Spitzgeräte* wurden ebenfalls meist gemeinschaftlich angeschafft und vielfach aus den Einnahmen der Jagdpacht finanziert.

Doch nach und nach kauften immer mehr Betriebe selbst eine *Spritze* und machten so den Spritzwart überflüssig. Diese Entwicklung war weder in pflanzenbaulicher noch in ökonomischer Hinsicht ein Fortschritt.

Darauf hat im Rahmen einer Fachtagung des KBM Prof. Dr. Diercks, der Fachmann in Sachen Pflanzenschutz in Bayern, bereits 1973 hingewiesen und den Maschinenring-Geschäftsführern empfohlen, den *Spritzwart* in den Ringen wieder einzuführen. Bis die Maschinenringe diesen Vorschlag von Dr. Diercks in die Tat umsetzen konnten, vergingen allerdings noch einige Jahre.[1]

Der erste Schritt war die Unterstützung der Gemeinschaftsaktion zur freiwilligen Feldspritzenüberprüfung, gemeinsam mit der staatlichen Beratung, den Landmaschinenbetrieben und den Erzeugerringen, Ende der siebziger Jahre.

1980 wurden in Bayern bereits 7616 Geräte geprüft, davon gehörten über 3000 MR-Mitgliedern. 1981 waren es 8558.

Bayern war Vorreiter des freiwilligen Spritzen-TÜVs. Einen wichtigen Beitrag dazu hat die BayWa geleistet; *denn als die BayWa 24 komplette Kontrollstationen mit Dositest, Quantitest und Manotest orderte, war der Bann gebrochen, und nun zogen die größeren Händler nach, da sie solche Serviceleistungen nicht an sich vorbeiziehen lassen wollten.*[2]

Doch die Prüfung der Geräte und die damit verbundene Behebung technischer Mängel gibt allein noch nicht die Gewähr für einen optimalen pflanzen- und umweltgerechten Pflanzenschutz. Genauso wichtig ist es, auch hinsichtlich des Fachwissens und -könnens stets auf dem Laufenden zu bleiben. Nicht jeder Landwirt, insbesondere gilt dies für Nebenerwerbslandwirte, kann oder will diese Mühe auf sich nehmen.

Das KBM beziehungsweise die bayerischen MR. haben daher das Angebot des Referates Landtechnik im bayerischen Landwirtschaftsministerium, einen Lehrgang über Geräte zur Ausbringung von Agrochemikalien an der Landmaschinenschule Schönbrunn durchzuführen, gerne angenommen.[3]

■ Zweitages-Lehrgänge für Pflanzenschutzspezialisten

Bis 1983 konnten in Bayern bereits über 20 derartige Zweitages-Lehrgänge durchgeführt werden. Mit der nebenstehend abgebildeten Plakette wurde den Teilnehmern der erfolgreiche Besuch bestätigt. Diese Bestätigung, aus wetterfestem Kunststoff gefertigt, sollte neben der Prüfplakette an der Feldspritze angebracht werden und zeigen, dass hier ein Fachmann mit einem einwandfreien, geprüften Geräte am Werke ist.

Die MR waren gehalten, nur geprüfte Geräte zu vermitteln. Dadurch wurde eine Teilnahmedichte (bei der Pflanzenschutzgeräteüberprüfung) wie in keinem anderen Bundesland erreicht. Dies hätte m. E. deren obligatorische Einführung 1992 im Gefolge einer Novellierung des Pflanzenschutzgesetzes überflüssig gemacht. Die Zahl der nicht beanstandeten geprüften Geräte hat sich dadurch nicht erhöht, der Sachkundenachweis wäre auch mit der Teilnahmebestätigung erbracht gewesen. Abgesehen vom bürokratischen Aufwand kostet die Prüfung jetzt aber das Dreifache. So die Bewertung dieser Aktion aus Sicht von Ministerialrat a. D. Dr. Alois Weidinger, der als zuständiger Referent im Landwirtschaftsministerium die genannten Lehrgänge maßgeblich konzipiert, begleitet und unterstützt hat.[4]

Inwieweit diese optimistische Einschätzung von Dr. Weidinger sich als zutreffend erwiesen hätte, sei dahingestellt. Fakt ist: Heute gibt es den *Spritzen-TÜV*. Er ist mittlerweile auch im EU-Recht verankert und seine Einhaltung wird im Rahmen von *Cross-Compliance*-Kontrollen überwacht. Wer sich nicht daran hält, riskiert die Kürzung seiner betrieblichen Förderungsprämie.

Einer, der diesen Lehrgang in Schönbrunn besucht hat und auch regelmäßig sein Gerät überprüfen lässt ist Josef Lanzinger, langjähriger erster Vorsitzender des MR Erding. In MR-Intern berichtet er ausführlich über seine Erfahrungen als Pflanzenschutzspezialist. Sein Fazit: *Wenn der Pflanzenschutz sachgerecht, kostengünstig und umweltfreundlich erfolgen soll, wird es sich in Zukunft immer mehr im Rahmen des MR abspielen müssen. Der einzelne Landwirt kann nicht immer alles wissen, was hierzu erforderlich ist. Die teuren gut ausgerüsteten Geräte rentieren sich meist nur im überbetrieblichen Einsatz.*[5]

Josef Lanzinger hat nicht nur für viele Berufskollegen den Pflanzenschutz sachkundig erledigt. Er hat auch über den Maschinenring Erding hinaus dafür geworben. Unter anderem in *Mein Maschinenring* (1/87) unter der provokanten Überschrift *Pflanzenschutz überbetrieblich - geht das denn?* Eine solche PR-Maßnahme war auch dringend notwendig; denn nach wie vor waren nicht nur viele Landwirte – insbesondere solche, die sich als gute Ackerbauern betrachteten - sondern selbst, oder gerade, Pflanzenschutzberater der Meinung: überbetrieblicher Pflanzenschutz ist allenfalls etwas für suboptimal wirtschaftende Ackerbauern.

■ Durch PR-Maßnahmen Vorurteile abbauen

Diese, leider noch vorherrschende Meinung veranlasste das KBM 1990 dazu, im Rahmen einer gemeinsam mit dem Landwirtschaftsministerium durchgeführten Pressefahrt wichtige Meinungsbildner, an der Spitze Minister Simon Nüssel davon zu überzeugen, …

… dass die MR mittlerweile in Zusammenarbeit mit der staatlichen Beratung eine Reihe von gut ausgebildeten Pflanzenschutzspezialisten herangezogen haben;

… dass diese Fachleute mit moderner, regelmäßig geprüfter Technik arbeiten und

… dass deren Arbeit auch höchsten Ansprüchen gerecht wird.

Deshalb wurde auch der MR Pfaffenhofen ausgewählt; denn Hopfen ist eine Kultur, die besonders anfällig ist und sehr hohe Anforderungen an Umfang und Qualität des Pflanzenschutzes stellt. 12 bis 18 Behandlungen in einer Saison waren früher durchaus üblich. Dass der Maschinenring diesen Ansprüchen gerecht wurde, zeigt der Bericht Seite 144.

Auch das zweite Beispiel konnte überzeugen: Hermann Graf aus Hirschhausen hat im Jahr 1988 in 30 Betrieben 165,15 ha gespritzt. Bei sechs Kunden hat er den kompletten Pflanzenschutz übernommen, bei den übrigen nur in einigen Kulturen. In der Regel liefert Graf die Pflanzenschutzmittel für seine Kunden mit. Ein Service, der ihnen nicht nur den Einkauf erspart, sondern auch die sachgerechte Entsorgung der Restmengen.[6]

Ein hartnäckiges Unkraut, mit dem viele Grünlandbetriebe ihre liebe Not haben, ist der *Große Ampfer*. Der Bekämpfung dieses Unkrautes haben sich zwei Geschäftsführer besonders intensiv gewidmet: Kaspar Ettstaller und Erich Mühlbauer (siehe nebenstehend).

Ihr Beispiel zeigt, dass die Maschinenringe nicht nur teure und große Maschinen vermitteln, sondern auch bemüht waren, ihren Mitgliedern vielerlei Kleingeräte und Spezialmaschinen, die nur gelegentlich gebraucht werden, anbieten zu können. Wenn nötig, haben sie sogar selbst aktiv an der Konstruktion entsprechender Geräte und Maschinen mitgewirkt. Die beiden Geschäftsführer Ettstaller und Mühlbauer stehen hier stellvertretend für viele Ihrer Kollegen.

■ Ökologische Anforderungen an den Pflanzenschutz nehmen zu

Zu dem ursprünglichen Ziel des Pflanzenschutzes, die Pflanzen optimal zu schützen und so Höchsterträge von bester Qualität zu erreichen, kamen in den 80er Jahren zunehmend noch ökologische Anforderungen.

Josef Lanzinger hat als einer der ersten einen Kurs für Pflanzenschutzspezialisten besucht und fortan die dabei erworbenen Kenntnisse im MR Erding umgesetzt.

Ein ehemaliges Leichtmotorrad diente Kaspar Ettstaller als Basis und Antrieb zum Bau dieser selbstfahrenden Ampfer-Spritze

Ganz ohne Motorkraft kommt die Konstruktion von Erich Mühlbauer aus: Sie muss von Menschenhand geschoben oder gezogen werden.

Zwei Geschäftsführer sagen dem Ampfer den Kampf an, mit eigenen Konstruktionen – ein Beispiel dafür, dass die MR nicht nur Großtechnik vermitteln

Durch die Entwicklung von Ampferbekämpfungsgeräten, die das Spritzmittel auch bei Ganzflächenbekämpfung mit einem Dochtrechen oder Filzstab gezielt nur auf den Ampfer bringen, wurde hier eine wesentliche Verbesserung erreicht.

Zwei Geschäftsführer waren allerdings mit den auf dem Markt angebotenen Anbau-Docht-Geräten nicht so ganz zufrieden. Sie störten sich vor allem an folgendem: der Mittelverbrauch ist zu hoch; rund 20% des Ampfers wird von den Schlepperreifen niedergefahren und bleibt dadurch unbehandelt; die breiten Anhänge- bzw. Anbaugeräte passen sich im hügeligen Gelände den Bodenunebenheiten nicht in ausreichendem Maß an und außerdem bedeuten selbst mittlere oder kleine Schlepper eine unnötige PS-Verschwendung bei dieser Arbeit.

Kaspar Ettstaller vom MR Bad Aibling hat diese Probleme mit einem kleinen, selbstgebauten Selbstfahrergerät gelöst. Das Antriebsaggregat entnahm er einem Moped.

Seinem Kollegen Erich Mühlbauer vom MR Mittlerer Bayerischer Wald war sogar der Moped-Antrieb noch zu viel an Energieverschwendung bzw. -Aufwand. Er entwickelte ein leichtes Schubgerät. Dieses Gerät kann auch selbst gebaut werden... nach der Anleitung, die Mühlbauer für seine Mitglieder erarbeitet hat.

Quelle: MR-Intern 1/83

Auch im Hopfenbau hat sich der überbetriebliche Pflanzenschutz bewährt

Die Brauerei Müller in Pfaffenhofen kam vor zwei Jahren auf die Idee, aus Werbegründen wieder selbst Hopfen anzubauen. Sie wandte sich an den MR Pfaffenhofen, denn sie wollte die gesamte Arbeit überbetrieblich erledigen lassen, von der Anlage des Hopfengartens bis zum fertigen Produkt. Konrad Siebler aus Niederthann, selbst ein kleiner Hopfenbetrieb, übernahm diesen Auftrag komplett. Pflanzenschutz im Hopfen ist eine besonders diffizile Angelegenheit, vor allem was die termingerechte Durchführung betrifft. Um es kurz zu machen: der Hopfen der Brauerei Müller brachte einen guten Ertrag und war von ausgezeichneter Qualität. Er erhielt die höchste Auszeichnung bei der Qualitätshopfenprämierung 1988 in der Hallertau, er wurde Siegerhopfen. Dieser Erfolg hat die Brauerei Müller veranlasst, ihren Hopfenbau auszudehnen: 1989 wurden noch einmal gut 3000 Stöcke eingelegt.
Quelle: Mein Maschinenring 2/89

MR Kitzingen organisiert Pflanzenschutz im Weinbau

Schon bei den Neuanpflanzungen der Weinberge 1982 in dem unterfränkischen Weinort Obernbreit einigten sich die Winzer auf eine einheitliche Zeilenbreite, um die Rebflächen überbetrieblich bearbeiten zu können. Seitdem führt der Winzer und Landwirt Werner Ottenbreit aus Obernbreit den Pflanzenschutz nicht nur im eigenen Weinberg von 1,26 ha durch, sondern auch noch für acht andere Winzer auf insgesamt 5,93 ha Rebfläche. Der Austragsbauer Martin Stintzing fährt das Wasser zu und hilft beim Anrühren der Mittel. In Gang gebracht wurde diese beispielhafte Partnerschaft durch den Geschäftsführer des Maschinen- und Betriebshilfsringes Leonhard Löther. Er ist als selbstvermarktender Nebenerwerbswinzer mit 1,32 ha ebenfalls beteiligt.
Fazit: die allgemein verbreitete Meinung, dass der erfolgreiche Winzer den Pflanzenschutz selbst machen müsste, hat sich als Vorurteil erwiesen.
Quelle: Mein Maschinenring 1/90

In dem Begriff *Integrierter Pflanzenbau* wurden alle diese Ziele bzw. die zur Erreichung dieser Ziele erforderlichen Maßnahmen zusammengefasst. Diese Entwicklung hat dem Engagement der Maschinenringe für den überbetrieblichen Pflanzenschutz, die Hightech kombiniert mit gutem Fachwissen anbieten konnten, zusätzlichen Auftrieb gegeben.

Denn auch die Gerätehersteller haben nicht geschlafen. Neben den früher weit verbreiteten Dreipunkt-Anbaugeräten mit Behältergrößen von 300 bis 600 l wurden schon in den siebziger Jahren größere Spritzen für den Aufbau auf Geräteträger und dergleichen oder als Anhänge-Maschinen mit Behälterinhalten bis zu 2000 l auf den Markt gebracht. Gleichzeitig wurden auch wesentliche technische Verbesserungen an den einzelnen Bauorganen vorangetrieben. Solche Hightech-Geräte kosteten natürlich auch einiges mehr als die genannten Dreipunkt-Anbaugeräte. Das gilt auch für die in Sonderkulturen wie Wein und Hopfen verwendeten Spritzen. Kein Wunder, dass vereinzelt auch kleinere Winzer den Pflanzenschutz in ihren Weinbergen Maschinenring-Experten anvertraut haben (siehe nebenstehend), zumal der Pflanzenschutz aus der Luft, wie ihn Richard Raps jahrelang erfolgreich praktiziert hat (siehe Seite167), insbesondere in Steillagen an der Mosel, aus Umweltgründen in den fränkischen Weinbaulagen total eingestellt wurde.

Über den genauen Umfang des überbetrieblichen Pflanzenschutzes in den bayerischen Maschinenringen gibt es nur wenige konkrete Daten. In den jeweiligen Jahresberichten ist diese Tätigkeit nicht gesondert ausgewiesen, sondern unter *Düngung, Bestellung und Pflege* miterfasst. Lediglich in den Jahresberichten 1980 und 1981 werden genaue Zahlen genannt:
1980 wurde in 65 Maschinenringen auf einer Fläche von 50 452 Hektar Pflanzenschutz überbetrieblich durchgeführt. 1981 hat sich die Fläche sogar auf 38 492 Hektar verringert. Angesichts der gesamten Landwirtschaftlichen Fläche aller bayerischen MR-Mitglieder von 1. 451 652 (1980) bzw.1.525 190 (1981) Hektar ein verschwindend geringer Anteil.

Diese Zahlen bestätigen und unterstreichen die tiefsitzenden Vorurteile, die von der Mehrzahl der Landwirte dem überbetrieblichen Pflanzenschutz auch noch Anfang der 80-er Jahre entgegengebracht wurden.

Doch die Maschinenringe ließen sich dadurch nicht entmutigen und führten ihre Maßnahmen zur Förderung des überbetrieblichen Pflanzenschutzes fort. Im Winter 1990/91 haben immerhin 90 bayerische MR-Mitglieder an den speziellen Fortbildungskursen, die 10 Jahre zuvor erstmals angeboten wurden, teilgenommen. Dazu im KBM-Jahresbericht 1991: *Daher ist u. a. die Schulung von Pflanzenschutzspezialisten auf hohem fachlichen Niveau eminent wichtig. 1991 wurden 10 derartige Lehrgänge (circa 195 Teilnehmer) durchgeführt.*

■ Qualitätsoffensive Überbetrieblicher Pflanzenschutz

Eine neue Qualität und Richtung in den Maßnahmen des KBM zur Förderung des überbetrieblichen Pflanzenschutzes beginnt mit der Anstellung von Dr. Johann Habermeyer beim KBM 2002 als Referent für *Organisationsentwicklung* und stellvertretender Geschäftsführer.

Die von Habermeyer initiierte und entwickelte *Qualitätsoffensive Überbetrieblicher Pflanzenschutz (ÜPS)* muss vor dem Hintergrund der neuen, verschärften gesetzlichen Bestimmungen gesehen werden (1993 wurde das Pflanzenschutzgesetz novelliert). Unter anderem müssen nun Landwirte, ... *die Pflanzenschutzmittel für andere – außer gelegentlicher Nachbarschaftshilfe – anwenden wollen, dies der zuständigen Behörde vor Aufnahme der Tätigkeit anzeigen.* Ziele und Hintergründe dieser Qualitätsoffensive hat Dr. Habermeyer beschrieben (siehe Seite 145).[7]

Neben den Schulungen hat das KBM im Rahmen der *MR-Infothek* eine Informationsplattform für die Maschinenring-Mitglieder geschaffen, über die in unregelmäßigen Abständen interessante Informationen und Auswertungsprogramme rund um die Landwirtschaft zur Verfügung gestellt werden sollen. Als erstes Produkt in der MR-Infothek wird mit dem „MR Abstandsmanager" für den Pflanzenschutz ein Lösungsansatz für die leichtere Bewältigung der gesetzlichen Abstandsauflagen zu Gewässern und Nichtzielflächen angeboten.[8]

Mit diesem Programm wird es den Landwirten, insbesondere den MR-Mitgliedern, die Pflanzenschutz überbetrieblich praktizieren wesentlich erleichtert, die komplizierten Vorschriften einzuhalten.

Bis 2003, so wird im KBM Jahresbericht mitgeteilt, nutzen bereits 4000 Landwirte in Deutschland diese praktische Hilfe.

Diese für eine landwirtschaftliche Software schnelle und starke Verbreitung hat sicher auch dazu beigetragen, dass der MR-Abstandsmanager im Rahmen der *Neuheiten-Aktion 2003* der Agritechnika mit der Silbermedaille ausgezeichnet wurde.

Doch die Landwirte sind nicht nur gehalten, die gesetzlichen Auflagen einzuhalten, sie müssen dies auch entsprechend nachweisen. Auch dieses Problems hat sich Dr. Habermeyer angenommen. Mit *MR Doku Plant* verfügen die MR-Mitglieder über ein ausgezeichnetes Werkzeug zur schlagspezifischen Aufzeichnung und Dokumentation wichtiger Produktionsdaten.

Unter www.MR-DokuPlant.de kann sich der Landwirt genauer informieren und gegebenenfalls die entsprechende Software online bestellen. Auch dieses Programm, das unter anderem in Zusammenarbeit mit dem Bundesverband der Maschinenring (BMR) entwickelt wurde, ist im Rahmen der *Agr@r-Computer Tage 2004* mit einem Innovationspreis gewürdigt worden.[9] Mittlerweile wurde MR DokuPlant noch weiter ausgebaut und über den Bereich Pflanzenschutz hinaus weiterentwickelt, wie der untenstehende Auszug aus dem KBM Jahresbericht 2005 zeigt.

KBM und Maschinenringe haben mit dieser Qualitätsoffensive große Anstrengungen unternommen, den überbetrieblichen Pflanzenschutz noch mehr Landwirten nahe zubringen. Den Erfolg dieses Engagements und die weitere Entwicklung des überbetrieblichen Pflanzenschutzes in Bayern schätzt Dr. Habermeyer wie folgt ein:

Der überbetrieblicher Pflanzenschutz ist in Bayern ...

... sicher noch stark entwicklungsfähig. Aufgrund deutlich steigender Auflagen im Pflanzenschutz sowie bei der Lagerung von Pflanzenschutzmitteln im eigenen Betrieb ist bei vielen Betriebsleitern die latente Befürchtung vorhanden, unabsichtlich etwas falsch zu machen.

Das Nichteinhalten der durchaus komplizierten Anwendungsbestimmungen im Pflanzenschutz führt seit Einführung der EU-Agrar-Reform mit den damit verbundenen Cross-Compliance-Kontrollen zu einem deutlich höheren Risiko von betrieblichen Prämienkürzungen.

Damit einhergehend nimmt langsam die Nachfrage nach Pflanzenschutz-Profis auch in Bayern zu. Allerdings steigt damit auch die Anforderung an den Wissensstand der Auftragnehmer. Da es äußerst umstritten ist, in welchem Umfang unabsichtliches Nichtbeachten von Anwendungsbestimmungen und damit einhergehende Prämienkürzungen beim Auftraggeber durch den Auftragnehmer privatrechtlich ersetzt werden müssen, ist die Bereitschaft, für andere im Rahmen der Nachbarschaftshilfe Pflanzenschutzmittel auszubringen eher schwindend. Festgesetzte Weiterbildungsmaßnahmen für die Auftragnehmer sind hier dringend notwendig. Die zurückgehende personelle Kapazität staatlicher Beratungskräfte wird in Kürze zu einem Engpass von Weiterbildungsangeboten führen. Möglicherweise ist in einem Verbund mit den anderen Selbsthilfeeinrichtungen in Bayern hier eine gemeinsame Fortbildungs- und Beratungslösung zukünftig in Form einer Art Verbundberatung anzustreben.[10]

MR-DokuPlant

In zahlreichen Informations- und Schulungsveranstaltungen wurden die Maschinenring-Mitglieder über die gesetzlichen Rahmenbedingungen zur schlagspezifischen Dokumentationsverpflichtung sowie über Anforderungen der Marktpartner zur Rückverfolgbarkeit informiert. Mit dem modular aufgebauten Software- und Dienstleistungssystem MR DokuPlant können die Landwirte flexibel auf diese Erfordernisse reagieren.

Unterste Ausbaustufe ist die preiswerte Einstiegssoftware MR-DokuPlant LT, die eine einfache Dateneingabe zur Erfassung der einzelschlagspezifischen Produktionsparameter ermöglicht....

Aus dem Programm MR-DokuPlant LT können einfache Dienstleisteraufträge für den überbetrieblichen Maschineneinsatz erstellt werden; es ist natürlich auch kompatibel zu den Programmversionen, die die MR-Geschäftsstelle für Datenbündelung und hochwertige Auswertungen hat. In das Programm MR-DokuPlant LT lassen sich zwischenbetriebliche Kosten- und Ertragsanalysen (Benchmarking) der MR-Geschäftsstelle aus dem Internet einlesen und übersichtlich darstellen und ausdrucken. Aufbauend auf den Funktionalitäten von MR-DokuPlant LT wurden in MR-DokuPlant GIS die Navigationsmöglichkeiten um ein Geografisches Informationssystem (GIS) erweitert. Durch die hinterlegten Luftbildaufnahmen (Orthofotos) bieten sich elegante Buchungs- und Darstellungsmöglichkeiten auf dem Bildschirm. Das Erweiterungsmodul MR DokuPlant Professional eröffnet die Möglichkeiten zahlreicher ökonomischer Auswertungen und Planungsvarianten.

Mittlerweile stehen für das Erweiterungsmodul „Bodenmanger" umfangreiche Daten für die schlagspezifische Nährstoffbilanzierung zur Verfügung...

Quelle: KBM Jahresbericht 2005

Der Initiator und Promotor der Qualitätsoffensive Überbetrieblicher Pflanzenschutz: Dr. Johann Habermeyer

Insbesondere im Dschungel rechtlicher Rahmenbedingungen, der bevorstehenden Dokumentationspflicht für einzelschlagspezifische Düngungs- und Pflanzenschutzmaßnahmen und Indikationszulassung werden nach vorliegenden Schätzungen vor allem kleinere Betriebe oder Veredelungsbetriebe den Bereich der Pflanzenschutzausbringung zunehmend überbetrieblich erledigen lassen. Sie wollen aber als Auftraggeber sichergestellt wissen, dass die Arbeiten auflagenkonform und nach bestem fachlichem Wissen ausgeführt worden sind. Insbesondere die je nach Pflanzenschutzmittel stark variierende Abstandsregelung zu Gewässern und Nichtzielflächen birgt ein hohes Fehlerrisiko. Daneben setzt der Auftraggeber ein hohes fachliches Niveau bei seiner Auftragserteilung voraus....

Das Kuratorium Bayerischer Maschinen- und Betriebshilfsringe e. V. hat als Dachverband daher für den Kreis von Landwirten, die überbetrieblich Pflanzenschutz ausbringen, eine Informations- und Weiterbildungsinitiative vorbereitet, die zusammen mit den regionalen MR-Geschäftsstellen durchgeführt wird.

Quelle: Dr. Johann Habermeyer, Maschinenring Die Profis vom Land 1/2002

Quellen:

[1] *Maschinenringe steigen in den Pflanzenschutz ein*, Bayerisches Landwirtschaftliches Wochenblatt Nr.14/1973, S. 34
[2] Dr. Heinrich Ostarhild, *Vom „stummen Frühling" zur „Guten Fachlichen Praxis" in der Pflanzenschutztechnik*, Miterlebte Landtechnik, DLG-Verlags-GmbH, Frankfurt am Main, 2005, S. 139
[3] *MR-Spezialisten für Pflanzenschutz*, MR-Intern 2/81
[4] Dr. Alois Weidinger, *Maschinenringe, was sonst? Miterlebte Landtechnik*, DLG-Verlags-GmbH, Frankfurt am Main, 2005, Seite 128
[5] Josef Lanzinger, *Sachgerechter und umweltbewusster Pflanzenschutz im Maschinenring*, MR-Intern 1/85
[6] *Pflanzenschutz überbetrieblich*, Mein Maschinenring 2/89
[7] Dr. Johann Habermeyer, *Qualitätsoffensive überbetrieblicher Pflanzenschutz (ÜPS)*, Maschinenring Die Profis vom Land 1/2002
[8] Dr. Johann Habermeyer, *MR-Abstands-Manager* Maschinenring Die Profis vom Land 2/2002.
[9] KBM Jahresbericht 2004
[10] Schreiben von Dr. Habermeyer an den Autor vom 10.8.2006

Von Rent a trac bis zur Außenwirtschaftsgemeinschaft

Zeittafel

1979 In MR-Intern erscheint der Artikel: *Schlepper: Schlüsselmaschine bei der Senkung der Mechanisierungskosten.*

1986 Die Solo-Schlepper-Vermittlung wird in Verbindung mit einer Rundumversicherung initiiert.

1987 Die Aktion *Rent a trac* wird gestartet.

1989/90 Im MR Höchstadt-Forchheim wird eine Trac-Maschinengemeinschaft gegründet.

1992 Der MR Buchhofen gründet die *AgroRent GbR*. Der MR Jura vermittelt Leihschlepper vom Landmaschinenhandel.

1994 Im MR Uffenheim-Bad Windsheim wird mit der *Agrar-GbR Adelhofen*, die erste Außenwirtschaftsgemeinschaft gegründet.

Schlepper: Schlüsselmaschine bei der Senkung der Mechanisierungskosten

*In den letzten Jahren diente aufgrund der relativ guten Einkommensentwicklung bei vielen Landwirten der MR nicht in erster Linie zur Senkung der Mechanisierungskosten, sondern meist dazu, die durch Spezialisierung, Intensivierung und Arbeitskräfteabwanderung bedingte Mehrarbeit auszugleichen. In Zukunft dürfte aber die Einsparung von Mechanisierungskosten wieder größere Bedeutung gewinnen. Denn die Möglichkeiten über den Preis und/oder die Ausweitung der Produktion das Einkommen zu erhöhen, dürfte nicht mehr so günstig sein wie in der Vergangenheit. Dabei kommt dem Schlepper eine Schlüsselrolle zu:
Der Schlepper zählt mit zu den teuersten Landmaschinen überhaupt.
Ein neuer Schlepper bringt meist erhebliche Nachfolgekosten mit sich: vor allem neue und größere Anbaumaschinen.
Der Schlepper dient nicht nur der Arbeitserledigung, sondern vielfach auch dem Prestigebedürfnis der Landwirte. Außerdem sehen viele in einem PS-starken, neuen Schlepper einen Garanten für die Erhaltung und Weiterführung des Betriebes überhaupt.
Wer also mehr Partnerschaft und mehr Kostensenkung anstrebt, muss vor allem beim Schlepper ansetzen, insbesondere beim schweren Schlepper.*

Quelle: MR-Intern I/79

Je mehr PS bzw. Pferde-Stärke, umso mehr Bedeutung

Wer sechs Ross im Stall stehen hat, sitzt im Wirtshaus, beim Bürgermeister und beim Ausschuss. Wenn er das Maul auftut und über die schlechten Zeiten schimpft, gibt man Acht auf ihn. Wer fünf Ross und weniger hat, ist ein Gütler und schimpft auch. Aber es hat nicht das Gewicht und ist nicht wert, dass man es weitergibt. Wer aber kein Ross hat und seinen Pflug von ein paar mageren Ochsen ziehen lässt, der ist ein Häusler und muss das Maul halten. Ludwig Thoma

---

Viel PS und wenig Grund bringen den Bauern auf den Hund. Diese drastisch formulierte Erkenntnis war denen, die sich die Mühe machten, die Mechanisierungskosten eines Betriebes auszurechnen und zu analysieren, schon lange bewusst. Es hat aber noch Jahre gedauert, bis aus dieser Einsicht Folgerungen gezogen und entsprechende Maßnahmen von Seiten der Maschinenringe in Angriff genommen wurden.

Natürlich wurden Schlepper im Maschinenring von Anfang an überbetrieblich eingesetzt. Der Schlepper stand sogar stets an erster Stelle in der Preisliste. Bei keiner anderen Maschine gab es auch eine so starke Differenzierung in den Preisen. In der *Arbeitspreisliste* der Maschinengemeinde eGmbH Buchhofen werden 21 verschiedene Kategorien von Schleppern unterschieden, mit je 3 Preisstufen, je nachdem ob es sich um eine leichte, mittlere oder schwere Arbeit handelt.[1]

Doch trotz dieser herausragenden Stellung des Schleppers in der Preisliste hat die Schleppervermittlung, mit und ohne Fahrer, am Verrechnungswert von Anfang an nur einen relativ geringen Anteil ausgemacht: 1970 9,4 %, 1989 11,5 % und seit 2000 etwas über 12 %.

Den Löwenanteil dieses *Umsatzes* machen aber die Fälle aus, in denen der Schlepper als Teil einer kompletten Dienstleistung zum Einsatz kommt, zum Beispiel beim Maissäen. Der spezielle Schleppereinsatz, um den es in diesem Kapitel hauptsächlich geht, zielt darauf ab, die Zahl der eigenen Schlepper zu reduzieren. Gedacht ist hier in erster Linie an die Kategorie von Schleppern, die nicht so häufig gebraucht wird und gleichzeitig mit hohen Kosten verbunden ist. Das ist in der Regel der PS-starke Traktor, der hauptsächlich zur Bodenbearbeitung gebraucht wird. Dazu gibt es zwei Wege: die entsprechenden Arbeiten werden gezielt und auf Dauer ausgelagert oder die dafür erforderliche *Zugmaschine* wird *solo* ausgeliehen.

Das ist leichter gesagt, als getan. Warum es so schwierig ist, Landwirte für eine dieser beiden Möglichkeiten zu begeistern, darüber ist schon viel philosophiert worden. Eine Reihe rationaler, aber mindestens ebenso viele emotional bedingte Gründe müssen dafür herhalten.

Einer, der den wohl wichtigsten psychologischen Grund dafür besonders anschaulich und treffend formuliert hat, auch wenn er das Wort *Schlepper* gar nicht verwendet, ist Ludwig Thoma (siehe nebenstehend).

Aber trotz solch elementarer, in der Natur des Menschen verankerter Einstellungen gab es in den Kreisen der Maschinenringe einige wenige, die diesen Tatbestand nicht als gottgegeben betrachteten und immer wieder versuchten, die heilige Kuh Schlepper aufs Korn zu nehmen.

Ein Artikel in MR-Intern von 1979 stellt einen ersten Schritt dazu dar (siehe nebenstehend).

Ergänzt wird der genannte Beitrag durch ein Rechenbeispiel, das Johann Sedelmeier, damals noch *Techniker* beim Amt für Landwirtschaft in Ansbach, zur Auslastung eines 90-PS-Schleppers in einem 30-ha-Betrieb zusammengestellt hat. Das Ergebnis seiner Kalkulation: bei einer maximal möglichen Auslastung von 157,5 Stunden/Jahr ergeben sich Schlepperkosten von 44,50 DM/Stunde. Der entsprechende Verrechnungssatz im Maschinenring: 23,– DM/Stunde.

Doch den Verfechtern eines verstärkten und gezielten überbetrieblichen Schleppereinsatzes wurde bald klar, dass derartige, gut gemeinte Empfehlungen wenig fruchten, wenn sie nicht mit konkreten, die Praktiker ansprechenden Angeboten verbunden sind.

Erstmals wurden 1986 bei den Herbst-Arbeitsbesprechungen der bayerischen MR-Geschäftsführer entsprechende Überlegungen angestellt. Das Ergebnis: die

Vermittlung des Schleppers ohne Bedienungsmann, also der Solo-Schlepperverleih, soll durch eine Rundumversicherung attraktiver gemacht werden. Das Risiko für Verleiher und Entleiher könnte so erheblich vermindert und der Solo-Schlepperverleih attraktiv gemacht werden.

Unter dem *Slogan Rent a trac* haben nun die Maschinenringe für dieses neue Angebot geworben, unter anderem auch auf dem Stand der Maschinenringe beim Zentrallandwirtschaftsfest 1987 (siehe Foto).

Sogar mit etwas Humor wurde die Aktion *rent a trac* gewürzt, mit der nebenstehenden Karikatur des aus der Süddeutschen Zeitung bekannten Karikaturisten Hürlimann. Um die bildliche Aussage von Hürlimann noch zu verdeutlichen, wurden ZLF-Besucher gebeten, zur Karikatur einen passenden Spruch beizusteuern. Die folgenden drei Kurzreime wurden prämiert; der erste wurde für ein Plakat verwendet:

- 1. *Viel PS und wenig Grund bringen den Bauern auf den Hund.*
- 2. *Mit Vollgas in den Ruin – mit dem MR in den Gewinn.*
- 3. *Maschinenring ja oder nein? Wer nicht rechnet, der geht ein.*

Doch trotz Werbung und Rundumversicherung blieb die Nachfrage nach dem Solo-Schlepper gering. Daran änderten auch die zahlreichen Presseberichte des KBM (siehe unten), die diese Aktion begleiteten, nur wenig. Obwohl, wie aus dem nebenstehenden Bericht hervorgeht, bei relativ vielen Mitgliedern ein Interesse, einen Schlepper auszuleihen, bestand.

Das Interesse wurde erst stärker, als zur praktischen Umsetzung der an sich richtigen Idee, nämlich den Schlepper ohne Fahrer anzubieten, neue Angebotsvarianten entwickelt wurden. Hier sind vor allem die Maschinenringe Jura und Buchhofen zu nennen.

Die Aktion Rent a trac wurde 1987 beim Zentrallandwirtschaftsfest erstmals groß herausgestellt und mit einer Karrikatur von Hürlimann ergänzt

Hans Murr, Vorsitzender des KBM, informiert Besucher auf dem ZLF-Stand der Maschinenringe über das Konzept *Rent a trac*. Von rechts, stehend: **Dr. Anton Grimm, Hans Murr, Anton Rauch, Dr. Erich Geiersberger, Dr. Alois Weidinger** und **Ernst Dammann**.

(Hürlimann)

Das Interesse ist größer als vermutet

Betriebswirtschaftler fordern als maximalen Schlepperbesatz 1 kW/ha. Der derzeitige Wert liegt etwa viermal so hoch. Bei keiner anderen Maschine ist der Wunsch, sie selbst zu besitzen, so groß wie beim Schlepper. Trotzdem lohnt es sich, diese harte Nuss zu knacken und den Schlepperbesatz zu reduzieren; denn hier bestehen noch beachtliche Einsparmöglichkeiten, von 10 000 DM/Jahr und mehr je Betrieb. Die Bereitschaft der Landwirte, vor allem den schweren Schlepper und den Schlepper mit Sonderausrüstung auszuleihen beziehungsweise die gesamte Dienstleistung (Schlepper, Fahrer plus Gerät) zu kaufen, nimmt zu. Man muss dieses Thema nur immer wieder ansprechen, bestehende Beispiele herausstellen und natürlich auch konkrete Angebote machen. In einer schriftlichen Umfrage eines MR, die von 270 Mitgliedern beantwortet wurde, haben 55 den Wunsch geäußert, einen Schlepper in Soloverleih zu beanspruchen und 22 Mitglieder haben sich bereit erklärt, einen Schlepper im Soloverleih bereitzustellen. Ein Ergebnis, das die kühnsten Erwartungen übertroffen hat.

Quelle: Akzente der KBM-Arbeit 1990, KBM Jahresbericht 1990

Das Thema „überbetrieblicher Schleppereinsatz" beherrscht mehrere Jahre die Schlagzeilen in der Pressearbeit des KBM:

Schlepperkauf: Protzen mit PS kommt teuer zu stehen	Mein Maschinenring 1/86
Den großen Schlepper leihen und selber fahren eine umfassende Versicherung macht's möglich! – Rent a trac	Mein Maschinenring 3/87
Schlepper-Soloverleih – was sagt der Praktiker?	Mein Maschinenring 3/87
Kostensenkung durch PS-Abbau: einen Schlepper weniger	Mein Maschinenring 1/88
Rent a trac: Den Schlepper leihen statt kaufen	Mein Maschinenring 1/88
Es geht auch ohne eigenen Groß-Schlepper	Mein Maschinenring 3/88
Pferde-Stärke	Mein Maschinenring 2/89
Nicht gekauft hat: Ernst Stark, MR Neustadt/WN einen neuen 75 PS-Schlepper	Mein Maschinenring 2/89
Gute Erfahrungen mit „Rent a trac"	Mein Maschinenring 1/90
Schlepper mieten statt kaufen: Ein großer Schlepper reicht für fünf Betriebe	Mein Maschinenring 2/90
Ein MB-trac für 12 Bauern	Mein Maschinenring 1/91
Leasen statt kaufen	MR Spezial 1/94

Schleppermiete auf niederbayerisch: Agro-Rent GbR

Franz Wagner, der Geschäftsführer des MR Buchhofen, war Erfinder und Initiator zur Gründung einer neuen Form des überbetrieblichen Schleppereinsatzes, der *AgroRent GbR*

Die Schleppergemeinschaft „AgroRent" vermietet fünf Schlepper zwischen 170 und 260 PS an die Mitglieder der Gemeinschaft und auch an andere MR-Mitglieder. Nach und nach wurden zusätzlich Anbaugeräte für die Bodenbearbeitung passend zu den leistungsstarken Schleppern gemeinsam angeschafft …
Die Schlepper und die Anbaugeräte sind auf vier dezentrale Mietstationen bei Mitgliedsbetrieben verteilt, um die Anfahrtswege möglichst kurz zu halten. Die Landwirte vor Ort sind für die Wartung zuständig und eng in die Einsatzkoordination eingebunden. Drei der fünf Schlepper werden mit Rapsöl aus der Region betankt.

Quelle: Jürgen Buchholtz, BMR e. V., 5. 12. 2005; www.Maschinenringe.com

Am Schlepperverleih des MR Jura interessierte Mitglieder bei der obligatorischen Einweisung. Ganz rechts Geschäftsführer **Walter Wittmann**; in der Mitte, rechts neben den beiden Mechanikern: **Vorsitzender Johann Dechand**.

Neue Organisationsformen entstehen

Im MR Jura kam man, um der Nachfrage nach schweren Schleppern gerecht zu werden, sich aber keine Mitglieder bereit fanden, ihren Traktor dafür zur Verfügung zu stellen, auf die Idee, von einem Landmaschinenhändler einen entsprechenden Schlepper für eine gewisse Zeit anzumieten. Wie der Beitrag auf der nächsten Seite zeigt, war dies ein guter Einfall.

Zunächst mag es verwundern, dass es einen großen Unterschied macht, wenn der Schlepper nicht mehr von einem Landwirt, sondern vom Handel zur Verfügung gestellt wird. Doch bei näherer Betrachtung ist dies durchaus erklärbar: Im Schadensfall hat es der betroffene Landwirt nicht mit einem Berufskollegen zu tun, sondern mit dem Maschinenring beziehungsweise einer Firma. Davon verspricht er sich eine Minimierung möglicher Scherereien und Streitigkeiten. Außerdem bietet der Handel in der Regel nur nagelneue Maschinen an, die zudem hinsichtlich ihrer Ausstattung noch weitgehend die Wünsche der potentiellen Kunden berücksichtigen. Und nicht zuletzt wurden dafür ganz spezielle und detaillierte Spielregeln geschaffen, die dazu angetan waren, Streitigkeiten möglichst zu vermeiden. Zum Beispiel müssen die Benutzer unbedingt eine Einweisung mitmachen. Ferner sind sie verpflichtet, verschiedene Daten in einem Fahrtenbuch zu notieren.

Leihschlepper vom Handel im Maschinenring Jura

Im Sommer und Herbst 1992 meldeten sich immer wieder Landwirte, die für die Bewältigung ihrer Arbeitsspitzen … einen Schlepper ohne Fahrer zum Ausleihen anforderten. Schlepper sind zwar genügend vorhanden, doch ist kaum ein Landwirt bereit, einen Schlepper in der Leistungsklasse von 60 bis 110 kW (circa 80 bis 150 PS) an andere Berufskollegen abzugeben …

Nach langen Überlegungen entstand in der Maschinenring-Geschäftsstelle erstmals die Idee, den Maschinenringmitgliedern einen Leihschlepper vom Handel zu vermitteln …

Unter den angebotenen Schleppern wurde ein John Deere mit 95 kW (130 PS) ausgewählt …

Mit dem Schlepperhändler wurde vereinbart: der Einsatzzeitraum ist auf vier Monate beschränkt, vom 1. August bis 30. November. Pro Betriebsstunde zahlt der Landwirt einen festgelegten Betrag. Der Maschinenring verpflichtete sich, Miete für 400 Stunden auf jeden Fall zu entrichten. Kundendienst, Haftpflicht-, Vollkasko- und Teilkaskoversicherung werden von den Benutzern getragen und auf den Verrechnungssatz pro Stunde umgelegt. Damit stand dem Maschinenring Jura für einen begrenzten Zeitraum ein Schlepper für den Verleih an alle Mitglieder zur Verfügung.

Um den Einsatz zu regeln, erstellte das MR-Büro für den Schlepper eine Benutzerordnung. Im ersten Jahr 1993 mussten 400 Stunden fest an die Firma bezahlt werden. Aufgrund dessen wurde eine Voranmeldung mit sofortiger Bezahlung von 30,00 DM je Betriebsstunde für den 92 kW (125 PS) starken John-Deere-Schlepper eingeführt. 15 Landwirte zahlten vor Einsatzbeginn Anfang August 455 Stunden. Alle weiteren Benutzer mussten 33,00 DM je Betriebsstunde nach dem Einsatz bezahlen.

In den vier Monaten von August bis November 1993 wechselte der Schlepper 51-mal den Betrieb, lief 712 Stunden und wurde von 37 Landwirten benutzt.

Das Fazit nach dreijähriger Erfahrung: Maschinenring-Mitglieder mit den unterschiedlichsten Betriebsstrukturen und -zweigen fordern vermehrt Soloschlepper an. Der Leihschlepper von der Industrie ist eine Möglichkeit, diese Anforderungen zu erfüllen …

Langfristig jedoch sollte er durch Schlepper ersetzt werden, über die die Landwirte ohnehin verfügen. So wird eine zusätzliche Auslastung der vorhandenen Traktoren erreicht.[2]

Auch wenn diese Form der Schleppermiete aus MR-Sicht kritisch zu sehen war – ökonomisch sinnvoller wäre es, auf die bei den Mitgliedern reichlich vorhandenen und wenig ausgelasteten Schlepper zurückzugreifen – so hat sie doch dazu beigetragen, den überbetrieblichen Schleppereinsatz stärker als bisher bekannt zu machen und gewisse Schwellenängste abzubauen. Über diesen Umweg wurden einige Landwirte auch ermutigt, gelegentlich auch Schlepper von Berufskollegen in Anspruch zu nehmen.

Im MR Buchhofen ist man einen Weg gegangen, der sich beim Einsatz von Rübenrodern und anderen Großmaschinen bereits vielfach bewährt hatte: die vom Maschinenring geführte Maschinengemeinschaft, ergänzt mit einigen Elementen aus dem Konzept *Rent a trac*. Und – ein ganz entscheidender Punkt – man ging über die bloße Schleppervermittlung hinaus: *Die AgroRent GbR ist ein gewerblicher Mietpark in bäuerlicher Hand. Ziel der AgroRent GbR ist, schwere Bodenbearbeitungstechnik inklusive Schlepper an die Mitglieder des MR Buchhofen zu vermieten.*[3]

Gegründet wurde die *AgroRent GbR* am 13. Januar 1992 von 15 Mitgliedern des MR Buchhofen. Das Führen eines Fahrtenbuches unter Verwendung von Stunden- und Hektarzähler war auch hier obligatorisch. Ein Mitglied war zuständig für die Wartung und Pflege der Gemeinschaftsmaschinen. Der Ort, an dem dies geschieht, wird zur *Mietstation*.

Die Erstausstattung umfasste einen 228-PS-Traktor und einen 7-Schar-Aufsattel-Vario-Volldrehpflug. 1994 verfügte die *AgroRent GbR* bereits über drei Schlepper und fünf Bodenbearbeitungsgeräte, verteilt auf zwei Mietstationen.

Über den aktuellen Stand der Buchhofener Schleppergemeinschaft informiert die Internetseite des BMR (siehe linke Seite).

Besonders hervorzuheben ist auch eine im Maschinenring Höchstadt-Forchheim von Georg Rittmayer gemeinsam mit vier weiteren Mitgliedern initiierte Organisationsform: die *Trac-Gemeinschaft*.

Bemerkenswert deshalb, weil sie bereits im Winter 1989/90 gegründet wurde und erstmals der Versuch unternommen wird, die gesamte Mechanisierung einer Gruppe von Landwirten im Maschinenring zu optimieren und schließlich, weil dieser Versuch auch außerordentliche erfolgreich war (und noch ist), wie dem Bericht von Karl Wunder, dem Geschäftsführer des MR Höchstadt-Forchheim, zu entnehmen ist.

Aus der MG (Maschinengemeinschaft) mit 5 Mitgliedern, die ursprünglich mit gemeinsamer Technik Eigenflächen bewirtschaften sollte, ist mittlerweile ein „Lohnunternehmen" geworden, das Dreschen, Häckseln, Pressen, Pflanzenschutz – eigentlich die gesamte Palette überbetrieblicher Tätigkeiten – anbietet. Durch die enorme Schlagkraft der MG konnten alle Mitglieder Zeit freisetzen, die von allen zu einträglichen neuen oder zusätzlichen Erwerbsquellen genutzt werden.[4]

Auf Vorschlag des KBM wurde Georg Rittmayer für seine innovative Leistung 1994 mit dem *Internationalen DLG-Preis zur Förderung junger Fachkräfte in der Agrar- und Ernährungswirtschaft* ausgezeichnet. Rittmayer ist auch Gründungsmitglied der *Jungen DLG*.

Kooperative Mechanisierungsplanung

Im benachbarten MR Uffenheim vermischten sich die Bestrebungen, den überbetrieblichen Schleppereinsatz zu fördern, mit einem Anliegen, das schon Anfang der 70er Jahre mit dem Begriff *Kooperative Mechanisierungsplanung* umschrieben wurde. Damit ist die Vorstellung verbunden, dass die prinzipiellen Möglichkeiten des Maschinenringes hinsichtlich Kostensenkung und Leistungssteigerung nur dann von den Mitgliedern voll ausgeschöpft werden, wenn die Maschineninvestitionen der Mitglieder eines Maschinenringes systematisch geplant und die Umsetzung dieses Plans durch geeignete Maßnahmen begleitet werden.

Ein Landtechnikberater am Amt für Landwirtschaft in Ansbach hat damals diese Gedanken aufgegriffen und versucht, sie in die Praxis umzusetzen: Johann Sedlmeier.

Gemeinsam mit den Landwirten einer Ortschaft hat er die optimale Maschinen-Ausstattung für diese Betriebe ermittelt. Dieser Versuch hat gezeigt, dass ein derartiger Plan, wenn er den beteiligten Landwirten immer wieder vor Augen gehalten wird, dazu beitragen kann, die

---

Trac-Gemeinschaft im MR Höchstadt-Forchheim

Die fünf Betriebe investierten gemeinsam in einen Geräteträger (115 PS), einen Allradschlepper (145 PS), eine Aufbauspritze (21 m, 1600 l) sowie 1993 in einen Mähdrescher mit 4,50 m Schnittbreite. Für den kommunalen Bereich wurden in der GbR ein Böschungsmäher, eine Astschere und ein Holzhäcksler gekauft. Bedingung für die einzelnen Mitglieder war, dass mehrfach vorhandene Technik abgestoßen wurde. So wurden zwei Schlepper (125, 110 PS), zwei Pflüge, zwei Sämaschinen, zwei Kreiseleggen und weitere Geräte verkauft ...

Durch die umfangreiche Auslastung der gekauften und auch der noch vorhandenen Technik in den eigenen Betrieben und im Zuerwerb konnten die Kosten der Arbeitserledigung im Getreidebau auf 600 bis 640 DM pro Hektar gesenkt werden. Außerdem – und dies ist nicht zu unterschätzen – sind bis zu 40 % Zeitsparnis in der Erledigung der Feldarbeit zu verzeichnen. Konkret, so fasste Georg Rittmayer zusammen, ergaben sich durch die Maschinengemeinschaft folgende Vorteile: „Die moderne Technik bringt eine bessere Arbeitsqualität. Durch die gegenseitige Entlastung der fünf Betriebsleiter entsteht eine höhere Flexibilität. Der Rationalisierungseffekt lässt dem einzelnen mehr Arbeitszeit zur Verfügung. Durch den Verkauf der mehrfach vorhandenen Maschinen sowie die gemeinsame Nutzung der Gemeinschafts- wie auch der Einzeltechnik konnte eine Kosteneinsparung von rund 250 DM pro Hektar erreicht werden."

Quelle: MR Spezial 1/94

Georg Rittmayer, Initiator der *Trac-Gemeinschaft* und seit 1996 Erster Vorsitzender des MR

Sie haben mit dem Instrument Maschinenleitplanung die Entwicklung von Außenwirtschaftsgemeinschaften im MR Uffenheim-Bad Windsheim ermöglicht und vorangetrieben:

Roland Herr

Werner Reiß

Quellen:
1. Dr. Erich Geiersberger, Die „Maschinenbank", BLV Verlagsgesellschaft München – Bonn – Wien
2. Walter Wittmann und Franz Prock, MR-Management & Technik 7/95
3. Franz Wagner, MR-Management & Technik 7/95, Seite 19
4. Karl Wunder, E-Mail vom 20.12.2005 an den Autor

Maschinenleitplanung im MR Uffenheim-Bad Windsheim

Als Erstes wurden die in den Betrieben vorhandenen Maschinen und weitere wichtige betriebliche Daten erfasst und in den „Arbeitserledigungsbogen" übertragen und ausgewertet. So wusste jeder über seine Maschinenkosten Bescheid und konnte diese mit dem Schnitt der Gruppe vergleichen. Im nächsten Schritt wurden dann für die Flächen aller fünf Mitglieder zusammen die für die verschiedenen Arbeiten verfügbaren Feldarbeitstage und ebenso die dafür notwendigen Arbeitstage ermittelt. Natürlich unter Berücksichtigung der neuen geplanten Technik. Daraus konnte dann die Anzahl der erforderlichen Maschineneinheiten (Schlepper plus Gerät) abgeleitet werden: Für die fünf Betriebe genügten drei Einheiten mit zwei 120-PS-Schleppern und einem 180-PS-Schlepper. Die von jeder Maschineneinheit zu leistenden Arbeiten wurden anschließend in einen Jahreskalender übertragen. Dieser wurde jedem Mitglied ausgehändigt.

Diese zum Teil aufwändige gemeinsame Planungsarbeit hat wesentlich dazu beigetragen, das Vertrauen der Mitglieder in dieses neue Projekt zu fördern; denn mit dem Beitritt in die Gemeinschaft war die Verpflichtung verbunden, die eigenen Maschinen, soweit sie nicht in den neuen Maschinenpark integriert werden konnten, zu verkaufen.

Genauso wichtig war die Entwicklung einer Benutzerordnung, in der die genauen Spielerregeln festgelegt wurden. Wer zum Beispiel seine Terminvorstellungen nicht rechtzeitig in den an jedem Schlepperstandort vorliegenden Kalender eintrug, musste entsprechend warten.

Quelle: Schreiben von Roland Herr an den Autor vom 19.12.2005

---

eine oder andere Fehlinvestition zu vermeiden. Aufbauend auf den Erfahrungen von Sedelmeier wurde mit Unterstützung von Dr. Grüneisen ein Computerprogramm entwickelt, das in der Lage ist, einen solchen Mechanisierungsplan für eine größere Gruppe von Landwirten aufzustellen, fortzuschreiben und den beteiligten Betrieben gleichzeitig Entscheidungshilfen dafür zu liefern, wie die aus diesem Prozess sich ergebenden Arbeitseinsparungen in den betroffenen Unternehmen sinnvoll genutzt werden können. Über ein gewisses Versuchsstadium ist auch dieses vom BML unterstützte Vorhaben, das unter anderem im MR Laufen erprobt wurde, nicht hinausgekommen.

Die Erkenntnisse aus diesem Versuch von Sedlmeier im Hinterkopf, machte sich der Geschäftsführer des MR Uffenheim-Bad Windsheim (heute MR Franken Mitte), Roland Herr, im Jahre 1994 daran, mit 5 interessierten Landwirten die *Agrar-GbR Adelhofen* zu gründen. Dabei handelt es sich um den ersten Fall, in dem die Geschäftsstelle eines Maschinenringes ihr wichtigstes Kernziel, nämlich die gesamte Mechanisierung – und nicht nur Teilbereiche davon – zu optimieren, systematisch angepackt und konsequent, zumindest bezogen auf eine Gruppe von Mitgliedern, umgesetzt hat. Roland Herr fand dabei in Werner Reiß, Berater am Landwirtschaftsamt, einen engagierten Partner und Helfer. Wie dabei im Einzelnen vorgegangen wurde, beschreibt Herr nebenstehend.

Das Beispiel von Adelhofen machte Schule. Weitere derartige Gemeinschaften entstanden. Heute gibt es im Gebiet des früheren MR Uffenheim-Bad Windsheim (nach der Fusion mit dem MR Steigerwald heißt er heute MR Franken Mitte) 16 Zusammenschlüsse entsprechend dem Modell Adelhofen, heute als *Außenwirtschaftsgemeinschaft* bezeichnet.

Obwohl die ökonomischen und sozialen Erfolge dieser Gemeinschaften beeindruckend sind (siehe Seite 169) und vielfach publiziert wurden – vor allem von Dr. Walter Pfadler – fanden sie außerhalb des Uffenheimer Gebietes kaum Nachahmung.

Insbesondere die Außenwirtschaftsgemeinschaft Ulsenheim ist heute in MR-Kreisen sehr bekannt. Vielleicht trägt die Tatsache, dass ein Mitglied von Ulsenheim, Gerhard Haag, Vorsitzender des MR Franken Mitte, seit kurzem dem KBM-Vorstand angehört, dazu bei, dass diese so effektive, der ursprünglichen Maschinenringidee nahe kommende Form überbetrieblicher Zusammenarbeit, in Zukunft mehr Verbreitung findet.

Die Erkenntnis, die aus all den Bemühungen, den überbetrieblichen Schleppereinsatz zu forcieren, gezogen werden kann: Es ist wichtig und richtig, den Mitgliedern interessante Angebote zum Schlepper-Verleih, mit und ohne Bedienungsmann, mit und ohne passende Zusatzgeräte, zu machen. Das Ziel, die gesamte Mechanisierung von Betrieben zu optimieren, kann wohl nur in einer Kombination von herkömmlicher Maschinenring-Arbeit mit einer Kleingemeinschaft in der Art von Ulsenheim gelingen.

Urlaub auf dem Bauernhof und Landschaftspflege – wichtige Randbereiche der Maschinenringarbeit

Unter der Bezeichnung *Randbereiche* werden Aktivitäten der Maschinenringe zusammengefasst, die nicht dem *Kernbereich*, also der Betriebshilfe und der üblichen Maschinenvermittlung, zuzuordnen sind. Urlaub auf dem Bauernhof und die Landschaftspflege sind solche *am Rande* liegenden Tätigkeiten. Aber auch sporadisch durchgeführte Maßnahmen wie die Strohaktion oder die Vermittlung von Silomais gehören dazu.

Mit dem Einstieg in *Randbereiche* – das bringt bereits das Wort zum Ausdruck – haben die Maschinenringe und ebenso die damit befassten Landwirte allerdings gleichzeitig den durch vielerlei Rechtsvorschriften geschützten *Bereich Landwirtschaft* verlassen oder zumindest gelegentlich überschritten. Dies geschah anfangs oft unbewusst und ungewollt. Erst nach und nach wurde man sich der damit verbundenen Konsequenzen bewusst und konnte sich darauf einstellen.

■ Vermittlung von Urlaub auf dem Bauernhof

Erstmals wurde die Möglichkeit, den Maschinenring auch bei der Vermittlung von Urlaub auf dem Bauernhof einzuschalten, im Rahmen einer KBM-Vorstandssitzung, die in Form einer Klausurtagung auf dem Petersberg bei Dachau am 6. und 7. Dezember 1971 stattfand, angesprochen. Dabei ging es um MR-Fragen von grundsätzlicher Bedeutung

Zum Beispiel, ob sich der Maschinenring auf die übliche Vermittlung von Maschinen und Arbeitskräften beschränken soll, oder ob es nicht notwendig ist, *je nach den örtlichen Gegebenheiten weitere Aufgaben anzupacken. Eine solche Aufgabe wäre die Mithilfe bei der Vermittlung von Urlaubsplätzen auf dem Bauernhof. Auch die Übernahme von Arbeiten zur Landschaftspflege, die Vermittlung des Ein- und Verkaufes von landwirtschaftlichen Betriebsmitteln und Produkten im Auftrag der Mitglieder* (siehe Seite 134/135) *oder die kurzfristige Anstellung von nebenberuflichen Betriebshelfern beim Maschinenring* wurden dabei angesprochen. Angestoßen wurden diese Überlegungen vor allem vom MR Wolfstein (heute MR Unterer Bayerischer Wald). Dessen Vorsitzender Josef Kasberger und Geschäftsführer Ludwig Faschingbauer nahmen als Gäste an dieser Veranstaltung teil.[1]

Konkret befasst hat sich das KBM aber mit Urlaub auf dem Bauernhof erst, nachdem Frau Sophie Deppisch, Ministerialrätin im bayerischen Landwirtschaftsministerium, im Rahmen der KBM-Mitgliederversammlung am 28. 6. 1973 in Freyung gemeinsam mit Dr. Geiersberger den Maschinenring-Verantwortlichen dringend empfahl, in diese Aufgabe einzusteigen. *Die Gründung gesonderter Vereine wäre dafür in Bayern dank der flächendeckenden Verbreitung der MR nicht nötig. Da Urlaub auf dem Bauernhof ohnehin nur in den so genannten „von der Natur benachteiligten Gebieten" Bedeutung habe, stelle diese Aufgabe eine sinnvolle und durchaus erwünschte Ergänzung der normalen MR-Arbeit dar.*[2]

Es gab da allerdings noch ein Problem: das für die Förderung der bayerischen Maschinenringe maßgebliche Gesetz sah eine solche Tätigkeit nicht vor. Da man aber 1974, vier Jahre nach Erlass des LwFöG, ohnehin bereits über eine Novellierung nachdachte, bot es sich an, diese *kleine Ergänzung* mit in das vorgesehene Änderungspaket hineinzupacken. Und so hat *der Gesetzgeber* auch gehandelt (siehe nebenstehend), ohne dass die Maschinenringe die geringste Lobbyarbeit dazu hätten leisten müssen.

Nach dem Startschuss in Freyung haben KBM und die betroffenen Maschinenringe nicht lange gezögert, sondern sich umgehend, noch vor dem Vollzug der Gesetzesänderung, dieser *Aufgabenzuweisung* angenommen. Schon im KBM-Jahresbericht von 1975 ist von 9 Ringen die Rede, die in diesem Bereich einen Verrechnungswert von insgesamt 84 085,– DM zu verzeichnen haben. Allerdings, der Verrechnungswert

Zeittafel

28. 6. 1973 In Freyung empfiehlt Ministerialrätin Sophie Deppisch den MR, in die Vermittlung von *Urlaub auf dem Bauernhof* einzusteigen.

16. 7. 1974 Die Novellierung des LwFöG ermöglicht den MR u. a. die Vermittlung von Fremdenzimmern und die Landschaftspflege.

1974 Auf der *Grünen Woche* werben die Maschinenringe erstmals für Urlaub auf dem Bauernhof.

1975 Die Maschinenringe starten eine bundesweite Werbung für Urlaub auf dem Bauernhof im Katalog des Landschriften Verlages.

1976 Der MR Deggendorf gibt als erster MR einen Katalog seiner Urlaubs-Bauernhöfe heraus.

13. 3. 1991 11 MR und das KBM beteiligen sich an der Gründung des *Landesverbandes Urlaub auf dem Bauernhof in Bayern*.

Gesetzesänderung macht's möglich: *Vermittlung von Fremdenzimmern*

Schließlich hat der Gesetzgeber den Maschinen- und Betriebshilfsringen in Art. 9 ... LwFöG die Vermittlung von Fremdenzimmern in land- und forstwirtschaftlichen Betrieben übertragen. Mit dieser Aufgabenzuweisung wird der Tatsache Rechnung getragen, dass der „Urlaub auf dem Bauernhof" in den letzten Jahren zu einer vielbeachteten Urlaubsform geworden ist. Die Maschinen- und Betriebshilfsringe können dabei mithelfen, den Fremdenverkehr in den ländlichen Gebieten zu verstärken, eine Möglichkeit der Einkommensverbesserungen für landwirtschaftliche Betriebe zu erschließen, neue Arbeitsplätze durch Fremdenverkehr im Dienstleistungsbereich und in der gewerblichen Wirtschaft zu schaffen sowie Stadtfamilien mit Kindern mit den Lebensverhältnissen auf dem Lande bekannt zu machen. Die regionalen Schwerpunkte von „Urlaub auf dem Bauernhof" liegen in den klassischen Fremdenverkehrsgebieten (Alpenraum und Bayer. Mittelgebirge).

Quelle: Das Gesetz zur Förderung der bayerischen Landwirtschaft. Kommentar von Dr. Herbert Wüst und Dr. Jürgen Pelhak, Kommunalschriften-Verlag J.Jehle München GmbH, S. 182

Infos des KBM zur Durchführung von Urlaub auf dem Bauernhof (UaB)

In Gebieten, in denen andere Organisationen (zum Beispiel Verein UaB, Fremdenverkehrsverein u.a.) sich des UaB bereits angenommen haben und die Urlaubsbetriebe entsprechend betreuen, braucht der MR nicht mehr aktiv zu werden. Das gleiche gilt für Landkreise, in denen noch keine Nachfrage nach UaB besteht.

Es sind nur solche Betriebe in die Vermittlung durch die MR einzubeziehen, die gewisse Mindestanforderungen erfüllen. Nur auf der Grundlage von guter Qualität kann dieser Betriebszweig auf die Dauer Erfolg bringen.

Die beim MR eingehenden Anfragen bzw. Bestellungen müssen vom Geschäftsführer sofort (in der Regel am gleichen Tage) beantwortet bzw. erledigt werden.

Das Landwirtschaftsministerium gibt einen neuen Werbeprospekt („Bayern hautnah erleben auf einem Bauernhof") heraus. Dieser kommt erstmals auf der Grünen Woche in Berlin (25. 1. bis 3. 2. 1974) zur Verteilung. An Hand eines Coupons können Interessenten weitere Informationen über das jeweilig bevorzugte Urlaubsgebiet in Bayern anfordern.

Trotz der vorgesehenen Vermittlung von Gästezimmern durch den MR erscheint es notwendig und sinnvoll, das Angebot der UaB-Betriebe eines Ringes in einem Unterkunftsverzeichnis zusammenzufassen.

Quelle: KBM-Rundschreiben vom 26. 11. 1973, auszugsweise.

Dieser Gockel wurde zum Werbe- und Markenzeichen für die Vermittlung von Urlaub auf dem Bauernhof durch die Maschinenringe

ist bei *Urlaub auf dem Bauernhof* kein geeigneter Maßstab zur Bewertung der von der Geschäftsstelle geleisteten Arbeit; denn diese beschränkt sich keineswegs nur auf die direkte Vermittlung zwischen Urlaubsinteressent und Urlaubsbetrieb. Ein Großteil der Interessenten wandte sich nämlich gleich direkt an die einzelnen Bauernhöfe. Auch die so genannte *Kompensations-Vermittlung* von Urlaubsgästen zwischen den Betrieben spielte keine so große Rolle wie ursprünglich erwartet. Darunter versteht man, dass ein Bauernhof, der voll ausgelastet ist, weitere Urlaubsinteressenten nicht abweisen, sondern an andere Höfe unter Einschaltung der MR Geschäftsstelle weitervermitteln sollte. Dieser Aspekt war sogar ein entscheidender Auslöser für die Übertragung von Urlaub auf dem Bauernhof an die Maschinenringe.

Die Arbeit der Ringe und des KBM im Bereich Urlaub auf dem Bauernhof verfolgte vor allem das Ziel, das *Produkt* Bauernhofurlaub besser zu vermarkten und so für eine stärkere Auslastung der Fremdenzimmer zu sorgen; denn die durchschnittliche Belegung war alles andere als zufrieden stellend.

Die erste Maßnahme des KBM war ein gemeinsam mit dem Landwirtschaftsministerium herausgegebenes Flugblatt *Urlaub auf dem Bauernhof – vermittelt durch den Maschinen- und Betriebshilfsring*. Dieser Flyer, der ein Verzeichnis aller bayerischen Maschinenringe enthielt, richtete sich jedoch nicht an potentielle Urlaubsgäste, sondern an alle bäuerlichen Urlaubsbetriebe in Bayern, *die eine bessere Auslastung ihrer Zimmer erreichen wollen*. Sie sollten ihr Urlaubsangebot an Hand einer beigefügten Checkliste im Postkartenformat genau beschreiben und dem zuständigen Maschinenring melden. Bereits beim Zentrallandwirtschaftsfest 1973, also gut zwei Monate nach der Mitgliederversammlung in Freyung, wurde dieser Prospekt in großer Zahl verteilt.

In einer Arbeitstagung im November 1973 hat das KBM die Geschäftsführer ausführlich zu diesem Projekt informiert. In einem Rundschreiben an die Vorsitzenden und Geschäftsführer aller Ringe folgten weitere detaillierte Infos (siehe nebenstehenden Auszug).

Vorausgegangen waren zahlreiche Besprechungen mit all den Institutionen, die bisher bereits mit der Förderung und Vermarktung des Bauernhofurlaubs befasst waren: insbesondere natürlich mit dem Landwirtschaftsministerium, aber auch mit dem Bauernverband und dem Sparkassen- und Giroverband. Beide haben schon seit Jahren einen großen Teil der bayerischen Urlaubsbauernhöfe in einem jährlich erscheinenden Verzeichnis dargestellt und diesen Katalog auch beworben und vertrieben. Im Großen und Ganzen wurde dabei das Engagement der Maschinenringe keineswegs als Konkurrenz, sondern durchaus als willkommene Ergänzung ihrer eigenen Aktivitäten angesehen.

Besonders wichtig war die Zusammenarbeit und Abstimmung der Maschinenringe mit den für die Förderung und Beratung der Urlaubsbauernhöfe zuständigen Beraterinnen. Die meisten von ihnen hatten sich schon lange, bevor die Maschinenringe von ihrer Chefin, Sophie Deppisch in Freyung, mit der Vermittlung von Urlaub auf dem Bauernhof *beauftragt* wurden, intensiv mit dieser Materie und insbesondere natürlich mit den Bäuerinnen, die dieses Geschäft in erster Linie betrieben, befasst. Man kann sich gut vorstellen, dass sie von dieser neuen Situation nicht gerade entzückt waren. Trotzdem ist es in der Regel gelungen, dass sich beide Seiten in ihrer Arbeit für die Urlaubsbetriebe gut ergänzten.

Für die Maschinenringe und ebenso für das KBM stellte das Projekt Urlaub auf dem Bauernhof ein absolutes Neuland dar. Es ist daher nicht verwunderlich, dass in der Zeit von 1973 bis 1975 dieses Thema fast in jeder Vorstandssitzung des KBM auf der Tagesordnung stand.

■ Werbung auf der „Grünen Woche"

Bereits auf der *Grünen Woche* 1974 hatten die Maschinenringe Gelegenheit, sich auf dem *Bayernstand* in die Werbung für Urlaub auf dem Bauernhof einzuschalten. Fortan war dies der wichtigste Werbeplatz für die Maschinenringe. Neben Emmentaler, Weißwürsten, bayerischem Bier und fränkischem Wein hat das bayerische Landwirtschaftsministerium den Maschinenringen stets auch einen Platz für die Werbung von Urlaubsgästen eingeräumt, ohne Standgebühr. Das KBM musste nur dafür sorgen, dass rechtzeitig ausreichend Werbematerial nach Berlin transportiert wurde und dass freundliche Damen und

Herren dafür sorgten, möglichst viele Besucher der *Grünen Woche* mit ihren Prospekten zu erreichen.

Der wichtigste Werbeträger war dabei ein 10-seitiger Flyer: *Erlebnis-Ferien in Bayern – Urlaub auf dem Bauernhof* (siehe rechts), der vom Landwirtschaftsministerium 1974 herausgegeben wurde. An Hand eines Coupons konnte der Urlaubsinteressent dem KBM das von ihm bevorzugte Urlaubsgebiet – insgesamt waren es 12 – mitteilen. Das KBM hat diese Meldungen dann an die zuständigen Maschinenringe in der betreffenden Region weitergeleitet bzw., soweit in München ein Unterkunftsverzeichnis der betreffenden Ringe zur Verfügung stand, dieses Verzeichnis mit einem freundlichen Antwortschreiben direkt an den potentiellen Urlaubsgast geschickt.

So gut und effektiv die Werbung auf der *Grünen Woche* war, sie reichte allein nicht aus, um die erwünschten Steigerungsraten zu erreichen; denn die Besucher dieser Messe kamen zum größten Teil aus West-Berlin. Die Ringe haben deshalb bald damit begonnen, insbesondere mit Werbeanzeigen in Zeitungen und Zeitschriften auch in anderen Regionen Deutschlands für den Bauernhofurlaub zu werben. Erleichtert wurde dies dadurch, dass auch ein Teil der damit verbundenen Ausgaben gefördert wurde. Der KBM-Vorstand hat dafür in Abstimmung mit dem Landwirtschaftsministerium nach und nach ganz spezielle Förderregeln entwickelt.

Eine dritte Form der Werbung wurde 1975 auf KBM-Ebene in die Wege geleitet: die Zusammenarbeit mit dem Landschriften Verlag in Bonn. Dieser Verlag gab schon seit Jahren mit großem Erfolg einen *Wegweiser* zu rund 3000 UaB-Betrieben in der Bundesrepublik mit einer Auflage von circa 30 000 Stück heraus. Dieser Katalog kostete immerhin 9,– DM und wurde trotzdem immer vollständig abgesetzt. Ein Indiz für seine Qualität.

Die Beteiligung der Maschinenringe sah verschiedene Möglichkeiten vor: eine allgemeine Anzeige des KBM (siehe nebenstehend) bzw. in etwas kleinerem Format ein Inserat der einzelnen Maschinenringe und schließlich die Einzelanzeigen der Urlaubsbetriebe.

Quasi als Gütezeichen für die über die Maschinenringe vermittelten Höfe diente das Logo mit dem krähenden Gockel. Mit diesem Merkmal stachen die MR-Betriebe, die im Katalog des Landschriftenverlages inserierten, aus der Masse der Anzeigen hervor.

Dieser Hahn zierte bald alle von den Maschinenringen herausgegebenen Prospekte, Briefköpfe und dergleichen, die den Bereich Urlaub auf dem Bauernhof betrafen.

■ Wie einzelne Maschinenringe Urlaub auf dem Bauernhof vermitteln

Ein Ring, der in der Förderung des *Fremdenverkehrs* eine Chance für viele Mitglieder sah, war der MR Oberallgäu. Wie er diese für ihn völlig neue Aufgabe angepackt und erfolgreich gemanagt hat, zeigt der Bericht von Peter Karg, dem Geschäftsführer dieses Ringes:

Im Jahre 1974 begann der MR Oberallgäu mit der Vermittlung von Urlaubsunterkünften auf Bauernhöfen …

Im Jahre 1974 führte das KBM erstmals eine spezielle Werbung für Urlaub auf dem Bauernhof anlässlich der „Grünen Woche" in Berlin durch. Damals erhielten wir bereits 263 Anfragen von Interessenten. Der große Erfolg dieser Aktion veranlasste den MR Oberallgäu, diese Vermittlungstätigkeit noch weiter auszubauen …

Die vordringlichste Aufgabe war nun, alle Landwirte über unser neues Angebot zu informieren und die Interessenten zu erfassen. Dazu wurde eine Informationsversammlung durchgeführt. 59 Landwirte entschlossen sich, mitzumachen. Sie wählten auch gleich einen Ausschuss, der gemeinsam mit der Geschäftsführung die notwendigen Entscheidungen treffen sollte.

Zuerst sollte ein einfacher Zimmernachweis erstellt werden. Drei Personen aus unserem Ringgebiet konnten bereits 1976 in Berlin auf der „Grünen Woche" am „Bayernstand" unseren neu erstellten Zimmernachweis sowie Angebote von anderen bayerischen Urlaubsgebieten verteilen. Insgesamt wurden 1976 237 Vermittlungswünsche an uns gerichtet. Dies erbrachte circa 2500 Übernachtungen …

Ende 1977 musste das Unterkunftsverzeichnis erneuert werden. Einige Betriebe, die in der Zwischenzeit durch die Maßnahmen des MR einen großen Kundenstamm gewonnen hatten, ließen sich nicht mehr in das Verzeichnis aufnehmen. Gerade rechtzeitig zur „Grünen Woche 78" wurde unser Prospekt, der diesmal auch Fotos der Bauernhöfe enthielt, fertig. Nach Aus-

---

Das wichtigste Ziel der Maschinenringe: Eine effektive Werbung für den Bauernhof-Urlaub

Der 10-seitige Flyer *Erlebnis-Ferien in Bayern – Urlaub auf dem Bauernhof* war anfangs der wichtigste Werbeträger der Maschinenringe

Besonders erfolgreich war die Werbung der Maschinenringe im Katalog des Landschriften Verlags

Peter Karg hat als Geschäftsführer des MR Oberallgäu den Bauernhofurlaub erfolgreich vermarktet

Mit originellen Aktionen hat der MR Deggendorf die Urlaubsgäste verwöhnt:

Die *Altbäuerliche* Woche war die Hauptattraktion
Hier ein Auszug aus dem Programm:

- Bauernbrot backen im Ziegelbackofen
- Bauernkrapfen backen
- Kochen und essen altbäuerlicher Gerichte
- Rahm- und Magermilchgewinnung
- Strohschuhe fertigen
- Schafwolle spinnen
- Fleckerlteppich weben
- Bauernmalerei-Kurs
- Kraut hobeln und eintreten oder einstampfen
- Sensen dengeln und Gras mähen
- Besen binden
- Holzschuhe machen.
- Schwingen zein (Körbe flechten)
- Rechen machen

Quelle: Programm über die 1. Altbäuerliche Sonderwoche vom 8. bis 12. September 1980

Das passende Ambiente für die *Altbäuerliche* Woche bot die vereinseigene Steinberghütte

Beim ersten Malwettbewerb erhielt diese Zeichnung den 1. Preis

Kopf und Seele aller Aktivitäten rund um den Bauernhofurlaub im Deggendorfer Land war Georg Leitl

---

kunft des KBM war er sehr gefragt und schon nach ein paar Tagen vergriffen. Wir waren bemüht, jedem Interessenten das gewünschte zu vermitteln. Die Saison 78 hat uns zirka 190 neue Anfragen gebracht. Die vorläufige Übernachtungszahl, die über uns abgewickelt wurde, liegt bei circa 3500 …

Wir sind der Meinung, dass die Ferienbetriebe in den klassischen Urlaubsgebieten unsere Vermittlung vielleicht nicht unbedingt benötigen, für Betriebe aber, die in Randgebieten liegen, stellt sie eine große Hilfe dar.[3]

■ Der Topring in Sachen Urlaub auf dem Bauernhof war Deggendorf

Das Einzugsgebiet des MR Deggendorf wird durch die Donau in die fruchtbare Gäu- und die kleinstrukturierte Bayerwald-Region geteilt. Für die Betriebe nördlich der Donau ist Urlaub auf dem Bauernhof das so dringend notwendige ideale zweite Standbein.

Um nicht nur den Zuckerrübenbauern im *Gäu*, sondern auch den *Waidlern* interessante und nützliche Dienste leisten zu können, hat sich Leitl, der Geschäftsführer des MR Deggendorf, mit viel Begeisterung und Elan auf diese Aufgabe gestürzt.

Georg Leitl war dieses Geschäft geradezu auf den Leib geschneidert. Vielleicht auch deswegen, weil er selbst gern gereist ist und weil ihm, selbst ein gebürtiger *Waidler*, die Probleme seiner Mitglieder im *Waid* besonders am Herzen lagen.

Er hat bereits 1976 als erster Maschinenring über 70 Bauernhöfe in einem ansprechend gestalteten kleinen, aber feinen Katalog zusammengefasst. Dabei beschränkte er sich nicht nur auf eine knappe Darstellung der Urlaubsbetriebe, die sich alle mit einem Foto präsentierten, sondern hat auch von Anfang an die Besonderheiten der Region, vor allem aber die spezifischen Merkmale und Reize des Bauernhofurlaubs mit schönen Bildern und kurzen Reimen herausgestellt. Eine Kostprobe davon nachstehend:

Auf der Eisbahn

Des Schießen mit'm Eisstock ist koa Kunst,
man kann's auch erlernen umasunst.
De frische Luft tuat an recht guat,
wenn's auch daneben schießt, des nix tuat.
Man soll den Sport betreib'n nur zum Spaß,
dann schmeckt hernach noch besser a frische Maß.

Mit am Bärwurz wärmst hernach Deine Glieder noch auf,
wenn's dann noch frierst, gibt's noch a paar drauf.[4]

Gleichzeitig wurden auch schon im ersten Verzeichnis verschiedene sportliche und kulturelle Angebote für einen Aktiv-Urlaub vorgestellt.

Georg Leitl hat sich nicht damit begnügt, nur auf die bereits vorhandenen Möglichkeiten hinzuweisen, sondern hat selbst neue, attraktive Freizeitangebote entwickelt. Zwei davon, die *Altbäuerliche Woche* und der Malwettbewerb, sollen hier dargestellt werden.

Mit der *Altbäuerlichen Woche* wollte Leitl den Urlaubsgästen die im Verschwinden begriffene bäuerliche Welt dieser Region in Erinnerung bringen; denn *die Waidler verstanden es, mit viel Geschick von dem zu leben, was der karge Boden hergab. Sie fertigten sich viele bäuerliche Geräte selbst … und die Frauen verstanden es, mit wenigen und einfachen Mitteln, täglich gutes, reichliches Essen auf den Tisch zu stellen, die nötigen Kleider zu fertigen und vereinzelt auch durch Bauernmalerei die Wohnräume zu verschönern.*[5]

Den Besuchern (alle auf den Mitgliedsbetrieben weilenden Urlaubsgäste waren dazu eingeladen) wurde bei dieser Veranstaltung diese altbäuerliche Welt nicht nur vorgeführt. Das Besondere war: Sie konnten selbst mitmachen und mitfeiern. Sie konnten manche der handwerklichen Produkte erwerben und – die kulinarischen – auch probieren und genießen.

Dass dabei auch das Ambiente passte, bedarf eigentlich keiner besonderen Erwähnung: die Steinberghütte (siehe Foto), die romantisch am Fuße des Brotjackelriegels gelegene MR-eigene Berghütte, war der ideale Standort für das *Happening Altbäuerliche Woche*. Kein Wunder, dass auch das Fernsehen auf diese Veranstaltung aufmerksam wurde und darüber berichtete – und auf diese Weise das *Deggendorfer Land* und den dortigen Bauernhof-Urlaub noch bekannter machte.

Der andere Knüller war der ab 1982 durchgeführte Malwettbewerb für Urlaubskinder. Bereits im ersten Jahr haben sich 52 Ferienkinder daran beteiligt. Den ersten Preis erhielt Nicole Pauls aus Hamburg mit der nebenstehenden Zeichnung.

Mit großer Leidenschaft, Kreativität und Durchsetzungskraft hat Leitl maßgeblich dazu beigetragen, dass der Urlaub auf dem Bauernhof im Deggendorfer Land zu einem Begriff wurde. Davon haben nicht nur die Urlaubsbetriebe um Deggendorf profitiert. Seine Ideen haben den gesamten Bereich Urlaub auf dem Bauernhof in Bayern bereichert und nach vorne gebracht.

In einem 1975 vom KBM herausgegebenen *Verzeichnis der Vermittlungsstellen in Bayern* mit dem Gockel als Logo sind insgesamt 35 MR-Adressen aufgeführt. Für die meisten von ihnen lief aber die Vermittlung von Urlaubsgästen nur am Rande mit. Sie partizipierten von den bayernweit organisierten Aktionen, haben aber selbst keine eigenen Maßnahmen durchgeführt.

Eine Auswertung des KBM aus dem gleichen Jahr führt allerdings nur 23 Maschinenringe auf. Sie betreuen im Durchschnitt 27 Urlaubsbetriebe, mit einer Schwankungsbreite von 5 bis 100. Im Lauf der Jahre hat sich die Zahl der Ringe mit Ambitionen für Urlaub auf dem Bauernhof weiter reduziert. 1984 waren es noch 20 Ringe. Der anfängliche Elan hatte teilweise etwas nachgelassen.

■ Die Einsicht, alle Kräfte in einem Landesverband zu bündeln, wächst

Nicht nur bei den Maschinenringen, sondern auch im *Arbeitskreis Urlaub auf dem Bauernhof* – ein vom Landwirtschaftsministerium geführtes Gremium, in dem alle Organisationen, die sich auf Landesebene mit Urlaub auf dem Bauernhof befassen, ihre Erfahrungen austauschen – setzte sich allmählich die Erkenntnis durch: eine professionelle und effektive Förderung und Vermarktung von Urlaub auf dem Bauernhof ist nur von *einer* Institution zu leisten, die alle Kräfte bündelt und sich ausschließlich auf diese Aufgabe konzentriert.

Doch bis diese Erkenntnis auch in die Tat umgesetzt werden konnte, vergingen noch einige Jahre. Immerhin wurde bereits 1987 auf Veranlassung des KBM Ökonomierat Karl Weichselbaumer aus Oberösterreich gebeten, bei einer Tagung des genannten Arbeitskreises *die erfolgreiche Arbeit des Landesverbandes der bäuerlichen Gästeringe Oberösterreichs vorzustellen und damit den Anstoß zur Schaffung einer ähnlich gut organisierten und erfolgreich wirkenden Einrichtung für Urlaub auf dem Bauernhof in Bayern zu geben.*[6]

Gegründet wurde der Landesverband erst am 13. März 1991. *Unter den 21 Gründungsmitgliedern befanden sich neben dem KBM 11 MR (siehe nebenstehend), die seit vielen Jahren den Bauernhof-Urlaub vermitteln. Das KBM gehört, wie es im Jahresbericht von 1990 weiter heißt, von Anfang an zu den maßgeblichen Initiatoren und Förderern dieser Idee.* Zur Ersten Vorsitzenden wurde BBV-Kreisbäuerin Christa Off aus dem Landkreis Weilheim gewählt.

In diesem Zusammenhang sei auch erwähnt, dass der *Arbeitskreis Urlaub auf dem Bauernhof* vorgeschlagen hatte, die Geschäftsstelle des Landesverbandes beim KBM anzusiedeln. Erst in letzter Minute hat sich das Präsidium des Bayerischen Bauernverbandes dafür ausgesprochen, den neuen Landesverband im eigenen Haus unterzubringen.

Heute ist *der Verband „Urlaub auf dem Bauernhof in Bayern" e.V. ein Zusammenschluss von rund 2000 Mitgliedshöfen in Bayern, die gemeinsam ihre Tourismusangebote darstellen und vermarkten.*

Die fruchtbare Arbeit des Verbandes spiegelt sich unter anderem in beeindruckenden Statistiken wider. Ein Drittel aller bundesdeutschen Bauernhöfe, die Urlaub auf dem Bauernhof anbieten, liegt in Bayern, das sind ca. 7000 Höfe! 2001 wurden erstmals über 10 Millionen Übernachtungen auf bayerischen Bauernhöfen gezählt.[7]

Ohne Übertreibung kann festgestellt werden, dass die Aufbauarbeit der Maschinenringe von 1973 bis 1991 eine wesentliche Grundlage und Voraussetzung für die Gründung des Landesverbandes Urlaub auf dem Bauernhof in Bayern und seines so erfolgreichen Wirkens für die Entwicklung des Bauernhofurlaubs in Bayern war. Übrigens, auch der Verband *Urlaub auf dem Bauernhof* in Bayern hat den Hahn zum zentralen Element seines Erscheinungsbildes erkoren.

KBM und Maschinenringe waren maßgeblich an der Gründung des *Landesverbandes Urlaub auf dem Bauernhof in Bayern* beteiligt

Diese 11 Maschinenringe stellten gemeinsam mit dem KBM 12 der insgesamt 21 Gründungsmitglieder des *Landesverbandes Urlaub auf dem Bauernhof in Bayern*

- MR Deggendorf
- MR Dingolfing
- MR Eichstätt
- MR Marktoberdorf
- MR Laufen
- MR Oberallgäu
- MR Oberer Bayerischer Wald
- MR Schwabmünchen
- MR Schwandorf
- MR Tirschenreuth
- MR Unterer Bayerischer Wald

Quelle: Protokoll zur Gründung des Landesverbandes Urlaub auf dem Bauernhof in Bayern vom 13. März 1961

Auch der Landesverband Urlaub auf dem Bauernhof in Bayern hat in seinem Logo den Gockel verwendet

Quellen:

[1] Protokoll der KBM-Vorstandssitzung vom 6./7. Dezember 1971
[2] Protokoll der 4. ordentlichen Mitgliederversammlung des KBM am 28. 6. 1973
[3] Peter Karg, Urlaub auf dem Bauernhof, MR-Intern 78/3
[4] Urlaub auf dem Bauernhof – Erholung im Deggendorfer Land. Maschinen- und Betriebshilfsring Deggendorf – Januar 1976
[5] Programm über die 1. Altbäuerliche Sonderwoche vom 8. bis 12. September 1980
[6] Schreiben des KBM vom 5. 10. 1987 an Ökonomierat Karl Weichselbaumer
[7] www.bauernhof-urlaub.com

Landschaftspflege – ein weites Feld für die Maschinenringe

Zeittafel

1973 Das Bayerische Naturschutzgesetz, eine wichtige Grundlage zur Landschaftspflege durch den MR, tritt in Kraft.

1974 Das LwFöG wird novelliert und ermöglicht dem MR auch die Vermittlung von Landschaftspflegemaßnahmen.

1980 Im Bereich *Landschaftspflege und Meliorationsmaßnahmen* erzielen 65 Ringe einen Verrechnungswert von 3.131.672,– DM.

1986 Der MR Oberland beginnt seine beispielhafte Arbeit bei der Pflege von Feuchtflächen im Murnauer Moos.

1987 Das Landratsamt Bad Kissingen schließt mit rund 35 MR-Mitgliedern einen (Muster-)Vertrag über die Durchführung landschaftspflegerischer Maßnahmen ab.

1987 Der MR Ebersberg beginnt mit der *Grüngutkompostierung auf dem Bauernhof*.

1987 Das *Fürstenfeldbrucker Modell* zur ökologischen Verwertung von Gartenrückständen entsteht.

1988 Das KBM hält in allen 7 Regierungsbezirken Tagungen zum Thema *Landschaftspflege und Kommunalarbeit durch Landwirte* ab.

1988 KBM und DEULA führen in Freising den ersten Lehrgang für MR-Landschaftspflege-Profis durch.

1992 Unter Mitwirkung von Landwirtschaftsminister Bocklet veranstaltet das KBM in Huglfing bei Weilheim eine Landschaftspflegetagung, an der u. a. auch zahlreiche Vertreter der Unteren Naturschutzbehörden und der Landschaftspflegeverbände teilnehmen.

Auch der Untertitel dieser Broschüre und das Titelfoto zeigen den hohen Stellenwert, der einer gepflegten Umwelt und Kulturlandschaft im Rahmen der bayerischen Agrarpolitik zugemessen wird.

Schon Anfang der 70er Jahre setzte in einigen Regionen Bayerns, insbesondere in kleinstrukturierten Mittelgebirgslagen, eine Entwicklung ein, die mit dem Begriff *Sozialbrache* umschrieben wurde: bis dahin landwirtschaftlich genutzte Flächen wurden von ihren Besitzern nicht mehr bewirtschaftet und begannen langsam zu verwildern.

Und schon ging die Angst um, dass bald große Teile der im Laufe von Jahrhunderten von Bauern geschaffenen *Kulturlandschaft* von Wald und Gebüsch überwuchert werden könnte.

Das musste mit allen Mitteln verhindert werden. Darin bestand in Bayern ein allgemeiner und breiter Konsens in Politik und Gesellschaft.

Insbesondere der *Bayerische Weg der Agrarpolitik* sollte einen wesentlichen Beitrag zur Erhaltung der Kulturlandschaft leisten (siehe nebenstehend). Betont und verstärkt wurde diese Zielsetzung noch durch die Novellierung des Landwirtschaftsförderungsgesetzes im Jahre 1974. Unter anderem enthielt sie einen speziellen Passus für die Maschinenringe:
Maschinen- und Betriebshilfsringe können auch ... bei Maßnahmen zur Erhaltung und Pflege der Kulturlandschaft ... für Flächen von Nichtmitgliedern Maschineneinsätze und Arbeitsaushilfen ... vermitteln.

Ein weiterer wichtiger politischer Schritt erfolgte bereits 1973 mit der Verabschiedung des Bayerischen Naturschutzgesetzes. Es sah u. a. vor, bevorzugt land- und forstwirtschaftliche Betriebe und Selbsthilfeeinrichtungen der Land- und Forstwirtschaft zur Durchführung landschaftspflegerischer Maßnahmen heranzuziehen.

Den vom Gesetzgeber geschaffenen Freiraum haben die Maschinenringe schnell und intensiv genutzt. Bereits 1973 haben fünf Ringe Einsätze zur Landschaftspflege für insgesamt 110.227,– DM vermittelt. 1980 werden im Bereich *Landschaftspflege und Meliorationsmaßnahmen* 65 Ringe mit einem gesamten Verrechnungswert von 3.131.672,– DM genannt.[1] Im KBM-Jahresbericht 2004 machte die Landschaftspflege 3,9 Prozent des gesamten Verrechnungswertes aus; das entspricht 10,24 Millionen Euro.

■ Landschaftspflege – rechtlich schwer zu fassen

Den Begriff Landschaftspflege haben die Maschinenringe, solange sie noch nicht die Möglichkeit hatten, über eine gewerbliche Tochtergesellschaft Einsätze zu vermitteln, sehr weit gefasst. Das ist verständlich, denn im Rahmen der Landschaftspflege konnten sie auch außerlandwirtschaftliche Dienstleistungen vermitteln. Den Landwirten brachte dies zusätzliche Einnahmen und den Ringen ebenfalls.

Wie schwierig hier die Abgrenzung zwischen erlaubten und nicht erlaubten Tätigkeiten in der Landschaftspflege für die Maschinenringe war, geht auch daraus hervor, dass im Kommentar zum LwFöG zu dieser Frage besonders ausführliche und detaillierte Erläuterungen notwendig waren. Eindeutig unzulässig war danach: die Vermittlung von Einsätzen, welche *die Pflege von Wegen, Straßen, Straßenrändern und Böschungen, die Anlage und Pflege nicht der*

Mit den Mitteln der Agrarpolitik soll ein Beitrag zur Erhaltung der Kulturlandschaft geleistet werden...

Der unternehmerisch tätige Landwirt ist am ehesten in der Lage, durch seine vielfältige bäuerliche Tätigkeit den organischen Kreislauf der Natur über Pflanze und Tier sowie einen gesunden Lebensraum und eine attraktive Erholungslandschaft zu erhalten. Gerade der bäuerlich wirtschaftende Landwirt, der mit eigner Hand seinen Grund und Boden bearbeitet, ist befähigt, einen vernünftigen Ausgleich zwischen Ökonomie und Ökologie herzustellen. Eine nur auf den Vollerwerbsbetrieb ausgerichtete Landwirtschaft müsste in Gebieten mit ungünstigen Erzeugungsbedingungen zur Verödung und Entvölkerung weiter Landstriche führen, es sei denn, man würde dem Landwirt die Rolle eines hauptberuflichen Landschaftspflegers und damit eines staatlichen Gehaltsempfängers übertragen.

(Zitat aus Kommentar zum LwFöG, Seite 24).

Allgemeinheit zur Verfügung stehenden Sport-, Golf- und Campingplätzen oder ähnlichen Freizeiteinrichtungen betraf. Der Geschäftsführer darf jedoch in solchen Fällen den auftraggebenden Stellen lediglich *Hinweise geben, die informativen Charakter haben, also keine Vermittlungstätigkeit entfalten.*[2]

Aber, wie weit reicht der Begriff *Hinweise geben*, und wo beginnt bereits die Vermittlung? Es war nicht ganz einfach, sich auf diesem schwierigen Terrain korrekt zu verhalten. Dies wird unter anderem auch an Hand der folgenden grotesken rechtlichen Situation deutlich: das KBM hat sich beim Bayerischen Finanzministerium mit Erfolg dafür eingesetzt, dass Schlepper zum Schneeräumen – eine Arbeit, die von jeher in vielen Kommunen von Landwirten erledigt wurde – weiterhin mit der *grünen Nummer* eingesetzt werden können. Mit der Meldung dieses *politischen Erfolges* an die Ringe musste das KBM jedoch gleichzeitig den Hinweis verbinden, dass es der MR-Geschäftsstelle leider nicht erlaubt ist, solche Vermittlungen – aus den oben genannten Gründe – durchzuführen.

Das waren aber nicht die einzigen rechtlichen Probleme in Verbindung mit dieser Tätigkeit. Auch die Landwirte, die in die Landschaftspflege einstiegen, waren anfangs verschiedenen Rechtsunsicherheiten ausgesetzt. Das reichte von der Gasölverbilligung über die Unfall-, Kranken- und Haftpflichtversicherung bis zu den steuerlichen Fragen.

■ Die Aufgaben werden differenzierter und ihre Durchführung komplizierter

Längst ging es in der Landschaftspflege auch nicht mehr nur darum, brachliegende Flächen offen zu halten. Im Gegenteil, der Akzent verlegte sich zunehmend darauf, besonders schutzwürdige und artenreiche Lebensräume, die im Laufe von Jahrhunderten *aus naturschonenden landwirtschaftlichen Nutzungen entstanden sind*, zu schützen, zu erhalten und teilweise sogar durch eine Nutzungsänderung wiederherzustellen. Dafür wurden zunehmend finanzielle Mittel bereitgestellt und landesweite Landschaftspflegekonzepte entwickelt (Siehe Seite 158, „Landschaftspflege in Bad Kissingen"). In Zusammenhang damit besonders geförderte Maßnahmen waren: *das Mähen von Feuchtflächen oder von Halbtrockenrasen einschließlich des Abtransportes des Mähgutes, das Entfernen unerwünschten Gehölzaufwuchses oder die Anlage von neuen Lebensräumen, zum Beispiel das Anpflanzen von Hecken in der freien Landschaft.*[3]

Da diese Aufgaben die Maschinenringe zunehmend beschäftigten, hat das KBM 1988 in allen sieben Regierungsbezirken gemeinsam mit der Landwirtschaftsverwaltung, den Naturschutzbehörden und -Verbänden, dem Bauernverband und den für die Abfallbeseitigung zuständigen Dienststellen Arbeitstagungen durchgeführt. *Dabei haben die Berichte aus der Praxis, aber auch die zahlreichen Diskussionsbeiträge eindrucksvoll bestätigt, dass die bayerischen Maschinenringe in der Landschaftspflege schon seit Jahren eine hervorragende Arbeit leisten.* Das sah auch der Vertreter des Bayerischen Staatsministeriums für Landesentwicklung und Umweltfragen bei dieser Veranstaltung, Dieter Mayerl, so: *Der Maschinenring steht an der Nahtstelle zwischen Naturschutz und Landwirtschaft und hat sich als Partner und Vermittler gut bewährt.*[4]

Lediglich mit dem Bayerischen Bauernverband hatten die Maschinenringe gewisse Differenzen: Die Maschinenringe vermittelten, wie es ihrer Arbeitsweise entsprach, auch die Arbeiten in der Landschaftspflege, ob mit oder ohne Maschinen, an dafür besonders geeignet erscheinende Spezialisten, ohne Rücksicht darauf, ob sie die Besitzer der zu pflegenden Flächen sind oder nicht. Nach Auffassung des Bauernverbandes dagegen sollten möglichst die Grundstückseigentümer selbst im Rahmen von mehrjährigen Pflegeverträgen die festgelegten Maßnahmen durchführen und dafür auch entsprechend honoriert werden. Das *Passauer Modell* sollte dafür als Vorbild dienen.[5/6]

Drei Maschinenringe, die sich in der Landschaftspflege durch besonders intensive und innovative Arbeit ausgezeichnet haben, wurden bei diesen Arbeitstagungen beispielhaft herausgestellt: die MR Oberland und Saale-Rhön hinsichtlich der Landschaftspflege und der MR Fürstenfeldbruck im Hinblick auf die Verwertung von Grüngut.

■ Landschaftspflege mit Gespür und Sachverstand, ohne viel Bürokratie: Beispiel MR Oberland

Das Einzugsgebiet des MR Oberland erstreckt sich auf die Landkreise Weilheim-Schongau sowie Garmisch-Partenkirchen. Hier gibt es die flächenmäßig größten so genannten 6-d-Gebiete, also besonders wertvolle Nass- und Feuchtflächen, mit dem größten zusammenhängenden Moorgebiet seiner Art in ganz Mitteleuropa, dem Murnauer Moos.

Landschaftspflege mit Gespür, Sachverstand und guter Leistung, dazu haben Johann Gerold, Vorsitzender des MR Oberland, und Naturschutzwächter im Landkreis Weilheim-Schongau und MR-Geschäftsführer Xaver Wörle maßgeblich beigetragen.

Johann Gerold

Xaver Wörle

Minister Reinhold Bocklet (Bildmitte) informiert sich vor Ort, im Murnauer Moos, wie Landschaftspflege auf Feuchtflächen sachgerecht durchgeführt wird. Links, mit Hut, Johann Gerold, ganz rechts Johann Stöttner, stellvertretender Vorsitzender des KBM

Landschaftspflege im Landkreis Bad Kissingen

Sporadische Versuche, in den Naturschutzgebieten lenkend einzugreifen, wurden erstmals Mitte der 70er Jahre gestartet. Diese Eingriffe erfolgten in Zusammenarbeit mit dem Bund Naturschutz (Zivildienstleistende), verschiedenen Gemeinden (Gemeindearbeiter) bzw. Forstämtern (Forstbedienstete). Aufgrund unzureichender Mittelausstattung und fehlender Fachleute an den Unteren Naturschutzbehörden blieben diese Einsätze auf relativ kleine Flächen beschränkt. Eine umfassend fundierte Pflegeplanung war zudem in der Regel nicht vorhanden.

Anfang der 80er Jahre wurde allmählich begonnen, das vorhandene Defizit an wissenschaftlichen Erkenntnissen über den Zustand der Naturschutzgebiete durch entsprechende Untersuchungen aufzuarbeiten. Die Umsetzung dieser Ergebnisse schlug sich in der Vergabe von Pflegeplänen nieder. Erste Pläne unterschiedlicher Qualität und Praktikabilität lagen der Unteren Naturschutzbehörde 1986 vor... Hierbei kristallisierten sich drei Naturschutzgebiete heraus...

Die gute Zusammenarbeit zwischen dem Maschinenring Saale-Rhön und dem Landratsamt Bad Kissingen, die sich in den zurückliegenden Jahren aufgrund der jährlichen Mahd landkreiseigener Biotopflächen durch Mitglieder des Maschinenringes entwickelt hatte, gab den Ausschlag, die Arbeiten mit Hilfe des Maschinenringes abzuwickeln.

Quelle: Norbert Mitter, Erfahrungen des Landratsamtes Bad Kissingen mit dem MR Saale-Rhön in der Landschaftspflege, MR-Intern 88/1

Wiederherstellung eines alten Weinberges im Landkreis Haßberge – nicht nur in Handarbeit.

Seminare für MR-Landschaftspfleger

Um den Service der MR für die Auftraggeber von Landschaftspflegeeinsätzen noch zu verbessern, bietet das Kuratorium Bayerischer Maschinen- und Betriebshilfsringe gemeinsam mit der DEULA-Lehranstalt Bayern Landwirten, die schon Erfahrung in der Landschaftspflege haben, die Möglichkeit, ihr Fachwissen zu erweitern. Das Interesse an diesem Angebot ist sehr groß. Vor Kurzem fand bereits das 2. Seminar statt.

Quelle: Mein Maschinenring 1/89

Früher wurden diese Feuchtflächen größtenteils von den Landwirten der Umgebung gemäht. Das Mähgut wurde auf Reutern getrocknet, im Winter eingefahren und als Einstreu verwendet. Doch nach der Umstellung auf Flüssigmist hatten die Bauern kein Interesse mehr an dieser so mühsam gewonnenen *Streu*. Die Folge: die Flächen wuchsen zu und damit verschwanden nach und nach auch die auf diese *Kultur-Maßnahmen* angewiesenen seltenen Pflanzen und Tiere.

Seit 1986 laufen nun die Bemühungen, diesen Prozess zu stoppen bzw. rückgängig zu machen. Der Maschinenring spielte dabei eine führende Rolle, in enger Zusammenarbeit mit der Unteren Naturschutzbehörde am Landratsamt, dem Bund Naturschutz – der sogar Mitglied des MR wurde –, dem Arbeitskreis heimische Orchideen, den Ornithologen und weiteren Naturfreunden. Das kam nicht von ungefähr, schließlich war der Erste Vorsitzende des MR, Johann Gerold, auch ehrenamtlich als Naturschutzwächter für den Landkreis Weilheim-Schongau tätig.

Im ersten Jahr wurde dem MR eine Fläche von etwa 20 ha zur Pflege zugewiesen.

MR- Geschäftsführer Xaver Wörle dazu: *Die Mechanisierung dieser Arbeit machte uns anfangs großes Kopfzerbrechen. Das Ziel, mit möglichst wenig Handarbeit und dem Einsatz vorhandener Maschinen, bodenschonend und gleichzeitig mit ordentlicher Leistung zu arbeiten, war nicht einfach zu realisieren. Die Lösung: ein MB-Trac mit 70 cm breiter Terrabereifung und Frontkreiselmähwerk. Damit konnten die meisten Flächen gemäht werden. Parallel dazu werden die schwierigen Teilstücke von Hand oder mit Motormäher gemäht. Das Zusammenschwaden übernehmen zwei Landwirte mit Bandrechen im Handbetrieb. In den meisten Fällen wird die Streu mit möglichst leichten und ebenfalls mit Breitreifen versehenen Ladewagen aufgeladen und auf trockenen Flächen in der Nähe wieder zum Trocknen ausgebreitet. Von hier können Mitglieder die Streu kostenlos abholen...*

Anfangs wurden diese Leute von anderen Landwirten etwas belächelt. Heute nach zwei Jahren kann man die Tendenz feststellen, dass immer mehr an diesen Arbeiten in der arbeitsruhigen Zeit teilnehmen wollen.

1987 waren es bereits 80 ha, die auf diese Weise rekultiviert wurden – und 1988 fast 150 ha.

Für jede einzelne Fläche wird im Rahmen einer örtlichen Besichtigung von der Unteren Naturschutzbehörde ein Pauschalpreis festgelegt. Er schwankte, bezogen auf das Jahr 1988, von *600 DM/ha bei reiner und unbedenklicher Maschinenarbeit bis zu 2500 DM/ha bei ausschließlicher Handarbeit... Grundsätzlich wird nur die Preisliste des Maschinenringes verwendet, jedoch mit entsprechenden Erschwerniszuschlägen von 50 bis 125 %.* Abschließend stellt Xaver Wörle fest: *Bei zufriedenstellender Arbeit ist es unserer Meinung nach nicht notwendig, Verträge... abzuschließen, da dies die Sache nur zu sehr verbürokratisiert. Viel wichtiger ist es, dass sich eine Person ausschließlich für die Organisation zur Verfügung stellt. Sie sollte erfahren sein in der Bewirtschaftung dieser Flächen und ein Gespür haben für Landschaftsbild und ökologische Zusammenhänge.*[7]

Glücklicherweise stand dem MR Oberland in der Person von Johann Gerold geradezu der Idealtypus für diese Aufgabe zur Verfügung. Seine Leistungen um den Naturschutz wurden auch mehrfach gewürdigt, u. a. von Umweltminister Goppel mit dem Ehrenzeichen des Bayerischen Ministerpräsidenten.

Landschaftspflege auf vertraglicher Basis: Beispiele MR Saale-Rhön und Haßgau

Nicht überall waren die Behörden, wie im Landkreis Weilheim-Schongau, zur Zusammenarbeit mit dem Maschinenring in der Landschaftspflege ohne vertragliche Absicherung bereit. Das gilt zum Beispiel für die Landkreise Bad Kissingen und Haßberge.

In Bad Kissingen sollten drei, räumlich voneinander getrennte Naturschutzgebiete gepflegt werden. Aufgrund der schon bestehenden guten Zusammenarbeit zwischen dem Maschinenring Saale-Rhön und dem Landratsamt (siehe nebenstehend), war es naheliegend, auch bei dieser neuen Maßnahme den MR einzuschalten. Diesmal hielt es die zuständige Behörde allerdings für erforderlich, die vielfältigen und differenzierten Leistungen in einem Vertrag zu fixieren.

Das LwFöG und die rechtliche Struktur des Maschinenringes in Form des eingetragenen Vereins machte es jedoch dem Maschinenring unmöglich, einen solchen Vertrag mit der Naturschutzbehörde abzuschließen.

Trotzdem fand man eine Lösung: Der Vertrag wurde nicht mit dem Maschinenring, sondern mit den vom Maschinenring für diese Maßnahme ausgewählten Mitgliedern abgeschlossen. Dabei waren immerhin bis zu insgesamt 35 Personen im Einsatz.[8]

Das Beispiel von Bad Kissingen machte Schule. Auch im Nachbarkreis Haßberge wurde eine Landschaftspflegemaßnahme in einem ehemaligen Weinberg von 5 ha Größe mit dem dortigen Maschinenring entsprechend dieser rechtlichen Konstruktion durchgeführt. Wie im Nachbarring wurde auch hier ein Landwirt als Vorarbeiter bestimmt, der zusammen mit dem Betreuungsbeamten der Naturschutzbehörde *für die ordnungsgemäße Durchführung des Projektes verantwortlich war.* Sieben Landwirte insgesamt haben *Büsche und Sträucherwerk, das sich im Lauf der Jahre breit gemacht hatte, geschnitten und abtransportiert; im steilen Gelände keine einfache und leichte Arbeit …*

Die Naturschutzbehörde war mit der geleisteten Arbeit zufrieden und setzte ihre Zusammenarbeit mit dem MR Haßgau in den folgenden Jahren fort. Mit dem auf insgesamt 120.000 DM aufgestockten Etat konnten 1989 15 Einzelmaßnahmen realisiert werden, darunter eine Weinberg-Trockenmauersanierung mit einem Aufwand von 40.000 DM (siehe Foto Seite 158).

Auch im folgenden Jahr haben im MR Haßgau 26 MR-Mitglieder derartige Dienstleistungen durchgeführt und dabei insgesamt 100.000 DM eingenommen. Drei aus dieser Gruppe hatten zuvor einen vom KBM gemeinsam mit der DEULA-Lehranstalt Freising organisierten Lehrgang zur Landschaftspflege besucht (siehe Seite 158).[9]

■ Wohin mit Grüngut, Strauchwerk und so weiter?

Landschaftspflege beschränkt sich nicht darauf, Grünflächen zu mähen oder zu mulchen und unerwünschte Sträucher und Bäume zu schneiden. In der Regel muss dieses Schnittgut auch entfernt werden, und es sollte obendrein noch möglichst sinnvoll verwertet werden. Die Verwendung als Einstreu, wie im MR Oberland praktiziert, ist ein Sonderfall. In der Regel muss eine andere Form der Verwertung gefunden werden, sei es als Kompost, als organischer Dünger oder als Energiequelle in Form von Hackschnitzeln bzw. als Rohstoff zur Biogasgewinnung.

Mit all diesen neuen Aufgaben haben sich Maschinenringe in den folgenden Jahren zum Teil sehr intensiv befasst. Auslöser dafür war meist die Landschaftspflege. In vielen Fällen haben Ringe auf diesem neuen *Feld* als Katalysator und Koordinator gewirkt und einen maßgeblichen Beitrag zu innovativen Entwicklungen und Lösungen geleistet.

Zum Beispiel der MR Fürstenfeldbruck. Seine Ideen zur Verwertung von Gartenrückständen und von in der Landschaftspflege anfallendem pflanzlichem Material wurde zum Modell. Die Ausgangssituation: Der Landkreis war auf der Suche nach einer möglichst kostengünstigen Lösung zur Entsorgung der wachsenden Gartenrückstände aus den Hausgärten im gesamten Landkreisgebiet. Sein (ursprüngliches) Konzept: ein dreistufiges System, bestehend aus der Kompostierung vor Ort, im eigenen Garten, der dezentralen Kompostierung in den einzelnen Gemeinden und schließlich, als dritte Komponente, einer zentralen Kompostierung auf Landkreisebene. Doch *besonders die dritte Komponente erwies sich als sehr kostenaufwändig und vom Ergebnis her unbefriedigend.*

In dieser schwierigen Situation trat der Geschäftsführer des MR Fürstenfeldbruck auf den Plan. Er schlug vor, die gesammelten Gartenrückstände zentral zu häckseln und anschließend durch Landwirte direkt auf die Felder ausbringen zu lassen beziehungsweise, wenn keine Feldflächen frei sind, nach einer Zwischenlagerung auf den Höfen, in leerstehenden Fahrsilos, Miststätten und dergleichen zu suchen. Der Landkreis war von dieser Idee angetan und setzte sie auch gemeinsam mit dem Maschinenring umgehend in die Praxis um. Das Ergebnis fasst der Referent für Umweltschutz am Landratsamt Fürstenfeldbruck Rasmus wie folgt zusammen: *Der Bürger ist entsorgt, der Landwirt verdient, der Maschinenring verteilt, der Landkreis spart, der Boden ist verbessert. Was will man mehr?*[10]

Nach der gleichen Methode wurde auch das Mähgut, das bei der Pflege der Amperauen durch MR-Mitglieder anfiel, verwertet.[11] Unter anderem haben Untersuchungen in Baden-Württemberg ergeben, *dass Grüngutschäcksel ein für den landwirtschaftlichen Pflanzenbau „ökologisch unbedenklicher Bioreststoff" ist.* Hervorgehoben wird

Zwei Pioniere der Grüngutverwertung im Rahmen des Maschinenringes:

Martin Lechner, Geschäftsführer des MR Ebersberg

Franz Ostermaier, Geschäftsführer des MR Fürstenfeldbruck

Das Ausbringen gehäckselter Gartenrückstände direkt auf nicht bebaute Ackerflächen war eine Idee von Franz Ostermaier. Das Bild zeigt einen jungen Maisbestand, der auf einer so gemulchten Fläche angebaut wurde.

Landschaftspflegeverbände...

... sind freiwillige Zusammenschlüsse

von Naturschutzverbänden, Landwirten und Kommunalpolitikern, die gemeinsam naturnahe Landschaftsräume erhalten oder neu schaffen wollen. Das Neue an den Verbänden ist aber nicht dieses Ziel, sondern der Weg: Die verschiedenen gesellschaftlichen Gruppen wirken gleichberechtigt zusammen; im Vorstand sind sie jeweils mit der gleichen Anzahl an Personen vertreten. Diese so genannte „Drittelparität" aus Naturschutz, Landwirtschaft und Politik wird allgemein als faire und ausgewogene Konstruktion empfunden; sie schafft Vertrauen und fördert den praktischen Erfolg der Arbeit.

Quelle: www.lpv.de

...arbeiten mit MR zusammen

Die 1992 durchgeführte KBM-Veranstaltung zur Landschaftspflege hat u. a. auch zu einer verstärkten Zusammenarbeit zwischen MR und Landschaftspflegeverbänden geführt. Beide Seiten haben damit begonnen, unter Federführung des Umweltministeriums Grundsätze zur Zusammenarbeit aufzustellen. Mittlerweile gibt es auch schon einige MR, welche die Geschäftsführung von Landschaftspflegeverbänden ganz oder teilweise übernommen haben. Ein vom KBM erarbeiteter Geschäftsbesorgungsvertrag dient dazu, für beide Seiten klare Verhältnisse zu schaffen. Diese Beispiele bestätigen, dass die MR bestens dafür geeignet sind, praktische Landschaftspflege sachgerecht und kostengünstig zu organisieren.

Quelle: KBM Jahresbericht 1993

Quellen:

1. Jahresberichte KBM 1973 und 1980.
2. Dr. Herbert Wüst und Dr. Jürgen Pelhak, Das Gesetz zur Förderung der bayerischen Landwirtschaft, Kommentar, Kommunalschriften-Verlag J. Jehle München GmbH 1986, Seite 217–219
3. Dieter Mayerl, Naturschutz und Landschaftspflege aus der Sicht der Naturschutzverwaltung, MR-Intern 88/1
4. dito, MR-Intern 88/1
5. Franz Seitz, Naturschutz und Landschaftspflege, eine Aufgabe für den Landwirt, MR-Intern 88/1
6. Dr. Anton Grimm, „Welches Modell" macht das Rennen? BLW, Nr. 42, S. 13
7. Xaver Wörle, Erfahrungen des MR Oberland in der Landschaftspflege, MR-Intern 88/1
8. Norbert Mitter, Erfahrungen des Landratsamtes Bad Kissingen mit dem MR Saale-Rhön in der Landschaftspflege, MR-Intern 88/1
9. Mehr Dienstleistungen und weniger Nahrungsmittel, Mein Maschinenring 3/90
10. Rasmus, Das Fürstenfeldbrucker Modell
11. Landwirte unschlagbar, dlz-Sonderheft Landschaft pflegen
12. Ulrich Viebig, Grüngut direkt verwerten? MR Management & Technik 5/1994
13. KBM-Jahresbericht 1989
14. Mein Maschinenring 3/90
15. www.hoegl.de

die bodenverbessernde Wirkung. Ihr gegenüber ist die Nährstoffzufuhr zweitrangig.[12]

1989 haben bereits acht MR nach dem Modell Fürstenfeldbruck bei der Sammlung, Zerkleinerung und landwirtschaftlichen Verwertung von Gartenrückständen mitgewirkt. Sie haben damit einen nicht unwesentlichen Beitrag zur Müllvermeidung geleistet und einigen Landwirten einen beachtlichen Zuerwerb verschafft.[13]

Einen anderen Weg hat man im MR Ebersberg beschritten. Auch hier ging es darum, eine kostengünstige und ökologisch sinnvolle Lösung zur Grüngutverwertung zu finden. Und auch hier hat der Maschinenring in der Person seines Geschäftsführers Martin Lechner nicht nur das Konzept dafür geliefert, sondern, auch dank seiner guten politischen Kontakte dafür gesorgt, dass es eins zu eins in die Praxis umgesetzt wurde. An Stelle einer schon geplanten, äußerst aufwändigen, zentralen Großkompostanlage entschied sich der Landkreis für die Alternative *Kompostierung auf dem Bauernhof.*

Ein Randgebiet der Landschaftspflege war das Mähen und Abfahren von Straßenbegleitgrün, wie es in der Amtssprache heißt. Im Maschinenring Mainburg gab 1990 der damalige Vorsitzende Franz Xaver Högl den Anstoß dazu, aus nicht ganz uneigennützigen Gründen. Er dachte, was im Landkreis Ebersberg möglich ist, nämlich auf dem Bauernhof Kompost zu bereiten, muss doch auch in Mainburg zu machen sein. Das Mähen erledigte das Straßenbauamt, den Abtransport ein Mitglied des MR mit einem umgebauten, ringsum geschlossenen Stallmiststreuer, und für eine sinnvolle Verwertung sorgte der Betrieb Högl.[14] Die angelieferten Grüngutmengen wurden immer größer – andere organische Reststoffe kamen hinzu –, und so kam zum Komposthof noch eine supermoderne Biogasanlage dazu. Heute gewinnt die *Unternehmensgruppe Högl* u. a. auch noch Energie aus Windkraft und Fotovoltaik.[15]

Kompostierung auf dem Bauernhof

Die Grüngutkompostierung wurde im Landkreis Ebersberg im Jahr 1987 vom Maschinenring eingeführt, die Bioabfallkompostierung schrittweise seit November 1991. Heute werden circa 8000 t Bioabfall auf 13 dezentralen Anlagen kompostiert...

Die Sammlung von organischen Abfällen ist heute flächendeckend eingeführt.

Die 13 Anlagen werden von Landwirten in eigener Verantwortung erstellt und betrieben. Dazu haben der Landkreis und die einzelnen Landwirte Verträge mit zehnjähriger Laufzeit abgeschlossen.

Landwirte, MR, Landkreis und Bürger betrachten das Projekt als vorbildhaft. Diese Dezentralisierung und Bürgernähe der Abfallpolitik hatte ein besseres Verständnis der Bürger für die Abfallproblematik zur Folge. Es werden, da es sich abzeichnet, dass die Eigenkompostierung abnimmt, noch weitere Anlagen geplant. Außerdem soll der Vertrag auf 15 Jahre verlängert werden.

Quelle: Martin Lechner, Kompostierung von Bioabfall und Grüngut, MR Management & Technik 5/1994

■ Gründung von Landschaftspflegeverbänden

Zu einer einschneidenden Veränderung der Landschaftspflege führte die Gründung von Landschaftspflegeverbänden. Die ersten entstanden 1986 im Landkreis Kelheim und in Mittelfranken. Landschaftspflegeverbände spielten fortan die führende Rolle bei der Planung und Durchführung von Landschaftspflegemaßnahmen. Wie immer, wenn eine neue Organisation entsteht und in Aufgabenfelder einsteigt, die bisher andere Einrichtungen beackert haben, kommt es zwangsläufig zu Reibungen. So war es auch zwischen Maschinenringen und Landschaftspflegeverbänden. Doch nach und nach arrangierte man sich und bemühte sich sogar um eine gute Zusammenarbeit (siehe nebenstehend).

In den folgenden Jahren haben die Landschaftspflegeverbände in Bayern eine starke Verbreitung gefunden. Derzeit gibt es nur noch 27 Landkreise in Bayern ohne Landschaftspflegeverband. In einem Teil dieser 27 Kreise (ohne Landschaftspflegeverband) fungieren die Maschinenringe quasi als Landschaftspflegeverband. In drei Landschaftspflegeverbänden erfolgt die Geschäftsführung durch den Maschinenring, nämlich in Günzburg, Röhn-Grabfeld und Tirschenreuth.

Auf der Homepage der Landschaftspflegeverbände findet man auf den ersten Blick das Wort Maschinenring zwar nicht, obwohl die Ringe bei der praktischen Landschaftspflege nach wie vor eine wichtige Rolle spielen. Bei genauerem Hinsehen entdeckt man jedoch, dass die Anschrift von drei Landschaftspflegeverbänden mit der dortigen MR-Adresse identisch ist. Das bedeutet: Die Geschäftsführung dieses Verbandes wird vom Maschinenring erledigt.

Haben die Maschinenringe ihre Ziele erreicht?

Die sichtbaren Erfolge der Maschinenringe nach Gründung des KBM sind beeindruckend; sie übertrafen, wie die vorausgegangenen Kapitel zeigen, alle Erwartungen.

Nach fast zwei Jahren gab es in Bayern überall hauptberuflich geführte Maschinenringe. Die Mitgliederzahlen schnellten in die Höhe. Mitglied im Maschinenring zu sein war *in*!

Diejenigen, die nicht aus Überzeugung, oder weil es *modern* war, dazu gingen, wurden nach einem erfolgreichen Betriebshelfereinsatz unter sanftem Druck von den Vorteilen der Mitgliedschaft überzeugt.

Die finanzielle Hürde war nicht allzu hoch. Der Jahresbeitrag lag meist im Bereich dessen, was in Kegel- oder Schützenvereinen üblich war.

Die Leistungen, die von den Maschinenringen, insbesondere in Relation zu dem niedrigen Beitrag gesehen, geboten wurden, sind dagegen enorm: Hilfe im Notfall, Spezialisten für Selbstbaumaßnahmen oder zur Waldarbeit. Schlagkräftige, modernste Maschinen, wenn gewünscht in Form kompletter Arbeitsketten, zum Beispiel bei der Silagebereitung, im Silomais- und Rübenbau u.s.w.

Bevor aber im Einzelnen analysiert und bewertet wird, inwieweit die Maschinenringe ihre eigenen bzw. die von der Agrarpolitik gestellten Ziele erreicht haben, sollen diese kurz dargestellt werden.

Die Aufgabe, die die bayerische Agrarpolitik von den Maschinenringen erwartete, hat Landwirtschaftsminister Dr. Hans Eisenmann in der ersten Rede, die er bei einer MR-Veranstaltung gehalten hat, in fünf Punkten zusammengefasst (siehe nebenstehend).

Die Ziele, welche die Ringe Anfang der siebziger Jahre im Auge hatten, sind ebenso in der Randspalte zusammengefasst.

Sowohl der Politiker Dr. Eisenmann als auch das KBM haben die Ziele bzw. die Möglichkeiten des Maschinenringes sehr konkret und klar beschrieben. Das macht es umso leichter, auch zur Zielerreichung klare Aussagen zu machen.

Am wichtigsten: die Senkung der Mechanisierungskosten

An erster Stelle steht die Senkung der Mechanisierungskosten bzw., noch umfassender, die Senkung der Produktionskosten.

Hat die Arbeit der Maschinenringe eine spürbare Senkung der Mechanisierungskosten bewirkt? Haben die Mitglieder auf die Anschaffung unwirtschaftlicher Maschinen verzichtet?

Schon 1975 wurde bei einer Geschäftsführer-Fortbildungstagung diese Frage gestellt. Dabei wurde deutlich auf die Gefahr hingewiesen, dass durch die Betonung des Verrechnungswertes als Leistungs- und Erfolgsmaßstab für MR und Geschäftsführer dieses Ziel verdrängt bzw. seine Realisierung sogar verhindert werden könne.[1]

Im gleichen Jahr wurde Dr. Geiersberger gebeten, ebenfalls im Rahmen von Geschäftsführer-Tagungen die Leistung der Ringe bzw. der Geschäftsführer kritisch zu bewerten. In seinem Vortrag *Stolpersteine zum Manager* hat Geiersberger dann auch auf manche Schwachstellen deutlich hingewiesen.[2]

Auch in MR-Intern, dem vom KBM herausgegebenen Informationen für MR-Führungskräfte, wurden durchaus auch die Defizite in der Arbeit der bayerischen Maschinenringe, wie der Auszug (Seite 162, Randspalte) zeigt, angesprochen, und zwar nicht nur hinsichtlich der Kostensenkung.

Über diese Schwachstellen und die Tatsache, dass die Mehrzahl der MR-Mitglieder noch weit davon entfernt war, das im Maschinenring steckende Potenzial auszuschöpfen, waren sich die meisten Führungskräfte im KBM und in den Ringen durchaus bewusst. Am meisten diskutiert wurde der Umstand, dass die Betriebe trotz der ständig stark zunehmenden überbetrieblich geleisteten Einsätze nach wie vor munter in überflüssige Maschinen investierten.

Es ist daher verständlich, dass man sich immer wieder die Frage nach den Ursachen

---

Die Aufgabe der Maschinenringe aus agrarpolitischer Sicht

Ich sehe im Maschinenring ein Mittel
- *zur Senkung der Produktionskosten,*
- *zur Erleichterung der Arbeitsteilung in der Landwirtschaft,*
- *zur Extensivierung der Nebenerwerbsbetriebe und zur Entlastung des Agrarmarktes,*
- *zur Milderung der Härten des Strukturwandels,*
- *zur Verbesserung der sozialen Lage unserer Bauern.*

Quelle: Dr. Hans Eisenmann, Der Maschinenring als ein Instrument der westdeutschen Agrarpolitik, Vortrag bei Pressekonferenz des BMR am 29.1.1970 in Berlin

Die wichtigsten Ziele der Maschinenringe aus Sicht des KBM

Der Maschinen- und Betriebshilfsring senkt die Kosten der Mechanisierung durch:
1. Bessere Auslastung
2. Einsatz kostensenkender Großmaschinen
3. Einführung neuer landtechnischer Verfahren

hilft Baukosten senken durch Vermittlung von geschulten Bauhelfern;
er ermöglicht dadurch:
1. *die Einsparung von hohen Lohnkosten*
2. *die Anwendung kostengünstiger Selbstbauverfahren… und damit spürbare Kostensenkungen*

erleichtert die Arbeit und erhöht die Arbeitsleistung durch:
1. Vollmechanisierung mit modernsten Maschinen
2. Einsatz leistungsstarker Großmaschinen
3. Teamarbeit und Arbeitsketten

ermöglicht eine Aushilfe in Haus und Hof:
Arbeitsaushilfe im Einmannbetrieb, Stallaushilfe, Waldarbeiten, Bauaushilfe, Urlaubsvertretung, Haushaltshilfe, Vertretung bei Krankheit, Kur, Unfall

kann allen Betrieben helfen
dem Vollerwerbsbetrieb, dem Nebenerwerbsbetrieb, dem Zuerwerbsbetrieb.

Quelle: Flyer des KBM *Der Maschinen- und Betriebshilfsring*

Eine kritische Betrachtung der Maschinenringidee von Stephan Kreppold

Zusammenfassung seiner Kernaussagen:

Die Existenz des Maschinenringes konnte die gewaltige Übermechanisierung der deutschen Bauern nicht entscheidend verringern.

Der Maschinenring (und dessen Chancen) ist am wenigsten im Bewusstsein der Bauern, die ihn zur Verbesserung ihrer Situation dringend bräuchten.

Einzelne, besonders clevere Maschinenring-Landwirte konzentrieren in ungutem Maß Fläche bei sich.

Der Maschinenring hat die Kluft in der Beziehung zwischen Vollerwerbsbetriebs- und Nebenerwerbslandwirt nicht verringern können.

Fazit: Wenn die Idee des Maschinenringes dem Großteil der Bauern zugänglich werden soll, und das ist für mich klar, stehen wir heute noch am Anfang. Dies als Realität anzuerkennen wird für manche ebenso schwer sein wie die Begründung dieser Idee vor 19 Jahren.

Quelle: Stephan Kreppold, *Bald volljährig – was nun? Eine kritische Betrachtung der Maschinenring-Idee*, MR-Intern 1/78

Eigene Maschinen oder MR?

Erst ab folgender Auslastung sind eigene Maschinen kostengleich mit dem MR-Preis:

Schlepper 75 PS	511 Std.
Stallmiststreuer	180 Fuhren
Pumptankwagen 6000 l	1258 m²
Schwere Fräse	30 ha
Drillmaschine	49 ha
Maisspezialsägerät	42 ha
Kreiselmähwerk	31 ha
Hochdruckpresse	17.000 Ballen
Maishäcksler	12 ha
Mähdrescher 3,8 m	109 ha
Schälgrubber schwer	48 ha

Quelle: Auszug aus Rundschreiben des MR Bayreuth in MR-Intern 1/80, Seite III-4

Maschinenkosten selbst überprüfen!

Jeder Praktiker kann mit Hilfe der „Prozentmethode" die jährlichen Kosten seiner eigenen Maschinen ziemlich genau berechnen. Dazu muss er lediglich den Anschaffungspreis (A) der Maschine ... kennen.

Jährliche Abschreibung	8 –12% v. A.
Zinsansatz	3–5% v. A.
Reparaturkosten	2–5% v. A.
Unterbringungskosten	1% v. A.
Versicherungskosten	1% v. A.
Jährliche Festkosten insgesamt in % vom Anschaffungspreis	**15–24%**

Auszug aus Verrechnungssätze des MR Traunstein ab 2005

---

dafür stellte und nach Wegen suchte, dies zu ändern. Das fehlende Kostenbewusstsein der Landwirte galt als Hauptursache. Also musste alles getan werden, den Landwirten klarzumachen, dass Maschinen auch dann noch Kosten verursachen, wenn sie bereits bezahlt sind.

■ Das fehlende Kostenbewusstsein – Hauptursache der Übermechanisierung

Es gab kaum eine MR-Veranstaltung, ein MR-Rundschreiben oder einen MR-Pressebericht, in dem dieses Thema fehlte. So wurde zum Beispiel zum Thema *Maschinenkostenberechnung* 1980 im Rahmen einer Geschäftsführer-Arbeitsbesprechung ein Experte des KTBL engagiert. Das dabei vorgestellte Formular zur *Berechnung der Kosten von Landmaschinen* diente fortan als Standard-Vordruck.[3]

Zwei Jahre später hat Dr. Walter Pfadler dieses Thema in MR-Intern in dem 10-seitigen Beitrag *Maschinenkosten – die großen Unbekannten* wissenschaftlich aufgearbeitet.[4]

Etwas knapper fiel das Schema zur Berechnung der Maschinenkosten aus, das in fast jeder MR-Preisliste abgedruckt wurde – und auch heute noch verwendet wird (siehe nebenstehend).

Man merkte aber bald, dass die meisten Landwirte mit all diesen Maschinenkosten-Berechnungen wenig anzufangen wussten beziehungsweise wollten. Deshalb ging man nach und nach zu einfacheren und ansprechenderen Darstellungsformen über. Zum Beispiel folgende einfache Formel: Die jährlichen Kosten einer Maschine machen etwa 15 bis 20% des Anschaffungspreises aus. Das konnte man schnell vorrechnen und auch noch nachvollziehen.

Vielfach wurden auch für die wichtigsten Maschinen lediglich die jährlichen Auslastungsgrenzen angegeben, die erreicht werden mussten, um mit dem MR-Preis konkurrieren zu können (siehe nebenstehend).

Der MR Rotthalmünster hat in einem Rundschreiben sogar versucht, den etwas sperrigen Begriff *Rentabilitätsschwelle* zu erklären und hat für einige Maschinen die festen und variablen Kosten aufgelistet, damit die Mitglieder die jeweilige Rentabilitätsschwelle selbst errechnen können.[5]

Als dann das KBM ab 1986 mit *Mein Maschinenring* ein Mitteilungsblatt für alle MR-Mitglieder in Bayern herausgab, wurde dieses Medium natürlich in hohem Maß auch dazu genutzt, mehr *Kostenbewusstsein* zu vermitteln. Das geschah zum Teil auf sehr drastische Weise, wie die folgenden Schlagzeilen verdeutlichen:
Protzen mit PS kommt teuer
Kostensenkung durch PS-Abbau
Frontkreiselmähwerk: Notwendige Grundausstattung oder teurer Luxus?
Und speziell für Nebenerwerbsbetriebe:
Besser ohne eigene Maschinen
Nicht Maschinen kaufen, sondern Arbeitserledigung

In der regelmäßig erscheinenden Rubrik *Ich habe nicht gekauft* wurden Betriebe namentlich vorgestellt, die wieder davon Abstand genommen haben, schon geplante Maschinenkäufe zu tätigen und stattdessen den MR beansprucht. Gleichzeitig wurde vorgerechnet, wie viel Geld sie dadurch gespart haben.

Mehr und mehr wurde anstelle von Kostenvergleichen bei einzelnen Maschinen die Auswirkung von Maschineninvestitionen auf den gesamten Gewinn eines Betriebes dargestellt. Dabei musste man sich nicht mehr nur mit Modellrechnungen zufrieden geben, sondern konnte auf konkrete Beispiele zurückgreifen. Ausserdem ging es nicht mehr nur um den Faktor Kostensenkung, sondern um den gesamten Nutzen, den die betreffenden Betriebe aus der MR-Arbeit zogen. Den Praktiker haben diese Beispiele auch besser angesprochen als bloße Kalkulationen.

Den Verantwortlichen in der MR-Organisation und alle den Menschen, die sich in der Öffentlichkeit für die Maschinenringe stark machten, genügten jedoch diese einzelnen Beispiele auf Dauer nicht. Sie wollten wissenschaftlich fundierte und massenstatistisch abgesicherte Belege, die den gesamten ökonomischen Nutzen der bayerischen Maschinenringe nachweisen sollten. Lange Zeit konnten massenstatistische Buchführungsergebnisse einen derartigen Nachweis nicht liefern. Zwischen MR-Mitgliedern und Nichtmitgliedern waren keine signifikanten Unterschiede hinsichtlich der Kosten der Arbeitserledigung festzustellen.

Doch dies ist leicht zu erklären; denn die Tatsache, dass ein Landwirt Dienstleistungen anderer in Anspruch nimmt, führt noch nicht zwangsläufig zu Einsparungen. Dies kommt erst im Laufe von Jahren zum Tragen, wenn entsprechende Maschineninvestitionen nicht mehr getätigt werden. Es sei denn, ein Betrieb verkauft umgehend die entsprechenden eigenen Maschinen. Dies war aber eher die Ausnahme.

Buchführungsdaten belegen: 225,–DM/Hektar Einsparung dank überbetrieblichem Maschineneinsatz

Umso größer war dann die Freude, als die Bayerische Landesanstalt für Betriebswirtschaft und Agrarstruktur (LBA) diesen positiven Nachweis endlich vorlegen konnte (siehe rechts). Danach beträgt die Einsparung je Hektar im Vergleich der Wirtschaftsjahre 1988/89 real gerechnet insgesamt 375 DM. 60 % davon, also 225 DM/ha, gehen auf das Konto überbetrieblicher Mechanisierung. Ein sehr erfreuliches Ergebnis! Offensichtlich waren die vielfältigen Anstrengungen, das Kostenbewusstsein der Landwirte zu fördern, nicht ganz vergeblich.

Allerdings, das ist noch nicht das Ende der Fahnenstange. Wie die Ergebnisse einzelner Betriebe zeigen, insbesondere gilt dies für Unternehmen, die nach dem Modell Ulsenheim arbeiten, gehen die bei konsequenter überbetrieblicher Arbeitserledigung möglichen Einsparungen noch weit darüber hinaus.

Für eine quantitative Bewertung der anderen, von den Ringen angepeilten Ziele stehen leider keine entsprechenden Daten zur Verfügung. Dass aber diese Ziele in hohem Maß erreicht wurden, steht außer Frage.

Man denke nur an die Steigerung der Arbeitsproduktivität, die gravierenden Arbeitserleichterungen und die vielfältigen Auswirkungen auf die Arbeitsqualität durch den Einsatz von Großmaschinen und modernster Technik. Möglichkeiten, die von den Maschinenringen allen Betrieben zugänglich gemacht wurden.

Man denke an die Einsparung von Baukosten und die Verbesserung der Bauqualität, allein beim Bau von Traunsteiner Silos. Von der Betriebshilfe mit ihren umfangreichen wirtschaftlichen und sozialen Effekten auf die Menschen und ihre Betriebe ganz zu schweigen.

Nicht übersehen werden darf auch die andere Seite der Medaille: der enorme Zuerwerb, den ein großer Teil der MR-Mitglieder aus der Arbeit in den Maschinenringen mit und ohne Maschinen erzielt hat. Das geht mittlerweile in die Milliarden, was hier im Laufe von bald fünf Jahrzehnten dazuverdient werden konnte. Der außerlandwirtschaftliche Zuerwerb, der noch zu behandeln ist, ist hier noch gar nicht eingeschlossen.

MR-Arbeit aus agrarpolitischer Sicht

Nicht ganz so positiv fällt dagegen wohl die Bilanz der MR-Arbeit aus agrarpolitischer Sicht aus. Insbesondere was die Integration der Nebenerwerbsbetriebe betrifft (siehe hierzu auch das Urteil von Dr. Geiersberger rechts).

Nur ganz wenige Nebenerwerbsbetriebe haben den Weg der Partnerschaft gewählt. Die meisten haben Ihre Flächen nach einer gewissen Übergangszeit langfristig verpachtet.

Während dieser Übergangsphase haben sie meist noch die vorhandene Technik genutzt und, soweit erforderlich, durch überbetriebliche ergänzt.

Und dies, obwohl es in jedem Maschinenring einige Beispiele gab, in denen Nebenerwerbsbetriebe mit der kompletten Auslagerung aller Arbeiten gut gefahren sind.

Dafür gibt es eine Vielzahl von Gründen. Einer davon ist der Wunsch, sich mit eigenen Maschinen weiterhin aktiv als Landwirt zu betätigen (siehe *Eine böse Überraschung*, Seite 164).

Ganz entscheidend waren aber für viele Nebenerwerbsbetriebe die in vielen Regionen Bayerns immer noch relativ hohen Pachtpreise. Die Verpachtung hat – abgesehen von dem vollständigen Wegfall von physischer und geistiger Arbeit – in der Regel deutlich mehr gebracht als die eigene Bewirtschaftung in Verbindung mit der vollständigen Auslagerung der Arbeit.

Der frühere bayerische Landwirtschaftsminister Reinhold Bocklet hat 1997 beim Tag der Maschinenringe in einem Grundsatzreferat zum Thema *Der Bayerische Weg – noch aktuell?* die Entwicklung und Bedeutung der Maschinenringe folgendermaßen bewertet: *Der Grundgedanke der Selbsthilfe und der Partnerschaft zwischen den verschiedenen Betriebstypen ist heute aktueller denn je, seine Umsetzung zwingender denn je! Ich meine, wir müssen auch jetzt nach 25 Jahren die Idee der bäuerlichen Selbsthilfe noch stärker in den Köpfen unserer Bäuerinnen und Bauern festsetzen und sie von den unternehmerischen Möglichkeiten der Selbsthilfeeinrichtungen überzeugen.*[6]

Damit hat Bocklet ohne Zweifel Recht. Es gibt noch viel zu tun. Das gilt nicht nur für Nebenerwerbsbetriebe. Auch die Masse der Haupterwerbsbetriebe hat die Möglichkeiten zu einer stärkeren arbeitsteiligen Zusammenarbeit im Maschinenring (um sich so auf den einen oder anderen betrieblichen Schwerpunkt zu konzentrieren und zu spezialisieren) noch viel

---

Deutliche Reduzierung der Maschinenkosten durch *verstärkten überbetrieblichen Maschineneinsatz*

Die bayerische Landwirtschaft konnte in den letzten 10 Jahren ihre Maschinenkosten je Hektar LF durch höhere Auslastung und längere Nutzungsdauer der Maschinen, vor allem aber durch verstärkten überbetrieblichen Maschineneinsatz kontinuierlich verringern...

So betrugen im Wirtschaftsjahr 1988/89 die durchschnittlichen Maschinenkosten aller erfassten HE-Betriebe noch 1143 DM je Hektar LF (bei 31,6 ha LF/Betrieb), im Wirtschaftsjahr 1998/99 dagegen nur noch 985 DM (bei 44,2 ha LF/Betrieb) bzw. – auf der Preisbasis 1988/89 – 768 DM. Das bedeutet einen Rückgang von nominal 158 DM = 14% und real 375 DM = 3%. Bei den Marktfruchtbaubetrieben betrug der reale Rückgang 35%, bei den Futterbetrieben 32% und bei den Veredelungsbetrieben 38%. Nebenerwerbslandwirte sparten 28% ein.

Aus den Ergebnissen lässt sich darüber hinaus ableiten, dass dem Durchschnitt der Betriebe rund 20% dieser Kosteneinsparung auf das betriebliche Wachstum und die damit verbundene größere Auslastung der eigenen Maschinen zurückzuführen ist, 20% auf die gestiegene Nutzungsdauer der eigenen Maschinen und die restlichen 60% auf den verstärkten überbetrieblichen Maschineneinsatz, verbunden mit dem Abbau der Eigenmechanisierung.

Bayerische Landesanstalt für Betriebswirtschaft und Agrarstruktur (LBA).

Quelle: Neues für Profis, Nr. 4/2001, Seite 8

Dr. Geiersberger zur Integration der Nebenerwerbsbetriebe in den MR

Leider ist es nicht gelungen, den Nebenerwerbslandwirt zum Bindeglied zwischen Industrie und Landwirtschaft zu machen. Es gibt ihn – noch! – nicht, diesen Neben-„Erwerbs"-Landwirt. Er ist, von wenigen Ausnahmen abgesehen, „Feierabendbauer" geblieben. Das ist aber nicht die Schuld der MR und ihrer Aktivisten, sondern derer, die für das gesellschaftliche, wirtschaftliche und politische Umfeld, in dem die MR arbeiten, die Verantwortung tragen.

Quelle: Vortrag beim Tag der Maschinenringe 1994

Das Prinzip der Faktorergänzung im landwirtschaftlichen Unternehmen

Boden, Kapital, Arbeit, Fähigkeiten

Ausgangssituation:
Der kleinste Faktor begrenzt im Einzelunternehmen den Erfolg

Ergebnis der Zusammenarbeit:
Ohne rechtliche Bindung (Kooperation) der Unternehmen A und B zusätzlichen Gewinn A'+B'

Problem:
Es gibt keine zwei Unternehmen, die auf Dauer so zusammenpassen, daß sie eine solche optimale Kombination erreichen könnten

Praktische Lösung durch MR
Der organisierte Faktoraustausch zwischen Hunderten von unterschiedlichen Unternehmen ist Kein Problem

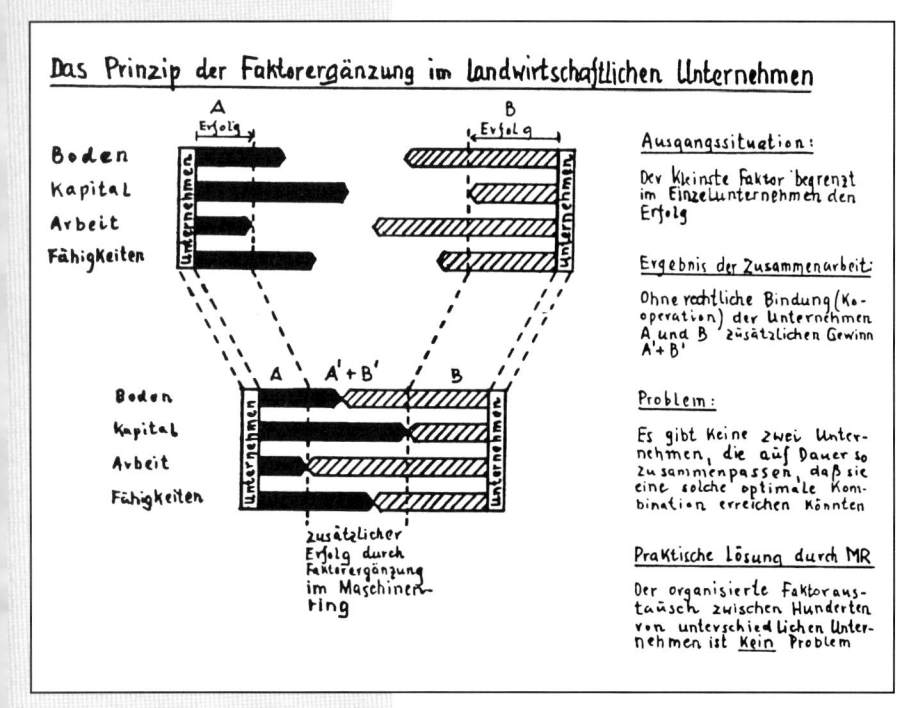

zusätzlicher Erfolg durch Faktorergänzung im Maschinenring

Quelle: Dr. Johannes Röhner, *Ein Vierteljahrhundert Maschinen- und Betriebshilfsring*, BMR Juni 1984

Eine böse Überraschung

Eine japanische Reisegruppe sollte im MR Pfaffenhofen einen Nebenerwerbsbetrieb besichtigen, der schon seit mehreren Jahren seine Außenarbeiten komplett vom Maschinenring erledigen ließ. Zu seiner vollsten Zufriedenheit, wie er dem Geschäftsführer gegenüber immer wieder betonte. Als die Reisegruppe gemeinsam mit Geschäftsführer Obschil und dem Autor auf den Betrieb eintraf, gab es eine böse Überraschung: Auf dem Hof standen ein neuer Schlepper und ebenso ein neuer Ladewagen. Auf unsere Frage nach den Gründen für diesen Sinneswandel meinte der Betriebsleiter: *Wissen Sie, ich komme jeden Tag schon um 4.00 Uhr von der Arbeit nach Hause. Was soll ich dann bis zum Feierabend machen? Andere spielen vielleicht Tennis oder treiben einen anderen Sport. Ich setze mich lieber auf meinen Traktor, um mich zu entspannen!*

zu wenig genutzt. Mit anderen Worten: Es ist leider nur zum Teil gelungen, den Landwirten die eigentliche Idee des Maschinenringes zu vermitteln, nämlich das *Prinzip der Faktorergänzung,* wie von Dr. Röhner anschaulich dargestellt, konsequent in ihren Betrieben umzusetzen (siehe oben).

Die Gründe dafür sind vielfältig. Dass die Mechanisierungskosten erst in den letzten Jahren nachweisbar gesenkt werden konnten, liegt wesentlich auch daran, dass der Kostendruck auch noch nicht so hoch war. Andere Probleme wurden einfach als wichtiger und vordringlicher angesehen. Zum Beispiel das Brechen von Arbeitsspitzen: es war für viele Betriebe Voraussetzung zur Betriebsaufstockung und -Intensivierung. Ebenso war die Aushilfe mit Arbeitskräften im Ein-Mann-Betrieb außerordentlich wichtig, insbesondere wenn Bauer oder Bäuerin krankheitsbedingt ausfielen.

Natürlich spielt auch die *Mentalität der Landwirte* eine wichtige Rolle bei der Frage, warum die Maschinenringe manche Ziele mehr, andere weniger erreicht haben. Dieser Begriff *schließt u. a. auch manche Wünsche mit ein, die auch in anderen Bereichen der Gesellschaft zu beobachten sind, wie zum Beispiel das Bedürfnis nach Sicherheit, Selbstdarstellung und Anerkennung. Je mehr die Ringe dieser „bäuerlichen Mentalität" Rechnung tragen, umso leichter und schneller lassen sich die jeweiligen Vorhaben realisieren.*[7]

Die nebenstehend geschilderte Begebenheit ist ein typisches Beispiel für diese bäuerliche Denk- und Verhaltensweise. Solche und ähnliche Überraschungen erlebten Geschäftsführer nicht nur bei Nebenerwerbsbetrieben, die sich manche Investitionen eher leisten konnten, sondern auch bei Haupterwerbsbetrieben.
Der Wunsch, eine Maschine selbst zu besitzen, sie immer zur Verfügung zu haben, ohne einen andern fragen zu müssen, ist nur allzu menschlich und verständlich.

Die Akzeptanz der von den Maschinenringen angebotenen Dienstleistungen hängt nicht nur von strengen rationalen Überlegungen ab. Sie unterliegt ganz *eigenen Gesetzen* (siehe unten).

Warum manche Ziele der Maschinenringe leichter und manche schwerer zu erreichen sind.

Schnell und von einer großen Zahl von Betrieben angenommen werden vor allem Dienstleistungen...
- welche die Arbeit in vielen Betrieben erleichtern und ihnen
- unangenehme, schwierige Arbeiten abnehmen können,
- hohe Leistung und Schlagkraft bieten und darüber hinaus qualitativ besser sin als die eigene Arbeit;
- die Lösungen anbieten, welche einem einzelner Betrieb nicht zugänglich sind und außerdem
- keine oder nur geringe betriebliche oder persönliche Anpassungen erfordern.

Sehr viel geringer ist die Akzeptanz dann, wenn...
- dazu größere betriebliche oder persönliche Änderungen notwendig sind,
- diese Änderungen zudem feste und lang geprägte Gewohnheiten und Verhaltensweisen betreffen (z. B. das Verlangen nach größtmögliche Sicherheit und Unabhängigkeit oder nach angemessener Selbstdarstellung).

Noch schwieriger ist es, wenn mehrere solcher hemmender Faktoren zusammenkommen. Umgekehrt wird die Bereitschaft für neue Lösungen gefördert durch...
- gute Information und PR-Arbeit und wirtschaftliche Zwänge.

Die zeitliche Umsetzung läuft in bestimmten Stufen ab:
- Zuerst steigen nur einige wenige, besonders aufgeschlossene Landwirte, so genannte Trendsetter, ein.
- Dann folgen meist die Betriebe, die besonders gut ausgebildet und informiert sind beziehungsweise diejenigen, die gerade ein einschlägiges Problem haben.
- Die Masse der Betriebe folgt dann, wenn die entsprechenden MR-Leistungen schon selbstverständlich oder gar alternativlos sind.

Betriebe, die den Maschinenring optimal und beispielhaft nutzen

Mit Ökonomie allein, das mussten auch die MR-Protagonisten lernen, kann die MR-Idee nicht erfolgreich *verkauft* werden. Deshalb griff man nach und nach auch auf andere als ökonomische Werbeargumente zurück. Zum Beispiel wurde vermehrt die Förderung der Lebensqualität ins Feld geführt. Auf einem Plakat (siehe nebenstehend) wurde sogar suggeriert: Mit Hilfe des Maschinenringes kann *Landwirtschaft wieder mit Gewinn und Lust* betrieben werden.

Doch besser als die Werbewirkung solcher plakativer Aussagen, das haben die Ringe schon frühzeitig erkannt, sind praktische Beispiele. Bei MR-Veranstaltungen auf Ring- und Landesebene und in den verschiedenen Publikationen wurden die Möglichkeiten des Maschinenringes daher häufig an konkreten Einzelfällen vorgestellt. Das wirkte weniger schulmeisterlich und kam besser an.

Die Bedeutung dieser Beispielsbetriebe liegt aber auch in Folgendem: Sie demonstrieren augenscheinlich und nachprüfbar, dass die vielfältigen prinzipiellen Möglichkeiten des Maschinenringes nicht nur eine schöne Theorie darstellen, sondern auch in die Praxis umsetzbar sind und funktionieren. Allerdings vermitteln sie auch die Erkenntnis, dass alle Bemühungen des MR-Managements vergeblich sind, wenn sie nicht von fortschrittlichen und mutigen Betriebsleitern aufgegriffen und verwirklicht werden. Erkenntnis bedeutet noch nicht Handeln! Man braucht auch Menschen, die sich trauen, die notwendigen Veränderungen konsequent umzusetzen, notfalls auch gegen Widerstände in der eigenen Familie und im Umfeld.

Vier solche Beispiele werden nachfolgend beschrieben.

Der Grünlandbetrieb Josef Parzinger in Taching am See, MR Laufen wurde ausgewählt, weil er mit seiner konsequent umgesetzten Lösung ein Modell für den bäuerlichen Milchviehbetrieb schlechthin wurde.

Der Gemischtbetrieb Bartl Bodensteiner aus Albersrieth, MR Neustadt/Waldnaab ist ein Paradebeispiel für die optimale Nutzung des Prinzips der Faktorergänzung.

Richard Raps hat schon Anfang der siebziger Jahre erkannt, dass auch ein gut ausgestatteter Vollerwerbsbetrieb im Ochsenfurter Gäu mittelfristig gesehen ein zweites Standbein braucht. Dass er sich obendrein noch für ein ganz außergewöhnliches Standbein entschieden hat, hat ihn weit über seine Heimat und seinen Berufsstand hinaus berühmt gemacht.

Beim vierten Beispiel handelt es sich nicht um einen einzelnen Betrieb, sondern um eine Gruppe mehrerer Landwirte, die durch ihre außergewöhnliche Form der Zusammenarbeit ein bisher kaum erreichtes Maß an ökonomischer und sozialer Effizienz erreicht haben: die Außenwirtschaftsgemeinschaft Ulsenheim.

- Mit weniger Aufwand, vor allem bei der Technik, den Gewinn erhöhen.
- Mit leistungsfähigen Maschinen vom MR Kapital und Arbeitszeit freisetzen, für einen Zuerwerb oder für eine Betriebsaufstockung.
- Mit seinem Können und/oder seinen Maschinen über den MR Geld verdienen, in und außerhalb der Landwirtschaft.
- Also Landwirtschaft wieder mit Gewinn und Lust betreiben!

Werbeplakat des KBM aus dem Jahr 1994

Der Beispielsbetrieb Parzinger

v. l.: **Josef Salomon**, Geschäftsführer des MR Laufen, **Parzinger Junior** und **Senior** vor dem schönen alten Bauernhof, N.N. und **Sepp Kellerer** (BLW)

Die fast 30-jährige Anlage mit drei Traunsteiner Silos (der dritte Behälter befindet sich am rechten Bildrand)

Dieser Geräteträger ist auch heute noch der einzige Schlepper auf dem Hof

Josef Parzinger, Wegbereiter der überbetrieblichen Silofutterernte

Josef Parzinger, der 1998 in Folge eines tragischen Verkehrsunfalls verstorben ist, hat sich um die Entwicklung der Maschinenringarbeit in der Grünlandregion wie kein anderer verdient gemacht. Daher soll seine Leistung auch an dieser Stelle gewürdigt werden, obwohl seine Pionierarbeit in der zwischenbetrieblichen Silofutterernte bereits im entsprechenden Kapitel (siehe Seite 114). herausgestellt wurde.

Mit 24,8 ha Betriebsgröße, davon 4 ha Ackerland, ist Parzinger ein ganz normaler Grünlandbetrieb. Fast alles andere auf seinem Hof war dagegen damals, in den siebziger Jahren, keineswegs normal:

- Er hat 1976 die noch intakten Beton-Hochsilos abgerissen und durch eine Dreier-Batterie Traunsteiner Silos ersetzt.
- Er hat dazu einen Boxenlaufstall für 40 Kühe und 30 Stück Jungvieh gebaut.
- Außerdem hat er die Fütterung auf Ganzjahressilage umgestellt.
- Nahezu alle Feldarbeiten ließ er von Berufskollegen erledigen; den Ackerbau sowieso, aber auch die gesamte Silageernte.
- *Die paar Maschinen* (u. a. nur ein einziger Schlepper mit 45 PS), *die noch auf dem Betrieb vorhanden sind, werden auch noch überbetrieblich ausgenutzt. So fährt Parzinger mit seinem Blockschneider für fünf Betriebe die Silage in den Stall, er verleiht sein Güllefass im Soloverleih und erledigt auf 20 ha den*

Bartl Bodensteiner

Das ist mein Maschinenring, mit diesen Worten stellte **Bartl Bodensteiner** (in der Mitte, rechts von seiner Frau) die auf diesem Foto abgebildeten, vor seinem Wohnhaus versammelten MR-Kollegen vor. Sie alle haben auf seinem Betrieb im Laufe eines Jahres Arbeiten durchgeführt (ganz links Geschäftsführer **Klaus Ulrich Scholz**)

Diese Dienstleistungen hat Bodensteiner 2002 zugekauft:

Futtervorlage
mit SF-Futtermischwagen
Komplette Silierkette
mit neuester Technik:
Big M, Großhäcksler, Radlader,
Kreiselzettwender, Großschwader,
Abschiebewägen (40 – 50 cbm)
Fahrbare Mahl- und Mischanlage
Betriebshilfe 380 Std.,
Schlepper 360 Std., Radlader 20 Std.
Pflügen kpl., Schälgrubber
Federzahnegge, Wiesenwalze
Cambridgewalze, Drillmaschine
Grasdurchsämaschine,
Kreiselegge/Drillkombination
Maissaat, Unkrautspritze
Stallmiststreuer
Hochdruckpresse/Rundballenpresse/
Großpackenpresse
Mähdrescher, Mahl- und Mischanlage
Seilwinde, Holzspalter, Mobilhacker
Klauenpflege

Diese Dienstleistungen hat Bodensteiner 2002 für andere erbracht:

Schlepper 190 Std.
Industriefrontlader 20 Std.
Kipper, Kartoffelspezialist:
Kartoffel legen, pflegen und -ernten
Schleuderfass , Landschaftspflege
Winterdienst

Quelle: Dr. Anton Grimm, Bayerisches Landwirtschaftliches Wochenblatt Nr. 48/2002 S. 34

Pflanzenschutz. Außerdem setzt Franz-Josef Parzinger, der Sohn, den Schlepper bei kleineren Betrieben als Walzschlepper bei der Silageernte ein.

Das Wichtigste an dieser intensiven Nutzung des Maschinenringes war, wie Parzinger oft betont hat, dass er so nicht zum Sklaven seines Betriebes wurde: *Ich habe Zeit Betriebsleiter zu sein und nicht allein Arbeiter auf dem Betrieb.*[8]

■ Bartl Bodensteiner – Meister der zwischenbetrieblichen Zusammenarbeit

Ähnlich wie der Betrieb Parzinger wurde auch Bodensteiner bereits 1987 im Rahmen der bayernweit durchgeführten Aktion *Mit Beispielsbetrieben werben* für den Regierungsbezirk Oberpfalz ausgewählt.

Alle sieben *Bezirkssieger* wurden damals im Bayerischen Landwirtschaftlichen Wochenblatt sowie auf dem ZLF präsentiert.

Den nebenstehend Kriterien wird der Betrieb Bodensteiner auch noch 15 Jahre später gerecht. Natürlich hat sich Bodensteiner in dieser Zeit weiterentwickelt. Die konsequente arbeitsteilige Zusammenarbeit im Maschinenring mit einer Vielzahl von Berufskollegen praktiziert Bodensteiner nach wie vor, zum Teil sogar noch intensiver, wie das nachfolgende Interview zeigt.[9]

Auszug eines Interviews mit Bartl Bodensteiner aus dem Jahr 2002:

1987 wurden Sie beim ZLF als MR-Beispielsbetrieb der Oberpfalz mit der Schlagzeile „Auf Arbeitsteilung spezialisiert" vorgestellt. Praktizieren Sie diese arbeitsteilige Zusammenarbeit auch heute noch?

Bodensteiner: *Ja natürlich, sogar noch intensiver (siehe Übersicht).*

Welches sind für Sie bzw. ihren Betrieb die hauptsächlichen Vorteile dieser arbeitsteiligen Zusammenarbeit?

Bodensteiner: *Die zwei wichtigsten Vorteile: Zeit und Kosten bzw. Kapital sparen!*

Die eingesparte Zeit setze ich vor allem in der Innenwirtschaft ein: Heute habe ich 55 Kühe. Vor 15 Jahren waren es 30; dabei hat sich mein Arbeitspotential um 0,2 VAK vermindert. Ich will aber auch mehr Zeit zur Verfügung haben für Betriebsmanagement, Familie, MR-Ehrenamt, und Hobbys. Gleichzeitig möchte ich auch weiterhin genügend Zeit und Freiraum haben, um weiterhin als professioneller Auftragnehmer in Sachen Kartoffelbau zu gelten und um offen zu sein für die eine oder andere neue und interessante Dienstleistung, die sich im MR anbietet.

Und wie sieht es mit der Kapital- und Kosteneinsparung aus?

Bodensteiner: *Statt mein Geld in teure Maschinen zu stecken, habe ich in Wachstum investiert: Ich habe einen neuen, arbeitssparenden Boxenlaufstall für 55 Kühe gebaut und gleichzeitig das Milchkontingent aufgestockt. Durch die Auslagerung all der in der Übersicht aufgeführten Arbeiten spare ich jedes Jahr beträchtlich Arbeitserledigungskosten ein. 1987 habe ich für 13.000,– DM Dienstleistungen zugekauft, 2001 für 70.000,– DM. Die Einnahmen aus meiner überbetrieblichen Arbeit machen derzeit etwa 35.000 DM/Jahr aus.*

Ein Kennzeichen unserer Zeit ist die Notwendigkeit zu ständiger Anpassung an veränderte Bedingungen. Wie hat sich ihr Betrieb seit 1987 verändert oder besser gesagt weiterentwickelt?

Bodensteiner: *Den Stallneubau und die damit verbundene Aufstockung des Milch-Kontingentes und der Kühe habe ich bereits erwähnt. Außerdem habe ich meine Betriebsfläche von 50 auf 78,5 ha vergrößert,… die Kartoffelfläche von 4,5 auf 8 ha.*

Wie halten Sie es mit dem überbetrieblichen Schleppereinsatz?

Bodensteiner: *Wenn ich meine Nostalgieschlepper, die im Durchschnitt 30 Jahre alt sind, nicht rechne, habe ich nur eine PS-Belastung pro Hektar von 1,3 PS.*

Zum Schluss Ihre Vision für die Zukunft: Wie soll Ihr Betrieb in 10 bis 15 Jahren aussehen, und welche Rolle kommt dabei dem MR zu?

Bodensteiner: *Weiterhin möglichst wenig Kapital in Technik investieren und höchste Kapital- und Arbeitsproduktivität anstreben; denn die Zukunft zwingt uns, noch kostengünstiger zu produzieren. Der Weg dazu: Komplette Vergabe der Außenwirtschaft an den Maschinenring. Ausnahme: Wo ich als Spezialist und Auftragnehmer wirtschaftlich arbeiten kann.*[10]

Richard Raps – trotz Höhenflug eine Karriere mit starker Bodenhaftung

Ohne Maschinenring wäre dies unmöglich gewesen. So die eindeutige Antwort von Richard Raps auf die Frage, welche Rolle der Maschinenring bei seiner so einmaligen und außergewöhnlichen Karriere gespielt hat. Einer Karriere, die 1965 begonnen hat, aus zwei völlig unterschiedlichen Kapiteln besteht und in gewisser Weise immer noch andauert

Im Jahre 1965 hat Richard Raps in Eßfeld, einem für das Ochsenfurter Gäu typischen Bauerndorf, den elterlichen Betrieb übernommen und zunächst auch in gewohnter, traditioneller Form weitergeführt. Das heißt: ein Drittel Zuckerrüben, ein Drittel Weizen, 3 Hektar Luzerne, 1 Hektar Futterrüben und knapp 9 Hektar Sommergerste. Dazu Milchvieh mit allem, was dazugehört. Damit war 1966 Schluss. Die Kuhherde wurde verkauft, nur die Zuchtschweine wurden als Hobby für den Austragsbauern beibehalten. Drei Jahre später, nach Gründung des Maschinenringes Ochsenfurt, hatte Raps seinen 38,4 Hektar großen Betrieb noch weiter vereinfacht und nur noch drei Kulturen angebaut. Ebenso schlank war auch seine Mechanisierung (siehe rechts).

Auch die berufliche Ausbildung von Richard Raps war für den Erben eines so großen, gut situierten Hofes nicht ungewöhnlich: Landwirtschaftsschule, Lehre, Landwirtschaftsmeister.

Ein so gut gestellter und ausgebildeter Bauer konnte im Jahre 1970, als die Agrarpreise noch in Ordnung waren (natürlich hätte man sich auch damals etwas höhere Preise gewünscht), mit Optimismus in die Zukunft blicken.

So sah zumindest die allgemeine, landläufige Meinung aus. Die *verrückten* Vorstellungen des damaligen Agrarkommissars Sicco Mansholt wurden nicht nur von den Bauern selbst, sondern auch vom Berufsverband und von der Agrarpolitik rundweg abgelehnt und als völlig wirklichkeitsfremd bewertet.

Das galt in ganz besonderem Maße für einen Gäubauern mit einer Betriebsgröße von 20 Hektar aufwärts. Anders Richard Raps. Er hat trotz seiner fast 40 ha seine beruflichen Aussichten weit weniger optimistisch eingeschätzt. Er nahm die Zukunftsvision von Mansholt ernst und machte sich Gedanken, wie er einem zu erwartenden sinkenden Einkommen begegnen kann.

1970: mit 40 ha zum Nebenerwerbsbetrieb

Im nahen Giebelstadt hatte Raps bereits 1969 das Fliegen gelernt, allerdings nur für den Hobbygebrauch. Wie, so überlegte er, könnte ich aus dem Hobby „Fliegen" einen lohnenden Zuerwerb machen? Der Gedanke ließ ihn nicht mehr los. Dabei war eines klar: Seinen Betrieb wollte er unbedingt weiterführen. Das zweite Standbein musste sich daher mit der Führung seines Betriebes kombinieren lassen und sollte zudem noch die Möglichkeit bieten, auch sein Know-how als Landwirt einbringen zu können. Schließlich kam ihm die richtige Idee: Agrarpilot.

Dafür genügt es aber nicht, ein Sportflugzeug steuern zu können. Flugeinsätze in der Landwirtschaft – hauptsächlich geht es dabei um Pflanzenschutz, gelegentlich auch um Düngung – werden überwiegend mit dem Hubschrauber durchgeführt. Also musste er erst noch eine in doppelter Hinsicht sehr hohe Hürde überwinden: Er brauchte den Hubschrauber-Pilotenschein. Das kostete viel Zeit und sehr viel Geld, nämlich die unglaubliche Summe von 75.000 DM und war – wegen der Kürze der Ausbildung – sogar noch um 35.000 DM teurer als geplant.

Aber Richard Raps ließ sich von seinem Vorhaben nicht abbringen. Schon 3 Jahre später flog er seinen ersten Einsatz als Angestellter der Firma *Meravo* in Oedheim bei Heilbronn. Der Auftrag: im Raum Plattling und Regensburg Phytophtora in Kartoffeln bekämpfen. Später erstreckte sich sein Einsatzradius über die ganze (damalige) Bundesrepublik bis nach Luxemburg hinein.

Der Schwerpunkt seiner fliegerischen Arbeit: Pflanzenschutz in meist sehr steilen Weinbergslagen. Eine außerordentlich diffizile und auch gefährliche Arbeit, die vom Piloten höchste Konzentration und Präzision verlangte. Man denke nur an das Unterfliegen von Stromleitungen oder die Berücksichtigung unterschiedlicher Windverhältnisse, um die Abdrift von Spritzmitteln so gering wie möglich zu halten.

Das eine Ziel war also erreicht. Wie konnte aber die Fliegerei mit der Landwirtschaft so unter einen Hut gebracht werden, dass der Betrieb keinen Schaden nahm, die Familie nicht zu kurz kam und das Fliegen nicht zur Belastung wurde? Zu damaliger Zeit gehörte ein Betrieb dieser

Kriterien der 1987 ausgewählten Beispielsbetriebe:

Beispielhaft waren diese Betriebe in mehrfacher Hinsicht: eine zukunftsorientierte Betriebsorganisation, effiziente, kostengünstige Arbeitserledigung und Mechanisierung sowie ein gutes Betriebsergebnis. Die Betriebsleiter und ihre Familien waren mit ihrer Lebensqualität zufrieden, kurzum: der ganze Bauernhof sprach an. Ein hoher Anspruch, der nicht leicht zu erfüllen ist, vor allem über einen längeren Zeitraum.

Quelle: Vorzeigebetriebe von einst – aktuell beleuchtet, Neues für Profis 3/2001

Richard Raps:

... mehr Lust zu unternehmerischen Entscheidungen und die Kraft zur Durchbrechung des Alltäglichen und des Überkommenen

Ein Bauer geht in die Luft und bleibt trotzdem am Boden – Richard Raps als Agrarpilot

Betriebsorganisation und Mechanisierung 1969

Zuckerrüben	11,2 ha
Winterweizen	13,2 ha
So.–Braugerste	14,0 ha
Zuchtschweine	20-30 Stck.

2 Schlepper, 90 und 35 PS
2 Beetpflüge, 3- u. 4-Schar
Cambridge-Walze
Saat- u. Löffelegge mit Krümler
Schleuder-Düngersteuer
Hackmaschine, 7-reihig
Feldspritze (1/2 Anteil)
Rübenroder, 1-reihig (2/3 Anteil)
2 Ackerwagen, 6 t
Neuwert: insgesamt DM 66 800.-/ je ha 1.740.-

'Quelle: Auszüge aus Dateien des MR Ochsenfurt-Würzburg Süd von Georg Doseth

Nach der Fliegerei machte er auf seinem Hof in Eßfeld eine Heckenwirtschaft auf, die heute sein Sohn erfolgreich bewirbt – manchmal auch in Reimen – und betreibt.

Weinhof Raps
Familie
Matthias Raps
Dr.-Heim-Str. 3
97232 Eßfeld
Tel. 09334/395
Fax 09334/1021

Herr Durst ist ein gestrenger Mann,
er lässt sich gar nicht foppen;
Ob's Wetter gut ist oder schlecht,
er fordert seine Schoppen.

Herr Hunger steht auch nicht zurück,
braucht immer was zum Beißen,
wer bei uns einkehrt, der hat Glück,
er muss nicht lange reisen.

Den Durst bekämpfen wir mit Wein
mit Bratwürsten den Hunger,
dann könnt Ihr wieder fröhlich sein,
ob Alter oder Junger

Outsourcing
Art, Umfang und Entwicklung der Dienstleistungen, die Raps über den Maschinenring von Berufskollegen erledigen lässt:

Getreide:
Saat komplett (ab 1970) *)
+/- 27 ha
Spritzen: Weizen 2–3 x (ab 1972)
26–39 ha
Sommergerste (ab 1972)
1–2 x 13–26 ha
Mähdrusch komplett (ab 1971)
27 ha

Zuckerüben:
Saat mit Bandspritzung (ab 1970)
11 ha
Hacken mit Hackmaschine (ab 1970)
1–2 x 11–22 ha
Spritzen zusätzlich (ab 1984)
1–2 x 11–22 ha
Roden 6-reihig (ab1988)   11 ha

*) Mit Abschluss der Flurbereinigung in den 80er Jahren wurden 6 ha Pachtland zurückgegeben.

Quelle: Auszüge aus Dateien des MR Ochsenfurt-Würzburg Süd von Georg Doseth

Größe und Intensität noch zur Kategorie Vollerwerbsbetrieb und erforderte auch die ganze Arbeitskraft des Bauern und darüber hinaus noch die Mithilfe seiner Familie. Aber zum Glück gab es ja den Maschinenring.

■ Ein Bauer geht in die Luft

In Gaukönigshofen wurde am 10. Februar 1969 der Verein *Maschinenringe Landkreis Ochsenfurt und Umgebung* gegründet. Richard Raps war daran nicht unbeteiligt. Er wurde sogar dessen Erster Vorsitzender. Das besondere an dieser Gründung: Landwirtschaftsamt, Bauernverband und die beiden Landesverbände der Raiffeisen- und Sparkassenringe haben alle gemeinsam als Geburtshelfer mitgewirkt. Die Sparkasse Ochsenfurt hat sich besonders engagiert, indem sie die Anstellung von Georg Doseth als Geschäftsführer abgesichert hat. Im März des folgenden Jahres erfolgte dann der Beitritt zum KBM.[11]

Wozu, sagte sich Richard Raps, haben wir den Maschinenring gegründet? Doch auch dazu, um arbeitswirtschaftliche Probleme, wie ich sie zu bewältigen habe, durch *Outsourcing* elegant und kostengünstig zu lösen (siehe nebenstehend)!

Outsourcing, dieser Begriff war damals zumindest in landwirtschaftlichen Kreisen noch nicht bekannt. Aber nicht nur den Begriff, sondern auch die konsequente Nutzung dieser im Prinzip in jedem Maschinenring von Anfang an bestehenden Möglichkeit war damals noch unvorstellbar. Die eine oder andere Arbeit durch Berufskollegen erledigen lassen, das war schon fast gang und gäbe, nicht aber die komplette Auslagerung nahezu aller Feldarbeiten eines Betriebes. Dieser Schritt, aber noch mehr der Anlass für diese Maßnahme, nämlich die Tatsache, dass ein Vollerwerbsbetrieb in einer der besten Lagen noch einen anderen Beruf ausübt und seinen Hof nebenbei weiterführt, stellte eine mittlere Revolution dar.

Wenn aber ein solcher *Lebenslauf* auch noch verfilmt und im Fernsehen gesendet wird (von Radio Bremen im Rahmen der Sendereihe *Lebensläufe* unter dem Titel *Ein Bauer geht in die Luft* am 27.9.1971 von 21.45 bis 22.30 Uhr), ist ein Höchstmaß an öffentlicher Aufmerksamkeit), gewährleistet. Nicht nur im Kreis der Landwirtschaft fand der Film über den fliegenden Bauern ein außerordentlich lebhaftes Echo. Sogar große deutsche Tageszeitungen gaben ihren Kommentar dazu ab (siehe rechts).

Bis 1994 hat der *fliegende Bauer* diesen interessanten, aber auch sehr schwierigen Job gemacht. *Dann war Schluss, und zwar endgültig. Es war schön, aber auch sehr anstrengend!*

■ Vom Agrarpiloten zum Heckenwirt

Der Flieger Raps schlug, um im Bild zu bleiben, berufliche erneut einen Looping: Aus dem Agrarpiloten wird, aufgrund eines glücklichen Zufalls, ein Winzer und etwas später sogar noch ein *Heckenwirt*. Ein Freund *erbte* als Folge einer Weinberg-Flurbereinigung einen kleinen Weinberg von 28 Ar in Kleinochsenfurt. Da er damit nichts anzufangen wusste, bot er die Rebfläche Richard Raps zur Pacht an. Das war 1980. Raps griff zu und wurde Hobbywinzer, mit so großem Erfolg, dass der Weinsegen für den Eigenbedarf viel zu groß war und der größte Teil davon verkauft werden musste. Nachdem der Erlös dafür nicht zufriedenstellend war, entstand die Idee, eine *Heckenwirtschaft* aufzumachen. Gedacht, getan! 1984 erhielt Raps die Lizenz dazu. Nun hat Eßfeld nicht gerade das Flair eines idyllischen Winzerdorfes. Trotzdem kamen die Gäste, und zwar in so großer Zahl, dass bald der Wein knapp wurde. Die anderen Zutaten, wie Brot, Wurst und Käse, wurden von Anfang an aus der Region zugekauft.

1987 konnte ein zweiter Weinberg mit 34 Ar an der *Thüngersheimer Ravensburg* und 1992 noch ein dritter mit 38 Ar in Randersacker zugepachtet werden. Neben dem trockenen *Kerner* aus dem ersten Weinberg können nun noch 3 weitere Weinsorten angeboten werden, nämlich *Müller-Thurgau*, *Silvaner* und *Bacchus*. Mittlerweile konnte der *Weinhof Raps, die Heckenwirtschaft im Ochsenfurter Gau*, schon sein 20-jähriges Bestehen feiern. Richard Raps ist inzwischen auch nicht mehr der Chef – er hat seinen Betrieb an seinen Sohn Matthias übergeben. Ihm, einem studierten Betriebswirt, der zuvor in München eine interessante Tätigkeit ausgeübt hat, ist diese Entscheidung nicht leicht gefallen. Trotzdem hat er diesen Orts- und Berufswechsel nicht bereut. Seine betriebswirtschaftlichen Kenntnisse – dies ist beim Besuch des *Weinhofes Raps* nicht zu übersehen – hat er in seiner Heckenwirtschaft geschickt verwertet. Der Senior wurde durch die Betriebsübergabe zwar etwas entlastet, aber keineswegs arbeitslos. Wie auch alle anderen Familienmitglieder packt er nach wie vor fest mit an, denn nur so kann ein so arbeitsintensiver Dienstleistungsbetrieb florieren.

■ Außenwirtschaftsgemeinschaft Ulsenheim – ein Quantensprung in der Steigerung der überbetrieblichen Zusammenarbeit?

Die vorgestellten Beispielsbetriebe Parzinger, Bodensteiner und Raps zeigen, was mit dem Instrument Maschinenring alles möglich ist. Auf wie vielfältige und weit reichende Weise damit Betriebsführung sowie Arbeitserledigung eines Betriebes verbessert und Einkommen plus Lebensqualität der Bauernfamilie gesteigert werden kann.

Im Gegensatz zur großen Masse der MR-Mitglieder reizen diese Betriebe allerdings das im Maschinenring steckende Potenzial voll aus. Anders als die Mehrzahl der Mitglieder haben sie nicht nur einen Teil der Arbeiten im Außenbereich ausgelagert bzw. in das Konzept überbetriebliche Arbeitserledigung integriert, sondern fast alles. Dementsprechend verfügen sie auch nur noch über wenige eigene Maschinen, die sie zudem zum Teil noch überbetrieblich auslasten.

Auf diese Weise erreichen sie ein Höchstmaß an Arbeitsproduktivität und Kostenminimierung.

Die überwiegende Zahl der MR-Mitglieder fährt dagegen zweigleisig: Ein Teil der Arbeiten wird über den Maschinenring erledigt. Der andere wird weiterhin fast ausschließlich mit eigenen Maschinen durchgeführt. Es bestehen also zwei Mechanisierungskonzepte nebeneinander. Dafür gibt es vielerlei Gründe: nicht nur wie man sich gerne einredet, allgemeinmenschliche und daher gern als nicht rational apostrophierte, sondern durchaus auch ganz praktische.

Viele der mit eigenen Maschinen erledigten Arbeiten dauern nur einige Stunden oder noch weniger. Außerdem sind sie meist nicht langfristig zu planen.

■ Die Schwachstellen des Systems Maschinenring werden ausgeschaltet

Der Aufwand für die Abwicklung über den Maschinenring, das Abholen und Zurückbringen der Maschine, kann dann unter Umständen mehr Zeit erfordern, als zur Durchführung der eigentlichen Arbeit notwendig ist. Abgesehen davon ist es für die MR-Geschäftsstelle auch schwierig beziehungsweise zu aufwändig, solche kurzfristigen Vermittlungen zu organisieren.

Also – das ist die Konsequenz daraus – wird die Mehrzahl der MR-Mitglieder auch weiterhin zweigleisig fahren und noch viel Geld für eigene Maschinen ausgeben. Es sei denn, das System Maschinenring wird durch ein zusätzliches, dazu passendes System ergänzt. In Form der Außenwirtschaftsgemeinschaft scheint ein solches System gefunden zu sein.

Wo die Keimzellen von Ulsenheim und ähnlichen Gemeinschaften liegen, wurde bereits im Kapitel Schlepper (Seite 150) beschrieben. Auch das Prinzip wurde dort kurz erläutert. Es besteht im Wesentlichen aus einer Kombination von herkömmlicher Maschinenringarbeit für den Einsatz von Groß- und Spezialmaschinen sowie zur Betriebshilfe und einer Vielzahl ortsnaher kleinerer und größerer Maschinengemeinschaften.

Initiator für die Gründung der Außenwirtschaftsgemeinschaft Ulsenheim war Gerhard Haag, seit Jahren Vorsitzender des MR Franken Mitte und auch Mitglied des KBM-Vorstandes.

Nach mehreren Versammlungen mit Landwirtschaftsamt und Maschinenring wurde 1997 mit der Gründung der Landbau-GbR durch 10 Landwirte der entscheidende Schritt im Aufbau der Außenwirtschaftsgemeinschaft gemacht. Das Hauptziel der Landbau-GbR ist es, Bodenbearbeitung und Getreidesaat mit leistungsstarker Technik möglichst kostengünstig zu erledigen.

Ein Teil des gemeinsamen Maschinenparks (siehe Seite 170) wurde von den Mitgliedern eingebracht. Der Rest wurde neu gekauft. Die eingebrachten Gebrauchtmaschinen wurden von drei Landmaschinenverkäufern geschätzt und entsprechend dem Durchschnittspreis von der GbR vergütet. Alle Maschinen der GbR wurden über Darlehen finanziert.

Als nächstes, so schreibt Dr. Walter Pfadler, wurde der GbR-Vertrag und die Benutzerordnung erarbeitet sowie die Vorstandschaft gewählt. Vorstand und Einsatzleitung übernahm Gerhard Haag.

Im GbR-Vertrag wurde festgelegt, dass alle in der Benutzerordnung geregelten Arbeiten mit den Maschinen der Landbau GbR gemacht werden müssen. Diese Regelung soll die Auslastung der Maschinen sicherstellen. Dies geht am einfachsten, wenn nicht mehr benötigte Maschinen verkauft werden.

Auszüge von Kommentaren zur Fernsehsendung
Ein Bauer geht in die Luft

Frankfurter Rundschau: „Der Bauer, der in die Luft ging": Ein 36 Jahre alter Agronom aus dem Fränkischen, Zupackernatur und dazu ein Mann, wie ihn die grünen Bürokraten nicht besser als Idealfigur am Reißbrett entwerfen könnten. Er gab die unrentable Viehwirtschaft auf, stoppte die Übermechanisierung seines Hofes zugunsten kooperativer Lösungen (Maschinenring)...

Stuttgarter Zeitung: Der Bauer Raps aus dem unterfränkischen Eßfeld bei Giebelstadt fliegt im richtigen Aufwind einer gesicherten Zukunft als Landwirt und Agrarpilot entgegen.

Fränkisches Volksblatt: „Ich sagte zu, da mir, der ich wegen meiner persönlichen Methoden landwirtschaftlicher Betriebsführung oft und stark angegriffen werde, dadurch die Möglichkeit gegeben ist, meine Ideen und Vorstellungen einer großen Öffentlichkeit darzulegen" (so Richard Raps als Begründung für seine Zustimmung zu dieser Fernsehsendung).

Main-Post: Aber auch andere junge Bauernfamilien in der Gemeinde könnten es leichter haben, wenn „sie nur mehr Lust zu unternehmerischen Entscheidungen aufbrächten und die Kraft zur Durchbrechung des Alltäglichen und des Überkommenen". Einmal müsse sich jeder junge Bauer auf einen anderen Weg begeben, je früher, desto besser (so die Empfehlung von Richard Raps für seine jungen Berufskollegen).

Quellen: Main-Post vom 29. 9. 1971 und vom 1. 10. 1971 und Fränkisches Volksblatt vom 27. 9. 1971

Gerhard Haag, Initiator und Mitbegründer der Außenwirtschaftsgemeinschaft Ulsenheim, Vorsitzender des MR Franken Mitte und stellvertretender Vorsitzender des KBM versäumt keine Gelegenheit sein Erfolgskonzept bekannt zumachen.

Maschinenpark der Landbau GbR

Schlepper	200 PS
Schlepper	160 PS
Schlepper	105 PS
Frontpacker	3 m
Volldrehpflug	5 Schar
Kreiselegge	3 m
Schwergrubber	4,7 m
Fräse	3 m
Sämaschine	3 m
Saatbeet Kombination	7,2 m
Drillmaschine und Kreiselegge	3 m

Quelle: Gerhard Haag, Neue Wege der überbetrieblichen Arbeitserledigung – Außenwirtschaftsgemeinschaft, KTBL-Sonderveröffentlichung 033

Die 10 Gesellschafter der Landbau GbR Ulsenheim.

MR Franken Mitte ist der neue Maschinenring des Jahres

Der Maschinenring Franken Mitte ist der neue „Maschinenring des Jahres". In seiner Laudatio sprach Jurymitglied Dr. Anton Grimm von „einer neuen Dimension der überbetrieblichen Zusammenarbeit", die in der Ringgemeinschaft um den Vorsitzenden Gerhard Haag und den Geschäftsführer Manuel Burger gelebt werde. Einmalig unter den 258 Maschinenringen in ganz Deutschland gibt es im Maschinenring Franken Mitte sieben selbstständige Außenwirtschaftsgemeinschaften, in denen sich die beteiligten landwirtschaftlichen Betriebe nur noch innenwirtschaftlich eigenmechanisiert haben. Die gesamte Außenwirtschaft erledigen sie gemeinsam und kostengünstig mit modernster Hochleistungstechnik.

Quelle: www.maschinenring.org/BMRe.V. Infothek vom 18.6.07

Die Mitglieder der Landbau-GbR kaufen auch die in der Außenwirtschaft benötigten Betriebsmittel zusammen ein. Das Getreidesaatgut wird gemeinsam geputzt und gebeizt, alle säen von einem Wagen. Die Abrechnung erfolgt nach Saatmengeneinstellung der Sämaschine. Jeder Schlepper ist bestimmten Maschinen zugeordnet, so dass nur geringe Rüstzeiten entstehen. Was sich vor allem in den Arbeitsspitzen positiv auswirkt ...

Am Jahresende erhält jeder Mitgliedsbetrieb eine Abrechnung, auf der für jede in Anspruch genommene Maschine die auf ihn entfallenden Kosten aufgeschlüsselt sind.[12]

■ Die entscheidenden Merkmale des Systems Außenwirtschaftsgemeinschaft

Die gesamte Mechanisierung der Mitglieder ist überbetrieblich ausgerichtet. Ein Teil der Maschinen kommt vom Maschinenring. Der andere Teil besteht aus Gemeinschaftsmaschinen, an denen die Landwirte je nach Bedarf beteiligt sind.

Die an der Gemeinschaft beteiligten Landwirte haben Art, Größe und Anzahl der Gemeinschaftsmaschinen auch selbst bestimmt.

Der Einsatz der Gemeinschaftsmaschinen wird von den Mitgliedern ebenfalls selbst gemanagt. Die Mitglieder bedienen in der Regel die Maschinen selbst. Gelegentlich erledigt dies aber auch ein anderes Mitglied für sie.

Nach vier Jahren Erfahrung zieht Gerhard Haag folgendes Resümee:

Insgesamt konnte am Feld eine Einsparung von 4 Std./ha erzielt werden. Dazu kommt der Wegfall von circa 80 % der einzelbetrieblichen Rüstzeiten, weil in der Saison die Maschinen an den Schleppern angebaut bleiben, was weitere 2 Std./ha ausmachte.

Das in der Außenwirtschaft eingesetzte Kapital der einzelnen Betriebe ist von durchschnittlich 6.500 DM/ha auf durchschnittlich 2200 DM/ha zurückgegangen. Damit haben die beteiligten Betriebe 2.666 Mio. DM für innerbetriebliches Wachstum freigesetzt.

Die Technikkosten konnten auf 25 % der Marktleistung gedrückt werden (ca. 5 DM/dt Getreide).

Wir sind überzeugt, dass wir so auch bei unseren Strukturen wettbewerbsfähig Ackerbau betreiben können und die Erträge aus der Viehhaltung den Ackerbau nicht subventionieren müssen.

Als weitere Vorteile nennt Haag:
- Die Erledigung von Feldarbeiten durch Kollegen bei Arbeitsspitzen oder Krankheit und dergleichen.
- Die bessere Arbeitsqualität durch Spezialisierung einzelner Mitglieder auf bestimmte Arbeiten (z. B. Pflanzenschutz).
- Der gemeinsame Betriebsmittelbezug und die Sortenreduzierung durch vereinfachte Anbauplanung.[13]

Ulsenheim ist längst kein Einzelfall mehr. Im Maschinenring Franken Mitte und auch in benachbarten Ringen gibt es mittlerweile eine Reihe nach dem gleichen System, und mit ähnlichem Erfolg, arbeitender Außenwirtschaftsgemeinschaften. Sie beweisen, wie Gerhard Haag in seinem Resümee feststellt, dass sich bäuerliche Betriebe im Wettbewerb behaupten können. Im Prinzip, das zeigen unter anderem auch die in diesem Kapitel vorgestellten drei Beispielsbetriebe, sind diese Effekte auch mit dem herkömmlichen System Maschinenring zu erreichen. Die Hürden dafür sind aber offensichtlich für die meisten Betriebe zu hoch.

Deshalb müssen sich die Maschinenringe fragen, ob sie nicht dem Beispiel des MR Franken Mitte, der erfreulicherweise 2007 zum *Maschinenring des Jahres* gewählt wurde, folgen und die Schaffung von Außenwirtschaftsgemeinschaften unterstützen sollten.

Quellen:
1. Dr. Anton Grimm, Vortragsmanuskript, 1975
2. Stolpersteine zum Manager, Vortragsmanuskript von Dr. Geiersberger, November 1975
3. MR-Intern 2/80
4. MR-Intern 2/80, Seite III-9
5. MR-Intern 1/80, Seite IV-6
6. Reinhold Bocklet, *Der Bayerische Weg – noch aktuell?* Tagungsband zum Tag der Maschinenringe 1997
7. Dr. Anton Grimm, *Maschinenringe im Umbruch*, MR Management & Technik 4/1993, Seite 6
8. Sepp Keller, Maschinenringe-Beispielsbetrieb III, *Das Wetterrisiko fast ausgeschaltet*, Bayerisches Landwirtschaftliches Wochenblatt 33/1987, Seite 22
9. Vorzeigebetriebe von einst – aktuell beleuchtet, Neues für Profis 3/2001
10. Dr. Anton Grimm, Bayerisches Landwirtschaftliches Wochenblatt Nr. 48/2002, Seite 34
11. Chronik des Maschinen- und Betriebshilfsringes Ochsenfurt-Würzburg Süd e.V. 1969–2002
12. Dr. Walter Pfadler, *Ein Maschinenpark für ein ganzes Dorf*, Bayerisches Landwirtschaftliches Wochenblatt 39/1999, Seite 43
13. Gerhard Haag, *Neue Wege der überbetrieblichen Arbeitserledigung*, KTBL-Sonderveröffentlichung 033

Der Erfolg hat viele Väter

Nach der Darstellung des erfolgreichen Wirkens der bayerischen Maschinenringe, insbesondere in der Zeit nach Gründung des KBM, geht es nun darum, die Personen, Institutionen und Umstände, die diesen Erfolg möglich gemacht haben, soweit noch nicht geschehen, zu beleuchten. Die erfolgreiche Arbeit der bayerischen Maschinenringe hat viele Väter. Sie ist vor allem Menschen zu verdanken, die sich in und außerhalb der Maschinenringorganisation aus Überzeugung, mit Begeisterung und Leidenschaft für diese Idee eingesetzt haben. Einige von ihnen wurden bereits namentlich genannt. Weitere werden hier noch vorgestellt.

Es sollen aber auch die Erfolgsfaktoren, die nicht einzelnen Personen zuzuordnen sind, beschrieben werden: allen voran die ausgezeichneten politischen Rahmenbedingungen, die ab 1970 in Bayern bestanden. Ebenso die Maßnahmen, die dank einer klugen, mitarbeiterorientierten Führung dazu beigetragen haben, Motivation, Kreativität und zielorientiertes Arbeiten bei den ehrenamtlich und hauptberuflich tätigen Führungskräften und Mitarbeitern der Ringe zu wecken und zu fördern.

■ Fördernde Institutionen und Personen

Der schnelle organisatorische Aufbau von hauptberuflich geführten Maschinenringen in ganz Bayern ist jedoch zuallererst auf zwei Faktoren zurückzuführen: erstens die gesetzlich verankerte hohe Förderung der Maschinenringe in Bayern und zweitens den Umstand, dass diese Förderung ausschließlich, ohne Wenn und Aber, nur hauptberuflich geführten Ringen gewährt wurde.
Ein Blick auf Baden-Württemberg (siehe nebenstehenden Vergleich) macht deutlich, wie wichtig der zweite Faktor war. Auch dort wurden die Ringe gefördert, fast genauso hoch wie in Bayern (prozentual gesehen). Trotzdem blieb die Entwicklung in Baden-Württemberg über Jahrzehnte weit hinter der in Bayern zurück.

Sie haben sich mit besonderen Leistungen um den Maschinenring verdient gemacht:

Bartl Bodensteiner praktiziert beispielhaft arbeitsteilige Zusammenarbeit im MR

Richard Carmanns hat viele wichtige, vor allem politische Fäden geknüpft

Dr. Hans Eisenmann ist der Schöpfer einer neuen Agrarpolitik auf Basis der MR-Idee

Johann Gerold hat Landschaftspflege beispielhaft über und durch den MR praktiziert

Gerhard Haag hat die Außenwirtschaftsgemeinschaft Ulsenheim mitbegründet und sorgt für ihre Verbreitung

Roland Herr entwickelt und gründet gemeinsam mit dem Amt für Landwirtschaft mehrere Außenwirtschaftsgemeinschaften

Georg Leitl geht neue Wege in der Vermittlung von Urlaub auf dem Bauernhof

Franz Obschil hat durch seine vorbildliche Arbeit als Geschäftsführer des MR Pfaffenhofen Dr. Hans Eisenmann, den Landrat von Pfaffenhofen – und späteren bayerischen Landwirtschaftsminister –, vom Maschinenring nachdrücklich überzeugt.

Albert Menacher integriert die Maschinengemeinschaft in den MR und organisiert den Zuckerrübentransport in bäuerlicher Hand

Werner Ortloff zeigt mit UNIPLAN die optimale Nutzung des MR

Josef Parzinger ist Pionier und Vorkämpfer der überbetrieblichen Silofutterernte im MR

Dr. Georg Perreiter ist Erfinder und Promotor des Traunsteiner Silos

Dr. Walter Pfadler ist der Berater der MR und der Landwirte in Fragen der MR-Arbeit

Dr. Jürgen Pelhak hat die LwFöG-Novelle von 1994 MR-konform formuliert

Richard Raps stellt einen *Gäubetrieb* auf Nebenerwerb um

Anton Rauch sorgt als *Seele der Maschinenringe* für ein Klima von Harmonie und Zusammenhalt

Dr. Johannes Röhner versteht es, die MR-Geschäftsführer für ihre Aufgabe zu motivieren und zu begeistern

Josef Salomon exportiert die MR-Idee nach Rumänien

Heinrich Siegl ist maßgeblich an der Einführung des selbstfahrenden 6-reihigen Bunkerköpfroders in der Zuckerrübenernte beteiligt

Klaus-Ulrich Scholz vermittelt vielen Kollegen praktisches MR-Know-how

Johann Sedlmeier entwickelt mit der Kooperativen Mechanisierungsplanung die Grundlage für so genannte Außenwirtschaftsgemeinschaften

Günter Steinmeier findet den richtigen Ansatz zur Besteuerung der MR-Einnahmen

Gelegentlich gibt es natürlich auch Kritik an dieser hohen staatlichen Förderung für die Maschinenringe in Bayern. Insbesondere gehört auch Dr. Geiersberger zu diesen Kritikern. Seiner Meinung hätte diese Förderung degressiv verlaufen und zeitlich befristet sein sollen.

Prinzipiell ist dieser Standpunkt durchaus verständlich. Vielleicht hätten sich dann manche Ringe früher bemüht, auf eigenen finanziellen Beinen zu stehen. Mittlererweile wurden sie durch die Rückführung bzw. Umstellung der Förderung ebenfalls auf diesen Kurs gebracht.

Doch alles in allem war diese Förderung für die Maschinenringe, im Vergleich zu manch anderen Fördermaßnahmen oder auch unter Kosten-Nutzen-Aspekten gesehen, ein sehr effizientes Instrument bayerischer Agrarpolitik, wenn man sich die vielfältigen Auswirkungen der MR-Arbeit auf die Landwirtschaft in Bayern vor Augen hält.

Vergleich der MR-Entwicklung Bayern (BY)/Baden-Württemberg (BW) (Bezug 1990)

Kriterien	BY	BW
MR insgesamt	90	42
MR mit hauptb. Geschäftsf.	90	19
MR-Mitgl. in % aller Betr.	45	18
LF MR-Mitglieder in % der gesamten LF	65	36

Quelle: Jahresbericht des BMR 1990

So wurde für den B*ayerischen Weg* und die Partnerschaft im Maschinenring Anfang der 70er Jahre geworben

An der Entwicklung des MR Pfaffenhofen vor und nach 1970 ist zu sehen, welchen Einfluss eine nur nebenberufliche Geschäftsführung im Vergleich zu einer hauptberuflichen hatte.

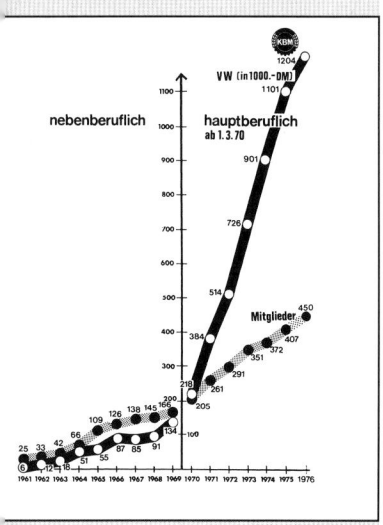

Quelle: Ein Vierteljahrhundert Maschinen- und Betriebshilfsring, BMR Juni 1984, Seite 22

Franz Josef Strauß fordert Bauern zu überbetrieblicher Zusammenarbeit auf

Zur überbetrieblichen Zusammenarbeit und zu neuen Formen der Partnerschaft forderte der Landesvorsitzende der Christlich Sozialen Union, Franz Josef Strauß, die deutsche Landwirtschaft auf ... nach den Worten des Vorsitzenden gibt eine überbetriebliche Arbeitsteilung der Landwirtschaft einen wesentlich günstigeren Standort als früher. Schließlich könne die Einpassung der Landwirtschaft in die vorherrschenden industriell-gewerblichen Arbeitsmethoden nur auf diese Weise erreicht werden. Im Übrigen bekannte sich Strauß auch zum kleinbäuerlichen Neben- und Zuerwerbsbetrieb. Er sei gewissermaßen ein Bindeglied zwischen Agrar- und gewerblicher Wirtschaft.

Quelle: MR-Intern 2/78, Seite V-4

Der Ministerpräsident besucht gemeinsam mit BBV-Präsident Sühler den Stand der Maschinenringe beim ZLF

V.l.: Dr. Franz Josef Strauß, Gustav Sühler, Anton Rauch und Dr. Anton Grimm

Wie sich die Tatsache auswirkte, dass ein Ring nicht mehr nur so nebenbei betreut wurde, sondern eine Kraft sich ausschließlich mit dieser Aufgabe befasste, zeigt das Beispiel MR Pfaffenhofen. Franz Obschil hat diesen Ring zunächst bis 1970 nur nebenberuflich – aber dennoch mit viel Engagement – geführt, anschließend hauptberuflich. Welchen Einfluss diese Umstellung auf die Mitglieder- und Umsatzentwicklung hatte, zeigt die nebenstehende Grafik sehr anschaulich.

Doch dieses schnelle Wachsen der bayerischen Ringe ab 1970 ist nicht allein Folge der hauptberuflichen Geschäftsführung. Der steile Anstieg der Mitgliederzahlen in den 70er Jahren war bis zu einem gewissen Grad auch eine Folge des neuen agrarpolitischen Kurses in Bayern. Die agrarpolitische Aufwertung des MR im Rahmen des *Bayerischen Weges* und die damit verbundenen PR-Aktivitäten haben das Interesse der Landwirte für den Maschinenring geweckt und gefördert. Zuvor verbanden viele Landwirte, insbesondere gut situierte, mit dem Maschinenring eher eine negative Vorstellung. Sie sahen im MR bzw. in der überbetrieblichen Zusammenarbeit ein Instrument für die kleineren und die weniger gut gestellten Betriebe. Für Betriebe, die sich eine leistungsfähige eigene Technik nicht leisten konnten und auch bereit waren, die vermeintlich geringere Qualität der überbetrieblichen Arbeitserledigung in Kauf zu nehmen (siehe auch Aussage von Toni Beck, Seite 176).

Jetzt wurde die Zusammenarbeit und Partnerschaft zwischen Voll-, Zu- und Nebenerwerbsbetrieben von der *Regierung* und, etwas verhaltener, auch vom Berufsverband als der Weg in die Zukunft gepriesen. Mit einem Wort: Der Maschinenring war *in*.

In dieser Zeit gab es kaum eine Rede von Landwirtschaftsminister Dr. Eisenmann, aber auch von anderen der Landwirtschaft nahe stehenden Politikern, in denen der Maschinenring nicht als wichtiges Instrument zur Erhaltung einer bäuerlichen Landwirtschaft herausgestellt wurde. Sogar Franz Josef Strauß hat die Bauern zu überbetrieblicher Zusammenarbeit aufgefordert (siehe nebenstehend).

■ Landwirtschaftsverwaltung und -beratung stehen zum Maschinenring

Mit zahlreichen Broschüren und Flugblättern, die vom Landwirtschaftsministerium herausgegeben wurden, wurde für den *Bayerischen Weg* und für die *Partnerschaft der Voll-, Zu- und Nebenerwerbsbetriebe* geworben.

Diese vorherrschende, positive Grundhaltung zum Maschinenring legten nicht nur die für die Maschinenringe zuständigen Beamten im Landwirtschaftsministerium an den Tag; das ganze Haus an der Ludwigstraße begegnete den MR-Vertretern mit großem Wohlwollen und mit der Bereitschaft zu helfen, wo immer der Schuh drückt. Im Bild rechts sind einige der in der Gründungsphase des KBM wichtigsten *ministerialen* Streiter für den Maschinenring zu sehen.

Bis zu einem gewissen Grad war diese dem Maschinenring gegenüber wohlwollende Grundeinstellung auch noch in anderen bayerischen Ministerien und Behörden zu spüren.

Das besagt aber nicht, dass es nicht trotzdem manchmal sehr mühsam war, die Vorstellungen der MR-Leute mit denen der Ministerialbeamten auf eine Linie zu bringen. Dennoch ist es im Großen und Ganzen immer wieder gelungen, unnötige und unsinnige bürokratische Belastungen zu vermeiden.

Beispiele für derartige Abstimmungsprobleme sind unter anderem:

Die Einstufung der MR-Geschäftsführer entsprechend dem komplizierten Tarifwerk des BAT. Diese Aufgabe hat sich über mehrere Jahre hingezogen; insbesondere wenn man dazu auch noch die besonderen Probleme der *Leistungszulage* berücksichtigt.

Die Gasölbeihilfe, genauer gesagt die Bestätigung des Mehrverbrauchs im Rahmen der überbetrieblichen Arbeit, so in den Griff zu bekommen, dass alle Seiten damit leben konnten, hat ebenfalls viel Zeit und Mühe gekostet.

An dieser Stelle sind einige Beamte *des hohen Hauses* zu nennen, die die MR-Arbeit und -Entwicklung weit über ihre Pflicht hinaus unterstützt haben.

Neben Ministerialdirektor Wolfgang von Trotha, der an der Formulierung des LwFöG maßgeblich beteiligt war, ist hier an erster Stelle Professor Dr. Ullrich Keymer zu nennen (siehe Fotos rechts). Er hat von 1970 bis 1981 das Ministerium im KBM-Vorstand vertreten. „Fragt nicht so viel!" Mit diesem weisen Rat hat er wiederholt dazu beigetragen, dass manche Fragen deshalb nicht gelöst werden mussten, weil sie nicht voreilig gestellt wurden und sich ihre fehlende Problematik nachträglich auch erwies.

Wie schon im Kapitel Betriebshilfe ausgeführt, hat Keymer auch wesentlich zur Klärung und Regelung der sozialversicherungsrechtlichen Stellung der nebenberuflichen Betriebshelfer beigetragen.

Sein Nachfolger bei den Maschinenringen war der für die Landtechnik zuständige Referent Dr. Alois Weidinger (siehe Foto). Ab 1973 gehörte er dem KBM-Ausschuss, ab 1981 dem Vorstand an. Wie kein anderer Beamter aus dem Landwirtschaftsministerium kannte er die MR-Themen und -Probleme nicht nur aus dem Blickwinkel des Ministerialbeamten. Er wusste auch Bescheid, was draußen in den Ringen läuft, was dort geleistet wird, aber auch, wo die Schwächen der Ringe liegen. Sein Rat war deshalb gefragt und die Unterstützung der Maschinenringe war ihm eine Herzensangelegenheit.

Eine wichtige Anlaufstelle für das KBM war stets auch Wolfgang Kupferschmid. Er kümmerte sich vor allem darum, dass die Abwicklung der Beihilfegewährung nach dem LwFöG funktionierte.

Neben den Finanz- und Haushaltsfragen spielten rechtliche Themen eine wichtige Rolle. In den ersten Jahren war Dr. Herbert Wüst der kompetente Ratgeber des KBM und der Maschinenringe in nahezu allen Rechtsfragen, im Besonderen natürlich hinsichtlich des Landwirtschaftsförderungsgesetzes. Seiner Stellungnahme ist es auch maßgeblich zu verdanken, dass das Landgericht Ansbach die Unsicherheit hinsichtlich der Rechtsform *Eingetragener Verein* für die Maschinenringe beendete und zu Gunsten der Ringe entschied.[1]

Nach Wüst war Dr. Jürgen Pelhak (siehe Foto) der Ansprechpartner der Maschinenringe in Rechtsfragen. Selbstverständlich war es beiden nicht erlaubt, offiziell als Rechtsberater oder gar als Rechtsbeistand zu fungieren. Trotzdem waren ihre Stellungnahmen und Auskünfte meist so eindeutig und präzise, dass sie einer Rechtsberatung fast gleichkamen.

Viele der vom KBM an das Ministerium gerichteten rechtlichen Anfragen fanden ihren Niederschlag in dem von Wüst und Pelhak gemeinsam bearbeiteten Kommentar zum Landwirtschaftsförderungsgesetz, der 1986 erschien. Für MR-Geschäftsführer, insbesondere aber für das KBM, war der *Wüst/Pelhak* immer wieder ein wichtiges, unentbehrliches Nachschlagwerk.

Besonders große Verdienste hat sich Dr. Pelhak bei der Novellierung des LwFöG im Jahre 1994 erworben: seiner juristischen Sachkenntnis und Kreativität ist es zu verdanken, dass trotz großer Widerstände eine Lösung gefunden werden konnte.

Dass die Spitze des Hauses an der Ludwigstraße vom Ministerialdirektor über den Staatssekretär bis zum Staatsminister hinter dem Maschinenring stand, ist angesichts seiner Rolle im Rahmen des Bayerischen Weges, der bis heute die Leitlinie der bayerischen Agrarpolitik darstellt, selbstverständlich. Die Wertschätzung der Maschinenringe seitens der Ministeriumsspitze und das Interesse, das ihrer Arbeit zuteil wurde, war darüber hinaus auch davon abhängig, wie eng und gut einerseits der Kontakt zwischen den agierenden Personen war, zum anderen, wie die jeweiligen Aktivitäten der Maschinenringe gerade zu den aktuellen politischen Schwerpunkten des Ministeriums passten.

So hat zum Beispiel Staatsminister Simon Nüssel den Vorschlag des KBM, im Rahmen einer gemeinsamen Pressefahrt die Leistungen des Maschinenringes Pfaffenhofen auf dem Sektor überbetrieblicher Pflanzenschutz zu demonstrieren, begeistert aufgenommen. Dies war im Jahre 1990, als das Image der Landwirtschaft im Hinblick auf Umweltschutz nicht zum Besten stand.

Dass unter Reinhold Bocklet die Arbeit der Maschinenringe in der Landschaftspflege (1992 *Landschaftspflegetag* in Huglfing bei Weilheim) oder im Bereich umweltgerechte Gülleausbringung ins politische Konzept passte, ist verständlich; denn Anfang der 90er Jahre entstanden in Bayern, zum Missfallen des Landwirtschaftsministers (und auch der MR), mit Unterstützung des Umweltministeriums allenthalben Landschaftspflegeverbände. Und mit der von Bocklet 1995 initiierten

Hier sind fast alle für die Entwicklung des *Bayerischen Weges* maßgeblichen Köpfe des Landwirtschaftsministeriums vereint:

V.l.: Dr. Alfred Müller, Alfred Schuh, Simon Nüssel, Dr. Hans Eisenmann, Ludwig Baier und Ludwig Hopfner

Ministerialbeamte, die sich um die Maschinenringe verdient gemacht haben:

Ministerialdirektor **Wolfgang von Trotha**

Ministerialdirigent **Prof. Dr. Ullrich Keymer**

Ministerialrat **Dr. Alois Weidinger**

Ministerialrat **Dr. Jürgen Pelhak** bei der Auszeichnung mit der Silbernen Ehrennadel des KBM 2007 durch **Leonhard Ost**

Die von den Maschinenringen angestoßene Aktion *Aktive Selbsthilfe statt Resignation* wurde vom Bauernverband und von der Landwirtschaftsberatung unterstützt und mitgetragen.

Mit weniger Aufwand, vor allem bei der Technik, den Gewinn erhöhen.

Mit leistungsfähigen Maschinen vom MR Kapital und Arbeitszeit freisetzen, für einen Zuerwerb oder für eine Betriebsaufstockung.

Mit seinem Können und/oder seiner Maschinen über den MR Geld verdienen, in und außerhalb der Landwirtschaft.

Also Landwirtschaft wieder mit Gewinn und Lust betreiben!

Eine Gemeinschaftsaktion der Maschinenringe, des Bayerischen Bauernverbandes und der Ämter für Landwirtschaft und Ernährung

Landwirtschaftsminister Josef Miller, ein Freund und Förderer der MR:

Die Idee der Maschinenringe, ein internationaler „Exportschlager"

Die Idee der Maschinenringe, die in Bayern geboren wurde und hier einen besonders hohen Stellenwert hat, ist inzwischen zu einem internationalen „Exportschlager" geworden. Wie Miller betonte, sind im Entwurf des neuen Bayerischen Agrarwirtschaftsgesetzes die klassischen Maschinenringleistungen als förderfähig mit Rechtsanspruch definiert. Der Freistaat wird die Maschinenringe als „tragende Säule" der bayerischen Agrarpolitik nach Aussage des Ministers auch künftig unterstützen und sie als einziges Bundesland fördern. Heuer stellt der Freistaat dem Kuratorium Bayerischer Maschinen- und Betriebshilfsringe und den Maschinenringen rund 3,2 Millionen Euro Fördermittel zur Verfügung.

Quelle: Pressemitteilung StMELF vom 12.6.2006

Aktion Stickstoff 2000 (siehe Seite 140) sollte vor allem die Stickstoff-Emission bei der Gülleausbringung vermindert werden. Doch Minister Bocklet hat die Maschinenringe durchaus auch kräftig und mutig unterstützt, wenn für ihn damit nicht unbedingt politische Vorteile verbunden waren. Das gilt zum Beispiel für sein klares und geschicktes Eintreten zu Gunsten der Maschinenringe bei der Novellierung des LwFöG im Jahre 1994; denn weder der Bauernverband noch die anderen Selbsthilfeeinrichtungen waren von diesem Vorhaben angetan.

Auch das von den Maschinenringen konzipierte Projekt *Aktive Selbsthilfe statt Resignation* wurde von Bocklet und seinem Haus, aber auch von Präsident Sonnleitner mitgetragen. Mit dieser ungewöhnlichen Gemeinschaftsaktion sollte, ähnlich wie dies derzeit in Verbindung mit der Fußball-Weltmeisterschaft in Deutschland von vielen Seiten versucht wird, an die Stelle einer sich breitmachenden pessimistischen Haltung in der Landwirtschaft wieder eine positive Aufbruchstimmung treten (siehe nebenstehend).

Doch nicht nur im Ministerium hatten die Maschinenringe gute Freunde und Mitstreiter, sondern auch an den nachgeordneten, zur Landwirtschaftsverwaltung gehörenden Behörden und Einrichtungen. Insbesondere unter den Landwirtschaftsberatern gab es eine große Zahl von ausgesprochenen Maschinenringfans. Einige von ihnen wurden bereits genannt. Sie hier alle aufzuzählen, würde den Rahmen dieser Chronik sprengen. Nur so viel sei gesagt: Ohne die massive und entschiedene Unterstützung seitens der Beratung im Allgemeinen und einzelner, besonders profilierter Berater im Besonderen wären manche Maschinenringe gar nicht oder zumindest nicht zu so einem frühen Zeitpunkt gegründet worden und ins Laufen gekommen. Das gilt für die Zeit bis 1970, aber in ganz besonderem Maß danach, im Hinblick auf die Gründung von Ringen mit hauptberuflichem Geschäftsführer bzw. die Zusammenführung bestehender Kleinringe in einen Kreis-Maschinenring.

Besonders effizient war die Zusammenarbeit zwischen Beratung und Maschinenring dann, wenn beide Seiten die gleichen Ziele in arbeitsteiliger Zusammenarbeit vorangetrieben haben.

Musterbeispiele dafür sind die Ämter in Laufen und Traunstein hinsichtlich des Baus von Traunsteiner Silos und der überbetrieblichen Silofutterernte oder das Amt in Uffenheim in Bezug auf die Gründung von Außenwirtschaftsgemeinschaften.

Etwas differenzierter fällt die Bewertung von Dr. Walter Pfadler zur Förderung des MR-Gedankens durch die Beratung aus. Er kennt wie kein anderer die Materie und die damit befassten Personen: *Die Beratung hat sich mit unterschiedlichem Engagement hinter die Organisation MR gestellt. Nur wenige besonders engagierte Berater haben den Landwirten die MR-Möglichkeiten trotz deren Skepsis wirklich eröffnet.*[2]

Die Erkenntnis, dass Landwirtschaftsberatung und -Schulen noch mehr Überzeugungsarbeit zur Verbreitung *des Selbsthilfegedankens* leisten sollten – und könnten –, hat das Ministerium veranlasst, *in einer Bestandsaufnahme festzustellen, welche Initiativen Berater bisher ergriffen haben und welche Maßnahmen sie für geeignet halten, die Selbsthilfeeinrichtungen im landwirtschaftlichen Bereich weiter auszubauen und dem Selbsthilfegedanken stärker zum Durchbruch zu verhelfen.*[3]

Auch der Nachfolger von Reinhold Bocklet, Josef Miller (1998), war der MR-Arbeit gegenüber nicht nur sehr aufgeschlossen, er hat sich von Anfang an auch stets massiv und kämpferisch für deren Anliegen eingesetzt (siehe nebenstehenden Auszug aus einer Rede beim Tag der Maschinenringe 2006). Vor allem als es darum ging, die Förderung für die bayerischen Maschinenringe gegenüber Brüssel zu verteidigen. Dies war allerdings nur möglich durch eine totale Änderung des bisherigen Förderungssystems, die bereits im Jahre 2000 erfolgte: Die institutionelle Förderung wurde durch die so genannte Projektförderung (siehe Foto rechts) ersetzt. Gefördert werden danach *die bisherigen Arbeitsschwerpunkte – Organisation der sozialen und der wirtschaftlichen Betriebshilfe sowie der Maschinenvermittlung.*[4]

Bis es allerdings so weit war und die Europäische Kommission ihr Hauptprüfverfahren abgeschlossen und der Projektförderung zugestimmt hatte, wurden KBM und Ringe auf eine harte, nervenzehrende Geduldsprobe gestellt. Im Jahr 2003 mussten die Maschinenringe sogar *Sicherheitsleistungen und Bürgschaften vorlegen, um die Förderung vom Ministerium ausgezahlt zu bekommen.*[5]

Diese Umstellung führte zu einer erheblichen Kürzung der gesamten MR-Förderung in den letzten 10 Jahren: von 11,75 Millionen € im Jahr 1995 auf nur noch 3,46 im Jahr 2005.

Allerdings ist diese Reduzierung nicht allein durch die Umstellung auf die Projektförderung bedingt. Durch eine Änderung des LwFöG Ende 1996 wurden die Fördersätze für die Selbsthilfeeinrichtungen bereits generell um 10 % gekürzt (von 80 auf 70 % bei den Personalkosten und von 50 auf 40 % bei den Sachkosten) und für die Maschinenringe noch zusätzlich um 10 %. Gleichzeitig wurde im Hinblick auf das Verhältnis von MR e.V. zu MR-GmbH unmissverständlich bestimmt: rechtlich und finanziell müssen beide Einrichtungen getrennt sein. Eine Quersubvention muss ausgeschlossen werden.

■ Landjugendorganisationen und VLF, besonders in der Gründungsphase wichtige Förderer

Eine Reihe von MR verdankt ihre Existenz landwirtschaftlichen Organisationen, allen voran dem Landesverband ehemaliger Fachschulabsolventen (VLF), der auch Gründungsmitglied des KBM war und dem KBM-Ausschuss angehörte. Dasselbe gilt für die drei Landjugendorganisationen. Auch sie waren Gründungsmitglieder des KBM und wirkten im KBM-Ausschuss als beratende Mitglieder mit. Vor allem bei den jungen Landwirten haben sie das Interesse an der überbetrieblichen Zusammenarbeit geweckt und gefördert. Die Evangelische Landjugend Bayerns war bei der Gründung von Maschinenringen besonders stark engagiert. Der spätere Vorsitzende des KBM, Hans Murr, hat als Kreis- und Bezirksvorsitzender dieses Verbandes nicht nur die Gründung des Maschinenringes Ries initiiert, sondern auch bayernweit den Aufbau von Maschinenringen unterstützt.

Alois Glück, von 1964 bis 1971 Landessekretär der Katholischen Landjugend Bayerns, hat nicht nur bei der Gründung des KBM mitgewirkt. Er war auch der erste und einzige Vertreter der genannten Organisationen, der von sich aus den Geschäftsführer des KBM zu einem ausführlichen Gespräch eingeladen hat, und dies bereits 1969. Auch als späterer Landtagsabgeordneter (ab 1970) und ganz besonders in seiner Eigenschaft als Vorsitzender der CSU-Landtagsfraktion hatte er stets ein offenes Ohr für die Anliegen der Maschinenringe und hat wiederholt seinen nicht unerheblichen politischen Einfluss mit Erfolg für die Interessen der Maschinenringe geltend gemacht, bei Parteifreunden, aber auch bei Personen und Institutionen, denen die Arbeit der Maschinenringe gelegentlich ein Dorn im Auge war. Insbesondere im Vorfeld der Novellierung des LwFöG im Jahre 1994 war Glück für die Maschinenringe ein wichtiger Ansprechpartner.

Auch die den Landjugendorganisationen nahe stehenden Landvolkshochschulen haben viel zur Förderung der zwischen- und überbetrieblichen Zusammenarbeit beigetragen. Zwei von ihnen verdienen hier besondere Erwähnung, weil sie auf eigene Initiative hin regelmäßig in Zusammenarbeit mit dem KBM Seminare für Betriebshelfer/innen durchgeführt haben – und auch heute noch tun. Dazu gehören vor allem die Landvolkshochschulen St. Gunther in Niederalteich und Petersberg bei Dachau (siehe Fotos Seite 176).

Ebenso haben verschiedene staatliche Bildungseinrichtungen der Landwirtschaft immer wieder spezielle Fortbildungskurse für MR-Helfer organisiert. Allen voran die Landmaschinenschulen in Schönbrunn bei Landshut und in Landsberg/Lech.

Die Landmaschinenschule Triesdorf bei Ansbach hat, insbesondere unter der Leitung von Baudirektor Johann Sedlmeier (siehe Fotos Seite 176), wiederholt landtechnische Themen, die für die Maschinenringe von aktueller Bedeutung waren, aufgegriffen und öffentlich gemacht. Die Landmaschinenschulen in Schönbrunn bei Landshut und Landsberg/Lech haben in zahllosen Lehrgängen an junge Bäuerinnen und Bauern für die MR-Arbeit wichtiges Know-How vermittelt.

Dass auch an den *Landwirtschaftsschulen* das Thema Maschinenring im Rahmen des regulären Unterrichts behandelt wurde, ist selbstverständlich. Besonders effektiv und werbewirksam aus Sicht der Maschinenringe waren dabei die dem zuständigen MR-Geschäftsführer regelmäßig eingeräumten Unterrichtszeiten, in denen er den Studierenden nicht nur einen Einblick in die praktische Maschinenringarbeit vermitteln, sondern gleichzeitig auch, zum Teil mit großem Erfolg, *Nachwuchskräfte* für die Betriebshilfe gewinnen konnte.

Nicht so selbstverständlich war es dagegen, dass auch an den landwirtschaftlichen Berufsschulen, die dem Kultusministerium unterstellt waren, der *Maschinenring gelehrt* wurde. Dies ist vor allem das Verdienst von Walter Pfadler, der den Stoff *überbetriebliche Zusammenarbeit* auch

Minister Josef Miller überreicht, assistiert von Dr. Alois Weidinger (Mitte), Dr. Anton Grimm am 27.10.1998 in Neuburg/Donau das Bundesverdienstkreuz

Überreichung Bundesverdienstkreuz an **Dr. Anton Grimm**

Ein wichtiger Schritt zur Sicherung der MR-Förderung war die Einführung der Projektförderung. Minister Josef Miller und Vorsitzender Hans Murr bei der Unterzeichnung des Vertrages am 21.12.2000.

V. l., stehend: **Erwin Ballis, Thomas Rummel, Wolfram Schöhl, Anton Adelhart und Martin Wolf**

Alois Glück war stets Freund und Helfer der Maschinenringe

Sie haben mit den von ihnen geleiteten Bildungseinrichtungen die MR-Idee nachhaltig unterstützt und gefördert...

Dr. Josef Rehrl, als Leiter der Landvolkhochschule St. Gunter in Niederalteich

Franz Josef Zeheter, als Leiter der Landvolkhochschule Petersberg bei Dachau

Johann Sedlmeier, als Direktor der Landmaschinenschule Triesdorf

Toni Beck, Vizepräsident des BBV zur Notwendigkeit einer schlagkräftigen Eigenmechanisierung

Wir brauchen diese Maschinen, um entsprechend schlagkräftig zu sein, um zur richtigen Zeit die richtige Maschine einsetzen zu können, um eine optimale Feldbestellung und Bodenbearbeitung durchführen zu können. Und hier zu warten, bis im Rahmen der Maschinenbank dann die Bestellung vorgenommen wird, kann die günstigste Zeit aufgrund dessen, was der Boden fordert, vorbei sein, und deshalb haben wir vielleicht für solche Betriebe in unserer Größe eine übermäßige Ausstattung von Maschinen.

Quelle: Landfunksendung vom April 1988

für den Berufsschulenunterricht aufbereitet hat.

■ Bauernverband und Maschinenring, nicht immer auf einer Wellenlänge

Anders als die Zusammenarbeit mit den Landjugendorganisationen und dem VLF stellt sich das Verhältnis Bauernverband und Maschinenring dar. Zwar war auch der Bayerische Bauernverband in die Gründung des KBM involviert, wie auf Seite 41 ausgeführt, aber so uneingeschränkt war seine Unterstützung und so klar seine Haltung den Maschinenringen gegenüber nicht immer. Auch schon vor Gründung des KBM beklagen sich, wie aus den Protokollen des Landesverbandes Bayerischer Maschinenringe Raiffeisen e.V. hervorgeht, Praktiker des Öfteren über die mangelnde Unterstützung seitens des Berufsverbandes.

Bei der Bezirkstagung des Raiffeisen-Landesverbandes im Dezember 1966 in Erding haben zum Beispiel trotz der Anwesenheit von Diplomlandwirt Ellmann vom Generalsekretariat des BBV drei Tagungsteilnehmer den Bauernverband *scharf kritisiert* und von ihm ein klares Bekenntnis zum Maschinenring gefordert. Josef Parzinger vom MR Laufen, selbst BBV-Obmann: *Die laue Befürwortung der Dinge hilft den Ringen nicht weiter.*[6]

Ähnlich kritische Äußerungen finden sich auch in Unterlagen des MR Fürstenfeldbruck: *Der Bayerische Bauernverband, der sich eigentlich dafür interessieren müsste, kümmere sich gar nicht um den Landmaschinenring* (siehe Seite 53).[7]

Welche Gründe für das geringe Interesse am Maschinenring seitens des Berufsverbandes in dieser Frühzeit der MR-Entwicklung maßgeblich waren, ist nicht klar. Vielleicht lag es daran, dass die gut situierten Bauern, wie schon ausgeführt, zur damaligen Zeit den Maschinenring eher als Hilfe für die kleineren bzw. die weniger gut wirtschaftenden Berufskollegen betrachtet haben. Diese Vermutung wird gestärkt durch die nebenstehende Aussage von Toni Beck, dem Bezirkspräsidenten des BBV von Niederbayern aus dem Jahr 1988.

Solche Vorbehalte auf Seiten der Praktiker konnten jedoch im Laufe der Zeit abgebaut werden. Stattdessen wurde das Verhältnis der Maschinenringe zum Bauernverband nun in erster Linie durch handfeste Interessensgegensätze belastet, aber auch durch Spannungen um die Person Dr. Geiersberger. In seinen Memoiren *Glück gehabt!* beschreibt Geiersberger Gründe und Hintergründe, die zu den teilweise sehr heftigen Auseinandersetzungen mit Vertretern des Bauernverbandes geführt haben, sehr ausführlich.[8]

Sehr kontrovers waren die Vorstellungen zwischen Maschinenringen und Bauernverband hinsichtlich der Betriebshilfe. Hier stand von Haus aus der Berufsverband dem System hauptberuflicher Betriebshelfer und Dorfhelferin näher als der nebenberuflichen Form. Hinzu kommt, dass der Bauernverband generell ein Interesse daran hatte, die imageträchtige Tätigkeit Betriebshilfe, insbesondere auf sozialpflichtigem Sektor, selbst zu organisieren, zumindest aber maßgeblichen Einfluss darauf auszuüben. Immerhin ist nicht zuletzt auch an der Frage, wer für die Betriebshilfe zuständig ist beziehungsweise sein soll, die geplante Vereinbarung zwischen Deutschem Bauernverband und Bundesverband der Maschinenringe gescheitert, mit der Folge, dass es daraufhin zur Spaltung des BMR kam.[9]

So gesehen ist es verständlich, dass auch der BBV den Bemühungen der Maschinenringe, den Status und die Vergütung der nebenberuflichen Betriebshelfer/innen bei sozialpflichtigen Einsätzen angemessen zu gestalten, direkt und indirekt entgegengearbeitet hat (siehe Seiten 95 und 96).

Darüber hinaus gab es eine Reihe weiterer Felder, auf denen MR und BBV nicht immer harmonisch zusammengearbeitet haben. Beispiele dafür: die Besteuerung der MR-Einnahmen, die Landschaftspflege (siehe Passauer Modell), die Gründung des Landesverbandes Urlaub auf dem Bauernhof oder die Strohaktion von 1976 (insbesondere in Oberfranken).

Besonders die durch eine Anfrage des BBV an das Bayerische Staatsministerium für Finanzen vom 7.3.1975 ausgelösten Irritationen haben das Verhältnis der Maschinenringe zum Bauernverband sehr belastet: Etwas voreilig hat damals der Verband dem bayerischen Finanzministerium einen sehr fragwürdigen Vorschlag zur Besteuerung von MR-Einnahmen gemacht.[10]

Die Anwendung dieser Regelung hätte nicht nur zu einer erheblichen Steuerlast bei all den Betrieben geführt, die aus überbetrieblichem Maschineneinsatz Einnahmen erzielen, sondern generell die Bereitschaft der Landwirte zur überbetrieblichen Zusammenarbeit erheblich gemindert und mit Sicherheit die *Schwarzarbeit* im MR forciert. Glücklicherweise ist es nach einigem Hin und Her trotz dieses Vorpreschens am Ende doch noch gelungen, eine für die MR-Arbeit günstige und praktikable Lösung zu erreichen. Zu verdanken ist dies vor allem der Bayerischen Jungbauernschaft (BBJ) und der Bayerischen Landesbuchstelle (BLB). Ihnen ist die dafür ausschlaggebende Erkenntnis zu verdanken, dass im *Grundbetrag* des Paragraph 13 a Einkommensteuergesetz bereits bestimmte Maschinenmieteinnahmen berücksichtigt sind. Insbesondere Günter Steinmeier von der BLB hat sich in dieser Angelegenheit große Verdienste erworben. Das KBM hat ihn dafür 1984 mit der Silbernen Ehrennadel ausgezeichnet. Unter der Überschrift *Großer Erfolg an der Steuerfront* wurde in MR-Intern (siehe nebenstehend) die *Chronik* all der *Vorgänge und Maßnahmen*, die zu dieser für die Maschinenringe in Bayern und Deutschland außerordentlich bedeutsamen Entscheidung geführt haben, ausführlich beschrieben.[11]

Lange Zeit hatte der Berufsverband – bzw. einzelne seiner Vertreter – auch ein grundsätzliches Problem damit, die Forderung nach höheren Preisen für landwirtschaftliche Erzeugnisse mit der Aufforderung an die eigenen Mitglieder, die in der überbetrieblichen Zusammenarbeit bestehenden beachtlichen Möglichkeiten zur Kosteneinsparung und zur Produktivitätssteigerung besser auszunutzen, unter einen Hut zu bringen. Dieser Spagat wurde ihnen allerdings durch Dr. Geiersberger selbst auch zusätzlich erschwert; denn Geiersberger hat in zahlreichen Reden, Landfunksendungen und Kommentaren die agrarpolitischen Forderungen des Berufsverbandes, insbesondere auch hinsichtlich höherer Agrarpreise, stets sehr kritisch beleuchtet. Besonders heftige Empörungen haben seine Kommentare zu einer großen Bauerndemonstration, bei der am 24. 7. 1974 rund 30.000 Bauern auf ihre besorgniserregende wirtschaftliche Lage aufmerksam gemacht haben, hervorgerufen.[12]

Doch an Stelle dieser anfänglichen Differenzen und Reibungen trat mehr und mehr das Bemühen um eine gedeihliche Zusammenarbeit. Dazu haben in hohem Maß die Präsidenten Gustav Sühler und Gerd Sonnleitner beigetragen.

Sühler hat sofort nach seinem Amtsantritt die Repräsentanten des KBM zu einem Gespräch eingeladen und danach immer wieder viel dazu getan, das Klima zwischen Maschinenring und BBV zu verbessern. Klar und unmissverständlich Stellung bezogen hat er u. a. bei der Kundgebung *20 Jahre Maschinenring*, die 1978 in Buchhofen stattfand (siehe unten). Sühler nahm sogar als *Privatmann* an der IV. Inter-MR 1978 in Japan teil.

Sein Nachfolger Gerd Sonnleitner gehört bereits einer Generation von Landwirten an, die vom MR aufgrund eigener positiver Erfahrungen überzeugt sind. Sonnleitner hatte die Möglichkeiten der überbetrieblichen Zusammenarbeit, wie er kurz nach seiner Wahl in einem Interview ausführlich geschildert hat, damals schon geradezu beispielhaft genutzt (siehe Seite 178). Mit Präsident Sonnleitner wurde daher von Anfang an das Verhältnis zu den Maschinenringen auf eine ganz andere Basis gestellt und fortan auch in diesem Sinn weiterentwickelt.

Die Spannungen zwischen Maschinenring und Bauernverband sind mittlerweile Geschichte. Da sie aber das Verhältnis beider Organisationen fast zwei Jahrzehnte lang erheblich belastet haben, dürfen sie in dieser Chronik nicht beschönigt oder gar ausgeklammert werden. Erfreulich ist, dass heute, wie KBM-Geschäftsführer Georg Thalhammer betont, die bayerischen Maschinenringe *mit dem BBV keinerlei Probleme haben*, im Gegenteil, sich *regelmäßig abstimmen und auf verschiedenen Feldern eng und vertrauensvoll zusammenarbeiten*. In Form der *Ländlicher Betriebs- & Haushaltsdienst GmbH* besteht sogar seit 2005 ein gemeinsames Tochterunternehmen.

Der Bayerische Bauernverband steht zum Maschinenring

Der Bayerische Bauernverband trägt die Agrarpolitik Bayerns, die den Selbsthilfeeinrichtungen der Landwirtschaft eine besondere Bedeutung beimisst, voll mit und betrachtet deshalb die Selbsthilfeeinrichtung der Landwirtschaft in Form der Maschinen- und Betriebshilfeeinrichtungen als eine ihm besonders nahe stehende Institution …

Für die Erhaltung unserer Landwirtschaft sind die Möglichkeiten, die durch die Selbsthilfeeinrichtungen in Form der Maschinen- und Betriebshilfsringe geboten werden, eine Grundlage der weiteren Existenz …

Wobei ich damit eindeutig und unmissverständlich zum Ausdruck bringen will, dass die Arbeit der Maschinenringe hier in Gegenwart und Zukunft eine besonders wichtige Rolle einnimmt, die wir nachhaltig unterstützen. Ich werde mich kraft meines Amtes mit Nachdruck dafür einsetzen, dass auftretende Spannungen, die meiner Ansicht nach in der Sache eigentlich nicht bestehen dürfen, so schnell wie möglich beseitigt werden.

Quelle: Rede des Präsidenten des BBV Gustav Sühler bei der Kundgebung 20 Jahre Maschinenring am 12. Juni 1978 in Buchhofen; MR-Intern 2/78, S. 2–7

Großer Erfolg an der Steuerfront

Am 3.11.1976 haben die Einkommensteuerreferenten der Obersten Finanzbehörden der Länder und des Bundesfinanzministeriums bezüglich der Behandlung der Einnahmen aus überbetrieblichen Arbeiten Folgendes entschieden:

Bei Land- und Forstwirten, deren Gewinn nach Durchschnittssätzen ermittelt wird, brauchen die Einnahmen aus überbetrieblichem Maschineneinsatz nicht gesondert versteuert zu werden. Sie sind bereits mit dem Grundbetrag gemäß Paragraph 13a Absatz 6 EStG abgegolten.

Quelle: MR-Intern 1/77

Diesen Erfolg haben die Maschinenringe vor allem dem Steuerberater Günter Steinmeier zu verdanken

Präsident Gustav Sühler hat die Zusammenarbeit mit den Maschinenringen auf eine neue Basis gestellt:

Gustav Sühler (2. v. l.) als Teilnehmer der IV. Inter-MR in Tokio/Japan 1978, im Gespräch mit **Dr. Geiersberger, Richard Carmanns** und **Dr. Johannes Röhner** (v. l. n. r.).

Ich nutze den MR *sehr intensiv*

BBV-Präsident **Gerd Sonnleitner** beim Interview auf seinem Bauernhof im Rottal

Bei Getreide wird der Mähdrusch, wie allgemein üblich, überbetrieblich erledigt. Heuer ließ ich bei Getreide außerdem erstmals den Pflanzenschutz von meinem Nachbarn machen – mit sehr positivem Ergebnis.
Bei den Zuckerrüben haben wir schon früh die Saat, das Hacken und auch die Ernte ausgelagert. Unser Nachbar hatte einen einreihigen Zuckerrübenroder, der immer schon auf unserem Betrieb eingesetzt wurde. So sammelten wir mit der überbetrieblichen Arbeitserledigung im Zuckerrübenanbau erste Erfahrungen.
Heute wird natürlich mehrreihig gerodet, und auch die Abfuhrgemeinschaft für Zuckerrüben, die vor wenigen Jahren gegründet wurde, bewährt sich. Auch bei den Zuckerrüben habe ich heuer erstmals den Pflanzenschutz ausgelagert. Ohne die Möglichkeit der überbetrieblichen Arbeitserledigung würde ich heute keine Zuckerrüben mehr anbauen.
Beim Silomais, der einen hohen Anteil in der Fruchtfolge meines Betriebes hält, wird besonders die Ernte, also Silieren einschließlich Transport, über den Maschinenring erledigt. Zudem wurde, wie schon bei den anderen Fruchtarten, in diesem Jahr erstmals der Pflanzenschutz ausgelagert. Mein achtreihiges Maissägerät wird neben dem eigenen Betrieb überbetrieblich – auch für den Sojabohnenanbau – verwendet. Besonderen Wert lege ich hierbei auf den erosionsvermindernden Anbau. Zudem trete ich auch bei der Gülleausbringung als Auftragnehmer auf...
Die größte Sorge der Landwirte ist immer, dass Arbeiten nicht zeitgerecht durchgeführt werden können. Diese Angst ist gerade bei der überbetrieblichen Arbeitserledigung meist unbegründet. Ich denke hier nur an den Mähdrusch. Es zeigte sich, dass Mindererträge durch den überbetrieblichen Einsatz sehr selten sind – seltener als bei Eigenmechanisierung, bei der sie nur einfach übersehen werden.

Auszug aus einem Interview mit BBV-Präsident Gerd Sonnleitner in MR Spezial 4/1992

■ Von Hochschulen und Wissenschaft kommen kaum Impulse

Der schon erwähnte Vorwurf an Beratung und Landwirtschaftsschulen, die überbetriebliche Zusammenarbeit den Landwirten nicht mit der notwendigen Begeisterung und Überzeugungskraft nahezubringen, ist durchaus verständlich; denn die meisten von ihnen kannten den Maschinenring weder von der Praxis, geschweige denn vom Studium.

An den landwirtschaftlichen Fachhochschulen und Universitäten war der Maschinenring lange Zeit weder Gegenstand der Lehre noch gar der Forschung. Ein Grund dafür ist sicher der Umstand, dass sich Funktion und Wirkung der überbetrieblichen Arbeitserledigung in Form des MR nicht einem bestimmten Fachbereich zuordnen lassen. Der MR tangiert vor allem Landtechnik und Betriebswirtschaft, zum Teil aber auch den Pflanzenbau und den agrar-sozialen Bereich.

Doch die Landtechniker kümmerten sich hauptsächlich um die Technik an sich und weniger um die Frage ihres ökonomischen Einsatzes. Zumindest gilt dies für die 60er und 70er Jahre. Zuvor wurde zwar in wissenschaftlichen Kreisen noch heftig darüber diskutiert, ob in der deutschen Landwirtschaft die Motorisierung mit Gemeinschafts- oder Eigenschleppern erfolgen soll. Als dann aber *die Bestandsentwicklung an Ackerschleppern die Prognose* (der Wissenschaft) *schon in den frühen fünfziger Jahren Lügen strafte*, erübrigten sich solche Überlegungen.[13]

Und wenn man sich Gedanken zur Ökonomik machte, dann meist unter dem Aspekt, wie die Technik den gegebenen Strukturen angepasst werden kann, um das Ziel einer möglichst kostengünstigen *Vollmechanisierung* zu erreichen.

Natürlich erkannte man auch sehr schnell, dass all die Bemühungen, mit Kleinschleppern und angepasster Technik die Masse der Betriebe rationell zu mechanisieren, auf die Dauer weder im Hinblick auf die Kosten noch auf die Leistung befriedigen konnten. Also, so die übliche Folgerung, mussten die Strukturen verbessert werden, vor allem durch Flurbereinigung.

Ein anderer Weg, vor allem in der Innenwirtschaft eine Vollmechanisierung zu tragbaren Kosten im kleinen Betrieb zu erreichen, wurde von Dr. Lothar Wenner und Dr. Heinz Schulz an der Landtechnik Weihenstephan favorisiert. Durch konsequente Anpassung der baulichen Anlagen an die Technik, sprich Schlepper mit Frontlader, wurde der vollmechanisierte *Frontladerhof* geschaffen (siehe rechts). Ein paar solcher Frontladerhöfe wurden sogar völlig neu nach diesem Konzept erstellt. Bei einer großen Zahl von Betrieben konnte durch entsprechende Umbaumaßnahmen und die Ergänzung durch Kammer- oder Fahrsilos ebenfalls eine weitgehende Mechanisierung bei der Ein- und Auslagerung von Heu, Stroh und Silofutter bis hin zur Fütterung und Entmistung erzielt werden. Doch damit nicht genug: Auch ein großer Teil der Ernte- und Ladearbeiten auf dem Feld sollten mit dem Universalgerät Frontlader erledigt werden.

Einer ähnlichen Idee folgten der so genannte Häckslerhof und später der Greiferhof. Beim Häckslerhof war der Feldhäcksler die zentrale Maschine. Mit ihr sollte sogar das Getreide geerntet und am Hof mit einer speziell dafür entwickelten runden Dreschmaschine, die mit Gebläse beschickt wurde, gedroschen werden. Im Gegensatz zum Häckslerhof ist der Greiferhof insbesondere im bayerischen und württembergischen Allgäu in großer Stückzahl gebaut worden.

Allerdings, Anfang der 60er Jahre gab es eine kurze Periode, in der die überbetriebliche Verwendung von der mehr praxisorientierten landtechnischen Wissenschaft zum Teil sogar sehr intensiv bearbeitet wurde. Das Interesse an dieser Thematik wurde in erster Linie wohl durch die in der Nachkriegszeit einsetzende stürmische Mechanisierungswelle in der deutschen Landwirtschaft ausgelöst. In dieser Zeit, von 1949 bis 1955, hat sich die Zahl der ständig beschäftigten Arbeitskräfte in der deutschen Landwirtschaft um mehr als eine Million verringert und gleichzeitig die Zahl der Ackerschlepper von rund 75.000 auf etwa 450.000 Stück erhöht. Die Gründung des ersten Maschinenringes im Jahre 1958 hat dann diesen Forschungstrieb noch zusätzlich verstärkt.

An erster Stelle ist hier die grundlegende Arbeit von Dr. Walter Schaefer-Kehnert über *Kosten und Wirtschaftlichkeit des Landmaschineneinsatzes,* die an der Georg-August-Universität in Göttingen entstanden ist, übrigens mit Unterstützung des Kuratoriums für Technik in der Landwirtschaft (KTL), zu nennen. Eine Vorveröffentlichung dieses Werkes erfolgte bereits 1955.[14]

Schaefer-Kehnert hat zur Ermittlung der Maschinenkosten eine völlig neue, von der Preisentwicklung unabhängige Methodik der Kostenkalkulation entwickelt. Seine Arbeit ist Auslöser und Basis des vom KTL seit 1965 in insgesamt 19 Auflagen herausgegebenen *Taschenbuches Landwirtschaft*, das sich im Laufe der Jahre zum *Standardwerk für die Betriebskalkulation* entwickelt hat. Für die Maschinenringe ist die Arbeit von Schaefer-Kehnert die Grundlage zur Ermittlung der MR-Verrechnungssätze (siehe rechts).

Es ist kein Zufall, dass die Untersuchung von Dr. Schaefer-Kehnert vom KTL unterstützt wurde. Das KTL und sogar schon seine Vorgängerorganisation, das RKTL, haben sich immer wieder mit Fragen des überbetrieblichen Maschineneinsatzes befasst, in dem es wissenschaftliche Untersuchungen und Erhebungen finanziell gefördert und betreut hat. Der KTL-Arbeitskreis *Überbetriebliche Maschinenverwendung* hat dabei eine wichtige Rolle gespielt. Nicht von ungefähr wurde das Kuratorium für Technik in der Landwirtschaft 1969 auch damit beauftragt, die Fortbildung der Maschinenring-Führungskräfte in Deutschland zu organisieren.

Diesen zu Beginn der MR-Entwicklung durchgeführten Untersuchungen haftet gelegentlich folgendes Manko an: Sie müssen zwangsläufig, um wissenschaftlich anerkannt zu sein, vom Istzustand ausgehen. Da jedoch insbesondere die richtige Nutzung des MR, wie die Erfahrungen gezeigt haben, eine lange Anlauf- und Lernzeit erfordert, waren die Bewertungen und Prognosen solcher Arbeiten zwangsläufig nicht allzu aussagekräftig. Vor allem waren sie kaum dazu angetan, das Interesse an einer verstärkten überbetrieblichen Zusammenarbeit zu fördern oder gar Begeisterung dafür zu wecken.

Kein Wunder, dass sich auch dadurch die große Zahl der Ingenieure und Landtechniker nicht von ihrem Kurs abbringen ließ und sich weiterhin hauptsächlich um einzelbetriebliche Lösungen Gedanken gemacht hat.

In noch höherem Maße gilt dies für die Betriebswirtschaftler. Arbeitsteilige Zusammenarbeit oder Kooperation mit anderen Betrieben war, wenn es darum ging, für den einzelnen Betrieb die optimale Betriebsorganisation zu entwickeln, nicht vorgesehen, wenn man vom Einkauf von Betriebsmitteln oder vom Verkauf eigener Produkte absieht.

Das bedeutet nicht, dass sie, sofern sie sich mit dieser Materie konkret befassten, die enormen Möglichkeiten der überbetrieblichen Zusammenarbeit nicht erkannt haben. Siehe dazu Seite 180 das Zitat aus einem Vortrag von Professor Dr. Erwin Reisch, Hohenheim bei der 3. Bundestagung der Maschinenringe in Stuttgart.

Dennoch hat es lange gedauert, bis Betriebswirtschaftler die komplexen Möglichkeiten und Wirkungen der Zusammenarbeit im Maschinenring als Instrument zur Betriebsoptimierung angewendet und in ihre Lehr- und Forschungsarbeit einfließen ließen.

Es gab zwar immer wieder interessante Ansätze. Sie wurden aber nicht konsequent weitergeführt. Auch die MR-Verbände haben ihrerseits wenig dazu getan, derartige Arbeiten zu fördern. So erging es z. B. einer hochinteressanten Untersuchung, die vom Max-Planck-Institut für Arbeit und Landtechnik in Bad Kreuznach mit Unterstützung des Bayerischen Staatsministeriums für Ernährung, Landwirtschaft und Forsten und des KBM in 5 bayerischen MR durchgeführt wurde.[15]

Die Gründe für die etwas distanzierte Haltung der MR-Leute zur Wissenschaft liegen vielleicht darin, dass in den MR-Organisationen kaum Akademiker, sondern überwiegend aus der landwirtschaftlichen Praxis kommende, zupackende *Typen* tätig waren, die dazu neigen, die Probleme lieber selbst zu lösen, statt erst einmal Untersuchungen oder Gutachten in Auftrag zu geben.

■ Aufgeschlossene Landwirtschaftsberater und clevere Praktiker leisten *Entwicklungshilfe*

Zunächst waren es hauptsächlich landwirtschaftliche Berater, die an Hand von Buchführungsunterlagen für einzelne Betriebe oder Gruppen von Landwirten die ökonomischen Wirkungen des Maschinenringes ermittelt und dargestellt haben. Hier ist zum Beispiel Hans Wilhelm Lohse zu nennen. Er hat als Leiter des Sachgebietes Betriebswirtschaft und Landtechnik an der Regierung von Niederbayern die Buchführungsergebnisse von 180 MR-Mitgliedern aus dem Wirtschaftsjahr 1974/75 ausgewertet, um festzustellen, ob ihnen die Mitgliedschaft im MR einen nachweisbaren ökonomischen Nutzen gebracht hat. Diesen Nachweis konnte Lohse auch führen; er hat aber darüber hinaus – und darin liegt sein besonderer Verdienst – an vier ausgewählten Betrieben die vielfältigen, weit über den

---

Vollmechanisierung auch im Kleinbetrieb, mit dem Frontlader

Der Schlepper Frontlader kann als einziges Ladegerät im bäuerlichen Einschlepper-Betrieb mit nur geringen Kosten sämtliche Ladearbeiten mechanisieren. Der Erfolg im praktischen Betrieb hängt jedoch wesentlich davon ab, ob der Frontlader konsequent und richtig eingesetzt wird und ob eine günstige Gestaltung aller Arbeitsketten vorgenommen wird.

Quelle: Dr. Lothar Wenner und Dr. Heinz Schulz, Der Frontlader und sein Einsatz, Flugschrift Nr. 11 des KTL

Die Grundlage zur Berechnung der Maschinenkosten und der MR-Verechnungssätze

Vom KTL unterstützte und herausgegebene Untersuchungen zur überbetrieblichen Maschinenverwendung von 1961 bis 1965

Hans-Georg Isermeyer: Überbetriebliche Maschinenverwendung in der niederländischen Landwirtschaft, Berichte über Landtechnik Heft 71, 1961

Reinhard Adelhelm: Formen und Wirtschaftlichkeit überbetrieblicher Maschinennutzung in der Landwirtschaft, Berichte über Landtechnik Heft 69, 1962

Karl Wetekam: Das landwirtschaftliche Lohnunternehmen und seine Standortorientierung, Berichte über Landtechnik Heft 76, 1963

Dr. Hartmut Schulze: Organisations- und Kostenplanung in Unternehmen der überbetrieblichen Maschinenverwendung, Berichte über Landtechnik, Heft 83, 1964

Hans-Georg Isermeyer: Struktur und Umfang der überbetrieblichen Maschinenverwendung in der Landwirtschaft der Bundesrepublik Deutschland, Berichte über Landtechnik Heft 88, 1965

Professor Dr. Erwin Reisch zur Bedeutung des Maschinenringes

Die Maschinenringe dürfen nicht uniform und statisch gesehen werden. Sie sind ein Begleiter oder eine Brücke für die bäuerliche Landwirtschaft in die – weitgehend ungewisse – Zukunft. Aber bäuerliche Landwirtschaft wird es nur so lange geben können, solange die bäuerliche Landwirtschaft zur überbetrieblichen Zusammenarbeit bereit ist![16]

Niemand sonst hat es so gut verstanden, den Landwirten die komplexen Wirkungen des MR zu erklären und nahezubringen wie diese beiden:

Dr. Walter Pfadler ...

... und Werner Ortloff

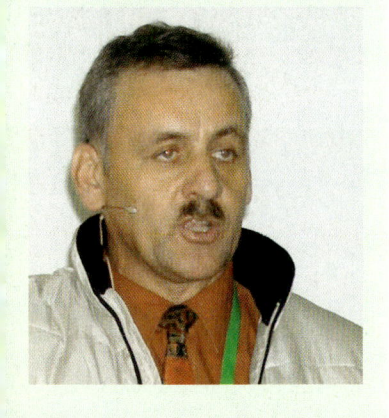

Nutzen der überbetrieblichen Maschinenverwendung

Der Einsparungseffekt im Arbeitsbedarf ist bei den Veredelungsbetrieben mit 2 AK pro 100 ha LF am höchsten.
Die Betriebe der Untersuchung erreichen mit rund 2300 DM/ha Arbeitserledigungsaufwand durchschnittlich einen Vorteil von 700 DM/ha gegenüber den Vollerwerbsbetrieben des Agrarberichts 1994 mit 3041 DM/ha, wobei der Einsparungseffekt bei der Teilegruppe der 10 ausgewählten Beispielslösungen bei rund 1000 DM/Hektar liegt.

Quelle: Elmar Bröhm, Erhebung des Nutzens der überbetrieblichen Maschinenverwendung in der Landwirtschaft, Fachhochschule Nürtingen, Fachbereich Landwirtschaft 1996

ökonomischen Aspekt hinausgehenden Wirkungen des Maschinenringes sehr anschaulich, auch in Form von detaillierten Arbeitsaufrissen, dargestellt. Den MR-Nutzen für den spezialisierten Bullenmastbetrieb fasst er so zusammen: *In 345 Arbeitsstunden konnte er seine Arbeitskraft und seine Maschinenkapazität für 17.525 DM im Maschinenring sinnvoll verwerten. Der betriebswirtschaftliche Erfolg dieser Lösung ist nicht nur direkt bei diesem Betrieb zu werten, sondern in den vielen Partnerbetrieben des Maschinenringes, die aufgrund der zuverlässigen überbetrieblichen Leistung dieser Betriebe auf teure und wahrscheinlich unrentable Eigenmechanisierung verzichten können.* [17]

Dieses Thema, die Darstellung des ökonomischen Nutzens des MR kann nicht behandelt werden, ohne zwei Namen zu nennen: Dr. Walter Pfadler und Werner Ortloff.

Dr. Pfadler, dessen Verdienste um die Maschinenringe an anderer Stelle eingehend gewürdigt werden (siehe Seite 188), hat wie kein anderer die vielfältigen ökonomischen Möglichkeiten des Maschinenringes in zahlreichen Vorträgen und Veröffentlichungen exakt und klar analysiert und sehr anschaulich und pointiert dokumentiert. Als ein Beispiel unter vielen sei die sechsteilige Serie *So manage ich meinen Betrieb richtig,* erschienen in der dlz, erwähnt.[18]

Werner Ortloff ist durch einen Zufall zum Berater für die richtige Nutzung des MR geworden. Als der Geschäftsführer des MR Rhön-Grabfeld längere Zeit krank war – Ortloff war 15 Jahre Vorsitzender dieses Ringes –, wollte er die bereits angekündigten Informationsversammlungen für die Mitglieder nicht einfach ausfallen lassen, sondern entschloss sich, den erkrankten Geschäftsführer zu vertreten. Der Umstand, dass er in dieser Zeit gerade mit einem selbst gestrickten Programm seinen eigenen Betrieb durchleuchtete, auf der Suche nach Verbesserungsmöglichkeiten, u. a. auch mit Hilfe des MR, kam ihm dabei sehr zustatten.

Anhand dieses Programms hat er unter Beteiligung der Mitglieder, sozusagen live, einen für das Ringgebiet typischen Betrieb entwickelt und dargestellt. Gleichzeitig hat er anhand dieses Beispieles aufgezeigt, an welchen Schrauben der Betriebsleiter drehen muss, um das Ergebnis zu verbessern. Zuletzt zeigte Ortloff dann, wie er es im eigenen Betrieb (richtig) macht.

Der Erfolg dieser Methode und des von Ortloff entwickelten Betriebsplaners UNI-PLAN wurden schnell über den MR Rhön-Grabfeld hinaus bekannt. Ortloff wurde ein gefragter Referent, insbesondere bei MR-Veranstaltungen. Sogar beim ZLF und auf der Agritechnika konnte er die Besucher mit dem sonst als trocken und langweilig geltenden Thema Maschinenkostenberechnung zum Verweilen und Zuhören verlocken. Ortloff war damit in gewisser Weise Vorreiter für MR-Consult, dem neuen Dienstleistungsangebot der MR. Natürlich hat er seinen Betriebsplaner auch dazu genutzt, sein eigenes Unternehmen weiter zu entwickeln. Auf seinem Ackerbaubetrieb, in Ostheim vor der Rhön gelegen, hat er u. a. vier Ferienwohnungen eingerichtet. Diese Räumlichkeiten nutzt er auch dazu, seine mittlerweile einige weitere Programme umfassende Software gleich in Verbindung mit einer speziellen Schulung zu vermarkten.

Von den wissenschaftlich arbeitenden Betriebswirtschaftlern sind vor allem zwei zu nennen, die Untersuchungen zu MR-Themen selbst durchgeführt oder angestoßen haben.

Professor Dr. Reiner Mohn von der Fachhochschule Nürtingen und Professor Dr. Rainer Wagner von der TU München-Weihenstephan.

Mohn hat bereits 1984 bei der 6. Inter-MR in Hannover zum Teil sehr präzise Zahlen über die ökonomischen Auswirkungen des Maschinenringes auf den Einzelbetrieb und auf den *Gesamtsektor Landwirtschaft* vorgelegt. Seine damals vorgebrachte Einschätzung eines höheren wetterbedingten Risikos wurde jedoch in der Praxis stets widerlegt.

Zu erwähnen ist auch eine 1993 an seinem Fachbereich durchgeführte *Erhebung des Nutzens der überbetrieblichen Maschinenverwendung in der Landwirtschaft* in 34 Betrieben. Angeregt wurde diese Untersuchung von der Arbeitsgemeinschaft *Überbetriebliche Maschinenverwendung (ÜMV)* des KTBL (nebenstehend das summarische Ergebnis).

Wagner hat mehrere Vorschläge des KBM, MR-Themen in Diplomarbeiten zu behandeln, bereitwillig aufgegriffen und gefördert. Eine dadurch zu Stande gekommene Arbeit von Gerhard Röhrl wurde bereits im Kapitel Betriebshilfe genannt.

■ Landtechnik Weihenstephan nimmt Sonderstellung ein

Eine Sonderstellung in der Zusammenarbeit zwischen Wissenschaft und Maschinenring nahm stets die Landtechnik Weihenstephan ein. Anfang der 70er Jahre gingen die Anstöße dazu vor allem von Dr. Heinz Schulz, dem Geschäftsführer des Landtechnischen Vereins aus. Im Rahmen von Selbstbaulehrgängen zur Starrrahmenbauweise oder zum Bau von solaren Warmwasserbereitungsanlagen wurden viele seiner Ideen über die Maschinenringe in die Praxis eingeführt.

Später war es dann Dr. Hermann Auernhammer, der den Maschinenringen die Chancen *Intelligenter Technik* für die überbetriebliche Arbeit vermittelt hat, ob zur Dokumentation wichtiger Daten oder zur Optimierung von Düngung und Pflanzenschutz im Sinne von *Precision Farming*.

Von ganz besonderer Qualität war aber die Zusammenarbeit der Maschinenringe mit Professor Dr. Hans Schön, der 1990 zum Direktor des Instituts für Landtechnik und zum Vorstand der Bayerischen Landesanstalt für Landtechnik der TU München berufen wurde.

Schön hat wie kein anderer Wissenschaftler die Bedeutung des Maschinenringes für die künftige *Landbewirtschaftung* in ihrer weitreichenden Dimension erkannt und in Vorträgen und Veröffentlichungen dargestellt. Ein Beispiel dazu unten.

■ Der wichtigste Erfolgsfaktor: engagierte Vorsitzende sowie tüchtige Manager und Mitarbeiter

Auch wenn die überbetriebliche Zusammenarbeit seit 1970 zum Grundpfeiler bayerischer Agrarpolitik erklärt wurde, hatte dies nicht unbedingt zur Folge, dass gleich auch alle Institutionen und Personen, die irgendwie mit der Förderung der bayerischen Landwirtschaft befasst waren, nun alles taten, um diese Idee kräftig zu unterstützen. Die sich über das pflichtgemäße Maß hinaus für den Maschinenring engagiert haben, waren nur relativ wenige – einige wurden bereits namentlich genannt. Die meisten drückten ihre Haltung etwa so aus: *Der Maschinenring ist eine gute Sache, aber er kann natürlich nicht alle Probleme der Landwirtschaft lösen* – (das war ein klarer Seitenhieb auf Dr. Geiersberger). Und anschließend sprachen sie dann sehr ausführlich über das *aber*.

Dadurch haben sie natürlich die Vorbehalte und Bedenken der meisten Landwirte gegen mehr überbetriebliche Zusammenarbeit eher gestärkt, statt sie abzubauen.

Diese Überzeugungsarbeit mussten die Maschinenringe schon weitgehend selbst leisten. Das geschah weniger durch geschickte Rhetorik oder gar mit Hilfe aufwändiger PR-Maßnahmen, sondern einfach dadurch, dass die Geschäftsführer alles daransetzten, die Vermittlungswünsche der Mitglieder schnell und gut zu erfüllen.

Ein Beispiel dafür liefert der MR Arnstein in Unterfranken. Im Februar 1971, kurz nach der Gründung, zählte er erst 56

Mit der *Landtechnik Weihenstephan* haben die bayerischen Maschinenringe eine fruchtbare Zusammenarbeit gepflegt. Besonders eng und intensiv war sie mit Dr. Schulz, Prof. Dr. Auernhammer und Prof. Dr. Schön

Dr. Heinz Schulz, Geschäftsführer des LTV

Professor Dr. Hermann Auernhammer, Institut für Landtechnik

Professor Dr. Dr. Hans Schön, Leiter des Instituts und der Landesanstalt für Landtechnik

---

Professor Hans Schön: *Folgerungen für die Maschinenringe der Zukunft*

Die … dargestellten neuen Aufgaben und erhöhten Anforderungen an die Landwirtschaft treffen auf eine bäuerlich strukturierte Landwirtschaft, die schon heute unter starkem Leistungsdruck steht, deren soziale Arbeitsbedingungen weit hinter denen der übrigen Wirtschaft herhinken und die deshalb auf sich allein gestellt diese neuen Herausforderungen nicht lösen kann. Hier bieten sich grundsätzlich zwei Wege an:
Die Entwicklung einer von Unternehmen mit hauptamtlichem Management und Fremdarbeitskräften betriebenen Landwirtschaft, wie sie sich überwiegend in den neuen Bundesländern abzeichnet …
Dem stehen allerdings, unserer bäuerlichen Tradition widersprechend, erhebliche Nachteile gegenüber, wie eine überwiegend auf Pacht beruhende Flächenbewirtschaftung mit den bekannten ökologischen und gesellschaftspolitischen Nachteilen.
Ein anderes Modell ist die Weiterentwicklung der traditionellen Agrarstruktur mit eigenverantwortlicher, regional gebundener Bewirtschaftung unseres Landes. Dies kann allerdings auf längere Sicht nur erfolgreich sein, wenn es gelingt, dafür ein überbetriebliches Management zu entwickeln, das es ermöglicht, hinsichtlich Kosten, Qualität und unternehmerischer Beweglichkeit mit den Agrarunternehmen zu konkurrieren.
Die bäuerlichen Selbsthilfeeinrichtungen müssen sich diesen Aufgaben stellen, wobei grundsätzlich die enge Begrenzung auf die Landwirtschaft den künftigen Anforderungen nicht genügt. Vielmehr ist die Landwirtschaft als Landbewirtschaftung mit vielfältigen Funktionen für die Nahrungs- und Rohstoffsicherung, für die Landschaftspflege und die Rückführung organischer Reststoffe zu definieren.

Quelle: Vortrag von Prof. Dr. Hans Schön bei der Festveranstaltung 25 Jahre Kuratorium Bayerischer Maschinen- und Betriebshilfsringe am 17. Juni 1994 in Waldkirchen

Der Erfolg hat viele Väter – einige von ihnen sind hier zu sehen:

1983 in Kelheim wurden im Beisein prominenter Ehrengäste drei verdiente MR-Vorsitzende mit der KBM-Ehrennadel ausgezeichnet

V. l.: Richard Carmanns, Karl Ziegler (MR Neuburg), Dr. Hans Eisenmann, Friedrich Kolb (MR Gunzenhausen), Dr. Erich Geiersberger, Xaver Meyer (MR Eichstätt) und BBV-Präsident Gustav Sühler

1984 in Gerolzhofen/Unterfranken wurden neben Günter Steinmeier fünf langjährige MR-Vorsitzende für ihre Verdienste ausgezeichnet

V. l.: N. N.,Günter Steinmeier, Walter Rustler (MR Tirschenreuth), Gottfried Schaller (MR Steigerwald), Nikolaus Teufl (MR Landshut), Richard Carmanns und Reinhard Lörcks.

1992 in Eichstätt haben zwei prominente Vertreter der bayerischen Landwirtschaft erstmals an einer KBM-Mitgliederversammlung teilgenommen: BBV-Präsident Gerd Sonnleitner und Staatssekretär Josef Miller.

Neben drei Vorsitzenden wurden auch zwei Geschäftsführer mit der Ehrennadel des KBM ausgezeichnet.

V. l.: Franz Aichinger (GF MR Oberer Bayerischer Wald), Johann Stöttner (MR Rosenheim), Valentin Engl (MR Vilsbiburg), Josef Miller, Hans Murr, Hermann Wirth (MR Oberallgäu), Josef Salomon (MR Laufen), Gerd Sonnleitner, Dr. Anton Grimm.

Mitglieder und war damit beim Beitritt zum KBM der *mitgliederschwächste* Ring überhaupt. Ende 1971 gehörten ihm schon 198 Mitglieder an, 1975 waren es rund 450. Dieser kontinuierliche Mitgliederzuwachs ist in erster Linie auf die von Geschäftsführer Hermann Göbel erzielten Erfolge in der Vermittlung von nebenberuflichen Betriebshelfern/innen zurückzuführen.

Mit anderen Worten: Das gute Klima für den Maschinenring-Gedanken hat die Entwicklung zwar erheblich erleichtert, ausschlaggebend für den Beitritt der meisten Landwirte waren aber eigene positive Erfahrungen.

Die Voraussetzungen für die stürmische Aufwärtsentwicklung nach 1970 hat zwar die Politik geschaffen – und das daraus resultierende überwiegend freundliche Umfeld hat vieles leichter gemacht –, aber die wirklichen Väter der äußerst erfolgreichen Arbeit der bayerischen Maschinenringe von 1970 an sind die vielen Menschen, die in den Ringen und im KBM ehrenamtlich und hauptberuflich gute Arbeit geleistet haben. Dabei sind diejenigen, die fleißig, gewissenhaft und korrekt *lediglich* ihre alltäglichen Aufgaben erledigt haben, ohne viel Aufhebens davon zu machen, genauso wichtig wie diejenigen, die besonders kreativ waren, Neues ausprobiert und vieles davon mit Mut und Hartnäckigkeit umgesetzt haben. Aber auch die Personen, die Kritik ermöglicht und natürlich vor allem jene, die konstruktive Kritik geübt haben, dürfen nicht vergessen werden.

Ebenso haben auch all diejenigen einen großen Anteil am Erfolg der bayerischen Maschinenringe, die vor allem auf der *menschlichen Ebene* gewirkt haben und dadurch den Zusammenhalt, die Harmonie und die Freude an der Arbeit gefördert haben.

Zu dieser Gruppe gehören nicht nur ehrenamtlich und hauptberuflich für die MR tätige Personen, sondern auch zahlreiche Ehefrauen und Familienangehörige von Geschäftsführern und Vorsitzenden. In Wahrheit waren die meisten Maschinenringe anfangs nicht als Einmannbetrieb organisiert, sondern als Familienbetriebe.

Die meisten Geschäftsführer sahen sich auch nicht als Angestellte des KBM oder des MR, sondern betrachteten den Maschinenring als ihr Unternehmen, den selbstverständlich auch ihre Familie zu unterstützen hatte.

Ohne solche selbstbewusst und unternehmerisch agierende Geschäftsführer hätten die Maschinenringe die für sie geradezu typische Fähigkeit, neue Aufgaben schnell aufzugreifen und unkompliziert zu lösen, nicht entwickeln können. Wenn die Vorstände, wie dies in anderen Organisationen zum Teil der Fall ist, den Geschäftsführern nicht so viel Freiraum gelassen und es auch hingenommen hätten, dass sie selbst dadurch weniger im Rampenlicht stehen, hätten die Ringe diese ihre Dynamik und Kreativität nicht entfalten können. Eine Reihe besonders herausragender Geschäftsführer-Persönlichkeiten wurde in dieser Chronik bereits vorgestellt. Es soll aber auch nicht verschwiegen werden, dass diese großzügige Form der Führung Gefahren in sich barg. Einige Geschäftsführer, die den Bogen überspannt hatten, mussten ihren Arbeitsplatz räumen.

Wie im Detail bei der Auswahl und Anstellung von Geschäftsführern und Mitarbeitern vorgegangen wurde, ist im Kapitel *Aufbau des KBM ...* beschrieben. Mit dieser Vorgehensweise ist es gelungen, eine gute Mischung aus Leuten, die schon gewisse Erfahrungen mitbrachten, und vielen, ganz jungen und noch weitgehend unbedarften Kräfte zu erreichen. Letztere haben mit ihrer Unbekümmertheit und ihrem jugendlichen Schwung die gesamte Entwicklung stark bereichert und befruchtet.

Und sie wurden dabei auch von überwiegend jungen Ehrenamtlichen unterstützt. Das gilt für die Ringe ebenso wie für die KBM-Führung

Damit ein Maschinenring sich auch zu einer *Selbsthilfeeinrichtung* der Landwirte und der Mitglieder entwickeln kann und in diesem Sinn fortgeführt wird – und der Geschäftsführer seinen Freiraum auch nicht missbraucht –, ist ein starker und klug agierender Vorstand unentbehrlich.

Ihre wichtigste Aufgabe war und ist es, gemeinsam mit dem KBM die passenden Leute für das Management auszusuchen und mit diesen zusammen den richtigen Kurs zu finden und auch beizubehalten. Außerdem müssen sie dafür sorgen, dass die Mitarbeiter gute Arbeitsbedingungen haben und mit Freude bei der Arbeit sind. Gleichzeitig sollen sie in der Nutzung des Maschinenringes den Mitgliedern ein gutes Beispiel geben und obendrein noch nach innen und außen eine gute Figur abgeben.

Über die Ringebene hinaus wirken sie auch an der Entwicklung der Maschinenringe in ganz Bayern mit. Diesen Einfluss üben sie indirekt durch die Wahl des

KBM-Vorstandes und -Ausschusses bzw. -Gesamtvorstandes aus und direkt bei allen Abstimmungen und Entscheidungen, die im Rahmen der KBM-Mitgliederversammlung getroffen werden.

Eine wichtige Plattform, um wichtige Entscheidungen vorzubereiten, sind die Bezirksversammlungen der MR-Vorsitzenden, die mindestens einmal im Jahr stattfinden; im Bedarfsfall auch öfter.

Obwohl es heute für einen Landwirt sehr viel schwieriger ist, ein Ehrenamt auszuüben als in früheren Zeiten, in denen ein Bauer auch noch Arbeitgeber war, und obwohl die Tätigkeit eines MR-Vorsitzenden nur sehr bescheiden honoriert und auch in der Öffentlichkeit nur wenig wahrgenommen wird, ist es den Ringen gelungen, immer wieder herausragende Persönlichkeiten für diese Aufgabe zu gewinnen.

■ Die KBM-Führung

Im Kapitel *Gründung und Aufbau des KBM*, Seite 79, wurde der erste, 1970 von der konstituierenden Mitgliederversammlung gewählte KBM-Vorstand bereits vorgestellt. Er stellt eine gute Mischung aus reifer Gelassenheit in der Person von Richard Carmanns und jugendlichem Elan, verkörpert durch Hans Murr und Richard Raps, dar. Hans Murr war 1970 26 Jahre alt, Richard Raps 35, lediglich Richard Carmanns hatte schon ein gesetztes Alter von 51 Jahren.

Dieser Umstand, verbunden mit der lockeren, unkomplizierten Art des gebürtigen Rheinländers Carmanns, hat sicher wesentlich dazu beigetragen, dass das KBM nicht versucht hat, seine Kompetenzen *als ein*, wie es gelegentlich etwas überspitzt formuliert wurde, mit *hoheitlichen Aufgaben beliehener Unternehmer* und als Arbeitgeber der Geschäftsführer voll auszuschöpfen und die Maschinenringe *an die Amtskette zu legen*. Im Gegenteil, die Geschäftsführer und ihre Mitarbeiter wurden stets am langen, ja am sehr langen Zügel gehalten. Auch die Struktur des KBM war nicht nur laut Satzung demokratisch ausgerichtet. Demokratische Führung und Mitbestimmung der Mitarbeiter wurde auch weit über das rechtlich festgelegte Maß hinaus praktiziert.

Von Anfang an gehörte ein Vertreter der Geschäftsführer dem KBM-Vorstand an. Von 1970 bis 1972 hat Toni Rauch diese Funktion wahrgenommen. Nach dessen Wechsel in die Geschäftsführung des KBM hat Joseph Salomon aus Laufen dieses Amt ausgeübt.

Ebenso wurde bereits 1971 ein Betriebsrat etabliert, mit dem außergewöhnlich kämpferischen und cleveren Walter Bergdolt an der Spitze. Die besonderen Führungsqualitäten von Walter Bergdolt hatten bereits die Teilnehmer des ersten Grundlehrganges in Hildesheim erkannt, als sie ihn am Ende dieser historischen Veranstaltung zum Vorsitzenden des eben erst gegründeten Bundesverbandes der Agrarmanager gewählt haben. Bergdolt hat die KBM-Führung des Öfteren kräftig aufgemischt und ist dabei gelegentlich auch über das Ziel hinausgeschossen. Zum Beispiel, als er ohne Abstimmung mit dem KBM, gleich nach seinem Amtsantritt, eine *Umfrageaktion unter den Geschäftsführern* durchgeführt hat, die eine massive Kritik an der KBM-Führung erbrachte. Ohne Zweifel hat aber Bergdolt viel zur Verbesserung der Vergütung der MR-Geschäftsführer beigetragen.

Das Prinzip einer leistungsorientierten Bezahlung und deren wichtigste Elemente wurden zwar schon 1969 erarbeitet. *Die Erfolgsbeteiligung,* wie sie dann umgesetzt wurde, ist das Ergebnis mancher harter Auseinandersetzungen zwischen Vorstand und Geschäftsführung auf der einen Seite und dem Betriebsrat auf der anderen. Trotz all der damit verbundenen Schwierigkeiten: die leistungsorientierte Bezahlung hat ohne Zweifel die Entwicklung der Maschinenringarbeit positiv beeinflusst.

Carmanns kandidierte nach 14 Jahren erfolgreicher, prägender Arbeit im Jahre 1984 aus Altersgründen nicht mehr für den Vorsitz. Fortan begleitete er die ihm ans Herz gewachsene Arbeit der bayerischen Maschinenringe nur noch als Ehrenvorsitzender, bis zu seinem jähen Tod

---

Die KBM-Führung von 1970 bis 2003

Erster Vorsitzender
1970 – 1985   Richard Carmanns
1985 – 2003   Hans Murr
ab 2004   Leonhard Ost

Stellvertretende Vorsitzende
1970 – 1976   Hans Murr
1970 – 1973   Richard Raps
1972 – 1982   Josef Kasberger
1973 – 1976   Karl Hornig
1946 – 1979   Hans Rauscher
1946 – 1979   Hans Bradl
1979 – 1991   Walter Stallmann
1979 – 1985   Hans Murr
1982 – 1996   Josef Krinner
1985 – 1991   Ruppert Bichler
1991 – 2001   Johann Stöttner
1991 – 2004   Dieter Eschenbacher
1996 – 2003   Wilhelm Haslbeck
2001 – 2004   Georg Klausner
ab 2004   Gerhard Haag
ab 2004   Franz Helmberger
ab 2004   Franz Roider

Landesgeschäftsführer
1969 – 1999   Dr. Anton Grimm
1999 – 2001   Erwin Ballis und
                       Thomas Rummel
ab 2001   Georg Thalhammer

Die MR-F*amilie* (KBM-Vorstand und Mitarbeiter der Geschäftsstelle) feiert den 65. Geburtstag ihres langjährigen Ersten Vorsitzenden Richard Carmanns

V. l. n. r.: sitzend **Frau Therese Carmanns** mit dem Jubilar; hinten: Dr. Anton Grimm, Hans Murr, Christa Weiß, Marianne Lehmann, Josef Krinner, Dr. Alois Weidinger, Heinrich Siegl, Anton Rauch und Helmut Dück (Praktikant aus Paraguay)

> **Hans Murr von 1985 bis 2003 Vorsitzender des KBM**
> Geboren am 21.6.1944 in Rudelstetten, Landkreis Nördlingen, aufgewachsen auf dem elterlichen Bauernhof.
> 1971 Abschluss der beruflichen Ausbildung mit der Meisterprüfung, nach Besuch von Volks-, Berufs- und Landwirtschaftsschule.
> Ab 1960 Engagement in der evang. Landjugend, u. a. als Bezirksvorsitzender von Schwaben.
> 1970 Übernahme des elterlichen Betriebes.
> Durch Spezialisierung auf intensive Schweinemast, Angliederung eines Lohnunternehmens mit mehreren Mähdreschern, Spargelbau und Damwildhaltung, vor allem aber durch Direktvermarktung eines großen Teils seiner Erzeugnisse ab Hof und auf verschiedenen Bauernmärkten hat Hans Murr gemeinsam mit seiner Frau, und später auch unter Beteiligung seiner beiden Söhne, aus einem typischen Rieser Kleinbetrieb ein in seiner Art beispielloses landwirtschaftliches Familienunternehmen geschaffen.
> 1968 Initiator und Mitbegründer des MR Ries und von 1968 bis 2000 dessen Erster Vorsitzender
> 1970 Wahl zum stellvertretenden Vorsitzenden des KBM e.V.
> 1985 bis 2003 Erster Vorsitzender des KBM e.V.
> 1987 bis 2003 Stellvertretender Vorsitzender des BMR e.V.
> 1995 bis 2003 Aufsichtsratsvors. der KBM-*Dienstleistungs*-GmbH (*ab 2001 MR Bayern GmbH*).
> 2000 bis 2004 Präsident des EMR (Zusammenschluss der europ. MR-Landesverbände e.V.).
> 2001 bis 2003 Aufsichtsratsvorsitzender der *mein-hof.de AG*
> Sonstige ehrenamtliche Tätigkeit: Gemeinderat, Kreisrat im Landkreis Donau-Ries, Aufsichtsrat bei der Raiffeisenbank Deiningen-Wemding.

Hans Murr übergibt Präsident **Gerd Sonnleitner** Spezialitäten vom *Sonnenhof*

Leopold Graf Rothkirch, Erster Vorsitzender

Dr. Johannes Röhner, Geschäftsführer und Leiter der KTL-Seminare zur Fortbildung von MR-Führungskräften in Deutschland

im Jahre 1988. Sein Nachfolger wurde Hans Murr. Also ein nahtloser Übergang, quasi zur nächsten Generation. Und wie bei einem Generationenwechsel durchaus üblich, setzte der Nachfolger hier und da auch neue Akzente.

Während Carmanns die Geschäftsführung weitgehend, wie er zu sagen pflegte, *seinen Doktores* überließ und sich hauptsächlich auf die Lobbyarbeit und auf repräsentative Aufgaben beschränkte, hat Murr dem Vorstand deutlich seinen Stempel aufgedrückt und auch die strategische Ausrichtung der Geschäftsführung stärker bestimmt als sein Vorgänger.

Als Repräsentant der bayerischen Maschinenringe, als deren Interessenvertreter und als Arbeitgeber von über 200 Angestellten trat Murr stets sehr entschieden und kämpferisch auf und ging auch, wenn er es für notwendig hielt, einer Auseinandersetzung nicht aus dem Weg.

So, wie er sein landwirtschaftliches Unternehmen – mit Bauernhof wäre es nicht richtig umschrieben – führte, so dynamisch und zielstrebig führte er auch das KBM. Er gab sich nicht damit zufrieden, nur den Status quo zu erhalten und zu festigen, sondern war immer bestrebt, das *Gesamtunternehmen Maschinenring* noch weiter voranzubringen und auszubauen.

Erfahrungen und Erkenntnisse, die er in seinem eigenen Betrieb gewonnen hat, haben auch seine Vorstellungen zur Weiterentwicklung der Maschinenringarbeit beeinflusst.

Er hat 1970 den elterlichen, vielseitig organisierten Kleinbetrieb übernommen und diesen Schritt für Schritt zu dem außerordentlich erfolgreichen Agrarunternehmen *Sonnenhof* ausgebaut.

Dabei hat Hans Murr immer wieder die Erfahrung gemacht, dass es zwar wichtig ist, möglichst kostengünstig zu produzieren, dass der Erfolg eines solchen Unternehmens aber noch mehr vom kaufmännischen Können des Betriebsleiters abhängt: je günstiger er seine Betriebsmittel einkauft und je besser der beim Verkauf seiner Produkte erzielte Preis ist, umso höher der Gewinn. Deshalb war Murr der Ansicht, auch die Maschinenringe sollten ihre Möglichkeiten, den Mitgliedern bei Einkauf/Verkauf ihrer Betriebsmittel/Produkte Marktvorteile zu verschaffen, stärker wahrnehmen. Das ist ja dann auch, wie im Kapitel *Der Maschinenring wandelt sich zum ländlichen Dienstleistungs- und Handelsunternehmen* ausgeführt wird, geschehen, allerdings nicht mit dem erhofften positiven Ergebnis. Im Gegenteil, dieses Vorhaben hat die bayerischen Maschinenringe in eine schwere Krise gestürzt.

Es ist zu bedauern, dass dadurch die sonst so erfolgreiche Arbeit von Hans Murr nahezu vollständig in den Hintergrund geraten ist.

Die für dieses Desaster Verantwortlichen haben einen für erfolgreiche Unternehmen wichtigen Grundsatz – *Schuster bleib bei deinen Leisten* –, wie auch schon manche anderen noch größere und renommiertere Unternehmen, missachtet. Schade, denn die Beachtung dieses Prinzips hat gerade wesentlich zu ihrem großen Erfolg beigetragen.

■ Fortschrittliche Arbeitsmethoden und -bedingungen

Angeborenes Organisationstalent und jugendliche Begeisterung allein machen noch keinen guten MR-Geschäftsführer aus. Auch wenn zusätzlich noch *gute allgemeine landwirtschaftliche Fachkenntnisse in Theorie und Praxis sowie möglichst Spezialkenntnisse auf landtechnischem und kaufmännischem Sektor* vorhanden sind. Darüber hinaus ist auch noch ein MR-spezifisches Wissen und Können erforderlich. Dieses sollte der *Grundlehrgang für MR-Geschäftsführer und ein 3–4 Wochen dauerndes Praktikum in gut geleiteten MR vermitteln.*[19]

Bis zum Jahr 1969 gab es keine spezielle Ausbildung für MR-Geschäftsführer. Wer bis dahin als Geschäftsführer tätig war, musste sich das Wissen und Können, das zur Organisation der überbetrieblichen Zusammenarbeit und zur Führung eines Maschinenringes notwendig ist, selbst aneignen. Es ist der Verdienst von Dr. Erich Geiersberger, dass erstmals 1969, vom 28. April bis 23. Mai, ein Bundeslehrgang für hauptamtliche Geschäftsführer von Maschinenringen durchgeführt werden konnte. Geiersberger war es gelungen, Landwirtschaftsminister Höcherl von der Bedeutung der Maschinenringe für die deutsche Landwirtschaft zu überzeugen und zu erreichen, dass das BML die Ausbildung von MR-Geschäftsführern als *Agrarmanager* auf Dauer fördert.

Der erste Grundlehrgang fand mit 29 Teilnehmern, davon 17 aus Bayern, an der DEULA-Schule in Hildesheim statt. 11 der bayerischen Lehrgangsbesucher wurden 1970 als hauptberufliche Geschäftsführer vom KBM angestellt; 6 haben sich für andere Tätigkeiten entschieden.

Entsprechend der von den Maschinenringen in Deutschland gemeldeten Nachfrage folgten weitere Grundlehrgänge. Das gilt im Prinzip auch heute noch. Inhalt, Struktur und zeitlicher Ablauf wurden allerdings im Lauf der Jahre angepasst.

Das Lehrgangskonzept hat Dr. Geiersberger ausgearbeitet. Als Lehrgangsleiter wurde Dr. Johannes Röhner gewonnen. Die finanzielle und organisatorische Abwicklung hat das KTL (später KTBL) besorgt.

Röhner übernahm zudem die Geschäftsführung des *Bundesverbandes der Maschinenringe e.V.* (BMR), der im Rahmen des ersten Grundlehrgangs am 23. Mai 1969 in Hildesheim gegründet wurde und die schon bestehende *Bundesarbeitsgemeinschaft der Maschinenringe* abgelöst hat. Als Vorsitzender des BMR wurde Leopold Graf Rothkirch gewählt.

Die Verpflichtung von Dr. Röhner als Lehrgangsleiter war ein ähnlicher Glücksfall wie die Berufung von Dr. Hans Eisenmann zum bayerischen Landwirtschaftsminister. Dr. Röhner habe, wie er selbst einmal scherzhaft bemerkte, zu Beginn des Lehrganges weniger vom Maschinenring gewusst als die Teilnehmer. Er verstand es aber wie kein anderer, die angehenden Geschäftsführer für den Maschinenring zu begeistern und sie von ihrer für die künftige Entwicklung der deutschen Landwirtschaft überaus wichtigen Rolle zu überzeugen. So erreichte er, dass sie alle mit stolzgeschwellter Brust, großem Selbstvertrauen und erfüllt von schier grenzenlosem Sendungsbewusstsein von Hildesheim zurückkamen und sich voller Elan in ihre neue, ganz spezifische Aufgabe (siehe nebenstehend) stürzten.

Wenn auch die Nachfolger von Dr. Röhner in der Leitung *der Lehrgänge für Führungskräfte aus Organisationen der überbetrieblichen Maschinenverwendung* nicht das phänomenale Image und Ansehen von Dr. Röhner erreicht haben, so haben sie doch die von ihm begonnene Arbeit in hervorragender Weise weitergeführt und stetig den veränderten Anforderungen angepasst. Franz Nagel hat diese Aufgabe von 1978 bis 1980 wahrgenommen.

Seinem Nachfolger, Klaus Kadner, gebührt vor allem der Verdienst, das gesamte Lehrgangsprogramm ausgehend von den Problemen, mit denen die MR-Vorsitzenden, -Geschäftsführer und -Mitarbeiter vor Ort zu kämpfen haben, völlig neu und systematisch erarbeitet zu haben. Die Grundlagen dafür wurden im Rahmen eines mehrtägigen Workshops, an dem MR-Führungskräfte aus allen Landesverbänden mitgewirkt haben, erarbeitet. Darüber hinaus hat Kadner, auch nachdem die Lehrgangsleitung 1994 auf Dr. Heinrich Steinmetz bzw. kurz danach auf Dr. Ulrike Klöble überging, in seiner Funktion als Abteilungsleiter im KTBL und als stellvertretender KTBL-Geschäftsführer die Arbeit der Maschinenringe weiter mit Rat und Tat begleitet und unterstützt.

Ursprünglich ging es nur darum, die MR-Geschäftsführer aus- und weiterzubilden. Bald wurden aber auch für die Vorsitzenden spezielle Seminare angeboten, ebenso nach und nach auch für die Mitarbeiter in den MR-Geschäftsstellen. Mittlerweile gibt es auch für die Vorsitzenden eine modular aufgebaute Fortbildungsreihe, die vom BMR entwickelt wurde.

Um den Ehrenamtlichen den Besuch von Fortbildungsveranstaltungen zu erleichtern, ist es in Bayern üblich, dem Betrieb während dieser Zeit auf Kosten des Ringes einen Betriebshelfer zur Verfügung zu stellen.

Trotz der anerkannt guten Arbeit des KTBL bei der Aus- und Fortbildung von MR-Führungskräften wurde in Bayern immer wieder darüber nachgedacht, in Ergänzung dazu eine Maschinenring-Akademie als *Lehrstätte für überbetriebliches Denken* zu schaffen. Dr. Geiersberger hat die Notwendigkeit einer solchen Einrichtung immer wieder herausgestellt, sogar bereits *vor der Gründung der ersten drei Maschinenbank-Mustermodelle.*[20]

So beschreibt Dr. Röhner die besondere Aufgabenstellung eines MR-Geschäftsführers und die Notwendigkeit ständiger Fortbildung:

Von ihren Aufgaben her unterscheiden sich Landwirt und Maschinenring-Geschäftsführer sehr. Sie müssen deshalb auch unterschiedliche Fähigkeiten zum Erreichen des gemeinsamen Zieles - zur Partnerschaft - entwickeln und einsetzen. Der Geschäftsführer steht als einzelner mehreren hundert Landwirten gegenüber. Er ist damit in der ständigen Gefahr, sich an den Wertvorstellungen und Leistungen seiner Mitglieder zu messen und sich unmerklich der Mentalität seiner Mitglieder anzupassen und damit als Führungskraft wirkungslos zu werden. Dieser Gefahr kann er nur entgehen, wenn er laufend von außen neue Impulse erhält.

Quelle: Dr. Johannes Röhner, Die Ausbildung der hauptberuflichen Geschäftsführer von Maschinenringen in der Bundesrepublik Deutschland, MR-Intern 1/77, S. I–7

Klaus Kadner hat 14 Jahre lang die ÜMV-Lehrgänge für Führungskräfte von MR und Lohnunternehmen organisiert und geprägt

Akademie der Maschinenringe

Die Gründer der Akademie der Maschinenringe in Neuburg/Do. im Jahr 1999

V. l., vorne: Thomas Rummel, Johann Schinko, Dr. Anton Grimm, Hans Murr und Ernst Damann;
hinten: Marc Kreis (Verband der Luxemburger Maschinenringe), Georg Thalhammer, Erwin Ballis, Fritz Wildfellner (Bundesverband Österreichischer Maschinenringe) und Harald Kühner (KTBL).

Dr. Arne Schieder, Leiter der Akademie der Maschinenringe seit 2003

Die Projektpartner von MR-Competence Europe
Bundesanstalt für Bergbauernfragen, Österreich
Maschinenring Österreich
Akademie der Maschinenringe
Bayerische Landesanstalt für Landwirtschaft
Deutsche Stiftung für Internationale Entwicklung-Inwent
MR in Frankreich (ANCEMA)
TRAME, Frankreich
Ungarische MR (GOSZ)
Ungarisches Landtechnik-Institut
Luxemburger MR (LMR)
Unionea Cercurilor de Masini Agricole din Romania
LRF (Bauernverband), Schweden
Schwedische MR
Slowenische Kammer für Land- und Forstwirtschaft

1973 hat Dr. Röhner in seiner *Denkschrift Akademie für Agrar-Manager* seine Vorstellungen zu einer eigenen MR-Bildungsstätte ausführlich beschrieben.[21]

Ein erster Schritt zur Verwirklichung dieser Idee erfolgte im Grunde genommen schon 1981 mit der Anstellung von Dr. Walter Pfadler als *Bildungsreferent* beim KBM (siehe Seite 189).

Endgültig gegründet wurde die Akademie der Maschinenringe jedoch erst am 26. Januar 1999 in Neuburg/Donau. Die Gründungsmitglieder waren: KBM e.V., KBM GmbH, Bundesverband Österreichischer Maschinen- und Betriebshilferinge, Verband Luxemburger Maschinenringe, KTBL, ÖKL (die Schwesterorganisation des KTBL in Österreich) und Ernst Damann als Vertreter der Arbeitsgemeinschaft Europäischer MR-Verbände.

Ihr hauptsächlicher Zweck sollte es sein, die *zwischen- und überbetriebliche Zusammenarbeit als Grundlage für eine leistungsfähige, bäuerliche und unternehmerisch orientierte Land- und Forstwirtschaft zu fördern*. Die wichtigsten Ziele der Akademie bzw. der Maßnahmen dazu:
1. *Mobilisierung der MR-Führungskräfte durch zielorientierte Fortbildung*
2. *Entwicklung neuer MR-Strategien*
3. *Gewinnung anderer Bildungseinrichtungen und Multiplikatoren als Partner.*

Zum Vorsitzenden wurde Ökonomierat Johann Schinko, der Bundesobmann der Österreichischen Maschinen- und Betriebshilferinge, gewählt, zum Leiter Dr. Anton Grimm.[22]

Knapp zwei Monate nach der Gründung fand schon der erste Lehrgang statt, Thema: *MR-Veranstaltungen attraktiv gestalten*. Bereits in diesem ersten Auftakt-Seminar wurde deutlich, dass die MR-Akademie ihre spezielle *Philosophie* verfolgt: Durch eine enge Verzahnung von Theorie und Praxis soll ein Höchstmaß an Praxisorientierung erreicht werden. Kern- und Mittelpunkt des Seminars ist deshalb der Besuch einer beispielhaften MR-Jahresversammlung.

Um die Anwendung des gelernten im MR-Alltag zu optimieren, müssen die Teilnehmer (Geschäftsführer) in Abstimmung mit ihrem jeweiligen Vorstand (dieser wird von der Akademie entsprechend informiert und motiviert) ein detailliertes Konzept zur Gestaltung ihrer nächsten Mitgliederversammlung ausarbeiten. Dieses wird in einem 2. Teil des Seminars präsentiert, diskutiert und bewertet. Nach erfolgter Durchführung ist der Akademie noch ein kurzer resümierender Bericht vorzulegen.

Mit gewissen Abwandlungen hat die MR-Akademie bei allen Seminaren versucht, diese Prinzipien zu realisieren, um so dem ersten Hauptziel einer *Mobilisierung* der Seminarteilnehmer gerecht zu werden.

Dem zweiten Hauptziel, *der Entwicklung neuer MR-Strategien*, wurde durch eine Reihe von Workshops und Projekten zu aktuellen Themen Rechnung getragen. Zum Beispiel mit den Seminaren *Aktion Waldeslust erfolgreich umsetzen* oder *Das Konzept Fullservice in die MR-Praxis umsetzen*. Auch spezielle Workshops mit ausgewählten Experten zu grundsätzlichen Fragen dienten diesem Zweck; zum Beispiel: *Welche Formen der überbetrieblichen Arbeitserledigung soll der MR forcieren? Passen die MR-Verrechnungssätze noch?* oder *Der MR braucht neue Erfolgsmaßstäbe!*

Dem dritten Hauptziel, Multiplikatoren zu gewinnen, dienten unter anderem folgende Veranstaltungen: ein Informationsgespräch mit den Leitern der bayerischen Landvolkshochschulen und, speziell zur Zusammenarbeit Maschinenring und Forstbetriebsgemeinschaften, ein Expertengespräch mit Fachleuten aus dem Forstbereich.

Neben MR-Führungskräften und -Mitarbeitern sowie verschiedenen Multiplikatoren hat die Akademie auch ausgewählte Auftragnehmer in den Ringen als Zielgruppe ihrer Arbeit gesehen. So hat sie mit großem Erfolg auch Kurse für die Fahrer von Mähdreschern, SF-Häckslern und Zuckerrübenvollerntern organisiert. Außerdem hat sie damit begonnen, erfahrene und besonders qualifizierte MR-Praktiker als Trainer für eine breit angelegte Schulung der MR-Profis in Bayern zu finden und auszubilden. Das unter dem Motto *Training für MR- Profis: So verbessern Sie Qualität und Service Ihrer Dienstleistung im MR* stehende Programm muss noch stärker in die Praxis umgesetzt werden.

Von Anfang an wurde großer Wert darauf gelegt, dass die Veranstaltungen der Akademie auch von allen drei *Mitgliedsländern* frequentiert wurden, also von Bayern, Luxemburg und Österreich. Ebenso wurde darauf geachtet, das Programm möglichst kundengerecht zu gestalten. Zu diesem Zweck wurden nicht nur die Fortbildungswünsche der Zielgruppe abgefragt. Darüber hinaus versuchte die Akademie, mithilfe eines *Fortbildungschecks* die potentiellen Teilnehmer und auch deren Chefs zu veranlassen, selbst herauszufinden, wo Defizite bestehen. Die hier genannten Aktivitäten der Akademie der Maschinenringe beziehen sich auf die Jahre 1999, 2000 und 2001. Also eine relativ kurze Zeitspanne, in der die Akademie von Dr. Grimm geleitet wurde.

■ Neuausrichtung

Nach seinem Ausscheiden Ende 2001 übernahm Anna Wörl die Leitung. Unter ihrer Führung erfolgte eine völlige Neuausrichtung hinsichtlich der gesamten Aufgabenstellung. Die bisherige praktische Fortbildungsarbeit wurde schon 2002 nach und nach eingestellt. Der hauptsächliche Grund für diesen Kurswechsel: Die Akademie-Führung befürchtete, ohne Förderung auf Dauer mit dem KTBL-Angebot, das vom Bundeslandwirtschaftsministerium gefördert wurde, nicht konkurrieren zu können. Nachdem die Akademie jedoch bereits länderübergreifend tätig war, gelang es EU-Fördermittel bewilligt zu bekommen. Das EU-Förderprogramm *Leonardo da Vinci* bot sich dafür an. Der Projektantrag der Akademie der Maschinenringe mit dem Titel *Kompetenzaufbau im mittleren und oberen Management von Maschinenringen durch eine standardisierte Fachausbildung in Europa* erhielt auf Anhieb einen Zuschlag. Maßgeblichen Anteil an diesem Erfolg hatte Anna Wörl, die jedoch bereits Anfang November 2002 ausgeschieden ist.

Ihre Aufgabe wurde von Dr. Johann Habermeyer, KBM und Wolfgang Költringer, Maschinenring Österreich kommissarisch weitergeführt. Dr. Arne Schieder übernahm zum 1. 2. 2003 die fachliche Leitung der Akademie.

Ihm ist es gelungen, in Zusammenarbeit mit den 14 Partnern aus acht europäischen Ländern (siehe Randspalte Seite 186) das Projekt MR-Competence Europe erfolgreich zu bearbeiten.

Mit dem Fortbildungskonzept MR-Competence Europe liegt erstmals ein EU-weiter Standard für die Fortbildung von MR-Geschäftsführerinnen und MR-Geschäftsführern vor.[23]

Im KBM-Jahresbericht 2005 ist Inhalt und Bedeutung dieses Projektes knapp zusammengefasst (siehe rechts). Das Echo auf diesen ersten international besetzten Grundlehrgang in Inzell war außerordentlich positiv. *Wir haben alle viele Ideen für unsere Arbeit mitgenommen, der Blick über die eigenen Grenzen tut auf jeden Fall gut,* so der Kommentar eines Kursteilnehmers aus Bayern.[24]

■ Ohne Praktikum keine Anstellung

Neben dem Besuch des Grundlehrganges mussten die beim KBM angestellten Geschäftsführer ein drei Wochen dauerndes Praktikum in anderen Ringen ableisten. In der Regel wurden zwei verschiedenen MR dafür ausgewählt. Dies geschah jedoch nicht in einem Zug, sondern über einen längeren Zeitraum verteilt, jeweils immer eine Woche lang. Damit war es möglich, die in einer Woche gewonnenen Erkenntnisse schnell in die Praxis umzusetzen und auftretende Probleme im folgenden Praktikumsabschnitt mit dem Ausbildungsgeschäftsführer zu besprechen. Gleichzeitig hatte diese Aufsplitterung in zwei bzw. drei Abschnitte den Vorteil, dass der Arbeitsplatz im eigenen Ring nicht so lange verwaist blieb.

Damit wird ein grundsätzliches Problem angesprochen: Solange die Ringe nur eine Person in der Geschäftsstelle beschäftigten und diese bei der Anstellung auch noch nicht über die erforderliche Ausbildung verfügten (das Ziel, bereits voll ausgebildete Geschäftsführer auf dem Stellenmarkt zu finden, ist bis heute nicht erreicht worden), hatte die Teilnahme an Fortbildungsmaßnahmen meist zur Folge, dass in dieser Zeit die Geschäftsstelle gar nicht oder nur behelfsmäßig besetzt war. Dasselbe gilt auch für Zeiten, in denen der Geschäftsführer Urlaub machte oder erkrankt war. Ein Dilemma, das die Bereitschaft der Vorstände, ihren Geschäftsführer zu regelmäßiger Fortbildung zu animieren, verständlicherweise etwas gebremst hat.

Aber auch die Geschäftsführer selbst befanden sich in einem Gewissenskonflikt: Entweder mussten sie in Kauf nehmen, dass die Mitglieder einige Wochen lang nicht optimal bedient wurden, oder sie

EU Projekt MR-Competence

Im November 2002 hat die Akademie nach erfolgreicher Beantragung das EU-Projekt MR-Competence begonnen. Mit dem Vorhaben entwickelt sie einen internationalen Standard in der Fortbildung von MR-Geschäftsführern, der die Fortbildung auf einem hohen Niveau sichert und die internationale Bildungszusammenarbeit möglich macht.

Das Projekt (wurde) durch die EU zu 75 % kofinanziert.

Im Einzelnen entwickelte die Akademie folgende Produkte, in denen der Lernstoff von MR-Organisationsfragen über betriebswirtschaftliche, Steuer- und Rechtsfragen bis hin zur Persönlichkeitsbildung und Marketing abgebildet ist:

Lehrpläne
(52 Seiten, 6 Sprachen)
Handbücher für Trainer
(238 Seiten, Deutsch/Englisch)
Nachschlagewerk
(128 Seiten, Deutsch/Englisch)
Homepage:
www.mr-akademie.de

Parallel zur Fertigstellung des Projektes holte die Akademie im Mai 2005 Vertreter aller deutschsprachigen MR-Verbände in Linz an einen Tisch, um künftige Möglichkeiten der Zusammenarbeit zu gestalten. Dabei wurde beschlossen, auf Basis der LEONARDO-Ergebnisse einen internationalen MR-GF-Grundlehrgang im deutschen Sprachraum umzusetzen, und zwar mit Teilnehmern aus Österreich, Deutschland, Südtirol, der Schweiz und Luxemburg. Diese Lehrgangsstaffel hat dann im Februar 2006 im Rahmen des BMR-Grundlehrgangs in Inzell mit Erfolg begonnen.

Die Ziele der Arbeitstagungen:
- Über alle, die MR-Arbeit betreffenden aktuellen Fragen informieren.
- Wichtige Personal- und Sachfragen offen und selbstkritisch darstellen, diskutieren und möglichst Handlungsgrundsätze oder Lösungen erarbeiten.
- Neue MR-Aktivitäten initiieren, meist in der Weise, dass die **Erfinder und Erprober** ihre Neuerungen selbst vorstellten. Diese so genannten Erfahrungsberichte waren mit die wichtigsten Impulsgeber in der Entwicklung der bayerischen Maschinenringe.
- Arbeitshilfsmittel des KBM (Abrechnungsblöcke, Preislisten, Formblätter, Info-Schriften usw.) verteilen.

Arbeitstagungen für Geschäftsführer ...

... sachlich betrachtet:
Programm und Zeitfolge der Fortbildungstagung des KBM vom Herbst 1973

Erster Tag
9.00 – 9.15 Vorsitzender Carmanns: Eröffnung und Begrüßung
9.15 – 12.00 Dr. Grimm, Rauch, Bergdolt: Einführung in die Aufgaben des GF bei der Vermittlung von Urlaubsplätzen
13.30 – 15.00 Zinth, Bürgermeister von Schindlberg bei Oberstaufen: Maßnahmen beim Auf- und Ausbau neuer Fremdenverkehrsgebiete
15.30 – 17.00 N.N.: Werbung im Fremdenverkehr
17.15 – 18.00 Öffentlichkeitsarbeit im MR (Tonbildschau)

Zweiter Tag
8.00 – 10.00 Verschiedene aktuelle Fragen (Einsatz nebenberuflicher Betriebshelfer, Pflanzenschutz, Kommerzielles, Diskussion über Vortrag von Dr. Geiersberger in Freyung)
10.15 – 12.00 Berger, Geschäftsführer der Geschäftsstelle der katholischen Betriebshelfer: Zusammenarbeit mit der Einsatzleitung für hauptberufliche Betriebshelfer
13.30 – 14.30 Interne Fragen (EDV, Preisliste, Anstellung von Organisationskräften)
14.45 – 16.00 Dr. Schulz, Landtechnik Weihenstephan: Neue Erfahrungen bei der baulichen Selbsthilfe

Quelle: Schreiben des KBM vom 17. Oktober 1973 an die Vorsitzenden und Geschäftsführer

... humorvoll betrachtet:
Kommentar zur Fortbildungstagung vom 13.3.1973 in Schweitenkirchen aus der Sicht Rainer Härtl, Geschäftsführer des MR Rosenheim von 1971 bis 1975

*Die Tagung hatte einen guten Verlauf,
einige hörten erst um eins zu kegeln auf.
Ansonsten diskutierten die Maschinenringjünger
in der Hauptsache über losen Dünger.
Während Siegl und Bergdolt den Boden mit N verseuchen
Protzt Stadler mit seinen Plastikschläuchen.
Als Salomon die Preise verglich,
schmiss Dänzer mit Waggons um sich.
Es wurde gespritzt und gestreut,
dass es nur so staubte
und einem den schönsten Tagungsschlaf raubte.
Zum Pflanzenschutzthema stellten sich ein
sämtliche Leute vom Umweltverschmutzungsverein.
Sie faselten ins Mikrophon
die Referate in bayerischem und preußischem Ton.*

mussten auf die eigene Fortbildung verzichten.

Im Laufe der Jahre wurde dieses Problem auf die eine oder andere Art etwas reduziert, aber nach wie vor ist es schwierig, alle Fortbildungsbedürftigen zum Besuch der Lehrgänge und Seminare, die sie nötig hätten, zu bewegen. In vielen Fällen übernahmen Familienangehörige die dringendsten Arbeiten – insbesondere in den anfangs recht zahlreichen Fällen, in denen sich die Geschäftsstelle in der Wohnung des Geschäftsführers befand. Gelegentlich sprang auch ein Vorstandsmitglied ein.

Als Praktikumsringe dienten anfangs vor allem Fürstenfeldbruck, Ries und Pfaffenhofen. Später hat diese Aufgabe überwiegend der MR Neustadt/Waldnaab wahrgenommen. Ein großer Teil der heute noch aktiven Geschäftsführer wurde von Klaus-Ulrich Scholz, dem Geschäftsführer dieses Ringes, sehr erfolgreich in die verschiedenen Bereiche der praktischen MR-Arbeit eingewiesen. Insgesamt hat Scholz 46 Kollegen die praktische MR-Arbeit nahegebracht.

Learning by doing, das war die Methode, nach der die neuen Geschäftsführer sich das Handwerkszeug für ihre Tätigkeit angeeignet haben. Sie wurden dabei sehr stark vom persönlichen Stil und der Arbeitsweise der Geschäftsführer der Praktikumsringe geprägt. Ihr Einfluss reichte oft weit über die eigentliche Einarbeitungsphase hinaus. Auch Jahre später fungierten sie gelegentlich noch als Berater ihrer jungen Kollegen.

Erfahrungsaustausch bei Arbeitstagungen

Ein wichtiges Instrument zur *Schulung, Betreuung und Beratung* der Geschäftsführer und der übrigen Mitarbeiter waren die so genannten Arbeitstagungen des KBM (siehe auch Randspalten 187/188).

Für Geschäftsführer fanden und finden sie in der Regel zweimal pro Jahr statt, im März/April und im November und dauern jeweils zwei Tage, sind also mit einer Übernachtung verbunden. Anfangs wurden sie noch für alle Geschäftsführer gemeinsam durchgeführt, ab 1972 jedoch gesondert in drei regionalen Gruppen: Die Geschäftsführer von Oberbayern und Schwaben, von Niederbayern und aus der Oberpfalz sowie von Mittel-, Ober- und Unterfranken tagten jeweils gemeinsam. Bei Terminproblemen war jedoch ein Ausweichen in eine andere regionale Gruppe möglich.

Am Rande dieser Tagungen konnten auch manche großen und kleinen Probleme direkt gelöst oder aufkeimende frühzeitig aus der Welt geschafft werden.

Die *Erfahrungsberichte* sind nach wie vor ein hervorragendes Mittel, um kreativen Ideen zu einer schnellen Verbreitung zu verhelfen. Zunächst, während der Tagung, verhielten sich viele Kollegen noch zurückhaltend, ja oft sogar ablehnend gegenüber dem vortragenden Kollegen. Einige Tage später konnte es dann durchaus passieren, dass gerade diese Skeptiker und Kritiker sich nach Einzelheiten erkundigten und vielleicht sogar kurze Zeit später den betreffenden Ring mit einer Gruppe von Landwirten aufsuchten, um weitere Details an Ort und Stelle kennen zu lernen und um bald darauf selbst ein ähnliches Projekt in Angriff zu nehmen.

Information und Beratung der Geschäftsführer erfolgte also in hohem Maß in einem wechselseitigen Geben und Nehmen der Geschäftsführer untereinander.

Das nebenstehende Programm einer Fortbildungstagung von 1973 zeigt, wie vielfältig und praxisorientiert eine solche Veranstaltung ausgerichtet war. Ausdrücklich wurden die Geschäftsführer bereits in der Einladung darum gebeten, *soweit sie über entsprechende Erfahrungen und Unterlagen zu den einzelnen Themen verfügen, diese beizusteuern, damit die Aussprachen zu den einzelnen Themen möglichst fruchtbar werden.*[25]

Individuelle Beratung und Betreuung

Neben diesen allgemeinen Maßnahmen zur Information und Motivation der Geschäftsführer hat das KBM einzelne Ringe auch individuell beraten und betreut. Ansprechpartner dabei waren in erster Linie die Geschäftsführer. Immerhin war das KBM ja auch ihr Arbeitgeber.

Die Initiative dazu ging meist von der KBM-Geschäftsführung aus. Nur in wenigen Fällen ging der Anstoß dazu vom Geschäftsführer selbst oder vom Vorsitzenden oder gar von Dritten aus. Vorstände neigten eher dazu, die eine oder andere Schwäche im Management ihres Ringes dem KBM gegenüber zu verbergen.

Das Ziel dieser *Besuche* seitens des KBM war es in erster Linie, Geschäftsführung und Vorstand in ihrer Arbeit mit Rat und Tat zu unterstützen. Die Vorgehensweise dabei war meist so:

- Analyse der Situation, z.T. an Hand einer umfangreichen Checkliste.

- Diskussion dieser Analyse-Ergebnisse zuerst mit dem Geschäftsführer, gegebenenfalls einschließlich seiner Mitarbeiter und anschließend mit dem Vorsitzenden.
- Schriftliche Fixierung der festgestellten Schwachstellen und der besprochenen Maßnahmen.
- Kontrolle zur Durchführung der anstehenden Maßnahmen.

Derartige umfangreiche Beratungen konnte die KBM-Geschäftsstelle allerdings nur in Einzelfällen selbst leisten. Ab 1982 wurde sie in dieser Aufgabe von Dr. Walter Pfadler unterstützt.

■ Dr. Walter Pfadler – der Experte für überbetriebliche Zusammenarbeit

Dr. Pfadler kam am 1.9.1981 als Mitarbeiter mit Sonderstatus zum KBM (die offizielle Bezeichnung: *Bildungsreferent*). Das Besondere an seiner Stellung war unter anderem:

Sein Büro befand sich nicht in München, in den Räumen des KBM, sondern in Freising. Außerdem war er nicht allein für die bayerischen Maschinenringe tätig, sondern, man kann fast sagen, weltweit für den gesamten Bereich der überbetrieblichen Zusammenarbeit im MR, aber auch im Rahmen von Lohnunternehmen. Das hängt damit zusammen, dass aufgrund einer zwischen KTBL, BMR, BAG (Bundesarbeitsgemeinschaft landwirtschaftlicher Lohnunternehmen) und KBM geschlossenen Vereinbarung an der Deula-Schule in Freising eine Außenstelle des KTBL zur Aus- und Fortbildung von MR-Führungskräften eingerichtet werden sollte. Das besondere Interesse Bayerns an dieser neu zu schaffenden Institution wurde dadurch unterstrichen, dass es für diese Aufgabe in der Person von Dr. Pfadler einen *Mitarbeiter des höheren Dienstes* zur Verfügung stellte. Ausgedacht und eingefädelt wurde diese ungewöhnliche Konstruktion vor allem von Professor Dr. Keymer und Dr. Weidinger.

Die vielfältige und fruchtbare Arbeit, die Dr. Pfadler bis heute für die MR in Bayern, in Deutschland und auf internationaler Ebene geleistet hat, hier zu beschreiben, würde den Rahmen dieser Chronik sprengen. Das kommt auch darin zum Ausdruck, dass sein Name in dieser Schrift schon mehrfach genannt worden ist. Man kann sein außergewöhnliches Wirken für die Maschinenringe und für den Gedanken der überbetrieblichen Zusammenarbeit vielleicht so zusammenfassen:

Keiner hat so viele Vorträge und Seminare zum Thema überbetriebliche Zusammenarbeit gehalten wie er. Keiner hat auch so viele grundlegende Veröffentlichungen dazu geschrieben. Und keiner hat in so vielen verschiedenen einschlägigen Gremien als unabhängiger Fachmann auf diesem Gebiet mitgewirkt wie er.

Dr. Walter Pfadler betreibt quasi seit 25 Jahren ein höchst effizientes und erfolgreiches Einmann-Beratungs- und Informationsunternehmen zur Förderung der überbetrieblichen Zusammenarbeit. Bis Ende 1986 hat er diese Aufgabe als Angestellter des KBM wahrgenommen; danach als Referent für Fragen der überbetrieblichen Zusammenarbeit an der Staatlichen Führungsakademie für Ernährung, Landwirtschaft und Forsten (FüAk)

■ Zielorientierte MR-Arbeit?

Ein Vergleich der Erfolgszahlen der einzelnen MR zeigte schon bald, dass sich die Ringe immer stärker auseinanderentwickeln. Da die Ursache dafür in gewissem Umfang auch beim Management liegt, wollte die KBM-Führung dieser zunehmenden Differenzierung nicht tatenlos zusehen. Also suchte man nach einem Instrument, mit dem man auf den Kurs der Ringe beziehungsweise auf die Ziele, die sie anstreben sollten, stärker Einfluss nehmen konnte. Der erste Schritt bestand darin, die Ringe zu veranlassen, selbst individuelle Ziele zu erarbeiten und zu definieren. Das KBM beschränkte sich zunächst darauf, die Methodik dafür zu entwickeln und bereitzustellen (siehe nebenstehend) sowie Durchführung und Zielerreichung zu überwachen. Später, nachdem der erwartete Erfolg nicht eintrat, ging man dazu über, den Ringen eine Auswahl von Jahreszielen vorzugeben.

Doch auch damit gelang es nur in eingeschränktem Maß, die Ringe für ein zielorientiertes Handeln im strengen Sinn zu begeistern. Dieses Bemühen des KBM wurde u. a. auch dadurch erheblich erschwert, dass der Grad der Zielerreichung Einfluss auf die Höhe der Erfolgsbeteiligung hatte. Diese Verknüpfung war zwar sinnvoll, aber dennoch problematisch.

Nach all diesen Irrungen und Wirrungen konnte ein gewisser Durchbruch erst

---

Schritte in der Zielplanung

1. Ist-Situation im MR analysieren (Mängel, Probleme, Aufgaben)
2. Mögliche Ziele erarbeiten.
3. Ziele auswählen und definieren (qualitativ und quantitativ)
4. Maßnahmen zur Zielerreichung festlegen
5. Kontrolle der Durchführung und Zielerreichung

Quelle: Vortragsmanuskript des KBM von 1998

Zielplanseminar, ein wertvolles Instrument zur Kursbestimmung im MR, von Dr. Walter Pfadler konzipiert und von Manuela Pellot weiterentwickelt

Dr. Walter Pfadler

Manuela Pellot

Was bringt das Zielplanseminar den MR?

Die Vorstandschaft erlebt, wie die Zukunft des MR erfolgreich gestaltet werden kann. Der Vorstand und die Geschäftsführung gewinnen in kürzester Zeit ein Höchstmaß an Einblick in die Kosten- und Leistungsstruktur und das Dienstleistungsprofil des Ringes.
Durch diesen Einblick werden das Verständnis und die Unterstützung der Vorstandschaft für die Arbeit in der Geschäftsstelle erhöht.
Durch die klare Ausrichtung und die entsprechende Kommunikation mit den Mitgliedern entsteht ein erheblicher Gewinn für den MR.

Quelle: KTBL-ÜMV-Seminar 13/04 vom 15.–16. März 2004 in Fulda [26]

Das KBM liefert alles, was dem MR die Arbeit leichter machen kann…
Auszug aus der KBM-Bestellliste für MR von 1983

Artikel	Preis DM
Abrechnungsblöcke	96,–/100 St.
Formbl. 74/1 VW-Kartei	–,12/St.
Formbl. 74/3 VW Betriebsh.	–,12/St.
Formbl. 77/3 Masch.erhebung	–,13/St.
Formbl. 70/2 Masch.kartei	–,13/St.
Kurzmitteilungen	3,10/100 St.
Fahrtenbuch	2,60/St.
Prosp. „MR sichern die Zukunft"	–,11/St.
Plakat „MR lädt ein"	–,25/St.
MR-Verrechnungssätze	–,32/St.
MR-Aufkleber rund, 8 cm ø	–,10/St.
Geschäftsstellen-Schild	25,–/St.
MR-Urkunde	1,15/St.
MR-Anstecknadel	–,55/St.
MR-Mütze	8,–/St.
MR-Shirt	8,20/St.
Beitrittserklärung	—
MR-Satzung	—
Journal	—
Reisekostenabrechnung	—

… trotzdem bleibt das *Managen* nach Ansicht von Rainer Härtl, 1971 bis 1975 Geschäftsführer des MR Rosenheim, noch recht stressig

Drei Dinge braucht ein MR:
• einen Geschäftsführer (siehe oben),
• eine Preisliste
• einen Abrechnungsblock

erreicht werden, nachdem Dr. Pfadler auf die Idee kam, die Zielplanung nicht mehr sozusagen am grünen Tisch als Verwaltungsvorgang zu erledigen, sondern in Form eines Workshops, an dem die gesamte Führung eines Maschinenringes mitwirkt.

Mittlerweile ist von Dr. Pfadler mit Unterstützung von Frau Manuela Pellot dazu eine ausgereifte und wirksame Methodik entwickelt worden: das so genannte *Zielplanseminar*.

Die Durchführung von Zielplanseminaren ist inzwischen zu einem festen Bestandteil des KBM-Dienstleistungsangebotes geworden. 2005 hat Manuela Pellot 13 Zielplanseminare durchgeführt und moderiert.[27]

So wenig Bürokratie wie möglich

Es war nicht schwer, diesen Grundsatz den Geschäftsführern, die ja überwiegend reine Praktiker waren, zu vermitteln. Manche von ihnen hätten am liebsten ihren Maschinenring ganz ohne Schreibkram und dergleichen betrieben. Kein Wunder, dass deshalb am Anfang in manchen Geschäftsstellen gewisse bürotechnische Verbesserungen notwendig waren.

Einem Geschäftsführer musste z. B. nahegelegt werden, den Telefonanschluss doch in der Nähe seines Schreibtisches zu installieren und nicht im Hausflur zu belassen. Oder in den Schubladen am Schreibtisch bevorzugt die Unterlagen und Akten zu deponieren, die er bei der täglichen Arbeit am häufigsten braucht, und dort nicht Gegenstände zu lagern, die zur Vermittlung nicht erforderlich sind.

Derartige simple, organisatorische Schwachstellen waren in den ersten Jahren noch öfter zu beobachten. Häufig war das Büro in der Wohnung des Geschäftsführers untergebracht, und man begnügte sich mit der Einrichtung, die schon vorhanden war.

Andererseits waren gerade diese *Praktiker* sehr talentiert darin, ihre Berufskollegen für die MR-Idee zu begeistern und Maschinenringarbeit mit einem Minimum an Schreibarbeit zu organisieren. Einige der Geschäftsführer – und das waren nicht immer die schlechtesten – konnten zwar einen Pflug richtig einstellen, aber keine Schreibmaschine bedienen.

Die *Pioniere* kannten meist nicht nur jedes Mitglied mitsamt seiner Familie persönlich. Sie hatten auch die für die Ringarbeit wissenswerten Merkmale und Besonderheiten der Betriebe, insbesondere die wichtigsten Maschinen im Kopf. Wozu sich also mit so viel Papierkram belasten, wenn alle wichtigen Daten im *persönlichen Computer* gespeichert sind? Der Autor kennt einen Geschäftsführer, der heute noch, mehr als fünf Jahre nach seinem Ausscheiden, nicht nur sämtliche Telefonnummern der Mitglieder im Kopf hat, sondern sogar deren Geburtstage, ja sogar ihre Hochzeitstage gespeichert hat.

Der Übergang von dieser von Improvisationskunst und Gedächtnisakrobatik geprägten Pionierphase zu einer Mehrpersonen-Geschäftsführung mit ordentlicher Datenverarbeitung bereitete manchen, mehr praktisch veranlagten Geschäftsführern und ebenso ihren Mitarbeitern manche Probleme. Wenn ein solcher Geschäftsführer von heute auf morgen ausschied, stand der Nachfolger buchstäblich vor dem Nichts. Daher wurde von Anfang an Wert darauf gelegt, die wichtigsten Daten der Mitglieder, vor allem hinsichtlich Betriebsorganisation und Mechanisierung, zu erfassen und von Zeit zu Zeit zu aktualisieren. Das geschah meist anhand einheitlicher Vordrucke.

Allerdings gab es auch einzelne Geschäftsführer, die lieber ihre selbstentwickelten Formulare verwendeten und stets auf der Suche nach noch effektiveren Arbeitsmethoden waren. Einer sägte z. B. kurzerhand ein viereckiges Loch in seine Schreibtischplatte und versenkte an dieser Stelle sein Telefon, um so eine größere freie Arbeitsfläche auf seinem Schreibtisch zu bekommen.

Keine Sonderlösungen waren in der vereinseigenen Haushalts- und Buchführung zulässig. Die Förderungsrichtlinien waren für alle einheitlich. Dementsprechend musste auch der Nachweis der Ausgaben und Einnahmen einheitlich sein. Das KBM entwickelte dafür eine vielspaltige Kladde mit Durchschrift. Sie kombinierte den Nachweis für die Förderung mit den für den Vereinshaushalt erforderlichen Aufzeichnungen. Dieses Zahlenwerk wurde mitsamt den Belegen vor Ort vom zuständigen Beamten am Amt für Landwirtschaft in Bezug auf die Förderungsbestimmungen überprüft. Die Belege gingen an die Ringe zurück, ein Exemplar der genannten Kladde erhielt das KBM.

Hier wurde dann eine zusätzliche Prüfung durchgeführt, die zustehende Beihilfe festgesetzt sowie der Gesamtverwendungsnachweis erstellt und dem Ministerium vorgelegt. Dieses Verfahren war einfach, transparent und mit vergleichsweise geringem Verwaltungs- und Prüfungsaufwand verbunden.

Erst nachdem die EDV eingeführt war und ihre *normative Kraft* entfalten konnte, setzte sich in der Organisation der MR-Arbeit, z. T. und noch mehr in der Verwaltung der Ringe, eine gewisse Vereinheitlichung durch.

■ Abrechnung und Auswertung

Das gilt insbesondere für die Abrechnung und Auswertung der vermittelten Einsätze.

Diese Arbeit nahm in den Geschäftsstellen sehr viel Zeit in Anspruch, gleichgültig ob mit oder ohne EDV. Es ist daher verständlich, dass manche Ringe die Meinung vertraten, die Abrechnung sollten die Mitglieder selbst erledigen. Insbesondere ehemalige Raiffeisenringe dachten so.

Einer, der nimmermüde wurde, *die Bedeutung des Abrechnens als Führungsmittel* zu betonen, war Franz Obschil, erster Geschäftsführer des MR Pfaffenhofen (siehe nebenstehend und ab Seite 56).

Egal wer die Abrechnung durchführt, der Auftragnehmer selbst oder die Geschäftsstelle, das Hilfsmittel dazu war unumstritten: der Abrechnungsblock (siehe Abbildung Seite 190). Er enthielt meist 10 bis 15 Durchschreibesätze. Ein solcher Satz besteht aus der Durchschrift für die Geschäftsstelle, der Lastschrift für den Auftraggeber, dem Einzugsauftrag für die Bank und einer Kopie für den Auftragnehmer. Zunächst wurden die Durchschriften noch mit Kohlepapier erzeugt, später wurde Spezial-Durchschreibepapier verwendet. Eine spürbare Erleichterung.

Die Blöcke wurden vom KBM in größeren Chargen geordert und im Rahmen der Arbeitstagungen verteilt. Die Druckerei lieferte direkt an die jeweiligen Tagungshäuser.

Ebenso wichtig wie der *Block* war die Preisliste bzw. die Auflistung der so genannten Verrechnungssätze. Auch sie wurden zentral vom KBM beschafft. Zunächst konnte dabei auf die Vorlage des Landesverbandes Bayerischer Maschinenringe Raiffeisen e. V. zurückgegriffen werden. Nach und nach haben die Ringe vielfältige Änderungen und Erweiterungen veranlasst.

Ein wichtiges *Nebenprodukt* der Abrechnung und Auswertung *war die Gasölbestätigung.* Sie war erforderlich, damit MR-Mitgliedern auch für den Dieselverbrauch, der beim überbetrieblichen Maschineneinsatz entsteht, die Beihilfe gewährt werden konnte.

Die Abwicklung dieser Verwaltungsarbeit war fast immer mit viel Stress verbunden; denn einerseits sollten auch noch die letzten Einsätze eines Jahres berücksichtigt werden, andererseits aber mussten die vom Maschinenring erstellten Bestätigungen termingerecht den Landwirtschaftsämtern vorgelegt werden.

Solange die Ringe ihre Umsatz-Belege noch konventionell ausgewertet haben, konnten sie solche *Herausforderungen* gegebenenfalls noch mit eigener Kraft lösen. Anders nach Einführung der zentralen Datenverarbeitung über den Großrechner im Landwirtschaftsministerium: Selbst durch Einsatz aller verfügbaren Kräfte, auch in Nachtschichten, gelang es meist nur mit größten Mühen, die gewünschten Auswertungen rechtzeitig bereitzustellen.

■ Ohne PC läuft auch in der MR-Geschäftsstelle bald nichts mehr

Doch auch in den bayerischen Maschinenringen hat man die Chancen des Arbeitsplatz-Computers bzw. Personalcomputers (PC) bald erkannt und genutzt. Die ersten beiden Ringe, die sich ab 1983 auf dieses *Abenteuer* einließen: Mainburg und Starnberg.

Erst ab diesem Zeitpunkt, nachdem sich der Computer nicht mehr irgendwo in einem Rechenzentrum befand, sondern direkt am Arbeitsplatz, hat das eigentliche EDV-Zeitalter bei den Maschinenringen begonnen.

Der Anschaffungspreis dieser ersten Rechner namens *Professional 350* von *Digital Equipment:* DM 13.500,–, der Arbeitsspeicher: 128 KB!

In Mainburg hat die dortige Sparkasse, dessen Direktor Erich Wenger ein großer MR-Freund war, diese Anschaffung gesponsert. In einem Bericht der Sparkassenzeitung heißt es dazu:

Der Rechner ist nicht größer als ein kleiner Reisekoffer, dazu kommen ein Bildschirm, eine Eingabe-Tastatur und ein Druckwerk. Sämtliche Lastschriften, Rechnungen und Gutschriften aus dem Ringverkehr, die gesamte Beitragsabrechnung der 705 Mitglieder sowie umfangreiche statistische Auswertungen laufen über das neue Gerät.[28]

Die Bedeutung des Abrechnens als Führungsmittel

… ohne Abrechnung gibt es kein Ergebnis, kaum einen Leistungsnachweis und vielleicht keine Daseinsberechtigung.

Bei den Schwierigkeiten, die wir anfangs durchzustehen hatten, merkte ich sehr bald, dass letztlich selbst ein mäßiger, ein nicht geradezu ideal gelaufener Einsatzes mit einer individuellen Abrechnung durch den Geschäftsführer, mit dem der Unzufriedene über das Warum und Wie, über künftige Verbesserungen und dergleichen sprach, noch zu einem guten Ende geführt werden konnte. Umgekehrt konnte ich feststellen, dass nach guten Einsätzen und anfänglichem Wohlgefallen Zufriedenheit einkehrte, wenn einer der Partner oftmals unbegründet der Meinung war, er hätte zu viel bezahlt oder zu wenig bekommen.

Obschil schildert dann, dass im MR Pfaffenhofen die Daten zur Abrechnung in der Regel vom Auftragnehmer sofort nach Abschluss des Einsatzes telefonisch an die Geschäftsstelle übermittelt werden, um dann die Vorteile dieses regelmäßigen Kontaktes mit den Mitgliedern herauszustellen:

Er erfährt vom ganzen Ringgebiet, ob die Einsätze zufriedenstellend erledigt wurden, mit Routinefragen kann er sehr viel über die Fähigkeiten und Tugenden eines Betriebshelfers erfahren, über die Leistungsfähigkeit von Maschinen und dessen Bedienungsmann, von den Verhältnissen in den Einsatzbetrieben, alles brandaktuell und dringend erforderlich für die weitere Vermittlungsarbeit – man spricht vom nächsten Einsatz … man erfährt, ob die zwischenmenschlichen Beziehungen bei den Partnern gut waren, ob die gleiche Vermittlung in Zukunft zweckmäßig ist u. ä. mehr.

Quelle: Vortrag von Franz Obschil anlässlich einer Geschäftsführertagung 1987

Im MR Mainburg kam einer der beiden ersten PCs zum Einsatz

Frau **Zenta Weiher**, die Frau des Geschäftsführers, beherrschte den Computer bald besser als ihr Mann.

Schneller Zahlungsverkehr

Kein Papier, keine Diskette, kein Magnetband mehr – der gesamte Zahlungsverkehr läuft nun direkt über eine Postleitung von der Maschinenring-Geschäftsstelle zur Hauptstelle der Sparkasse Dachau. Dort werden über ein Verrechnungskonto die Lastschriften und Gutschriften der beteiligten Landwirte abgewickelt.

Mit den neuen Instrumenten lassen sich Einsparungen erreichen: Die Verrechnungen erfolgen regelmäßig und nicht erst, wenn eine Diskette voll ist oder wenn der Ring-Geschäftsführer zufällig bei der Sparkasse vorbeikommt ...

Arbeitszeit und Fahrtkosten werden eingespart. Die Wertstellungszeiten verbessern sich ...

Die Kontoführungsgebühren sind gegenüber der beleghaften Verbuchung wesentlich niedriger.

Quelle: Hans Schmid, Schneller Zahlungsverkehr, AGRAR FINANZ 5/93

Ihnen haben die EDV-User in den bayerischen Maschinenringen viel zu verdanken:

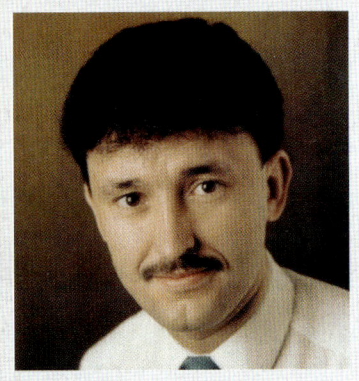

Erwin Ballis für den Aufbau einer bundeseinheitlichen MR-Software

Peter Rehm für die Schulung und die Hilfe an der Hotline

Manfred Mangl, vor allem auch für die schnelle Hilfe per Telefon

---

Die notwendige Software dazu lieferte Franz Brack, der auch für das Landwirtschaftsministerium als Programmierer tätig war, zum Preis von 25.000 DM in der ersten Ausbaustufe.

Dem *Professional 350 folgte Rainbow 100.* Doch bereits 1985 kam dann der Umstieg auf *IBM,* Typ PC-XT mit 256 KB Hauptspeicher, 10 MB Festplatte und 360-KB-Diskettenlaufwerk.

1986 hatten bereits 10 bayerische Ringe einen eigenen PC; 21 weitere planten die Anschaffung. Es gab in dieser beginnenden PC-Zeit kaum eine Vorstandssitzung ohne Klärungsbedarf in dieser Thematik. Unter anderem wurden drei Firmen ausgewählt, bei denen die Ringe zu fest vereinbarten Bedingungen einkaufen konnten.

Dann (1987) musste eine Entscheidung zur Beteiligung Bayerns an einer bundeseinheitlichen Software getroffen werden: das KBM machte mit und bezahlte dafür 36.000,– DM. Die Gesamtkosten beliefen sich auf 130.000,– DM. Nachdem der bereits erwähnte Franz Brack auch dieses Programm schrieb und dabei auf dem bayerischen aufbaute, war die Umstellung für die bayerischen MR relativ einfach.

Der nächste Schritt war dann die Vernetzung (1989). Und so ging es weiter und weiter.

Die Rechner wurden billiger und leistungsfähiger, die Software wurde teurer, aber auch komfortabler und vor allem umfangreicher.

Anfangs wurde die EDV hauptsächlich zur Mitgliederverwaltung sowie zur Abrechnung der vermittelten Einsätze und deren Auswertung genutzt. Dementsprechend war das Kosten-/Nutzen-Verhältnis nicht so gewaltig, zumal vielfach die Abrechnung noch *von Hand* erfolgte und die entsprechenden Daten erst hinterher in den PC eingegeben wurden.

Ein weiterer Fortschritt war dann der Übergang zur online-Abrechnung.

Dachau war einer der ersten Ringe, der diesen Vorteil ab 1993 genutzt hat. MR-Assistent Manfred Mangl erinnert sich: *Über ein dem Telefon vorgeschaltetes Modem konnten wir die Abrechnungsdaten direkt vom PC zur 17 km entfernten Sparkasse übertragen. Wenn der Datentransfer noch vor 11.00 Uhr erfolgte, hatte der Auftragnehmer schon am nächsten Tag sein Geld auf dem Konto.* Wie der nebenstehende Auszug eines Presseberichts zeigt, brachte diese Form des online-Bankings auch noch andere Vorteile mit sich. Mittlerweile wird auch schon der nächste Schritt zur Rationalisierung der Abrechnung, die Eingabe und Weiterleitung der Abrechnungsdaten durch die Mitglieder auf dem eigenen PC, in einigen Ringen erfolgreich praktiziert. Im MR Laufen zum Beispiel werden bereits 40 % des Verrechnungswertes auf diese Weise abgerechnet. Mit Hilfe der MR-eigenen Software, *MRWIN*, besteht diese Möglichkeit schon seit einigen Jahren.

Und auch mit der nächsten Entwicklungsstufe befasst sich das KBM, wie Geschäftsführer Georg Thalhammer berichtet, bereits: *Derzeit versuchen wir eine Möglichkeit der Abrechnung per Internet. Vorbild ist hierbei das online-Banking. Davon erhoffe ich mir mehr Zeit für die Beratung und Betreuung der Mitglieder.*

Dieses Medium, das Internet, bietet sich natürlich auch zur Maschinenvermittlung an. An dieser Möglichkeit wird ebenfalls bereits gearbeitet.

Zur Planung und Abwicklung von Arbeitseinsätzen hat sich, wie im Kapitel Zuckerrüben ausgeführt (Seite 132), der PC in Verbindung mit GPS bereits seit Jahren bewährt.

Dieses System der GPS-gestützten Abfuhrlogistik ist seit Kurzem auch für andere Produkte nutzbar. Die MR Ebersberg und Schwandorf setzten es zum Beispiel seit Kurzem in der Logistik rund um Biogasanlagen ein.

Die Möglichkeiten der EDV beziehungsweise der gesamten Informationstechnik einschließlich Handy sind gewaltig. Sie im Sinne des MR optimal zu nutzen, ist eine wichtige Zukunftsaufgabe der Maschinenringe. Die Tatsache, dass die MR-Geschäftsstellen in der Vergangenheit in der Anwendung moderner technischer Hilfsmittel wie Telefon, Funk, EDV und GPS immer die Nase vorne hatten, war für die gesamte MR-Entwicklung ein ganz entscheidender Erfolgsfaktor.

Gute Hard- und Software allein bedeutet aber noch keine optimale EDV-Anwendung. Das notwendige Know-how dazu muss ebenfalls vermittelt und ständig auch aktualisiert werden. Das hat das KBM bereits 1976 erkannt und einen eigenen EDV-Experten (Karl Grimm) angestellt.

Auch Erwin Ballis, der heutige Geschäftsführer der BMR Service GmbH, hat seine Karriere als Referent für EDV beim KBM im Jahre 1987 gestartet. Dass die Maschinenringe in Deutschland heute über eine bedienerfreundliche, umfangreiche und äußerst leistungsfähige Software verfügen, ist in hohem Maß dem Engagement von Erwin Ballis zu verdanken, zuerst als EDV-Verantwortlicher beim KBM und seit 1994 als Geschäftsführer des BMR.

Unter seiner Ära wurde 1997 das MR-Verwaltungsprogramm von DOS auf Windows umgestellt. Gleichzeitig hat sich die BMR-Führung entschlossen, gegen große Widerstände, einen eigenen Programmierer (Günter Mehrl) anzustellen. Das Ergebnis dieser Anstrengungen ist *MRWIN*, eine eigenentwickelte Branchen-Software der deutschen Maschinenringe, die bereits in über 200 MR-Geschäftsstellen eingesetzt wird.

Mit der Verlegung der KBM-Geschäftsstelle von München nach Neuburg/Donau im Jahr 1997 wurde Neuburg auch zum Zentrum für EDV-Schulungen. Im romantischen Turm der *Burgwehr* wurde gemeinsam mit der Bavaria-Telezentrum GmbH ein mit speziellen Computer-Arbeitsplätzen ausgestatteter Schulungsraum eingerichtet. Leider wird der genannte Turm seit 2002 von den Maschinenringen nicht mehr für Fortbildungszwecke genutzt. Er befindet sich seitdem wieder in der Obhut der Stadt Neuburg.

In diesem Turm, und danach an anderen Orten Bayerns, hat Peter Rehm, seit 1992 beim KBM für EDV-Fragen zuständig, in der Zeit von 1999 bis 2004 47 EDV-Fortbildungskurse mit insgesamt 515 Teilnehmern, davon 444 aus Bayern, durchgeführt.

Peter Rehm sorgt auch dafür, dass all diejenigen, die in den bayerischen MR am Computer arbeiten und dabei trotz Schulung sowie optimaler Hard- und Software manchmal abstürzen, schnell wieder auf den *rechten PC-Weg* zurückfinden. Er wird dabei unter anderem auch von Manfred Mangl, einem weiteren *EDV-Nothelfer*, unterstützt (siehe Randspalte Seite 192).

Besondere Unternehmensführung und -Kultur

Über die Kriterien, die ein erfolgreiches Unternehmen ausmachen, sind schon viele kluge Bücher geschrieben worden. Allgemeingültige Regeln, die für alle Branchen passen, gibt es dafür nicht. Einige besonders erfolgsbestimmende Merkmale tauchen jedoch immer wieder auf, wenn auch mit unterschiedlichen Bezeichnungen.

Die Führung des KBM hat sich schon frühzeitig mit derartigen Führungsprinzipien befasst. Allerdings mehr sporadisch und ohne professionellen Beistand von Unternehmensberatern. Einen wichtigen Anstoß dazu gab übrigens Alois Glück im Rahmen eines Vortrages bei einer Geschäftsführertagung, in dem er die bekannten acht Erfolgskriterien, die bei einer umfangreichen Untersuchung von bestgeführten *US-Unternehmen* herausgefunden wurden, vorgestellt hat.[29]

Dass diese Erkenntnisse in der KBM-Führung auf großes Interesse stießen, geht auch daraus hervor, dass der Autor dieser Chronik 1987 bei der Inter-MR in Linz eine MR-gemäße Interpretation dieser 8 Erfolgskriterien vortrug

Ob Zufall oder bewusste Einflussnahme, fest steht, dass die für KBM und bayerische Maschinenringe charakteristische Unternehmensführung und -Kultur eine große Übereinstimmung mit diesen 8 Merkmalen aufweist (siehe rechts).

Einige davon wurden bereits angesprochen – nämlich:
- der den MR-Geschäftsführern eingeräumte *Freiraum*, Neues zu *probieren*;
- die verschiedenen Maßnahmen, die dazu beitragen, tüchtige Menschen für die Arbeit in den Maschinenringen heranzuziehen und auszubilden (Produktivität durch Menschen);
- die straff-lockere Führung;
- der ständige Kampf gegen unnötige Bürokratie;
- der leider nicht immer ernst genommene Grundsatz *Schuster bleib bei deinen Leisten*.

Weitere für den Erfolg der bayerischen Maschinenringe wichtige Prinzipien bzw. Maßnahmen werden im Folgenden noch beschrieben.

Einfacher, flexibler Aufbau: die Organisationsstruktur muss passen

Die Organisationsstruktur des KBM, der bayerischen Maschinenringe ist eher ein Zufallsprodukt als das Ergebnis langen Nachdenkens. Sie ist im Wesentlichen durch die Bestimmungen des LwFöG vorgegeben. Das betrifft die Rechtsform des eingetragenen Vereins ebenso wie die Anstellung der Geschäftsführer und des Weiteren bei den MR tätigen Personals beim Kuratorium. Es gibt kein anderes Bundesland, in dem ebenfalls nach diesem Modell

---

Auf der Suche nach Spitzenleistungen

Erfolgskriterien, die auch für die Maschinenringe gelten

1. Primat des Handelns
   (*Probieren geht über Studieren*)
2. Nähe zum Kunden
   (*Ständige Erreichbarkeit*)
3. Freiraum für Unternehmertum
   (*Jeder kann, keiner muss*)
4. Produktivität durch Menschen
   (*Der Geschäftsführer ist das wichtigste Kapital im MR*)
5. Sichtbar gelebtes Wertesystem
   (*Der Vorstand muss den MR beispielhaft nutzen*)
6. Bindung an das angestammte Geschäft
   (*Schuster bleib bei deinen Leisten*)
7. Einfacher, flexibler Aufbau
   (*So unbürokratisch wie möglich*)
8. Straff-lockere Führung
   (*So viel Führung wie nötig, so wenig Kontrolle wie möglich*)

Quelle: Dr. Anton Grimm, 7. Internationale Tagung der Maschinenringe 1987 in Linz.

Gedanken zur Organisationsstruktur der bayerischen Maschinenringe

Die Arbeit in den MR-Geschäftsstellen wird vielfältiger und muss professioneller erledigt werden. Beides bedingt einerseits eine Spezialisierung beim Personal, da ein einzelner in der Regel nicht in der Lage ist, in allen verschiedenen Bereichen sattelfest zu sein. Gleichzeitig hat dies auch Auswirkungen bezüglich der technischen Ausstattung … Der Arbeitsumfang für die einzelnen Spezialbereiche ist jedoch in der einzelnen Geschäftsstelle nicht so groß, dass jeweils eine eigene Kraft dafür angestellt werden kann. Dasselbe gilt bezüglich der Auslastung der Arbeitshilfsmittel (Hard- und Software).
Ein zweiter Grund, der für eine Organisationsanpassung spricht: Die Abwesenheit durch Fortbildung und zunehmende Freizeit der Mitarbeiter von der Geschäftsstelle wird immer länger. Das heißt, neben jeder Kraft muss eine zweite stehen zur Vertretung.

Quelle: Aktenvermerk des KBM vom Okt. 1996

Die bayerischen MR können sich sehen lassen

	Bayern	übrige BRD
MR:	90	199
MR-Mitglieder und -LF:		
Insges.	102 984	94 122
Anteil an allen Betrieben v. H		
	56,12	28,85
Anteil an der ges. LF v. H.		
	74,43	42,14
Verrechnungswert insgesamt		
Je MR Mio. DM	5,46	2,61
Je ha LF DM	198,62	122,07
Betriebshilfsdienst:		
Verrechnungswert Mio. DM		
	103,16	74,73
Arbeitsleistung insgesamt in Voll-AK	2922	1340
Helferinnen und Helfer		
	8189	3549

Quelle: KBM Jahresbericht 1995

Der KBM-Ausschuss in der alten Formation, 1985 in Hohenkammer, ein Gremium, in dem viel MR-Know-how vereinigt war

V. l. Alois Kaiser, Karl Steinkirchner, Hermann Wirth, Anton Maier (VLF), Fritz Kolb, Ruppert Bichler, Dr. Anton Grimm, Dieter Lehner, Klaus-Ulrich Scholz, Dr. Heinz Rüppold, Dieter Eschenbacher, Dr. Walter Pfadler, Baldur Sturm, Hans Murr, Reinhard Lörcks, Walter Hafner, Richard Carmanns, Walter Stallmann und Josef Krinner

… und so sieht das Nachfolgeorgan des KBM-Ausschusses, der Gesamtvorstand 1991, aus:

Vorsitzender Hans Murr
Bezirksvertreter der MR
Oberbayern   Johann Stöttner
Niederbayern Josef Krinner
Oberpfalz   Dieter Lehner
Oberfranken Dietrich Eschenbacher
Unterfranken Baldur Sturm
Mittelfranken Fritz Kolb
Schwaben   Josef Kerler
Vertreter von/der:
BBV   Georg Wimmer
BStMELF   Dr. Alois Weidinger
FüAk   Dr. Walter Pfadler
Betriebsrat Klaus Ulrich Scholz
MR-Geschäftsführer
             Franz Ostermeier

… und dies sind laut Satzung die wichtigsten Aufgaben des Gesamtvorstandes
a) die Aufstellung des Jahres-Voranschlages,
b) die Prüfung der Jahresrechnung,
c) die Beschlussfassung über Aufnahme und Ausschluss von Mitgliedern,
e) die Abstimmung der Fortbildungsmaßnahmen zwischen KBM und FüAk,
f) die Vorbereitung der Mitgliederversammlung,
g) die Vorberatung von Richtlinien zur Anstellung und Vergütung des Personals.

das Personal der Maschinenringe zentral angestellt worden wäre.

Diese Konstruktion hat neben der im LwFöG abgesicherten Förderung dazu beigetragen, dass Bayern in Deutschland und darüber hinaus in der MR-Entwicklung stets führend war.

Ein Blick in die Jahresberichte des KBM macht dies anhand der wichtigsten Kennzahlen deutlich. Unter der Rubrik *Das Wichtigste in Kürze* werden hier die Ergebnisse von Bayern mit denen der übrigen Bundesrepublik verglichen. Nebenstehend ein Auszug dieses Vergleichs aus dem Jahr 1995 (siehe Randspalte S. 193).

Während in der Aufbauphase vor 1970 nur wenige Maschinenringe – überwiegend waren es Sparkassenringe – sich auf das Gebiet eines Landkreises erstreckten, war dies nach Gründung des KBM die Regel. Die Gebietsreform im Jahre 1972 brachte es dann mit sich, dass nun in manchen Landkreisen zwei und mehr Ringe bestanden. Im Hinblick auf die Zusammenarbeit mit den Ämtern für Landwirtschaft, deren Struktur weitgehend der durch die Gebietsreform geschaffenen Gliederung angepasst wurde, ergaben sich daraus unter Umständen Probleme. Es gab Maschinenringe, deren Gebiet in die Zuständigkeit mehrerer Ämter fiel. Ein Beispiel dafür: der MR Mallersdorf. Teile dieses Ringes gehörten nach Landshut, andere nach Regensburg und der größte nach Straubing. Es gab noch mehr derartige Situationen. Der MR Kötzting-Viechtach fiel sogar in zwei verschiedene Regierungsbezirke (Niederbayern und Oberpfalz). Wirklich beeinträchtigt wurde die Entwicklung der Ringe durch solche strukturelle Besonderheiten jedoch kaum. Deshalb wurde auch die vom Landwirtschaftsministerium ausgesprochene Empfehlung, das Ringgebiet an die neuen Landkreisgrenzen anzupassen, nur sehr zurückhaltend umgesetzt.

Es waren andere Gründe, die das KBM später, in den 90er Jahren, veranlassten, die bestehende Organisationsstruktur zu überdenken (siehe Randspalte S. 193).

Zur Änderung und Verbesserung der bestehenden Organisationsstruktur wurden zwei Lösungen empfohlen: die Verminderung der Zahl der MR-Geschäftsstellen oder *eine vernetzte arbeitsteilige Zusammenarbeit zwischen vorhandenen Geschäftsstellen*.

Die Begeisterung der betroffenen Ringe über diese Vorschläge hielt sich verständlicherweise in Grenzen. Meist ist es nur in Verbindung mit Personalwechsel, nach Ausscheiden eines oder mehrerer Geschäftsführer gelungen, zwei oder mehr Ringe zusammenzuschließen in Form einer gemeinsamen Geschäftsstelle oder, noch weitergehend, durch Fusion. Aber auch in dieser Frage hat es sich gezeigt, dass man als notwendig erkannte Veränderungen nicht über das Knie brechen kann, sondern zwar immer wieder darüber sprechen und informieren muss, aber doch solange warten muss, bis die Zeit dafür reif ist.

1995 gab es in Bayern noch 90 MR, im Jahre 2005 waren es noch 76, immerhin 14 Ringe weniger.

Eine andere organisatorische Veränderung wurde 1990 vollzogen: an die Stelle des bis dahin bestehenden KBM-Ausschusses (siehe Foto) trat der Gesamtvorstand. Die letzte Sitzung dieses Gremiums fand am 22. 5. 1990 in Landshut in der Sparkassen-Akademie statt.
Der wesentliche Unterschied zwischen Ausschuss und Gesamtvorstand: Im Ausschuss hatten noch die geborenen Mitglieder ein Übergewicht gegenüber den gewählten MR-Vertretern. Dies war eine Folge des Gründungsprozesses des KBM; denn bei der vorläufigen Gründung im Jahre 1969 gab es ja noch keine der Satzung des KBM entsprechenden MR. Diese konnten erst danach gegründet werden.

Dem neuen Organ Gesamtvorstand gehörten aus dem Kreis der Gründungsmitglieder nur noch der Bayerische Bauernverband und das Bayerische Staatsministerium für Ernährung, Landwirtschaft und Forsten an, darüber hinaus ein Vertreter des Betriebsrates und der MR-Geschäftsführer sowie der an der Staatlichen Führungsakademie für Ernährung, Landwirtschaft und Forsten (FÜAK) für die Maschinenringe zuständige Referent.

Raiffeisenverband, Sparkassen- und Giroverband, die drei Landjugendorganisationen, der VLF und das Betriebshelferkuratorium waren nicht mehr vertreten. Seit 2002 ist auch das Landwirtschaftsministerium, der Bauernverband und die FÜAK nicht mehr im Gesamtvorstand präsent.[30]

Typisch für die sachbezogene und durch keinerlei *Vereinsmeierei* geprägte Arbeitsweise der KBM-Führung ist es auch, dass sie sich erst mehr als 10 Jahre nach der KBM-Gründung dazu entschlossen hat, über Ehrungen nachzudenken. Erstmals bei der Mitgliederversammlung 1981 werden vier MR-Vorsitzende, die bereits auf eine über zwanzigjährige MR-Vorstandstätigkeit zurückblicken konnten, mit der silbernen Ehrennadel des KBM ausgezeichnet: Josef Deliano, MR Freising-Nord, Max Hirschberger, MR Wolnzach, Josef Maidl, MR Landau und Hans Rauscher, MR Coburg-Kronach-Lichtenfels.[31]

■ *Sichtbar gelebtes Wertesystem* – die *Philosophie* muss stimmen: Prinzipien ja - aber keine Dogmen!

Für die meisten Menschen ist es wichtig, über die materiellen Werte, die durch ihr Tun geschaffen werden, hinaus auch immateriellen Nutzen zu stiften. Heute sagt man dazu: Ein Unternehmen braucht einen geistigen Überbau, eine Philosophie!

Im *Unternehmen Maschinenring* muss eine solche Philosophie nicht krampfhaft gesucht werden – sie ist systemimmanent, also in der MR-Grundidee bereits enthalten.

Dennoch ist es notwendig, sich das eigentliche Kernanliegen immer wieder bewusst zu machen und zu verinnerlichen. Aber auch zu hinterfragen, ob die eigentlichen Ziele noch im Vordergrund stehen und nicht durch Sekundärziele wie z. B. folgende verdrängt werden: möglichst viel *Umsatz* zu machen, jeder Neuerung nachzurennen, nur die interessanten Kunden bedienen, um des Prinzips willen notwendige Veränderungen unterlassen und so weiter.

Keine Organisation ist gegen solche Gefahren gefeit. Die in den bayerischen Maschinenringen Verantwortlichen haben aber glücklicherweise dafür gesorgt, dass solche Tendenzen nicht überhand nehmen: indem sie selbstkritisch immer wieder die Frage gestellt haben, ob sie noch auf dem richtigen Kurs sind. Und indem sie auch Maßnahmen ergriffen haben, um notfalls gegenzusteuern.

Durch mehrere Klausurtagungen, auch mit externen Teilnehmern, wurden mehrmals solche richtungsweisende Prozesse initiiert.

Nebenstehend werden einige Erkenntnisse einer solchen *Klausur* aus dem Jahre 1993 angerissen. Sie haben die Entwicklung der bayerischen Maschinenringe zum Teil erheblich beeinflusst. Hier sei nur an den systematischen Aufbau von Maschinengemeinschaften in fast allen Ringen erinnert oder an die Entscheidung, eine Novellierung des LwFöG herbeizuführen, um das Dienstleistungsangebot der Maschinenringe beziehungsweise die Zuerwerbsmöglichkeiten zu erweitern.

■ Maschinengemeinschaften contra Lohnunternehmen

Ebenso wie die Maschinengemeinschaft – ihre aus der Not geborene Entstehung wurde im Kapitel *Zuckerrübe, eine MR-freundliche Kultur* ausführlich beschrieben – nicht in das ursprüngliche MR-Konzept passt, wurde auch die Arbeit der Lohnunternehmer von den Verfechtern der reinen Lehre, und natürlich von Dr. Geiersberger selbst (siehe rechts), sehr kritisch gesehen.

Doch die kaum aufzuhaltende Kraft des Faktischen hat sich über diese Prinzipien hinweggesetzt bzw. die Prinzipien wurden diesen Veränderungen angepasst.

Und trotz Maschinenring sind die Lohnunternehmen nicht verschwunden. Im Gegenteil, in Bayern zumindest haben die Maschinenringe den Lohnunternehmern erst *den Boden bereitet, auf dem sie sich entwickeln konnten.* Anfang der 70er Jahre war zwar der Anteil der Lohnunternehmer am Verrechnungswert der Maschinenringe noch gering (1977 gab es erst in 32 von 88 Ringen überhaupt Lohnunternehmer mit einem Anteil am gesamten Verrechnungswert von lediglich 4,37 %). Doch später, mit dem Aufkommen großer, teurer und leistungsstarker Maschinen, hat sich dies deutlich geändert.

Eine Entwicklung, die aus der Sicht der MR-Verbände teilweise sehr kritisch gesehen wurde, insbesondere in Bayern. Das führte auch zu vermehrten ideologischen Auseinandersetzungen zwischen beiden Organisationen, wie ein Blick in das Inhaltsverzeichnis von MR-Intern in den Jahren nach 1980 zeigt. Im Vordergrund

---

Erkenntnisse einer KBM-Klausurtagung

Ein Plädoyer für die Maschinengemeinschaft

Sehr ausgeprägt ist das Bedürfnis nach langfristigen und sicheren Lösungen. Daher rührt die Angst vor Abhängigkeit von anderen und das Gefühl, am besten mit eigenen Maschinen eine Zukunftssicherung des Betriebs zu erreichen. Diesem Bedürfnis nach Sicherheit muss der MR Rechnung tragen. Die Beteiligung an einer Maschinen-Gemeinschaft mit klaren und einfachen Regelungen für alle strittigen Fragen und einer von den Mitgliedern gewählten Führung – zum Beispiel in Form der Gesellschaft des bürgerlichen Rechts (GT BR) – entspricht diesem Bedürfnis und vermittelt ausreichend Sicherheit und langfristige Perspektiven.

Müssen Prinzipien der MR-Arbeit korrigiert werden?

Prinzipien sind keine Dogmen, sondern sie sollten als Orientierungshilfe dienen. Sie dürfen weder als Bremse noch als Störfaktor wirken. Sie sollten daher von Zeit zu Zeit überprüft und gegebenenfalls verändert oder sogar aufgegeben werden.

Quelle: MR Management & Technik, Nr. 4/1993

MR-Prinzipien wandeln sich:

Dr. Geiersberger zu Lohnunternehmen und Maschinengemeinschaften:

Wo Lohnunternehmer arbeiten, erbringen sie lediglich den Beweis, das Vollerwerbslandwirte mangels MR oder bewusst – weil sie es nicht nötig haben und/oder nicht nötig zu haben glauben – auf zwischenbetriebliche Zuerwerbsmöglichkeiten verzichten. Doch das kann jeder machen, wie er will.

Die Maschinengemeinschaft ist bereits eine Mini-Kooperation ... Doch fehlende Maschinenkapazitäten beschafft man sich im Maschinenring durch einen Telefonanruf, ohne einer „Investitionsgemeinschaft" beitreten zu müssen. Wer in einem MR eine Maschinengemeinschaft gründet, was möglich ist, hindert andere an der besseren Auslastung der schon vorhandenen Maschinen.

Quelle: *Die dritte Bauernbefreiung*, Seite 174/175

Zur Bedeutung der bayerischen Lohnunternehmer...

Der VdaW-Fachgruppe Lohnunternehmer Bayern gehören 100 Unternehmen an, die ihr Einkommen, aus insgesamt circa 25 Millionen jährlichem Umsatz, zu rund 70 % aus landwirtschaftlich-gewerblicher Tätigkeit beziehen. Die Zahl der nicht organisierten Lohnunternehmen mit weniger als 50 % Einkommen aus lohnunternehmerischer Betätigung wird auf 250 mit ebenfalls circa 25 Millionen € Umsatz geschätzt. Fakt ist, dass die Mehrzahl der bayerischen Lohnunternehmer aus der Maschinenringtätigkeit hervorgegangen ist. Lediglich die korrekte steuerliche Behandlung von Einnahmen und Ausgaben begründete eine gewerbliche Tätigkeit. Dadurch sind die meisten landwirtschaftlichen Lohnunternehmer weiterhin Mitglied in einem Ring.
Lohnunternehmer sind in den MR begehrte Partner: Sie müssen von diesem Geschäft leben und sind daher gehalten, stets zuverlässig zu sein und beste Arbeit abzuliefern. Sie benötigen aber auch die Zuverlässigkeit und Vertragstreue der Auftraggeber, weil sie nur so Investitionen planen und Dauerarbeitsplätze schaffen können...

Quelle: Dr. Alois Weidinger, Manuskript 2005 [32]

...und zum Gegensatz zwischen Maschinenring und Lohnunternehmen

Zuweilen hat man den Eindruck, als würde von interessierten Seiten bewusst ein Gegensatz zwischen Maschinenring und Lohnunternehmen konstruiert, der in Wirklichkeit gar nicht vorhanden ist. Ich selbst als Mitglied eines Maschinenringes bin jedenfalls weit davon entfernt, diese segensreiche Einrichtung etwa als universellen Gesundbrunnen für die gesamte Landwirtschaft zu betrachten. In gleicher Weise sollten wir uns auch dagegen wehren, die notwendige Verbilligung des Maschineneinsatzes durch den Maschinenring mit einer sinn- und nutzlosen ideologischen Hypothek zu belasten. Dabei kommt nichts heraus. Im Übrigen hat die Erfahrung gelehrt, dass neben Maschinenringen der Lohnunternehmer durchaus seinen Platz hat oder jedenfalls haben kann, wenn er mit seinem Dienstleistungsangebot in eine Lücke stößt, die ihm der Maschinenring lässt. Nur ein blinder Fanatiker wird behaupten wollen, dass es solche Lücken in einem gut geführten Maschinenring nicht gibt oder jedenfalls nicht zu geben braucht....
Man braucht kein Prophet zu sein, und vorauszusagen, dass Maschinenring und Lohnunternehmer noch lange nebeneinander eine Existenzberechtigung haben werden. Lassen wir uns nicht durch eine falsche Maschinenring-Ideologie den Blick für die Realitäten verstellen.

Quelle: Dr. Wolfgang Tölle, Die Landpost Nr. 16, 1976

standen dabei, wie gesagt, vorwiegend grundsätzliche Erwägungen.

Von den Lohnunternehmern wurden hauptsächlich Benachteiligungen im Vergleich zum Maschinenring beklagt (vor allem hinsichtlich der Förderung und der Besteuerung).

Die Maschinenringe argumentierten dagegen: Lohnunternehmer entziehen den Landwirten wichtige Zuerwerbsmöglichkeiten, vernachlässigen die kleineren Betriebe und leisten auch keine Betriebsaushilfe.

Dr. Alois Weidinger, viele Jahre Leiter des Referates Landmaschinenwesen und Energiefragen im Bayerischen Landwirtschaftsministerium, hat sich von Amts wegen auch mit den Lohnunternehmern befasst. Nebenstehend seine kurze bewertende Darstellung. Zu den von Dr. Weidinger genannten Umsatzzahlen ist anzumerken: Ähnlich wie bei den MR-Verrechnungswerten nur die tatsächlich abgerechneten in der offiziellen Statistik aufgeführt werden, dürfte dies auch für die Angaben der VdaW- Fachgruppe Lohnunternehmer Bayern gelten. Anderen Quellen zufolge erreichen die bayerischen Lohnunternehmer einen um ein Vielfaches höheren Umsatz in der Land- und Forstwirtschaft.

Als Anfang der 90er Jahre die Maschinenringe vermehrt Maschinengemeinschaften gründeten, nahmen die Differenzen noch zu. Das ist verständlich, denn viele dieser Gemeinschaften sind von MR-Seite gegründet worden, um der in manchen Regionen und bei bestimmten Maschinen bestehenden monopolähnlichen Macht von Lohnunternehmen gezielt entgegenzutreten. So entstand zum Beispiel im Maschinenring Dingolfing eine Mähdrescher-GbR oder im Maschinenring Mitterfels eine Feldhäcksler-GbR. In beiden Fällen beklagten die Mitglieder die zu hohen Kosten und die nachlässige Bedienung seitens der Lohnunternehmen.

Wie eine vom KBM durchgeführte Erhebung über die Verrechnungssätze bei den Schlüsselmaschinen Mähdrescher, Maishäcksler und Zuckerrübenvollernter in einigen bayerischen Maschinenringen zeigte, hat diese Maßnahme, die Gründung von Maschinengemeinschaften, den beteiligten Mitgliedern deutlich niedrigere Preise beschert. Die Veröffentlichung dieser Ergebnisse hat viel Staub aufgewirbelt. Zum Teil wurde die Richtigkeit der genannten Zahlen sogar infrage gestellt. Sie entsprachen jedoch tatsächlich den in den genannten Ringen bestehenden Gegebenheiten.

Die hauptsächlichen Gründe für den eklatanten Preisvorteil gut geführter Maschinengemeinschaften:

Aufgrund des vertraglich abgesicherten Anspruchs auf Bedienung ist die Bereitschaft der GbR-Mitglieder zu warten größer. Dadurch sind eine längere Kampagne und eine optimierte Einsatzplanung möglich. Außerdem muss die Gemeinschaft die Maschine lediglich abschreiben. Sie braucht keine Gewinne zu machen. Und ein wesentlicher Teil der Management-Kosten werden gefördert, müssen also nicht von den Mitgliedern aufgebracht werden.

Allerdings, der Lohnunternehmer, der Mitglied im Maschinenring ist und die Vermittlung über den Ring in Anspruch nimmt, kann von diesen Möglichkeiten auch partizipieren. Und zwar umso stärker, je mehr er bereit ist, sich der Einsatzplanung und -Leitung des MR zu bedienen. Ein gutes Beispiel dafür bietet der MR Ebersberg in der Silomaisernte (siehe Seite 122).

Das gilt in gewisser Weise auch für den Landwirt: wer sofort bedient werden will, besondere Zusatzleistungen verlangt und nicht bereit ist, mit einem Lohnunternehmen feste Vereinbarungen über einen längeren Zeitraum zu treffen, muss einen höheren Preis in Kauf nehmen. Es sei denn, er verfügt über besonders große und interessante Flächen. In diesem Fall wird der Lohnunternehmer auch Preiszugeständnisse gewähren.

Mit anderen Worten: der Lohnunternehmer hat trotz Maschinenring oder gerade in Verbindung mit dem Maschinenring seine Chancen.

Dem Landwirt, und um den geht es ja schließlich, gefällt es am besten, wenn er unter verschiedenen Formen der Arbeitserledigung wählen kann. Voraussetzung dafür ist eine gesunde Konkurrenz der verschiedenen Systeme.

■ „MR-Strategie 2000"

In ihren praktischen Auswirkungen etwas weniger bedeutsam, aber in ihrer Aussagekraft nicht weniger wichtig ist das *Grundsatzprogramm des KBM und der bayerischen Maschinenringe „MR-Strategie 2000"* aus dem Jahr 1997. Es wurde 1995, ebenfalls in einer Klausurtagung, erarbeitet, danach in zahlreichen Veranstaltungen mit allen Führungskräften diskutiert und schließlich 1997 von der Mitgliederversammlung *abgesegnet*. Auch davon nebenstehend einige Auszüge.

Zusätzlich zu diesen in Gruppenarbeit entwickelten neuen Denkansätzen hat die KBM-Führung wiederholt auch Außenstehende um eine kritische Stellungnahme zur Entwicklung der MR-Arbeit aufgefordert. Hier sei an einen bereits genannten Beitrag von Stefan Kreppold in *MR-Intern* 1/78 (siehe Seite 162) erinnert oder an den Vortrag von Sepp Bichler, einem bekannt kritischen Zeitgenossen, zum Thema *Partnerschaft im MR: Wunschtraum oder schon Wirklichkeit?* in Cham im Jahr 1979.

Vor allem aber sind hier die vielen kritischen Beiträge von Dr. Walter Pfadler zu erwähnen, die anders als die Warnungen der berühmten Kassandra keineswegs immer ungehört verhallten, sondern durchaus zur Kenntnis genommen und teilweise auch befolgt wurden. Ein gutes Beispiel dafür sind die so genannten Zielplanseminare (siehe Seite 189).

Allerdings, Klausurtagungen oder ähnliche Veranstaltungen sind noch keine Garantie dafür, dass die richtigen Erkenntnisse gewonnen werden bzw. diese Erkenntnisse dann auch umgesetzt werden. Die meisten dieser guten Gedanken schaffen es allenfalls noch, dass sie schwarz auf weiß abgedruckt und irgendwo in einem Aktenschrank deponiert werden.

Prinzipien ja, aber keine Dogmen! Nach dieser Devise haben die Maschinenringe gehandelt.

Und das war gut so. Sie haben sich die von Dr. Geiersberger entwickelten Grundsätze zwar immer vor Augen gehalten, aber sie haben sich nicht sklavisch daran gehalten, sondern diese weiterentwickelt und den veränderten Gegebenheiten angepasst. Dadurch wurde die MR-Arbeit aktiviert, zum Teil auch intensiviert und für manche bisher abseits stehende Landwirte interessant. Man denke nur an die zahlreichen großartig organisierten Maschinengemeinschaften oder die in Franken sich allmählich ausbreitenden Außenwirtschaftsgemeinschaften.

■ Öffentlichkeitsarbeit: mehr sein als scheinen.

Nach diesem Prinzip haben die Maschinenringe, solange sie noch amateurhaft und weitgehend unberührt von Unternehmensberatern ihre Öffentlichkeitsarbeit betrieben, gehandelt. Dabei ist mit Öffentlichkeit weniger die breite Öffentlichkeit gemeint, sondern mehr die nach innen auf die Mitglieder bzw. die Landwirte orientierte.

Auf Ringebene stand dabei die Information der Mitglieder, auf KBM-Ebene die der MR-Führungskräfte im Vordergrund. Dass das KBM dieser Art von Öffentlichkeitsarbeit von Anfang an große Bedeutung beimaß, geht auch daraus hervor, dass im KBM-Jahresbericht von Anfang an die entsprechenden Aktivitäten der Ringe vorgestellt wurden. Art und Umfang dieser Informationsarbeit bei den Ringen zeigt die nebenstehende Übersicht von 1973.

In Ergänzung dieser zahlenmäßigen Darstellung heißt es: *Ausdruck der Aktivität der MR-Geschäftsführer ist auch deren Öffentlichkeitsarbeit. Das KBM unterstützt Sie dabei durch Prospekte, Plakate, Tonbildschauen und dgl. Schwerpunkte der Öffentlichkeitsarbeit sind Ortsversammlungen und Berichte in der Lokalpresse. Es gibt Ringe –, insbesondere noch im Aufbau befindliche – die 50 und mehr Versammlungen pro Jahr auf Ortsebene abhalten. Die Tatsache, dass erst 13,52 % aller Landwirte in Bayern MR angehören, macht deutlich, wie viel Informationsarbeit hier noch zu leisten ist.*

Bis zum Jahre 1988 wird in den Jahresberichten des KBM die Öffentlichkeitsarbeit der Ringe ausgewiesen. In diesen 15 Jahren hat sich lediglich in zwei Positionen eine deutliche Veränderung ergeben: die Zahl der Ortsversammlungen hat sich in etwa halbiert, die Zahl der Presseberichte stieg auf durchschnittlich 11,8 je MR und Jahr.

Unter den Maßnahmen, mit denen das KBM die Ringe in ihrer Öffentlichkeitsarbeit unterstützt hat, sollen hier nur die wichtigsten besonders genannt werden:

Von 1976 bis 1989 hat das KBM unter der Schriftleitung des Autors in unregelmäßigen Abständen, meist zwei bis drei Hefte pro Jahr, *MR-Intern* herausgegeben. Es sollte in erster Linie *Führungskräften der MR wichtige und ausführliche Sachinformationen* bis hin *zu konkreten Arbeitsunterlagen liefern* und gleichzeitig *einem intensiven Erfahrungsaustausch unter den für die MR Verantwortlichen dienen.*

Eine wichtige Plattform zur Selbstdarstellung der bayerischen Maschinenringe bietet von jeher das Zentrallandwirtschaftsfest (ZLF). In den ersten Jahren präsentierten sich die Maschinenringe gemeinsam mit den anderen Selbsthilfeeinrichtungen unter dem Dach des Bayerischen Bauernverbandes. Eine große Landkarte Bayerns, in der das Einzugsgebiet aller Maschinenringe mit den Fotos der je-

MR-Strategie 2000
Die Ziele:
Die globale Zielsetzung der bayerischen MR:
Die Erhaltung einer bäuerlichen Landwirtschaft durch Verbesserung ihrer Wettbewerbsfähigkeit

Daraus ergeben sich folgende Kernziele:
Senkung der Produktionskosten
Erhöhung der Arbeitsproduktivität
Förderung einer umweltschonenden Landwirtschaft
Sicherung der Betriebshilfe
Schaffung von Zuerwerb für möglichst viele Landwirte

Die Prinzipien:
Die schnelle, unbürokratische Form muss beibehalten und die Kundenorientierung gefördert werden.
Dienstleistungen von hoher Qualität zu günstigen Kosten sind zuverlässig und pünktlich zu vermitteln.
Der MR muss leistungsorientiert handeln und darf dabei soziale Aspekte nicht vernachlässigen.
In Bezug auf die Mitarbeit im MR so wenig Bindung als möglich, so viel als nötig (jeder kann, keiner muss).
Die Schaffung und Erhaltung einer Solidargemeinschaft zwischen allen Mitgliedern ist ein wichtiger Faktor für das gute Funktionieren der Zusammenarbeit.
Besitzer der Maschinen sind die Landwirte (einzelne oder Gruppen).
Die MR müssen auch in Zukunft für alle Betriebe offen sein.

Quelle: MR-*Strategie* 2000, Tagungsband zum Tag der Maschinenringe 1997

Öffentlichkeitsarbeit der MR 1973

Maßnahme	Anzahl Insgesamt	je MR
Vorstandssitzungen	287	3,3
Großversammlungen	122	1,4
Ortsversammlungen	1297	14,7
Presseberichte	731	8,3
Rundschreiben an Mitglieder	342	3,9
Maschinenvorführungen	85	
Selbstbaukurse	32	
sonstige Kurse	27	
Lehrfahrten	83	

Quelle: KBM-Jahresbericht 1973

Mit diesem, aus Hopfenstangen errichteten Ausstellungsstand haben sich die bayerischen Maschinenringe 1996 beim ZLF präsentiert und für Aufsehen gesorgt

Stationen auf dem Weg zur Maschinenring-Zeitung
1976 bis 1989: MR-Intern*)
1986 bis 1991: Mein Maschinenring
1991 bis 1998: MR Spezial
2000/2001: Neues für Profis
2002: Maschinenring –
    Die Profis vom Land
ab 2003: Maschinenring aktuell

*) für MR-Führungskräfte in ganz Deutschland

Das wichtigste und *weitreichenste* Medium zur Verbreitung der MR-Idee war lange Zeit der Landfunk im Bayerischen Rundfunk

---

weiligen Geschäftsführer dargestellt wurde, fand dabei besonderes Interesse bei den Besuchern. Später zogen die Maschinenringe dann einen Platz im Freigelände vor, dort wo die Landmaschinenindustrie ihre attraktiven Maschinen und Geräte zeigte. Zwei Ausstellungen sollen hier besonders erwähnt werden: 1987 wurde erstmals die Aktion Rent a trac vorgestellt. 1996 beeindruckten die Maschinenringe die Besucher nicht nur durch die außergewöhnliche Gestaltung ihres Standes in einer ungewöhnlichen Rundholzkonstruktion (siehe nebenstehend), sondern auch durch *die Idee, Großmaschinen, die sich im praktischen MR-Einsatz bereits gut bewährt haben, in voller Größe und nicht nur im Bild vorzustellen.* [33]

Dieses Konzept hat der Bundesverband der Maschinenringe später mit großem Erfolg übernommen und auf die AGRITECHNIKA übertragen.

Ein besonderes Anliegen für die KBM-Führung war es, für die rund 100.000 bayerischen MR-Mitglieder ein eigenes Mitteilungsblatt zu schaffen. Gestartet wurde dieses Vorhaben 1986 mit *Mein Maschinenring*, Untertitel: *Durch partnerschaftliche Zusammenarbeit zu mehr Erfolg.* Jährlich erschienen drei Ausgaben, allerdings nur zweifarbig und vier Seiten Umfang. Mit Nummer 1/91 wurde dieses Projekt leider wieder eingestellt, in erster Linie aus finanziellen Gründen; denn es belastete den KBM Haushalt mit jährlich etwa 35.000 DM.

Um einen Ausgleich dafür zu schaffen, sollte die Zusammenarbeit mit dem Bayerischen Landwirtschaftlichen Wochenblatt und auch mit der dlz verstärkt werden. Im Wochenblatt erschien ab 1990 in (fast) jeder Ausgabe dann die Rubrik *MR-Aktuell*. Aber schon zuvor war das Wochenblatt, das fast jeden Bauernhof in Bayern erreichte, ein Organ, das viel dazu beigetragen hat, das Interesse und die Bereitschaft der Landwirte für die überbetriebliche Zusammenarbeit zu wecken und zu fördern. Dafür gebührt vor allem einem Redakteur besonderer Dank: Josef Kellerer. Er musste nicht erst vom Maschinenring überzeugt werden, er war es bereits, bevor er als Journalist anfing, aufgrund der Erfahrungen im elterlichen Betrieb, der Mitglied des MR Kelheim war. Die dlz machte ab 1991 viermal pro Jahr die Beilage *MR-Spezial*. Diesen Beihefter erhielten jedoch nur die Mitglieder derjenigen MR (kostenlos), die der dlz die Adressen ihrer Mitglieder zur Verfügung gestellt haben. 1991 haben 54 bayerische MR von diesem Angebot Gebrauch gemacht. Auch die dlz war von Anfang an, was für eine landtechnische Zeitschrift auch verständlich ist, am Thema Maschinenring sehr interessiert.

Doch trotz dieser guten Zusammenarbeit mit dlz und Wochenblatt, der Wunsch nach einem eigenen Mitteilungsorgan keimte immer wieder auf: *Im Berichtsjahr (2000) konnte endlich eine alte Forderung von vielen MR-Mitgliedern umgesetzt werden: Eine eigene Mitgliederzeitschrift „Neues für Profis"* (siehe nebenstehend). Die Besonderheit dieses neuen Konzeptes bestand darin, dass der einzelne Maschinenring seine ringspezifischen Informationen – also quasi seine Rundschreiben – mit dieser Zeitschrift kombinieren und so, *durch die zentrale Erstellung und den Versand im Postzeitungsdienst, viel Arbeitszeit und Versandkosten sparen* konnte.[34]

Doch das Interesse der bayerischen MR entsprach nicht den Erwartungen. *Im dritten Jahr kam leider das „Aus" für die Mitgliederzeitung „Maschinenring – Die Profis vom Land"* (der Name wurde ab 2002 geändert). *Mit der Ausgabe 3/2002 musste aus Kostengründen die Zeitung eingestellt werden. 2003 wird aber der Einstieg in die Mitgliederzeitung des Bundesverbandes der Maschinenringe „Maschinenring aktuell" möglich sein. Damit ist eine bundesweit erscheinende Mitgliederzeitung der Maschinenringe realisiert.*[35]

Aus dem Projekt *Maschinenring aktuell* wurde ein Riesenerfolg. Anfang 2006 konnte bereits eine Gesamtauflage von 121.000 erzielt werden. Anders als beim bayerischen Konzept sind die Nachrichten der einzelnen Ringe nicht in die Zeitung integriert, sondern werden als Beilage mitversandt.

Von den derzeit 76 bayerischen MR abonnieren mittlerweile 38 für ihre 47.000 Mitglieder (Mai 2006) diese hervorragend gemachte, viermal jährlich erscheinende *Zeitschrift für die Mitglieder der Maschinen- und Betriebshilfsringe in Deutschland.*

In den 60er und 70er Jahren war das wichtigste Medium zur Verbreitung der Maschinenringidee jedoch ohne Zweifel der Landfunk im Bayerischen Rundfunk. Hier wurde nicht nur über den Maschinenring informiert, sondern intensiv PR-Arbeit dafür gemacht.

Dr. Geiersberger ist fest davon überzeugt, dass die Intensität der MR-Nutzung auch heute noch in den Regionen, in denen der Landfunk zu hören war, deutlich höher ist als außerhalb dieses Gebietes. Wenn man die herausragende Rolle, welche die oberösterreichischen Maschinenringe in ganz Österreich lange Zeit gespielt haben, vor Augen hat – und dort wurde der Landfunk noch gut empfangen –, muss man ihm zustimmen.

Abschließend sei auch noch der MR-Videofilm mit dem Titel *Maschinenring-Dienstleistungspartner für Landwirtschaft und ländlichen Raum* erwähnt.

Konzept und Drehbuch dazu wurden maßgeblich vom KBM gemacht. Unterstützt wurde dieses Projekt von AID und BMR.

■ Die jährliche Mitgliederversammlung – ein Fest für die gesamte Maschinenring-Familie

Das wichtigste Mittel der *Öffentlichkeitsarbeit* war jedoch auch beim KBM, ebenso wie bei den Maschinenringen, der direkte Dialog im Rahmen von Veranstaltungen.

Die Bedeutung der Geschäftsführer-Tagungen wurde bereits ausführlich beschrieben.

Im Hinblick auf die strategische Weiterentwicklung der gesamten MR-Arbeit in Bayern sind die *Bezirkstagungen*, in denen sich die MR-Vorsitzenden offen und kritisch mit der KBM-Führung austauschen und sich gleichzeitig auch zu anstehenden Entscheidungen eine Meinung bilden können, besonders wichtig. Dass diese Veranstaltungen meist im Beisein der Geschäftsführer stattfanden, zeigt, dass das Verhältnis zwischen Vorsitzenden und Geschäftsführern sehr offen und unkompliziert war. Lediglich, wenn es um heikle Personalfragen ging, mussten die Geschäftsführer *vor der Tür bleiben.*

Die Bezirksversammlungen finden mittlerweile mindestens zweimal jährlich statt. Darüber hinaus hat das KBM wiederholt allein oder in Zusammenarbeit mit anderen Organisationen Informationstagungen zu besonders wichtigen, aktuellen Themen für einen größeren Teilnehmerkreis durchgeführt. Beispiele dafür: Gülleausbringung, überbetrieblicher Schleppereinsatz, Landschaftspflege oder *Aktion Waldeslust.* Neuerdings werden auch zielgruppenspezifische Tagungen zu Themen wie *Cross Compliance* oder Biogas angeboten.

Die wichtigste Veranstaltung im Jahresablauf ist aber nach wie vor die KBM-Mitgliederversammlung. Es ist der KBM-Führung von Anfang an gelungen, aus der Mitgliederversammlung mehr zu machen als ein bloßes routinemäßiges Zusammentreffen der Vereinsmitglieder zur Erledigung der in der Satzung vorgeschriebenen Regularien.

Die KBM-Mitgliederversammlung hatte eher den Charakter eines großen Festes, an dem man gerne teilnahm und nicht, weil die Anwesenheit erwartet wurde. An diesem Festtag traf sich die ganze Maschinenring-Familie. Meist waren fast genauso viele Frauen dabei wie Männer, auch zu einem Zeitpunkt, als es in Bayern weder einen weiblichen Geschäftsführer, geschweige denn einen weiblichen Vorsitzenden gab.

Dass auch die Ehefrauen/Partnerinnen teilnahmen, war selbstverständlich. Warum auch nicht, sie waren ja auch das ganze Jahr über meist direkt oder indirekt mit der täglichen MR-Arbeit konfrontiert.

Für den Erfolg und die große Anziehungskraft dieser Veranstaltung gibt es mehrere Gründe.

Der jährliche Wechsel an einen anderen Ort verbunden mit der Mitgestaltung durch den austragenden Maschinenring. In der nebenstehenden Übersicht sind alle Veranstaltungsorte von 1970 bis 2005 aufgeführt. Lediglich in München fand zweimal eine Mitgliederversammlung statt. Alle anderen Orte wurden lediglich einmal mit dieser *Ehre* bedacht. Tatsächlich war es in keinem Fall notwendig, einen Maschinenring zu drängen, in seinem Gebiet die Jahresversammlung des KBM abzuhalten, im Gegenteil.

Auch das gesonderte Programm für die Damen, aber vor allem auch Form, Qualität und Aktualität der ausgewählten Themen trugen zur Attraktivität dieser Zu-

KBM-Mitgliederversammlungen, eine Mischung aus Fachtagung und Familienfeier

1977 in Frauenaurach zum Beispiel ging es um die Chancen des Maschinenringes in der Waldarbeit

V. l. **Hubert Schödel,** Geschäftsführer des Bayerischen Waldbesitzerverbandes, **Dr. Anton Grimm, Norbert Lehmann** und **Schmeling,** Papierwerke Waldhof-Aschaffenburg und **Richard Carmanns**

1990 in Dettelbach/Unterfranken: Toni Rauch, begnadeter Moderator und Conferencier zahlreicher Mitgliederversammlungen, mit der unterfränkischen Weinkönigin

Austragungsorte der KBM-Mitgliederversammlungen von 1970 bis 2005

1970 München, 1971 Ingolstadt, 1972 Würzburg, 1973 Freyung, 1974 München, 1975 Ottobeuren, 1976 Kulmbach, 1977 Frauenaurach, 1978 Osterhofen, 1979 Cham,
1980 Prien, 1981 Gunzenhausen, 1982 Immenstadt, 1983 Kelheim, 1984 Gerolzhofen, 1985 Neumarkt/Opf., 1986 Rödental/Ofr., 1987 Donauwörth, 1988 Waging am See, 1989 Neutraubling,
1990 Dettelbach/Ufr., 1991 Inzell, 1992 Eichstätt, 1993 Bad Windsheim, 1994 Waldkirchen, 1995 Weiden, 1996 Amberg/Oberpf, 1997 Bad Neustadt/Ufr, 1998 Neuburg/Donau, 1999 Veitshöchheim,
2000 Rottach/Egern, 2001 Bayreuth, 2002 Sonthofen, 2003 Deggendorf, 2004 Schweinfurt, 2005 Neu-Ulm, 2006 Neuburg/Do., 2007 Kloster Banz

Quellen:

1. Ministerialschreiben Nr. R. 1/a - 8175/1001 vom Mai 1975 an das KBM
2. Dr. Walter Pfadler, Die Effizienz der Bay. Maschinenringe im Visier! Manuskript ohne Datum
3. Initiativen und Maßnahmen der Landwirtschaftsberatung zur Verbreitung des Selbsthilfegedankens, MR-Intern 1/83, S. 8–10
4. KBM-Jahresbericht 2000
5. KBM-Jahresbericht 2003
6. Protokoll zur Bezirkstagung der oberbay. Maschinenringe vom 8.12.1966
7. Brucker Nachrichten 19.2.1960
8. Dr. agr. Erich Geiersberger, Glück gehabt!, Verlag Edition Zeitkritik.
9. Dr. Anton Grimm, Zum Krach im Bundesverband der Maschinenringe, MR-Intern 2/77
10. Protokoll der KBM-Mitgl.versammlung in Kulmbach vom 15. Juli 1976
11. MR-Intern 1/77
12. Noch einmal: Bauernproteste finden Gehör, Bayerische Staatszeitung Nr. 34 vom 23.8.1974 und Empörung über Funkkommentar, Bay. landwirtschaftliches Wochenblatt Nr. 33/1974
13. Hermann Mölbert, Einsatz von Kleinschleppern ganz ohne tierische Zugkraft? Miterlebte Landtechnik Band II, 1985, Max-Eyth-Ges. für Agrartechnik e.V.
14. Kostenberechnung von Landmaschinen, Agrarwirtschaft. 4. Jg. (1955), H. 3/4. Die komplette Arbeit wurde zwei Jahre später vom KTL herausgegeben. Dr. Walter Schaefer-Kehnert, Kosten und Wirtschaftlichkeit des Landmaschineneinsatzes, Berichte über Landtechnik H. 51, 1957
15. J. Hesselbach, J. Meier, H.-D. Rohde und E. Kreiner, Ökonomische und psychologische Faktoren als Bestimmungsgründe für die Mitarbeit in Maschinenringen, Arbeiten aus dem Max-Planck-Institut für Landarbeiter und Landtechnik, Bad Kreuznach Heft A.-75/2
16. Max Lampert, Auch der Bund wird nunmehr die Maschinenringe fördern, Mitteilungsblatt des Bay. Raiffeisenverbandes, 1969, S. 76–77
17. Hanns Wilhelm Lohse, Wie hoch ist der ökonomische Nutzen des Maschinenringes?, MR-Intern 1/78 und 2/78.
18. Dr. Walter Pfadler, So manage ich meinen Betrieb richtig, dlz 12/89 und folgende
19. Maschinenring-Geschäftsführer – Ein interessanter Beruf für den Agrarmanager, Flyer des KBM vom Dez. 1980
20. Dr. Erich Geiersberger, Seit 21 Jahren, MR-Intern, 1/79
21. Dr. Johannes Röhner, Gedanken zur Akademie für überbetriebliche Zusammenarbeit, MR-Intern 1/79
22. KBM-Jahresbericht 1999
23. www.mr-akademie.de
24. Maschinenring Aktuell 1 März 2006, S. 8
25. Schreiben des KBM vom 17.10.1093
26. KTBL-ÜMV-Seminar 13/04 vom 15.–16. März 2004 in Fulda, Kernkompetenzen der Maschinenringe: Ist der MR für die Zukunft gerüstet? Skript von Dr. Walter Pfadler, Staatliche Führungsakademie Landshut
27. KBM-Jahresbericht 2005
28. Hans Schmid, Rechenknecht im Maschinenring, Büro Landspiegel, Mai 1984
29. Peters, Thomas J.; Waterman, Robert H; Auf der Suche nach Spitzenleistungen – Was man von bestgeführten US-Unternehmen lernen kann, Verlag Moderne Industrie
30. KBM-Jahresberichte 1990–2004
31. Protokoll KBM-Mitgliederversammlung 1981
32. Dr. Alois Weidinger, Maschinenringe, was sonst? Original-Manuskript zu Band III, Miterlebte Landtechnik, DLG Verlag 2005 (der zitierte Auszug ist in der genannten Schrift nicht enthalten)
33. KBM-Jahresbericht 1996
34. KBM-Jahresbericht 2000
35. KBM-Jahresbericht 2002
36. Erich Geiersberger, Die dritte Bauernbefreiung, Günter Olzog Verlag München-Wien, S. 252.

sammenkünfte wesentlich bei. Ausschlaggebend war aber, dass sie zwei Tage dauerte (ausgenommen die erste Versammlung 1970 in München), also mit einer Übernachtung verbunden war und so Platz für einen schönen, festlichen und unterhaltsamen Abend bot.

Solange noch Toni Rauch in seiner unnachahmlichen Art diesen Abenden seinen Stempel aufdrückte, war dieser Programmteil immer der Höhepunkt der gesamten Tagung und für viele der eigentliche Anlass zur Teilnahme.

Dieses gesellige Beisammensein hat viel dazu beigetragen, dass in den bayerischen Maschinenringen über fast drei Jahrzehnte immer miteinander statt gegeneinander gearbeitet wurde. Von dieser Harmonie und von diesem guten Geist hat die Entwicklung der Maschinenringe in Bayern viel profitiert.

Gleichzeitig stellen diese Veranstaltungen auch wichtige Meilensteine in der strategischen Ausrichtung und Weiterentwicklung der bayerischen Maschinenringe dar.

■ In Bayern findet die II. Inter-MR statt

Die erste internationale Tagung der Maschinenringe fand 1972 in Berlin statt. Im Vordergrund stand dabei *das Bekenntnis von Bundeslandwirtschaftsminister Josef Ertl und Präsident Constantin Freiherr Heereman zu MR*.[36]

Ganz anders sah dagegen die von BMR und KBM gemeinsam organisierte II. Inter-MR in München aus. Hier wurde der Schwerpunkt auf eine fundierte und kompakte praxisnahe Information gelegt. Das Prinzip, neue Erkenntnisse und Methoden der MR-Arbeit direkt durch die Praktiker, *auf deren Mist* sie entstanden sind, vortragen zu lassen, wurde dabei erstmals mit großem Erfolg realisiert. Auch die Kombination von Vortragstagung mit einer zweitägigen Exkursion fand großen Anklang und wurde daher bei allen künftigen Kongressen übernommen. Die Exkursion in Verbindung mit der II. Inter-MR hat sich vor allem dadurch ausgezeichnet, dass sie praktische MR-Arbeit gezeigt hat, bis hin zu ihrer konkreten Auswirkung auf die wirtschaftliche und soziale Situation einzelner Betriebe.

Der hohe agrarpolitische Stellenwert, der den Maschinenringen in Bayern im Rahmen des so genannten *Bayerischen Weges* zukommt, wurde in München auch dadurch unterstrichen, dass Staatsminister Dr. Hans Eisenmann alle Teilnehmer des Kongresses zu einem festlichen Empfang in das Antiquarium der Residenz geladen hat. Leider ist es nicht bei allen MR-Kongressen gelungen, MR-Fragen so praxisnah und anschaulich zu behandeln wie in München. Dafür gibt es verschiedene Gründe. Einer davon hat damit zu tun, dass die eine oder andere Inter-MR vor allem dazu dienen sollte, mit Hilfe einer gut organisierten, international ausgerichteten Tagung den noch im Aufbau befindlichen Maschinenringen des Gastgeberlandes größere öffentliche Aufmerksamkeit zu verschaffen.

Die Exkursion im Rahmen der II. Inter-MR von München führte in die MR Pfaffenhofen, Landshut, Altötting-Mühldorf und Laufen

Toni Rauch und **Heinrich Siegl** stellen im MR Landshut eine Weltneuheit vor: den ersten 6-reihigen Zuckerrüben-Vollernter.

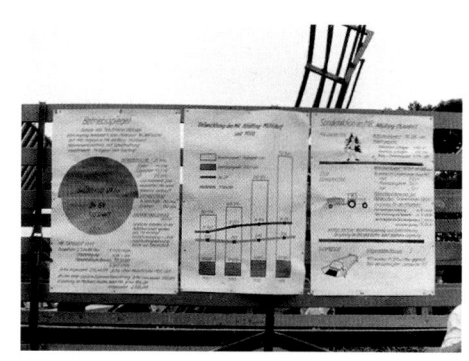

Mit diesen an einem Ladewagen angebrachten Schaubildern hat der MR Altötting-Mühldorf sich und seine Arbeit dargestellt.

Der Maschinenring wandelt sich zum ländlichen Dienstleistungs- und Handelsunternehmen

Das vorletzte Kapitel dieser Chronik behandelt die Periode der bayerischen Maschinenringe in der Zeit von 1993/1994 bis 2003/2004. In diesem Jahrzehnt hat sich das *Gesicht* der bayerischen Maschinenringe in einem Tempo und einem Ausmaß gewandelt, das kaum jemand für möglich gehalten hätte.

Am Anfang dieser neuen Ära stand die Gründung von gewerblichen MR-Tochtergesellschaften bzw. der landesweit tätigen KBM Dienstleistungs GmbH, die durch die Novellierung des LwFöG möglich geworden war.

Die Forderung, diese gewerblichen Töchter rechtlich und finanziell von der geförderten Mutter zu trennen, führte zu einer entscheidenden Änderung des Förderungssystems: die institutionelle Förderung wurde durch eine projektbezogene ersetzt. Doch trotz dieser Trennung sollten bzw. mussten beide Einrichtungen möglichst eng zusammenarbeiten, auf Ring- und auf Landesebene.

Die *geschäftliche* Zusammenarbeit zwischen KBM GmbH und den einzelnen MR veränderte zwangsläufig auch die Art der Beziehungen zwischen dem KBM als „MR-Zentrale" und den Ringen vor Ort. Gleichzeitig hatte sie Auswirkungen auf Art und Umfang der bisherigen Förderung.

Aus all diesen Veränderungen, die einer völlig neuen wirtschaftlichen Ausrichtung entsprachen, resultierte das fast logische Bestreben, die Organisationsstruktur der bayerischen Maschinenringe grundsätzlich neu zu ordnen. Daraus erwuchsen verständlicherweise vielerlei Irritationen und Spannungen, die noch zusätzlich verstärkt wurden durch eine äußerst folgenschwere Entscheidung der Führungsspitze in Neuburg: den Einstieg in den Internet-Handel, vor allem mit landwirtschaftlichen Betriebsmitteln. Dadurch wurden der Rahmen und die Ausrichtung der bisherigen Maschinenring-Arbeit total gesprengt.

Alle diese Veränderungen sind eng miteinander verzahnt. Sie werden deshalb auch, obwohl es sich um sehr unterschiedliche Themen und Sachgebiete handelt, in einem Kapitel zusammengefasst.

■ Zuerwerb durch außerlandwirtschaftliche Dienstleistungen

Noch vor einem halben Jahrhundert war es in vielen Gemeinden üblich, dass sich Bürger direkt an der Pflege und dem Unterhalt von Straßen und Wegen beteiligen mussten. Vor allem Bauern hatten die so genannten Hand- und Spanndienste zu leisten. Nach und nach wurden diese Aufgaben von Gemeindearbeitern erledigt, die dazu natürlich mit entsprechenden Geräten und Fahrzeugen ausgestattet werden mussten. So schmückten sich immer mehr Gemeinden mit schönen, baulich und technisch großzügig ausgestatteten *Bauhöfen*.

Zwei Faktoren haben Anfang der 80er Jahre diesen Trend etwas gebremst: die Haushaltsmittel in den Gemeinden wurden knapper und immer mehr Landwirte suchten einen Zuerwerb, u. a. mit Arbeiten für Kommunen.

Doch trotz dieser günstigen Konstellation kam zunächst die Zusammenarbeit zwischen beiden Seiten nur zögernd voran; denn die meisten Kommunen bzw. die zuständigen Sachbearbeiter scheuten die Kooperation mit Landwirten, weil sie dabei allerlei Probleme auf sich zukommen sahen. Umgekehrt wussten auch die meisten Landwirte nicht Bescheid, wie derartige Aufträge zu bekommen und abzuwickeln sind.

Der Einstieg in kommunale Dienstleistungen gelang den MR bzw. den Landwirten vor allem auf solchen Feldern, die auch für die Kommunen Neuland darstellten. Beispiele dafür sind: Klärschlammausbringung (sie wurde bereits in den 70er Jahren in einigen Landkreisen von MR organisiert, (siehe Seite 137/138) sowie Sammlung und Verwertung von organischem Material, insbesondere von Gartenrückständen (ab 1987 z. B. in den Landkreisen Ebersberg und Fürstenfeldbruck, (siehe Seite 159/160). Für die gelungene Durchführung solcher und weiterer Aufgaben erhielten die Maschinenringe höchstes Lob, auch von prominenter Seite. Kein Wunder, dass sie dadurch beflügelt wurden, noch engagierter in diesem Dienst-

Zeitafel

1984	Das KBM denkt erstmals über die Notwendigkeit einer Novellierung des LwFöG nach.
1987	Die MR Ebersberg und Fürstenfeldbruck starten die Sammlung und Verwertung von Gartenrückständen.
Ende 1993	Unter Federführung des Landwirtschaftsministeriums bringt die CSU-Landtagsfraktion den Antrag auf Novellierung des LwFöG ein.
1.9.1994	Die Änderung des LwFöG tritt in Kraft.
1994	Die ersten MR-eigenen GmbHs werden gegründet.
28.4.1995	Gründung der KBM-Dienstleistungs-GmbH durch KBM e.V. und 42 MR.
21.8.1995	Thomas Rummel wird Geschäftsführer der KBM-GmbH.
11.10.1995	Eintragung der KBM-Dienstleistungs-GmbH im Handelsregister.
Dez. 1997	Neuburg/Donau wird zum Zentrum der bayerischen und deutschen Maschinenringe.
1.4.1999	Die Doppelspitze Erwin Ballis und Thomas Rummel führt die Geschäfte von KBM e.V. und -GmbH gemeinsam.
29.2.2000	Auftakt zum Großprojekt Zukunftswerkstatt im Rahmen der KBM Team- und Strategietage.
4.12.2000	In einer außerordentlichen Mitgliederversammlung beschließen die bayerischen Maschinenringe einschneidende organisatorische Änderungen, um sich für die Zukunft fit zu machen.
1.1.2001	Nach Abschluss eines Vertrages mit dem Landwirtschaftsministerium können die bayerischen Maschinenringe ihren Mitgliedern auch Einkaufsvorteile verschaffen.
9.3.2001	Gründung der mein-hof.de AG (Eintragung ins Handelsregister am 6.8.2001).
20.3.2001	Aus der KBM-Dienstleistungs-GmbH wird die MR Bayern GmbH, u.a. mit der gewerblichen Arbeitnehmerüberlassung als weiterem Geschäftsfeld.
28.6.2001	Die KBM-Mitgliederversammlung stimmt dem Konzept Zukunftswerkstatt zu.
30.6.2001	Erwin Ballis scheidet als Geschäftsführer der MR Bayern GmbH und als Vorstand der mein-hof.de AG aus.

1. 10. 2001	Georg Thalhammer wird Geschäftsführer des KBM e.V.- Erwin Ballis scheidet aus dieser Position am 30. 9. 2001 aus; Thomas Rummel zum 31. 12. 2001.
30. 11. 2001	Die Aufsichtsrats- und Vorstandsmitglieder geben ihre Vorzugsaktien zurück.
1. 1. 2002	8 MR (Eigengründer) stellen ihr Personal selbst an
1. 1. 2002	MR Bayern GmbH übernimmt das Personalwesen für alle drei MR-Organisationen.
Ende 2002	Die Mitgliederzeitschrift der bayerischen Maschinen- und Betriebshilfsringe wird aus finanziellen Gründen eingestellt. 11 MR kündigen ihr Ausscheiden als Gesellschafter der MR Bayern GmbH zum 31.12.2003 an.
5. 6. 2003	Die Gesellschafterversammlung der MR Bayern GmbH beschließt die Gründung der GmbH & Co. KG
11. 11. 2003	Thomas Rummel beendet per Aufhebungsvertrag seine Geschäftsführer-Tätigkeit bei der MR Bayern GmbH
21. 11. 2003	Hans Murr und Willy Haslbeck treten von allen ihren Ämtern in bayerischen MR-Organisationen zurück.
17. 12. 2003	Die mein-hof.de AG stellt Insolvenzantrag.
21. 1. 2004	Die MR Bayern GmbH stellt ebenfalls Insolvenzantrag
28. 4. 2004	Das Insolvenzverfahren gegen die MR Bayern GmbH wird beim Amtsgericht Ingolstadt eröffnet.

Arbeit der Maschinenringe für Kommunen findet Lob und Anerkennung

Die Übertragung von Aufgaben des städtischen Bauhofs in Ebersberg an die Landwirte hat sich über eine Reihe von Jahren sehr bewährt. Ausgeführt wird die Pflege städtischer Grünanlagen, die Pflege der Sportplätze, das Häckseln, der Heckenschnitt und die Böschungsmahd in Anlagen und an Straßen, das Bewässern städtischer Grünanlagen, Winterdienstarbeiten, die Leerung von Papierkörben, das Auswechseln von Wasserzählern und ähnliche Dienstleistungen.
Landrat Hans Vollhardt, Ebersberg

In unserem Landkreis hat es sich zum Vorteil von Bürgern und Landwirten hervorragend bewährt, kommunale Aufgaben und Dienstleistungen in den Bereichen Landschaftspflege, dezentrale Kompostierung, Wald-, Sportplatz- und Grünflächenpflege durch Landwirte in Kooperation mit dem Maschinenring erledigen zu lassen.
Landrat Kurt Hoffmann, Kulmbach

Quelle: KBM-Flyer: Das neue ländliche Dienstleistungsunternehmen Maschinenring e.V. und Maschinenring GmbH

leistungsmarkt Fuß zu fassen (siehe links). Doch die Vermittlung und Durchführung von Dienstleistungen außerhalb der Landwirtschaft brachte den Maschinenringen und auch den beteiligten Landwirten nicht nur Lob und Anerkennung, sondern auch Ärger und Probleme.

Die rechtlichen Probleme, die den Landwirt betreffen, konnten nach und nach einigermaßen geklärt bzw. geregelt werden. Im Wesentlichen lief die Lösung darauf hinaus, dass solche Tätigkeiten nach Überschreiten gewisser Grenzen nicht mehr als landwirtschaftlich, sondern als gewerblich eingestuft und behandelt werden mussten. Doch, obwohl mit diesem Schritt ins Gewerbe keineswegs nur Nachteile verbunden waren, scheuten sich die meisten Landwirte davor.

■ Neue Tätigkeiten provozieren „GaLabau" und Baugewerbe

Als schwieriger lösbar und langwieriger erwiesen sich die Probleme, mit denen die Maschinenringe selbst konfrontiert wurden. Sie gerieten aufgrund dieser Vermittlungen in Randbereichen der Landwirtschaft für nichtlandwirtschaftliche Auftraggeber immer mehr in das Fadenkreuz der Kritik, insbesondere von Seiten gewisser mittelständischer Organisationen, allen voran des Verbandes *Garten-, Landschafts- und Sportplatzbau Bayern e. V. (GaLabau).* Er nahm die Maschinenringe von nun an fest und unerbittlich ins Visier.

Eine Aussprache, zu der das Wirtschaftsministerium als zuständige Behörde Anfang 1994 die von diesen neuen Aktivitäten der Maschinenringe tangierten Verbände und die Vertreter des Landwirtschaftsministeriums sowie des KBM eingeladen hatte, konnte die Meinungsverschiedenheiten und die divergierenden Interessen allenfalls aufzeigen, aber keinesfalls aus der Welt schaffen. Das zeigen die folgenden vom KBM-Vorstand im gleichen Jahr beschlossenen Maßnahmen:

Das KBM beschließt mit Zustimmung des Landwirtschaftsministeriums, einen Rechtsstreit mit dem Innungsverband des bayerischen Zimmererhandwerks zum Einsatz von Bauhelfern zu führen.[1]

Mit einer Informationsschrift, in der die Möglichkeiten des Maschinenringes bzw. der Landwirte für kommunale Dienstleistungen dargestellt werden, soll den permanenten *Störaktionen des GaLa-* *baues,* die zur *Verunsicherung der Kommunen in der Zusammenarbeit mit den Maschinenringen* führen, begegnet werden.[2]

Dem GaLabau waren insbesondere die nach dem LwFöG zulässigen Vermittlungen der Ringe in der Landschaftspflege ein Dorn im Auge. Eine Reihe von GaLabau-Betrieben nutzte auch selbst, ganz legal, die Dienstleistungen von Maschinenringen. Aufgrund einer zum Betrieb gehörenden Baumschule galten sie als landwirtschaftliche Betriebe und konnten so die Mitgliedschaft im MR erwerben. Dadurch fühlten sich GaLabau-Betriebe, denen diese Möglichkeit verwehrt war, benachteiligt und übten entsprechend Druck aus auf ihren Dachverband. Dieser kritisierte aber nicht seine eigenen Mitglieder, sondern wälzte die Kritik auf die Maschinenringe ab.

Ein weiterer Stein des Anstoßes war der Umstand, dass durch das Engagement der MR das bisherige Preisgefüge gestört wurde; denn die Maschinenringe orientierten sich anfangs auch bei diesen Einsätzen noch an den üblichen MR-Preisen. Erst nach und nach passten sie sich etwas dem in dieser Branche üblichen Preisniveau an.

Diese permanenten Angriffe des GaLabaues und anderer von der MR-Arbeit betroffener Branchen, wie z. B. Transport- und Bauunternehmen, waren es aber nicht allein, die das KBM veranlassten, nach einer grundlegenden Lösung zu suchen. Auch die im Maschinenring üblichen Spielregeln passten für das außerlandwirtschaftliche Dienstleistungsgeschäft nicht ohne weiteres; denn an die Durchführung von Dienstleistungen für Nichtlandwirte werden ganz andere Anforderungen gestellt:

Sie müssen in der Regel ausgeschrieben werden. Es müssen sodann Angebote abgegeben werden. Zwischen Auftraggeber und -nehmer werden meist schriftliche Vereinbarungen getroffen usw.

Das bedeutete: Der Maschinenring in der Rechtsform des eingetragenen Vereins (e.V.) konnte diesen Anforderungen nicht gerecht werden. Abgesehen davon stand dem auch das Landwirtschaftsförderungsgesetz entgegen. Danach darf der Maschinenring lediglich Leistungen vermitteln. *Er darf weder einem Mitglied noch Dritten gegenüber vertraglich eine Garantie für die Durchführung bestimmter, seiner Vermittlungstätigkeit unterliegender Arbeiten übernehmen oder vergleichbare vertragliche Bindungen eingehen. Entsprechendes gilt für die Erstellung verbindlicher Vertragsangebote, Kostenvoranschläge u. ä.*[3]

Anpassung des LwFöG wird unvermeidlich

Insbesondere in der KBM-Führung, die sich mit den genannten Vorwürfen auch immer wieder auseinandersetzen und dem Ministerium gegenüber Stellung beziehen musste, war man sich daher schon Mitte der 80er Jahre darüber im Klaren, dass zur Lösung dieser Probleme eine Änderung des Landwirtschaftsförderungsgesetzes unvermeidlich ist. Die Erkenntnis, dass darüber hinaus die bisherige Rechtsform des Maschinenringes einer Überprüfung bzw. Erweiterung bedarf, kam erst später dazu.

In einem Schreiben des KBM vom 7.2.1984 an Dr. Geiersberger mit dem etwas umständlich klingenden Betreff: *Neue Aufgaben für den Maschinenring im Zusammenhang mit der Rückführung von staatlichen und kommunalen Aufgaben in private Hand* werden am Beispiel Schneeräumen die verschiedenen sich dabei für die Landwirte und für den Maschinenring ergebenden Probleme ausführlich beschrieben. *Zur Lösung dieser Probleme, so lautet die Konsequenz daraus, ist es unseres Erachtens zunächst einmal notwendig, das Landwirtschaftsförderungsgesetz entsprechend abzuändern.*

Im Mai 1989 legte das KBM einen detaillierten Vorschlag zur Änderung und Ergänzung des LwFög vor. Er umfasste 6 Punkte. Sie werden schließlich alle bis auf Punkt 1 (Anstellung von Teilzeit-Betriebshelfern beim MR) im Rahmen der Gesetzesänderung, die allerdings noch 5 Jahre auf sich warten lässt, berücksichtigt.[4]

Zunächst glaubte man, eine solche Erweiterung des für die Maschinenringe gültigen Aufgabenkataloges im LwFöG wäre ebenso problemlos durchzusetzen wie 1974 bei der ersten Novellierung. Erst nachdem man sich aber intensiver mit all den rechtlichen, steuerlichen und organisatorischen Fragen auseinandersetzte, die mit einem solchen Schritt, der Organisation und Durchführung von Dienstleistungen von MR-Mitgliedern an Nichtmitglieder bzw. an Nichtlandwirte verbunden sind, wird den Verantwortlichen bewusst, dass eine bloße Erweiterung der zulässigen Aufgaben im LwFög nicht ausreicht. Auch die Organisationsstruktur der Maschinenringe muss entsprechend diesen neuen Aufgaben und den daraus sich ergebenden Anforderungen erweitert und geändert werden. Und auch diese Änderung muss ihren Niederschlag im Gesetz finden.

Doch dieses Vorhaben erweist sich als weitaus schwieriger als gedacht. Weder die Spitze im Landwirtschaftsministerium, noch die anderen, nach dem LwFöG geförderten Selbsthilfeeinrichtungen, zeigen ein Interesse für eine derartige Maßnahme. Im Gegenteil! Sie sind alle mehr oder weniger dagegen, desgleichen auch der Bauernverband. Der Grund ist einfach: Sie befürchten, nicht zu Unrecht, in Verbindung mit dieser Änderung eine Kürzung der Fördersätze. Lediglich Alois Glück und einige weitere, den Maschinenringen nahestehende Abgeordnete, stehen positiv dazu.

Erst nach der Berufung von Reinhold Bocklet zum Landwirtschaftsminister im Jahre 1993 kommt Bewegung in dieses Vorhaben. Bocklet steht von Anfang an dem Anliegen der Maschinenringe positiv gegenüber. Um die anderen Selbsthilfeeinrichtungen und auch den Bauernverband dafür zu gewinnen oder zumindest ihre Duldung zu erreichen, lädt er sie alle in das Landwirtschaftsministerium zu einem *Hearing* ein. Als neutraler Fachmann nimmt auch Professor Dr. Hans Schön von Weihenstephan an dieser Aussprache teil.

Die Argumente von KBM und von Schön, die für eine Gesetzesänderung sprechen, haben die Skeptiker oder Gegner zwar nicht wirklich überzeugt, aber letzten Endes doch dafür gesorgt, dass das Landwirtschaftsministerium die Novellierung auf den Weg brachte. Maßgeblichen Anteil an der Formulierung des ministeriellen Entwurfes, der dann Ende 1993 von der CSU-Fraktion eingebracht wurde, hatte Ministerialrat Dr. Jürgen Pelhak vom Landwirtschaftsministerium.

Der Bayerische Landtag stimmte der Änderung am 30.6.1994 zu. Sie tritt zum 1.9.1994 in Kraft.

Nun können die bayerischen Maschinenringe Tochtergesellschaften gründen und im Rahmen dieser neuen Institution eine Vielzahl weiterer lohnender Dienstleistungen vermitteln, allerdings müssen sie dabei auch die eine oder andere Kröte schlucken (siehe nebenstehend).

Außerlandwirtschaftliche Dienstleistungen nur im Rahmen rechtlich selbstständiger MR-Tochtergesellschaften möglich

Die Begeisterung über diesen mühsam erstrittenen politischen Erfolg hielt sich

---

Ergebnis der Novellierung des LwFöG vom 1.9.1994

Das Ziel: *Mehr Markt im Umfeld der Landwirtschaft*

Mit der Novellierung des Landwirtschaftsförderungsgesetzes, die zum 1. September 1994 in Kraft tritt, hat der Bayerische Landtag den Weg zu mehr Markt im Umfeld der Landwirtschaft geebnet. Dieser Schritt soll neue Impulse für das Engagement der Landwirtschaft in neuen Aufgabenfeldern geben – im Interesse der Kommunen, der Landschaftspflege, des Umweltschutzes und vor allem im Interesse der Einkommensverbesserung der bäuerlichen Betriebe in Bayern.

Quelle: Agrarpolitische Informationen des Bayerischen Staatsministeriums für Ernährung, Landwirtschaft und Forsten, 5/94

Der neue rechtliche Freiraum

Die Maschinenringe können, soweit nicht andere Bestimmungen des Gesetzes entgegenstehen, *rechtlich selbstständige gewerbliche Einrichtungen gründen und durch diese weitere Tätigkeiten zur Sicherung der bayerischen Landwirtschaft wahrnehmen lassen* und zwar in den Bereichen:

Pflege von Grünflächen;

Sammlung, Aufbereitung, Ausbringung oder sonstige Verwertung organischer Roh-, Rest- und Wertstoffe;

Durchführung land- und forstwirtschaftlicher Transporte im Sinne des § 89 a Nr. 2b des Güterkraftverkehrsgesetzes;

Durchführung forstlicher Arbeiten;

Durchführung flächenbezogener Arbeiten für Gebietskörperschaften zur Erfüllung der diesen obliegenden Reinigungs-, Räum-, Streu- und Verkehrssicherungspflichten sowie diesen vergleichbare Tätigkeiten.

Quelle: LwFöG – Novellierung 1994

Die wichtigsten Bedingungen:
- *Die Maschinenringe müssen zu diesem Zweck rechtlich selbstständige gewerbliche Einrichtungen, zum Beispiel in Form einer GmbH, gründen.*
- *Diese erhalten selbstverständlich keine Förderung.*
- *Darüber hinaus müssen diese Tochtergesellschaften von den Geschäftsstellen der Maschinenringe räumlich und personell getrennt geführt werden. Damit soll erreicht werden, dass eine Quersubvention vom geförderten Teil des Maschinenringes zum nicht geförderten gewerblichen unterbunden wird und es zu keiner Wettbewerbsverzerrung gegenüber den bestehenden Gewerbebetrieben kommen kann.*

Quelle: Jahresbericht des KBM 1994

So kommentiert das KBM die LwFöG-Novellierung

Die jahrelangen Bemühungen des KBM, eine Gesetzesänderung zu erreichen, waren schließlich doch noch erfolgreich, wenngleich das Ergebnis nicht voll befriedigen kann: Der massive Widerstand einflussreicher Wirtschaftsgruppen ließ jedoch nicht mehr zu. Der Katalog der zulässigen Tätigkeiten wurde erheblich begrenzt, ebenso der Spielraum für eine notwendige enge Zusammenarbeit zwischen Mutter und Tochter.

Quelle: Jahresbericht des KBM 1994

Die ersten Ringe, die eine eigene Tochtergesellschaft gegründet haben

4.11.1994	Bad Aibling-Miesbach/ Pro Comuno GmbH[1]
17.1.1995	Ebersberg/Agrokomm Maschinenring GmbH
27.4.1993	Freising -Nord/Agrardienst GmbH[2]
1995	Günzburg /MR-Dienstl. GmbH MR Günzburg-Neu-Ulm
	Haßgau/BLS Hofheim ldw. Handels- u. Dienstl. GmbH[3]
21.9.94	Landshut/Agrana GmbH und Co. KG
3.8.1995	Laufen/MR Dienstleistungs GmbH
1995	Neustadt/W./MR Dienstleistungs GmbH
24.3.1995	Oberallgäu/MR-Dienstleistungs GmbH
23.5.1995	Oberland/Oberland Kommunaldienste GmbH
11.5.1995	Schwabmünchen/Maschinenring Dienstl.GmbH
Feb.1995	Starnberg/Grünpflege- und Kommunaldienste GmbH
30.7.1993	Unterer Bayerischer Wald/Ges. für ldw. Dienstl. mbH[4]
11.7.1995	Wolfratshausen/Maschinenring Wolfratshausen GmbH[5]

[1] AG seit 17. Juli 2000; [2] am 2.12.1998 wird der MR e.V. alleiniger Gesellschafter, am 20.3.2003 Namensänderung auf Agrar- Natur- Umwelt- GmbH; [3] seit 2001 MR Service GmbH mit MR e.V. als alleinigem Gesellschafter; [4] ab 2003 MR e.V. alleiniger Gesellschafter; der neue Name: Agrar- Natur-Umwelt-GmbH; [5] AG seit 11.12.2000

allerdings in Grenzen, wie der nebenstehende Kommentar erkennen lässt.

■ Auf dem Weg zum ländlichen Dienstleistungsunternehmen

Mit der Novellierung von 1994 beginnt eine neue Ära in der Entwicklung der bayerischen Maschinenringe. Eine Ära, die Änderungen und Auswirkungen mit sich bringt, die weit über das hinausgehen, was diejenigen, die sich für diesen Schritt eingesetzt haben, erwartet oder vielleicht auch gewollt haben. Aus der bäuerlichen Selbsthilfeeinrichtung Maschinenring, die von der Öffentlichkeit bis dahin kaum wahrgenommen wurde und die auch selbst ihre Öffentlichkeitsarbeit mehr nach innen als nach außen gerichtet hat, haben sich im Laufe von nur einem Jahrzehnt *ländliche Dienstleistungsunternehmen* entwickelt, die zum Teil beachtliche Umsatzergebnisse erzielen.

Schon aus dem Vergleich der geläufigen Bezeichnungen – Dienstleistungs-Unternehmen auf der einen Seite – und Maschinen-Ring bzw. *bäuerliche Selbsthilfeeinrichtung* auf der anderen Seite wird deutlich, wie tief greifend und weit reichend die nun eingeleitete Kursänderung ist.

Das Non-Profit-Unternehmen MR unterlag bis dahin nicht nur ganz spezifischen Regeln und Gepflogenheiten. Die nicht auf Gewinn ausgerichtete Tätigkeit hat auch die in der MR-Organisation arbeitenden Menschen geprägt oder zumindest überwiegend solche Personen angezogen, deren Neigungen und Interessen mit dieser Aufgabe weitgehend konform gingen. Jetzt wehte auf einmal ein ganz anderer Wind. Und es wurden nun auch überwiegend Mitarbeiter angestellt, die in diese neue Richtung passten und vielfach auch aus anderen Branchen kamen. Nicht mehr landwirtschaftliche Kenntnisse, sondern überwiegend kaufmännisch-betriebswirtschaftliches Know-how war gefragt. Thomas Rummel zum Beispiel, der Geschäftsführer der KBM Dienstleistung GmbH, war zuvor bei einem internationalen Konzern (Kodak) tätig.

Dieser neue Wind, der nun in der Führung von KBM und Maschinenringen wehte, hat nicht nur das Erscheinungsbild der Maschinenringe gravierend verändert, sondern, sozusagen durch die normative Kraft des Faktischen, auch die bisher bestimmenden Leitlinien.

Es ist müßig, sich darüber Gedanken zu machen, wie sich die bayerischen Maschinenringe heute darstellen würden, wenn diese Gesetzesänderung nicht hätte durchgesetzt werden können. Sie war letzten Endes mehr oder weniger unvermeidlich; denn andere Bundesländer hatten diesen *Anpassungsprozess* schon früher vollzogen. In Niedersachsen zum Beispiel hat der Minister für Ernährung, Landwirtschaft und Forsten bereits 1989 die Notwendigkeit zur Gründung von Tochtergesellschaften bei den Maschinenringen eingeräumt und verfügt, dass künftig nur noch Maschinenringe, deren Tochtergesellschaften sich auf genau festgelegte Aufgabenbereiche beschränken, gefördert werden können.[5]

Auch in anderen Bundesländern wurden bereits vor 1994 Tochtergesellschaften von Maschinenringen gegründet. Schon 1993 hat der BMR in seinem Informationsdienst für Maschinenring-Führungskräfte *MR Management & Technik* zu diesem Fragenkomplex unter dem Titel *Die Maschinenringe der Zukunft: organisierte Nachbarschaftshilfe und ländliches Dienstleistungs-Unternehmen* erste Erfahrungen und Erkenntnisse zusammengetragen. Die bayerischen Maschinenringe mussten also 1994, als es darum ging, den neuen rechtlichen Freiraum in die Praxis umzusetzen, nicht beim Punkt null anfangen. Trotzdem war dieser Schritt, wie sich nach und nach zeigte, noch mit manchen Problemen verbunden.

Zunächst ergriffen einige Maschinenringe die Initiative und gründeten für ihren Ring eine eigene GmbH (siehe nebenstehende Übersicht). Um es genau zu sagen: die MR Freising Nord und Unterer Bayerischer Wald warteten die Novellierung gar nicht erst ab, sondern handelten auf eigene Faust. Allerdings, diese Gesellschaften wurden nicht vom MR e.V. gegründet, was auch nicht zulässig gewesen wäre, sondern von einigen interessierten Mitgliedern. Diese haben sich sozusagen als *Statthalter* für ihren Ring zur Verfügung gestellt und räumten später diese Position auch wieder zu Gunsten des e.V. als alleinigem Gesellschafter.

Ursprünglich war eigentlich nur an die Gründung von Tochtergesellschaften durch einzelne Maschinenringe gedacht. Die Errichtung einer landesweit tätigen GmbH stand überhaupt nicht zur Debatte. Deshalb ließ das KBM die Ringe auch frei gewähren bzw. hat sie dabei sogar tatkräftig unterstützt. So auch im Rahmen einer Informationstagung in Irl bei Regensburg, zu der die an einer GmbH-Gründung interessierten MR eingeladen wurden. Dabei zeigte es sich, dass die meisten Ringe, nach dem sie klarere Vorstellungen gewonnen hatten, insbesondere auch über die bei einer GmbH-Gründung anfallenden Kosten (circa 3000 bis 4000.– DM allein für die Gründung bei einem Stammkapital von circa 50.000 DM)[6], sehr zurückhaltend reagierten. Die Begeisterung der Teilnehmer, möglichst umgehend Tochtergesellschaften zu gründen, hielt sich am Ende dieser Infotagung noch sehr in Grenzen.

Ein weiterer Grund für diese Zurückhaltung: Erst nach und nach wurde den meisten MR-Geschäftsführern klar, dass zwischen der Führung eines eingetragenen Vereins und der einer GmbH erhebliche Unterschiede bestehen. Der GmbH-Geschäftsführer ist nicht dem Arbeitsrecht unterworfen, ist kein Angestellter im engeren Sinn, sondern Organ der Gesellschaft. Das bedeutet unter anderem auch: Ein GmbH-Geschäftsführer ist zwar einerseits mit mehr Kompetenzen ausgestattet als ein Geschäftsführer eines MR in Form eines eingetragenen Vereins. Er hat aber gleichzeitig auch mehr Verantwortung zu tragen, vor allem im finanziellen Bereich.[7]

Erst aufgrund der schwachen Resonanz bei den Tagungsteilnehmern in Irl entstand die Idee, an Stelle einer Vielzahl von Tochtergesellschaften eine einzige, bayernweit tätige GmbH zu gründen. Allerdings war es dafür zu diesem Zeitpunkt schon zu spät, nachdem, wie schon ausgeführt, einige Maschinenringe zwischenzeitlich bereits die GmbH-Gründung in die Wege geleitet oder sogar schon vollzogen hatten.

Nach der Tagung in Irl wird die Gründung einer landesweiten Tochtergesellschaft zügig vorangetrieben. Den förmlichen Beschluss dazu hat der geschäftsführende Vorstand noch Ende des Jahres 1994 gefasst.[8]

Gründung der KBM Dienstleistungs GmbH

In der nächsten Sitzung wurden dann bereits Details beschlossen: das KBM soll als Hauptgesellschafter 200.000 DM in die GmbH einbringen, der Gesellschafteranteil der Ringe soll 2,–DM/Mitglied betragen. Gleichzeitig wird bei dieser Sitzung *bedauert, dass das Konzept für eine KBM GmbH nicht schon früher entwickelt worden ist. Dadurch hätte unter Umständen eine übereilte Gründung einer ringeigenen GmbH im einen oder anderen Fall verhindert werden können. Dies auch deshalb, weil die Einflussmöglichkeiten des KBM auf ringeigene GmbHs natürlich wesentlich geringer sind als auf die Außenstellen der KBM-GmbH.*[9]

In einem Rundschreiben wurden die Ringe informiert und aufgefordert, sich an der Gründung einer landesweit tätigen GmbH zu beteiligen: *... ist es zweckmäßig, wenn die interessierten Mitgesellschafter möglichst umgehend und geschlossen der KBM-GmbH beitreten, damit bei der notariellen Anmeldung und bei der Eintragung ins Handelsregister nur einmal Verwaltungsarbeit und Kosten anfallen. Wir bitten Sie daher, in Ihrem Ausschuss die dazu erforderliche formale Entscheidung möglichst bald zu treffen.*[10]

Am 28.4.1995 erfolgte dann die *notarielle* Gründung der KBM-Dienstleistungs-GmbH durch das KBM e.V. und 42 Maschinenringe. Firmensitz: München. Das Stammkapital belief sich auf 319.800 DM.

Sofort nach der Gründung machte sich der Vorstand des KBM e.V., der gleichzeitig auch Aufsichtsrat der KBM-GmbH ist, auf die Suche nach einem Geschäftsführer. Er entschied sich unter 15 Bewerbern für Thomas Rummel, der offiziell ab 21. August 1995 für die GmbH tätig wurde (siehe Seite 208).

In Neuburg/Donau wurden Büroräume angemietet und auch gleich die ersten Mitarbeiter angestellt.

Zwei Jahre später wurde auch die Geschäftsstelle von KBM e.V., BMR e.V. und BMR Service GmbH von München nach Neuburg verlegt. Auch die Leitung der Akademie der Maschinenringe und des europäischen MR-Verbandes EMR befinden sich fortan in Neuburg.

Die idyllisch an der Donau, im Mittelpunkt Bayerns gelegene Kleinstadt mit großer historischer Bedeutung und Tradition wurde so auf einen Schlag Hauptstadt und Zentrum der Maschinenringe Bayerns, Deutschlands und Europas. Die Tatsache, dass Thomas Rummel sich in Neuburg ansiedelte und das Büro der KBM Dienstleistungs GmbH dort errichtete, war zwar nicht der unmittelbare Anlass für den Umzug von München nach Neuburg. Der Beschluss des KBM e.V., vor allem aus Kostengründen aus der Hauptstadt in die Provinz umzuziehen, war schon vorher gefallen. Dass aber die Wahl auf Neuburg fiel, ist in erster Linie der Ini-

Der Umzug der MR-Verbände von München nach Neuburg/Donau

Dieser Schritt ist ein klares Signal dafür, dass die Maschinenringe ihr Ziel, das ländliche Dienstleistungsunternehmen par excellence zu werden, mit großem Elan und gut gerüstet angehen. Der Landwirtschaft bläst der Wind auch zukünftig kräftig ins Gesicht. Wir vom Maschinenring wollen uns diesem Wind entgegenstellen und dazu beitragen, dass sich in unserem Windschatten möglichst viele bäuerliche Betriebe behaupten können.

Quelle: Vortrag des KBM-Vorsitzenden Hans Murr bei der Einweihungsfeier am 22.12.1997

In diesem historischen Gebäude, dem ehemaligen Fürstlichen Marstall in der Oberen Stadt in Neuburg/Donau, waren ab 1997 die hier gezeigten bayerischen und deutschen MR-Organisationen untergebracht.

Zur räumlichen und personellen Trennung zwischen Mutter und Tochter

Die praktische Seite:

Im Falle der KBM GmbH bzw. ihrer Außenstellen ist der Begriff „getrennt geführt" wie folgt umzusetzen: eigener Telefonanschluss, eigenes Firmenschild, eigene Räume in Nachbarschaft zur MR Geschäftsstelle oder finanzielle Beteiligung an der Miete der MR-Geschäftsstelle und Leitung durch den MR Geschäftsführer mit Übernahme der anteiligen Kosten durch die KBM GmbH.

Quelle: Protokoll zur Sitzung des geschäftsführenden KBM-Vorstandes vom 6.3.1995

Die politische Seite:

Die Maschinenringe haben die Forderung nach „räumlicher und personeller Trennung" im Laufe der vergangenen zwei Jahre als einschneidendes Hemmnis für die vom Gesetzgeber gewollte Erweiterung von Zuerwerbsmöglichkeiten für Landwirte angesehen und auf Änderungen gedrängt.

Wenn jetzt diese Gesetzesänderung von verschiedenen Seiten kritisiert wird, dann wird dabei nicht beachtet, dass die Maschinenringe für diese Öffnung einen hohen Preis zahlen müssen ...

Da aus den Erträgen der Tochterunternehmungen der Kürzungsbetrag von 1,1 Mio. DM auf absehbare Zeit nicht erwirtschaftet und dem klassischen Bereich zugeführt werden kann, müssen die Mitgliedsbeiträge voraussichtlich um bis zu 30% angehoben werden.

Ich möchte Dich daher bitten, die Gesetzesnovelle einer Gesamtbewertung zu unterziehen und insbesondere die erfolgte zusätzliche Kürzung der Förderung als eine angemessene Maßnahme zum Ausgleich möglicher Wettbewerbsvorteile zu betrachten und dies gegebenenfalls auch opponierenden Interessenvertretungen so zu vermitteln.

Quelle: Schreiben von Landwirtschaftsminister Bocklet an den bayerischen Wirtschaftsminister Dr. Otto Wiesheu vom 11.3.1997

tiative von Rummel zu verdanken und dem besonderen Charme der von der Stadt Neuburg angebotenen historischen Räumlichkeiten im Marstall.

Die Eintragung der GmbH im Handelsregister beim Amtsgericht München erfolgte am 11.10.1995 (HRB 110939). Kurze Zeit darauf, am 9.11.1995 traten zu den 42 bereits an der Gründung beteiligten MR 10 weitere Ringe der GmbH als Gesellschafter bei. Am gleichen Tag wurde die *frisch gebackene* KBM-Tochter im Rahmen einer Pressekonferenz der Öffentlichkeit vorgestellt. Über 40 regionale und überregionale Medienblätter berichteten darüber.[11]

■ *Räumliche und personelle Trennung* zwischen Mutter und Tochter – nicht einfach zu realisieren

Dass auf Landesebene für die gewerbliche Tochter die Geschäftsführung personell und räumlich (allein schon aus Platzgründen) getrennt von der Geschäftsführung des KBM e.V. erfolgen soll, stand von Anfang an außer Frage, zumal Dr. Grimm auch keinerlei diesbezügliche Ambitionen hatte. Anders wurde die Forderung nach *räumlicher und personeller Trennung* jedoch im Hinblick auf die ringeigenen GmbHs und ebenso auch die nun entstehenden Außenstellen der KBM GmbH gesehen. Diese Forderung stand zwar nicht ausdrücklich im Gesetz, wohl aber in einer ergänzenden *Protokollerklärung.*

Auf Ringebene sollte unbedingt verhindert werden, dass der Non-Profit-Bereich und die GmbH-Arbeit sich gegenseitig Konkurrenz machen. Im Gegenteil, beide Einrichtungen sollen möglichst eng zusammenarbeiten, um Synergieeffekte zu nutzen und als ein gemeinsames Dienstleistungsunternehmen zum Nutzen der Landwirte wirken zu können.

Die Führung des KBM und auch der Ringe glaubt dieses Ziel nur erreichen zu können, wenn die Leitung der Außenstellen der KBM-Dienstleistungs-GmbH und auch der ringeigenen GmbHs von den zuständigen MR-e.V.-Geschäftsführern wahrgenommen wird.

Wie diese Trennung zwischen Mutter und Tochter nach den Vorstellungen des KBM-Vorstandes zu bewerkstelligen ist und wie die Politik dies bewertet ist nebenstehend zu lesen.

Bis zur endgültigen Klärung dieser Frage waren noch viele Gespräche und Verhandlungen erforderlich, insbesondere zwischen KBM und Landwirtschaftsministerium und zwischen Landwirtschafts- und Wirtschaftsministerium. Denn die nun anlaufenden Aktivitäten der Maschinenringe auf diesem neuen Dienstleistungsmarkt wurden von der Konkurrenz äußerst aufmerksam und kritisch beobachtet. Nicht nur beobachtet! Schon beim geringsten Verdacht auf Überschreitung von Kompetenzen oder Nichtbeachtung von irgendwelchen Vorschriften erfolgten Anzeigen und Beschwerden. Diese *landeten* dann meist im Wirtschafts- oder Landwirtschaftsministerium.

Anfang 2007 sieht es in dieser Frage wie folgt aus: in 10 MR-GmbHs – an ihnen sind 25 MR beteiligt – ist der Geschäftsführer ausschließlich für die GmbH tätig. In den übrigen 37 Gesellschaften wird die Geschäftsführung von einem MR-e.V.-Geschäftsführer wahrgenommen.

Auch auf Landesebene wurde nach dem Ausscheiden von Dr. Grimm als KBM-Geschäftsführer zum 31. März 1999 eine gemeinsame Geschäftsführung von Kuratorium e.V. und KBM-GmbH in Form der so genannten *Doppelspitze* (Ballis/Rummel) herbeigeführt. Das heißt: die Forderung nach personeller und räumlicher Trennung konnte verhindert werden. Es blieb, wie von den Maschinenringen gefordert, bei der bilanzmäßigen Trennung. Erleichtert und vereinfacht wurde dieser Prozess durch die Veränderungen in der Förderungspolitik.

■ Der Aufbau der KBM Dienstleistungs GmbH

Der Aufbau eines neuen Dienstleistungsunternehmens ist keine einfache Sache. Man braucht Produkte, die gefragt sind; Menschen und Maschinen, die diese Leistungen anbieten und durchführen, und ein Vertriebsnetz, das möglichst flächendeckend und kundennah operieren kann. Die KBM Dienstleistungs GmbH musste das alles nicht erst mühsam entwickeln und aufbauen. Vieles davon war in den Maschinenringen bereits vorhanden.

Die Aufgabe der KBM Dienstleistungs GmbH bestand vor allem darin, dieses wertvolle *Kapital* richtig zu nutzen. Das heißt, die Vorteile und Stärken der vor Ort selbstständig agierenden Maschinenringe zu erhalten, ja zum Teil noch auszubauen, gleichzeitig aber die einzelnen Ringe mit der GmbH zu vernetzen und zu einem gemeinsamen Handeln zu verpflichten. Diesen Balanceakt zu schaffen, also den beteiligten MR ihren gewohnten Freiraum zu belassen, sie aber gleichzeitig fest in zentral organisierte Dienstleistungen einzubinden, war nicht einfach, zumal die Vorsitzenden und noch mehr die Geschäftsführer der Ringe diese Freiheit gewohnt und sich auch der Bedeutung ihrer Rolle im Rahmen dieses Dienstleistungsunternehmens bewusst waren. Schließlich wollten auch die Geschäftsführer der an der KBM GmbH beteiligten Ringe im Vergleich zu ihren Kollegen, die in einer ringeigenen GmbH agieren konnten, nicht als Loser dastehen.[12]

Die generellen Vorstellungen darüber, wie die Ringe in das neue Dienstleistungsunternehmen integriert und welche Ziele damit vor allem angestrebt werden sollen, sind nebenstehend zusammengefasst.

Zusammenarbeit zwischen Zentrale und MR – nicht frei von Komplikationen

Zur konkreten Regelung der Zusammenarbeit zwischen der Zentrale in Neuburg und den als Gesellschaftern beteiligten Ringen hat die KBM-Mitgliederversammlung die folgenden drei Papiere beschlossen:
- Grundsätze für die Errichtung von Niederlassungen
- Vereinbarung zwischen KBM Dienstleistungs GmbH und Maschinenring
- Bestimmungen zur Handlungsvollmacht des Leiters der Niederlassung

Die wichtigsten Punkte der Vereinbarung zwischen GmbH und MR sind rechts zusammengefasst.

In den *Grundsätzen für die Errichtung von Niederlassungen* war auch festgelegt, dass die *KBM GmbH Niederlassungen auch in Gebieten einrichten kann, in denen der örtliche Maschinenring selbst keine Tochtergesellschaft gründet.*

Kontinuierliche Aufwärtsentwicklung

Bereits im Gründungsjahr *konnten neben 300 Einzelmaßnahmen bei Gemeinden, Städten, Landkreisen, Behörden, Vereinen sowie privaten Haus- und Grundstücksbesitzern auch schon die ersten Aufträge bei Unternehmen erzielt werden.*[13]

Zum Jahresende 1995 schlossen sich noch weitere 10 Maschinenringe der GmbH an.

1996 konnte die KBM Dienstleistungs GmbH, der mittlerweile 57 Ringe als Gesellschafter angehörten, einen Umsatz von rund 6 Millionen DM erzielen. Daran waren rund 3000 Landwirte als Subunternehmer beteiligt. Die wichtigste Einnahmequelle war das Schneeräumen. Die Hauptauftraggeber waren die Deutsche Bahn AG mit über 350 Bahnhöfen und die Deutsche Post AG mit über 140 Postämtern.

Im Jahr darauf stieg der Umsatz auf 10 Millionen DM. Und so ging es weiter. Jährliche Zuwachsraten von 60 bis 80 % konnten verzeichnet werden. Im Jahre 2000 waren es bereits rund 30 Millionen DM. Fast 9000 bayerische Landwirte waren als Auftragnehmer für die GmbH tätig. Weitere Großkunden wie BMW und E.ON konnten hinzugewonnen werden.

Die Schwerpunkte waren die Bereiche Winterdienst mit circa 40 % Anteil am Umsatz und Grünflächenpflege mit 35 %.[14]

Auch im Jahr 2001 konnte nochmals eine Umsatzsteigerung von 40 % auf rund 22 Millionen € erwirtschaftet werden.

Im gleichen Jahr erhielt die GmbH einen neuen Namen: MR Bayern GmbH. Damit war gleichzeitig auch eine Änderung und Erweiterung der Tätigkeitsfelder verbunden. Die GmbH durfte nun auch in die gewerbliche Arbeitnehmerüberlassung einsteigen. Dies war möglich geworden durch die Umstellung von der institutionellen Förderung auf die so genannte Projektförderung.

Im Rahmen dieses neuen Geschäftsfeldes können MR-Mitglieder als Zeitarbeiter an gewerbliche Unternehmen vermittelt werden. Für diese neue Aufgabe waren die österreichischen Maschinenringe Vorbild. *MR-Personalleasing* wurde dort bereits einige Jahre zuvor als Ergänzung von *MR-Agrar* (herkömmliche MR-Arbeit) und *MR-Service* (außerlandwirtschaftliche Dienstleistungen) mit Erfolg eingeführt.

2002 wird erstmals keine Umsatzsteigerung mehr erzielt. Im Gegenteil: der Umsatz ging von 22 Mio. auf 19 Mio. € zurück. Der Grund: die geringen Schneefälle in diesem Jahr. Deshalb war man auch glücklich, zwei neue Geschäftsfelder anbieten zu können: den Bau von Sonnenwasser-Pflanzenkläranlagen und die Klärschlammvererdung.

Zielsetzung der KBM Dienstleistungs GmbH:

- Möglichst vielen angeschlossenen MR-Mitgliedern neue Aufgaben und Einkommensquellen zu erschließen und somit zur Sicherung der bäuerlichen Existenz in Bayern beizutragen.
- Der Gewinn soll weitestgehend dem einzelnen Landwirt zufließen.
- Integration der „gewerblichen Tätigkeiten" in die vorhandenen Strukturen der Maschinenringe und deren Mitglieder auf der Basis der vorgegebenen Rahmenbedingungen.
- Die Struktur der Solidargemeinschaft der Landwirte muss erhalten bleiben und darf nicht durch den Aufbau einer parallelen, MR-unabhängigen (GmbH)-Struktur in zwei konkurrierende Einrichtungen aufgespalten werden.

Quelle: Arbeitspapier der KBM-Dienstleistungs-GmbH vom 13.5.1996

Vereinbarung zwischen KBM Dienstleistungs GmbH und Maschinen- und Betriebshilfsring ... e.V. über die Errichtung einer Niederlassung im Bereich des Maschinenringes
(auszugsweise)

1. KBM-GmbH *errichtet im Geschäftsbereich des MR mit Sitz in ... eine Niederlassung zur Durchführung der in Art. 10 Abs. 2c LwFöG beschriebenen Aufgaben ...*

3. KBM-GmbH *führt für die Niederlassung eine gesonderte Kostenstelle und errichtet ... ein eigenes Bankkonto ... Das Kostenstellenergebnis der Niederlassung gilt als Basis für den Gewinnzuweisungsvorschlag des Aufsichtsrates der KBM-GmbH an die Gesellschafterversammlung ... Positive Ergebnisse sollen dem MR nach Abzug eines angemessenen Verwaltungskostenanteils der KBM-GmbH als Gewinnanteil zufließen. Negative Ergebnisse sind auf folgende Geschäftsjahre vorzutragen und mit positiven Ergebnissen der Folgejahre auszugleichen. ...*

4. *Der Leiter der Niederlassung wird mit Handlungsvollmacht – beschränkt auf den Niederlassungsbetrieb – ausgestattet. Vorstand und Geschäftsführer des MR bilden den Beirat der Niederlassung.*

Thomas Rummel

Geboren 27.12.1959 in Satteldorf bei Crailsheim, Baden-Württemberg. Nach der Schulzeit Facharbeiter und Beamter bei der Deutschen Bundesbahn.

1986 bis 1993 Servicetechniker, dann Spezialist für Servicemanagement und später Produkt- und Projektmanager bei Kodak AG in Stuttgart.

1993 bis 1995 Operation Manager bei Imaging Services GmbH, einer Kodak-Tochter.

21.8.1995 bis 31.12.2001 Geschäftsführer der KBM Dienstleistungs GmbH bzw. MR Bayern GmbH. 1.4.1999 bis 31.12.2001 Geschäftsführer des KBM e.V.

9.3.2001 bis 17.12.2003 Vorstand der mein-hof.de AG

Die stürmische und bis dato durchaus auch erfolgreiche Entwicklung der KBM Dienstleistungs GmbH ging einher mit einem ebenso rasant wachsenden organisatorischen Apparat. In der Zentrale in Neuburg stieg die Zahl der Mitarbeiter von anfangs 7 Personen (1996) rasch an. Dazu kamen noch mehrere Außendienstmitarbeiter, die ihren Sitz bei verschiedenen Maschinenringen hatten. Im Geschäftsjahr 2000 beliefen sich die Personalkosten in der Zentrale auf DM 1.759.991 und in den Außenstellen auf DM 874.242, insgesamt also auf DM 2.634.233; das waren 52 % der gesamten Aufwendungen.

Professionell und aufwändig, zumindest im Vergleich zum bisherigen Auftreten der Maschinenringe, wurde auch die PR-Arbeit gemacht, wie der abgebildete Auszug aus einem Werbeprospekt erkennen lässt. Auch das Logo der GmbH unterscheidet sich deutlich vom bisherigen Einheitslogo.

Die beachtlichen Umsatzsteigerungen, die von der KBM GmbH in wenigen Jahren erzielt wurden, haben verschiedene Ursachen. Ein wesentlicher Erfolgsfaktor, wohl der wichtigste überhaupt, besteht in der Nutzung des in den Maschinenringen vorhandenen Potenzials, das vor allem aus folgenden Elementen besteht:

- Das gute Image, das sich die Maschinenringe über viele Jahre als Organisator und Vermittler von vielerlei Dienstleistungen erworben haben, nicht nur bei den Landwirten, sondern im gesamten ländlichen Raum. Dazu haben auch besonders spektakuläre Einsätze, zum Beispiel in Verbindung mit den großen Sturmschäden in bayerischen Wäldern, beigetragen.
- Das Angebot an vielseitig einsetzbaren, tüchtigen und fleißigen Auftragnehmern.
- Die ausgezeichneten Kenntnisse der örtlichen Gegebenheiten.
- Die engen und vielfältigen Kontakte und Beziehungen der Geschäftsführer und vieler Vorstandsmitglieder zu wichtigen Personen und Institutionen.
- Langjährige Erfahrungen und Kenntnisse in der Planung und Durchführung vergleichbarer Dienstleistungen.

Die Führung in den Ringen war sich der Bedeutung dieses Potenzials durchaus bewusst und hat diese Trümpfe auch gegenüber Neuburg immer wieder ins Spiel gebracht.

Der zweite Erfolgsfaktor resultiert aus der Tatsache, dass die über so viel Image und Erfahrungen verfügenden Ringe flächendeckend in ganz Bayern zur Verfügung standen, im KBM e.V. zusammengeschlossen waren und so auch mit gebündelter Kraft agieren konnten. Also eine ideale Struktur.

So hat dies auch Rummel, der Geschäftsführer der KBM-GmbH, gesehen: *Die Zentralisierung … ermöglicht es, wichtige und wertvolle Ressourcen gemeinsam zu nutzen und somit insgesamt erhebliche Kosten einzusparen.*

Die Verbindung von zentraler und dezentraler Struktur ist die große Stärke der KBM GmbH. Das wird vor allem bei überregionalen Aufträgen spürbar, die neben den vielen Einzelmaßnahmen durchgeführt werden.

Die Aufträge der Deutschen Post AG bei über 140 Postämtern oder bei der BRG (Bahnreinigungs-Gesellschaft), einem Tochterunternehmen der Deutschen Bahn AG mit über 350 Bahnhöfen in Bayern, sind gute Beispiele für zentrale Akquisition und Organisation kombiniert mit lokaler Durchführung und Objektbetreuung.[15]

Zunehmende Spannungen zwischen Zentrale und Maschinenringen

Doch die Stärken dieser Struktur sind gleichzeitig auch ihre Schwächen: Die 90 im KBM zusammengeschlossenen Maschinenringe sind 90 eigenständige Vereine mit Vorstand und Geschäftsführer. Sie waren es gewöhnt, eigenständig zu handeln, auch wenn ihr Personal beim KBM angestellt ist. Eine landesweit agierende Dienstleistungs-GmbH ist jedoch etwas anderes als ein im Non-Profit-Bereich tätiger Landesverband. Von der KBM-GmbH übernommene Aufträge bei Großkunden müssen einheitlich und vertragskonform durchgeführt werden. Zu viel Eigenbrödelei ist hier nicht gefragt.

Andererseits waren da die *Eigengründer*, also die Ringe, die eine eigene GmbH hatten. Sie konnten weiterhin frei schalten und walten, wie sie es gewohnt waren. Rummel sah hier die *Gefahr, dass sich einzelne Ringe mit ihren GmbHs gegenseitig Konkurrenz machen und somit insgesamt der Marktpreis sinkt.*[16]

Das selbstbewusste Auftreten mancher Geschäftsführer mit ringeigenen GmbHs ermunterte sicher auch manche Kollegen, die *nur* Gesellschafter der KBM-GmbH waren, gelegentlich gegen Neuburg aufzumucken.

Neben diesen psychologischen Aspekten gab es aber auch eine Reihe handfester, konkreter Probleme, die zu zunehmenden Spannungen zwischen Zentrale und Außenstellen führten.

Ein wesentlicher Streitpunkt war die Bewertung und Vergütung der vor Ort erbrachten Leistungen.

Denn ein großer Teil der getätigten Dienstleistungen, um nicht zu sagen, der größte Teil, wurde nicht von Neuburg aus akquiriert und durchgeführt, sondern von vor Ort tätigen Kräften. Hierbei handelt es sich zum Teil um Mitarbeiter der Zentrale in Neuburg, überwiegend jedoch um Personen, die hauptsächlich beim MR e.V. beschäftigt waren.

Ein gewisser Teil der von Neuburg geworbenen Einsätze wurde auch von ringeigenen GmbHs, im Auftrag und für Rechnung der KBM Dienstleistungs GmbH erledigt. Das gilt insbesondere für Dienstleistungen bei Großkunden, wie Bahn und Post. In 1999 und 2000 beliefen sich diese Aufträge, die von den Eigengründern durchgeführt wurden, auf insgesamt rund 4 Millionen DM.

Interessante Eckdaten zur Charakterisierung der finanziellen Gegebenheiten der KBM Dienstleistungs GmbH sind der nebenstehenden Bilanz von 2000 zu entnehmen.

In anderen Jahren wurden allerdings deutlich höhere Überschüsse (= Ergebnis der gewöhnlichen Geschäftstätigkeit) erzielt: 1999 waren es 2.378.024,– DM; 1996 407.632,– DM, 1997 457.419,– DM und 1998 840.400,– DM.

Eine wichtige Größe aus diesem Zahlenwerk ist der Rohgewinn (siehe rechts). Anfangs lag dieser Wert in manchen Ringen noch deutlich unter 10 %.

Manche der Geschäftsführer hatten einfach Hemmungen, von heute auf morgen höhere Preise zu verlangen, auch wenn es sich um nichtlandwirtschaftliche Kunden handelte. Zum Teil befürchteten sie aber auch, andernfalls Aufträge zu verlieren oder bei neuen Angeboten nicht zum Zuge zu kommen.

Trotzdem ist es gelungen, wie der Aufsichtsratsvorsitzende Murr bei der Gesellschafterversammlung 2001 verkünden konnte, diese Vorgabe von 15 % Rohgewinn im Durchschnitt aller Ringe bereits nach fünf Jahren zu erreichen.[17]

Der Aufbau der KBM-Dienstleistungs-GmbH wurde, wie nicht anders zu erwarten, auch durch einige rechtliche und steuerliche Probleme – hier sei nur das Stichwort Scheinselbstständigkeit genannt – gestört und belastet. Im Vergleich zu den zunehmenden Spannungen und Reibungen zwischen der Führung in Neuburg und den Verantwortlichen in den Ringen waren diese Schwierigkeiten jedoch von untergeordneter Bedeutung.

GmbH-Bereich: wachsende Differenzen zwischen Zentrale und Ringen

Die Geschäftsführung der KBM Dienstleistungs GmbH hat die von Anfang an bestehenden und leider im Laufe der Jahre noch anwachsenden Spannungen mit den zur GmbH gehörenden Gesellschaftern und ebenso auch mit den *Eigengründern* vielleicht falsch eingeschätzt, vielleicht auch unterschätzt. Man kann ihr aber nicht vorwerfen, nichts dagegen unternommen zu haben.

Da die Ursachen dafür nicht nur sehr komplex und vielfältig waren, sondern vielfach im menschlichen Bereich lagen,

Eckdaten zur KBM Dienstleistungs GmbH im Geschäftsjahr 2000

Kenngröße	DM
Gezeichnetes Kapital	373.200
Umsatzerlöse	30.268.369
Kosten Dienstleistungen	–24.889.005
Rohgewinn (17,8 %)	5.379.364
Sonstige Erträge	226.170
Erträge insgesamt	**5.605.534**
Personalaufwand Zentrale	–1.759.991
Personalaufwand Außenstelle	–874.242
Personalaufwand insges.	–2.634.233
Abschreibungen	–363.585
Sonst. betr. Aufwendungen	–2.064.822
Aufwand insgesamt	**–5.062.640**
Ergebnis der gewöhnl. Geschäftstätigkeit	542.894

Quelle: Geschäftsbericht KBM-Dienstleistungs-GmbH 2000 vom 30.4.2001

Rohgewinn, eine wichtige Kenngröße

Davon hängt ab, wie viel an Überschuss an die Gesellschafter verteilt werden kann. Die Höhe dieser Zahlungen und der zu Grunde gelegte Verteilerschlüssel wurden immer wieder heftig kritisiert. Der von Neuburg kassierte Anteil war aus Sicht der Gesellschafter viel zu hoch. Umgekehrt bemängelte die Zentrale bei vielen Ringen die zu niedrig angesetzten Preise, die dann zu entsprechend geringen Rohgewinnen führten. Neuburg gab daher schon 1995 ein Ziel von mindestens 15% Rohgewinn vor (= Differenz zwischen den für eine Dienstleistung erzielten Einnahmen und den Zahlungen, die an die ausführenden Landwirte geleistet werden). Eine Quote in dieser Höhe war notwendig, um einigermaßen über die Runden zu kommen.

Die Doppelspitze

Der *alte* und die beiden *neuen* Geschäftsführer gemeinsam mit Vorsitzendem Hans Murr;
v. l. n. r. **Thomas Rummel, Anton Grimm, Hans Murr** und **Erwin Ballis**

Nicht nur Zustimmung im Vorstand

Murr erläutert nun, dass in der Aufsichtsratssitzung der KBM-GmbH beschlossen wurde, Ballis als weiteren GmbH-Geschäftsführer zu berufen. Momentan sei Thomas Rummel alleinvertretungsberechtigter GF, der Umfang der Geschäftstätigkeit erfordert aber eine weitere Vertretungsmöglichkeit. Zudem sei das 4-Augen-Prinzip sehr zu begrüßen. Im Geschäftsführenden Vorstand des KBM e.V. wurde ferner beschlossen, dass Thomas Rummel Vertreter des Landesgeschäftsführers werden soll. Mit diesen Personalentscheidungen wolle man sicherstellen, dass KBM e.V. und KBM-GmbH nicht auseinanderdriften.

Quelle: Protokoll zur Gesamtvorstandssitzung am 11.02.1999

war es äußerst schwierig, das gestörte Verhältnis wieder in Ordnung zu bringen, zumal einige der handelnden Personen in gewisser Weise auch gleichzeitig Teil und Ursache der Probleme waren.

Auch der Umstand, dass ab 1999, nach dem Ausscheiden von Dr. Anton Grimm als KBM-Geschäftsführer, neben Thomas Rummel auch noch Erwin Ballis mit der Geschäftsführung der KBM Dienstleistungs GmbH betraut war, hat wenig dazu beigetragen, die wachsenden Spannungen abzubauen.

An dieser Stelle ist es angebracht, den Blick von der KBM Dienstleistungs GmbH auf die nach diesem Personalwechsel in der gesamten Entwicklung der bayerischen Maschinenringe deutlich werdenden Änderungen zu lenken.

■ Doppelspitze in der Geschäftsführung

Schon im November 1998 beschloss der geschäftsführende Vorstand, künftig die Geschäftsführung von KBM e.V. und KBM Dienstleistungs GmbH möglichst *eng zu verzahnen*. Der bisherige Geschäftsführer der GmbH sollte gleichzeitig auch Aufgaben in der Geschäftsführung des KBM e.V. übernehmen. Umgekehrt sollte der bisherige stellvertretende Geschäftsführer des KBM e.V., Erwin Ballis, nicht nur Nachfolger von Dr. Grimm werden, sondern gleichzeitig gemeinsam mit Rummel die GmbH führen.[18]

Mit dieser personellen Weichenstellung verfolgte der KBM-Vorstand nicht nur das Ziel zwischen KBM e.V., dem Dachverband und Interessensvertreter der bayerischen Maschinenringe und – obendrein noch – Arbeitgeber des bei den Maschinenringen tätigen Personals einerseits und KBM Dienstleistungs GmbH, der aufstrebenden gewerblichen Tochter, andererseits eine möglichst enge Zusammenarbeit zu erreichen. Es ging noch um mehr: *KBM e.V. und GmbH müssen zu einem Unternehmen zusammengeführt werden, unter anderem auch, weil die Führung der Mitarbeiter in den Ringen aus einer Hand erfolgen muss.*[19] Mit anderen Worten: In Neuburg soll es für die Ringe nur noch eine für alles zuständige *Zentrale* geben, auch wenn sich unter diesem gemeinsamen Dach verschiedene Institutionen befinden.

Anfang 1999 hat dann auch der Gesamtvorstand des KBM e.V. diesen Personalentscheidungen zugestimmt. Dabei wurden allerdings, wie aus dem nebenstehenden Protokollauszug zu ersehen ist, gewisse Bedenken geäußert.

Nachdem Erwin Ballis zu diesem Zeitpunkt auch, wie der Lebenslauf auf Seite 211 zeigt, bereits die Geschäftsführung der beiden MR-Organisationen auf Bundesebene (BMR e.V. und BMR-Service GmbH) wahrnahm, sollte mit dieser Entscheidung wohl auch noch ein weiteres, aus bayerischer Sicht verständliches Anliegen verfolgt werden: nämlich über die Person Ballis einen starken bayerischen Einfluss auf Bundesebene sicherzustellen.

Wie aus der Vita von Erwin Ballis ersichtlich, hat die Konstruktion *Doppelspitze* jedoch nur zwei Jahre gehalten. Der erweiterte geschäftsführende Vorstand des KBM e.V. erfährt am 19.06.2001 vom Entschluss von Ballis, zum 31.12.2001 als Geschäftsführer des KBM e.V. und bereits zum 30.6.2001 als Geschäftsführer der KBM Dienstleistungs GmbH und als Vorstand der mein-hof.de AG auszuscheiden.

Angesichts der enormen Arbeitsbelastung und Verantwortung – er war zu diesem Zeitpunkt immerhin in fünf Unternehmen Geschäftsführer bzw. Vorstand – ist der Wunsch, etwas kürzer zu treten, durchaus verständlich.

Man kann sich durchaus vorstellen, dass zunehmende Meinungsverschiedenheiten im Führungstrio und möglicherweise sich schon abzeichnende Interessenskonflikte zwischen den kommerziellen Töchtern von BMR und KBM auch eine Rolle bei dieser Entscheidung gespielt haben.

Das Ausscheiden von Erwin Ballis wurde allgemein bedauert; denn ihm hätte man noch am ehesten zugetraut, die wachsenden Spannungen zwischen der Führung in Neuburg und einem großen

Aufteilung der Aufgaben innerhalb der Doppelspitze:

E. Ballis	E. Ballis und Th. Rummel	Th. Rummel
Produkt-/Projektmanagement	Geschäftsleitung	Personal
Steuern/Verträge/Versicherung	Unternehmensumfeld	Schulung/Weiterbildung
EDV/Neue Medien	Verbandsarbeit	Vertrieb/Landwirtschaft
Einkauf	Ministerium	Vertrieb/gewerbl. Kunden
Betriebswirtschaft	Öffentlichkeitsarbeit	Marketing

Quelle: Entwicklungsstrategie KBM 1998

Teil der MR-Vorsitzenden und -Geschäftsführer abzubauen.

Wenn die *Doppelspitze* auch nur kurze Zeit bestand, so war diese Periode für die weitere Entwicklung der bayerischen Maschinenringe doch sehr prägend und bestimmend. Denn sie leitet, wie der Auszug aus dem Konzept *Entwicklungsstrategie KBM 1998* (siehe Seite 212) zeigt, bereits die radikale Kursänderung ein, welche die Maschinenringe in Bayern in den nächsten Jahren so intensiv beschäftigte.

Die neue Geschäftsführung macht, wie aus diesem Strategiepapier ersichtlich ist, unverblümt deutlich, dass sie nicht nur in der inneren Führung und im Auftreten nach außen andere Wege gehen will, sondern vor allem eine einschneidende Änderung der bisherigen *Unternehmensphilosophie* im Auge hat. Dass in diesem Zusammenhang das bisherige Kerngeschäft der Maschinenringe von nun an mit dem Begriff *MR Classik* umschrieben wird, ist ein deutliches Signal für die geplante radikale Kursänderung. Dieser ab 1998/99 eingeleitete Wandel kann jedoch nicht allein der Doppelspitze Ballis/Rummel angelastet werden. Diese Kursänderung, die der *bayernweiten MR-Arbeit ein neues Profil* geben will, wird auch vom Vorstand voll mitgetragen. [20] Sie wäre wohl auch zu Stande gekommen, wenn die beiden Geschäftsführer in getrennten Positionen operiert hätten; denn hinsichtlich des Kurswechsels gab es zwischen den beiden Geschäftsführern keine grundsätzlichen Differenzen. Sie beide waren gemeinsam mit Hans Murr die eigentlichen Motoren für diese neue Entwicklung.

Bisherige Entwicklungsschritte bei den bayerischen MR liefen im Wesentlichen darauf hinaus, neue innerlandwirtschaftliche Dienstleistungen sowie Dienstleistungen von Landwirten für Dritte in das bestehende System Maschinenring zu integrieren. Die nun angestrebten Veränderungen gehen jedoch weit über das bisherige Aufgabenfeld der Maschinenringe hinaus. Sie beschränken sich nicht darauf, lediglich neue Aufgaben anzupacken (zum Beispiel Betriebsberatung). Sie leiten viel mehr eine massive Änderung des bisherigen Grundkonzeptes ein und krempeln die Non-Profit-Einrichtung Maschinenring in ein Dienstleistungs- und Handelsunternehmen um, in dem die ursprüngliche Aufgabe nur noch als eine von drei Abteilungen unter dem Begriff *MR-Classik* geführt wird.

Es mag sein, dass die mit dieser einschneidenden und weitreichenden *Profiländerung* verbundenen *Nebenwirkungen* von den Verantwortlichen in dieser Konsequenz nicht gewollt waren. Durch die von Neuburg ausgehenden einseitigen Impulse in diese Richtung wurde dieser radikale Wandel jedoch herbeigeführt.

Bereits zwei Jahre nach dieser Umstellung räumt Hans Murr selbst ein: *Durch die starken und erfolgreichen Bemühungen, den Zuerwerb für unsere Mitglieder zu einem weiteren wichtigen Standbein der MR-Arbeit zu machen, ist die „klassische Maschinenringarbeit" etwas ins Hintertreffen geraten. Dies ist mir, dem geschäftsführenden Vorstand und der Geschäftsleitung … in den letzten Wochen noch einmal verstärkt bewusst geworden.*[21]

■ Zukunfts*werkstatt* liefert Konzept für die neue MR-Firma

Noch war aber das Profil dieses neuen Unternehmens nur verschwommen und unklar zu erkennen. Klar war nur eines: der neue Freiraum, der den bayerischen MR durch die ab Januar 2001 erfolgte Umstellung auf die so genannte Projektförderung (siehe Seite 174/175) offen stand, sollte schnellstens genutzt und umgesetzt werden: *Die bayerischen Maschinenringe werden in der Zukunft den unternehmerischen Freiraum nutzen, um in den dynamischen Märkten mit neuen Dienstleistungsformen und -produkten tätig zu werden.*[22] So lautet die Botschaft, die Anfang 2001 an die bayerischen MR-Mitglieder geht.

Was hier angekündigte wird, ist jedoch keine spontan aus der Freude über die kurz zuvor erfolgte Vertragsunterzeichnung zwischen Landwirtschaftsministerium und KBM entstandene Äußerung, sondern eine Ansage, die auf einem zu diesem Zeitpunkt bereits beschlossenen konkreten Zukunftskonzept basiert.

Entwickelt wurde dieses Konzept im Rahmen einer groß angelegten Aktion, einer aufwändigen, rund ein Jahr dauernden *Denkarbeit*, die unter dem Begriff *Zukunftswerkstatt* in der weiteren Geschichte der bayerischen Maschinenringe eine entscheidende und weitreichende Rolle spielen sollte.

Das Projekt Zukunftswerkstatt, das im Jahre 2000 gestartet wurde, führte bei den bayerischen MR zu einer massiven Änderung hinsichtlich ihrer Struktur ebenso wie ihrer Aufgaben und Ziele.

Erwin Ballis

Geboren am 16. Dezember 1963 in Ludwigsmoos bei Neuburg a. d. Donau

1980 – 1987 Fachoberschule und anschließend Fachhochschule in Triesdorf

1987 – 1994 EDV-Referent beim KBM e.V.

1994 – 1999 Stellv. Geschäftsführer des KBM e.V.

1994 – 1999 Geschäftsführer des BMR e.V.

Seit 1996 Geschäftsführer der BMR-Service GmbH

1999 – 2001 Geschäftsführer des KBM e.V. (gemeinsam mit Thomas Rummel)

1999 – 2001 Geschäftsführer der KBM Dienstleistungs GmbH (gemeinsam mit Thomas Rummel)

2001 Vorstand der mein-hof.de AG (gemeinsam mit Thomas Rummel)

Ab 30. Juni 2001 ist Erwin Ballis nur noch als Geschäftsführer der BMR Service GmbH tätig.

Die von der *Zukunftswerkstatt* erarbeitete radikale Kursänderung kündigte sich schon früher im Konzept *Entwicklungsstrategie* KBM 1998 an

Maschinenpools entwickeln wir hin zu Standardelementen landwirtschaftlichen Kostenmanagements
Neue Handlungsfelder im Maschinenbereich **KBM-eigener Maschinenpool**
- *Investitionen in den Erwerb eigener oder geleaster Maschinen*
- *preisgünstiger Einkauf durch Marktmacht*
- *qualifizierte Fahrer der Maschinen als Angestellte*

Wartung/Reparatur eigener Maschinen
- *Wartung und Reparatur von maschinenringeigenen Maschinen und von Maschinen der Mitglieder durch MR-Profis*

Durch Bündelung der Marktmacht aller bayerischen Landwirte erwirtschaftet das KBM umfangreiche Kostenvorteile
Handel mit Betriebsmitteln, Rahmenvertragsabschlüsse, Bau
- *Großzahliger gemeinsamer Bezug von Betriebsmitteln für Mitglieder (Diesel, Motorenöl Dünge- /Spritzmittel, Saatgut)*
- *Rahmenverträge zum Zweck der Beschaffung sonstiger Produkte (Versicherungen, Telefon Kfz.)*
- *Bau (Entwicklung und Vermarktung von MR-Standardbauten, Kooperation mit Baufirmen)*

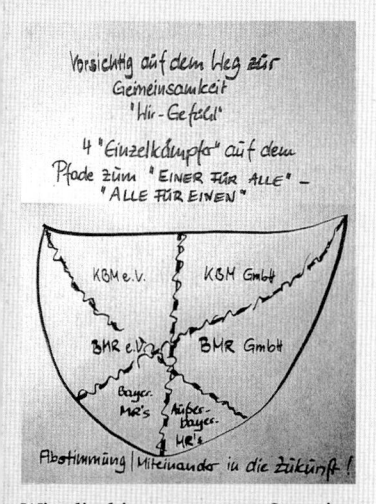

Wie die hier genannten Organisationen am besten miteinander in die Zukunft marschieren, das war eine der Kernfragen der *Zukunftswerkstatt*.

Die Notwendigkeit einer solchen grundsätzlichen und tief greifenden Reform wurde vor allem mit dem zunehmenden *Wettbewerb in der Landwirtschaft* und dem daraus sich ergebenden Zwang, *noch kostengünstiger zu produzieren,* unter anderem durch Nutzung des *agrartechnischen Fortschritts,* begründet. *Bei diesem Entwicklungsprozess* müsse *der Maschinenring dem Landwirt mit professioneller Hilfe zur Seite stehen.* Deshalb müsse *die bisher noch vorherrschende organisierte Nachbarschaftshilfe zu einem professionell organisierten Dienstleistungsunternehmen weiterentwickelt werden.*[23]

Die hier genannten Gründe sind, genau betrachtet, jedoch wenig stichhaltig und überzeugend – und keineswegs neu. Deshalb sind, jedenfalls aus heutiger Sicht, auch Zweifel an der Notwendigkeit dieser Reform angebracht. In Wirklichkeit ging es den Verantwortlichen vor allem darum, für die bereits angesprochenen, wachsenden Probleme in der Zusammenarbeit zwischen Zentrale und Ringen und auch zwischen BMR- und KBM-Organisationen eine grundlegende Lösung zu finden. Gleichzeitig sollte mit Hilfe der Zukunftswerkstatt die notwendige Akzeptanz für die anvisierte Kursänderung erreicht werden.

Das geht zumindest aus der Ergebnisdokumentation der *Team- und Strategietage* des *Neuburger Kernteams,* einem Vorläufer der Zukunftswerkstatt, hervor. Als negative *Qualitäten und Kennzeichen* des letzten Jahres wurden hier unter anderem genannt: *Wir sind durchgewühlt worden – Strukturen und strukturiertes Vorgehen waren nicht optimal – mehr Arbeitsbelastung auch für die Ringe –zum Teil ungeplantes, unabgestimmtes Vorgehen.*

Wie aber diese Schwachstellen beseitigt werden können, darüber enthält die Dokumentation nur wenig Konkretes. Die nebenstehende Grafik vermittelt nur eine vage Vorstellung dazu.

Dieses *Kernteam* aus Führungskräften von KBM e.V. und KBM-GmbH war sich darüber im Klaren, dass für ein so großes Reformwerk ein langer Atem und die Beteiligung möglichst vieler Vertreter der verschiedenen MR-Ebenen notwendig sind. So geschah es dann auch, im Rahmen der *Zukunftswerkstatt.* Fast 50 Frauen und Männer aus dem Haupt- und Ehrenamt, aus der Zentrale und den Ringen haben in mehreren Sitzungen, in verschiedenen Untergruppierungen mit Unterstützung von bis zu vier Teamberatern ein umfassendes Zukunftsbild entworfen.

Eines der wichtigsten Ziele der Zukunftswerkstatt war es, für die Maschinenringe in Bayern eine neue Organisationsstruktur zu entwerfen, in der alle vier Tätigkeitsfelder (überbetrieblicher Maschineneinsatz, soziale und wirtschaftliche Betriebshilfe, Zuerwerb im außerlandwirtschaftlichen Bereich und Einkaufsvorteile) unter dem Dach einer Firma zusammengefasst sind. Bis dato werden diese Dienstleistungen rechtlich gesehen von drei verschiedenen Einrichtungen durchgeführt bzw. unterstützt (siehe Seite 213)[24].

Wie sich die *Zukunftswerkstatt* die neue MR-Firma, in der die genannten drei Bereiche bayernweit unter einem Dach zusammengefasst sind, vorstellt, ist auf Seite 213 in der Randspalte aufgeführt.

Weitere wichtige Forderungen und Ergebnisse der *Zukunftswerkstatt* waren:

Stärkung des Ehrenamtes; Verringerung des Haftungsrisikos für die Vorsitzenden; Einrichten von Kompetenzzentren; Standards für Qualität und Service; neue Aufgabenfelder; neues Gehaltsmodell mit mehr leistungsorientierter Bezahlung; Weiterentwicklung und Ausbau einer an*spruchsvollen MR-Dienstleistungskultur.*[25]

Die Ergebnisse der *Zukunftswerkstatt* wurden nicht etwa nur, wie es das Schicksal vieler mit Hilfe von Unternehmensberatern zu Stande gekommener Strategiepapiere ist, abgeheftet und im Aktenschrank verwahrt. Noch Ende 2000 wurden die notwendigen Beschlüsse für eine zügige Umsetzung gefasst. Danach *sind bis 1. 7. 2001 folgende Änderungen in die Wege zu leiten:*

- *Umfirmierung der KBM Dienstleistungs GmbH in die MR Bayern GmbH*
- *Regelung der Anstellung und Vergütung des Personals*
- *Regelung der Fach- und Dienstaufsicht*
- *Vorbereitung von dadurch notwendigen Satzungsänderungen*[26]

Doch dies war, trotz der großen Zahl von MR-Führungskräften, die an diesem Reformvorhaben mitgewirkt haben, nicht ganz einfach. Ein entscheidender Störfaktor waren die Eigengründer-Maschinenringe. Sie passten nicht so recht in dieses neue Konzept.

Die Umwandlung der KBM Dienstleistungs GmbH in die MR Bayern GmbH wurde am 3. Mai 2001 im Rahmen der

Gesellschafterversammlung der KBM-GmbH vollzogen.

Zur Funktion des Vorsitzenden oder zu den *Spielregeln,* welche die Zusammenarbeit der Ringe mit der Bayern GmbH ordnen, insbesondere im Rahmen von GmbH-Tätigkeiten, fasst die KBM-Mitgliederversammlung am 27. Juni in Bayreuth die notwendigen Beschlüsse.

Sogar mit den Eigengründer-Maschinenringen kommt es zu einer einvernehmlichen Lösung: im Rahmen eines auf vier Jahre befristeten Pilotprojektes dürfen sie ihr gesamtes Personal selbst anstellen.

Das neue Lohnmodell, das die bisherige am BAT angelehnte Entlohnung der KBM-Angestellten ablösen soll, wird im Rahmen der außerordentlichen Mitgliederversammlung des KBM in Marzling am 30. 11. 2001 genehmigt.

Die Übertragung zentraler Dienstleistungsbereiche, insbesondere des Personalwesens an die Bayern GmbH, wurde ab 2002 realisiert, ebenso die Umsetzung des neuen Lohnmodells.

Offensichtlich haben aber die aus der Zukunftswerkstatt umgesetzten Veränderungen nicht oder zumindest nicht in vollem Umfang zu den erhofften Verbesserungen geführt; denn in der KBM-Mitgliederversammlung 2002, die in Sonthofen stattfand, wurde die Vereins- und Geschäftsführung des KBM e.V. im Allgemeinen und manche Auswirkungen der Strukturreform im Besonderen arg kritisiert.

Die folgenschwerste Neuerung aber, die angepeilte Handelstätigkeit, die *vierte Säule* künftiger MR-Arbeit, wurde nicht peu a peu aufgenommen und kontinuierlich weiterentwickelt, so wie es bisher Art der Maschinenringe war. Dieser Schritt wurde durch eine ausgefallene PR-Aktion (siehe nebenstehend) begleitet [27] und im großen Stil, nach dem Motto: „Nicht kleckern, sondern klotzen, vollzogen." Und zwar in Gestalt eines neuen Unternehmens: der *mein-hof.de AG.*

Erstaunlicherweise war diese Entscheidung, soweit aus den wenigen Dokumenten, die darüber vorliegen, ersichtlich ist, in der Zentrale Neuburg kaum umstritten. Allerdings, die Vorbereitungen dazu gingen auch in aller Stille vor sich. Nur ein kleiner Kreis in der Führungsspitze in Neuburg wurde eingeweiht. Zwar konnte man in den Fluren am Marstallplatz schon gelegentlich das Zauberwort E-Commerce hören. Konkretes dazu war aber nicht zu erfahren.

Zu diesem Kreis gehörte neben Hans Murr und Thomas Rummel auch Erwin Ballis. Dass auch Ballis für diese Idee eintrat, ist etwas verwunderlich, denn in Form der BMR Service GmbH stand bereits ein MR-Handelsunternehmen zur Verfügung. Und Ballis war immerhin auch der Geschäftsführer dieser bereits recht erfolgreich tätigen GmbH, zu deren Geschäftsumfang die bayerischen MR einiges beigesteuert haben.

Überraschend kam dieser Schritt jedoch nicht: Bereits im Rahmen der außerordentlichen Mitgliederversammlung des KBM e.V. am 4. 12. 2000 in Neuburg stellt Murr unmissverständlich fest: *Handys, Autos, Strom: insgesamt Einsparungen für unsere Mitglieder von mehr als 50 Millionen DM, alleine im letzten Jahr. Um diesen Bereich können wir uns nach dem 1. 1. 2001 selbst kümmern.*

■ mein-hof.de AG: Einstieg in den Internethandel

Am 6. März 2001 hat der Aufsichtsrat der KBM Dienstleistungs GmbH einstimmig die Gründung eines Internet-Unternehmens in Form einer Aktiengesellschaft beschlossen. Die Vorträge der beiden Geschäftsführer Ballis und Rummel *zu den Marktchancen* eines solchen Unternehmens haben die Aufsichtsratsmitglieder offensichtlich voll überzeugt.

Um das Hauptbestimmungsrecht in dieser AG nicht zu verlieren, wird sich die KBM Dienstleistungs GmbH einen Anteil von über 50% sichern. Zunächst muss diese Thematik noch intern bleiben und darf nicht an die Öffentlichkeit getragen werden.

Der organisatorische Aufbau der AG ging rasch und ohne Probleme vonstatten. Die Gründung beim Notar in Neuburg erfolgte bereits drei Tage später, am 9. März 2001. Bereits zu diesem Zeitpunkt mussten die Namen der drei Aufsichtsräte bestimmt sein: Hans Murr übernahm den Vorsitz. Ludwig Schlosser, in seiner Funktion als Vorstand der Volksbank Neuburg, die als Geldgeber auftritt, und Willhelm Haslbeck in seiner Funktion als stellvertretender Landesvorsitzender und Aufsichtsratsmitglied der KBM GmbH werden stellvertretende Aufsichtsräte. Thomas Rummel und Erwin Ballis fungierten zunächst gemeinsam als Vorstand. Mitte des Jahres 2001 schied Erwin Ballis, wie schon auf Seite 210 ausgeführt, jedoch bereits wieder aus.

Die Eintragung ins Handelsregister erfolgte am 6. August 2001. Firmensitz wurde natürlich auch Neuburg/Donau.

Die Struktur ändert sich

Die bisherigen Zuständigkeiten:
Auf Ringebene wird
- die klassische Arbeit vom Maschinenring e.V.,
- der gewerbliche Zuerwerb und die Einkaufsvermittlung von der eigenen MR GmbH bzw. der Außenstelle der KBM Dienstleistungs GmbH beim MR e.V. organisiert.

Auf Landes- bzw. Bundesebene betreut
- das KBM e.V. die Ringe in der klassischen Arbeit,
- die KBM Dienstleistungs im gewerblichen Bereich und
- die BMR Service GmbH ist für den Einkaufssektor zuständig.

Quelle: Neues für Profis, 3/2000, Seite 2

Die neue MR-Firma:
- *Es gibt zwei Organisationen: Verein und MR Bayern GmbH*
- *Der Verein (KBM e.V.) ist auf zentraler Ebene Aufsichtsorgan für die MR Bayern GmbH.*
- *Der Verein (MR e.V.) ist auf regionaler Ebene Aufsichtsorgan für den Bereich MR Classic.*
- *KBM e.V. übergibt die klassischen MR-Bereiche an die MR Bayern GmbH, die MR e.V.s vor Ort an die örtlichen Außenstellen der MR Bayern GmbH.*
- *Die Fachaufsicht liegt beim Vorsitzenden.*
- *Die Dienstaufsicht liegt bei der MR Bayern GmbH als Arbeitgeber.*
- *Das Personal wird einheitlich bei der MR Bayern GmbH angestellt, das Personal der Eigengründer GmbHs ist davon nicht betroffen.*

Quelle: KBM Koordinationsgruppe Zukunftswerkstatt, Ergebnisse vom 22. 9. 2000

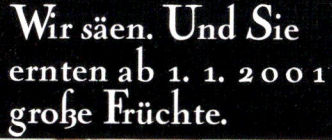

Mit dieser ungewöhnlichen PR-Aktion wird der bevorstehende, tief greifende strukturelle und inhaltliche Umbau der bayerischen Maschinenring-Organisation angekündigt und begleitet.

Die Führung der mein-hof.de AG

(Stand vom Juli 2001)

Aufsichtsrat:

Vorsitzender:
Hans Murr
(Erster Vorsitzender KBM e.V.)

Stellvertretende Vorsitzende:
Wilhelm Haslbeck
(Stellvertretender Vorsitzender KBM e.V.)

Ludwig Schlosser (Vorstandsvorsitzender der Volksbank Neuburg/Donau)

Vorstand:

Thomas Rummel
(gleichzeitig Geschäftsführer der MR Bayern GmbH)

Management:

Carsten Steffens (Marketing)

Volker Schuckert
(Warengruppen-Management)

Klaus Finkhäuser (IT)

Hartwig Meyerle
(Abwicklung, Geschäftsentwicklung)

Quelle: Neues für Profis, Sonderausgabe 2001, Seite 4

mein-hof.de – Marktplatz der Landwirtschaft

Zur Bündelung von Einkaufsvorteilen für landwirtschaftliche Betriebsmittel wurde im Jahre 2001 die Internet-Handelsfirma mein-hof.de als Aktiengesellschaft gegründet. Neben der MR Bayern GmbH sind zahlreiche Landwirte und einige MR-e.V.s Aktionäre bei mein-hof.de. Die Handelsfirma mein-hof.de ist juristisch, personell und organisatorisch eigenständig. Über die mein-hof.de AG werden Einkaufsvorteile abgewickelt für Gebrauchsartikel der Landwirtschaft, wie z. B. Landtechnik, Dünger und Pflanzenschutz, Büroartikel u. ä.

Quelle: Flyer, Die bayerischen Maschinenringe informieren

Im Rahmen der Gesellschafterversammlung der KBM GmbH am 3. Mai 2001 wurde die Gründung von mein-hof.de erstmals einem größeren Kreis von MR-Vertretern präsentiert. Dabei gab es mehr oder weniger nur zustimmende Wortmeldungen.

Bei der *Auftaktveranstaltung* am 8.11. 2001 in Regensburg wurde mein-hof.de dann in allen Einzelheiten vorgestellt.

Um die Geschäfte vorzubereiten und in Gang zu bringen, wurden innerhalb kurzer Zeit eine Reihe gut bezahlter Mitarbeiter angestellt. Auf dem Parkplatz am Marstall in Neuburg, am Firmensitz, stachen die repräsentativen Dienstwagen der leitenden Manager sofort ins Auge.

Die meisten MR-Vertreter sahen wohl in diesem Unternehmen, auch wenn es den bisherigen Tätigkeitsrahmen der Maschinenringe radikal sprengte, nicht nur eine sinnvolle, sondern sogar eine notwendige Erweiterung der bisherigen MR-Aufgaben (neben dem klassischen Maschinenring und der Dienstleistung GmbH). Das *vorrangige Ziel* von mein-hof.de, den MR-Mitgliedern *Einkaufsvorteile zu verschaffen*, wurde offensichtlich mehrheitlich als sinnvolle und notwendige MR-Aufgabe gesehen.[28]

Neu war diese Idee nicht, den Zusammenschluss von Landwirten in den MR zu nutzen, um landwirtschaftliche Betriebsmittel günstiger einzukaufen. Schon in den 60er Jahren haben einzelne Maschinenringe Sammeleinkäufe, vor allem bei Diesel, organisiert. 1970 wurde der diesbezügliche Spielraum für die Maschinenringe durch das LwFöG jedoch sehr begrenzt. Lediglich im Rahmen der losen Düngerkette waren Sammelbestellungen noch zulässig. Durch die Einführung der Projektförderung Ende 2000 wurde diese Einschränkung praktisch aufgehoben.

Doch schon zwei Jahre vorher, in der schon erwähnten KBM-Entwicklungsstrategie zeichnet sich diese radikale Kursänderung ab. Neben den bisherigen zwei Hauptaufgaben klassischer Maschinenring und Zuerwerb im Rahmen der GmbH soll eine dritte angepackt werden: durch Bündelung der Marktmacht aller bayerischen Landwirte sollen umfangreiche Kostenvorteile zu Gunsten der Mitglieder erwirtschaftet werden.

Hans Murr, Vorsitzender von KBM e.V. und KBM Dienstleistungs GmbH, wusste aus langjähriger Erfahrung im eigenen Agrarunternehmen, wie viel Reserven im Einkauf von Betriebsmitteln und natürlich noch mehr im Verkauf der betrieblichen Erzeugnisse stecken. Diese Erkenntnis war für ihn das maßgebliche Motiv für diese Entscheidung. Thomas Rummel war von Anfang von dem Marktpotential angetan, das die rund 100.000 in den bayerischen Maschinenringen zusammengeschlossenen Landwirte repräsentierten. Und Erwin Ballis, der dritte im Bunde, hatte von jeher eine stark ausgeprägte Neigung und Begabung für alles, was mit *Handeltreiben* zu tun hat. Offensichtlich sah er in diesem bayerischen Internet-Unternehmen keine störende Konkurrenz für *seine* BMR Service GmbH.

Auch von anderer Seite wurden kaum Bedenken geäußert oder gar deutliche Widerstände gezeigt. Die schlechten Erfahrungen, die kurz nach Gründung des KBM in einigen Maschinenringen, die sich auf Handelsgeschäfte einließen, insbesondere im Bayerischen Wald gemacht wurden, haben demnach keine abschreckende Wirkung hinterlassen. Die eigentliche Maschinenringarbeit ist damals in diesem Ring durch die überhand nehmende Organisation von Sammeleinkäufen total in den Hintergrund geraten.

Auch die Sorge, dass sich aufgrund des Internet-Handels zwangsläufig Ärger und Spannungen mit dem örtlichen Landhandel, noch mehr aber mit den BayWa-Betrieben ergeben könnten, wurde offensichtlich nur als gering eingeschätzt. Und dies, obwohl die Maschinenringe, deren Entstehung ja in hohem Maß der BayWa AG zu verdanken ist, mit den genossenschaftlichen Unternehmen in der Regel gut zusammenarbeiten. Auch die meisten MR- Mitglieder sind traditionell stark mit der Raiffeisen-Organisation verbunden.

Die große Mehrheit war also, so ist aus diesem Verhalten zu schließen, vom Erfolg überzeugt. Offiziell begründet wird diese positive Einschätzung so: *Weil wir als Maschinenringe in Bayern eine starke Gemeinschaft bilden. Mehr als 100.000 Mitglieder bewirtschaften etwa 80 % der gesamten landwirtschaftlich genutzten Fläche Bayerns. Den Zusammenhalt dieser Gemeinschaft haben die Maschinenringe in der Vergangenheit erfolgreich unter Beweis gestellt und daran knüpft auch die neue Firma mein-hof.de AG an.*[29]

Einen weiteren Grund für diesen Optimismus sah man auch in den folgenden zwei wesentlichen Merkmalen des gewählten Konzeptes:

- Die Geschäfte werden über das Internet abgewickelt.

- Die Landwirte werden als Aktionäre mit ins Boot genommen.

Die MR-Mitglieder sollten, so die Vorstellungen, in doppelter Hinsicht von dieser (ihrer) Firma profitieren: indem sie günstig einkaufen und zudem noch eine schöne Dividende kassieren.

Zwar hat bis dato der Agrarhandel das Internet nur sehr zögerlich genutzt. Aufgrund der engen Bindung der MR-Mitglieder an ihren Ring und des großen Vertrauens der Landwirte zu dieser Institution glaubte man aber, die Zurückhaltung der Landwirte gegen den Einkauf am Computer leichter überwinden zu können als andere. Schließlich hatte man es ja hier nicht mit einer anonymen Kunden-Masse zu tun, sondern einer Zielgruppe, die man genau kannte. Man wusste, dass in den MR überwiegend die fortschrittlichen und größeren Landwirte vertreten sind, und man konnte sie zudem direkt und gezielt ansprechen. Alles Pluspunkte, die ohne Zweifel ins Gewicht fallen würden.

Außerdem konnte man sich gerade dadurch deutlich von der schon angesprochenen starken Konkurrenz abheben, was als weiterer Vorteil angesehen wurde.

Andererseits waren aber auch für die Entwicklung und den Aufbau eines Internet-Handelsunternehmens erhebliche Investitionen nötig, insbesondere für die entsprechende Software. Damit diese hohen Kosten nicht zu sehr zu Buche schlagen, müssen entsprechende Umsätze erzielt werden. Im Gegensatz zur Arbeit im GmbH-Bereich konnte man hier aber weder auf bereits vorhandenen Aktivitäten aufbauen, noch auf entsprechendes Know-how bei den Mitarbeitern zurückgreifen. Es war ein Anfang vom Punkt null.

Man war also, nicht zuletzt auch aufgrund der Entscheidung für das Internet-Konzept, gezwungen, zunächst einmal *viel Geld in die Hand zu nehmen*. Andererseits erwartete man sich davon, wie es Thomas Rummel einmal ausdrückte, schnell und direkt in die *Champions League aufzusteigen*.

Diese optimistische Einstellung verbunden mit dem Glauben, rasch ein erfolgreiches Unternehmen aufbauen zu können, vorausgesetzt man hat eine gute Idee, das notwendige Startkapital und clevere Manager, war in dieser Zeit des *Neuen Marktes* weit verbreitet. Allerdings: Auch viele dieser hoffnungsvollen Unternehmen kamen über eine spektakuläre Startphase nicht hinaus. Zum Zeitpunkt der Gründung der mein-hof.de AG im Jahre 2001 überwogen in der noch jungen Geschichte des Internet-Handels die erfolglosen Firmengründungen bei weitem.

Nicht so reibungslos wie die Bereitschaft Startkapital aufzubringen und Personal anzustellen gestaltete sich der Aktienkauf bzw. -verkauf. Das notwendige Grundkapital stellten die Gründer, nämlich die MR Bayern GmbH, der Hauptaktionär, und die Mitglieder des Vorstandes und des Aufsichtsrates bereit.

■ Irritationen um den Verkauf der Aktien

Von Anfang an gab es jedoch erhebliche Irritationen bezüglich der Aktienpolitik. Die Gründer konnten Aktien zum Preis von 2,– €/Stück erwerben; in der MR-Organisation tätige Personen mussten jedoch 8.- € und MR-Mitglieder 30,– bzw. später 35,– € dafür ausgeben. Diese Praxis wurde bereits im November 2001 von einigen Maschinenringen heftig kritisiert. Ihre Kritik zielte einmal auf die sich daraus ergebenden enormen Differenzen hinsichtlich der Rendite (82,5 % für die 2-€-Aktie bzw. 4,7 % für die 35-€-Aktie). Zum anderen auf die entsprechenden Auswirkungen beim Stimmrecht: *Da bereits 52 % der Aktien zu einem Stückpreis von € 2,– an die Gründer vergeben wurden, ist unseres Erachtens eine wirksame Mitspracheoglichkeit der Ringe von vorneherein nicht gewährleistet.*[30]

Von der Geschäftsleitung wurde die Herausgabe von 2-€-Aktien zum Nominalwert als ein bei der Gründung einer AG übliches Verfahren gerechtfertigt. Außerdem seien die Gründungsmitglieder aufgrund *fehlender Sicherheiten für die mein-hof.de AG zur Zeichnung von Aktien gezwungen gewesen*. Trotzdem entschlossen sich die Mitglieder von Aufsichtsrat und Vorstand zur Rückgabe der 2-€-Aktien. Außerdem werde man den *Wunsch nach einer Kommission von Vorsitzenden zum Aktienwert und zur Aktienverteilung aufnehmen.*[31]

Damit war zwar dieser Streitpunkt mehr oder weniger vom Tisch. Das wachsende Misstrauen vieler MR-Vorsitzenden und -Geschäftsführer an der Führung in Neuburg war damit jedoch keineswegs aus der Welt.

Die Ringe selbst und die MR-Mitglieder wurden nun im Rahmen von gut

---

Aufruf an die MR-Mitglieder zur Beteiligung an der mein-hof.de AG

Machen Sie die mein-hof.de AG zu Ihrem Unternehmen!

Manche von Ihnen werden es schon wissen, andere noch nicht – alle Maschinenring-Mitglieder, bayerische Maschinenringe, alle Ehrenamtlichen, Geschäftsführer und Mitarbeiter haben die Möglichkeit, sich an der mein-hof.de AG zu beteiligen.

Bis zum 31. März 2002 noch zum Frühzeichner-Preis bei 8 €/Aktie, bei einer Mindestabnahme von 125 Stück. Danach beträgt der Preis 10 €/Aktie.

Sie können also doppelt profitieren: von den Einkaufsvorteilen und als Anteilseigner/Miteigentümer (Aktionär).

Jede Aktie bedeutet eine Stimme in der Hauptversammlung, dem höchsten Organ der AG. Der Aktionär erhält eine Dividende, sobald das Unternehmen Profit erwirtschaftet und die Hauptversammlung die Ausschüttung einer Dividende beschließt.

Nach den aktuellen Planungen soll erstmals im Jahre 2005 ein Gewinn erzielt werden.

Auch einige rechtlich wichtige Informationen enthält dieser Aufruf:

- *Risiko: jede Aktie ist ein Risikopapier, dessen Entwicklung nicht vorher gesehen werden kann. Die Firma mein-hof.de AG ist aber auch ein Unternehmen der Maschinenringe und deren unternehmerische Aktivitäten waren bisher stets erfolgreich.*
- *Die Aktie unterliegt kurzfristig keinen extremen Schwankungen, da die mein-hof.de AG kein börsennotiertes Unternehmen ist.*
- *Vinkulierte Namensaktien: diese Aktien können nur innerhalb des oben beschriebenen Personenkreises ge- und verkauft werden; beides bedarf der Zustimmung der AG. Damit ist sichergestellt, dass die mein-hof.de AG auch ein Unternehmen der Maschinenringe/Maschinenring-Mitglieder bleibt und keine Wettbewerber Einfluss auf das Unternehmen ausüben können. Nach Abschluss der Aktienplatzierung sollen 70 % der Aktien von den Maschinenring-Mitgliedern, bayerische Maschinenringen, den Ehrenamtlichen, Geschäftsführern und Mitarbeitern gehalten werden. Hauptaktionär ist zurzeit die MR Bayern GmbH.*

Quelle: Maschinenring Die Profis vom Land 1/2002, S.19.

Beispiel einer Anzeige der mein-hof.de AG
(aus Maschinenring 3/2002 Seite 4)

KBM-Vorstand kündigt einschneidende organisatorische und personelle Änderungen an
Auszüge eines Schreibens des KBM-Vorsitzenden Hans Murr vom 13. 9. 2001

KBM e.V. und MR Bayern GmbH/mein-hof.de AG erhalten wieder „getrennte Geschäftsführungen". Die Arbeitgeberfunktion der einzelnen Organisationen für die jeweiligen Fachbereiche bleibt voll erhalten.

Damit die gegenseitige Zusammenarbeit und das gegenseitige Verständnis zwischen den getrennten Geschäftsführungen sichergestellt ist, soll

- der Geschäftsführer des KBM e.V. Sitz und Stimme im Aufsichtsrat der MR Bayern GmbH,
- der Geschäftsführer der MR Bayern GmbH Sitz und Stimme im geschäftsführenden Vorstand des KBM e.V. erhalten.

Georg Thalhammer wird als neuer, alleiniger Geschäftsführer KBM e.V. vorgeschlagen. Thomas Rummel wird bis zum 31. Dezember 2001 Geschäftsführer KBM e.V. bleiben.

organisierten Informationsveranstaltungen und im Mitteilungsblatt der bayerischen Maschinenringe immer wieder ermuntert, sich an der mein-hof.de AG zu beteiligen.[32]

Gleichzeitig werden die Mitglieder auch über rechtliche Fragen zum Aktienrecht im Allgemeinen und zu den Besonderheiten der MR-Aktiengesellschaft informiert, um etwaigen Ängsten und Vorbehalten zu begegnen (siehe Seite 215).

Doch trotz dieser beruhigenden Erklärungen lief der Aktienverkauf nur sehr zögerlich. Auch durch wiederholte Aktionen gelang es nicht, die Landwirte aus ihrer Reserve zu locken.

■ Eine bunte Angebotspalette soll das Geschäft in Schwung bringen

Die ersten von der mein-hof.de AG angebotenen Waren mussten von den Landwirten noch auf herkömmliche Weise geordert werden, per Faxbestellung über den örtlichen Maschinenring. Die Angebotspalette war zwar noch recht klein, aber dafür umso bunter: sie reichte vom PC inklusive Software über Kettensägen nebst Zubehör bis zu Kinderspielzeug (Schlepper, Mähdrescher usw.).

Ab 2002 war dann der Einkauf per Internet möglich. Dazu mussten sich die interessierten Landwirte zuerst registrieren lassen. Die notwendigen Formulare und Informationen erhielten sie beim zuständigen MR. Jetzt war der Weg frei über Benutzernahme und Passwort online bei der „eigenen" Aktiengesellschaft einzukaufen.

Die Angebote der mein-hof.de AG können die MR-Mitglieder aus Anzeigen in Fachzeitschriften bzw. aus dem Internet entnehmen. Einen Standard-Katalog gibt es nicht. Stattdessen werden – *abgestimmt auf den jahreszeitlichen Bedarf – Produkte innerhalb festgelegter Aktionszeiträume* angeboten. Die Bestellungen können je nach Artikel in einem Zeitraum zwischen 10 und 14 Tagen bis hin zu drei Wochen erfolgen. Zur Auswahl der Produkte können die Mitglieder Vorschläge einbringen.[33]

Aus der Zeitschrift *Maschinenring – Die Profis vom Land* können die bayerischen MR-Mitglieder zum Beispiel Anfang 2002 unter dem Logo mein-hof.de – *MARKTPLATZ DER LANDWIRTSCHAFT* das aktuelle Angebot ersehen. Es geht über vier Seiten und umfasst Geräte der Stall-, Transport- und Schweißtechnik, Maissaatgut, Computer einschließlich Software sowie eine landwirtschaftliche Studienreise nach Istrien.

■ Zunehmend Kritik an der neuen Struktur

Die *neue Struktur* bringt jedoch nicht die erhofften positiven Wirkungen, insbesondere die erwünschte Geschlossenheit und Harmonie innerhalb der bayerischen MR-Organisation. Die Saat der Zukunftswerkstatt, die ab *1. 1. 2001 große Früchte* bringen sollte, geht nicht so gut auf wie erwartet (siehe Randspalte Seite 213)[34].

Die Einführung der neuen Organisationsstruktur gestaltete sich schwieriger als angenommen. In Bayreuth, bei der KBM-Mitgliederversammlung, war die Stimmung zwar noch überwiegend optimistisch und harmonisch, so dass weitere wichtige Beschlüsse auf den Weg gebracht werden konnten. Doch bereits ein halbes Jahr später sah sich Vorsitzender Hans Murr veranlasst, an die Mitglieder zu appellieren, die *Einheit der bayerischen Maschinen- und Betriebshilfsringe als höchstes Gut unserer Organisation ... heute in keinem Fall zu gefährden.*

Zwar wurde bei dieser außerordentlichen Mitgliederversammlung in Marzling bei Freising (am 30. 11. 01) der *Grundsatzbeschluss zur Umsetzung der Projektförderung* noch einstimmig gefasst. Doch bei anderen Abstimmungen war von Einheit und Geschlossenheit wenig zu spüren, im Gegenteil!

Die Vereins- und Geschäftsführung des KBM e.V. wurde bei dieser Veranstaltung in für bayerische MR-Verhältnisse ungewöhnlich scharfer Form kritisiert und mit entsprechenden Anträgen geradezu bombardiert. Und das, obwohl der Vorstand bereits vorher wichtige Eckpunkte der neuen Struktur zurückgenommen und so den Ringen weitgehende Zugeständnisse gemacht hatte (siehe nebenstehend).

Der Versuch, die Entscheidungsbefugnis des Geschäftsführenden Vorstandes zu Gunsten des Gesamtvorstandes zu beschneiden, konnte in dieser Versammlung zwar gerade noch abgewiesen werden. Dagegen wird der Antrag des KBM-Vorstandes, dem Geschäftsführer der MR Bayern GmbH Sitz und Stimme im Geschäftsführenden Vorstand einzuräumen, deutlich abgelehnt. Dieses klare Votum und die *Missbilligung der Vorgehensweise bei der Gründung und Finanzierung der meinhof.de AG* sowie der einstimmig gefasste Beschluss, künftig an der gesamten Geschäfts- und Rechnungsprüfung einen *Rechnungsprüfungsausschuss* aus drei MR-Vorsitzenden zu beteiligen, sind deutliche Warnsignale an die Vereinsführung im Allgemeinen und die Person Thomas Rummel im Besonderen.

Doch auch Marzling wirkte nicht wie ein reinigendes Gewitter, obwohl einige Mitglieder diese Versammlung dazu nutzten, Dampf abzulassen und der Führung in Neuburg oder wenigstens gewissen Personen einen Denkzettel zu verpassen und sie in ihrem Machtstreben – so wurde deren Verhalten zumindest seitens der Ringe bewertet – etwas einzuschränken.

Statt Aufbruchstimmung und Harmonie gibt es auch weiterhin manchen Streit und insbesondere im GmbH-Bereich stark auseinanderstrebende Interessen.

Diese negative Grundstimmung konnte auch durch die Anstellung von Georg Thalhammer als Geschäftsführer des KBM e.V., die zum 1. Oktober 2001 erfolgte, nicht so schnell zum Positiven geändert werden. Eine Trendwende wurde durch diesen Wechsel in der Geschäftsführung des KBM jedoch eingeleitet (mehr dazu ab Seite 225).

Allerdings, auch nach der Anstellung von Thalhammer als KBM-Geschäftsführer blieb ein Teil der strukturellen Veränderungen bestehen und sorgte weiterhin für turbulente Auseinandersetzungen in den Mitgliederversammlungen. Das gilt insbesondere für die Übertragung zentraler Dienstleistungsbereiche, in Sonderheit des Personalwesens an die Bayern GmbH.

Die bereits erwähnte heftige Kritik, die im Rahmen der KBM-Mitgliederversammlung 2002 in Sonthofen am Finanz- und Haushaltswesen und vor allem an der *Dienstleistung „Personalwesen"* durch die MR Bayern GmbH geübt wurde, lässt den Schluss zu, dass die davon erwarteten qualitativen Verbesserungen und finanziellen Einsparungen nicht eingetreten sind. Das Gegenteil war der Fall: Nicht nur in diesem Bereich wurden die stark gestiegenen Kosten beklagt, sondern auch bei Positionen wie Miete, Rechtsberatung und anderen Nebenkosten. Nur durch die Einführung einer Sonderumlage war es möglich, wieder einen ausgeglichenen Haushalt sicherzustellen.

In der MR Bayern GmbH schwelen die Differenzen weiter

Während also die Zusammenarbeit zwischen den Ringen und der Geschäftsführung des KBM im Großen und Ganzen wieder problemlos lief, kann im Verhältnis Maschinenringe zu MR Bayern GmbH keineswegs konstatiert werden, *dass alle an einem Strang zogen und miteinander statt gegeneinander arbeiteten.*[35]

Zwar herrschte bei der Gesellschafterversammlung 2001 noch eine überwiegend positive Stimmung. Doch bereits ein Jahr später überwogen die negativen Töne. Thomas Rummel spürt zwischen *Gesellschaftern und der Mannschaft „unheimliches Misstrauen"*.[36] Und auch der Aufsichtsratsvorsitzende Hans Murr ist, *wie die nebenstehenden Auszüge aus dem Geschäftsbericht deutlich machen, sehr besorgt.*

Die Geschäftsführung hat zwar immer wieder versucht, durch organisatorische Veränderungen die Zusammenarbeit mit den an der Gesellschaft beteiligten Ringen und ebenso den MR mit eigener GmbH zu verbessern.

Eine solche Maßnahme war die Gründung der Maschinenring Bayern GmbH & Co. KG als Komplementärin der MR Bayern GmbH im Rahmen der Gesellschafterversammlung vom 5. Juni 2003. In dieser zusätzlichen Gesellschaft sollten sich die Ringe, die Gesellschafter der MR Bayern GmbH waren, zusammenschließen und so ihre Interessen besser wahrnehmen. Einzelheiten zu dieser Konstruktion nebenstehend.

Doch auch diese Maßnahme brachte nicht die erhoffte Entspannung. Im Gegenteil, die Polarisierung zwischen Zentrale und Außenstellen nahm weiter zu.

Polarisierung zwischen Zentrale und Außenstellen

Dafür gibt es vielerlei Gründe; sie wurden zum Teil bereits genannt oder angedeutet. Die Hauptursache für die meisten Differenzen liegt in Folgendem: *Neuburg wollte das Unternehmen weitgehend zentralistisch führen.* Dazu brauchte es gegenüber den Ringen mehr Einfluss und Macht. Die Ringe dagegen wollten ihre gewohnte Eigenständigkeit beibehalten, eher noch ausbauen und sich auf keinen Fall gängeln lassen.

Hans Murr zum Zustand der KBM-Dienstleistungs-GmbH

Die bayernweite Struktur, vertreten in jedem Landkreis, verbunden mit den zentralen Strukturen in Neuburg, das gemeinsame Denken und Handeln, gemeinsam an einem Strang ziehen, das hat uns in der MR Bayern GmbH groß und erfolgreich werden lassen, das ist unsere Stärke, und diese Stärke ist es, vor der viele Angst haben...

Ich möchte Sie alle auffordern, auch in der Zukunft miteinander und nicht gegeneinander zu arbeiten... genau dieser Punkt macht mir persönlich in letzter Zeit große Sorgen. Derzeit ist mein Eindruck, dass ...

... zwischen den Maschinenringen und Neuburg großes Misstrauen besteht,

... manche Maschinenringe nach dem Motto handeln: „Denen in Neuburg zeigen wir's mal so richtig",

... der eine oder andere Gesellschafter sich mit dem Gedanken trägt, eine eigene Gesellschaft zu gründen oder dies bereits getan hat...

Gefährden Sie nicht durch unüberlegtes Handeln oder durch Aktivitäten die großen Vorteile unserer gemeinsamen, bisher sehr erfolgreichen, bayernweiten Firma, der MR Bayern GmbH, sondern lassen Sie uns wieder zu einem offenen Dialog kommen...

Quelle: Protokoll zur Gesellschafterversammlung der MR Bayern GmbH vom 25. 4. 2002

Maschinenring Bayern GmbH & Co. KG soll MR mehr Freiraum bieten

Die MR Bayern GmbH ist verantwortlich für ein flächendeckendes Angebot an Dienstleistungen für Großkunden. Die Maschinenring Bayern GmbH & Co. KG ist verantwortlich für das Vor-Ort-Geschäft.

Ziel ist es, die Abwicklung des Großkundengeschäfts sowie die Zusammenarbeit zwischen MR Bayern GmbH und Maschinenring Bayern GmbH & Co. KG sowie die Zusammenarbeit zwischen einzelnen Außenstellen der Maschinenring Bayern GmbH & Co. KG (nachfolgend KG-AST genannt) zu regeln.

Verantwortlich für Akquise, Abwicklung und Besetzung von Leistungen bzw. Objekten innerhalb der Maschinenring Bayern GmbH & Co. KG ist die jeweilige KG-AST.

Die Geschäftsführung der Maschinenring Bayern GmbH & Co. AG wird von der MR Bayern GmbH übernommen.

Der Gewinnanspruch sowie die Kostenzuordnung der einzelnen Gesellschafter soll neu geregelt werden.

Quelle: Konzeption der KBM GmbH vom 4. 6. 2003

Dr. Walter Pfadler zur Krise der MR Bayern GmbH

Am Anfang Euphorie...
in der Begeisterung wird das wichtigste vergessen:
1. Eine klare Unternehmensphilosophie mit allen Beteiligten zu entwickeln
2. Die Rollen und gegenseitigen Erwartungen und die Geschäftsbedingungen zu klären
3. Die Spielregeln der Zusammenarbeit für alle klar und akzeptiert zu vereinbaren

Viele MR-Geschäftsführer wurden überfordert – plötzlich eine völlig neue Situation
- Aufträge mit Terminen und Aktivitäten werden von der Zentrale erteilt.
- MR-GF verliert im GmbH-Bereich seine Freiheit und "Selbstständigkeit"
- In das enge Verhältnis von MR-GF und 1. Vorsitzenden drängt sich plötzlich ein Th. Rummel
- Der Arbeitserfolg ist von Zentrale kontrollierbar

Ungeschicktes/verunsichertes Verhalten der Zentrale
- Es wurde nichts klar geregelt und konsequent durchgezogen
- Es wurden oft unnötige "Geheimnisse gemacht"
- Bei Entscheidungen fühlten sich MR-GF übergegangen
- Nicht vorhandene/erkannte Kosten-/Leistungsbilanz führte zu massiven Vorwürfen
- Völlig unzureichender Informationsfluss in beiden Richtungen

Quelle: Vortrag von Dr. Walter Pfadler vom 5. Juni 2003 in Weichering

---

Die folgende positive Darstellung der Zusammenarbeit im Personalwesen steht im Widerspruch zur deutlichen Kritik an dieser Dienstleistung

Wie in der MR-Arbeit unter den Landwirten, so wird auch innerhalb der MR-Organisationen der Gedanke der zwischen- und überbetrieblichen Zusammenarbeit groß geschrieben. U. a. hat die MR Bayern GmbH den kompletten Bereich Personalwesen als Dienstleister für das KBM und verschiedene Maschinenringe übernommen. Das angebotene Leistungspaket reicht von der Personalsuche über die Unterstützung bei der Einstellung, eine korrekte Lohn-/Gehaltsabrechnung, bis hin zur Abwicklung eines Ausstiegs oder auch die Begleitung zum Einstieg in die Altersteilzeit oder Rente.

Quelle: KBM-Jahresbericht 2002

Diese Polarisierung kam immer mehr zum Tragen. Druck erzeugt bekanntlich Gegendruck. Einen deutlichen Niederschlag findet dieser wachsende Konflikt u. a. auch in den KBM-Mitgliederversammlungen. Nie zuvor wurde die KBM-Führung mit so viel Kritik bedacht, wie in diesen Jahren.

Verstärkt wurde der Interessensgegensatz zwischen Ringen und Verbandsspitze noch durch verschiedene von der Zentrale in Neuburg ausgehende große und kleine Veränderungen. Einem Teil der konservativ und bodenständig orientierten Führungskräfte in den Maschinenringen passte es nicht, dass ihre ganze, schöne Maschinenring-Welt – so empfanden viele dies jedenfalls – total umgekrempelt wurde.

Begonnen hat dieser Umbruch mit der Gründung der KBM-GmbH. Daraus erwuchs eine Reihe von Problemfeldern, die neu geregelt werden mussten. Zum Beispiel die Gewinn- bzw. Verlustverteilung zwischen der GmbH in Neuburg und den als Gesellschaftern beteiligten MR. Oder die besondere Zusammenarbeit der GmbH mit den Ringen, die über eine eigene Tochtergesellschaft verfügten.

Dazu kam die Reduzierung und Umstellung der Förderung, mit der Folge immer knapper werdender Haushalte, aber auch mit neuen rechtlichen Möglichkeiten. Eine Chance und gleichzeitig eine Herausforderung, um sich *für die Zukunft fit machen* zu können.

Die *Zukunftswerkstatt* liefert das Konzept dafür: für eine neue Organisationsstruktur, eine neue *Maschinenring-Firma*, mit deren Hilfe auch alle bisherigen Probleme auf einen Schlag gelöst werden sollen.

Offensichtlich hat man sich auch zuwenig Gedanken gemacht, welche Widerstände an der MR-Basis bei der Umsetzung auftreten könnten. Statt sich nun darauf zu konzentrieren, die neue Organisationsstruktur aufzubauen, zum Laufen zu bringen und die bestehenden Probleme erst einmal zu lösen, wird gleich noch eine weitere, neue Baustelle aufgemacht: der Internet-Handel im Rahmen der mein-hof.de AG.

Freilich, trotz großer Überzeugungsarbeit, die bei der Entwicklung dieses Reformwerkes im Rahmen der *Zukunftswerkstatt* und danach, beim Versuch, es umzusetzen, geleistet wird, gelingt es nicht, die Mehrzahl der betroffenen Menschen dafür zu gewinnen. Auch wenn eine Zeitlang die notwendigen Mehrheitsbeschlüsse zu Stande kommen, bleiben viele skeptisch und auf Distanz. Die Gründe dafür sind vielfältig:

Viele können sich mit so einschneidenden Veränderungen einfach nicht anfreunden.

Manchen gefällt auch der neue Stil, der von Neuburg gepflegt wird, nicht: Er ist ihnen zu aufwändig und widerspricht ihrer bäuerlichen, sparsamen Art. Dies kommt im Protokoll der außerordentlichen KBM-Mitgliederversammlung von Marzling Ende 2001 deutlich zum Ausdruck, auch wenn es vornehm umschrieben ist: *Die technische Ausstattung und die Firmenkultur haben sich nach oben entwickelt und somit auch die Positionen im Haushalt. In den Sachkosten spiegelt sich die oben angesprochene „Firmenkultur" wieder.*

Andere mögen die eine oder andere Person *da oben* nicht; weil sie ihnen zu einflussreich und mächtig ist. Oder weil sie ihnen vielleicht einmal zu nahe getreten ist. Und derjenige aus der Führungsspitze, der noch am meisten akzeptiert und respektiert wird, wirft dann auch noch das Handtuch.

Dazu kommen vielerlei vermeidbare und manche, vielleicht auch nicht zu verhindernde handwerkliche Fehler und Pannen.

Und so geht der Erosionsprozess weiter, trotz aller Bemühungen, den Maschinenring-Dampfer wieder in ruhigeres Fahrwasser zu steuern.

■ Die neue Maschinenring-Firma – eine gescheiterte Vision

Überdeutlich wird die kritische Situation, in der sich die GmbH befand, an vielen Aussagen, die Dr. Walter Pfadler (siehe nebenstehend) in seinem Vortrag *Anforderungen und Chance der MR Bayern GmbH* bei der Gesellschafterversammlung am 5. Juni 2003 gemacht hat. Seine Schwachstellen-Analyse war, wie man es von ihm gewöhnt ist, klar, deutlich und von schonungsloser Offenheit.

Angesichts der bestehenden personellen und sachlichen Konstellation waren die Chancen zu diesem Zeitpunkt, Mitte des Jahres 2003, die MR Bayern GmbH, deren Schicksal eng mit der Entwicklung der mein-hof.de AG verbunden war, wieder auf Erfolgskurs zu bringen und eine weitere Schwächung durch das Ausscheiden von unzufriedenen Maschinenringen als Gesellschafter der GmbH zu verhindern, nur noch sehr gering. Daran konnten auch der Vortrag von Dr. Pfadler und die beschwörenden Appelle, die von Murr und Rummel an die Gesellschafterversammlung in Weichering gerichtet wurden, nichts mehr ändern.

Denn bereits zum Ende des Jahres 2002 haben 11 Gesellschafter ihren Ausstieg zum 31.12.2003 angekündigt. Die Lawine war also schon in Bewegung und kaum noch zu stoppen.

Dieser Trend wurde durch die enttäuschten Erwartungen und wachsenden Probleme beim Aufbau der mein-hof.de AG noch zusätzlich verstärkt und beschleunigt. Eine nicht unerhebliche Rolle hat dabei ohne Zweifel die heftig kritisierte Praxis beim Aktienverkauf gespielt.

■ Eigengründer-MR gehen eigene Wege

Mindestens ebenso ungünstig wirkten sich die wachsenden Auseinandersetzungen mit den Eigengründern auf den Zusammenhalt und das *Betriebsklima* innerhalb der bayerischen Maschinenringe aus.

Diese wollten sich dem zunehmenden Einfluss von Neuburg entziehen und ihre Angelegenheiten selbst regeln, bis hin zur Anstellung des Personals. Verstärkt wurde dieses Bestreben durch den ebenfalls im Rahmen der Zukunftswerkstatt entwickelten Plan, das gesamte bei den Ringen und in der Zentrale in Neuburg tätige Personal bei der MR Bayern GmbH anzustellen.

Gründe für den Wunsch der Eigengründer, so berichtet Thomas Rummel dem geschäftsführenden Vorstand des KBM e.V. bereits 2001, *gibt es im Endeffekt keine konkreten, es handelt sich mehr um ein allgemeines Gefühl, das in den letzten Jahren von negativen Vorkommen gespeist worden ist.*[37]

Um diesen Auseinandersetzungen ein Ende zu machen, beschließt die KBM-Mitgliederversammlung 2001 in Bayreuth, *die Struktur in acht Ringen als Pilotprojekt so zu ändern, dass das ganze Personal dieser Ringe in ihren Tochtergesellschaften angestellt wird. Dieser Schritt wurde zum 01.01.2002 vollzogen.*[38]

Dass mit dieser einschneidenden Maßnahme die bisherige Einheit und Geschlossenheit der bayerischen Maschinenringe einen Riss bekam, steht außer Frage.

Neben den sachlichen Aspekten, die zu dieser Polarisierung geführt haben, spielten Fehler, die von der Geschäftsführung in Neuburg im Umgang mit den Führungskräften der Ringe gemacht wurden, eine wichtige Rolle. Kein Wunder, dass deshalb auch immer lauter die Abberufung von Thomas Rummel gefordert wurde, dem man die Hauptschuld an der Krise gab, in die die bayerischen Maschinenringe hineinschlitterten.

Die Ablehnung des Antrages, im Rahmen der außerordentlichen Mitgliederversammlung in Marzling am 30.11.01, dem Geschäftsführer der MR-Bayern GmbH Sitz und Stimme im geschäftsführenden KBM Vorstand einzuräumen, war bereits eine klare Ansage in diese Richtung.

Bei der ordentlichen KBM-Mitgliederversammlung 2002 in Sonthofen ging die Demontage der Führung in Neuburg (der neue KBM e.V.-Geschäftsführer wurde dabei natürlich ausgeklammert) weiter. Ausdruck dafür sind die vielen kritischen Äußerungen zum Finanzgebaren und vor allem zur neuen *Dienstleistung Personalwesen* sowie die Anträge der *Arbeitsgemeinschaft der Eigengründer*, die hauptsächlich die Arbeit der mein-hof.de AG betrafen.[39] Bemerkenswert in diesem Zusammenhang ist, dass trotz dieser deutlichen Kritik im Jahresbericht des KBM 2002, die zentralen Dienstleistungen nicht nur erwähnt, sondern sogar noch besonders positiv herausgestellt werden (siehe Seite 218, Randspalte).

Doch die Kritik hörte nicht auf, im Gegenteil: Ein halbes Jahr später, Ende Februar 2003, forderten die südostbayerischen Maschinenringe *in großer Sorge, dass negative Entwicklungen bei den Töchtern große Schäden beim KBM e.V. verursachen werden*, den Vorsitzenden des KBM, Hans Murr, auf, *Thomas Rummel von seiner Tätigkeit als Geschäftsführer der MR-Bayern GmbH zu entbinden.*[40]

Der Aufsichtsrat der MR Bayern GmbH, dem auch Klausner angehörte, lehnt dieses Ansinnen jedoch kategorisch ab und spricht seinem Geschäftsführer *das vollste Vertrauen aus*. Ja, er *missbilligt* sogar ausdrücklich *die Handlung* der rebellierenden Maschinenringe und fordert sie auf, sich bei Thomas Rummel zu entschuldigen.[41] Klausner, das sei betont, hat jedoch gegen diesen Beschluss des Aufsichtsrates gestimmt.[42]

■ Die Krise spitzt sich zu: Rummel und Murr treten zurück

Ein halbes Jahr später, am 11.11.2003, einem leicht einprägsamen Datum, hat Rummel dann jedoch von sich aus das

---

Thomas Rummel wird die Bayerischen und Europäischen Maschinenring-Organisationen Ende 2003 verlassen.

Thomas Rummel hat in den letzten 8 Jahren als Unternehmer, Visionär und Stratege neben dem Aufbau der beiden Firmen MR Bayern GmbH und mein-hof.de AG auch maßgeblich im Kuratorium Bayerischer Maschinen- und Betriebshilfsringe e.V. zur Veränderung „mehr Markt und weniger Staat" beigetragen. Er hat mit großem Engagement den Bayerischen Maschinenringen viele Impulse und Anregungen gegeben und erheblich zur Weiterentwicklung der Bayerischen Maschinenringe beigetragen.

Ich bedaure diesen Schritt sehr und bedanke mich an dieser Stelle bei Thomas Rummel ... sehr herzlich für die geleistete Arbeit und wünsche ihm für seinen weiteren Lebensweg alles Gute und viel Erfolg.

Hans Murr

Quelle: Mitteilung an die Vorsitzenden und Geschäftsstellen Der Bayerischen Maschinenringe vom 11.11.2003

Hans Murr erklärt seinen Rücktritt

In der derzeitigen schwierigen Lage der MR-Organisation ist unbedingtes Vertrauen in die Führungskräfte notwendig. Dies sei ihm gegenüber derzeit nicht im notwendigen Umfang erkennbar.

Der stellvertretende Vorsitzende Willi Haslbeck schloss sich dem Rücktritt von Hans Murr an. Die beiden weiteren stellvertretenden Vorsitzenden Dieter Eschenbacher und Georg Klausner übernehmen vorübergehend die Aufgabe des Vorsitzenden.

Quelle: E-Mail von Georg Thalhammer an die bayerischen MR vom 25.11.2003

Das Wochenblatt zum Rücktritt von Hans Murr

... es sind nicht nur personelle Weichenstellungen zu treffen. Vor allem müssen strategische Entscheidungen getroffen werden. Es steht das derzeitige MR-Konzept mit den drei Säulen Maschinenvermittlung und Betriebshilfe, Schaffung von Zuerwerbsmöglichkeiten und günstige Einkaufsmöglichkeiten für MR-Mitglieder auf dem Prüfstand.

Dabei wird abzuklären sein, ob die Entscheidungen Auswirkungen auf die Notifizierung des in Brüssel liegenden Fördervertrages haben werden. Im bayerischen Landwirtschaftsministerium sah man letzte Woche keine Zusammenhänge zwischen der momentan schwierigen Situation und der Förderung.

Man wird sich darüber klar werden müssen, wie man den Bereich Zuerwerbsmöglichkeiten künftig organisieren will: auf Bundesebene, auf bayerischer Ebene oder regional. Dass sich Bauern mit eigenen Organisationen gegenseitig Konkurrenz machen, kann jedenfalls nicht zielführend sein.

Und man muss sich darüber klar werden, ob man in den Bereich günstige Einkaufsmöglichkeiten noch mal Geld investieren will. Zwei Euro pro Mitglied müssten die Maschinenringe, die sich bisher nicht an mein-hof.de beteiligt haben, investieren, um den Geschäftsbetrieb des Unternehmens aufrecht zu erhalten. Wenn man sich für die Investition entscheidet, dann müssen die MR-Mitglieder auch durch Nutzung der Angebote dafür sorgen, dass die Investition auch wieder erwirtschaftet werden kann.

Ein Neuanfang verlangt aber zuerst Aufklärung darüber, wie es um mein-hof.de und MR Bayern GmbH steht und warum es zu dieser schwierigen Situation gekommen ist.

Quelle: Bayerisches Landwirtschaftliches Wochenblatt, Nr. 48 vom 29.11.2003

Handtuch geworfen. Per Aufhebungsvertrag wurde seine Geschäftsführer-Tätigkeit bei der MR Bayern GmbH an diesem Tag beendet. In einem Schreiben vom gleichen Tag werden die Maschinenringe über diesen Schritt informiert.

Nur einige Tage später, am 24.11.2003, erklärte auch Hans Murr im Rahmen einer Sitzung des Gesamtvorstandes des KBM e.V. seinen Rücktritt *von allen Ämtern in bayerischen MR-Organisationen mit sofortiger Wirkung* (siehe Seite 219).

Wie kam es zu diesem überraschenden und spektakulären Rücktritt? Das Protokoll der Sitzung vom 24. November liefert hierzu eine durchaus plausible Erklärung.

Bereits zu Beginn der Sitzung äußert Murr seine große Enttäuschung und Unzufriedenheit mit der Entwicklung der bayerischen Maschinenringe in allen Bereichen. *Sehr kritisch* ist die Situation bei der mein-hof.de AG, wie Graf zu Eltz, Aufsichtsrat der AG, berichtet: *Weniger der nötige Umsatz sei das Problem, vielmehr ist der zur Kostendeckung notwendige Rohertrag nicht zu erwirtschaften.*

Doch die Hoffnung stirbt bekanntlich zuletzt. Noch sieht der Vorstand eine Chance, die mein-hof.de AG zu retten und beschließt (mit 6 Ja- und 3 Gegenstimmen) in Kooperation mit der BMR Service GmbH *eine Lösung zu finden.*

Das größte Problem ist jedoch, wie Eberhard Räder konstatiert, der zunehmende Vertrauensverlust aller Führungsgremien. Er empfiehlt deshalb Murr, im Rahmen der für den 1. Dezember geplanten außerordentlichen Mitgliederversammlung die Vertrauensfrage zu stellen. *Daraufhin erklärt Hans Murr seinen sofortigen Rücktritt und der stellvertretende Vorsitzende Willi Haslbeck schließt sich dem Rücktritt von Hans Murr spontan an.*[43]

Diese Entscheidung ist Murr, der sich mit viel Herzblut, Engagement und unverkennbarer Lust über so viele Jahre an vorderster Front für die Maschinenringe eingesetzt hat, sicher nicht leicht gefallen. Nach dem Rücktritt des Ersten Vorsitzenden Hans Murr und des stellvertretenden Vorsitzenden Willy Haslbeck am 24.11.2003 haben die beiden noch im Amt verbliebenen stellvertretenden Vorsitzenden Dieter Eschenbacher und Georg Klausner kommissarisch die Leitung im KBM bis zur Neuwahl des Vorstandes am 12. Februar 2004 weitergeführt.

■ Krisenmanagement

Nun war ein gutes Krisenmanagement gefragt, um weiteren Schaden von den bayerischen Maschinenringen abzuwenden und möglichst schnell wieder aus dieser Krise herauszukommen.

Es muss der Geschäftsführung in Neuburg und der kurzfristig gebildeten internen Beratungsgruppe bescheinigt werden, dass sie diese Aufgabe gut gemeistert haben.

Die Ringe wurden schnell, kontinuierlich und umfassend von Neuburg aus informiert. Auch die Fachpresse, insbesondere das Bayerische Landwirtschaftliche Wochenblatt (siehe nebenstehend) hat durch offene und sachliche Berichterstattung einen wichtigen Beitrag dazu geleistet.

Eine Woche nach diesem denkwürdigen Montag (24. November) wurden im Rahmen einer Arbeitsbesprechung der MR-Vorsitzenden *die ersten Weichen gestellt, das leckgeschlagene Schiff der MR-Organisationen wieder flott zu machen* und *auch auf den richtigen Kurs* zu bringen.

Bereits bei dieser Besprechung wurde deutlich, *dass die einzelnen Maschinenringe nicht bereit sind, kurzfristig Finanzmittel bereitzustellen, um die MR-Tochter mein-hof.de AG zu retten. Deshalb wurden auch schon die verschiedenen Möglichkeiten für den Gang in ein Insolvenzverfahren geprüft.*[44] Nach diesem klaren Signal der MR-Vorsitzenden bestanden kaum noch reelle Chancen, die mein-hof.de AG zu sanieren und zu halten. Die finanzielle Lage war offensichtlich schon so dramatisch.

Wer die Hauptschuld am Scheitern dieses Unternehmens trägt, ist schwer zu sagen. Fehlte es an der notwendigen Unterstützung durch die örtlichen Maschinenringe? Bereits auf der KBM-Mitgliederversammlung 2002 in Sonthofen sah sich Hans Murr veranlasst, das *Engagement mancher Maschinenringe bei der Unterstützung der mein-hof.de AG als ungenügend* zu kritisieren und alle aufzurufen, *an diesem Unternehmen der Maschinenringe gemeinsam mitzuarbeiten.*[45]

Dieser Appell erzielte aber wohl nicht die erhoffte Wirkung; denn auch nach Sonthofen kam das Unternehmen Internethandel nicht richtig in Schwung. Wegen des hohen Kapitalbedarfes und des schleppenden Aktienverkaufs *erwies sich die Finanzierung der AG als äußerst schwierig.* Gleichzeitig gelang es auch nicht, den zur Kostendeckung erforderlichen Umsatz, der mit 700.000 bis 1 Million €/Monat beziffert wurde, zu erreichen.

Die im Sommer 2002 registrierten rund 6000 *Zugangsberechtigten* waren einfach zu wenig.[46]

Unter diesen Bedingungen konnte die für das Jahr 2002 *geplante* Umsatzentwicklung von 41 Millionen nicht annähernd erreicht werden; denn dazu wären, legt man die von der AG bei der Auftaktveranstaltung in Regensburg am 8. 11. 2001 vorgelegten Daten zugrunde, rund 20.000 teilnehmende MR-Mitglieder erforderlich gewesen. Oder liegt die Ursache für diesen Misserfolg einfach daran, dass die Landwirte mehr als andere an ihren gewohnten Einkaufsformen festhalten?

Unmittelbar nach dem spektakulären Rücktritt der Führungsspitze im November machten sich schon viele MR-Vorsitzende und -Geschäftsführer Sorgen, wie offene Forderungen ihrer gewerblichen MR-Tochterunternehmen gegenüber der MR Bayern GmbH sichergestellt werden und wie laufende Großkundenaufträge abgewickelt werden können.[47]

Im Rahmen einer Gesellschafterversammlung der Maschinenring Bayern GmbH & Co. KG am 10. Dezember wurde deshalb auch betont, *dass es jetzt oberstes Ziel sein muss, die noch ausstehenden Zahlungen an die Landwirte schrittweise sicherzustellen.*

Gleichzeitig konnte der teilnehmende Sachverständige zur Beruhigung der beteiligten MR feststellen, dass die Bayern GmbH & Co. KG *im Falle einer Insolvenz der MR Bayern GmbH finanziell nicht mithineingezogen* würde.[48]

Das war, wie gesagt am 10. Dezember. Eine Woche später, am 17. Dezember, hat dann die mein-hof.de AG den Insolvenzantrag gestellt. Alle Bemühungen, zusätzliche Finanzmittel zu beschaffen, waren gescheitert. Und was manche sofort nach Bekanntwerden der finanziellen Schieflage bei der mein-hof.de AG befürchteten, wurde schon am 21. Januar 2004 bittere Wahrheit: auch die MR Bayern GmbH musste Insolvenzantrag stellen (siehe nebenstehend).

Für die MR Bayern GmbH hat der Geschäftsführende Vorstand den Unternehmensberater Frank Kanwischer aus Feldkirchen-Westerham berufen, um die notwendigen Schritte zur Anmeldung der Insolvenz der MR Bayern GmbH durchzuführen. Am 28.4.2004 hat das Amtsgericht Ingolstadt dann das Insolvenzverfahren eröffnet und Stefan Waldherr als Insolvenzverwalter eingesetzt. Für die mein-hof.de AG übernahm Alexander Bergfeld diese Aufgabe. Beide sind Fachanwälte für das Insolvenzrecht bei einer Nürnberger Kanzlei.

Die Gläubiger waren nun aufgefordert, soweit nicht schon geschehen, beim Insolvenzverwalter unverzüglich ihre Forderungen anzumelden.

Gleichzeitig haben die Gesellschafter der MR Bayern GmbH Markus Kawasch als Geschäftsführer der in Insolvenz befindlichen GmbH eingesetzt – quasi als Nachfolger für Frank Kanwischer. Kawasch, Geschäftsführer des MR Wolnzach, wurde vor allem deshalb für diese undankbare Aufgabe ausgewählt, weil sein Ring auch der Bayern GmbH & Co. KG angehörte und er insofern einen gewissen Einblick in die Materie hatte. Dazu kam noch die geographische Nähe seiner Geschäftsstelle zu Ingolstadt und Neuburg.

■ Schadensbegrenzung

Auch wenn dieser Konkurs zwei Unternehmen betraf, die überwiegend nur in

---

MR Bayern GmbH meldet Insolvenz an
Neuburg, 21.01.2004

Die Firma MR Bayern GmbH hat sich bedauerlicherweise am heutigen Tag gezwungen gesehen, Insolvenzantrag zu stellen.

Dieser Schritt ist zwingend erforderlich, da durch den Insolvenzantrag der Firma mein-hof.de AG ein erheblicher Forderungsausfall entstand. Die Ausbuchung der Beteiligung und der Forderungen hatte eine bilanzielle Überschuldung zur Folge. Letztlich waren auch beachtliche Auftragsverluste und sonstige Forderungsausfälle für diese Maßnahme mit ursächlich.

Quelle: Pressemitteilung der MR Bayern GmbH vom 21.01 2004

Wie die Maschinenringe die so genannte MR-P*leite* managen

Viele MR haben in der örtlichen Presse von sich aus deutlich zu den Insolvenzfällen bei der mein-hof.de AG und in dessen Folge bei der MR Bayern GmbH Stellung genommen. Wir halten dies für eine geeignete Maßnahme, um vor Ort die Situation unter den Mitgliedern zu beruhigen und die Öffentlichkeit zu informieren ... An den bisher von uns besuchten Mitgliederversammlungen wurden die Insolvenzfälle von den MR-Vorsitzenden deutlich angesprochen. Interessanterweise gab es daraufhin hierzu keine Diskussion. Ebenso ging eine eventuelle Beitragsanpassung ohne Diskussion über die Bühne. Dies ist erfreulich und zeigt, dass die MR-Mitglieder auch weiterhin Vertrauen in „ihren MR" haben.

Quelle: E-Mail des KBM vom 6. 2. 04

Die Krise als Chance nutzen

Welche weitreichenden Folgen die Pleite von mein-hof.de AG und als Folge davon der MR Bayern GmbH für die bayerischen Maschinenringe nach sich ziehen, ist zurzeit noch nicht absehbar. Schlimmer als der finanzielle ist mit Sicherheit der ideelle Schaden. Das Image der Maschinenringe insgesamt und darüber hinaus vor allem der Führung in Neuburg ist nicht nur angekratzt. Es ist schwer beschädigt. Und es wird sehr sehr schwierig sein, das einstige Ansehen und Vertrauen wiederherzustellen. Dennoch, diese Krise bietet auch eine Chance. Die Chance zur Erneuerung und zu einer einschneidenden Kurskorrektur.

Einmal im Sinne einer Konzentration auf die ursprünglichen Aufgaben und Ziele des Maschinenringes.

Zum Zweiten zur Überprüfung der MR-Führung in Bayern, insbesondere im Hinblick auf die Zusammenarbeit zwischen Ringen und Dachverband hinsichtlich Struktur, Kompetenzverteilung und wechselseitiger Kontrolle.

Eine Rückbesinnung auf die ursprüngliche Maschinenring-Idee und eine Korrektur in Fragen der Führung und Zusammenarbeit wäre ohne diese Misere wohl kaum für notwendig erachtet worden. Ja, auch trotz dieses Debakels ist es nicht sicher, dass die Verantwortlichen in den bayerischen Maschinenringen die Einsicht, den Mut und die Kraft für einschneidende Veränderungen aufbringen. Es ist zu befürchten, dass man sich darauf beschränkt, die Schuld für die ganze Pleite einigen wenigen Personen in die Schuhe zu schieben und die Hauptsündenböcke durch neue, unbelastete Köpfe zu ersetzen.

Der BMR und die anderen MR-Verbände werden, so ist zu befürchten, diesen Vorgang als rein bayerisches Problem betrachten und zur Tagesordnung übergehen.

Um eine gründliche und anhaltende Erneuerung zu bewirken, genügt es aber nicht, nur personelle Änderungen vorzunehmen. Vielmehr ist es notwendig, die geistigen Ursachen, die zu diesen Verwerfungen geführt haben, ausfindig und sichtbar zu machen.

Quelle: Dr. Anton Grimm, Rundschreiben des BMR e.V., 01/2004

landwirtschaftlichen Kreisen bekannt waren, so erregte dieser Vorgang auch über die Landwirtschaft hinaus große Aufmerksamkeit. Nicht nur Fachblätter, auch Tageszeitungen berichteten ausführlich darüber. Dass dabei manche Zeitungen alles in einen Topf warfen und pauschal titelten: *Die Maschinenringe sind pleite*, ist nicht verwunderlich. Dass aber auch der Landfunk diesen Eindruck vermittelte, war mehr als ärgerlich.[49]

Den finanziellen Schaden für die bayerischen Maschinenringe aufgrund des Zusammenbruchs der mein-hof.de AG und in Folge davon der MR Bayern GmbH anhand der verfügbaren Dokumente in konkreten Zahlen zu benennen, ist nicht möglich.

Noch schwieriger ist es, den entstandenen Imageschaden zu bewerten. Den Imageschaden bei den MR-Mitgliedern, bei ihren Kunden, in der Landwirtschaft und in der gesamten Öffentlichkeit. Eine Organisation, zu deren wichtigstem Kapital Glaubwürdigkeit und Seriosität gehören, wird dadurch, dass sie ihre beiden landesweit operierenden gewerblichen Tochterunternehmen in den Bankrott führt, in ihrem öffentlichen Ansehen ohne Zweifel schwer beschädigt.

Am stärksten betroffen von dieser Misere sind natürlich die MR-Mitglieder; denn sie standen diesen Unternehmen nicht nur nahe, sie waren direkt oder indirekt auch daran beteiligt: direkt als Dienstleister oder sogar als Aktionär. Indirekt durch die wirtschaftliche und finanzielle Beteiligung ihres Ringes an den beiden Firmen.

Dass den Maschinenringen so eine Pleite passieren kann, so dachten viele von ihnen, hätten wir nicht für möglich gehalten.

Umso erstaunlicher ist es, dass es den Maschinenringen gelungen ist, die Auswirkungen der öffentlichen Aufregung bei ihren Mitgliedern in Grenzen zu halten und die Gemüter schnell wieder zu beruhigen. Einmal deshalb, weil, wie der Bericht Seite 221 zeigt, die Ringe für eine schnelle und offene Information sorgten. Zum andern, weil die Mitglieder darauf vertraut haben, dass ihr Maschinenring *dies schon richten wird*. Schließlich war der örtliche Ring auch bei außerlandwirtschaftlichen Dienstleistungen der Ansprechpartner für das einzelne Mitglied und kümmerte sich darum, dass alles möglichst reibungslos ablief. Dass der eine oder andere derartige Auftrag auch über die MR Bayern GmbH abgewickelt wurde, nahmen viele nur am Rande zur Kenntnis.

Zum anderen schafften es die Ringe tatsächlich ohne viel Aufhebens, dafür zu sorgen, dass finanzielle Forderungen von Mitgliedern an die MR Bayern GmbH weitgehend berücksichtigt wurden. Das angeknackste oder beschädigte Vertrauen der Mitglieder konnte so am besten wieder zurückgewonnen werden.

Aber auch die Zusammenarbeit mit den Geschäftspartnern der MR Bayern GmbH sollte durch den Konkurs nicht beendet werden. Schließlich sollten ja all die interessanten Aufträge, die nur von einem bayernweit agierenden Unternehmen durchgeführt werden können, zum Beispiel der Winterdienst bei der Bundesbahn, den Maschinenringen beziehungsweise ihren Mitgliedern nicht verlorengehen. Als Ansprechpartner für Großkunden musste also schnell eine geeignete Alternative gefunden werden. Glücklicherweise musste dafür nicht erst eine neue Organisation geschaffen werden: in Form der BMR Service GmbH, die bereits 1996 vom Bundesverband der Maschinenringe gegründet wurde, stand ein solches Unternehmen bereits zur Verfügung.

In den anderen Bundesländern, in denen es keine der MR Bayern GmbH entsprechende Einrichtung gab, hat die BMR Service GmbH derartige Dienstleistungen seit Jahren schon erfolgreich durchgeführt. Zudem befindet sich ihre Zentrale ebenfalls in Neuburg. Und ihr Geschäftsführer, Erwin Ballis, ist mit den bayerischen Verhältnissen im Allgemeinen und diesem Tätigkeitsbereich im Besonderen bestens vertraut.

Für die Fortführung des Großkunden-Geschäftes war also schnell eine gute Lösung gefunden. Wie sah aber die Zukunft der Maschinenringe aus, die als Gesellschafter der MR Bayern GmbH und deren Außenstellen tätig waren?

11 Ringe waren bereits, wie auf Seite 219 ausgeführt, Ende 2003 als Gesellschafter der MR Bayern GmbH ausgeschieden, um eigene GmbHs zu gründen. Die übrigen schlossen sich bereits bestehenden MR-GmbHs in ihrer Nachbarschaft an oder gründeten gemeinsam mit Ringen ihrer Region neue überregional tätige Gesellschaften.

2005 gab es nur noch sechs Maschinenringe, die nicht an einer GmbH oder Aktiengesellschaft beteiligt waren. 39 MR verfügten allein über eine gewerbliche Tochter in Form einer GmbH (32) bzw.

einer Aktiengesellschaft (7). 31 MR sind an Gesellschaften beteiligt, die von mehreren Ringen gebildet werden. An den zwei größten, der Maschinenring Franken GmbH und der MR Niederbayern GmbH, sind jeweils sieben MR beteiligt.[50]

Auslagerung von Zuständigkeiten

Fest steht, die bayerischen Maschinenringe sind nach dieser Misere nicht mehr so gut aufgestellt wie vorher:

Eine landesweit operierende Dienstleistungs GmbH gibt es nicht mehr. Ein großer Teil der von der MR Bayern GmbH wahrgenommenen Aufgaben wird nun von der BMR Service GmbH erledigt.

Das bayernweit agierende Handelsunternehmen mein-hof.de AG ist ebenfalls von der Bildfläche verschwunden. Die BMR Service GmbH beziehungsweise, seit 2007, *Maschinenring Deutschland GmbH* hat mit der Marke *LandBonus* auch die nach der Pleite der mein-hof.de AG hinterlassene Lücke, allerdings ohne die Abwicklung über das Internet, mehr oder weniger geschlossen.

Aber auch in anderen Bereichen hat Bayern in den letzten Jahren Federn lassen müssen:

Bayern hat seit 2003 kein eigenes MR-Mitteilungsblatt mehr. Die Mehrzahl der Ringe ist nicht mehr bereit, dieses Blatt finanziell mitzutragen. *Maschinenring aktuell*, die vom BMR herausgegebene Mitgliederzeitung, wurde dadurch erheblich gestärkt. Auch der Umstand, dass in den ursprünglich von den bayerischen MR-Organisationen angemieteten Büroräumen am Ottheinrichplatz in Neuburg nun ausschließlich Mitarbeiter von BMR-Organisationen arbeiten ist ein deutliches Zeichen für die eingetretene Verschiebung der Kräfte. Und nicht zuletzt hat sich die überwiegend von den bayerischen Maschinenringen ins Leben gerufene und getragene Akademie der Maschinenringe zwischenzeitlich ganz aus der direkten Fortbildungsarbeit verabschiedet. Die praktische Arbeit auf diesem Gebiet erledigt zwischenzeitlich weitgehend der BMR. Unter dem Slogan *Fit für den Ring* bietet der BMR e.V. seit Kurzem unter der Marke *MR Aktiv* ein attraktives Seminar- und Fortbildungsprogramm an. Also, auf der ganzen Linie eine Verlagerung bedeutsamer Aktivitäten von Bayern auf die Bundesebene.

Aus bayerischer Sicht bedeutet dies auf den ersten Blick einen Verlust an Macht, Einfluss und Ansehen. Für die Gesamtheit der Maschinenringe in Deutschland dürfte sich dagegen die Stärkung der Bundesorganisation positiv auswirken. Beim zweiten Blick, bei genauerer Betrachtung kann man der neuen Situation auch aus dem Blickwinkel Bayerns positive Seiten abgewinnen: Von der vom BMR ausgehenden verstärkten Dynamik kann auch Bayern profitieren. Umgekehrt kann ein starker Bundesverband, in dem die bayerischen Maschinenringe nach wie vor eine wichtige Rolle spielen, das in den bayerischen MR entwickelte Know-how schneller und besser in andere Bundesländer transportieren. Dies zeichnet sich u.a. bereits an einigen Aktivitäten ab, die in jüngster Zeit vom KBM entwickelt wurden: zum Beispiel im Bereich Pflanzenschutz oder bezüglich MR-Consult.

Und nach dem Verlust der mein-hof.de AG und – mit Einschränkungen – der MR Bayern GmbH haben KBM und die bayerischen Maschinenringe nun die Chance, sich wieder mehr auf ihre eigentlichen Aufgaben zu konzentrieren; denn ohne Zweifel wurde die Weiterentwicklung des Kerngeschäftes in den letzten Jahren durch die von diesen beiden Unternehmen (und zusätzlich von der BMR Service GmbH!) ausgehenden Impulse und Neuerungen nicht gerade inspiriert und gefördert. Man muss sich nur vor Augen halten, welche Themen die Veranstaltungen und Diskussionen sowie die Öffentlichkeitsarbeit der Maschinenringe in den letzten Jahren beherrscht haben.

Ursachen der Krise

Diese nicht zu übersehenden Veränderungen im Erscheinungsbild und in der *Unternehmensphilosophie* der Maschinenringe vollzogen sich nicht schlagartig. Es ist vielmehr ein Prozess, der aus vielen Schritten besteht – meist kleinen – und daher auch nicht so wahrgenommen wird.

Diese Entwicklung wurde zwar gelegentlich bedauert. Ernsthaft in Frage gestellt oder gar als *Fehlentwicklung* bewertet wurde sie aber offiziell nie. Auch nicht nach dieser schweren Krise. Man sprach allenfalls von handwerklichen oder von Management-Fehlern.

Lediglich der Luxemburger Kreis, der fast ausschließlich aus ehemaligen MR-

---

Die Diversifikation der MR-Aktivitäten ist auch in Österreich Hauptursache für manche Probleme

Auszug aus *Editorial* von Bundesobmann Hermann Gahr

Durch unsere Aktivitäten im gewerblichen Bereich sind wir finanziell unabhängiger und leistungsfähiger. Künftig werden wir, so wie bisher, mit unserer dezentralen Struktur auftreten und so unsere Position am Markt behaupten. Dazu braucht es Einigkeit, Teamfähigkeit und auch die Bereitschaft, eigene Positionen zu überdenken.

Es darf und soll nicht sein, dass im Maschinenring durch interne Diskussionen und Egoismus Ressourcen vergeudet werden. Es darf und muss Kritik geben, jedoch ist es unverantwortlich gegenüber unseren Mitgliedern, wenn Zeit und Geld in unnütze Diskussionen investiert werden. Viel besser ist es, Geist und Zeit dort zu investieren, wo es unseren Mitgliedern etwas bringt.

Auszug aus *Gemeinsam fangen wir den größeren Fisch*

Auch der Maschinenring hatte in den vergangenen Jahren eine besonders dynamische Zeit erlebt. Um den Grundauftrag der Maschinenringe, die Schaffung und Ermöglichung von Erwerbskombinationen sicherzustellen, wurden die gewerblichen Geschäftsbereiche ins Leben gerufen.

Dadurch sind auch die Geschäfts- und Entscheidungsprozesse insgesamt quantitativ und qualitativ komplexer geworden. Die Unternehmensstruktur musste sich an die neuen Anforderungen anpassen. Ein klares Zeichen setzte das Projekt „Aufbruch 2001", das für das spätere Projekt „Rolle und Struktur der Verbände" die Weichen stellte.

Quelle: Maschinenring Aktuell, Ausgabe 4. Dezember 2006

Quellen:

[1] Protokoll der KBM-Vorstandssitzung vom 20.12.1994
[2] Protokoll der KBM-Vorstandssitzung vom 29.9.1994
[3] Wüst/Pelhak, Das Gesetz zur Förderung der bayerischen Landwirtschaft, Kommunal Schriften-Verlag J. Jehle München GmbH, 1986 S. 207
[4] Vorschlag zur Novellierung des Landwirtschaftsförderungsgesetzes, Kuratoriums bayerischer Maschinen- und Betriebshilfsringe, Mai 1989
[5] Schreiben des Niedersächsischen Ministers für Ernährung, Landwirtschaft und Forsten, Aktenzeichen 202-04011/3-16 vom 10. S. 1989
[6] Protokoll zur Sitzung des geschäftsführenden KBM-Vorstandes vom 29.9.1994
[7] dito
[8] Protokoll zur Sitzung des geschäftsführenden KBM- Vorstandes vom 20.12.1994
[9] Protokoll des geschäftsführenden KBM-Vorstandes vom 14.2.1995

Aktivisten verschiedener Länder besteht, hat sich grundsätzlich damit auseinandergesetzt und eine Resolution dazu herausgegeben. Grundlage dieser Stellungnahme war der vom Autor verfasste Aufsatz *Die Krise als Chance nutzen* (Auszüge daraus Seite 222).[51]

Es handelt sich also nicht nur um eine bloße Führungskrise, die durch personelle Änderungen an der Spitze allein zu beheben ist. Die eigentlichen Ursachen für die Konflikte und Auseinandersetzungen innerhalb der bayerischen Maschinenringe in den letzten 10 Jahren liegen tiefer. Sie gehen einher mit dem Wandel der Maschinenringe von einer Non-Profit-Organisation zu einem, zumindest in Teilbereichen, auf Profit ausgerichteten, Dienstleistungs- und Handelsunternehmen.

Die dem ursprünglichen Maschinenring-Leitbild entsprechende Arbeitsweise, Struktur und Zielsetzung lässt sich offensichtlich nicht so leicht mit den Führungsprinzipien einer zentral geführten, kommerziell orientierten Firma unter einen Hut bringen.

Vielleicht, weil Beraten und Vermitteln mit der auf Verkauf von Waren ausgerichteten Tätigkeit nicht so gut zusammenpasst. Tendenziell geht der Verkauf von Waren meist zu Lasten der Vermittlungsarbeit, wie zahlreiche Beispiele gezeigt haben.

Zum anderen, weil eine Firma, deren Basis die Zusammenarbeit mit einzelnen, selbstständigen Maschinenringen bildet, nicht so straff und zentralistisch geführt werden kann, wie ein Unternehmen, das ausschließlich über eigene Mitarbeiter und Außenstellen verfügt.

Der einzelne Maschinenring braucht, um im ursprünglichen Sinn für die Mitglieder erfolgreich arbeiten zu können, eine eigenständige, unabhängige und starke Führung. Ein solches Team lässt sich nicht so einfach von oben her leiten oder gar bestimmen. Diese Erfahrungen haben auch schon andere machen müssen

Ein Blick auf die Entwicklung der Maschinenringe in Österreich zeigt, dass man sich dort mit ähnlichen Problemen auseinandersetzen muss. Auch ein großer Teil der aktuellen Schwierigkeiten unserer Nachbarn hat ihren Ursprung und ihre Ursache in der dort vollzogenen Diversifikation der MR-Aktivitäten in MR-Agrar, MR-Service und MR-Personalleasing, die zwangsläufig die Schaffung neuer Strukturen notwendig machte. Die Auszüge aus dem Verbandsorgan (Seite 223) unterstreichen dies. Dabei ist zu beachten: Die österreichischen Maschinenringe haben es im Gegensatz zu den deutschen bisher noch vermieden, aus guten Gründen, auch ins Handelsgeschäft einzusteigen.

Angesichts der umfangreichen, vielfältigen und drängenden Aufgaben in der klassischen Maschinenringarbeit, die noch gar nicht oder zu wenig angepackt wurden, fragt man sich:

Warum um alles in der Welt sollen Maschinenringe dann noch Dinge tun, die andere ohnehin bereits machen, meist sogar besser als sie.

Warum sollen Maschinenringe Pflanzenschutzmittel, kleine und große Maschinen und Geräte oder sogar Handys, Autos, Strom, Fertighallen und dergleichen mehr verkaufen, wenn es diese Artikel überall zu kaufen gibt, und zwar meist außerordentlich preisgünstig.

Warum sollen sie sich auf derartige Leistungen kaprizieren, wenn sie ein Produkt haben, das seinesgleichen sucht, mit dem sie unverwechselbar sind, dem sie ihr Dasein verdanken und ihr gutes Image. Ein Produkt, das auf einer Idee beruht, die nach wie vor faszinierend und hoch aktuell ist – und deren Möglichkeiten noch längst nicht ausgeschöpft sind.

Es gibt nur einen einzigen akzeptablen Grund dafür: Geld verdienen und damit diese Idee unterstützen und so für eine noch stärkere Verbreitung sorgen. Allenfalls unter diesem Gesichtspunkt und der Voraussetzung, die Menschen, die in den Maschinenringen für die klassische Idee arbeiten, werden dadurch in ihrem Engagement und in ihrer Kreativität nicht behindert oder gestört, ist der in den letzten Jahren ausufernde Sektor *Einkaufsvorteile* noch zu tolerieren.

---

10 KBM-Rundschreiben vom 9.3.1995.
11 Geschäftsbericht der KBM-Dienstleistungs-GmbH vom 19.6.1996.
12 Protokoll der Sitzung des Geschäftsführenden KBM-Vorstandes vom 14.2.1995
13 KBM Jahresbericht 1995
14 KBM Jahresbericht 1998
15 KTBL-Forum vom 23.4.1997, Thomas Rummel, KBM-Dienstleistungs-GmbH als Beispiel für einen Dienstleistungsanbieter
16 dito
17 Protokoll der Gesellschafterversammlung der KBM-Dienstleistungs-GmbH 2001
18 Protokoll zur geschäftsführenden Vorstandssitzung des KBM e.V. vom 20.11.1998
19 Protokoll zur geschäftsführenden Vorstandssitzung des KBM e.V. vom 15.10.1998
20 Aus Power-Point-Präsentation, Seite 3, Neues Profil der bayernweiten MR Arbeit
21 Schreiben des KBM eV.-Vorsitzenden Hans Murr an die Geschäftsführer und Mitarbeiter der bayerischen MR vom 13.9.2001
22 Neues für Profis, 1/2001, Seite 7
23 Flyer des KBM e.V. Wir säen. Und Sie ernten ab 1.1.2001 große Früchte.
24 KBM Koordinationsgruppe *Zukunftswerkstatt*, ergebnisse vom 22.9.200
25 Manuskriptfassung der Rede des Vorsitzenden Hans Murr bei der außerordentlichen Mitgliederversammlung des KBM e.V. am 4.12.2000 in Neuburg
26 Protokoll der außerordentlichen KBM-Mitgliederversammlung vom 4.12.2000
27 Neues für Profis, 3/2000
28 Neues für Profis, Sonderausgabe 2001, S. 2
29 dito
30 Schreiben der MR Bayreuth-Pegnitz und Günzburg-Krumbach vom 14.11.2001
31 Protokoll zur außerordentlichen Mitgliederversammlung des KBM e.V. vom 30.11.2001 in Marzling
32 Maschinenring *Die Profis vom Land*, Heft 1/2002
33 Neues für Profis, Sonderausgabe 2001
34 Flyer des KBM, Wir säen. Und Sie ernten ab 1.1.2001 große Früchte.
35 Protokoll zur Gesellschafterversammlung der MR Bayern GmbH vom 25.4.2002
36 dito
37 Protokoll zur Sitzung des geschäftsführenden Vorstandes des KBM e.V. vom 19.06.01
38 KBM-Jahresbericht 2001
39 Protokoll zur Mitgliederversammlung des KBM e.V. vom 26.und 27. Juni 2002 in Sonthofen/Allgäu
40 Schreiben von Georg Klausner, Vorsitzender des MR Traunstein vom 20.2.2003 an Hans Murr
41 Schreiben der MR Bayern GmbH vom 28.3.2003 an die Mitglieder des Aufsichtsrats
42 Telefax von Georg Klausner an Thomas Rummel vom 23.3.2003
43 Protokoll zur Sitzung des Gesamtvorstandes des KBM e.V. vom 24.11.2003
44 Vorabdruck eines Presseberichtes des Bayerischen Landwirtschaftlichen Wochenblattes 5.12.03
45 Protokoll zur Mitgliederversammlung des KBM e.V. vom 26. und 27. Juni 2002 in Sonthofen/Allgäu
46 dito
47 Schreiben des KBM e.V. vom 5.12.2003 an die bayerischen MR
48 Potokoll Gesellschafterversamlung der Maschinenring Bayern GmbH & Co. KG vom 10.12.2003
49 E-Mail des KBM e.V. vom 6.2.04
50 Zusammenstellung des KBM e.V. , Eigengründer Stand 14.6.2005
51 Rundschreiben 01/2004 des BMR e.V.

Erneuerung und Aufbruch zu neuen Zielen

Das Rad der Geschichte lässt sich nicht zurückdrehen – eine Binsenweisheit. Aber aus den Fehlern der Vergangenheit kann man lernen und so wenigstens einen gewissen Nutzen daraus ziehen. In der noch kurzen Geschichte der bayerischen Maschinenringe ist es schon einmal recht gut gelungen, aus einer ebenfalls von heftigen Auseinandersetzungen geprägten, schwierigen Zeit zu lernen und die Weichen für die Zukunft richtig zu stellen. Gemeint ist die Periode bis 1969. Sie fand mit der Auflösung der beiden rivalisierenden Landesverbände und der Gründung des Kuratoriums Bayerischer Maschinenringe einen glücklichen Abschluss. Gleichzeitig markiert sie den Beginn einer außerordentlich erfolgreichen Aufwärtsentwicklung der bayerischen Maschinenringe.

Auch die Krise der Jahre 2003/2004 ist eine Chance zur Kurskorrektur und Erneuerung; vorausgesetzt, es erfolgt, wie schon ausgeführt (siehe Seite 222, *Randspalte*), eine Rückbesinnung auf die ursprüngliche Maschinenring-Idee und eine Korrektur in Fragen der Führung und Zusammenarbeit.

Zwar ist die Zeit, die seit dem Desaster des Jahres 2004 vergangen ist, noch kurz. Für eine aussagekräftige Bewertung der seitdem erfolgten Entwicklung ist es noch zu früh. Die Anzeichen dafür, dass eine Rückbesinnung auf die ursprünglichen Aufgaben und ein Aufbruch zu neuen Zielen im Gange ist, sind jedoch nicht zu übersehen. Ganz offensichtlich ist die Erneuerung an der Spitze: Schon im Februar 2004 wurde eine völlig neue Führungsmannschaft gewählt.

■ Konzentration auf Kernziele

Die einzige Führungskraft im KBM, die schon vor der großen Krise *im Amt* war und diese Aufgabe auch noch danach bis heute wahrnimmt, ist Georg Thalhammer. Doch seine Berufung zum KBM-Geschäftsführer Ende 2001 war im Grunde genommen bereits ein erster Schritt zu einer gewissen Kurskorrektur.

Durch seine ruhige und besonnene Art und seine fachliche Kompetenz hat er wesentlich dazu beigetragen, die vielfältigen Probleme nach dem Ausscheiden der gesamten Führungsmannschaft aufgrund der Pleite der mein-hof.de AG gut zu managen. Und so gelang es auch, verlorenes Vertrauen schnell wieder zurückzugewinnen.

Wie sein Lebenslauf zeigt, bringt er für diese Aufgabe optimale Voraussetzungen mit.

Er war 11 Jahre Geschäftsführer des MR Neuburg/Donau. In dieser Zeit gelang es ihm, den MR Neuburg durch eine Reihe von beispielhaften Aktivitäten in ganz Bayern und darüber hinaus bekannt zu machen. Dank dieser erfolgreichen Arbeit wurde er schon 1997 in die Geschäftsführung des KBM berufen. Hier hatte er als Assistent der Geschäftsführung Gelegenheit, alle Bereiche der Verbandsarbeit kennen zu lernen.

Als KBM-Geschäftsführer konzentrierte sich Thalhammer zunächst vor allem auf zwei Schwerpunkte:

Erstens, wieder eine gute vertrauensvolle Zusammenarbeit mit den Vorsitzenden, Geschäftsführern und Mitarbeitern der Maschinenringe herzustellen.

Zweitens, die in den letzten Jahren ins Hintertreffen geratene *klassische* MR-Arbeit wieder in den Mittelpunkt der Aktivitäten des KBM zu rücken.

In beiden Bereichen hat Thalhammer in relativ kurzer Zeit trotz nicht ganz einfacher Voraussetzungen viel erreicht. Dies gelang ihm vor allem durch den engen persönlichen und kollegialen Kontakt, den er mit allen in den Ringen tätigen Personen pflegte. Aber auch dadurch, dass er die passenden Mitarbeiter für diese Weichenstellung gefunden hat.

Bereits einen Monat nach seiner eigenen Anstellung erhielt er in der Person von Joachim Walter eine wichtige Verstärkung.

Ein Jahr später, ab 1.1.2002 gewann das KBM mit Dr. Johann Habermeyer einen weiteren, qualifizierten Mitarbeiter. Er war zuvor als wissenschaftlicher Assistent am Lehrstuhl für Phytopathologie der Technischen Universität München Weihenstephan tätig und hat so, wie dies in den 70er und 80er Jahren zum Teil schon erfolgreich praktiziert wurde, für einen

Zeitafel

12.2.2004	Die KBM-Mitgliederversammlung wählt eine neue Führung: Leonhard Ost wird Erster Vorsitzender; Gerhard Haag, Franz Helmberger, und Franz Roider seine Stellvertreter.
Herbst 2004	Mit Auftaktveranstaltungen und Pilotseminaren startet das KBM in Zusammenarbeit mit BBV und FüAk das Verbundprojekt MR Consult.
April 2005	Der Ländliche Betriebs- und Haushaltsdienst (LBHD), ein gemeinsames Tochterunternehmen von BBV und KBM, nimmt seine Arbeit auf.
1.1.2007	Das Bayerische Gesetz zur nachhaltigen Entwicklung der Agrarwirtschaft und des ländlichen Raumes (Bayerisches Agrarwirtschaftsgesetz – BayAgrarWiG) tritt in Kraft.
14.6.2006	Das KBM erhält vom TÜV Süd das Zertifikat nach DIN EN ISO 9001

Georg Thalhammer

9.11.1958	geboren in Burghausen, aufgewachsen auf einem Bauernhof in Halsbach, Landkreis Altötting.
1969 bis 1979	Gymnasium in Burghausen mit Abitur.
1979 bis 1984	Studium an der Fachhochschule Weihenstephan, Abteilung Landshut-Schönbrunn; Fachrichtung Landbau mit Schwerpunkt Technik der pflanzlichen Erzeugung; Abschluss: Dipl. Ing. (FH).
1984 bis 1986	Informations- und Beratungstätigkeit bei Firma EMONDS-Landmaschinen-Werksvertretungen in Eichstätt.
1986 bis 1997	Geschäftsführer des MR Neuburg/Donau.
1997 bis 2001	Referent für MR-Betreuung beim Kuratorium Bayerischer Maschinen- und Betriebshilfsringe.
Seit 1.10.2001	Geschäftsführer des KBM e.V.

Die neue Führung:

Der Vorsitzende

Leonhard Ost

Geboren am 30.1.1954 in Ellze.
Verheiratet, 3 erwachsene Söhne.
Landwirtschaftsmeister.
Hobbys: Radfahren, Snowboard, Golf, Laufen

Führung eines Agrarunternehmens, gemeinsam mit Sohn in Form einer GbR, mit den Betriebszweigen:
- 70 ha Ackerbau mit Zuckerrüben, Winterweizen, Körnermais und Winterraps.
- Sammlung und Kompostierung von Grüngut.
- Landschaftspflege im Landschaftspflegeverband Günzburg.
- Dienstleistungen für MR Dienstleistungs GmbH Günzburg-Neu-Ulm

Außerdem: Freiberuflicher Bauleiter und Hausverwalter

Der geschäftsführende Vorstand

V.l.: Leonhard Ost, Gerhard Haag, Franz Helmberger und Franz Roider.

wichtigen Wissenstransfer von Weihenstephan zur Maschinenringpraxis gesorgt. Mit der *Ausbildungsinitiative überbetrieblicher Pflanzenschutz* (ÜPS) hat er ein klassisches MR-Thema wieder aufgegriffen: Allein im Jahr 2002 wurden in 29 Schulungsmaßnahmen rund 870 Landwirte im ÜPS weitergebildet. *Mit der Entwicklung des PC-Programms „Abstandsmanager" schaffte Dr. Habermeyer für die professionellen Auftragnehmer ein Hilfswerkzeug, das in einfacher Weise durch den Dschungel der Abstandsauflagen im Bereich des Pflanzenschutzes führt.*[1]

Über ein weiteres bedeutsames Projekt, das unter der Geschäftsführung von Thalhammer eingeführt wurde, ist bereits auf Seite 188/189 berichtet worden: die Zielplanseminare.

Diese Seminare bieten eine gute Methode, um in jedem einzelnen MR die aus Sicht der Mitglieder wichtigen Ziele zu finden, zu planen und umzusetzen. Das Interesse an diesen Veranstaltungen ist nach wie vor groß. Im Seminar-Winter 2006/2007 fanden unter Moderation von Manuela Pellot 14 Zielplanseminare statt. Seit Beginn dieser Maßnahme im Jahre 2001 bis heute wurden insgesamt 102 Zielplanseminare durchgeführt.

Das große Plus dieser Vorgehensweise: Sie bindet die für den Maschinenring zuständigen Personen in den Planungsprozess ein. Gleichzeitig orientiert sich die dabei entwickelte Strategie nicht an irgendwelchen *von oben* vorgegebenen Plänen. Ihr Parameter ist der größtmögliche Nutzen für die Mitglieder.

Der Prozess der Erneuerung, der Rückbesinnung auf die ursprünglichen Ziele ist also bereits fest im Gang. Er ist aber gleichzeitig verbunden mit dem Aufbruch zu neuen Tätigkeiten, welche die klassische MR-Arbeit nicht nur sinnvoll ergänzen und bereichern, sondern von ihrer Art her typische MR-Aufgaben darstellen. Stichworte: Energiegewinnung aus nachwachsenden Rohstoffen und *MR-Consult*.

Eine so einschneidende Kurskorrektur kann natürlich nur gelingen, wenn die gesamte Führung dahintersteht. Deshalb war es eine gute Entscheidung, dass vier Monate nach Murr und Haslbeck auch Dieter Eschenbacher und Georg Klausner, die bis zur Neuwahl im Februar 2004 die kommissarische Führung übernommen hatten, zurücktraten und sich nicht mehr zur Wahl stellten. Die zum 12. 2. 2004 einberufene außerordentliche Mitgliederversammlung des KBM hatte so die Chance, eine völlig neue Führungsmannschaft zu wählen.

■ Eine neue, unbelastete Führung wird gewählt

Leonhard Ost, Vorsitzender des MR Günzburg-Neu-Ulm, wurde zum Ersten Vorsitzenden gewählt. Ost hatte sich schon in den letzten Jahren als hartnäckiger, aber fairer Kritiker der KBM-Politik profiliert (siehe Vita).

Auch für die Posten der drei Stellvertreter wurden neue, unbelastete Köpfe gekürt: Gerhard Haag, Vorsitzender des MR Franken Mitte (siehe Seite 150 und169/170) Franz Helmberger, Vorsitzender des MR Laufen und Franz Roider, Vorsitzender des MR Cham.

Das Schiff wieder in ruhige Gewässer zu bringen, dieser von Klausner bei der symbolischen Schlüsselübergabe ausgesprochenen Aufforderung ist der neue KBM-Vorstand voll und ganz gerecht geworden.[2]

Dem Ziel, die Maschinenringe schnell wieder aus den negativen Schlagzeilen herauszubringen und innerhalb der Organisation wieder miteinander, statt gegeneinander zu arbeiten, musste nach den Turbulenzen der letzten Jahre zu Recht höchste Priorität eingeräumt werden. Dass sich die neue Führung darüber hinaus darauf konzentriert hat, die aktuellen Probleme zu lösen, statt die Vergangenheit gründlich aufzuarbeiten, ist ebenfalls verständlich. Dennoch, es ist auch wichtig, sich diesen Problemen zu stellen und ihre Ursachen zu ergründen.

Deutliche Anzeichen für eine Renaissance der klassischen MR-Arbeit

Aber, wie schon mehrfach zum Ausdruck gebracht, die Anzeichen für eine Renaissance der klassischen MR-Arbeit sind allenthalben zu beobachten. Dieser positive Trend wird zudem durch eine erfreuliche Entwicklung der allgemeinen Rahmenbedingungen noch begünstigt:

- Nach langer Zeit blickt die Landwirtschaft wieder mit wachsendem Optimismus in die Zukunft. Von dieser positiven Grundstimmung können auch die MR profitieren.
- Das neue Bayerische Agrarwirtschaftsgesetz, das seit 1. Januar 2007 in Kraft ist, bietet für die weitere Entwicklung der Maschinenringe eine solide Basis mit neuen, interessanten Perspektiven.
- Nach dem vor nun drei Jahren gemachten Neuanfang herrschen bei den bayerischen Maschinenringen mittlerweile wieder ein gutes Klima und ein harmonisches Miteinander.
- Es gibt bereits eine Reihe guter Ansätze, wie ein Blick auf die vielfältigen Aktivitäten zeigt, die in letzter Zeit vom KBM angestoßen werden oder auch bei einzelnen Maschinenringen stattfinden.

Derzeit erlebt die Landwirtschaft in Deutschland einen erstaunlichen, nicht mehr für möglich gehaltenen Aufschwung. Die Stimmung ist gut, ja sogar sehr gut – weitaus besser als die tatsächliche wirtschaftliche Lage der Bauern.

Eine der Ursachen dafür ist die kräftig steigende Nachfrage nach nachwachsenden Rohstoffen. Die Holzpreise sind so gut wie schon lange nicht mehr. Biogasanlagen schießen fast wie Pilze aus dem Boden. Die Einspeisung von Biogas in das allgemeine Gasnetz wird nicht mehr lange auf sich warten lassen. Dies und die obligatorische Beimischung von Biokraftstoff zu Benzin und Diesel führen dazu, dass auf immer mehr Flächen an Stelle von pflanzlichen Erzeugnissen zur Herstellung von Nahrungsmitteln spezielle Pflanzen zur Energiegewinnung und für andere Zwecke angebaut werden. Das belebt nicht nur die landwirtschaftlichen Pachtpreise, sondern kurbelt das gesamte Agrar-Preisniveau an.

Verstärkt wird dieser Trend zu höheren Lebensmittelpreisen, insbesondere bei Getreide und Milch, noch mehr durch eine weltweit steigende Nachfrage nach bestimmten Lebensmitteln.

Den Boom im Bereich nachwachsender Energiestoffe greifen die Maschinenringe nun verstärkt auf und stehen dabei den Landwirten mit Rat und Tat zur Seite. Waren es vor Jahren nur einige wenige, die sich mit der Energiegewinnung aus heimischen Energiepflanzen befasst und dabei nicht immer nur Erfolge eingeheimst haben, so engagieren sich mittlerweile schon fast alle Ringe in irgendeiner Weise auf diesem wichtigen Zukunftsfeld. Und das ist auch gut so! Gerade auf diesem Gebiet kann der Maschinenring sein spezifisches Können zur Lösung logistischer Aufgaben und seine Fähigkeit zur Bündelung und Vernetzung von Know-how und Kapital wirkungsvoll zum Einsatz bringen.

Erfreulich ist auch, dass die Maschinenringe in diesem Bemühen von ihren Verbänden hervorragend unterstützt werden, wie aus den Rundschreiben, Seminarprogrammen und den Veröffentlichungen in der Presse und auf den Internetseiten ersichtlich ist. Nebenstehend werden beispielhaft Presseauszüge über die Aktivitäten von drei MR zum Thema Bioenergie zitiert.

MR Consult – eine Chance für Mitglied und MR

Doch bei aller Begeisterung für den Reiz des Neuen wird auch nicht übersehen, dass in fast allen Bereichen der herkömmlichen überbetrieblichen Zusammenarbeit in der Landwirtschaft noch beachtliche Reserven stecken. Die Ringe versuchen also nicht nur neue Felder zu bestellen, sondern sind bemüht, auch in den bisherigen Tätigkeitsfeldern quantitative und qualitative Verbesserungen zu erreichen. Das soll mit einem neuen methodischen Ansatz erreicht werden. Der Weg dazu: *MR Consult.*

Bisher haben die MR in erster Linie darauf vertraut, dass die Landwirte vom Dienstleistungsangebot der Ringe *automatisch* den richtigen Gebrauch machen, wenn ihnen die Vorzüge dieses Angebotes nur schmackhaft gemacht werden. Wie im Kapitel *Haben die Maschinenringe ihre Ziele erreicht?* bereits ausgeführt wurde, ist dies in optimaler Form jedoch nur in wenigen Betrieben gelungen. Nur ein kleiner Teil der Mitglieder (einige davon wurden als Beispielsbetriebe herausgestellt) hat die Möglichkeiten der überbetrieblichen Zusammenarbeit im MR wirklich konsequent und systematisch

---

Aktivitäten bayerischer MR zum Thema Bioenergie

Auszüge aus Presseberichten

**Holzpflege und -vermarktung
Wald ist unsere Stärke**
Der Maschinenring Wolfratshausen e.V. bietet seinen Mitgliedern auch im Forst ein attraktives Dienstleistungsangebot. Sein Tochterunternehmen vermarktet Energie- und Nutzholz und zählt bei der Verwertung von Hackschnitzeln zu den Pionieren der Branche. Allein im Forstbereich – ohne Vermarktung des Energieholzes – betrug der Umsatz 2005 knapp 400 000 €.
Quelle: Maschinenring aktuell 4/2006

**Energie-Contracting im
MR Tirschenreuth**
Wir hier in der MR Stiftland GmbH sind inzwischen bei zwei Projekten konkret in das Geschäftsfeld (Energie-Contracting) eingestiegen, einige weitere Vorhaben stehen im nächsten Jahr an. Unser erstes Projekt war die Wärmeversorgung des Landratsamtes Tirschenreuth. Wir betreuen dort ein Biomasse-Heizwerk mit einer Leistung von 320 kW, das wir auch finanziert und gebaut haben…
Unser zweites Projekt ist ein Heizwerk, das wir gemeinsam mit der Holz-Verwertungsgenossenschaft Neualbenreuth bauen. … die Leistung 700 kW…
Quelle: BMR-aktuell 06/2006

Logistik Biogas
Der MR Schwandorf plant die Rohstofflogistik für eine große Biogasanlage des Stromkonzerns E.ON und erledigt die Abrechnung für die bäuerliche Liefergemeinschaft. So konnten die Kosten für die Landwirte deutlich gesenkt werden… Im Zuge der Anlagenerweiterung wird der Maschinenring die Erntelogistik mit Hilfe der Software „MR-Logistik" noch professioneller gestalten.
Quelle: Maschinenring aktuell 1/2007

Das Bayerische Agrarwirtschaftsgesetz

Das neue Gesetz setzt ... neue Schwerpunkte. Es rückt die Wettbewerbsfähigkeit und Marktorientierung der Unternehmer in der Agrarwirtschaft in den Vordergrund und beachtet gleichzeitig den Nachhaltigkeitsgedanken. Das neue Agrarwirtschaftsgesetz bezieht sich anders als bisher auf den gesamten ländlichen Raum. Auf Grundlage des neuen Rechtsrahmens erschließt der Freistaat für die Bauern neue Einkommensmöglichkeiten, vor allem bei der Erzeugung und Verwertung nachwachsender Rohstoffe sowie im Dienstleistungsbereich. Zu den Kernzielen des neuen Gesetzes gehören die Verbesserung der Tiergesundheit und die Qualität und Sicherheit von Nahrungsmitteln. Den bäuerlichen Selbsthilfeeinrichtungen werden neue Betätigungsfelder im Dienstleistungsbereich für die Land- und Forstwirtschaft eröffnet. Bildung und Beratung der Land- und Forstwirte werden zukunftsfähig weiterentwickelt. Die produktionstechnische und betriebswirtschaftliche Beratung erfolgt künftig im Verbund mit anerkannten Organisationen. Das BayAgrarWiG verbessert die Fördertransparenz durch die Förderung nach Pauschalsätzen. Der seit Jahren auf den Marktfruchtbetrieben lastende Kostendruck – bei gleichzeitig ungenügender Erlössituation – zwingt nach wie vor zur Suche nach Rationalisierungsmaßnahmen und weiterem Kostensparpotential.

Quelle: www.landwirtschaft.bayern.de/agrarpolitik/aktuell/19666/

Mit MR Consult die Zukunft richtig anpacken

MR Consult ist ein Beratungsangebot der Maschinenringe, das Mitglieder bei der Entwicklung von Zukunftskonzepten für Ihre Betriebe unterstützt und begleitet. Ziel ist ein langfristig wettbewerbsfähiger und ertragsstarker Betrieb, der genau den Wünschen und Vorstellungen des Landwirts und seiner Familie entspricht.
Nur drei Schritte zum Erfolg
1. Im Orientierungsseminar geht es darum, sich darüber klar zu werden, was man mit seinem Betrieb eigentlich alles erreichen kann.
2. Im Strategieseminar wird ein individuelles Konzept für jeden Teilnehmer erarbeitet.
3. Im dritten Seminar werden die Landwirte bei der konkreten Umsetzung ihrer Pläne unterstützt.

Quelle: MR Consult Zukunft richtig anpacken, Infobroschüre von KBM und Bayerischem Staatsministerium für Landwirtschaft und Forsten

---

genutzt und es auf diese Weise verstanden, ihr Unternehmen bestmöglich zu organisieren und zu managen.

Ein entscheidender Grund für dieses ernüchternde Ergebnis ist: die Mehrzahl der Landwirte ist nicht bereit, ihre über viele Jahre gewachsene Betriebsorganisation und ihre gewohnte Mechanisierung an die vielfältigen Möglichkeiten im Maschinenring anzupassen. Viel mehr nutzen die meisten Mitglieder den MR überwiegend nur dazu, die eine oder andere Schwachstelle im Arbeitsablauf zu beseitigen. Die Folge davon: die möglichen Effekte wie Kostensenkung, Arbeitseinsparung und -Erleichterung, Produktivitätssteigerung und als Folge davon Einkommensverbesserung können deshalb nur teilweise ausgeschöpft werden.

Anders, wenn das Organisationskonzept eines Betriebes neu erarbeitet wird, wie dies im Rahmen von MR-Consult der Fall ist. Hier können die im MR bestehenden Möglichkeiten von Anfang an in das dabei entwickelte, neue *Mechanisierungs- und Arbeitserledigungskonzept* integriert werden.[3] Außerdem bietet sich hier die Gelegenheit, in einer engen Zusammenarbeit mit anderen Betrieben Lösungen zu entwickeln, die nur in einer kleinen Gruppe besonders kooperationswilliger Landwirte realisierbar sind.

Bei MR Consult geht es also nicht darum, die Landwirte mit möglichst vielen MR-Dienstleistungen zu beglücken. Hier ist der Ausgangspunkt der einzelne Betrieb. Für ihn soll ein tragfähiges Zukunftskonzept entwickelt werden. Und soweit sinnvoll und gewünscht finden dabei auch die Möglichkeiten, die der MR bei der Verwirklichung dieses Konzeptes leisten kann, Berücksichtigung.

Mit anderen Worten: Bei MR Consult entwickelt der einzelne Landwirt unterstützt von spezialisierten Beratern zunächst einmal ein auf seine Zukunftsvorstellungen (bzw. die seiner Familie) abgestimmtes neues Organisations- und Mechanisierungskonzept. Auf dieser Grundlage werden dann die Schritte zur Umsetzung dieses Konzeptes erarbeitet. Dass dabei die Möglichkeiten, überbetrieblich zusammen zu arbeiten, einfließen, ist selbstverständlich. Ausgangspunkt und Impulsgeber dabei ist jedoch, wie gesagt, zunächst der einzelne Betrieb. Dem gegenüber kamen bisher die Anstöße und Vorschläge zur Nutzung des Maschinenringes meist in mehr oder weniger pauschaler Form von der MR-Geschäftsstelle.

Die rechtliche Grundlage für den Einstieg der Maschinenringe in eine so anspruchsvolle und umfassende Beratung – bisher war Beratung ausschließlich Aufgabe der Landwirtschaftsverwaltung – wurde mit dem Erlass des Bayerischen Agrarwirtschaftsgesetzes (BayAgrarWiG) geschaffen (siehe Randspalte). Bis dato, also bis zum Jahr 2007, war für die bayerischen Maschinenringe das Gesetz zur Förderung der bayerischen Landwirtschaft (LwFöG) Grundlage und Richtschnur für ihr Handeln.

Dieses in seiner Art einmalige Agrargesetz hat die Entwicklung der Maschinenringe in Bayern mehr als drei Jahrzehnte lang maßgeblich beeinflusst und bestimmt. Doch in dem Maß, in dem die Maschinenringe auf die veränderten Rahmenbedingungen reagierten und ihren Mitgliedern neue Dienstleistungen erschlossen und vermittelten, erwies sich der Rahmen dieses Gesetzes immer häufiger als zu eng.

Zwar wurden mehrmals Änderungen vorgenommen und damit neue Spielräume möglich gemacht. Doch schon bald darauf stieß man wieder an neue Grenzen.

Damit ist nun Schluss, dank des neuen Bayerischen Agrarwirtschaftsgesetzes. *Es ist die bayerische Antwort auf die Herausforderungen, vor denen die Land- und Agrarwirtschaft und der ganze ländliche Raum stehen.*[4]

Doch schon vor Erlass des Agrarwirtschaftsgesetzes hat das KBM unter fachlicher Betreuung durch Dr. Walter Pfadler (FüAk) und in Kooperation mit dem BBV und den anderen Selbsthilfeeinrichtungen in Bayern das Verbundprojekt MR Consult gestartet: Im Rahmen von Info- und Auftaktveranstaltungen (siehe Flyer Seite 227) wurde das Projekt im Herbst/Winter 2004 den Landwirten vorgestellt. Gleichzeitig werden 20 Kooperations- und Betriebsentwicklungsberater ausgebildet.[5] Deren Aufgabe ist es, MR Consult den Landwirten zu vermitteln bzw. sie auf diesem Weg zu begleiten. Am Ende dieses Weges, der aus drei Schritten besteht (siehe nebenstehend) steht ein klares Ziel und ein schlüssiges Konzept zur Erreichung dieses Zieles. Es zeigt dem einzelnen Betrieb oder einer Gruppe von Landwirten konkret auf, mit welchen Maßnahmen und Mitteln aus der Vision Wirklichkeit wird.

So viel zur Theorie. An Hand eines konkreten Projektes, das Veronika Fick-Haas eingehend studiert und beschrieben hat[6], soll nun dargestellt werden, wie MR

Consult in der Praxis abläuft und welche Effekte sich daraus ergeben können.

Ort des Geschehens ist der MR Mindelheim. Die Beteiligten: Fünf Landwirte, die sich aufgrund von vorausgegangenen MR Consult-Veranstaltungen entschlossen haben, *die Mechanisierung der gesamten Außenwirtschaft umzustellen,* nämlich Manfred Hintner, Xaver Kurz, Franz und Helmut Reiter und Dr. Reinhold Bäßler. Getroffen und zusammengefunden haben sie sich bei einem so genannten Orientierungsseminar, das sie mit fünf weiteren Kollegen besucht haben. *Dort verschafften sie sich unter Anleitung von Dr. Habermeyer anhand ihrer Kostenkalkulationen, Arbeitszeitaufrisse sowie einer Aufstellung über erforderliche Investitionen in den nächsten Jahren einen Überblick über ihre jeweilige Ist-Situation.* „Zunächst arbeitete ein jeder für sich. Schon bald jedoch war die Hemmschwelle überwunden und man sprach offen über mögliche Betriebsentwicklungen", erinnert sich Manfred Hintner. Als Ergebnis nahmen zumindest die genannten Betriebsleiter mit nach Hause, zukünftig die Mechanisierung der Außenwirtschaft mit Berufskollegen zu gestalten.

Bei einer weiteren Zusammenkunft, dem Strategieseminar, konnten *die vier landwirtschaftlichen Unternehmer ihre Vorstellungen zur gemeinsamen Mechanisierung der Außenwirtschaft konkretisieren und schließlich mithilfe der Erkenntnisse in die Realität übertragen.* …

Bei dieser aufwändigen, aber auch spannenden Aufgabe wurden die Landwirte von Dr. Walter Pfadler, von der Führungsakademie in Landshut, beraten. Der engagierte Experte erarbeitete mit den Interessierten einen Maschinenleitplan mit Arbeitszeitaufriss. Jede Maschine, die gekauft oder die aus dem bestehenden Bestand verkauft oder übernommen werden sollte, wurde genau unter die Lupe genommen …

Schnell war man sich einig, dass jeder Betrieb einen eigenen gut ausgelasteten 100-PS-Schlepper behalten sollte und gemeinsam in einen Großschlepper mit etwa 180 PS investiert werde. Ein sieben Jahre alter 125-PS-Schlepper auf dem Betrieb Hintner passte allerdings nicht in das Konzept. Manfred Hintner verkaufte diesen.

Neben dem 180-PS-Schlepper beschloss man auch den gemeinsamen Kauf von vier weiteren leistungsstarken Maschinen im Rahmen der zu diesem Zweck gegründeten *Maschinengemeinschaft Wertach GbR*:

- 5-Schar-Vario-Volldrehpflug mit bis zu 2,75 m Schnittbreite
- Schmetterlings-Mähwerk mit 8,80 m Arbeitsbreite,
- Vakuumfass mit 12 m³ Volumen,
- Tandem-Wannenkipper mit 20 Tonnen zulässigem Gesamtgewicht.

Für eine gründliche und umfassende Bewertung der Maschinengemeinschaft Wertach ist es noch zu früh. Neben einer beachtlichen Kostensenkung sind auch erhebliche Einsparungen im Arbeitsaufwand zu erwarten. Das vorläufige Ergebnis wird so zusammengefasst:

Die einzelnen Schritte waren nicht immer leicht, aber die Betriebsleiter haben jetzt ihre Mechanisierungskosten und ihre Arbeitswirtschaft fest im Griff. Auch bei anziehenden Erzeugerpreisen freuen sich die Beteiligten über die getroffenen Entscheidungen: „Die Kosten der Arbeitserledigung konnten durch die Maßnahmen um ca. 150 €/ha gesenkt werden. Mit einer günstigen Kostenstruktur sind wir immer voraus."

Dem aufmerksamen Leser dieser Chronik wird dieser Bericht über erste Erfahrungen mit MR Consult an die Darstellung der Außenwirtschaftsgemeinschaft Ulsenheim (Seite 169/170) und an die Ausführungen zur Maschinenleitplanung im MR Uffenheim-Bad Windsheim (Seite 150) erinnern. Auch diesen Projekten gingen langwierige Beratungen und Diskussionen in kleinen Arbeitsgruppen voraus. Und auch dort stand am Ende ein enger Zusammenschluss der beteiligten Betriebe in Form verschiedener Maschinengemeinschaften. Das zeigt: Sich auf eine wirklich tief greifende, die gesamte Arbeitserledigung in der Außenwirtschaft umfassende, überbetriebliche Mechanisierung und Zusammenarbeit einzulassen, verlangt eine intensive Beratung und in der Regel auch über die Mitgliedschaft im Maschinenring hinausgehende organisatorische Vereinbarungen zwischen den beteiligten Landwirten.

MR Consult

Eindrücke vom ersten Orientierungsseminar des MR Lindau

Nach zwei Informationsveranstaltungen zum neuen Beratungskonzept MR Consult – Auftakt Zukunft im vergangenen Jahr, haben elf Mitgliedsbetriebe . des Maschinen- und Betriebshilfsrings Lindau an einem ganztägigen Orientierungsseminar teilgenommen.

Der Seminarleiter Ernst Hetzner, Landwirt und freier Trainer, ging mit den Landwirten zunächst der Frage nach: welche Ziele/Vorstellungen jeder hat und wo die Problemfelder bei den einzelnen liegen. Dabei wurde herausgestellt, was ist Vision und was ist Ziel? Ein Hauptproblem bei fast allen Betrieben ist die Arbeitsbelastung. Es bleibt oft wenig Zeit für Freizeit, Hobby und Familie. Wichtig ist es, dass man Ziele hat und diese klar formuliert und diese auch erreichbar sind.

Das Resümee der Anwesenden über den Seminartag war durchweg positiv. „Denn wann nimmt man sich schon die Zeit und bastelt so intensiv an der Zukunftsausrichtung des eigenen Betriebes", *war die Meinung mehrerer. Die Interessierten können nun in einem weiteren Seminar, dem Strategieseminar, die Ziele konkretisieren und ihre Veränderungen planen.*

Quelle:www.kbm-info.de/news, April 2007

Management in der KBM-Geschäftsstelle auf hohem Niveau

Vertreter des TÜV Süd übergeben der KBM-Führung das Zertifikat der DIN EN ISO 9001; v.l. **Werner Roth** und **Rudolf Miller** vom TÜV Süd, **Dr. Arne Schieder, Georg Thalhammer** und **Leonhard Ost,** KBM.

Ziele der ISO-Zertifizierung

- Die Qualität der Arbeit kontinuierlich verbessern, Zeit einsparen und Fehler vermeiden.
- Die beim Zertifizierungsprozess gewonnenen Erfahrungen und Kompetenzen sollen auch den Maschinenringen zugutekommen.
- Das daraus resultierende Renommee soll deutlich machen, dass Fördermittel und Mitgliedsbeiträge beim KBM in guten Händen sind.

Quelle: KBM-Jahresbericht 2006, Seite 12/13

Wichtige Weichenstellung für die Zukunft: Betriebshilfe mit neben- und hauptberuflichen Kräften aus einer Hand

Ihre Kernkompetenz, bei Ausfall des Landwirtes oder seiner Frau schnell eine geeignete Ersatzkraft zur Verfügung stellen zu können, haben die MR durch die Übernahme der Einsatzleitung von hauptberuflichen Kräften, Betriebshelfern und Dorfhelferinnen, der beiden Träger KDBH (Katholische Dorfhelferinnen und Betriebshelfer in Bayern GmbH) und des Hesselbergs konsequent ausgebaut. 2005 wurde vom Bayerischen Bauernverband und dem KBM das gemeinsame Unternehmen LBHD (Ländliche Betriebs-und Haushaltsdienst GmbH) gegründet. Damit hatten die MR erstmals die Möglichkeit auch Ersatzkräfte mit einer land- bzw. hauswirtschaftlichen Ausbildung, die keinem landwirtschaftlichen Betrieb entstammen und bisher nicht als nebenberufliche Ersatzkräfte eingesetzt werden konnten, in einem eigenen Unternehmen zu beschäftigen.

Die positiven Erfahrungen mit diesem Unternehmen führten dazu, dass zu Beginn des Jahres 2008 sämtliche hauptberuflichen Betriebshelfer der KDBH nun in der LBHD beschäftigt wurden. Damit sind derzeit über 140 Ersatzkräfte im Einsatz.

Gemeinsam mit dem Bayerischen Bauernverband haben damit die bayerischen Maschinenringe die Voraussetzung geschaffen, auch künftig über genügend Einsatzkräfte verfügen zu können. Angesichts des anhaltenden Strukturwandels bei gleichzeitig starkem Ausbau der Tierhaltung eine wichtige Weichenstellung für die Zukunft.

Quelle: Mitteilung von KBM und LBHD vom März 2008

Quellen:

[1] KBM Jahresbericht 2002
[2] Protokoll der außerordentlichen Mitgliederversammlung des KBM e.V. vom 12.2.04
[3] MR Consult Zukunft richtig anpacken, Info-Broschüre des KBM 2007
[4] www.landwirtschaft.bayern.de/agrarpolitik/aktuell
[5] KBM Jahresbericht 2004
[6] Veronika Fick-Haas, Wie soll es weiter gehen? – Zukunft richtig anpacken Landwirte denken in „MR Consult" gemeinsam über Weiterentwicklung ihrer Betriebe nach; Bayerisches Landwirtschaftliches Wochenblatt (Heft 51/52 2007)
[7] KBM-Jahresbericht 2006
[8] dito

MR Consult scheint ein geeignetes Instrument zu sein, Landwirte für diese intensive Form der Zusammenarbeit zu gewinnen und auf diesem Weg zu begleiten. Das läßt auch der Bericht über erste Erfahrungen im MR Lindau (Seite 229) erkennen.

■ Erfolgreiches Qualitätsmanagement

Eine Maßnahme, die zwar nicht unmittelbar dazu dient, die Zusammenarbeit im Maschinenring voranzubringen, ist das Bestreben, die Qualität des Managements in der KBM-Geschäftsstelle ständig zu verbessern. Zu diesem Zweck werden entsprechend der ISO-Zertifizierung nach DIN EN ISO 9001 alle Arbeitsabläufe und Tätigkeiten durchleuchtet und erfasst. Sie finden dann, in optimierter Form, ihren Niederschlag im so genannten QM-Handbuch. Die wichtigsten Ziele dieser Zertifizierung sind nebenstehend beschrieben.

Auf der Mitgliederversammlung 2006 (in Rain/Lech) *durfte das KBM von Vertretern des TÜV Süd feierlich das Zertifikat der DIN EN ISO 9001 entgegennehmen.*

Ein derartiges Zeugnis von offizieller, anerkannter Stelle ist eine Auszeichnung, auf das die gesamte Mannschaft in der KBM-Geschäftsstelle mit Recht stolz sein kann; denn es ist, wie es im Geschäftsbericht heißt, *das erfolgreiche Ergebnis vereinter Anstrengungen aller Mitarbeiter im KBM* (siehe Foto, Seite 229).[7]

Um die Verbesserung der Management-Qualität im weiteren Sinn bemüht sich seit Jahren auch die Akademie der Maschinenringe, die nach wie vor beim KBM angesiedelt ist. Im *weiteren* Sinn deshalb, weil es, wie der nebenstehende Bericht zeigt, hier um die MR-Competence in ganz Europa geht.

Unmittelbare Auswirkungen auf die praktische MR-Arbeit ergeben sich dagegen aus einem Unternehmen, das der Bayerische Bauernverband und die bayerischen Maschinenringe gemeinsam betreiben: *Die Ländliche Betriebs- & Haushaltsdienst GmbH (LBHD).* Diese bereits Anfang 2005 gegründete Gesellschaft (siehe Seite 98) *hat sich* stetig aufwärts *entwickelt.* Schon nach zwei Jahren fanden hier *über 30 Ersatzkräfte, die eine land- und/oder hauswirtschaftliche Ausbildung absolviert haben, eine Teilzeitbeschäftigung im erlernten Beruf.*[8]

Diese erfreuliche Entwicklung der gemeinsamen Tochter von BBV und KBM ist nicht nur im Hinblick auf ihre positive Auswirkung auf die gesamte Betriebshilfe erwähnenswert: Sie zeigt auch, dass heute zwischen Bauernverband und Maschinenringen eine gute, von gegenseitigem Respekt und Vertrauen geprägte Zusammenarbeit besteht, was im Laufe der bisherigen Geschichte der bayerischen Maschinenringe nicht immer selbstverständlich war. Ein weiterer wichtiger Schritt auf diesem gemeinsamen Weg wurde Anfang 2008 mit der Angliederung der hauptberuflichen Betriebshelfer der KDBH in den LBHD vollzogen (mehr dazu siehe Randspalte).

Die bayerischen Maschinenringe sind also im 50. Jahr ihres Bestehens alles in allem auf einem guten Weg. Auf diesem Weg gibt es noch viel zu tun. Und zwar überwiegend, um die mehr oder weniger gleichen Probleme zu lösen, oder zumindest zu minimieren, zu deren Lösung sie vor 50 Jahren gegründet wurden.

Das KBM-Team in Neuburg kann sich zurecht freuen, nicht zuletzt aufgrund der offiziellen Anerkennung Ihrer Arbeit durch den TÜV Süd; v.l. sitzend **Simone Habermayr, Joachim Walter, Manuela Pellot, Maria Zenker, Renate Mayr**; stehend **Petra Ruf, Georg Thalhammer, Dr. Johann Habermeyer, Dr. Arne Schieder** und **Peter Rehm**.

Vielen Dank

Allen voran gehört mein Dank dem KBM, namentlich Leonhard Ost und Georg Thalhammer. Nicht nur für den Auftrag und für die großzügige Unterstützung. Besonders hervorzuheben ist die absolute Freiheit, die mir in jeder Hinsicht eingeräumt wurde. Auch die Darstellung von weniger erfreulichen Ereignissen wurde weder verhindert noch zensiert.

Ohne die spontane Bereitschaft vieler Menschen und Institutionen, die mir bereitwillig und tatkräftig geholfen haben, wäre es mir unmöglich gewesen, diese Chronik zu verfassen. Alle hier namentlich zu erwähnen, würde zu weit führen. Einige müssen jedoch besonders herausgestellt werden.

Vor allem diejenigen, die mir sehr umfangreiche, zum Teil persönliche Schriftstücke, Fotos und Informationen zukommen ließen: Georg Doseth, Ludwig Fasching-Bauer, Josef Fuchsgruber, Gerhard Haag, Roland Herr, Georg Klausner, Gerhard Maier, Albert Menacher, Eugen Mergenthaler, Max Lampert, Georg Leitl, Richard Raps, Anton Rauch, Franz Obschil, Dr. Georg Perreiter, Eva Schade, Heinrich Siegl, Georg Stadler, Michael Wollmann.

Auch beim Recherchieren und Aufsuchen von Akten, Fotografien und vielen anderen Quellen haben mir viele unverzichtbare Hilfe geleistet, allen voran Simone Habermayr, Renate Mayr, Joachim Walter und Johann Wolf.

Ebenso haben mir neben der KBM-Geschäftsstelle, einzelnen Maschinenringen, der dlz, dem Bayerischen Landwirtschaftlichen Wochenblatt, dem Bayerischen Landwirtschaftsministerium, der BayWa auch zahlreiche einzelne Personen Fotos zur Verfügung gestellt. Drei von ihnen sollen namentlich genannt werden: Theo Abenstein, Alois Alfranseder und Hans Schmid.

Dieses Werk basiert sehr stark auf meinen persönlichen Erfahrungen. Ich habe einen großen Teil der hier dargestellten Zeitspanne als Geschäftsführer des KBM miterlebt. Dieser unmittelbare und persönliche Einblick hat Vor- und Nachteile. Eine Betrachtung aus neutraler, etwas distanzierter Position würde einzelne Vorgänge vielleicht anders bewerten. Manche Aspekte, die nur ein Interner mitbekommen kann, könnten andererseits jedoch auch unter den Tisch fallen.

Um der Gefahr einer zu subjektiven Betrachtung zu begegnen, habe ich die Entwürfe zu den einzelnen Kapiteln verschiedenen Experten vorgelegt. Einige von ihnen habe ich oben bereits genannt. Auch Dr. Johann Habermeyer und Markus Kawasch gehören dazu.

Für die vielen guten Ratschläge und insbesondere die kritische und gründliche Lektüre aller Kapitel möchte ich Klaus Kadner besonders herzlich danken. Ein stets hilfsbereiter und kritischer Begleiter war Georg Thalhammer, der in erster Linie auch den Anstoß zu dieser Chronik gegeben hat.

Im Medienhaus Kastner hat mir vor allem Frau Renate Niedermeier hervorragend zugearbeitet.

Kirchdorf, Dezember 2007

Anton Grimm

Wir danken für die großzügige Unterstützung der Finanzierung dieser Chronik

Bayerische Sparkassen,
Sparkasse Neuburg-Rain

BayWa AG

Massey Ferguson

LBD Landwirtschaftlicher
Buchführungsdienst GmbH

Allianzagentur
Teicher & Co. OHG

Ghirardini Versicherungsservice
GmbH
Ein Unternehmen
der Versicherungskammer Bayern

Horsch Maschinenbau GmbH